부동산공법의 이해

김행조 · 이주왕 · 김승래 공저

도서출판 상 학 당

欲爲大者 當爲人役

크고자 하거든 남을 섬기라

머리말

부동산이란 우리 인간이 생활을 영위해 가는 데 있어서 필요한 모든 것이라고 말할 수 있다. 인간 삶의 공동 터전인 지구촌은 모름지기 지상 최대의 공간개념을 지닌 부동산이다. 따라서 우리들 인간사도 부동산에 대한 관계사(關係史)라고 할 수 있다. 우리나라에 부동산학이 이론적으로 정리되기 시작된 것은 지금으로부터 약 40여 년 전으로 거슬러 올라갈 수 있다.

부동산공법은 인간생활을 영위해 가는 데 꼭 필요한 토지와 건물에 대하여 소유, 이용, 개발, 보전, 관리, 거래를 함에 있어서 국가차원에서 공적인 규제와 규율을 가하는 법규의 총체라고 할 수 있다. 특히 국토의 면적은 제한되어 있는 반면 소유와 이용 및 도심지로의 집중현상이 두드러진 우리나라에서는 이러한 국토를 종합적이고 합리적, 계획적으로 이용하고 개발, 보존해야 할 당면 과제를 가지고 있으며 이러한 공적인 이익을 위하여서는 반드시 부동산공법이 필요하다고 할 수 있겠다.

또한 부동산공법은 정부의 정책과 관련성이 아주 깊어 정부의 정책방향을 바탕으로 부동산의 가치에 영향을 주는 요인을 분석하는 측면에서 볼 때 부동산공법의 필요성은 굳이 말로 표현할 필요가 없다고 하겠다. 저자가 그동안 대학에서 수년 동안 부동산공법을 강의하면서 많은 학생들이 부동산공법을 공부하며 공인중개사 자격시험을 준비하는 데 있어서 적당한 교재에 목말라하는 모습을 보면서 이 책을 집필하게 되었다.

이 책의 특징으로는 최근에 개정된 법률까지 반영하여 최신 자료로 업데이트하였으며 자격시험 준비에 초점을 맞추어 공인중개사 시험범위에 해당하는 6개의 법률만을 집중적으로 정리하여 부동산학을 전공하는 학생들에게 이론을 체계적으로 정리할 수 있게 하였다.

아무쪼록 이 책을 통하여서 우리나라의 부동산공법의 체계와 정책을 이해하는 데 조금이나마 도움이 되었으면 하는 바램을 가져본다. 바쁜 일정 가운데에서도 이 책이 출간될 수 있도록 많은 도움을 주신 도서출판 상학당의 남승우 사장님을 비롯하여 직원 여러분의 노고에 지면을 통하여 감사드린다.

2025년 2월

연구실에서 저자 씀

차 례

Chapter 01 국토의 계획 및 이용에 관한 법률

Chapter 02 도시개발법

Chapter 03 도시 및 주거환경정비법

Chapter 04 건축법

Chapter 05 주택법

Chapter 06 농지법

Chapter

01 국토의 계획 및 이용에 관한 법률

제1장 총 론

제2장 광역도시계획

제3장 도시 · 군기본계획

제4장 도시 · 군관리계획

제5장 용도지역 · 용도지구 · 용도구역

제6장 지구단위계획

제7장 도시 · 군계획시설

제8장 개발행위

제9장 기 타

제1장 총 론

1 목 적

국토의 계획 및 이용에 관한 법률은 국토의 이용 · 개발과 보전을 위한 계획의 수립 및 집행 등에 필요한 사항을 정하여 공공복리를 증진시키고 국민의 삶의 질을 향상시키는 것을 목적으로 한다.

2 용어정의

국토의 계획 및 이용에 관한 법률의 이해를 돕기 위해 먼저 용어를 정리하고 용어에 대한 정확한 구분과 설명이 필요하다.
대표적인 용어를 정리하면 다음과 같다.

【국토이용계획 체계】

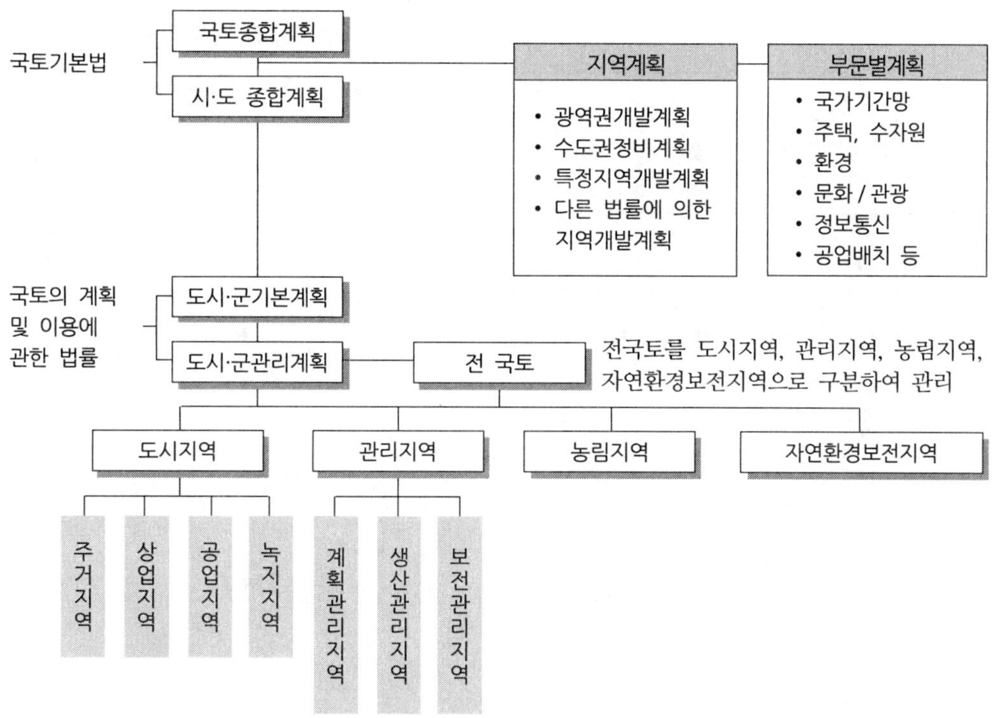

자료 : 도시계획과 토지개발, 김영우, 2007

【국토계획 법령체계】

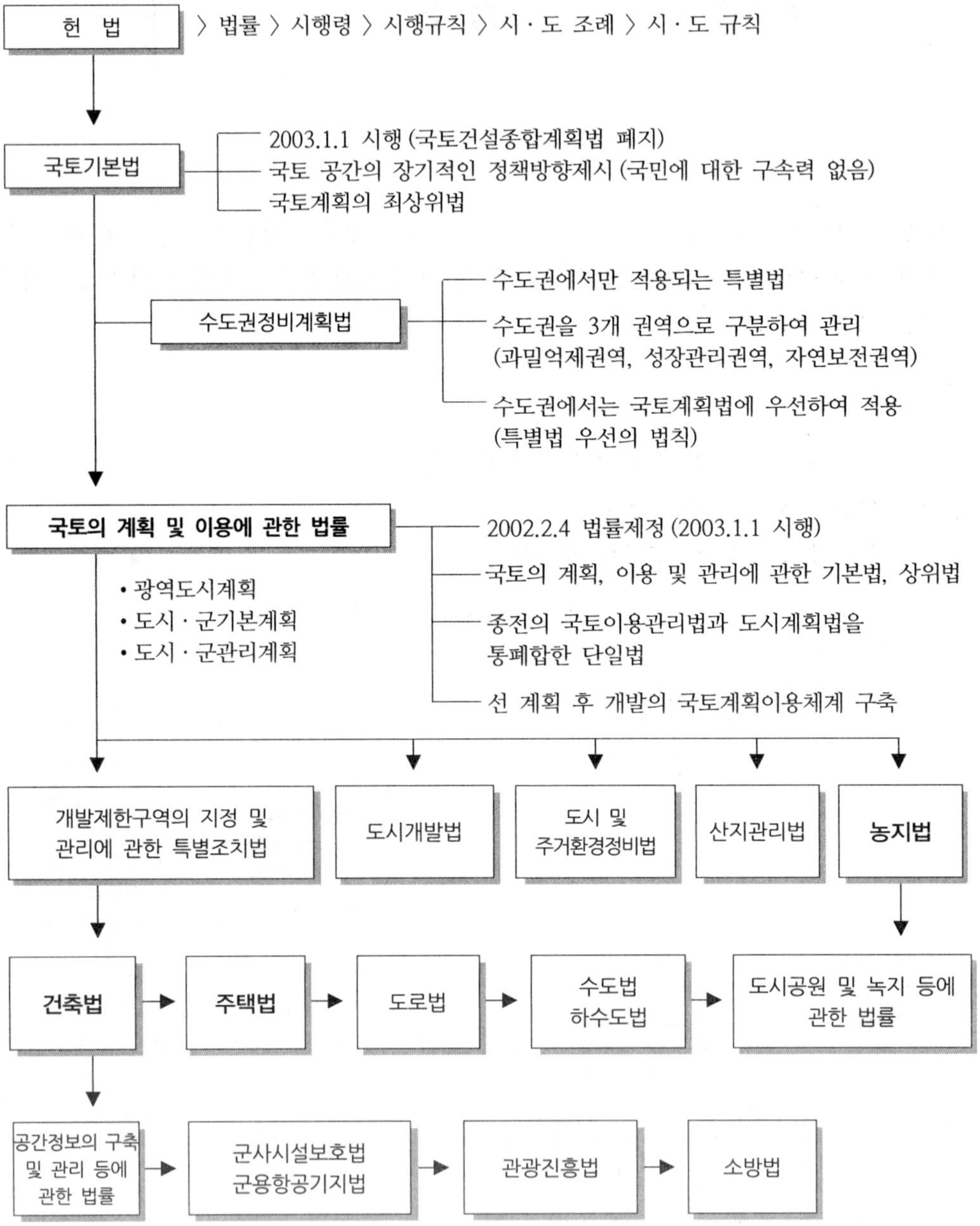

자료 : 도시계획과 토지개발, 김영우, 2007

1) 광역도시계획

광역계획권의 장기발전방향을 제시하는 계획을 말한다.

2) 도시 · 군계획

특별시 · 광역시 · 특별자치시 · 특별자치도 · 시 또는 군(광역시의 관할 구역에 있는 군은 제외한다.)의 관할 구역에 대하여 수립하는 공간구조와 발전방향에 대한 계획으로서 도시 · 군기본계획과 도시 · 군관리계획으로 구분한다.

3) 도시 · 군기본계획

특별시 · 광역시 · 특별자치시 · 특별자치도 · 시 또는 군의 관할 구역에 대하여 기본적인 공간구조와 장기발전방향을 제시하는 종합계획으로서 도시 · 군관리계획 수립의 지침이 되는 계획을 말한다.

4) 도시 · 군관리계획

특별시 · 광역시 · 특별자치시 · 특별자치도 · 시 또는 군의 개발 · 정비 및 보전을 위하여 수립하는 토지 이용, 교통, 환경, 경관, 안전, 산업, 정보통신, 보건, 복지, 안보, 문화 등에 관한 다음 각 목의 계획을 말한다.

가. 용도지역 · 용도지구의 지정 또는 변경에 관한 계획

나. 개발제한구역 · 도시자연공원구역 · 시가화조정구역(市街化調整區域) · 수산자원보호구역의 지정 또는 변경에 관한 계획

다. 기반시설의 설치 · 정비 또는 개량에 관한 계획

라. 도시개발사업이나 정비사업에 관한 계획

마. 지구단위계획구역의 지정 또는 변경에 관한 계획과 지구단위계획

바. 도시혁신구역의 지정 또는 변경에 관한 계획과 도시혁신계획

사. 복합용도구역의 지정 또는 변경에 관한 계획과 복합용도계획

아. 도시 · 군계획시설 입체복합구역의 지정 또는 변경에 관한 계획

5) 지구단위계획

도시 · 군계획 수립 대상지역의 일부에 대하여 토지 이용을 합리화하고 그 기능을 증진시키며 미관을 개선하고 양호한 환경을 확보하며, 그 지역을 체계적 · 계획적으로 관리하기 위하여 수립하는 도시 · 군관리계획을 말한다.

6) 성장관리계획

성장관리계획구역에서의 난개발을 방지하고 계획적인 개발을 유도하기 위하여 수립하는 계획을 말한다.

7) 공간재구조화계획

토지의 이용 및 건축물이나 그 밖의 시설의 용도 · 건폐율 · 용적률 · 높이 등을 완화하

는 용도구역의 효율적이고 계획적인 관리를 위하여 수립하는 계획을 말한다.

8) 도시혁신계획

창의적이고 혁신적인 도시공간의 개발을 목적으로 도시혁신구역에서의 토지의 이용 및 건축물의 용도 · 건폐율 · 용적률 · 높이 등의 제한에 관한 사항을 따로 정하기 위하여 공간재구조화계획으로 결정하는 도시 · 군관리계획을 말한다.

9) 복합용도계획

주거 · 상업 · 산업 · 교육 · 문화 · 의료 등 다양한 도시기능이 융복합된 공간의 조성을 목적으로 복합용도구역에서의 건축물의 용도별 구성비율 및 건폐율 · 용적률 · 높이 등의 제한에 관한 사항을 따로 정하기 위하여 공간재구조화계획으로 결정하는 도시 · 군관리계획을 말한다.

10) 용도지역

토지의 이용 및 건축물의 용도 · 건폐율 · 용적률 · 높이 등을 제한함으로써 토지를 경제적 · 효율적으로 이용하고 공공복리의 증진을 도모하기 위하여 서로 중복되지 아니하게 도시 · 군관리계획으로 결정하는 지역을 말한다.

11) 용도지구

토지의 이용 및 건축물의 용도 · 건폐율 · 용적률 · 높이 등에 대한 용도지역의 제한을 강화하거나 완화하여 적용함으로써 용도지역의 기능을 증진하고, 미관 · 경관 · 안전 등을 도모하기 위하여 도시 · 군관리계획으로 결정하는 지역을 말하며 서로 중복지정이 가능하다.

12) 용도구역

토지의 이용 및 건축물의 용도 · 건폐율 · 용적률 · 높이 등에 대한 용도지역 및 용도지구의 제한을 강화하거나 완화하여 따로 정함으로써 시가지의 무질서한 확산방지, 계획적이고 단계적인 토지이용의 도모, 토지이용의 종합적 조정 · 관리 등을 위하여 도시 · 군관리계획으로 결정하는 지역을 말한다.

13) 기반시설

(1) 교통시설

도로 · 철도 · 항만 · 공항 · 주차장 · 자동차정류장 · 궤도 · 차량 검사 및 면허시설

(2) 공간시설

광장 · 공원 · 녹지 · 유원지 · 공공공지

(3) 유통 · 공급시설

유통업무설비, 수도 · 전기 · 가스 · 열공급설비, 방송 · 통신시설, 공동구 · 시장, 유류저장 및 송유설비

(4) 공공 · 문화체육 시설

학교 · 공공청사 · 문화시설 · 공공필요성이 인정되는 체육시설 · 연구시설 · 사회복지시설 · 공공직업훈련시설 · 청소년수련시설

(5) 방재시설

하천 · 유수지(遊水池) · 저수지 · 방화설비 · 방풍설비 · 방수설비 · 사방(砂防)설비 · 방조(防潮)설비

(6) 보건위생시설

장사시설

(7) 환경기초시설

하수도 · 폐기물처리 및 재활용시설 · 빗물저장 및 이용시설 · 수질오염방지시설 · 폐차장

14) 공동구

전기 · 가스 · 수도 등의 공급설비, 통신시설, 하수도시설 등 지하매설물을 공동 수용함으로써 미관의 개선, 도로구조의 보전 및 교통의 원활한 소통을 위하여 지하에 설치하는 시설물을 말한다.

15) 광역시설

기반시설 중 광역적인 정비체계가 필요한 다음의 시설을 말한다.

가. 둘 이상의 특별시 · 광역시 · 특별자치시 · 특별자치도 · 시 또는 군의 관할 구역에 걸쳐 있는 시설 : 도로, 철도, 운하, 광장, 하수도(하수종말처리시설은 제외)

나. 둘 이상의 특별시 · 광역시 · 특별자치시 · 특별자치도 · 시 또는 군이 공동으로 이용하는 시설 : 항만, 공항, 공원, 운동장, 하수도(하수종말처리시설 포함)

16) 도시 · 군계획시설

기반시설 중 도시 · 군관리계획으로 결정된 시설을 말한다.

17) 도시 · 군계획시설사업

도시 · 군계획시설을 설치 · 정비 또는 개량하는 사업을 말한다.

18) 도시 · 군계획사업

도시 · 군관리계획을 시행하기 위한 다음의 사업을 말한다.

가. 도시 · 군계획시설사업

나. 「도시개발법」에 따른 도시개발사업

다. 「도시 및 주거환경정비법」에 따른 정비사업

19) 도시 · 군계획사업시행자

이 법 또는 다른 법률에 따라 도시 · 군계획사업을 하는 자를 말한다.

20) 공공시설

도로 · 공원 · 철도 · 수도 그 밖에 다음의 공공용 시설을 말한다.

가. 항만 · 공항 · 운하 · 광장 · 녹지 · 공공공지 · 공동구 · 하천 · 유수지 · 방화설비 · 방풍설비 · 방수설비 · 사방설비 · 방토설비 · 하수도 · 구거

나. 행정청이 설치하는 화장시설 · 주차장 · 운동장 · 봉안시설 · 공동묘지 · 저수지

21) 개발밀도관리구역

개발로 인하여 기반시설이 부족할 것으로 예상되나 기반시설을 설치하기 곤란한 지역을 대상으로 건폐율이나 용적률을 강화하여 적용하기 위하여 제66조에 따라 지정하는 구역을 말한다.

22) 기반시설부담구역

개발밀도관리구역 외의 지역으로서 개발로 인하여 도로, 공원, 녹지 등 대통령령으로 정하는 기반시설의 설치가 필요한 지역을 대상으로 기반시설을 설치하거나 그에 필요한 용지를 확보하게 하기 위하여 제67조에 따라 지정 · 고시하는 구역을 말한다.

☞ 기반시설부담구역에 설치가 필요한 기반시설

① 도로(인근의 간선도로로부터 기반시설부담구역까지의 진입도로를 포함)
② 공원
③ 녹지
④ 학교
⑤ 수도(인근의 수도로부터 기반시설부담구역까지 연결하는 수도를 포함)
⑥ 하수도(인근의 하수도로부터 기반시설부담구역까지 연결하는 하수도를 포함)

⑦ 폐기물처리시설
⑧ 그 밖에 특별시장 · 광역시장 · 특별자치시장 · 특별자치도지사 · 시장 또는 군수가 기반시설부담계획에서 정하는 시설

23) 기반시설 설치비용

단독주택 및 숙박시설 등 대통령령으로 정하는 시설의 신축 · 증축 행위로 인하여 유발되는 기반시설을 설치하거나 그에 필요한 용지를 확보하기 위하여 부과 · 징수하는 금액을 말한다.

3 법률관계

1) 도시 · 군계획과 다른 법률과의 관계

도시 · 군계획은 특별시 · 광역시 · 특별자치시 · 특별자치도 · 시 또는 군의 관할구역에서 수립되는 다른 법률에 따른 토지의 이용 · 개발 및 보전에 관한 계획의 기본이 된다.

2) 도시 · 군기본계획과 부문별 계획과의 관계

특별시장 · 광역시장 · 특별자치시장 · 특별자치도지사 · 시장 또는 군수가 관할구역에 대하여 다른 법률에 따른 환경 · 교통 · 수도 · 하수도 · 주택 등에 관한 부문별 계획을 수립하는 때에는 도시 · 군기본계획의 내용과 부합되게 하여야 한다.

4 용도지역 구분

국토는 토지의 이용실태 및 특성, 장래의 토지이용방향 등을 고려하여 4가지의 목적에 따라 다음과 같이 용도지역을 구분한다.

1) 도시지역

인구와 산업이 밀집되어 있거나 밀집이 예상되어 그 지역에 대하여 체계적인 개발 · 정비 · 관리 · 보전 등이 필요한 지역을 말한다.

2) 관리지역

도시지역의 인구와 산업을 수용하기 위하여 도시지역에 준하여 체계적으로 관리하거나 농림업의 진흥, 자연환경 또는 산림의 보전을 위하여 농림지역 또는 자연환경보전지역에 준하여 관리가 필요한 지역을 말하다.

3) 농림지역

도시지역에 속하지 아니하는 「농지법」에 따른 농업진흥지역 또는 「산지관리법」에 따른 보전산지 등으로서 농림업을 진흥시키고 산림을 보전하기 위하여 필요한 지역을 말한다.

4) 자연환경보전지역

자연환경 · 수자원 · 해안 · 생태계 · 상수원 및 「국가유산기본법」에 따른 국가유산의 보전과 수산자원의 보호 · 육성 등을 위하여 필요한 지역을 말한다.

5 토지이용에 관한 구역 등의 지정 제한

1) 목적에 부합

중앙행정기관의 장이나 지방자치단체의 장은 다른 법률에 따라 토지이용에 관한 지역 · 지구 · 구역 또는 구획 등을 지정하려면 그 구역 등의 지정목적이 이 법에 따른 용도지역 · 용도지구 및 용도구역의 지정목적에 부합되도록 하여야 한다.

2) 일정면적 이상의 구역 지정

(1) 국토교통부장관과의 협의 · 승인

가. 원칙 : 중앙행정기관의 장이나 지방자치단체의 장은 다른 법률에 따라 지정되는 구역 등 중 1km² 이상(도시개발구역의 경우에는 5km² 이상)의 구역 등을 지정하거나 변경하려면 중앙행정기관의 장은 국토교통부장관과 협의하여야 하며 지방자치단체의 장은 국토교통부장관의 승인을 받아야 한다.

나. 예외 : 다만, 예외적으로 다음의 어느 하나에 해당하면 협의 · 승인을 거치지 아니한다.

① 보전관리지역 · 생산관리지역 · 농림지역 또는 자연환경보전지역에서 다음의 지역을 지정하려는 경우

㉠ 「농지법」에 따른 농업진흥지역

㉡ 「한강수계 상수원수질개선 및 주민지원 등에 관한 법률」 등에 따른 수변구역

㉢ 「수도법」에 따른 상수원보호구역

㉣ 「자연환경보전법」에 따른 생태 경관보전지역

㉤ 「야생 동 · 식물보호법」에 따른 야생 동 · 식물특별보호구역

㉥ 「해양생태계의 보전 및 관리에 관한 법률」에 따른 해양보호구역

② 군사상 기밀을 지켜야 할 필요가 있는 구역 등을 지정하려는 경우

③ 협의 또는 승인을 받은 구역 등을 다음의 범위에서 변경하려는 경우

㉠ 10% 범위에서 면적을 증감시키는 경우

㉡ 면적산정의 착오를 정정하기 위한 경우

(2) 중앙도시계획위원회의 협의 및 승인 전 심의

가. 원칙 : 원칙적으로 국토교통부장관은 협의 또는 승인을 하려면 중앙도시계획위원회의 심의를 거쳐야 한다.

나. 예외 : 다만, 다음의 지역에서 특정 구역 등을 지정하는 경우에는 예외적으로 심의를 거치지 아니한다.

① 생산관리지역이나 보전관리지역에서 다음의 구역 등을 지정하는 경우

㉠ 「산지관리법」에 따른 보전산지

㉡ 「야생 동 · 식물보호법」에 따른 시 · 도 야생 동 · 식물보호구역

㉢ 「습지보전법」에 따른 습지보호지역

㉣ 「토양환경보전법」에 따른 토양보전대책지역

② 농림지역이나 자연환경보전지역에서 다음의 구역 등을 지정하는 경우

㉠ 앞의 ①에 해당하는 구역 등

㉡ 「자연공원법」에 따른 자연공원과 공원보호구역

㉢ 「자연환경보전법」에 따른 생태 · 자연도 1등급 권역

㉣ 「독도 등 도서지역의 생태계보전에 관한 특별법」에 따른 특정도서

㉤ 「문화재보호법」에 따른 명승 및 천연기념물과 그 보호구역

㉥ 「해양생태계의 보전 및 관리에 관한 법률」에 따른 해양생태도 1등급 권역

제2장 광역도시계획

1 도시계획의 종류

도시계획에는 크게 광역도시계획과 도시 · 군기본계획, 도시 · 군관리계획으로 구분할 수 있으며, 이러한 개별적인 계획을 비교하면 다음과 같다.

【도시계획의 비교】

구 분	광역도시계획	도시 · 군기본계획	도시 · 군관리계획
계획의 목표	광역계획권의 장기 발전 방향 제시	도시발전방향 및 미래상 제시	구체적인 개발 및 규제
계획의 내용	물적, 비물적 종합계획	물적, 비물적 종합계획	물적 계획
법적 근거	국토계획법 (제10조~제17조)	국토계획법 (제18조~제23조)	국토계획법 (제24조~제35조)
법적 구속력	도지사, 시장 · 군수, 주민	시장 · 군수	주민
계획수립주체	국토교통부장관, 시 · 도지사	시장 · 군수	시장 · 군수, 주민
계획기간 (타당성 검토)	20년 (타당성 검토기준 없음)	20년 (매5년)	10년 (매5년)
계획구역의 범위	2 이상의 시 · 도 또는 2 이상의 시 · 군	행정구역 전역	행정구역 전역
주민참여 형태	공청회, 지방의회 의견청취	공청회, 지방의회 의견청취	주민의견청취, 지방의회 의견청취
계획 간의 연계	국토종합계획, 도종합계획 등의 지침수용과 도시기본(관리)계획에 지침 제시	광역도시계획의 지침수용과 도시 · 군관리계획에 지침 제시	도시 · 군기본계획의 지침 수용과 개별개발사업의 행위 규제
표현방식	구체적, 개념적, 계획적 표현방식	개념적, 계획적 표현방식	구체적, 법적 표현방식
도면축척	1/50,000(개발제한 구역)	1/25,000	1/500~1,500

2 광역도시계획의 의의

광역도시계획이란 광역계획권의 장기발전방향을 제시하는 계획을 말한다. 그러므로 광역계획권을 먼저 지정하고 그 안에서 광역도시계획을 수립한다.

광역도시계획은 인접한 2 이상의 특별시 · 광역시 · 특별자치시 · 특별자치도 · 시 또는 군의 행정구역에 대하여 장기적인 발전방향을 제시하거나 시 · 군 기능을 상호 연계함으로써 적정한 성장관리를 도모하기 위하여 20년 단위의 지침적인 장기계획으로 도시계획체계상 최상위 계획이다. 광역도시계획은 도시 · 군기본계획, 도시 · 군관리계획 등 하위계획에 대한 지침이 되고 있으며, 개발제한구역의 조정에 관하여 광역도시계획에 한정하여 수립하도록 하고 있다.

3 광역계획권의 지정

1) 지정권자(국토교통부장관)

광역계획권은 국토교통부장관이 지정한다. 중앙행정기관의 장, 시 · 도지사, 시장 또는 군수는 국토교통부장관에게 광역계획권의 지정 또는 변경을 요청할 수 있다. 광역계획권은 오직 국토교통부장관만 지정하며 동일한 도내에서 광역계획권을 지정하는 경우에도 국토교통부장관이 지정한다.

2) 목 적

2 이상의 특별시 · 광역시 · 특별자치시 · 특별자치도 · 시 또는 군의 공간구조 및 기능을 상호 연계시키고 환경을 보전하며 광역시설을 체계적으로 정비하기 위하여 필요한 경우에 지정할 수 있다.

3) 대상지역

인접한 2 이상의 특별시 · 광역시 · 특별자치시 · 특별자치도 · 시 또는 군의 관할구역의 전부 또는 일부를 광역계획권으로 지정할 수 있다. 국토교통부장관은 인접한 2 이상의 특별시 · 광역시 · 특별자치시 · 특별자치도 · 시 또는 군의 관할구역의 일부를 광역계획권에 포함시키고자 하는 때에는 구 · 군 · 읍 또는 면의 관할구역 단위로 하여야 한다.

4) 지정절차

국토교통부장관은 광역계획권을 지정 또는 이를 변경하고자 하는 때에는 관계 시 · 도지사, 시장 또는 군수의 의견을 들은 후 중앙도시계획위원회의 심의를 거쳐야 한다. 국토교통부장관은 광역계획권을 지정 또는 변경한 때에는 지체 없이 관계 시 · 도지사, 시장 또는 군수에게 그 사실을 통보하여야 한다.

4 광역도시계획의 수립

1) 주체별 수립권자

국토교통부장관 또는 시 · 도지사는 다음에 따라 광역도시계획을 수립하여야 한다.

(1) 원 칙

가. 관할 시 · 도지사 단독수립의 경우 : 광역계획권이 같은 도의 관할구역에 속하여 있는 경우에 단독수립한다.

나. 관할 시 · 도지사 공동수립의 경우 : 광역계획권이 2 이상의 시 · 도의 관할구역에 걸쳐 있는 경우에 공동수립한다.

(2) 예 외

가. 국토교통부장관이 단독수립하는 경우

① 국가계획과 관련되어 광역도시계획의 수립이 필요한 경우

② 광역계획권을 지정한 날부터 3년이 경과될 때까지 관할 시 · 도지사로부터 광역도시계획에 대하여 승인 신청이 없는 경우. 단, 3년 이내에 시 · 도지사의 승인신청이 없어도 광역계획권 지정의 효력은 상실되지 않는다.

나. 국토교통부장관과 시 · 도지사가 공동으로 수립하는 경우

국토교통부장관은 다음의 경우에는 관할 시 · 도지사와 공동으로 광역도시계획을 수립할 수 있다.

① 시 · 도지사의 요청이 있는 경우

② 그 밖에 필요하다고 인정되는 경우

2) 수립내용

광역도시계획에는 다음의 사항 중 당해 광역계획권의 지정목적을 달성하는 데 필요한 사항에 대한 정책방향이 포함되어야 한다.

가. 광역계획권의 공간구조와 기능분담에 관한 사항

나. 광역계획권의 녹지관리체계와 환경보전에 관한 사항

다. 광역시설의 배치 · 규모 · 설치에 관한 사항

라. 경관계획에 관한 사항

마. 그 밖에 광역계획권에 속하는 특별시 · 광역시 · 특별자치시 · 특별자치도 · 시 또는 군 상호간의 기능연계에 관한 사항으로서 다음의 사항
① 광역계획권의 교통 및 물류유통체계에 관한 사항
② 광역계획권의 문화 · 여가 공간 및 방재에 관한 사항

3) 수립기준

광역도시계획의 수립기준은 대통령령이 정하는 바에 따라 다음의 사항을 종합적으로 고려하여 국토교통부장관이 이를 정한다.

가. 광역계획권의 미래상과 이를 실현할 수 있는 체계화된 전략을 제시하고 국토종합계획 등과 서로 연계되도록 할 것
나. 특별시 · 광역시 · 특별자치시 · 특별자치도 · 시 또는 군 간의 기능분담, 도시의 무질서한 확산방지, 환경보전, 광역시설의 합리적 배치 그 밖에 광역계획권 안에서 현안 사항이 되고 있는 특정부문 위주로 수립할 수 있도록 할 것
다. 여건변화에 탄력적으로 대응할 수 있도록 포괄적이고 개략적으로 수립하도록 하되, 특정부문 위주로 수립하는 경우에는 도시 · 군기본계획이나 도시 · 군관리계획에 명확한 지침을 제시할 수 있도록 구체적으로 수립하도록 할 것
라. 녹지축 · 생태계 · 산림 · 경관 등 양호한 자연환경과 우량농지, 보전목적의 용도지역 등을 충분히 고려하여 수립하도록 할 것
마. 부문별 계획은 서로 연계되도록 할 것

4) 수립절차

(1) 기초조사(의무사항)

국토교통부장관 또는 시 · 도지사는 광역도시계획을 수립 또는 이를 변경하고자 하는 때에는 미리 인구 · 경제 · 사회 · 문화 · 토지이용 · 환경 · 교통 · 주택 그 밖에 대통령령이 정하는 사항 중 당해 광역도시계획의 수립 또는 변경에 관하여 필요한 사항을 대통령령이 정하는 바에 따라 조사하거나 측량하여야 한다. 국토교통부장관, 시 · 도지사, 시장 또는 군수가 기초조사정보체계를 구축한 경우에는 등록된 정보의 현황을 5년마다 확인하고 변동사항을 반영하여야 한다.

(2) 공청회

가. 국토교통부장관 또는 시 · 도지사는 광역도시계획을 수립 또는 이를 변경하고자 하는 때에는 미리 공청회를 열어 주민 및 관계 전문가 등으로부터 의견을 들어야 하며, 제시된 의견이 타당하다고 인정하는 때에는 이를 광역도시계획에 반영하여야

한다. 이 경우 일간신문에 공청회 개최예정일 14일 전까지 1회 이상 공고하여야 한다.

나. 공청회는 광역계획권 단위로 개최하되, 필요한 경우에는 광역계획권을 수 개의 지역으로 구분하여 개최할 수 있다.

다. 공청회는 국토교통부장관 또는 시 · 도지사가 지명하는 자가 주재한다.

(3) 지방자치단체의 의견청취

가. 시 · 도지사 수립 시 : 시 · 도지사는 광역도시계획을 수립 또는 이를 변경하고자 하는 때에는 미리 관계 시 · 도의 의회와 관계 시장 또는 군수의 의견을 들어야 한다.

나. 국토교통부장관 수립 시 : 국토교통부장관은 광역도시계획을 수립 또는 이를 변경하고자 하는 때에는 관계 시 · 도지사에게 광역도시계획안을 송부하여야 하며, 관계 시 · 도지사는 그 광역도시계획안에 대하여 당해 시 · 도의 의회와 관계 시장 또는 군수의 의견을 들은 후 그 결과를 국토교통부장관에게 제출하여야 한다.

다. 의견 제시 : 시 · 도의 의회와 관계 시장 또는 군수는 특별한 사유가 없는 한 30일 이내에 시 · 도지사에게 의견을 제시하여야 한다.

(4) 국토교통부장관 승인

가. 승인권자 : 시 · 도지사는 광역도시계획을 수립 또는 변경하는 때에는 국토교통부장관의 승인을 얻어야 한다.

나. 협의 및 심의 : 국토교통부장관은 광역도시계획을 승인하거나 직접 광역도시계획을 수립 또는 이를 변경하고자 하는 때에는 관계 중앙행정기관의 장과 협의한 후 중앙도시계획위원회의 심의를 거쳐야 한다. 협의의 요청을 받은 관계 중앙행정기관의 장은 특별한 사유가 없는 한 그 요청을 받은 날부터 30일 이내에 국토교통부장관에게 의견을 제시하여야 한다.

(5) 송부 및 보완 요청

국토교통부장관은 직접 광역도시계획을 수립 또는 이를 변경하거나 광역도시계획을 승인한 때에는 관계 중앙행정기관의 장과 시 · 도지사에게 관계 서류를 송부하여야 한다. 제출된 광역도시계획안이 수립기준 등에 적합하지 아니한 때에는 시 · 도지사에게 광역도시계획안의 보완을 요청할 수 있다.

(6) 공고 및 열람

관계 서류를 송부 받은 시 · 도지사는 당해 시 · 도의 공보에 게재하는 방법으로 이를 공고하고 일반이 30일 이상 열람할 수 있도록 하여야 한다.

제3장 도시 · 군기본계획

1 도시 · 군기본계획의 의의

1) 개념 및 성격

도시 · 군기본계획이란 특별시 · 광역시 · 시 · 군의 관할구역에 대하여 기본적인 공간구조와 장기 발전방향을 제시하는 종합계획으로서 도시 · 군관리계획 수립의 지침이 되는 계획을 말한다.

도시 · 군기본계획은 국토의 한정된 자원을 효율적이고 합리적으로 활용하여 주민의 삶의 질을 향상시키고, 도시를 환경적으로 건전하고 지속가능하게 발전시킬 수 있는 정책방향을 제시하고, 장기적으로 시 · 군이 공간적으로 발전하여야 할 구조적 틀을 제시하는 종합계획이다. 이러한 도시 · 군기본계획은 도시 · 군관리계획 입안 시 도시 · 군기본계획과 부합되도록 하고 있어 도시 · 군관리계획의 상위계획으로 실질적인 계획의 성격을 갖고 있다. 현재 도시 · 군기본계획은 전국적으로 약 120여개 시 · 군에서 수립되고 있다.

2) 광역도시계획과의 관계

광역도시계획이 수립된 지역에 대하여 수립하는 도시 · 군기본계획은 당해 광역도시계획에 부합하여야 하며, 도시 · 군기본계획의 내용이 광역도시계획의 내용과 다른 때에는 광역도시계획의 내용이 우선한다.

3) 국가계획과의 관계

가. 도시 · 군기본계획이 포함되는 국가계획의 수립대상 : 국토교통부장관은 국가의 정책적 목적을 달성하기 위한 사업 중 「국토기본법」에 따른 국토종합계획 또는 광역도시계획에 포함된 내용으로서 330만m^2 이상인 사업을 추진하기 위하여 도시 · 군기본계획의 내용 모두를 포함한 국가계획을 수립할 수 있다.

나. 국가계획의 수립절차 : 국토교통부장관은 국가계획을 수립하고자 하는 때에는 미리 시장 · 군수 등의 의견을 청취하고 시 · 도지사와 충분히 협의하여야 하며, 국무회의의 심의를 거쳐 확정한다. 국가계획을 변경하는 경우에도 이를 준용한다.

다. 계획의 우선순위 : 확정된 국가계획의 내용이 도시 · 군기본계획의 내용과 다른 때에는 국가계획의 내용이 우선한다.

2 수립권자

도시 · 군기본계획은 특별시장 · 광역시장 · 특별자치시장 · 특별자치도지사 · 시장 또는 군수가 수립한다.

3 수립대상지역

1) 대상지역

특별시 · 광역시 · 특별자치시 · 특별자치도 · 시 또는 군의 관할구역에 수립하여야 한다. 다만, 시 또는 군의 위치, 인구의 규모, 인구감소율 등을 감안하여 대통령령이 정하는 시 또는 군은 도시 · 군기본계획을 수립하지 아니할 수 있다.

2) 제외지역

시 또는 군의 위치, 인구의 규모, 인구감소율 등을 감안하여 다음에 정하는 시 또는 군은 도시 · 군기본계획을 수립하지 아니할 수 있다.

가. 수도권에 속하지 아니하고 광역시와 경계를 같이하지 아니한 인구 10만 이하인 시 · 군

나. 관할구역 전부에 대하여 광역도시계획이 수립되어 있고 당해 광역도시계획에 도시 · 군기본계획에 포함될 사항이 모두 포함되어 있는 시 · 군

4 도시 · 군기본계획의 내용

도시 · 군기본계획에는 다음의 사항에 대한 정책방향이 포함되어야 한다.

가. 지역적 특성 및 계획의 방향 · 목표에 관한 사항

나. 공간구조 및 인구의 배분에 관한 사항

나의2. 생활권의 설정과 생활권역별 개발 · 정비 및 보전 등에 관한 사항

다. 토지의 이용 및 개발에 관한 사항

라. 토지의 용도별 수요 및 공급에 관한 사항

마. 환경의 보전 및 관리에 관한 사항

바. 기반시설에 관한 사항

사. 공원 · 녹지에 관한 사항

아. 경관에 관한 사항

아의2. 기후변화 대응 및 에너지절약에 관한 사항

아의3. 방재 · 방범 등 안전에 관한 사항
자. 위의 규정된 사항의 단계별 추진에 관한 사항
차 그 밖에 대통령령으로 정하는 사항

5 수립기준

도시 · 군기본계획의 수립기준 등은 다음에 정하는 바에 따라 국토교통부장관이 이를 정한다.

가. 특별시 · 광역시 · 특별자치시 · 특별자치도 · 시 또는 군의 기본적인 공간구조와 장기발전방향을 제시하는 토지이용 · 교통 · 환경 등에 관한 종합계획이 되도록 할 것
나. 여건변화에 탄력적으로 대응할 수 있도록 포괄적이고 개략적으로 수립하도록 할 것
다. 도시 · 군기본계획을 재정비할 때에는 종전의 도시 · 군기본계획의 내용 중 수정이 필요한 부분만을 발췌하여 보완함으로써 계획의 연속성이 유지되도록 할 것
라. 도시와 농어촌 및 산촌지역의 인구밀도, 토지이용의 특성 및 주변환경 등을 종합적으로 고려하여 지역별로 계획의 상세정도를 다르게 하되, 기반시설의 배치계획, 토지용도 등은 도시과 농어촌 및 산촌지역이 서로 연계되도록 할 것
마. 부문별 계획은 도시 · 군기본계획의 방향에 부합하고 도시 · 군기본계획의 목표를 달성할 수 있는 방안을 제시함으로써 도시 · 군기본계획의 통일성과 일관성을 유지하도록 할 것
바. 도시지역 등에 위치한 개발가능 토지는 단계별로 시차를 두어 개발되도록 할 것
사. 녹지축 · 생태계 · 산림 · 경관 등 양호한 자연환경과 우량농지, 보전목적의 용도지역 등을 충분히 고려하여 수립하도록 할 것
아. 도시 · 군기본계획의 내용 중 경관에 관한 사항에 대하여는 필요한 경우에는 도시 · 군기본계획도서의 별책으로 작성할 수 있도록 할 것

6 수립절차

1) 기초조사 및 공청회

광역도시계획의 수립을 위한 기초조사 및 공청회 규정을 준용한다.

시 · 도지사, 시장 또는 군수는 제1항에 따른 기초조사의 내용에 국토교통부장관이 정하는 바에 따라 실시하는 토지의 토양, 입지, 활용가능성 등 토지의 적성에 대한 평가(이

하 '토지적성평가'라 한다)와 재해 취약성에 관한 분석(이하 '재해취약성분석'이라 한다)을 포함하여야 한다.

도시 · 군기본계획 입안일부터 5년 이내에 토지적성평가를 실시한 경우 등 대통령령으로 정하는 경우에는 토지적성평가 또는 재해취약성분석을 하지 아니할 수 있다.

2) 지방의회의 의견청취

특별시장 · 광역시장 · 특별자치시장 · 특별자치도지사 · 시장 또는 군수가 도시 · 군기본계획을 수립 또는 변경하는 때에는 미리 당해 특별시 · 광역시 · 특별자치시 · 특별자치도 · 시 또는 군의 의회의 의견을 들어야 한다. 특별시 · 광역시 · 특별자치시 · 특별자치도 · 시 또는 군의 의회는 특별한 사유가 없는 한 30일 이내에 특별시장 · 광역시장 · 특별자치시장 · 특별자치도지사 · 시장 또는 군수에게 의견을 제시하여야 한다.

3) 승 인

(1) 승인권자(국토교통부장관, 도지사)

특별시장 · 광역시장은 도시 · 군기본계획을 수립 또는 변경하는 때에는 국토교통부장관의 승인을 얻어야 하고 시장 또는 군수가 도시 · 군기본계획을 수립 또는 변경하는 경우에는 도지사의 승인을 얻어야 한다. 다만, 시장 또는 군수가 최초로 수립하는 도시 · 군기본계획의 경우에는 국토교통부장관의 승인을 얻어야 한다.

(2) 협의 및 심의

국토교통부장관(도지사)은 도시 · 군기본계획을 승인하고자 하는 때에는 관계 중앙행정기관의 장(행정기관의 장)과 협의한 후 중앙도시계획위원회(지방도시계획위원회)의 심의를 거쳐야 한다. 협의의 요청을 받은 관계 중앙행정기관의 장(행정기관의 장)은 특별한 사유가 없는 한 그 요청을 받은 날부터 30일 이내에 국토교통부장관(도지사)에게 의견을 제시하여야 한다.

4) 송 부

국토교통부장관(도지사)은 도시 · 군기본계획을 승인한 때에는 관계 중앙행정기관의 장(행정기관의 장)과 특별시장 · 광역시장 · 특별자치시장 · 특별자치도지사 · 시장 또는 군수(시장 · 군수)에게 관계 서류를 송부하여야 한다.

5) 공고 및 열람

관계 서류를 송부 받은 특별시장 · 광역시장 · 특별자치시장 · 특별자치도지사 · 시장 또는 군수(시장 · 군수)는 당해 지방자치단체의 공보에 게재하는 방법으로 이를 공고하고 일반인이 30일 이상 열람할 수 있도록 하여야 한다.

7 타당성 검토 및 국가계획의 반영

특별시장 · 광역시장 · 특별자치시장 · 특별자치도지사 · 시장 또는 군수는 5년마다 관할 구역의 도시 · 군기본계획에 대하여 그 타당성 여부를 전반적으로 재검토하여 이를 정비하여야 한다.

또한 특별시장 · 광역시장 · 특별자치시장 · 특별자치도지사 · 시장 또는 군수는 도시 · 군기본계획의 내용에 우선하는 광역도시계획의 내용 및 도시 · 군기본계획에 우선하는 국가계획의 내용을 도시 · 군기본계획에 반영하여야 한다.

【도시 · 군기본계획 수립절차】

도시·군기본계획수립을 위한 기초조사 ↓	수립권자(시장 · 군수)
도시 · 군기본계획(안) 작성 ↓	
공청회 ↓	일간신문 14일전 공고
시 · 군 도시계획위원회 자문 ↓	
시 · 군 지방의회 의견청취 ↓	30일 이내 의견제시
도시 · 군기본계획(안) 제출 ↓	수립권자 → 도지사
관계 행정기관 협의 ↓	도지사 → 관계 부처(30일 이내 의견제시)
시도 도시계획위원회 심의 ↓	
승인통보 ↓	시도지사 → 신청기관(시 · 군)
공 고 ↓	시장 · 군수(30일 이상 열람)
최종 보고서 관계 부처 송부	시 · 도지사 → 관계 부처

제4장 도시 · 군관리계획

1 수립내용 및 성격

1) 수립내용

도시 · 군관리계획이란 특별시 · 광역시 · 특별자치시 · 특별자치도 · 시 또는 군의 개발 · 정비 및 보전을 위하여 수립하는 토지이용 · 교통·환경 · 경관 · 안전 · 산업 · 정보통신 · 보건 · 복지 · 안보 · 문화 등에 관한 다음의 계획을 말한다. 도시 · 군관리계획은 별도의 수립단위 규정이 없다.

가. 용도지역 · 용도지구의 지정 또는 변경에 관한 계획

나. 개발제한구역, 도시자연공원구역, 시가화 조정구역, 수산자원보호구역, 도시·군계획시설 입체복합구역의 지정 또는 변경에 관한 계획

다. 기반시설의 설치 · 정비 또는 개량에 관한 계획

라. 도시개발사업이나 정비사업에 관한 계획

마. 지구단위계획구역의 지정 또는 변경에 관한 계획과 지구단위계획

바. 복합용도구역의 지정 또는 변경에 관한 계획과 복합용도계획

사. 도시혁신구역의 지정 또는 변경에 관한 계획과 도시혁신계획

2) 성 격

(1) 행정적 구속력

도시 · 군관리계획이 결정 · 고시되면 그로 인하여 일정한 국민에게 행위제한 등의 직접적인 효력이 발생하므로 도시 · 군관리계획은 계획을 수립한 행정청은 물론 국민에게도 직접효력이 미치는 구속적 행정계획이다.

(2) 행정쟁송

도시 · 군관리계획이 결정 · 고시되면 일정한 국민에게 행위제한 등의 효과가 발생하고 그로 인하여 위법 · 부당하게 권익이 침해당한 국민은 도시 · 군관리계획의 취소나 무효확인을 구하는 행정심판 또는 행정소송 등의 행정쟁송을 제기할 수 있다.

(3) 도시 · 군기본계획과의 관계

도시 · 군관리계획은 광역도시계획과 도시 · 군기본계획에 부합되어야 하며 도시 · 군기본

계획은 도시 · 군관리계획의 지침이 된다. 국토교통부장관은 도시 · 군기본계획과 도시·군관리계획이 국가계획 및 광역도시계획과 도시 · 군기본계획의 취지에 부합하지 아니하다고 판단하는 경우에는 특별시장 · 광역시장 · 특별자치시장 · 특별자치도지사 · 시장 또는 군수에게 기한을 정하여 도시 · 군기본계획과 도시 · 군관리계획의 조정을 요구할 수 있다.

2 수립절차

1) 입 안

(1) 입안권자

가. 원칙적 입안권자 : 특별시장 · 광역시장 · 특별자치시장 · 특별자치도지사 · 시장 또는 군수는 관할 구역에 대하여 도시 · 군관리계획을 입안하여야 한다.

나. 예외적 입안권자

① 국토교통부장관 입안 : 국토교통부장관은 다음의 어느 하나에 해당하면 직접 또는 관계 중앙행정기관의 장의 요청에 의하여 도시 · 군관리계획을 입안할 수 있다. 이 경우 국토교통부장관은 관할 시·도지사 및 시장 · 군수의 의견을 청취하여야 한다.

㉠ 국가계획과 관련된 경우

㉡ 둘 이상의 시 · 도에 걸쳐 지정되는 용도지역·용도지구 또는 용도구역과 둘 이상의 시 · 도에 걸쳐 이루어지는 사업의 계획 중 도시 · 군관리계획으로 결정하여야 할 사항이 있는 경우

㉢ 특별시장 · 광역시장 · 특별자치시장 · 특별자치도지사 · 시장 또는 군수가 일정한 기한까지 국토교통부장관의 도시 · 군관리계획 조정요구에 따라 도시 · 군관리계획을 정비하지 아니하는 경우

② 도시자 입안 : 도지사는 다음의 경우에는 직접 또는 시장이나 군수의 요청에 의하여 도시 · 군관리계획을 입안할 수 있다. 이 경우 도지사는 관계 시장 또는 군수의 의견을 청취하여야 한다.

㉠ 둘 이상의 시 · 군에 걸쳐 지정되는 용도지역 · 용도지구 또는 용도구역과 둘 이상의 시 · 군에 걸쳐 이루어지는 사업의 계획 중 도시 · 군관리계획으로 결정하여야 할 사항이 포함되어 있는 경우

㉡ 도지사가 직접 수립하는 사업의 계획으로서 도시 · 군관리계획으로 결정하여야 할 사항이 포함되어 있는 경우

(2) 도시 · 군관리계획도서 및 설명서

국토교통부장관, 시 · 도지사, 시장 또는 군수는 도시 · 군관리계획을 입안할 때에는 대통령령으로 정하는 바에 따라 도시 · 군관리계획도서와 이를 보조하는 계획설명서(기초조사결과 · 재원조달방안 및 경관계획 등을 포함)를 작성하여야 한다.

(3) 입안의 제안

가. 입안제안자 및 내용 : 주민(이해관계자 포함)이 입안을 제안할 수 있으며 이 경우 제안서에는 도시 · 군관리계획도서와 계획설명서를 첨부하여야 한다.

① 기반시설의 설치 · 정비 및 개량에 관한 사항

② 지구단위계획구역의 지정 및 변경과 지구단위계획의 수립 및 변경에 관한 사항

③ 다음 각 목의 어느 하나에 해당하는 용도지구의 지정 및 변경에 관한 사항

㉠ 개발진흥지구 중 공업기능 또는 유통물류기능 등을 집중적으로 개발 · 정비하기 위한 개발진흥지구로서 대통령령으로 정하는 개발진흥지구

㉡ 제37조에 따라 지정된 용도지구 중 해당 용도지구에 따른 건축물이나 그 밖의 시설의 용도 · 종류 및 규모 등의 제한을 지구단위계획으로 대체하기 위한 용도지구

④ 도시 · 군계획시설입체복합구역의 지정 및 변경과 도시 · 군계획시설입체복합구역의 건축제한 · 건폐율 · 용적률 · 높이 등에 관한 사항

나. 처리결과 : 도시 · 군관리계획입안의 제안을 받은 국토교통부장관, 시 · 도지사, 시장 또는 군수는 제안일부터 45일 이내에 도시 · 군관리계획입안에의 반영여부를 제안자에게 알려야 한다. 다만, 부득이한 사정이 있는 경우에는 1회에 한하여 30일을 연장할 수 있다.

다. 도시계획위원회의 자문 : 국토교통부장관, 시 · 도지사, 시장 또는 군수는 제안을 도시 · 군관리계획 입안에 반영할 것인지 여부를 결정함에 있어서 필요한 경우에는 중앙도시계획위원회 또는 해당 지방자치단체에 설치된 지방도시계획위원회의 자문을 거칠 수 있다.

라. 비용부담 : 도시 · 군관리계획의 입안을 제안받은 자는 제안자와 협의하여 제안된 관리계획의 입안 및 결정에 필요한 비용의 전부 또는 일부를 제안자에게 부담시킬 수 있다.

(4) 대상지역

가. 원칙 : 특별시 · 광역시 · 특별자치시 · 특별자치도 · 시 또는 군의 관할구역에 대하여 도시 · 군관리계획을 입안하여야 한다.

나. 예외 : 다음의 어느 하나에 해당하면 인접한 관할 구역의 전부 또는 일부를 포함하

여 도시·군관리계획을 입안할 수 있다. 이 경우 협의하여 공동으로 입안하거나 입안할 자를 정한다.

① 지역여건상 필요하다고 인정하여 미리 인접한 특별시장·광역시장·특별자치시장·특별자치도지사·시장 또는 군수와 협의한 경우

② 인접한 특별시·광역시·특별자치시·특별자치도·시 또는 군의 관할구역을 포함하여 도시·군기본계획을 수립한 경우

(5) 수립기준 결정

도시·군관리계획의 수립기준, 도시·군관리계획도서 및 계획설명서의 작성기준·작성방법 등은 국토교통부장관이 정한다.

(6) 입안절차

가. 입안을 위한 기초조사

① 광역도시계획의 기초조사 준용 : 광역도시계획의 수립을 위한 기초조사의 규정은 도시·군관리계획을 입안하는 경우에 준용한다. 다만, 대통령령으로 정하는 경미한 사항을 입안하는 경우에는 그러하지 아니하다.

② 환경성검토와 토지의 적성평가 : 국토교통부장관, 시·도지사, 시장 또는 군수는 기초조사의 내용에 도시·군관리계획이 환경에 미치는 영향 등에 대한 환경성 검토와 토지의 토양, 입지, 활용가능성 등 토지의 적성에 대한 평가를 포함하여야 한다.

③ 기초조사 등의 생략 : 지구단위계획구역으로 지정하려는 구역이나 지구단위계획을 입안하는 구역이 도심지에 위치하거나 개발이 끝나 나대지가 없는 등 기초조사, 환경성 검토 또는 토지의 적성에 대한 평가를 하지 아니할 수 있다.

나. 주민의견청취

① 반영의무 : 도시·군관리계획을 입안할 때에는 주민의 의견을 들어야 하며, 그 의견이 타당하다고 인정되면 도시·군관리계획안에 반영하여야 한다.

② 공고 및 열람 : 주민의 의견을 청취하려는 때에는 도시·군관리계획안의 주요내용을 해당 특별시·광역시·특별자치시·특별자치도·시 또는 군의 지역을 주된 보급지역으로 하는 둘 이상의 일간신문과 해당 특별시·광역시·특별자치시·특별자치도·시 또는 군의 인터넷 홈페이지 등에 공고하고 도시·군관리계획안을 14일 이상 일반이 열람할 수 있도록 하여야 한다.

③ 검토결과의 통보 : 제출된 의견을 도시·군관리계획안에 반영할 것인지 여부를 검토하여 그 결과를 열람기간이 종료된 날부터 60일 이내에 해당 의견을 제출한 자에게 통보하여야 한다.

④ 중요사항에 대한 재공고 및 재열람 : 제출된 의견을 도시·군관리계획안에 반

영하려는 경우 그 내용이 해당 특별시 · 광역시 · 특별자치시 · 특별자치도 · 시 또는 군의 도시계획조례로 정하는 중요한 사항인 때에는 그 내용을 다시 공고 · 열람하게 하여 주민의 의견을 들어야 한다.

⑤ 의견청취의 생략 : 국방상 또는 국가안전보장상 기밀을 지켜야 할 필요가 있는 사항이거나 대통령령으로 정하는 경미한 사항인 경우에는 의견청취를 생략할 수 있다.

다. 지방의회의 의견청취 : 국토교통부장관, 시 · 도지사, 시장 또는 군수는 도시 · 군관리계획을 입안하려면 대통령령으로 정하는 사항에 대하여 해당 지방의회의 의견을 들어야 한다. 다만, 관계 행정기관의 장과의 협의, 국토교통부장관과의 협의 및 중앙도시계획위원회 또는 지방도시계획위원회의 심의를 거치지 아니하는 도시 · 군관리계획의 변경 및 지구단위계획으로 결정 또는 변경 결정하는 사항은 의견청취를 생략할 수 있다. 특별시장 · 광역시장 · 특별자치시장 · 특별자치도지사 · 시장 또는 군수가 지방의회의 의견을 들으려면 의견 제시기한을 밝혀 도시 · 군관리계획안을 송부하여야 한다. 이 경우 해당 지방의회는 명시된 기한 이내에 특별시장 · 광역시장 · 특별자치시장 · 특별자치도지사 · 시장 또는 군수에게 의견을 제시하여야 한다.

2) 입안에 대한 결정

(1) 결정권자

가. 원칙적 결정권자(시 · 도지사) : 도시 · 군관리계획은 시 · 도지사가 직접 또는 시장 · 군수의 신청에 따라 결정한다. 다만, 서울특별시와 광역시 및 특별자시치를 제외한 인구50만 이상의 대도시의 경우에는 해당 시장이 직접 결정한다.

나. 예외적 결정권자(국토교통부장관) : 예외적으로 다음의 도시 · 군관리계획은 국토교통부장관이 결정한다. 시장 또는 군수가 국토교통부장관에게 도시 · 군관리계획의 결정을 신청하는 경우에는 도지사를 거쳐야 한다.

① 국토교통부장관이 입안한 도시 · 군관리계획

② 개발제한구역, 시가화조정구역, 수산자원보호구역의 지정 및 변경에 관한 도시· 군관리계획

(2) 결정절차(협의 및 심의 후 결정)

가. 관계 행정기관의 장과의 협의

① 시 · 도지사 또는 대도시 시장결정 시

㉠ 관계 행정기관의 장과 협의 : 시 · 도지사 또는 대도시 시장은 도시 · 군관리계획을 결정하려면 관계 행정기관의 장과 미리 협의하여야 한다. 이 경우 협

의요청을 받은 기관의 장은 특별한 사유가 없는 한 그 요청을 받은 날부터 30일 이내에 의견을 제시하여야 한다.

㉡ 국토교통부장관과 협의 : 시·도지사 또는 대도시 시장은 국토교통부장관이 입안하여 결정한 도시 · 군관리계획을 변경하거나 그 밖에 대통령령으로 정하는 중요한 사항에 관한 도시 · 군관리계획을 결정하려면 미리 국토교통부장관과 협의하여야 한다.

② 국토교통부장관 결정 시

국토교통부장관이 도시 · 군관리계획을 결정하려면 관계 중앙행정기관의 장과 미리 협의하여야 한다. 이 경우 협의요청을 받은 기관의 장은 특별한 사유가 없으면 그 요청을 받은 날부터 30일 이내에 의견을 제시하여야 한다.

나. 도시계획위원회의 심의

① 시 · 도지사 또는 대도시 시장결정 시 : 시 · 도지사 또는 대도시 시장이 도시 · 군관리계획을 결정하려면 시 · 도, 시 · 군 · 구 도시계획위원회의 심의를 거쳐야 한다. 다만, 시 · 도지사 또는 대도시 시장은 지구단위계획에 포함되는 내용 중 일정한 사항에 대하여는 대통령령으로 정하는 바에 따라 「건축법」의 규정에 의하여 시 · 도, 대도시에 두는 건축위원회와 도시계획위원회가 공동으로 하는 심의를 거쳐야 한다. 건축위원회와 도시계획위원회가 공동으로 지구단위계획을 심의하려면 일정한 기준에 따라 공동위원회를 구성한다.

② 국토교통부장관이 결정 시 : 국토교통부장관이 도시 · 군관리계획을 결정하려면 중앙도시계획위원회의 심의를 거쳐야 한다.

다. 결정 · 고시

국토교통부장관, 시 · 도지사 또는 대도시 시장은 도시 · 군관리계획을 결정한 때에는 국토교통부장관은 관보에, 시 · 도지사, 대도시 시장은 시 · 도, 대도시 공보에 게재하는 방법으로 고시하여야 한다.

라. 송부 및 열람

국토교통부장관이나 도지사는 관계 서류를 관계 특별시장 · 광역시장 · 시장 · 군수에게 송부하여 일반이 열람할 수 있도록 하여야 하며 특별시장 · 광역시장, 대도시 시장은 관계 서류를 일반이 열람할 수 있도록 하여야 한다.(열람기간은 명문화되지 않음)

3 결정 후 경과조치

1) 효력발생시기

도시 · 군관리계획결정의 효력은 지형도면을 고시한 날부터 발생한다.

2) 기득권 보호

(1) 일반적인 지역 등의 원칙

도시 · 군관리계획 결정 당시 이미 사업이나 공사에 착수한 자는 그 도시 · 군관리계획 결정에 관계없이 그 사업이나 공사를 계속할 수 있다.

(2) 특정지역의 예외

① 시가화조정구역이나 수산자원보호구역 지정의 경우(3개월 내 신고 후 계속 시행)
시가화조정구역이나 수산자원보호구역의 지정에 관한 도시 · 군관리계획의 결정 당시 이미 사업이나 공사에 착수한 자는 결정의 고시일로부터 3월 이내에 그 사업이나 공사의 내용을 관할 특별시장 · 광역시장 · 특별자치시장 · 특별자치도지사 · 시장 또는 군수에게 신고하고 그 사업이나 공사를 계속할 수 있다. 이 경우 신고한 행위가 건축물의 건축을 목적으로 한 토지의 형질변경인 경우 해당 건축물을 건축하려는 자는 토지의 형질변경공사를 완료한 후 3월 이내에 건축허가를 신청하면 그 건축물을 건축할 수 있다.

② 토지의 형질변경완료 후 시가화조정구역 등을 지정하는 경우 건축물의 건축을 목적으로 토지의 형질변경공사를 완료한 후 1년 이내에 시가화조정구역이나 수산자원보호구역의 지정에 관한 도시 · 군관리계획결정의 고시가 있는 경우 해당 건축물을 건축하려는 자는 해당 도시 · 군관리계획결정의 고시일로부터 6월 이내에 건축허가를 신청하면 그 건축물을 건축할 수 있다.

3) 지형도면

지형도면은 결정 · 고시된 도시 · 군관리계획의 내용을 지적이 표시된 지형도에 명시함으로써 도시 · 군관리계획이 수립된 구체적인 지역과 내용을 쉽게 이해할 수 있도록 하기 위하여 작성한다.

(1) 작성자

가. 원칙적 작성자 : 특별시장 · 광역시장 · 시장 · 군수는 도시 · 군관리계획 결정이 고시되면 지적이 표시된 지형도에 도시 · 군관리계획 사항을 자세히 밝힌 도면을 작성하여야 한다. 다만, 도시지역 외의 지역으로서 해당 토지에 도시 · 군계획시설이 결정되지 아니한 경우 등 대통령령으로 정하는 경우에는 지적이 표시되지 아니한 지형도에 도시 · 군관리계획 사항을 자세히 밝힌 도면을 작성할 수 있다.

나. 예외적 작성자 : 국토교통부장관이나 도지사는 도시 · 군관리계획을 직접 입안한 경우에는 관계 특별시장 · 광역시장 · 특별자치시장 · 특별자치도지사 · 시장 또는 군수의 의견을 들어 직접 지형도면을 작성할 수 있다.

(2) 지형도면의 승인

시장 또는 군수는 지형도면을 작성하면 도지사의 승인을 받아야 한다. 이 경우 지형도면의 승인신청을 받은 도지사는 그 지형도면과 결정 · 고시된 도시 · 군관리계획을 대조하여 착오가 없다고 인정되면 30일 이내에 그 지형도면을 승인하여야 한다.

(3) 지형도면의 작성방법

가. 원칙적 작성 : 지적이 표시된 지형도에 도시 · 군관리계획사항을 명시한 도면을 작성할 때에는 축척 1/500 내지 1/1,500(녹지지역 안의 임야, 관리지역, 농림지역, 및 자연환경보전지역은 축척 1/3,000 내지 1/6,000 가능)로 작성하여야 한다. 다만, 고시하려는 토지의 경계가 행정구역의 경계와 일치하는 경우와 도시 · 군계획사업 · 산업단지조성사업 또는 택지개발사업이 완료된 구역인 경우에는 지적도 사본에 도시 · 군관리계획 사항을 명시한 도면으로 이에 갈음할 수 있다.

나. 예외적 작성 : 도시지역 외의 지역에서 도시 · 군계획시설이 결정되지 아니한 토지에 대하여는 지적이 표시되지 아니한 축척 1/5,000 이상(축척 1/5,000 이상의 지형도가 간행되어 있지 아니한 경우에는 축척 1/25,000 이상)의 지형도에 도시·군관리계획 사항을 명시한 도면을 작성할 수 있다.

다. 도면이 2매 이상인 경우 : 총괄도 첨부 지형도면이 2매 이상인 경우에는 축척 1/5,000 내지 1/50,000의 총괄도를 따로 첨부할 수 있다.

라. 지형도면의 작성기준 등은 국토교통부장관이 정한다.

(4) 고시 · 송부 및 열람

국토교통부장관, 시 · 도지사 또는 대도시 시장은 직접 지형도면을 작성하거나 지형도면을 승인한 경우에는 국토교통부장관이 하는 경우에는 관보에 시 · 도지사가 하는 경우에는 해당 시 · 도의 공보에 게재하는 방법으로 고시하고, 국토교통부장관이나 도지사는 관계 서류를 관계 특별시장 · 광역시장 · 특별자치시장 · 특별자치도지사 · 시장 또는 군수에게 송부하여 일반이 열람할 수 있도록 하여야 하며, 특별시장 · 광역시장 또는 대도시 시장은 관계 서류를 일반이 열람할 수 있도록 하여야 한다.

(5) 고시의 생략

축척 1/500 내지 1/1,500(녹지지역 안의 임야, 관리지역, 농림지역 및 자연환경보전지역은 축척 1/3,000 내지 1/6,000 가능)의 지형도를 사용하여 도시 · 군관리계획결정을 고시한 경우에는 지형도면을 따로 작성하지 아니하고 그 도시 · 군관리계획결정의 고시로써 지형도면의 고시에 갈음할 수 있다. 이 경우 도시 · 군관리계획결정의 고시내용에 지형도면을 따로 작성하여 고시하지 아니한다는 것을 분명하게 기록하여야 한다.

4) 결정의 실효

도시 · 군관리계획결정의 고시일부터 2년이 되는 날까지 지형도면의 고시가 없는 경우에는 그 2년이 되는 날의 다음 날에 그 도시 · 군관리계획결정은 효력을 잃는다. 효력을 잃게 된 때에는 지체 없이 그 사실을 국토교통부장관은 관보에, 시 · 도지사 또는 대도시 시장은 공보에 게재하는 방법으로 고시하여야 한다.

주의 이 경우의 고시는 효력의 발생요건이 아니라 효력이 이미 상실되었음을 확인하는 실효고시에 지나지 않는다.

5) 도시 · 군관리계획의 정비

(1) 타당성 검토

특별시장 · 광역시장 · 특별자치시장 · 특별자치도지사 · 시장 또는 군수는 5년마다 관할 구역의 도시 · 군관리계획에 대하여 대통령령으로 정하는 바에 따라 그 타당성 여부를 전반적으로 재검토하여 정비하여야 한다.

(2) 도시 · 군기본계획이 수립되지 아니한 시 · 군의 정비

도시 · 군기본계획을 수립하지 아니하는 시 · 군의 시장 · 군수는 도시 · 군관리계획을 정비하는 때에는 계획설명서에 해당 시 · 군의 장기발전구상을 포함시켜야 하며, 공청회를 개최하여 이에 관한 주민의 의견을 들어야 한다.

4 공간재구조화 계획

1) 입안권자

(1) 원 칙

특별시장 · 광역시장 · 특별자치시장 · 특별자치도지사 · 시장 또는 군수는 다음 각 호의 용도구역을 지정하고 해당 용도구역에 대한 계획을 수립하기 위하여 공간재구조화계획을 입안하여야 한다.

① 도시혁신구역 및 도시혁신계획

② 복합용도구역 및 복합용도계획

③ 도시 · 군계획시설입체복합구역(제①호 또는 제②호와 함께 구역을 지정하거나 계획을 입안하는 경우로 한정한다)

(2) 예 외

국토교통부장관은 도시의 경쟁력 향상, 특화발전 및 지역 균형발전 등을 위하여 필요한 때에는 관할 특별시장 · 광역시장 · 특별자치시장 · 특별자치도지사 · 시장 또는 군수의 요청에 따라 공간재구조화계획을 입안할 수 있다.

2) 입안절차

(1) 공간재구조화계획을 입안하려는 국토교통부장관, 시 · 도지사, 시장 또는 군수는 공간재구조화계획도서 및 이를 보조하는 계획설명서(기초조사결과 · 재원조달방안 및 경관계획을 포함한다.)를 작성하여야 한다.

(2) 공간재구조화계획의 입안범위와 기준, 공간재구조화계획도서 및 계획설명서의 작성기준 · 작성방법 등은 국토교통부장관이 정한다.

3) 공간재구조화계획 입안의 제안

(1) 주민(이해관계자를 포함한다. 이하 이 조에서 같다)은 용도구역 지정을 위하여 공간재구조화계획 입안권자에게 공간재구조화계획의 입안을 제안할 수 있다. 이 경우 제안서에는 공간재구조화계획도서와 계획설명서를 첨부하여야 한다.

(2) 제(1)항에 따라 공간재구조화계획의 입안을 제안 받은 공간재구조화계획 입안권자는 「국유재산법」, 「공유재산 및 물품 관리법」에 따른 국유재산 · 공유재산이 공간재구조화계획으로 지정된 용도구역 내에 포함된 경우 등 대통령령으로 정하는 경우에는 제안자 외의 제3자에 의한 제안이 가능하도록 제안 내용의 개요를 공고하여야 한다. 다만, 제안받은 공간재구조화계획을 입안하지 아니하기로 결정한 때에는 그러하지 아니하다.

(3) 공간재구조화계획 입안권자는 제1항에 따른 최초 제안자의 제안서 및 제2항에 따른 제3자 제안서에 대하여 토지이용계획의 적절성 등 대통령령으로 정하는 바에 따라 검토 · 평가한 후 제출한 제안서 내용의 전부 또는 일부를 공간재구조화계획의 입안에 반영할 수 있다.

(4) 공간재구조화계획 입안권자가 제안서 내용의 채택 여부 등을 결정한 경우에는 그 결과를 제안자와 제3자에게 알려야 한다.

(5) 공간재구조화계획 입안권자는 제안자 또는 제3자와 협의하여 제안된 공간재구조화계획의 입안 및 결정에 필요한 비용의 전부 또는 일부를 제안자 또는 제3자에게 부담시킬 수 있다.

(6) 제(1)항부터 제(5)항까지에 규정된 사항 외에 공간재구조화계획 제안의 기준, 절차 등에 필요한 사항은 대통령령으로 정한다.

4) 계획 내용

공간재구조화계획에는 용도구역 지정 위치 및 용도구역에 대한 계획 등에 관한 사항, 그 밖에 용도구역을 지정함에 따라 인근 지역의 주거 · 교통 · 기반시설 등에 미치는 영향 등 대통령령으로 정하는 사항을 포함하여야 한다.

5) 수립을 위한 기초조사, 의견청취

(1) 공간재구조화계획의 입안을 위한 기초조사, 주민과 지방의회의 의견 청취 등에 관하여는 제27조 및 제28조(제28조제4항제2호의 경우 관계 행정기관의 장과의 협의, 중앙도시계획위원회의 심의만 해당한다)를 준용한다. 이 경우 "도시 · 군관리계획"은 "공간재구조화계획"으로, "국토교통부장관, 시 · 도지사, 시장 또는 군수"는 "공간재구조화계획 입안권자"로 본다.

(2) 제(1)항에 따른 기초조사, 환경성 검토, 토지적성평가 또는 재해취약성분석은 공간재구조화계획 입안일부터 5년 이내 기초조사를 실시한 경우 등 대통령령으로 정하는 바에 따라 생략할 수 있다.

6) 결정권자 및 절차

(1) 공간재구조화계획은 시 · 도지사가 직접 또는 시장 · 군수의 신청에 따라 결정한다. 다만, 제35조의2에 따라 국토교통부장관이 입안한 공간재구조화계획은 국토교통부장관이 결정한다.

(2) 국토교통부장관 또는 시 · 도지사가 공간재구조화계획을 결정하려면 미리 관계 행정기관의 장(국토교통부장관을 포함한다)과 협의하고 다음 각 호에 따라 중앙도시계획위원회 또는 지방도시계획위원회의 심의를 거쳐야 한다. 이 경우 협의 요청을 받은 기관의 장은 특별한 사유가 없으면 그 요청을 받은 날부터 30일(도시혁신구역 지정을 위한 공간재구조화계획 결정의 경우에는 근무일 기준으로 10일) 이내에 의견을 제시하여야 한다.

가. 다음 각 목의 어느 하나에 해당하는 사항은 중앙도시계획위원회의 심의를 거친다.

① 국토교통부장관이 결정하는 공간재구조화계획

② 시 · 도지사가 결정하는 공간재구조화계획 중 제35조의2제1항 각 호의 용도구역 지정 및 입지 타당성 등에 관한 사항

나. "가"호 각 목의 사항을 제외한 공간재구조화계획에 대하여는 지방도시계획위원회의 심의를 거친다.

(3) 국토교통부장관 또는 시 · 도지사는 공간재구조화계획을 결정하면 대통령령으로 정하는 바에 따라 그 결정을 고시하고, 국토교통부장관이나 도지사는 관계 서류를 관

계 특별시장 · 광역시장 · 특별자치시장 · 특별자치도지사 · 시장 또는 군수에게 송부하여 일반이 열람할 수 있도록 하여야 하며, 특별시장 · 광역시장 · 특별자치시장 · 특별자치도지사는 관계 서류를 일반이 열람할 수 있도록 하여야 한다.

7) 결정의효력

(1) 공간재구조화계획 결정의 효력은 지형도면을 고시한 날부터 발생한다. 다만, 지형도면이 필요 없는 경우에는 제35조의6제3항에 따라 고시한 날부터 효력이 발생한다.

(2) 제(1)항에 따라 고시를 한 경우에 해당 구역 지정 및 계획 수립에 필요한 내용에 대해서는 고시한 내용에 따라 도시 · 군기본계획의 수립 · 변경(제19조제1항 각 호 중에서 인구의 배분 등은 대통령령으로 정하는 범위에서 변경하는 경우로 한정한다)과 도시 · 군관리계획의 결정(변경결정을 포함한다) 고시를 한 것으로 본다.

(3) 제(1)항에 따른 지형도면 고시 등에 관하여는 제32조를 준용한다. 이 경우 "도시 · 군관리계획"은 "공간재구조화계획"으로 본다.

(4) 제(1)항에 따라 고시를 할 당시에 이미 사업이나 공사에 착수한 자(이 법 또는 다른 법률에 따라 허가 · 인가 · 승인 등을 받아야 하는 경우에는 그 허가 · 인가 · 승인 등을 받아 사업이나 공사에 착수한 자를 말한다)는 그 공간재구조화계획 결정과 관계없이 그 사업이나 공사를 계속할 수 있다.

(5) 제(1)항에 따라 고시된 공간재구조화계획의 내용은 도시 · 군계획으로 관리하여야 한다.

제5장 용도지역 · 용도지구 · 용도구역

1 용도지역

1) 용도지역의 종류

(1) 법률상 용도지역의 분류

국토교통부장관, 시 · 도지사 또는 대도시 시장은 다음의 어느 하나의 용도지역의 지정 또는 변경을 도시 · 군관리계획으로 결정한다.

【용도지역의 종류】

대분류(4개)	중분류(9개)	소분류(21개)
도시지역	주거지역	제1 · 2종전용, 제1 · 2 · 3종일반, 준주거
	상업지역	중심, 일반, 근린, 유통
	공업지역	전용, 일반, 준
	녹지지역	보전, 생산, 자연
관리지역	보전관리지역	보전관리
	생산관리지역	생산관리
	계획관리지역	계획관리
농림지역	농림지역	농림
자연환경보전지역	자연환경보전지역	자연환경보전

가. 도시지역

① 주거지역 : 거주의 안녕과 건전한 생활환경의 보호를 위하여 필요한 지역

② 상업지역 : 상업이나 그 밖의 업무의 편익을 증진하기 위하여 필요한 지역

③ 공업지역 : 공업의 편익을 증진하기 위하여 필요한 지역

④ 녹지지역 : 자연환경 · 농지 및 산림의 보호, 보건위생, 보안과 도시의 무질서한 확산을 방지하기 위하여 녹지의 보전이 필요한 지역

나. 관리지역

① 보전관리지역 : 자연환경보호, 산림보호, 수질오염방지, 녹지공간확보 및 생태계 보전 등을 위하여 보전이 필요하나, 주변 용도지역과의 관계 등을 고려할 때

자연환경보전지역으로 지정하여 관리하기가 곤란한 지역

② 생산관리지역 : 농업 · 임업 · 어업생산 등을 위하여 관리가 필요하나, 주변 용도지역과의 관계 등을 고려할 때 농림지역으로 지정하여 관리하기가 곤란한 지역

③ 계획관리지역 : 도시지역으로의 편입이 예상되는 지역이나 자연환경을 고려하여 제한적인 이용 · 개발을 하려는 지역으로서 계획적 · 체계적인 관리가 필요한 지역

다. 농림지역 : 도시지역에 속하지 아니하는 농지법에 따른 농업진흥지역 또는 산지관리법에 따는 보전산지 등으로서 농림업을 진흥시키고 산림을 보전하기 위하여 필요한 지역을 말한다.

라. 자연환경보전지역 : 자연환경 · 수자원 · 해안 · 생태계 · 상수원 및 문화재의 보전과 수산자원의 보호 · 육성이 필요한 지역을 말한다.

(2) 시행령상 용도지역의 세분

국토교통부장관, 시 · 도지사 또는 대도시 시장은 다음에 정하는 바에 따라 용도지역을 도시 · 군관리계획 결정으로 다시 세분하여 지정하거나 변경할 수 있다.

가. 주거지역

① 전용주거지역 : 양호한 주거환경을 보호하기 위하여 필요한 지역

㉠ 제1종 전용주거지역 : 단독주택 중심의 양호한 주거환경을 보호하기 위하여 필요한 지역

㉡ 제2종 전용주거지역 : 공동주택 중심의 양호한 주거환경을 보호하기 위하여 필요한 지역

② 일반주거지역 : 편리한 주거환경을 조성하기 위하여 필요한 지역

㉠ 제1종 일반주거지역 : 저층 주택을 중심으로 편리한 주거환경을 조성하기 위하여 필요한 지역

㉡ 제2종 일반주거지역 : 중층 주택을 중심으로 편리한 주거환경을 조성하기 위하여 필요한 지역

㉢ 제3종 일반주거지역 : 중 · 고층 주택을 중심으로 편리한 주거환경을 조성하기 위하여 필요한 지역

③ 준주거지역 : 주거기능을 위주로 지원하는 일부 상업기능 및 업무기능을 보완하기 위하여 필요한 지역

나. 상업지역

① 중심상업지역 : 도심 · 부도심의 상업기능 및 업무기능의 확충을 위하여 필요한 지역

② 일반상업지역 : 일반적인 상업기능 및 업무기능을 담당하게 하기 위하여 필요한 지역

③ 유통상업지역 : 도시 내 및 지역 간 유통기능의 증진을 위하여 필요한 지역

④ 근린상업지역 : 근린지역에서의 일용품 및 서비스의 공급을 위하여 필요한 지역

【용도지역의 세분화】

<table>
<tr><td rowspan="16">도시지역</td><td rowspan="6">주거지역</td><td rowspan="2">전용</td><td>제1종-단독주택 중심</td></tr>
<tr><td>제2종-공동주택 중심</td></tr>
<tr><td rowspan="3">일반</td><td>제1종-저층주택 중심(4층 이하)</td></tr>
<tr><td>제2종-중층주택 중심
(도시 · 군계획 조례로 층수를 제한하는 경우 그 층수 이하)</td></tr>
<tr><td>제3종-중·고층주택 중심</td></tr>
<tr><td>준</td><td>주거기능을 위주로 지원하는 일부 상업기능 및 업무기능을 보완</td></tr>
<tr><td rowspan="4">상업지역</td><td>중심</td><td>도심 · 부도심의 상업기능 및 업무기능의 확충</td></tr>
<tr><td>일반</td><td>일반적인 상업기능 및 업무기능을 담당</td></tr>
<tr><td>유통</td><td>도시 내 및 지역 간 유통기능의 증진</td></tr>
<tr><td>근린</td><td>근린지역에서의 일용품 및 서비스의 공급</td></tr>
<tr><td rowspan="3">공업지역</td><td>전용</td><td>주로 중화학공업, 공해성 공업 등을 수용</td></tr>
<tr><td>일반</td><td>환경을 저해하지 아니하는 공업의 배치</td></tr>
<tr><td>준</td><td>경공업 그 밖의 공업을 수용하되, 주거 · 상업 및 업무기능의 보완</td></tr>
<tr><td rowspan="3">녹지지역</td><td>보전</td><td>도시의 자연환경 · 경관 · 산림 및 녹지공간을 보전</td></tr>
<tr><td>생산</td><td>주로 농업적 생산을 위하여 개발을 유보</td></tr>
<tr><td>자연</td><td>도시의 녹지공간의 확보, 도시확산의 방지, 장래 도시용지의 공급 등을 위하여 보전할 필요가 있는 지역으로서 불가피한 경우에 한하여 제한적인 개발이 허용</td></tr>
<tr><td rowspan="3">관리지역</td><td colspan="2">보 전</td><td>자연환경보호, 산림보호, 수질오염방지, 녹지공간확보 및 생태계 보전 등을 위하여 보전이 필요하나, 주변의 용도지역과의 관계 등을 고려할 때 자연환경보전지역으로 지정하여 관리하기가 곤란한 지역</td></tr>
<tr><td colspan="2">생 산</td><td>농업 · 임업 · 어업생산 등을 위하여 관리가 필요하나, 주변의 용도지역과의 관계 등을 고려할 때 농림지역으로 지정하여 관리하기가 곤란한 지역</td></tr>
<tr><td colspan="2">계 획</td><td>도시지역으로의 편입이 예상되는 지역 또는 자연환경을 고려하여 제한적인 이용·개발을 하려는 지역으로서 계획적 · 체계적인 관리가 필요한 지역</td></tr>
<tr><td colspan="3">농림지역</td><td>도시지역에 속하지 아니하는 농지법에 따른 농업진흥지역 또는 산지관리법에 따르는 보전산지 등으로서 농림업을 진흥시키고 산림을 보전하기 위하여 필요한 지역</td></tr>
<tr><td colspan="3">자연환경
보전지역</td><td>자연환경 · 수자원 · 해안 · 생태계 · 상수원 및 문화재의 보전과 수산자원의 보호 · 육성이 필요한 지역</td></tr>
</table>

다. 공업지역

① 전용공업지역 : 주로 중화학공업, 공해성 공업 등을 수용하기 위하여 필요한 지역

② 일반공업지역 : 환경을 저해하지 아니하는 공업의 배치를 위하여 필요한 지역

③ 준공업지역 : 경공업 그 밖의 공업을 수용하되 주거기능 · 상업기능 및 업무기능의 보완이 필요한 지역

라. 녹지지역

① 보전녹지지역 : 도시의 자연환경 · 경관 · 산림 및 녹지공간을 보전할 필요가 있는 지역

② 생산녹지지역 : 주로 농업적 생산을 위하여 개발을 유보할 필요가 있는 지역

③ 자연녹지지역 : 도시의 녹지공간의 확보, 도시확산의 방지, 장래 도시용지의 공급 등을 위하여 보전할 필요가 있는 지역으로서 불가피한 경우에 한하여 제한적인 개발이 허용되는 지역

2) 지정권자

시 · 도지사 또는 대도시 시장은 해당 시 · 도 또는 대도시의 도시 · 군계획 조례로 정하는 바에 따라 도시 · 군관리계획 결정으로 세분된 주거지역 · 상업지역 · 공업지역 · 녹지지역을 추가적으로 세분하여 지정할 수 있다.

3) 지정절차

(1) 원 칙

「국토의 계획 및 이용에 관한 법률」에 따른 도시 · 군관리계획으로 결정한다.

(2) 용도지역 지정절차상의 특례

다음의 경우에는 도시 · 군관리계획의 결정 없이 일정한 용도지역으로 지정되거나 결정 · 고시된 것으로 본다.

가. 용도지역의 지정 의제

① 매립목적이 이웃 용도지역과 동일한 경우 : 바다인 공유수면의 매립목적이 그 매립구역과 이웃하고 있는 용도지역이 내용과 같으면 도시 · 군관리계획의 입안 및 결정절차 없이 그 매립의 준공인가일부터 이와 이웃하고 있는 용도지역으로 지정된 것으로 본다. 이 경우 관계 특별시장 · 광역시장 · 특별자치시장 · 특별자치도지사 · 시장 또는 군수는 그 사실을 지체 없이 고시하여야 한다. 관계 행정기관의 장은 공유수면 매립의 준공검사를 하면 지체 없이 관계 특별시장 · 광역시장 · 특별자치시장 · 특별자치도지사 · 시장 또는 군수에게 통보하여야 한다.

② 매립목적이 다르거나 둘 이상에 이웃하는 경우 : 공유수면의 매립목적이 그 매립구역과 이웃하고 있는 용도지역의 내용과 다른 경우 및 그 매립구역의 둘 이상의 용도지역에 걸쳐 있거나 이웃하고 있는 경우 그 매립구역이 속할 용도지역은 도시·군관리계획결정으로 지정하여야 한다.

나. 용도지역의 결정·고시의제

① 도시지역 의제 : 다음의 구역 등으로 지정·고시된 구역은 도시지역으로 결정·고시된 것으로 본다.

㉠ 「항만법」에 따른 항만구역으로서 도시지역에 연접한 공유수면

㉡ 「어촌·어항법」에 따른 어항구역으로서 도시지역에 연접한 공유수면

㉢ 「산업입지 및 개발에 관한 법률」에 따른 국가산업단지, 일반산업단지 및 도시첨단 산업단지, 단, 농공단지는 제외한다.

㉣ 「택지개발촉진법」에 따른 택지개발예정지구

㉤ 「전원개발촉진법」에 따른 전원개발사업구역 및 예정구역(다만, 수력발전소 또는 송·변전설비만을 설치하기 위한 전원개발사업구역 및 예정구역은 제외)

② 관리지역 안에서의 의제

㉠ 농림지역으로 결정·고시의제 : 관리지역에서 「농지법」에 따른 농업진흥지역으로 지정·고시된 지역을 이 법에 따른 지역으로 결정·고시된 것으로 본다.

㉡ 지역 또는 자연환경보전지역으로 결정·고시 의제 : 관리지역의 산림 중 「산지관리법」에 따라 보전산지로 지정·고시된 지역을 이 법에 따른 지역 또는 자연환경보전지역으로 결정·고시된 것으로 본다.

(3) 지형도면에의 표시 및 통보

관계 행정기관의 장은 항만구역·어항구역·산업단지·택지개발예정지구·전원개발사업구역 및 예정구역·농업진흥지역 또는 보전산지를 지정한 경우에는 고시된 지형도면 또는 지형도에 그 지정 사실을 표시하여 그 지역을 관할하는 특별시장·광역시장·특별자치시장·특별자치도지사·시장 또는 군수에게 통보하여야 한다.

(4) 용도지역의 환원

구역·단지·지구·지역 등이 해제되는 경우에는 이 법 또는 다른 법률에서 그 구역 등이 어떤 용도지역에 해당되는지를 따로 정하고 있지 아니한 경우에는 지정하기 이전의 용도지역으로 환원된 것으로 본다.

이 경우 지정권자는 용도지역이 환원된 사실을 고시하고 그 지역을 관할하는 특별시장·광역시장·특별자치시장·특별자치도지사·시장 또는 군수에게 통보하여야 한다.

(5) 기득권 보호

용도지역이 환원되는 당시 이미 사업이나 공사에 착수한 자는 해당 용도지역의 환원과 관계없이 그 사업이나 공사를 계속할 수 있다.

4) 용도지역에서의 행위제한

(1) 건축물의 건축제한

용도지역에서의 건축이나 용도를 변경할 경우에도 건축물이나 그 밖의 시설의 용도·종류 및 규모 등의 제한에 관한 사항은 해당 용도지역의 지정목적에 적합한 범위에서 대통령령으로 정한다. 다만, 도시 · 군계획시설에 대하여는 적용하지 아니한다. 부속건축물은 주된 건축물에 대한 건축제한에 의한다.

(2) 건폐율제한

가. 건폐율 : 건폐율이란 대지면적에 대한 바닥 건축면적의 비율을 말한다. 다만, 대지 내에 둘 이상의 건축물이 있는 경우는 모든 바닥 건축면적의 합계를 말한다.

나. 용도지역에서의 건폐율제한 : 용도지역에서 건폐율의 최대한도는 관할 구역의 면적과 인구규모, 용도지역의 특성 등을 고려하여 법률의 범위에서 대통령령으로 정하는 기준에 따라 특별시 · 광역시 · 특별자치시 · 특별자치도 · 시 또는 군의 조례로 정한다. 이 경우 도시 · 군계획조례로 용도지역별 건폐율을 정함에 있어서 필요한 경우에는 해당 지방자치단체의 관할 구역을 세분하여 건폐율을 달리 정할 수 있다.

다. 특정지역에서의 건폐율 : 다음에 해당하는 지역에서의 건폐율에 관한 기준은 용도지역에서의 규정에도 불구하고 80% 이하의 범위에서 다음에 정하는 기준에 따라 특별시 · 광역시 · 특별자치시 · 특별자치도 · 시 또는 군의 조례로 따로 정한다.

① 취락지구 : 60% 이하

② 개발진흥지구(도시지역 외의 지역으로 한정) : 40% 이하

③ 수산자원보호구역 : 40% 이하

④ 「자연공원법」에 따른 자연공원 및 공원보호구역 : 60% 이하

⑤ 「산업입지 및 개발에 관한 법률」에 따른 농공단지 : 70% 이하

⑥ 공업지역에 있는 「산업입지 및 개발에 관한 법률」에 따른 국가산업단지, 일반산업단지 및 도시첨단산업단지 : 80% 이하

라. 건폐율의 강화 및 완화적용

① 강화 적용하는 경우 : 특별시장 · 광역시장 · 특별자치시장 · 특별자치도지사 · 시장 또는 군수는 도시지역에서 토지이용의 과밀화를 방지하기 위하여 건폐율을 낮추어야 할 필요가 있다고 인정되는 경우에는 해당 지방자치단체에 설치된

도시계획위원회의 심의를 거쳐 구역을 정하고, 그 구역에 적용할 건폐율의 최대 한도의 40% 이상의 범위에서 특별시 · 광역시 · 특별자치시 · 특별자치도 · 시 또는 군의 도시 · 군계획조례로 정하는 비율을 초과하여서는 아니된다.

【용도지역별 건폐율】

<table>
<tr><th colspan="2">지 역</th><th>국토계획법상 기준</th><th colspan="2">세분된 지역</th><th>시행령상 기준</th></tr>
<tr><td rowspan="16">도시지역</td><td rowspan="6">주거지역</td><td rowspan="6">70% 이하</td><td rowspan="2">전용주거지역</td><td>제1종</td><td>50% 이하</td></tr>
<tr><td>제2종</td><td>50% 이하</td></tr>
<tr><td rowspan="3">일반주거지역</td><td>제1종</td><td>60% 이하</td></tr>
<tr><td>제2종</td><td>60% 이하</td></tr>
<tr><td>제3종</td><td>50% 이하</td></tr>
<tr><td colspan="2">준주거지역</td><td>70% 이하</td></tr>
<tr><td rowspan="4">상업지역</td><td rowspan="4">90% 이하</td><td colspan="2">중심상업지역</td><td>90% 이하</td></tr>
<tr><td colspan="2">일반상업지역</td><td>80% 이하</td></tr>
<tr><td colspan="2">유통상업지역</td><td>80% 이하</td></tr>
<tr><td colspan="2">근린상업지역</td><td>70% 이하</td></tr>
<tr><td rowspan="3">공업지역</td><td rowspan="3">70% 이하</td><td colspan="2">전용공업지역</td><td>70% 이하</td></tr>
<tr><td colspan="2">일반공업지역</td><td>70% 이하</td></tr>
<tr><td colspan="2">준공업지역</td><td>70% 이하</td></tr>
<tr><td rowspan="3">녹지지역</td><td rowspan="3">20% 이하</td><td colspan="2">보전녹지지역</td><td>20% 이하</td></tr>
<tr><td colspan="2">생산녹지지역</td><td>20% 이하</td></tr>
<tr><td colspan="2">자연녹지지역</td><td>20% 이하</td></tr>
<tr><td rowspan="3">관리지역</td><td>보전관리지역</td><td>20% 이하</td><td colspan="2">보전관리지역</td><td>20% 이하</td></tr>
<tr><td>생산관리지역</td><td>20% 이하</td><td colspan="2">생산관리지역</td><td>20% 이하</td></tr>
<tr><td>계획관리지역</td><td>40% 이하</td><td colspan="2">계획관리지역</td><td>40% 이하</td></tr>
<tr><td colspan="2">농림지역</td><td>20% 이하</td><td colspan="2">농림지역</td><td>20% 이하</td></tr>
<tr><td colspan="2">자연환경보전지역</td><td>20% 이하</td><td colspan="2">자연환경보전지역</td><td>20% 이하</td></tr>
</table>

② 완화 적용하는 경우

㉠ 준주거지역 · 일반상업지역 · 근린상업지역의 방화지구에 있는 일정한 건축물에는 80% 이상 90% 이하의 범위에서 특별시 · 광역시 · 특별자치시 · 특별자치도 · 시 또는 군의 도시 · 군계획 조례로 정하는 비율의 범위 안에서 완화할 수 있다.

㉮ 해당 건축물의 주요구조부가 내화구조인 것

㉯ 해당 건축물의 대지가 가로의 모퉁이에 있는 대지로서 다음의 어느 하나에 해당하는 것

- 서로 교차하는 2개의 도로에 접한 대지로서 그 도로너비의 합계가 15m 이상이고, 도로에 접한 대지의 내각이 120도 이하이며, 그 대지 둘레길이의 1/3 이상이 도로에 접한 대지
- 서로 교차하지 아니하는 2개의 도로에 접한 대지로서 그 도로너비가 각각 8m 이상이고, 그 도로 경계선 상호간의 간격이 35m 이하이며, 그 대지둘레 길이의 1/3 이상이 도로에 접한 대지

㉡ 자연녹지지역의 기존 공장 또는 창고시설 : 40%의 범위에서 최초 건축허가 시 그 건축물에 허용된 건폐율을 초과하여서는 아니된다.

㉢ 보전관리지역 · 생산관리지역 · 농림지역 · 자연환경보전지역에 지정된 농업진흥지역의 건축물 : 위의 지역에서 「농지법」에 따라 농업진흥지역에서 건축할 수 있는 건축물의 경우에는 그 건폐율은 60% 이하의 범위에서 특별시 · 광역시 · 특별자치시 · 특별자치도 · 시 또는 군의 도시 · 군계획조례로 정하는 비율을 초과하여서는 아니된다.

③ 유원지 · 공원의 경우 : 도시 · 군계획시설 중 유원지 및 공원의 건폐율은 국토교통부령으로 따로 정할 수 있다.

(3) 용적률제한

가. 용적률 : 용적률이란 대지면적에 대한 건축 연면적의 비율을 말한다. 연면적이란 하나의 건축물의 각 층의 바닥면적의 합계를 의미하지만 용적률계산에 있어서의 연면적에는 지하층의 면적, 지상층의 건축물의 부속용도로 사용하는 주차용 면적, 주민공동시설면적을 제외된다.

나. 용도지역에서의 용적률제한 : 용적률의 최대한도는 관할구역의 면적과 인구규모, 용도지역의 특성 등을 고려하여 법률의 범위에서 대통령령으로 정하는 기준에 따라 특별시 · 광역시 · 특별자치시 · 특별자치도 · 시 또는 군의 조례로 정한다. 도시 · 군계획조례로 용도지역별 용적률을 정함에 있어서 필요한 경우에는 해당 지방자치단체의 관할 구역을 세분하여 용적률을 달리 정할 수 있다.

다. 특정 지역에서의 용적률 : 다음에 해당하는 지역에서의 용적률에 대한 기준은 200% 이하의 범위에서 다음의 기준에 따라 특별시 · 광역시 · 특별자치시 · 특별자치도 · 시 또는 군의 조례로 따로 정한다.

① 수산자원보호구역 : 80% 이하

② 개발진흥지구(도시지역 외의 지역으로 한정) : 100% 이하

③ 자연공원법에 따른 자연공원 및 공원보호구역 : 100% 이하
다만, 자연공원법에 따른 공원밀집 마을지구는 150% 이하, 공원 집단시설지구는 200% 이하

④ 산업입지 및 개발에 관한 법률에 따른 농공단지(도시지역 외의 지역에 지정된 농공단지만 해당) : 150% 이하

【용도지역별 용적률】

<table>
<tr><th colspan="2">용도지역</th><th>국토계획법상 기준</th><th colspan="2">세분된 지역</th><th>시행령상 기준</th></tr>
<tr><td rowspan="15">도
시
지
역</td><td rowspan="6">주거지역</td><td rowspan="6">500% 이하</td><td rowspan="2">전용주거지역</td><td>제1종</td><td>50% 이상 100% 이하</td></tr>
<tr><td>제2종</td><td>100% 이상 150% 이하</td></tr>
<tr><td rowspan="3">일반주거지역</td><td>제1종</td><td>100% 이상 200% 이하</td></tr>
<tr><td>제2종</td><td>150% 이상 250% 이하</td></tr>
<tr><td>제3종</td><td>200% 이상 300% 이하</td></tr>
<tr><td colspan="2">준주거지역</td><td>200% 이상 500% 이하</td></tr>
<tr><td rowspan="4">상업지역</td><td rowspan="4">1,500% 이하</td><td colspan="2">중심상업지역</td><td>400% 이상 1,500% 이하</td></tr>
<tr><td colspan="2">일반상업지역</td><td>300% 이상 1,300% 이하</td></tr>
<tr><td colspan="2">유통상업지역</td><td>200% 이상 1,100% 이하</td></tr>
<tr><td colspan="2">근린상업지역</td><td>200% 이상 900% 이하</td></tr>
<tr><td rowspan="3">공업지역</td><td rowspan="3">400% 이하</td><td colspan="2">전용공업지역</td><td>150% 이상 300% 이하</td></tr>
<tr><td colspan="2">일반공업지역</td><td>200% 이상 350% 이하</td></tr>
<tr><td colspan="2">준공업지역</td><td>200% 이상 400% 이하</td></tr>
<tr><td rowspan="3">녹지지역</td><td rowspan="3">100% 이하</td><td colspan="2">보전녹지지역</td><td>50% 이상 80% 이하</td></tr>
<tr><td colspan="2">생산녹지지역</td><td>50% 이상 100% 이하</td></tr>
<tr><td colspan="2">자연녹지지역</td><td>50% 이상 100% 이하</td></tr>
<tr><td rowspan="3">관리
지역</td><td>보전관리지역</td><td>80% 이하</td><td colspan="2">보전관리지역</td><td>50% 이상 80% 이하</td></tr>
<tr><td>생산관리지역</td><td>80% 이하</td><td colspan="2">생산관리지역</td><td>50% 이상 80% 이하</td></tr>
<tr><td>계획관리지역</td><td>100% 이하</td><td colspan="2">계획관리지역</td><td>50% 이상 100% 이하</td></tr>
<tr><td colspan="2">농림지역</td><td>80% 이하</td><td colspan="2">농림지역</td><td>50% 이상 80% 이하</td></tr>
<tr><td colspan="2">자연환경보전지역</td><td>80% 이하</td><td colspan="2">자연환경보전지역</td><td>50% 이상 80% 이하</td></tr>
</table>

라. 용적률의 완화

① 준주거지역 상업지역(유통상업지역 제외) 공업지역의 건축물로서 경관 · 교통 · 방화 · 위생상 지장이 없다고 인정되는 경우에는 해당 용적률의 120% 이하의 범위에서 특별시 · 광역시 · 특별자치시 · 특별자치도 · 시 또는 군의 도시 · 군계

획조례로 정하는 비율

㉠ 공원 · 광장(교통광장은 제외) · 하천 등 건축이 금지된 공지에 접한 도로를 전면도로로 하는 대지 안의 건축물

㉡ 공원 · 광장(교통광장은 제외) · 하천 그 밖에 건축이 금지된 공지에 20m 이상 접한 대지 안의 건축물

㉢ 너비 25m 이상인 도로에 20m 이상 접한 대지 안의 건축면적이 1,000m² 이상인 건축물

② 상업지역 · 정비구역에서 공공시설부지로 제공하는 경우 : 다음의 지역에서 건축물을 건축하려는 자는 그 대지의 일부를 공공시설부지로 제공하는 경우에는 해당 용적률의 200% 이하의 범위에서 대지면적의 제공 비율에 따라 특별시 · 광역시 · 특별자치시 · 특별자치도 · 시 또는 군의 도시 · 군계획조례로 정하는 비율로 할 수 있다.

㉠ 상업지역

㉡ 「도시 및 주거환경정비법」에 따른 주택재개발사업, 주택재건축사업을 시행하기 위한 정비구역

③ 유원지 · 공원의 경우 : 도시 · 군계획시설 중 유원지 및 공원의 용적률은 국토교통부령으로 따로 정할 수 있다.

④ 창고 등의 경우 : 도시지역(녹지지역만 해당), 관리지역에서는 창고 등 대통령령으로 정하는 용도의 건축물 또는 시설물(시행령에서는 창고만 규정)은 특별시 · 광역시 · 특별자치시 · 특별자치도 · 시 또는 군의 조례로 정하는 높이로 규모 등을 제한할 수 있다.

(4) 기타 행위제한

가. 용도지역 미지정 지역 : 도시지역 · 관리지역 · 농림지역 · 자연환경보전지역 중 어느 용도지역으로도 아직 지정되지 않은 지역을 미지정 지역이라 하며, 용도지역에서의 건축물의 건축제한, 건폐율 · 용적률에 관한 규정을 적용할 때에 자연환경보전지역에 관한 규정을 적용한다.

나. 용도지역 미세분 지역 : 도시지역은 총 16개의 용도지역으로 세분되고 관리지역은 총 3개의 용도지역으로 세분된다. 이렇게 도시지역 또는 관리지역이 세분되지 않은 지역을 미세분 지역이라 하며, 용도지역 및 용도지역에서의 건축물의 건축제한, 용도지역에서의 건폐율 · 용적률에 관한 규정을 적용할 때에 해당 용도지역이 도시지역인 경우에는 보전녹지지역에 관한 규정을 적용하고, 관리지역인 경우에는 보전관리지역에 관한 규정을 적용한다.

【용도지역별 행위제한】

용도 지역	도시지역																관리지역			농림지역	자연환경보전지역
	주거지역						상업지역				공업지역			녹지지역							
	1종전용	2종전용	1종일반	2종일반	3종일반	준주거	유통	근린	일반	중심	전용	일반	준공업	자연	생산	보전	계획	생산	보전		
1. 단독주택	△	○	○	○	○	○		○						○	○		○	○	○	△	△
2. 공동주택		○	△	○	○	○		△	△				△								
3. 1종 근생	△	△	○	○	○	○		○	○	○	○	○	○	○	○		△	△		△	
4. 2종 근생						△	○	○	○	○	△	△	△	△			△				
5. 문화집회									○	○											
6. 종교시설				○	○	○		○	○	○											
7. 판매시설							○	△	○	○		△	△								
8. 운수시설							○	△	○	○		○	○								
9. 의료시설						△		△	○				○	△			△				
10. 교육연구			△	△	△	○		○					○	△	△	△	△	△	△	△	△
11. 노유자			○	○	○	○		○					△	○	○		○				
12. 수련시설						○		○					○	○	○		○				
13. 운동시설						○		○						○	△		△	△			
14. 업무시설									○	○											
15. 숙박시설								△	△	△											
16. 위락시설									△	△											
17. 공장											○	○	△				△				
18. 창고							○		○		○	○	○	△	△	△	△	△		△	
19. 위험물											○	○	○		△						
20. 자동차											○	○	○								
21. 동물식물														○	△		○	△		△	
22. 쓰레기											○	○	○	○			○				
23. 교정군사									△	△				○	○	○	○	○	○		
24. 방송통신									○	○				○	○		○				
25. 발전시설									○	○	○	○	○	○	○		○	○		○	
26. 묘지시설														○			○				
27. 관광휴게														○							
28. 기타																					

■ 4층 이하 : 제1종일반주거지역 · 녹지지역 · 관리지역 · 자연취락지구

○ : 법령상 전부 허용, △ : 법령상 조건부 허용

다. 도시지역에서 다른 법률의 적용배제 : 도시지역에 대하여는 다음의 규정을 적용하지 아니한다.

① 「도로법」에 따른 접도구역제

② 「고속 국도법」에 따른 접도구역제

③ 「농지법」에 따른 농지취득자격증명제. 다만, 녹지지역의 농지로서 도시·군계획시설사업에 필요하지 아니한 농지는 농지취득자격증명제를 적용한다.

라. 보전관리지역 · 생산관리지역에서의 건축제한 : 보전관리지역이나 생산관리지역에 대하여 농림축산식품부장관 · 환경부장관 또는 산림청장이 농지보전 · 자연환경보전 · 해양환경보전 또는 산림보전에 필요하다고 인정하는 경우에는 「농지법」, 「자연 환경보전법」, 「야생 동 · 식물보호법」, 「해양생태계의 보전 및 관리에 관한 법률」 또는 「산림자원의 조성 및 관리에 관한 법률」에 따라 건축물이나 그 밖의 시설의 용도·종류 및 규모 등을 제한할 수 있다. 이 경우 이 법에 따른 제한의 취지와 형평을 이루도록 하여야 한다.

2 용도지구

용도지구란 토지의 이용 및 건축물의 용도, 건폐율, 용적률, 높이 등에 대한 용도지역의 제한을 강화 또는 완화하여 적용함으로써 용도지역의 기능을 증진시키고 미관, 경관, 안전 등을 도모하기 위하여 도시 · 군관리계획으로 결정하는 지역을 말한다. 국토교통부장관, 시 · 도지사 또는 대도시의 시장은 용도지구의 지정 또는 변경을 도시 · 군관리계획으로 결정한다.

1) 용도지구의 종류

(1) 법령상 분류

가. 경관지구 : 경관을 보전 · 관리 및 형성을 위하여 필요한 지구

나. 고도지구 : 쾌적한 환경조성 및 토지의 효율적 이용을 위하여 건축물 높이의 최저한도 또는 최고한도를 규제할 필요가 있는 지구

다. 방화지구 : 화재의 위험을 예방하기 위하여 필요한 지구

라. 방재지구 : 풍수해, 산사태, 지반의 붕괴, 그 밖의 재해를 예방하기 위하여 필요한 지구

마. 보호지구 : 문화재, 중요 시설물 및 문화적 생태적으로 보존가치가 큰 지역의 보호와 보존을 위하여 필요한 지구

바. 취락지구 : 녹지지역 · 관리지역 · 농림지역 · 자연환경보전지역 · 개발제한구역 또는 도시자연공원구역의 취락을 정비하기 위한 지구

사. 개발진흥지구 : 주거기능 · 상업기능 · 공업기능 · 유통물류기능 · 관광기능 · 휴양기능 등을 집중적으로 개발 · 정비할 필요가 있는 지구

아. 특정용도제한지구 : 주거 및 교육 환경 보호 등의 목적으로 오염물질 배출시설, 청소년 유해시설 등 특정시설의 입지를 제한할 필요가 있는 지구

자. 복합용도지구 : 지역의 토지이용 상황, 개발 수요 및 주변 여건 등을 고려하여 효율적이고 복합적인 토지이용을 도모하기 위하여 특정시설의 입지를 완화할 필요가 있는 지구

차. 그 밖에 대통령령으로 정하는 지구

(2) 시행령상 세분

국토교통부장관, 시 · 도지사 또는 대도시 시장은 필요하다고 인정되면 대통령령으로 정하는 바에 따라 용도지구를 도시 · 군관리계획결정으로 다시 세분하여 지정하거나 변경할 수 있다.

가. 경관지구

① 자연경관지구 : 산지 · 구릉지 등 자연경관을 보호하거나 유지하기 위하여 필요한 지구

② 시가지경관지구 : 지역 내 주거지, 중심지 등 시가지의 경관을 보호 또는 유지하거나 형성하기 위하여 필요한 지구

③ 특화경관지구 : 지역 내 주요 수계의 수변 또는 문화적 보존가치가 큰 건축물 주변의 경관 등 특별한 경관을 보호 또는 유지하거나 형성하기 위하여 필요한 지구

나. 방재지구

① 시가지방재지구 : 건축물 · 인구가 밀집되어 있는 지역으로서 시설 개선 등을 통하여 재해 예방이 필요한 지구

② 자연방재지구 : 토지의 이용도가 낮은 해안변, 하천변, 급경사지 주변 등의 지역으로서 건축 제한 등을 통하여 재해 예방이 필요한 지구

다. 보호지구

① 역사문화환경 보호지구 : 문화재 · 전통사찰 등 역사 · 문화적으로 보존가치가 큰 시설 및 지역의 보호와 보존을 위하여 필요한 지구

② 중요시설물 보호지구 : 중요시설물(제1항에 따른 시설물을 말한다. 이하 같다)의 보호와 기능의 유지 및 증진 등을 위하여 필요한 지구

③ 생태계 보호지구 : 야생동식물서식처 등 생태적으로 보존가치가 큰 지역의 보호와 보존을 위하여 필요한 지구

라. 취락지구

① 자연취락지구 : 녹지지역 · 관리지역 · 농림지역 또는 자연환경보전지역안의 취

락을 정비하기 위하여 필요한 지구

② 집단취락지구 : 개발제한구역안의 취락을 정비하기 위하여 필요한 지구

마. 개발진흥지구

① 주거개발진흥지구 : 주거기능을 중심으로 개발 · 정비할 필요가 있는 지구

② 산업 · 유통개발진흥지구 : 공업기능 및 유통 · 물류기능을 중심으로 개발 · 정비할 필요가 있는 지구

【용도지구의 세분화】

용도지구의 세분		지 정 목 적
경관지구	자연경관지구	산지 · 구릉지 등 자연경관을 보호하거나 유지하기 위하여 필요한 지구
	시가지경관지구	지역 내 주거지, 중심지 등 시가지의 경관을 보호 또는 유지하기 위하여 필요한 지구
	특화경관지구	지역 내 주요 수계의 수변 또는 문화적 보존가치가 큰 건축물 주변의 경관 등 특별한 경관을 보호 또는 유지하거나 형성하기 위하여 필요한 지구
방재지구	시가지방재지구	건축물, 인구가 밀집되어 있는 지역으로 시설 개선 등을 통하여 재해 예방이 필요한 지구
	자연방재지구	토지의 이용도가 낮은 해안변, 하천변, 급경사지 주변 등의 지역으로서 건축 제한 등을 통하여 재해 예방이 필요한 지구
보호지구	역사문화환경보호지구	문화재, 전통사찰 등 역사 문화적으로 보존가치가 큰 시설 및 지역의 보호와 보존을 위하여 필요한 지구
	중요시설물보호지구	중요 시설물의 보호와 기능의 유지 및 증진 등을 위하여 필요한 지구
	생태계보호지구	야생동식물서식처 등 생태적으로 보존가치가 큰 지역의 보호와 보존을 위하여 필요한 지구
취락지구	자연취락지구	녹지지역 · 관리지역 · 농림지역 또는 자연환경보전지역안의 취락을 정비하기 위하여 필요한 지구
	집단취락지구	개발제한구역안의 취락을 정비하기 위하여 필요한 지구
개발진흥지구	주거개발진흥지구	주거기능을 중심으로 개발 · 정비할 필요가 있는 지구
	산업 · 유통개발진흥지구	공업기능 및 유통 물류기능을 중심으로 개발 · 정비할 필요가 있는 지구
	관광 · 휴양개발진흥지구	관광 · 휴양기능을 중심으로 개발 · 정비할 필요가 있는 지구
	복합개발진흥지구	주거기능, 공업기능, 유통·물류기능 및 관광 · 휴양기능 중 2 이상의 기능을 중심으로 개발 · 정비할 필요가 있는 지구
	특정개발진흥지구	주거, 공업, 유통, 물류기능, 관광, 휴양기능 외의 기능을 중심으로 특정한 목적을 위하여 개발, 정비할 필요가 있는 지구

③ 관광 · 휴양개발진흥지구 : 관광 · 휴양기능을 중심으로 개발 · 정비할 필요가 있는 지구

④ 복합개발진흥지구 : 주거기능, 공업기능, 유통 · 물류기능 및 관광 · 휴양기능중 2 이상의 기능을 중심으로 개발 · 정비할 필요가 있는 지구

⑤ 특정개발진흥지구 : 주거기능, 공업기능, 유통 · 물류기능 및 관광 · 휴양기능 외의 기능을 중심으로 특정한 목적을 위하여 개발 · 정비할 필요가 있는 지구

(3) 시 · 도, 대도시 조례상 용도지구의 분류

가. 조례에 따른 세분 : 시 · 도지사 또는 대도시 시장은 지역여건상 필요한 때에는 그 시·도 또는 대도시의 도시 · 군계획조례로 정하는 바에 따라 경관지구 및 미관지구를 추가적으로 세분하거나 특정용도 제한지구를 세분하여 지정할 수 있다.

나. 조례에 따른 신설 : 시 · 도지사 또는 대도시 시장은 지역여건상 필요하면 다음에 정하는 기준에 따라 그 시 · 도 또는 대도시의 조례로 용도지구의 명칭 및 지정목적과 건축, 그 밖의 행위의 금지 및 제한에 관한 사항 등을 정하여 용도지구 외의 용도지구의 지정 또는 변경을 도시 · 군관리계획으로 결정할 수 있다.

① 용도지구의 신설은 법에서 정하고 있는 용도지역 · 용도지구 또는 용도구역만으로는 효율적인 토지이용을 달성할 수 없는 부득이한 사유가 있는 경우에 한할 것

② 용도지구에서의 행위제한은 그 용도지구의 지정목적달성에 필요한 최소한도에 그치도록 할 것

③ 해당 용도지역 또는 용도구역의 행위제한을 완화하는 용도지구를 신설하지 아니할 것

2) 지정권자 및 지정절차

국토교통부장관, 시 · 도지사 또는 대도시 시장은 용도지구의 지정 또는 변경을 도시 · 군관리계획으로 결정한다.

3) 건축제한

(1) 경관지구

경관지구안에서는 그 지구의 경관의 보전 · 관리 · 형성에 장애가 된다고 인정하여 도시 · 군계획조례가 정하는 건축물을 건축할 수 없다. 다만, 특별시장 · 광역시장 · 특별자치시장 · 특별자치도지사 · 시장 또는 군수가 지구의 지정목적에 위배되지 아니하는 범위안에서 도시 · 군계획조례가 정하는 기준에 적합하다고 인정하여 해당 지방자치단체에 설치된 도시계획위원회의 심의를 거친 경우에는 그러하지 아니하다. 경관지구안에서의

건축물의 건폐율 · 용적률 · 높이 · 최대너비 · 색채 및 대지안의 조경 등에 관하여는 그 지구의 경관의 보전 · 관리 · 형성에 필요한 범위안에서 도시 · 군계획조례로 정한다.

(2) 방재지구

방재지구안에서는 풍수해 · 산사태 · 지반붕괴 · 지진 그 밖에 재해예방에 장애가 된다고 인정하여 도시 · 군계획조례가 정하는 건축물을 건축할 수 없다. 다만, 특별시장 · 광역시장 · 특별자치시장 · 특별자치도지사 · 시장 또는 군수가 지구의 지정목적에 위배되지 아니하는 범위안에서 도시 · 군계획조례가 정하는 기준에 적합하다고 인정하여 당해 지방자치단체에 설치된 도시계획위원회의 심의를 거친 경우에는 그러하지 아니하다.

(3) 보호지구

보호지구 안에서는 다음 각호의 구분에 따른 건축물에 한하여 건축할 수 있다. 다만, 특별시장 · 광역시장 · 특별자치시장 · 특별자치도지사 · 시장 또는 군수가 지구의 지정목적에 위배되지 아니하는 범위안에서 도시 · 군계획조례가 정하는 기준에 적합하다고 인정하여 관계 행정기관의 장과의 협의 및 당해 지방자치단체에 설치된 도시계획위원회의 심의를 거친 경우에는 그러하지 아니하다.

가. 역사문화환경 보호지구 : 「문화재보호법」의 적용을 받는 문화재를 직접 관리 · 보호하기 위한 건축물과 문화적으로 보존가치가 큰 지역의 보호 및 보존을 저해하지 아니하는 건축물로서 도시 · 군계획조례가 정하는 것

나. 중요시설물 보호지구 : 중요시설물의 보호와 기능 수행에 장애가 되지 아니하는 건축물로서 도시 · 군계획조례가 정하는 것. 이 경우 제31조제3항에 따라 공항시설에 관한 보호지구를 세분하여 지정하려는 경우에는 공항시설을 보호하고 항공기의 이 · 착륙에 장애가 되지 아니하는 범위에서 건축물의 용도 및 형태 등에 관한 건축제한을 포함하여 정할 수 있다.

다. 생태계 보호지구 : 생태적으로 보존가치가 큰 지역의 보호 및 보존을 저해하지 아니하는 건축물로서 도시 · 군계획조례가 정하는 것

(4) 취락지구

가. 자연취락지구 : 「국토의 계획 및 이용에 관한 법률」에 의하여 대통령령으로 정한다.

나. 집단취락지구 : 개발제한구역의 지정 및 관리에 관한 특별조치법령이 정하는 바에 의한다.

(5) 특정용도 제한지구

특정용도 제한지구 안에서는 주거기능 및 교육환경을 훼손하거나 청소년 정서에 유해하다고 인정하여 도시·군계획조례가 정하는 건축물을 건축할 수 없다.

(6) 개발진흥지구

지구단위계획 또는 관계 법률에 따른 개발계획에 위반하여 건축물을 건축할 수 없으며, 지구단위계획 또는 개발계획이 수립되기 전에는 개발진흥지구의 계획적 개발에 위배되지 아니하는 범위에서 도시 · 군계획조례로 정하는 건축물을 건축할 수 있다.

(7) 고도지구

고도지구 안에서는 도시 · 군관리계획으로 정하는 높이를 초과하는 건축물을 건축할 수 없다.

(8) 복합용도지구

복합용도지구에서는 해당 용도지역에서 허용되는 건축물 외에 다음에 따른 건축물 중 도시 · 군계획조례가 정하는 건축물을 건축할 수 있다.

가. 일반주거지역 : 일반주거지역에서는 준주거지역에서 허용되는 건축물은 허용이 되나 동물 및 시굴 관련시설, 제2종 근린생활시설 중 안마시술소, 공장, 문화 및 집회시설 중 관람장, 장례시설, 위험물저장 및 처리시설은 허용되지 않는다.

나. 일반공업지역 : 일반공업지역에서는 준공업지역에서 허용되는 건축물은 허용이 되나 공동주택 중 아파트, 제2종 근린생활시설 중 단란주점 및 안마시술소, 노유자시설은 허용되지 않는다.

다. 계획관리지역 : 제2종 근린생활시설 중 일반음식점, 휴게음식점, 제과점, 위락시설, 중 유원시설업의 시설, 그 밖에 이와 비슷한 시설을 건축물은 허용이 된다.

4) 리모델링 건축물에 대한 제한완화

경관지구 · 미관지구 또는 고도지구에서의 「건축법」에 따른 리모델링이 필요한 건축물에 대하여는 경관지구 · 미관지구 또는 고도지구의 건축제한의 규정에도 불구하고 건축물의 높이 · 규모 등의 제한을 완화하여 제한할 수 있다.

3 용도구역

1) 개발제한구역

(1) 지정권자 및 지정목적

국토교통부장관은 도시의 무질서한 확산을 방지하고 도시주변의 자연환경을 보전하여 도시민의 건전한 생활환경을 확보하기 위하여 도시의 개발을 제한할 필요가 있거나 국방부장관의 요청이 있어 보안상 도시의 개발을 제한할 필요가 있다고 인정되면 개발제한구역의 지정 또는 변경을 도시 · 군관리계획으로 결정할 수 있다.

(2) 행위제한 등

개발제한구역 안에서의 행위제한이나 그 밖에 개발제한구역의 관리에 필요한 사항은 따로 개발제한구역의 지정 및 관리에 관한 특별조치법으로 정한다.

2) 도시자연공원구역

(1) 지정권자 및 지정목적

시 · 도지사 또는 대도시 시장은 도시의 자연환경 및 경관을 보호하고 도시민에게 건전한 여가 · 휴식공간을 제공하기 위하여 도시지역 안에서 식생이 양호한 산지의 개발을 제한할 필요가 있다고 인정하면 도시자연공원구역의 지정 또는 변경을 도시 · 군관리계획으로 결정할 수 있다.

(2) 행위제한 등

도시자연공원구역에서의 행위제한 등 도시자연공원구역의 관리에 필요한 사항은 따로 도시공원 및 녹지 등에 관한 법률 및 동 시행령으로 정한다.

3) 시가화조정구역

(1) 지정권자 및 목적과 지역

시 도지사는 직접 또는 관계 행정기관의 장의 요청을 받아 도시지역과 그 주변지역의 무질서한 시가화를 방지하고 계획적이고 단계적인 개발을 도모하기 위하여 대통령령이 정하는 일정 기간 동안 시가화를 유보할 필요가 있다고 인정되는 경우에는 시가화조정구역의 지정 또는 변경을 도시 · 군관리계획으로 결정할 수 있다.

다만, 국가계획과 연계하여 시가화조정구역의 지정 또는 변경이 필요한 경우에는 국토교통부장관이 직접 시가화조정구역의 지정 또는 변경을 도시 · 군관리계획으로 결정할 수 있다.

(2) 시가화유보기간

국토교통부장관은 시가화조정구역을 지정 또는 변경하려면 해당 도시지역과 그 주변지역의 인구의 동태, 토지의 이용상황, 산업발전상황 등을 고려하여 5년 이상 20년 이내에서 도시 · 군관리계획으로 시가화 유보기간을 정하여야 한다.

(3) 효력상실

시가화조정구역의 지정에 관한 도시 · 군관리계획의 결정은 시가화유보기간이 끝난 날의 다음 날부터 그 효력을 잃는다. 이 경우 국토교통부장관은 관보에 게재하는 방법으로 그 사실을 고시하여야 한다.

(4) 행위제한

가. 도시 · 군 계획 사업의 시행 여부 : 국방상 또는 공익상 시가화조정구역에서의 사업 시행이 불가피한 것으로서 관계 중앙행정기관의 장의 요청에 의하여 국토교통부장관이 시가화조정구역의 지정목적달성에 지장이 없다고 인정하는 도시 · 군계획사업만 시행할 수 있다.

나. 개발행위허가

① 허가대상 개발행위 : 도시 · 군계획사업에 의하는 경우를 제외하고는 다음의 어느 하나에 해당하는 행위에 한정하여 특별시장 · 광역시장 · 특별자치시장 · 특별자치도지사 · 시장 또는 군수의 허가를 받아 그 행위를 할 수 있다. 허가를 받지 아니하고 다음의 행위를 한 자는 3년 이하의 징역 또는 3,000만 원 이하의 벌금에 처한다.

㉠ 농업 · 임업 또는 어업용의 건축물 중 대통령령으로 정하는 종류와 규모의 건축물이나 그 밖의 시설을 건축하는 행위

㉡ 마을공동시설, 공익시설 · 공공시설, 광공업 등 주민의 생활을 영위하는 데에 필요한 행위로서 대통령령으로 정하는 행위

㉢ 입목의 벌채, 조림, 육림, 토석의 채취, 그 밖의 대통령령으로 정하는 경미한 행위

② 허가를 거부할 수 없는 개발행위 : 특별시장 · 광역시장 · 특별자치시장 · 특별자치도지사 · 시장 또는 군수는 다음의 행위에 대하여는 특별한 사유가 없는 한 허가를 거부하여서는 아니 된다.

㉠ 개발행위허가를 받지 아니하고 할 수 있는 경미한 행위

㉡ 다음에 해당하는 행위

㉮ 축사의 설치 : 1가구당 기존축사의 면적을 포함하여 300m² 이하(나환자촌의 경우에는 500m² 이하). 다만, 과수원 · 초지 등의 관리사 인근에는 100m² 이하의 축사를 별도로 설치할 수 있다.

㉯ 퇴비사의 설치 : 1가구당 기존 퇴비사의 면적을 포함하여 100m² 이하

㉰ 잠실의 설치 : 뽕나무밭 조성면적 2,000m²당 또는 뽕나무 1,800주당 50m² 이하

㉱ 창고의 설치 : 시가화조정구역 안의 토지 또는 그 토지와 일체가 되는 토지에서 생산되는 생산물의 저장에 필요한 것으로서 기존창고면적을 포함하여 그 토지면적의 0.5% 이하. 다만, 감귤을 저장하기 위한 경우에는 1% 이하로 한다.

㉲ 관리용 건축물의 설치 : 과수원 · 초지 · 유실수단지 또는 원예단지 안에 설치하되, 생산에 직접 관련되는 토지면적의 0.5% 이하로서 기존 관리용 건축물의 면적을 포함하여 33m² 이하

㉢ 「건축법」상 건축신고로서 건축허가를 갈음하는 행위

③ 조건부 허가 : 특별시장 · 광역시장 · 특별자치시장 · 특별자치도지사 · 시장 또는 군수는 허가를 함에 있어서 시가화조정구역의 지정목적상 필요하다고 인정되는 경우에는 조경 등 필요한 조치를 할 것을 조건으로 허가할 수 있다.

④ 도시 · 군계획사업 시행자의 의견청취 : 특별시장 · 광역시장 · 특별자치시장 · 특별자치도지사 · 시장 또는 군수는 허가를 하려면 해당 행위가 도시 · 군계획사업의 시행에 지장을 주는지의 여부에 관하여 해당 시가화조정구역 안에서 시행되는 도시 · 군계획사업의 시행자의 의견을 들어야 한다.

다. 허가 의제 : 시가화조정구역 안에서 개발행위허가가 있는 경우에는 다음의 허가 또는 신고가 있는 것으로 본다.

① 산지관리법」에 따른 산지전용허가 및 산지전용신고

② 「산림자원의 조성 및 관리에 관한 법률」에 따른 입목벌채 등의 허가·신고

4) 수산자원보호구역

해양수산부장관은 직접 또는 관계 행정기관의 장의 요청을 받아 수산자원의 보호 육성을 위하여 필요한 공유수면이나 그에 인접된 토지에 대한 수산자원보호구역의 지정 또는 변경을 도시 · 군관리계획으로 결정할 수 있다. 또한 수산자원보호구역 안에서의 건축제한은 수산자원관리법에서 정한 바에 따른다.

5) 도시혁신구역

(1) 지정권자

공간재구조화계획 결정권자(국토교통부장관, 시 · 도지사)

(2) 지정대상

공간재구조화계획 결정권자는 다음의 어느 하나에 해당하는 지역을 도시혁신구역으로 지정할 수 있다.

가. 도시 · 군기본계획에 따른 도심 · 부도심 또는 생활권의 중심지역

나. 주요 기반시설과 연계하여 지역의 거점 역할을 수행할 수 있는 지역

다. 그 밖에 도시공간의 창의적이고 혁신적인 개발이 필요하다고 인정되는 경우로서 대통령령으로 정하는 지역

(3) 내 용

도시혁신계획에는 도시혁신구역의 지정목적을 이루기 위하여 다음에 관한 사항이 포함되어야 한다.

가. 용도지역, 용도지구, 도시 · 군계획시설 및 지구단위계획의 결정에 관한 사항
나. 주요 기반시설의 확보에 관한 사항
다. 건축물의 건폐율 · 용적률 · 높이에 관한 사항
라. 건축물의 용도 · 종류 및 규모 등에 관한 사항
마. 제83조의3에 따른 다른 법률 규정 적용의 완화 또는 배제에 관한 사항
바. 도시혁신구역 내 개발사업 및 개발사업의 시행자 등에 관한 사항
사. 그 밖에 도시혁신구역의 체계적 개발과 관리에 필요한 사항

(4) 지정 시 고려사항

도시혁신구역의 지정 및 변경과 제2항에 따른 도시혁신계획은 다음 각 호의 사항을 종합적으로 고려하여 공간재구조화계획으로 결정한다.

가. 도시혁신구역의 지정 목적
나. 해당 지역의 용도지역 · 기반시설 등 토지이용 현황
다. 도시 · 군기본계획 등 상위계획과의 부합성
라. 주변 지역의 기반시설, 경관, 환경 등에 미치는 영향 및 도시환경 개선 · 정비 효과
마. 도시의 개발 수요 및 지역에 미치는 사회적 · 경제적 파급효과

(5) 지정제한

다른 법률에서 제35조의6에 따른 공간재구조화계획의 결정을 의제하고 있는 경우에도 이 법에 따르지 아니하고 도시혁신구역의 지정과 도시혁신계획을 결정할 수 없다.

(6) 협의 회신기간

공간재구조화계획 결정권자가 제3항에 따른 공간재구조화계획을 결정하기 위하여 제35조의6제2항에 따라 관계 행정기관의 장과 협의하는 경우 협의 요청을 받은 기관의 장은 그 요청을 받은 날부터 10일(근무일 기준) 이내에 의견을 회신하여야 한다.

(7) 타법과의 규정 준용

도시혁신구역 및 도시혁신계획에 관한 도시 · 군관리계획 결정의 실효, 도시혁신구역에서의 건축 등에 관하여 다른 특별한 규정이 없으면 "지구단위계획구역" 및 "지구단위계획"에 관한 규정을 준용한다.

(8) 수립기준

도시혁신구역의 지정 및 변경과 도시혁신계획의 수립 및 변경에 관한 세부적인 사항은 국토교통부장관이 정하여 고시한다.

(9) 도시혁신구역에서의 다른 법률의 적용 특례

가. 도시혁신구역에 대하여는 다음 각 호의 법률 규정에도 불구하고 도시혁신계획으로

따로 정할 수 있다.

① 「주택법」 제35조에 따른 주택의 배치, 부대시설 · 복리시설의 설치기준 및 대지조성 기준

② 「주차장법」 제19조에 따른 부설주차장의 설치

③ 「문화예술진흥법」 제9조에 따른 건축물에 대한 미술작품의 설치

④ 「건축법」 제43조에 따른 공개 공지 등의 확보

⑤ 「도시공원 및 녹지 등에 관한 법률」 제14조에 따른 도시공원 또는 녹지 확보기준

⑥ 「학교용지 확보 등에 관한 특례법」 제3조에 따른 학교용지의 조성 · 개발 기준

나. 도시혁신구역으로 지정된 지역은 「건축법」 제69조에 따른 특별건축구역으로 지정된 것으로 본다.

다. 시 · 도지사 또는 시장 · 군수 · 구청장은 「건축법」 제70조에도 불구하고 도시혁신구역에서 건축하는 건축물을 같은 법 제73조에 따라 건축기준 등의 특례사항을 적용하여 건축할 수 있는 건축물에 포함시킬 수 있다.

라. 도시혁신구역의 지정 · 변경 및 도시혁신계획 결정의 고시는 「도시개발법」 제5조에 따른 개발계획의 내용에 부합하는 경우 같은 법 제9조제1항에 따른 도시개발구역의 지정 및 개발계획 수립의 고시로 본다. 이 경우 도시혁신계획에서 정한 시행자는 같은 법 제11조에 따른 사업시행자 지정요건 및 도시개발구역 지정 제안 요건 등을 갖춘 경우에 한정하여 같은 법에 따른 도시개발사업의 시행자로 지정된 것으로 본다.

마. 도시혁신계획에 대한 도시계획위원회 심의 시 「교육환경 보호에 관한 법률」 제5조제8항에 따른 지역교육환경보호위원회, 「문화유산의 보존 및 활용에 관한 법률」 제8조에 따른 문화유산위원회(같은 법 제70조에 따른 시 · 도지정문화유산에 관한 사항의 경우 같은 법 제71조에 따른 시 · 도문화유산위원회를 말한다) 또는 「자연유산의 보존 및 활용에 관한 법률」 제7조의2에 따른 자연유산위원회(같은 법 제40조에 따른 시 · 도자연유산에 관한 사항의 경우 같은 법 제41조의2에 따른 시 · 도자연유산위원회를 말한다)와 공동으로 심의를 개최하고, 그 결과에 따라 다음 각 호의 법률 규정을 완화하여 적용할 수 있다. 이 경우 다음 각 호의 완화 여부는 각각 지역교육환경보호위원회, 문화유산위원회 및 자연유산위원회의 의결에 따른다.

① 「교육환경 보호에 관한 법률」 제9조에 따른 교육환경보호구역에서의 행위제한

② 「문화유산의 보존 및 활용에 관한 법률」 제13조에 따른 역사문화환경 보존지역에서의 행위제한

③ 「자연유산의 보존 및 활용에 관한 법률」 제10조에 따른 역사문화환경 보존지역에서의 행위제한

6) 복합용도구역

(1) 결정권자

공간재구조화계획 결정권자(국토교통부장관, 시 · 도지사)

(2) 지정대상

공간재구조화계획 결정권자는 다음 각 호의 어느 하나에 해당하는 지역을 복합용도구역으로 지정할 수 있다.

가. 산업구조 또는 경제활동의 변화로 복합적 토지이용이 필요한 지역

나. 노후 건축물 등이 밀집하여 단계적 정비가 필요한 지역

다. 그 밖에 복합된 공간이용을 촉진하고 다양한 도시공간을 조성하기 위하여 계획적 관리가 필요하다고 인정되는 경우로서 대통령령으로 정하는 지역

(3) 내 용

복합용도계획에는 복합용도구역의 지정 목적을 이루기 위하여 다음 각 호에 관한 사항이 포함되어야 한다.

가. 용도지역 · 용도지구, 도시 · 군계획시설 및 지구단위계획의 결정에 관한 사항

나. 주요 기반시설의 확보에 관한 사항

다. 건축물의 용도별 복합적인 배치비율 및 규모 등에 관한 사항

라. 건축물의 건폐율 · 용적률 · 높이에 관한 사항

마. 제83조의4에 따른 특별건축구역계획에 관한 사항

바. 그 밖에 복합용도구역의 체계적 개발과 관리에 필요한 사항

(4) 지정 시 고려사항

복합용도구역의 지정 및 변경과 복합용도계획은 다음 각 호의 사항을 종합적으로 고려하여 공간재구조화계획으로 결정한다.

가. 복합용도구역의 지정 목적

나. 해당 지역의 용도지역 · 기반시설 등 토지이용 현황

다. 도시 · 군기본계획 등 상위계획과의 부합성

라. 주변 지역의 기반시설, 경관, 환경 등에 미치는 영향 및 도시환경 개선 · 정비 효과

(5) 타법과의 규정 준용

복합용도구역 및 복합용도계획에 관한 도시 · 군관리계획 결정의 실효, 복합용도구역에서의 건축 등에 관하여 다른 특별한 규정이 없으면 지구단위계획구역 및 지구단위계획에 관한 규정을 준용한다. 이 경우 "지구단위계획구역"은 "복합용도구역"으로, "지구단위계획"은 "복합용도계획"으로 본다.

(6) 수립기준

복합용도구역의 지정 및 변경과 복합용도계획의 수립 및 변경에 관한 세부적인 사항은 국토교통부장관이 정하여 고시한다.

7) 도시 · 군계획시설 입체복합구역

(1) 지정대상

도시 · 군관리계획의 결정권자는 도시 · 군계획시설의 입체복합적 활용을 위하여 다음 각 호의 어느 하나에 해당하는 경우에 도시 · 군계획시설이 결정된 토지의 전부 또는 일부를 도시 · 군계획시설 입체복합구역(이하 "입체복합구역"이라 한다)으로 지정할 수 있다.

가. 도시 · 군계획시설 준공 후 10년이 경과한 경우로서 해당 시설의 개량 또는 정비가 필요한 경우

나. 주변지역 정비 또는 지역경제 활성화를 위하여 기반시설의 복합적 이용이 필요한 경우

다. 첨단기술을 적용한 새로운 형태의 기반시설 구축 등이 필요한 경우

라. 그 밖에 효율적이고 복합적인 도시 · 군계획시설의 조성을 위하여 필요한 경우로서 대통령령으로 정하는 경우

(2) 지정 시 고려사항

가. 이 법 또는 다른 법률의 규정에도 불구하고 입체복합구역에서의 도시 · 군계획시설과 도시 · 군계획시설이 아닌 시설에 대한 건축물이나 그 밖의 시설의 용도 · 종류 및 규모 등의 제한(이하 이 조에서 "건축제한"이라 한다), 건폐율, 용적률, 높이 등은 대통령령으로 정하는 범위에서 따로 정할 수 있다. 다만, 다른 법률에 따라 정하여진 건축제한, 건폐율, 용적률, 높이 등을 완화하는 경우에는 미리 관계 기관의 장과 협의하여야 한다.

나. 위의 "가항"에 따라 정하는 건폐율과 용적률은 제77조 및 제78조에 따라 대통령령으로 정하고 있는 해당 용도지역별 최대한도의 200퍼센트 이하로 한다.

다. 그 밖에 입체복합구역의 지정 · 변경 등에 필요한 사항은 국토교통부장관이 정한다.

4 둘 이상의 용도에 걸치는 경우

1) 원 칙

하나의 대지가 둘 이상의 용도지역 · 용도지구 또는 용도구역에 걸치는 경우 그 대지 중 용도지역 · 용도지구 또는 용도구역에 있는 부분의 규모가 330m^2(다만, 도로변에 띠모

양으로 지정된 상업지역에 걸쳐있는 대지의 경우에는 660m²) 이하인 토지부분에 대하여는 그 대지 중 가장 넓은 면적이 속하는 용도지역 · 용도지구 또는 용도구역에 관한 규정을 적용한다.

2) 고도지구

건축물이 고도지구에 걸쳐 있는 경우에는 그 건축물 및 대지의 전부에 대하여 고도지구의 건축물 및 대지에 관한 규정을 적용한다.

3) 방화지구

하나의 건축물이 방화지구와 그 밖의 용도지역 · 용도지구 또는 용도구역에 걸쳐 있는 경우에는 그 전부에 대하여 방화지구의 건축물에 관한 규정을 적용한다. 다만, 그 건축물이 있는 방화지구와 그 밖의 용도지역 · 용도지구 또는 용도구역의 경계가 「건축법」상의 방화벽으로 구획되는 경우 그 밖의 용도지역 · 용도지구 또는 용도구역에 있는 부분에 대하여는 그러하지 아니하다.

4) 녹지지역

하나의 대지가 녹지지역과 그 밖의 용도지역 · 용도지구 또는 용도구역에 걸쳐 있는 경우에는 각각의 용도지역 · 용도지구 또는 용도구역의 건축물 및 토지에 관한 규정을 적용한다. 다만, 녹지지역의 건축물이 고도지구 또는 방화지구에 걸쳐 있는 경우에는 위 2) 및 3)의 규정에 따른다.

【용도지역 · 용도지구 · 용도구역의 비교】

구 분	용도지역	용도지구	용도구역
목적	• 토지의 경제적 · 효율적 이용 • 공공복리의 증진	• 용도지역의 기능증진 • 미관 · 경관 · 안전 등의 도모	• 시가지의 무질서한 확산방지 • 계획적 · 단계적 토지이용 도모 • 토지이용의 종합적 조정관리
원칙	• 모든 토지에 지정 • 중복지정 불가	• 필요 토지에 지정 • 중복지정 가능	필요 토지에 지정
범위	전국의 모든 토지대상	용도지역 내 일부 토지대상	용도지역 · 용도지구와는 별도의 규모로 지정
행위제한	토지의 이용 및 건축물의 용도, 건폐율 · 용적률, 높이 등 제한	용도지역의 제한을 강화 또는 완화	용도지역 · 용도지구의 제한을 강화 또는 완화하여 따로 정함
상호관계	• 원칙적으로 서로 독립적으로 지정가능하며, 도시 · 군관리계획으로 결정 • 용도지역 · 용도지구의 지정권자는 국토교통부장관 또는 시 · 도지사, 용도구역의 지정권자는 국토교통부장관(다만, 도시자연공원구역은 시 · 도지사) • 예외적으로 용도지역에 대해서는 지정특례가 인정		

제6장 지구단위계획

1 지구단위계획의 수립

지구단위계획이란 도시 · 군계획 수립대상 지역의 일부에 대하여 토지이용을 합리화하고 그 기능을 증진시키며 미관을 개선하고 양호한 환경을 확보하며, 그 지역을 체계적 · 계획적으로 관리하기 위하여 수립하는 도시 · 군관리계획을 말한다. 먼저 지구단위계획구역을 지정하고 일정한 기한까지 지구단위계획을 수립한다.

【계획 및 입안 결정절차】

1. 기초조사 (특별시장 · 광역시장 · 시장 · 군수)
2. 지구단위계획구역 · 계획안 작성 (특별시장 · 광역시장 · 시장 · 군수)
3. 주민의견청취
4. 시 · 군 · 구 도시계획위원회 자문
5. 지구단위계획구역 · 계획의 입안 (특별시장 · 광역시장 · 시장 · 군수)
   - 결정신청
   - 관계 행정기관의 장과 협의(30일 이내 처리)
   - 관계 법률에서 정하는 협의 또는 심의
   - 도시계획위원회와 건축위원회의 공동심의
6. 시 · 도 도시계획위원회 심의
7. 지구단위계획구역 · 계획의 결정 및 고시 (특별시장 · 광역시장 · 도지사)
   - 송부
8. 일반열람 (특별시장 · 광역시장 · 시장 · 군수)

- 효력발생 : 결정고시 후 5일 후
- 실효고시 : 결정고시 후 2년 이내 지형도면고시가 없는 경우 2년이 지난 익일 실효 및 실효고시, 구역결정고시 후 3년 이내 지구단위계획결정고시가 아니된 경우 3년 익일 실효되고(용도지역 환원), 실효고시 또는 필요시 구역지정 재고시, 다만, 타법령에서 따로 정한 경우 예외

2 지구단위계획구역의 지정

1) 재량적 지정대상 지역

국토교통부장관, 시 · 도지사 또는 대도시 시장은 다음의 어느 하나에 해당하는 지역의 전부 또는 일부에 대하여 지구단위계획구역을 지정할 수 있다.

가. 용도지구

나. 「도시개발법」에 따라 지정된 도시개발구역

다. 「도시 및 주거환경정비법」에 따라 지정된 정비구역

라. 「택지개발촉진법」에 따라 지정된 택지개발예정지구

마. 「주택법」에 따른 대지조성사업지구

바. 「산업입지 및 개발에 관한 법률」에 따른 산업단지(시설용지는 제외)

사. 「관광 진흥법」에 따라 지정된 관광특구

아. ① 개발제한구역 · 도시자연공원구역 · 시가화조정구역 또는 공원에서 해제되는 구역, 녹지지역에서 주거 · 상업 · 공업지역으로 변경되는 구역과 새로 도시지역으로 편입되는 구역 중 계획적인 개발 또는 관리가 필요한 지역

② 도시지역 내 주거 · 상업 · 업무 등의 기능을 결합하는 등 복합적인 토지 이용을 증진시킬 필요가 있는 지역으로서 대통령령을 정하는 요건에 해당하는 지역

③ 도시지역 내 유휴토지를 효율적으로 개발하거나 교정시설, 군사시설, 그 밖에 대통령령으로 정하는 시설을 이전 또는 재배치하여 토지 이용을 합리화하고 그 기능을 증진시키기 위하여 집중적으로 정비가 필요한 지역으로서 대통령령을 정하는 요건에 해당하는 지역

자. 도시지역의 체계적 · 계획적인 관리 또는 개발이 필요한 지역

차. 그 밖에 양호한 환경의 확보 또는 기능 및 미관의 증진 등을 위하여 필요한 지역

2) 의무적 지정대상 지역

국토교통부장관, 시 · 도지사 또는 대도시 시장은 다음의 어느 하나에 해당하는 지역에 대하여는 지구단위계획구역으로 지정하여야 한다. 다만, 관계 법률에 따라 그 지역에 토지이용과 건축에 관한 계획이 수립되어 있는 경우에는 그러하지 아니하다.

가. 정비구역 · 택지개발 예정지구에서 시행되는 사업이 끝난 후 10년이 지난 구역

나. 체계적 · 계획적인 개발 · 관리가 필요한 지역으로서 면적이 30만m^2 이상인 다음의 지역

① 시가화 조정구역 또는 공원에서 해제되는 지역. 다만, 녹지지역으로 지정 또는 존치되거나 법 또는 다른 법령에 의하여 도시 · 군계획사업 등 개발계획이 수립되지 아니하는 경우는 제외

② 녹지지역에서 주거지역 · 상업지역 또는 공업지역으로 변경되는 지역

3) 도시지역 외 지구단위 계획구역 지정대상 지역

도시지역 외의 지역을 지구단위계획구역으로 지정하려는 경우 다음의 어느 하나에 해당하여야 한다.

(1) 지정하려는 구역 면적의 100분의 50 이상이 계획관리지역으로 대통령령으로 정하는 다음의 요건에 해당하는 지역

가. 계획관리지역 외에 지구단위계획구역에 포함하는 지역은 생산관리지역 또는 보전관리지역일 것

① 지구단위계획구역에 보전관리지역을 포함하는 경우 해당 보전관리지역의 면적은 다음 각 목의 구분에 따른 요건을 충족할 것. 이 경우 개발행위허가를 받는 등 이미 개발된 토지, 「산지관리법」 제25조에 따른 토석채취허가를 받고 토석의 채취가 완료된 토지로서 같은 법 제4조제1항제2호의 준보전산지에 해당하는 토지 및 해당 토지를 개발하여도 주변지역의 환경오염 · 환경훼손 우려가 없는 경우로서 해당 도시계획위원회 또는 제25조제2항에 따른 공동위원회의 심의를 거쳐 지구단위계획구역에 포함되는 토지의 면적은 다음 각 목에 따른 보전관리지역의 면적 산정에서 제외한다.

㉠ 전체 지구단위계획구역 면적이 10만제곱미터 이하인 경우 : 전체 지구단위계획구역 면적의 20퍼센트 이내

㉡ 전체 지구단위계획구역 면적이 10만제곱미터를 초과하는 경우 : 전체 지구단위계획구역 면적의 10퍼센트 이내

나. 지구단위계획구역으로 지정하고자 하는 토지의 면적이 다음 각목의 어느 하나에 규정된 면적 요건에 해당할 것

① 지정하고자 하는 지역에 「건축법 시행령」 별표 1 제2호의 공동주택중 아파트 또는 연립주택의 건설계획이 포함되는 경우에는 30만제곱미터 이상일 것. 이 경우 다음 요건에 해당하는 때에는 일단의 토지를 통합하여 하나의 지구단위계획구역으로 지정할 수 있다.

㉠ 아파트 또는 연립주택의 건설계획이 포함되는 각각의 토지의 면적이 10만제곱미터 이상이고, 그 총면적이 30만제곱미터 이상일 것

㉡ ㉠의 각 토지는 국토교통부장관이 정하는 범위안에 위치하고, 국토교통부장관이 정하는 규모 이상의 도로로 서로 연결되어 있거나 연결도로의 설치가 가능할 것

② 지정하고자 하는 지역에 「건축법시행령」 별표 1 제2호의 공동주택중 아파트 또는 연립주택의 건설계획이 포함되는 경우로서 다음의 어느 하나에 해당하는 경

우에는 10만제곱미터 이상일 것

㉠ 지구단위계획구역이 「수도권정비계획법」 제6조제1항제3호의 규정에 의한 자연보전권역인 경우

㉡ 지구단위계획구역 안에 초등학교 용지를 확보하여 관할 교육청의 동의를 얻거나 지구단위계획구역 안 또는 지구단위계획구역으로부터 통학이 가능한 거리에 초등학교가 위치하고 학생수용이 가능한 경우로서 관할 교육청의 동의를 얻은 경우

③ ①및 ②의 경우를 제외하고는 3만제곱미터 이상일 것

다. 당해 지역에 도로 · 수도공급설비 · 하수도 등 기반시설을 공급할 수 있을 것

라. 자연환경 · 경관 · 미관 등을 해치지 아니하고 문화재의 훼손우려가 없을 것

(2) 개발진흥지구로서 다음의 요건에 해당하는 지역

가. 위 (1)의 나~라까지의 요건에 해당할 것

나. 당해 개발진흥지구가 다음의 지역에 위치할 것

① 주거개발진흥지구, 복합개발진흥지구(주거기능이 포함된 경우에 한한다) 및 특정개발진흥지구 : 계획관리지역

② 산업 · 유통개발진흥지구 및 복합개발진흥지구(주거기능이 포함되지 아니한 경우에 한한다) : 계획관리지역 · 생산관리지역 또는 농림지역

③ 관광 · 휴양개발진흥지구 : 도시지역외의 지역

(3) 용도지구를 폐지하고, 그 용도지구에서의 행위제한 등을 지구단위계획으로 대체하려는 지역

3 지구단위계획 및 공공시설

1) 지구단위계획의 수립

(1) 지구단위계획 포함사항

지구단위계획구역의 지정목적을 이루기 위하여 다음의 사항을 고려하여 수립하여야 한다.

가. 도시의 정비 관리 보전 개발 등 지구단위계획구역의 지정 목적

나. 주거 산업 유통 관광휴양 복합 등 지구단위계획구역의 중심기능

다. 해당 용도지역의 특성

라. 지역 공동체의 활성화

마. 안전하고 지속가능한 생활권의 조성

바. 해당 지역 및 인근 지역의 토지 이용계획과 건축계획의 조화

(2) 지구단위 계획의 내용

지구단위계획의 목적을 이루기 위하여 지구단위계획에는 다음의 사항 중 나와 라의 사항을 포함한 둘 이상의 사항이 포함되어야 한다. 또한, 지구단위계획은 도로, 상하수도 등 대통령령으로 정하는 도시·군계획시설의 처리·공급 및 수용능력이 지구단위계획구역에 있는 건축물의 연면적, 수용인구 등 개발밀도와 적절한 조화를 이룰 수 있도록 하여야 한다. 다만, 가-②의 내용으로 하는 지구단위계획의 경우에는 그러하지 아니하다.

가. 용도지역이나 용도지구를 대통령령으로 정하는 범위에서 세분화하거나 변경하는 사항, 또한 기존의 용도지구를 폐지하고 그 용도지구에서의 건축물이나 그 밖의 시설의 용도 종류 및 규모 등의 제한을 대체하는 사항
나. 대통령령으로 정하는 기반시설의 배치와 규모
다. 도로로 둘러싸인 일단의 지역 또는 계획적인 개발·정비를 위하여 구획된 일단의 토지의 규모와 조성계획
라. 건축물의 용도제한·건축물의 건폐율 또는 용적률·건축물 높이의 최고한도 또는 최저한도
마. 건축물의 배치·형태·색채 또는 건축선에 관한 계획
바. 환경관리계획 또는 경관계획
사. 보행안전 등을 고려한 교통처리계획
아. 그 밖에 토지 이용의 합리화, 도시나 농·산·어촌의 기능 증진 등에 필요한 사항으로서 대통령령으로 정하는 사항

(3) 법적용의 완화

지구단위계획구역에서는 다음의 범위 안에서 지구단위계획이 정하는 바에 따라 완화하여 적용할 수 있다.

〈국토의 계획 및 이용에 관한 벌률〉

① 용도지역 및 용도지역에서의 건축물의 건축제한
② 용도지역에서의 건폐율
③ 용도지역에서의 용적률

〈건축법〉

① 대지안의 조경
② 공개공지 등의 확보
③ 대지와 도로의 관계
④ 건축물의 높이 제한
⑤ 일조 등의 확보를 위한 건축물의 높이제한

〈주차장법〉

① 부설주차장의 설치

② 부설주차장 설치계획서

가. 도시지역 내 지구단위 계획 구역

① 건축제한의 완화 : 도시지역 내에 지정하는 지구단위계획구역에서는 지구단위계획으로 용도지역 안에서 건축할 수 있는 건축물의 용도·종류 및 규모 등의 범위에서 완화 적용할 수 있다.

② 건폐율의 완화 : 도시지역 내에 지정하는 지구단위계획구역에서는 도시·군계획조례의 규정에도 불구하고 지구단위계획으로 건폐율을 완화하여 적용할 수 있다.

③ 용적률의 완화 : 지구단위계획구역에서 건축물을 건축하고자 하는 자가 건축법에 따른 공개공지 또는 공개공간을 의무면적을 초과하여 설치한 경우에는 당해 건축물에 대하여 지구단위계획으로 용적률 및 높이 제한을 완화하여 적용할 수 있다.

④ 공공시설의 부지의 제공에 따른 완화 : 도시지역 내에 지정하는 지구단위계호기구역에서 건축물을 건축하려는 자가 그 대지의 일부를 공공시설 또는 기반시설 중 학교와 해당 시 도 또는 대도시의 도시 군계획조례로 정하는 기반시설의 부지로 제공하거나 공공시설 등을 설치하여 제공하는 경우에는 그 건축물에 대하여 지구단위계획으로 건폐율 용적률 및 높이 제한을 완화하여 적용할 수 있다.

⑤ 높이제한의 완화 : 도시지역에 개발진흥지구를 지정하고 해당 지구를 지구단위계획구역으로 지정한 경우에는 「건축법」의 규정에 따라 제한된 건축물높이의 120% 이내에서 높이제한을 완화하여 적용할 수 있다.

⑥ 주차장 설치기준의 완화 : 도시지역 내에 지정하는 지구단위계획구역의 지정목적이 다음의 어느 하나에 해당하는 경우에는 지구단위계획으로 「주차장법」에 따른 주차장 설치기준을 100%까지 완화하여 적용할 수 있다.

- 한옥마을을 보존하려는 경우
- 차 없는 거리를 조성하려는 경우(지구단위계획으로 보행자전용도로를 지정하거나 차량의 출입을 금지한 경우를 포함)

⑦ 완화한도 : 위 ②, ③, ④, ⑤에 대하여 완화하여 적용되는 건폐율 및 용적률은 해당 용도지역 또는 용도지구에 적용되는 건폐율의 150% 및 용적률의 200%를 각각 초과할 수 없다.

나. 도시지역 외 지구단위 계획 구역

① 건축제한의 완화 : 도시지역 외에 지정하는 지구단위계획구역에서는 지구단위계획으로 건축물의 용도·종류 및 규모 등을 완화하여 적용할 수 있다. 다만, 개발진흥지구(계획관리지역에 지정된 개발진흥지구는 제외)에 지정된 지구단위계획구역에 대하여는 「건축법」의 공동주택 중 아파트 및 연립주택은 허용되지 아니한다.

② 완화적용한도 : 도시지역 외에 지정하는 지구단위계획구역에서는 지구단위계획으로 해당 용도지역 또는 개발진흥지구에 적용되는 건폐율의 150%와 용적률의

200% 이내에서 완화하여 적용할 수 있다.

2) 공공시설 등의 설치

(1) 공공시설의 설치 의무

제51조제1항제8호의2 또는 제8호의3에 해당하는 지역의 전부 또는 일부를 지구단위계획구역으로 지정함에 따라 지구단위계획으로 제36조제1항제1호 각 목 간의 용도지역이 변경되어 용적률이 높아지거나 건축제한이 완화되는 경우 또는 제52조제1항에 따른 지구단위계획으로 제43조에 따른 도시·군계획시설 결정이 변경되어 행위제한이 완화되는 경우에는 해당 지구단위계획구역에서 건축물을 건축하려는 자(제26조제1항제2호에 따라 도시·군관리계획이 입안되는 경우 입안 제안자를 포함한다)가 용도지역의 변경 또는 도시·군계획시설 결정의 변경 등으로 인한 토지가치 상승분(「감정평가 및 감정평가사에 관한 법률」에 따른 감정평가법인 등이 용도지역의 변경 또는 도시·군계획시설 결정의 변경 전·후에 대하여 각각 감정평가한 토지가액의 차이를 말한다)의 범위에서 지구단위계획으로 정하는 바에 따라 해당 지구단위계획구역 안에 다음 각 호의 시설의 부지를 제공하거나 공공시설 등을 설치하여 제공하도록 하여야 한다.

가. 공공시설

나. 기반시설

다. 「공공주택 특별법」 제2조제1호가목에 따른 공공임대주택 또는 「건축법」 및 같은 법 시행령 별표 1 제2호라목에 따른 기숙사 등 공공필요성이 인정되어 해당 시·도 또는 대도시의 조례로 정하는 시설

(2) 비용납부

제(1)항에도 불구하고 대통령령으로 정하는 바에 따라 해당 지구단위계획구역 안의 공공시설 등이 충분한 것으로 인정될 때에는 해당 지구단위계획구역 밖의 관할 특별시·광역시·특별자치시·특별자치도·시 또는 군에 지구단위계획으로 정하는 바에 따라 다음 각 호의 사업에 필요한 비용을 납부하는 것으로 갈음할 수 있다.

가. 도시·군계획시설결정의 고시일부터 10년 이내에 도시·군계획시설사업이 시행되지 아니한 도시·군계획시설의 설치

나. 제(1)항 다호에 따른 시설의 설치

다. 공공시설 또는 가호에 해당하지 아니하는 기반시설의 설치

(3) 설치비용의 귀속

제(1)항에 따른 지구단위계획구역이 특별시 또는 광역시 관할인 경우에는 제(2)항에 따른 공공시설 등의 설치비용 납부액 중 대통령령으로 정하는 비율에 해당하는 금액은 해

당 지구단위계획구역의 관할 구(자치구를 말한다) 또는 군(광역시의 관할 구역에 있는 군을 말한다)에 귀속된다.

(4) 기금설치

특별시장 · 광역시장 · 특별자치시장 · 특별자치도지사 · 시장 · 군수 또는 구청장은 제(2)항에 따라 납부받거나 제(3)항에 따라 귀속되는 공공시설 등의 설치비용의 관리 및 운용을 위하여 기금을 설치할 수 있다.

(5) 설치비용 우선 사용

특별시 · 광역시 · 특별자치시 · 특별자치도 · 시 또는 군은 제(2)항에 따라 납부 받은 공공시설 등의 설치비용의 100분의 10 이상을 제(2)항 가호의 사업에 우선 사용하여야 하고, 해당 지구단위계획구역의 관할 구 또는 군은 제(3)항에 따라 귀속되는 공공시설 등의 설치비용의 전부를 제(2)항 가호의 사업에 우선 사용하여야 한다. 이 경우 공공시설 등의 설치비용의 사용기준 등 필요한 사항은 해당 시 · 도 또는 대도시의 조례로 정한다.

(6) 비용 산정기준

제(2)항에 따른 공공시설 등의 설치비용 납부액의 산정기준 및 납부방법 등에 관하여 필요한 사항은 대통령령으로 정한다.

4 지정의 실효

1) 원칙적 실효

지구단위계획구역의 지정에 관한 도시 · 군관리계획결정의 고시일부터 3년 이내에 그 지구단위계획구역에 관한 지구단위계획이 결정 · 고시되지 아니하면 그 3년이 되는 날의 다음 날에 그 지구단위계획구역의 지정에 관한 도시 · 군관리계획결정은 효력을 잃는다.

2) 예외적 실효

다른 법률에서 지구단위계획의 결정에 관하여 따로 정한 경우에는 그 법률에 따라 지구단위계획을 결정할 때까지 지구단위계획구역의 지정은 그 효력을 유지한다.

3) 실효의 고시

국토교통부장관, 시 · 도지사 또는 대도시 시장은 지구단위계획구역 지정이 효력을 잃으면 대통령령으로 정하는 바에 따라 지체 없이 그 사실을 고시하여야 한다.

제7장 도시 · 군계획시설

1 도시 · 군계획시설의 의의

1) 기반시설의 종류

가. 방재시설 : 하천 · 유수지 · 저수지 · 방화설비 · 방풍설비 · 방수설비 · 사방설비 · 방조설비 등

나. 공간시설 : 광장 · 공원 · 녹지 · 유원지 · 공공공지 등

다. 보건위생시설 : 장사시설 · 도축장 · 종합의료시설 등

라. 교통시설 : 도로 · 철도 · 항만 · 주차장 · 자동차정류장 · 공항 · 자동차 및 건설기계검사시설 등

마. 환경기초시설 : 하수도 · 폐기물 및 재활용시설 · 빗물저장 및 이용시설 · 수질오염방지시설 · 폐차장

바. 공공 · 문화체육시설 : 학교 · 공공청사 · 문화시설 · 체육시설 · 연구시설 · 사회복지시설 · 공공직업훈련시설 · 청소년수련시설 등

사. 유통 · 공급시설 : 유통업무설비 · 수도 · 전기 · 가스 · 열공급설비 · 방송 · 통신시설 · 공동구 · 시장 · 유류저장 및 송유설비 등

☞ 기반시설이 아닌 것
의원, 군사시설, 학원(운전학원제외), 공장, 교회, 백화점, 아파트

2) 도시 · 군계획시설

기반시설 중 도시 · 군관리계획으로 결정된 시설을 말한다.

2 도시 · 군계획시설의 설치 · 관리

1) 도시 · 군계획시설 개요

(1) 기반시설의 설치

가. 원칙

① 지상 · 수상 · 공중 · 수중 또는 지하에 기반시설을 설치하려면 그 시설의 종류 · 명칭 · 위치 · 규모 등을 미리 도시 · 군관리계획으로 결정하여야 한다.

② 효율적인 토지이용을 위하여 둘 이상의 도시 · 군계획시설을 같은 토지에 함께 결정하거나 도시 · 군계획시설이 위치하는 공간의 일부를 구획하여 도시 · 군계획시설을 결정할 수 있다.

③ 도시 · 군계획시설의 결정 · 구조 및 설치의 기준 등에 필요한 사항은 국토교통부령으로 정하고, 그 세부사항은 국토교통부령으로 정하는 범위에서 시 · 도의 조례로 정할 수 있다. 다만, 이 법 또는 다른 법률에 특별한 규정이 있는 경우에는 그에 따른다.

④ 제①항에 따라 설치한 도시 · 군계획시설의 관리에 관하여 이 법 또는 다른 법률에 특별한 규정이 있는 경우 외에는 국가가 관리하는 경우에는 대통령령으로, 지방자치단체가 관리하는 경우에는 그 지방자치단체의 조례로 도시 · 군계획시설의 관리에 관한 사항을 정한다.

나. 예외 : 용도지역 · 기반시설의 특성 등을 고려하여 다음에 정하는 경우에는 미리 도시 · 군관리계획으로 결정하지 아니하고 기반시설을 설치할 수 있다.

① 도시지역 또는 지구단위계획구역 안에서 다음의 기반시설을 설치하려는 경우

㉠ 자동차 및 건설기계검사시설, 자동차 및 건설기계운전학원, 공공공지, 열공급설비, 방송 · 통신시설, 시장 · 공공청사 · 문화시설 · 체육시설 · 도서관 · 연구시설 · 사회복지시설 · 공공직업훈련시설 · 청소년수련시설 · 저수지 · 방화설비 · 방풍설비 · 방수설비 · 사방설비 · 방조설비 · 장례식장 · 종합의료시설 · 폐차장

㉡ 「도시공원 및 녹지 등에 관한 법률」의 규정에 의하여 점용허가대상이 되는 공원 안의 기반시설

㉢ 그 밖에 국토교통부령이 정하는 시설

② 도시지역 및 지구단위계획구역 밖에서 다음의 기반시설을 설치하려는 경우

㉠ 위 ①의 ㉠, ㉡에 해당하는 기반시설

㉡ 궤도 및 전기 공급설비

㉢ 그 밖에 국토교통부령이 정하는 시설

(2) 시설의 관리

설치한 도시 · 군계획시설의 관리에 관하여 이 법 또는 다른 법률에 특별한 규정이 있는 경우 외에는 국가가 관리하는 경우에는 대통령령으로, 지방자치단체가 관리하는 경우에는 해당 지방자치단체의 조례로 도시 · 군계획시설의 관리에 관한 사항을 정한다.

(3) 설치기준과 보상

도시 · 군계획시설을 공중 · 수중 · 수상 또는 지하에 설치하는 경우 그 높이나 깊이의 기준과 그 설치로 인하여 토지나 건물의 소유권 행사에 제한을 받는 자에 대한 보상 등

에 관하여는 따로 법률로 정한다.

2) 공동구의 설치 · 관리

(1) 공동구

공동구란 전기 · 가스 · 수도 등의 공급설비, 통신시설, 하수도시설 등 지하매설물을 공동 수용함으로써 미관의 개선, 도로구조의 보전 및 교통의 원활한 소통을 기하기 위하여 지하에 설치하는 시설물을 말한다.

(2) 공동구의 설치

가. 설치 비용부담자 : 행정청인 도시 · 군계획시설사업의 시행자는 시설 설치의무자에게 공동구의 설치에 필요한 비용을 공동구의 점용예정면적에 따라 부담시킬 수 있다.

나. 설치 부담금 납부시한 : 공동구 설치공사 착수 전에 부담액의 1/3 이상을 납부하고 잔액은 점용공사기간 만료일 전까지 납부하여야 한다.

다. 설치비용의 보조 : 시 · 도지사, 시장 또는 군수는 도시 · 군계획시설사업의 시행자가 공동구를 설치하는 경우 공동구의 원활한 설치를 지원하기 위하여 그 비용의 일부를 보조할 수 있다.

(3) 공동구에의 수용

가. 점용공사의 통지 : 행정청인 도시 · 군계획사업의 시행자는 공동구의 설치공사를 완료한 때에는 공사완료공고 후 지체 없이 공동구 점용예정자에게 개별적으로 공동구에 수용될 시설의 점용공사의 기간을 정하여 통지하여야 한다.

나. 원상회복의무 : 공동구 점용예정자는 공동구에 수용될 시설을 공동구에 수용함으로써 용도가 폐지된 종래의 시설은 행정청인 도시 · 군계획사업의 시행자가 지정하는 기간 내에 철거하여야 하고, 도로는 원상으로 회복하여야 한다.

(4) 공동구의 점용허가 또는 사용허가

가. 사용허가 : 설치비용을 부담하지 아니한 자가 공동구를 점용하거나 사용하려면 그 공동구를 관리하는 특별시장 · 광역시장 · 특별자치시장 · 특별자치도지사 · 시장 또는 군수의 허가를 받아야 한다.

나. 점용료 또는 사용료의 납부 : 사용허가를 받아 점용하거나 사용하는 자는 해당 지방자치단체의 조례로 정하는 점용료 또는 사용료를 내야 한다.

(5) 공동구에의 수용의무

공동구가 설치된 경우에는 그 공동구에 수용되어야 할 시설이 빠짐없이 공동구에 수용되도록 하여야 한다. 위반 시 2년 이하의 징역 또는 2천만 원 이하의 벌금에 처한다.

(6) 공동구의 관리

가. 관리주체 : 공동구는 특별시장 · 광역시장 · 특별자치시장 · 특별자치도지사 · 시장 또는 군수가 관리한다.

나. 관리비용의 부담 : 공동구의 관리에 소요되는 비용은 그 공동구를 점용하는 자가 함께 부담하되, 부담비율은 점용면적을 고려하여 공동구를 관리하는 특별시장 · 광역시장 · 특별자치시장 · 특별자치도지사 · 시장 또는 군수가 정한다. 이 경우 특별시장 · 광역시장 · 특별자치시장 · 특별자치도지사 · 시장 또는 군수는 공동구의 관리에 소요되는 비용을 연 2회로 분할하여 납부하게 하여야 한다.

다. 안전점검의 실시 : 공동구를 관리하는 특별시장 · 광역시장 · 특별자치시장 · 특별자치도지사 · 시장 또는 군수는 1년에 1회 이상 공동구의 안전점검을 실시하여야 하며, 안전점검결과 이상이 있다고 인정되는 때에는 지체 없이 정밀안전진단 · 보수 · 정비 등 필요한 조치를 하여야 한다.

라. 공동구관리협의회

① 필수기관 : 특별시 · 광역시 · 특별자치시 · 특별자치도 · 시 또는 군에 둔다.

② 자문기관 : 공동구의 안전점검 · 시설개선 · 관리비용부담 등 공동구의 관리에 관한 중요사항에 대하여 관리주체의 자문에 응하기 위하여 설치한다.

3) 광역시설의 설치 · 관리

(1) 의 의

광역시설이란 기반시설 중 광역적인 정비체계가 필요한 다음의 시설로서 대통령령으로 정하는 시설을 말한다.

가. 도로 · 철도 · 운하 · 광장 등 둘 이상의 특별시 · 광역시 · 특별자치시 · 특별자치도 · 시 또는 군의 관할 구역에 걸쳐 있는 시설

나. 항만 · 공항 · 운동장 등 둘 이상의 특별시 · 광역시 · 특별자치시 · 특별자치도 · 시 또는 군이 공동으로 이용하는 구역

(2) 광역시설의 설치 · 관리방법

가. 원칙 : 도시 · 군계획시설의 설치 · 관리에 관한 규정을 적용한다.

나. 예 외

① 협약체결 등에 따른 설치 · 관리 : 관계 특별시장 · 광역시장 · 특별자치시장 · 특별자치도지사 · 시장 또는 군수는 협약을 체결하거나 협의회 등을 구성하여 광역시설을 설치 · 관리할 수 있다.

② 관할 도지사에 따른 설치 · 관리 : 협약의 체결이나 협의회 등의 구성이 이루어

지지 아니하는 경우에는 그 시 또는 군이 같은 도에 속할 때에는 관할 도지사가 광역시설을 설치 · 관리할 수 있다.

③ 법인에 따른 설치 · 관리 : 국가계획으로 설치하는 광역시설은 해당 광역시설의 설치 · 관리를 사업목적으로 하거나 사업종목으로 하여 다른 법률에 따라 설립된 법인이 설치 · 관리할 수 있다.

다. 광역시설 설치에 따른 지원 : 환경오염이 심하게 발생하거나 해당 지역의 개발이 현저하게 위축될 우려가 있는 광역시설을 다른 지방자치단체의 관할 구역에 설치할 때에는 대통령령으로 정하는 바에 따라 환경오염방지를 위한 사업이나 해당 지역주민의 편익을 증진시키기 위한 사업을 해당 지방자치단체와 함께 시행하거나 이에 필요한 자금을 해당 지방자치단체에 지원하여야 한다. 다만, 다른 법률에 특별한 규정이 있는 경우에는 그 법률에 따른다.

3 도시 · 군계획시설사업의 시행

1) 의 의

도시 · 군계획시설사업이란 도시 · 군계획시설을 설치 · 정비 또는 개량하는 사업을 말한다.

2) 시행절차

(1) 집행계획의 수립

가. 수립권자

① 원칙 : 특별시장 · 광역시장 · 특별자치시장 · 특별자치도지사 · 시장 또는 군수는 도시 · 군계획시설에 대하여 단계별 집행계획을 수립하여야 한다.

② 예외 : 국토교통부장관 또는 도지사가 직접 입안한 도시 · 군관리계획인 경우 국토교통부장관이나 도지사가 수립하여야 한다.

나. 수립시한 : 도시 · 군계획 시설결정의 고시일부터 2년 이내에 수립하여야 한다. 다만, 2년 이내에 수립되지 아니하여도 도시 · 군계획시설결정은 계속 유효하며, 일정한 개발행위허가를 받을 수 있는 행위제한 완화의 효과가 있다.

다. 단계별 집행계획 : 집행계획은 다음과 같이 제1단계 집행계획과 제2단계 집행계획으로 구분하여 수립한다.

① 제1단계 집행계획 : 3년 이내에 시행하는 도시 · 군계획시설사업

② 제2단계 집행계획 : 3년 후에 시행하는 도시 · 군계획시설사업
단, 매년 제2단계 집행계획을 검토하여 3년 이내에 도시 · 군계획시설사업을 시

행할 도시 · 군계획시설은 제1단계 집행계획에 포함시킬 수 있다.

라. 수립내용 : 단계별 집행계획에는 재원조달계획 · 보상계획 등을 포함하여 수립하여야 한다.

마. 수립절차

① 협의 및 송부 : 특별시장 · 광역시장 · 특별자치시장 · 특별자치도지사 · 시장 또는 군수는 단계별 집행계획을 수립하려면 미리 관계 행정기관의 장과 협의하여야 한다. 국토교통부장관이나 도지사가 수립한 경우에는 해당 특별시장 · 광역시장 · 특별자치시장 · 특별자치도지사 · 시장 또는 군수에게 송부할 수 있다.

② 공고 : 특별시장 · 광역시장 · 특별자치시장 · 특별자치도지사 · 시장 또는 군수는 단계별 집행계획을 수립하거나 송부받은 때에는 지체 없이 해당 지방자치단체가 발행하는 공보에 게재하는 방법으로 공고하여야 한다.

(2) 도시 · 군계획시설사업의 시행자

가. 원 칙

① 특별시장 · 광역시장 · 특별자치시장 · 특별자치도지사 · 시장 또는 군수 : 특별시장 · 광역시장 · 특별자치시장 · 특별자치도지사 · 시장 또는 군수는 이 법 또는 다른 법률에 특별한 규정이 있는 경우 외에는 관할 구역의 도시 · 군계획시설사업을 시행한다.

② 둘 이상의 관할 구역에 걸치는 경우 : 도시 · 군계획시설사업이 둘 이상의 특특별시 · 광역시 · 특별자치시 · 특별자치도 · 시 또는 군의 관할 구역에 걸쳐 시행되게 되는 경우에는 관계 특별시장 · 광역시장 · 특별자치시장 · 특별자치도지사 · 시장 또는 군수가 서로 협의하여 시행자를 정한다.

③ 협의 불성립 시 지정권자 : 도시 · 군계획시설사업을 시행하려는 구역이 같은 도의 관할 구역에 속하는 경우에는 관할 도지사가 시행자를 지정하고, 둘 이상의 시 · 도의 관할 구역에 걸치는 경우에는 국토교통부장관이 시행자를 지정한다.

나. 예 외

① 국토교통부장관 · 도지사

㉠ 국토교통부장관 : 국가계획과 관련되거나 그 밖에 특히 필요하다고 인정되면 관계 특별시장 · 광역시장 · 특별자치시장 · 특별자치도지사 · 시장 또는 군수의 의견을 들어 직접 시행할 수 있다.

㉡ 도지사 : 광역도시 · 군계획과 관련되거나 특히 필요하다고 인정되면 관계 시장 또는 군수의 의견을 들어 직접 시행할 수 있다.

② 지정 시행자

㉠ 의의 : 국토교통부장관, 시 · 도지사, 시장 · 군수 외의 자는 시행자 지정을 받기 위한 신청서를 제출하여 국토교통부장관, 시 · 도지사, 시장 또는 군수

로부터 시행자로 지정을 받아 도시 · 군계획시설사업을 시행할 수 있다.

㉡ 민간지정 시행자의 지정요건 : 아래의 ㉮~㉳ 이외의 자가 도시 · 군계획시설사업의 시행자로 지정을 받고자 하는 때에는 도시 · 군계획시설사업대상토지면적의 2/3 이상에 해당하는 토지를 소유하고, 토지소유자 총수의 1/2 이상에 해당하는 자의 동의를 받아야 한다.

㉮ 국가 · 지방자치단체

㉯ 공공기관

㉰ 「지방공기업법」에 따른 지방공사 및 지방공단

㉱ 다른 법률에 따라 도시 · 군계획시설사업이 포함된 사업의 시행자로 지정된 자

㉲ 공공시설을 관리할 관리청에 무상으로 귀속되는 공공시설을 설치하려는 자

㉳ 「국유재산법」 또는 「지방재정법」에 따라 기부를 조건으로 시설물을 설치하려는 자

다. 분할시행 : 도시 · 군계획시설사업의 시행자는 도시 · 군계획시설사업을 효율적으로 추진하기 위하여 필요하다고 인정되면 사업시행 대상지역을 둘 이상으로 분할하여 도시 · 군계획시설사업을 시행할 수 있다.

라. 행정심판 : 이 법에 따른 도시 · 군계획시설사업 시행자의 처분에 대하여는 「행정심판법」에 따라 행정심판을 제기할 수 있다. 이 경우 행정청이 아닌 시행자의 처분에 대하여는 그 시행자를 지정한 자에게 행정심판을 제기하여야 한다.

(3) 실시계획

가. 작성 : 도시 · 군계획시설사업의 시행자는 해당 도시 · 군계획시설사업에 관한 실시계획을 작성하여야 한다. 실시계획에는 사업시행에 필요한 설계도서 · 자금계획 및 시행기간 그 밖에 대통령령으로 정하는 사항을 명시하거나 첨부하여야 한다. 시행자로 지정을 받은 자는 실시계획을 작성하려면 미리 특별시장 · 광역시장 · 특별자치시장 · 특별자치도지사 · 시장 또는 군수의 의견을 들어야 한다. 사업을 분할시행하는 때에는 분할된 지역별로 실시계획을 작성할 수 있다.

나. 인가 : 도시 · 군계획시설사업의 시행자는 실시계획을 작성한 때에는 국토교통부장관이 지정한 시행자는 국토교통부장관의 인가를 받아야 하며, 그 밖의 시행자는 시 · 도지사 또는 대도시 시장의 인가를 받아야 한다. 인가를 받은 실시계획을 변경 또는 폐지하는 경우에 준용한다. 다만, 국토교통부령이 정하는 경미한 사항을 변경하는 경우에는 그러하지 아니하다.

다. 고시 및 통보 : 국토교통부장관, 시 · 도지사 또는 대도시 시장은 실시계획을 작성(변경 작성을 포함), 인가(변경 인가를 포함), 폐지하거나 실시계획이 효력을 잃은 경우에는 대통령령으로 정하는 바에 따라 그 내용을 고시하여야 한다. 국토교통부

장관 또는 시 · 도지사는 실시계획을 작성하거나 인가한 경우에는 각각 관보와 공보에 게재하는 방법에 의하여 그 내용을 고시하고 관계 행정기관의 장에게 통보하여야 한다.

라. 고시의 효과 : 국토교통부장관, 시 · 도지사 또는 대도시 시장이 실시계획의 작성 또는 인가를 할 때에 그 해당 실시계획에 대한 아래의 인 · 허가 등에 관하여 관계 행정기관의 장과 협의한 사항에 대하여는 해당 인 · 허가 등을 받은 것으로 보며, 실시계획의 고시가 있은 때에는 관계 법률에 따른 인 · 허가 등의 고시 · 공고 등이 있는 것으로 본다.

① 「건축법」에 따른 건축허가, 건축신고, 가설건축물 건축의 허가 또는 신고
② 「산업집적활성화 및 공장설립에 관한 법률」에 따른 공장설립 등의 승인
③ 「공유수면 관리 및 매립에 관한 법률」 제8조에 따른 공유수면의 점용 · 사용허가, 같은 법 제17조에 따른 점용 · 사용 실시계획의 승인 또는 신고, 같은 법 제28조에 따른 공유수면의 매립면허, 같은 법 제35조에 따른 국가 등이 시행하는 매립의 협의 또는 승인 및 같은 법 제38조에 따른 공유수면매립실시계획의 승인
④ 「광업법」 제42조에 따른 채굴계획의 인가
⑤ 「국유재산법」 제30조에 따른 사용 · 수익의 허가
⑥ 「농어촌정비법」 제23조에 따른 농업생산기반시설의 사용허가
⑦ 「농지법」에 따른 농지전용의 허가 또는 협의, 농지전용의 신고 및 농지의 타 용도 일시사용의 허가 또는 협의
⑧ 「도로법」 제36조에 따른 도로관리청이 아닌 자에 대한 도로공사 시행의 허가 및 같은 법 제61조에 따른 도로의 점용 허가
⑨ 「장사 등에 관한 법률」 제27조제1항에 따른 무연분묘의 개장허가
⑩ 「사도법」 제4조에 따른 사도 개설의 허가
⑪ 「사방사업법」 제14조에 따른 토지의 형질 변경 등의 허가 및 같은 법 제20조에 따른 사방지 지정의 해제
⑫ 「산지관리법」에 따른 산지전용허가 및 산지전용신고, 채석허가, 토사채취허가·신고 및 「산림자원의 조성 및 관리에 관한 법률」에 따른 입목벌채 등의 허가·신고 등
⑬ 「소하천정비법」 제10조에 따른 소하천공사 시행의 허가 및 같은 법 제14조에 따른 소하천의 점용허가
⑭ 「수도법」 제17조에 따른 일반수도사업 및 같은 법 제49조에 따른 공업용수도사업의 인가, 같은 법 제52조에 따른 전용상수도 설치 및 같은 법 제54조에 따른 전용공업용수도 설치의 인가
⑮ 「연안관리법」 제25조에 따른 연안정비사업실시계획의 승인

⑯「에너지이용 합리화법」 제8조에 따른 에너지사용계획의 협의

⑰「유통산업발전법」 제8조에 따른 대규모점포의 개설등록

⑱「공유재산 및 물품 관리법」 제20조제1항에 따른 사용·수익의 허가

⑲「공간정보의 구축 및 관리 등에 관한 법률」 제86조제1항에 따른 사업의 착수·변경 또는 완료의 신고

⑳「집단에너지사업법」 제4조에 따른 집단에너지의 공급 타당성에 관한 협의

㉑「체육시설의 설치·이용에 관한 법률」 제12조에 따른 사업계획의 승인

㉒「초지법」 제23조에 따른 초지전용의 허가, 신고 또는 협의

㉓「공간정보의 구축 및 관리 등에 관한 법률」 제15조제3항에 따른 지도등의 간행 심사

㉔「하수도법」 제16조에 따른 공공하수도에 관한 공사시행의 허가 및 같은 법 제24조에 따른 공공하수도의 점용허가

㉕「하천법」 제30조에 따른 하천공사 시행의 허가, 같은 법 제33조에 따른 하천 점용의 허가

㉖「항만법」 제9조제2항에 따른 항만공사 시행의 허가 및 같은 법 제10조제2항에 따른 실시계획의 승인

☞ 개발행위의 허가를 받은 경우에는 건축허가를 받은 것으로 보지 않지만 실시계획의 고시가 있으면 건축허가를 받은 것으로 본다.

마. 효력상실 : 도시·군계획시설결정의 고시일부터 10년 이후에 실시계획을 작성하거나 인가(다른 법률에 따라 의제된 경우는 제외) 받은 도시·군계획시설사업의 시행자가 실시계획 고시일부터 5년 이내에 재결신청을 하지 아니한 경우에는 실시계획 고시일부터 5년이 지난 다음 날에 그 실시계획은 효력을 잃는다. 다만, 장기미집행 도시·군계획시설사업의 시행자가 재결신청을 하지 아니하고 실시계획 고시일부터 5년이 지나기 전에 해당 도시·군계획시설사업에 필요한 토지 면적의 3분의 2 이상을 소유하거나 사용할 수 있는 권원을 확보하고 실시계획 고시일부터 7년 이내에 재결신청을 하지 아니한 경우 실시계획 고시일부터 7년이 지난 다음 날에 그 실시계획은 효력을 잃는다.

바. 효력 유지 : 마항에도 불구하고 장기미집행 도시·군계획시설사업의 시행자가 재결신청 없이 도시·군계획시설사업에 필요한 모든 토지·건축물 또는 그 토지에 정착된 물건을 소유하거나 사용할 수 있는 권원을 확보한 경우 그 실시계획은 효력을 유지한다.

사. 효력 상실 기일 : 실시계획이 폐지되거나 효력을 잃은 경우 해당 도시·군계획시설결정은 다음 각 호에서 정한 날 효력을 잃는다. 이 경우 시·도지사 또는 대도시 시장은 대통령령으로 정하는 바에 따라 지체 없이 그 사실을 고시하여야 한다.

① 도시 · 군계획시설결정의 고시일부터 20년이 되기 전에 실시계획이 폐지되거나 효력을 잃고 다른 도시 · 군계획시설사업이 시행되지 아니하는 경우 : 도시 · 군계획시설결정의 고시일부터 20년이 되는 날의 다음 날

② 도시 · 군계획시설결정의 고시일부터 20년이 되는 날의 다음 날 이후 실시계획이 폐지되거나 효력을 잃은 경우 : 실시계획이 폐지되거나 효력을 잃은 날

(4) 사업시행을 위한 조치

가. 관계 서류의 무료 열람 : 도시 · 군계획시설사업을 시행하기 위하여 필요하면 등기소나 그 밖의 관계 행정기관의 장에게 필요한 서류의 열람 또는 복사나 그 등본 또는 초본의 발급을 무료로 청구할 수 있다.

나. 서류의 공시송달

① 공시송달 요건 : 도시 · 군계획시설사업 시행자는 이해관계인에게 서류를 송달할 필요가 있으나, 이해관계인의 주소 또는 거소가 불분명하거나 그 밖의 사유로 서류를 송달할 수 없는 경우에는 그 서류의 송달을 갈음하여 그 내용을 공시할 수 있다.

② 국토교통부장관 등의 승인 : 행정청이 아닌 도시 · 군계획시설사업의 시행자는 공시송달을 하려면 국토교통부장관 또는 관할 시 · 도지사의 승인을 받아야 한다.

③ 민사소송법 준용 : 서류의 공시송달에 관하여는 「민사소송법」의 공시송달의 예에 따른다.

다. 토지 등의 수용 및 사용

① 수용권자 : 도시 · 군계획시설사업의 시행자는 도시·군계획시설사업에 필요한 물건 또는 권리를 수용하거나 사용할 수 있다.

② 토지보상법 준용 : 토지 등의 수용 또는 사용에 관하여 이 법에 특별한 규정이 있는 경우 외에는 「공익사업을 위한 토지 등의 취득 및 보상에 관한 법률」을 준용한다.

③ 특례규정

㉠ 사업인정 및 고시 의제 : 실시계획을 고시한 경우에는 「공익사업을 위한 토지 등의 취득 및 보상에 관한 법률」에 따른 사업인정 및 그 고시가 있었던 것으로 본다.

㉡ 재결신청기간 : 「공익사업을 위한 토지 등의 취득 및 보상에 관한 법률」의 규정(사업인정 및 고시가 있은 날부터 1년 이내)에도 불구하고 실시계획에서 정한 도시 · 군계획시설사업의 시행기간에 하여야 한다.

㉢ 인접지의 일시 사용 : 도시 · 군계획시설사업의 시행자는 사업시행을 위하여 특히 필요하다고 인정되면 도시 · 군계획시설에 인접한 다음의 물건 또는 권리를 일시 사용할 수 있다. 인접지에 대해서는 일시 사용은 가능하지만 수용은 불가능하다.

㉮ 토지 · 건축물 또는 그 토지에 정착된 물건

㉯ 토지 · 건축물 또는 그 토지에 정착된 물건에 관한 소유권 외의 권리

라. 국공유지의 처분 제한 : 도시 · 군관리계획결정을 고시하는 경우에는 국공유지로서 도시 · 군계획시설사업에 필요한 토지는 그 도시 · 군관리계획으로 정하여진 목적 외의 목적으로 매각하거나 양도할 수 없다. 이를 위반한 행위는 무효로 한다.

(5) 공사완료

가. 보고서의 작성 : 도시 · 군계획시설사업의 시행자는 도시 · 군계획시설사업의 공사를 마친 때에는 공사완료보고서를 작성하여 시 · 도지사나 대도시 시장의 준공검사를 받아야 한다.

나. 준공검사 : 시 · 도지사나 대도시 시장은 공사완료보고서를 받으면 지체 없이 준공검사를 하여야 한다.

다. 공 고

① 원칙 : 시 · 도지사나 대도시 시장은 준공검사를 한 결과 실시계획대로 완료되었다고 인정되는 경우에는 도시 · 군계획시설사업의 시행자에게 준공검사증명서를 발급하고 공사완료공고를 하여야 한다.

② 예외 : 국토교통부장관, 시 · 도지사 또는 대도시 시장인 도시 · 군계획시설사업의 시행자는 도시 · 군계획시설사업의 공사를 마친 때에는 공사완료공고를 하여야 한다.

라. 행정기관의 장과 협의 : 국토교통부장관, 시 · 도지사 또는 대도시 시장은 준공검사를 하거나 공사완료공고를 할 때에 그 내용에 실시계획의 고시에 의하여 의제되는 인 · 허가 등에 따른 준공검사 · 준공인가 등에 해당하는 사항이 있으면 미리 관계 행정기관의 장과 협의하여야 한다.

준공검사를 하거나 공사완료공고를 할 때 국토교통부장관, 시 · 도지사 또는 대도시 시장이 실시계획의 고시에 의하여 의제되는 인 · 허가 등에 따른 관계 행정기관의 장과 협의한 사항에 대하여는 그 준공검사 · 준공인가 등을 받은 것으로 본다.

3) 공공시설 등의 귀속

개발행위에 따른 공공시설의 귀속에 관한 규정은 도시 · 군계획시설사업에 의하여 새로 공공시설을 설치하거나 기존의 공공시설에 대체되는 공공시설을 설치한 경우에 준용한다.

4) 조성된 대지 · 건축물의 처분순위

도시 · 군계획시설사업으로 조성된 대지와 건축물 중 국가나 지방자치단체의 소유에 속하는 재산을 처분하려면 「국유재산법」과 「공유재산 및 물품 관리법」의 규정에도 불구하고 다음의 순위에 따라 처분할 수 있다.

가. 1순위 : 해당 도시 · 군계획시설사업의 시행으로 수용된 토지 또는 건축물 소유자에

의 양도

나. 2순위 : 다른 도시·군계획시설사업에 필요한 토지와의 교환

5) 비용의 부담

(1) 비용부담의 원칙

광역도시·군계획이나 도시·군계획의 수립, 도시·군계획시설사업에 관한 비용은 이 법 또는 다른 법률에 특별한 규정이 있는 경우 외에는 국가가 하는 경우에는 국가예산에서 지방자치단체가 하는 경우에는 해당 지방자치단체가 행정청이 아닌 자가 하는 경우에는 그 자가 부담함을 원칙으로 한다.

(2) 지방자치단체의 비용부담

가. 의의 : 국토교통부장관이나 시·도지사는 그가 시행한 도시·군계획시설사업으로 현저히 이익을 받는 시·도, 시 또는 군이 있으면 대통령령으로 정하는 바에 따라 그 도시·군계획시설사업에 든 비용의 일부를 그 이익을 받는 시·도, 시 또는 군에 부담시킬 수 있다.

나. 비용부담방법

① 국토교통부장관이 시행자인 경우 : 국토교통부장관은 시·도, 시 또는 군에 비용을 부담시키기 전에 행정안전부장관과 협의하여야 한다.

② 시·도지사가 시행자인 경우

㉠ 원칙 : 해당 시·도에 속하지 아니하는 특별시·광역시·특별자치시·특별자치도·시 또는 군에 비용을 분담시키려면 해당 지방자치단체의 장과 협의하여야 한다.

㉡ 협의 불성립 시 : 협의가 성립되지 아니하는 경우에는 행정안전부장관이 결정하는 바에 따른다.

③ 시장·군수가 시행자인 경우

㉠ 원칙 : 시장이나 군수는 그가 시행한 도시·군계획시설사업으로 현저히 이익을 받는 다른 지방자치단체가 있으면 대통령령으로 정하는 바에 따라 그 도시·군계획시설사업에 든 비용의 일부를 그 이익을 받는 다른 지방자치단체와 협의하여 그 지방자치단체에 부담시킬 수 있다.

㉡ 협의 불성립 시 결정권자

㉮ 협의가 성립되지 아니하는 경우 다른 지방자치단체가 같은 도에 속할 때에는 관할 도지사가 결정하는 바에 따른다.

㉯ 다른 시·도에 속할 때에는 행정안전부장관이 결정하는 바에 따른다.

다. 비용부담 비율 : 부담하는 비용의 총액은 해당 도시 · 군계획시설사업에 소요된 비용의 50%를 넘지 못한다. 이 경우 비용에는 해당 도시 · 군계획시설사업의 조사·측량비, 설계비 및 관리비를 포함하지 아니한다.

(3) 보조 또는 융자

가. 기초조사 등에 대한 보조 : 시 · 도지사, 시장 또는 군수가 수립하는 광역도시 · 군계획 또는 도시 · 군계획에 관한 기초조사나 지형도면의 작성에 드는 비용은 대통령령으로 정하는 바에 따라 그 비용의 전부 또는 일부를 국가예산에서 보조할 수 있다.

나. 도시 · 군계획시설사업에 대한 보조 · 융자 : 행정청이 시행하는 도시 · 군계획시설사업에 드는 비용은 대통령령으로 정하는 바에 따라 그 비용의 전부 또는 일부를 국가예산에서 보조하거나 융자할 수 있으며, 행정청이 아닌 자가 시행하는 도시·군계획시설사업에 드는 비용의 일부는 대통령령으로 정하는 바에 따라 국가 또는 지방자치단체가 보조하거나 융자할 수 있다. 이 경우 국가 또는 지방자치단체는 다음 각 호의 어느 하나에 해당하는 지역을 우선 지원할 수 있다.

① 도로, 상하수도 등 기반시설이 인근지역에 비하여 부족한 지역

② 광역도시계획에 반영된 광역시설이 설치되는 지역

③ 개발제한구역(집단취락만 해당한다)에서 해제된 지역

④ 도시 · 군계획시설결정의 고시일부터 10년이 경과할 때까지 그 도시 · 군계획시설의 설치에 관한 도시 · 군계획시설사업이 시행되지 아니한 경우로서 해당 도시 · 군계획시설의 설치 필요성이 높은 지역

(4) 취락지구에 대한 지원

국가나 지방자치단체는 다음에 정하는 바에 따라 취락지구 주민의 생활편익과 복지증진 등을 위한 사업을 시행하거나 그 사업을 지원할 수 있다.

가. 집단취락지구 : 개발제한구역의 지정 및 관리에 관한 특별 조치법령에서 정하는 바에 의한다.

나. 자연취락지구

① 자연취락지구에 있거나 자연취락지구에 연결되는 도로 · 수도공급설비 · 하수도 등의 정비

② 어린이놀이터 · 공원 · 녹지 · 주차장 · 학교 · 마을회관 등의 설치 · 정비

③ 쓰레기처리장 · 하수처리시설 등의 설치 · 개량

④ 하천정비 등 재해방지를 위한 시설의 설치 · 개량

⑤ 주택의 신축 · 개량

(5) 방재지구에 대한 지원

국가나 지방자치단체는 이 법률 또는 다른 법률에 따라 방재사업을 시행하거나 그 사업을 지원하는 경우 방재지구에 우선적으로 지원할 수 있다.

4 미집행 도시 · 군계획시설부지

1) 의 의

도시 · 군계획시설에 대한 도시 · 군관리계획의 결정의 고시일부터 일정기간(2년)이 경과할 때까지 도시 · 군계획시설사업이 시행되지 아니하는 경우에는 해당 도시 · 군계획시설부지 안에서 개발행위허가, 매수청구, 도시 · 군관리계획결정의 실효라는 효과가 발생한다.

2) 도시 · 군계획시설부지에서의 개발행위 여부

(1) 원칙 : 개발행위허가 금지

도시 · 군계획시설결정의 고시가 있으면 특별시장 · 광역시장 · 특별자치시장 · 특별자치도지사 · 시장 또는 군수는 도시 · 군계획시설의 설치장소로 결정된 지상 · 수상 · 공중 · 수중 또는 지하는 그 도시 · 군계획시설이 아닌 다른 건축물의 건축이나 공작물의 설치를 허가하여서는 아니된다.

(2) 예외 : 일부 개발행위허용

다음과 같은 일정한 사유가 있는 경우에는 건축물의 건축이나 공작물의 설치가 가능하다.

가. 지상 · 수상 · 공중 · 수중 또는 지하에 일정한 공간적 범위를 정하여 도시 · 군계획시설이 결정되고 있고, 그 도시 · 군계획시설의 설치 · 이용 및 장래의 확장가능성에 지장이 없는 범위에서 도시 · 군계획시설이 아닌 건축물 또는 공작물을 해당 도시 · 군계획시설인 건축물 또는 공작물의 상부 또는 하부에 설치하는 경우

나. 도시 · 군계획시설과 도시 · 군계획시설이 아닌 시설을 같은 건축물 안에 설치한 경우로서 도시 · 군계획시설사업에 대한 실시계획인가를 받아 다음의 어느 하나에 해당하는 경우

① 건폐율이 증가하지 아니하는 범위에서 해당 건축물을 증축 또는 대수선하여 도시 · 군계획시설이 아닌 시설을 설치하는 경우

② 도시 · 군계획시설의 설치 · 이용 및 장래의 확장가능성에 지장이 없는 범위에서 도시 · 군계획시설을 도시 · 군계획시설이 아닌 시설로 변경하는 경우

다. 「도로법」 등 도시 · 군계획시설의 설치 및 관리에 관하여 규정하고 있는 다른 법률에 의하여 점용허가를 받아 건축물 또는 공작물을 설치하는 경우

3) 개발행위허가

(1) 허가권자

특별시장 · 광역시장 · 특별자치시장 · 특별자치도지사 · 시장 또는 군수가 허가권자이다.

(2) 허가사유

도시 · 군계획시설결정의 고시일부터 2년이 지날 때까지 그 시설의 설치에 관한 사업이 시행되지 아니한 도시 · 군계획시설 중 단계별 집행계획이 수립되지 아니하거나 단계별 집행계획에서 제1단계 집행계획에 포함되지 아니한 도시 · 군계획시설의 부지에 대하여는 개발행위를 허가할 수 있다.

(3) 허가대상행위

가. 가설 건축물의 건축과 이에 필요한 범위에서의 토지의 형질변경

나. 도시 · 군계획시설의 설치에 지장이 없는 공작물의 설치와 이에 필요한 범위에서의 토지의 형질변경

다. 건축물의 개축 또는 재축과 이에 필요한 범위에서의 토지의 형질변경. 다만, 「건축법」에 의하여 신고하고 설치할 수 있는 건축물의 개축 · 증축 또는 재축과 이에 필요한 범위에서의 토지의 형질변경은 허가대상이 포함되지 아니한다.

(4) 원상회복명령

특별시장 · 광역시장 · 특별자치시장 · 특별자치도지사 · 시장 또는 군수는 가설 건축물의 건축이나 공작물의 설치를 허가한 토지에서 도시 · 군계획시설사업이 시행되는 경우에는 그 시행예정일 3개월 전까지 가설 건축물이나 공작물 소유자의 부담으로 그 가설 건축물이나 공작물의 철거 등 원상회복에 필요한 조치를 명하여야 한다. 다만, 원상회복이 필요하지 아니하다고 인정되는 경우에는 그러하지 아니하다.

(5) 행정대집행

특별시장 · 광역시장 · 특별자치시장 · 특별자치도지사 · 시장 또는 군수는 원상회복의 명령을 받은 자가 원상회복을 하지 아니하면 「행정대집행법」에 따른 행정대집행에 따라 원상회복을 할 수 있다.

4) 도시 · 군계획시설부지의 매수청구

(1) 의 의

기존의 도시 · 군계획법이 장기간 도시 · 군계획시설사업이 시행되지 아니하는 일정한 부지에 대한 보상규정을 두지 아니한 것에 대하여 헌법재판소의 헌법불합치결정에 따

라 매수청구제도가 도입되어 시행되고 있는 제도이다.

(2) 매수대상물건 및 매수요건

도시 · 군계획시설의 부지로 되어 있는 토지 중 지목이 대(垈)인 토지(그 토지에 있는 건축물 및 정착물 포함)로서 도시 · 군계획시설결정의 고시일부터 10년 이내에 그 도시 · 군계획시설의 설치에 관한 도시 · 군계획시설사업이 시행되지 아니하는 경우(실시계획의 인가나 그에 상당하는 절차가 진행된 경우는 제외)에는 그 도시 · 군계획시설부지에 대해 매수를 청구할 수 있다.

☞ 매수청구자가 계속 소유한 기간이 10년 이상을 필요로 하는 것은 아니다.

(3) 매수의무자

가. 원칙 : 토지 등의 소유자는 특별시장 · 광역시장 · 특별자치시장 · 특별자치도지사 · 시장 또는 군수에게 매수를 청구할 수 있다.

나. 예외 : 다음의 경우에는 그에 해당하는 자에게 그 토지의 매수를 청구할 수 있다.

① 이 법에 따라 해당 도시 · 군계획시설사업의 시행자가 정하여진 경우에는 그 시행자

② 이 법 또는 다른 법률에 따라 도시 · 군계획시설을 설치하거나 관리하여야 할 의무가 있는 자가 있으면 그 의무가 있는 자. 이 경우 도시 · 군계획시설을 설치하거나 관리하여야 할 의무가 있는 자가 서로 다른 경우에는 설치하여야 할 의무가 있는 자

(4) 매수절차

가. 도시 · 군계획시설부지 매수청구서의 제출 : 토지의 매수를 청구하려는 자는 도시·군계획시설부지 매수청구서에 대상 토지 및 건물에 대한 등기부등본을 첨부하여 매수의무자에게 제출하여야 한다.

나. 매수여부의 결정 : 매수청구를 받은 날부터 6개월 이내에 매수여부를 결정하여야 한다.

다. 통지 및 매수시한 : 매수여부를 결정하면 토지소유자와 특별시장 · 광역시장 · 특별자치시장 · 특별자치도지사 · 시장 또는 군수에게 알려야 하며, 매수하기로 결정한 토지는 매수결정을 알린 날부터 2년 이내에 매수하여야 한다.

(5) 매수대금 지급방식

가. 원칙 : 매수의무자는 매수청구를 받은 토지를 매수할 때에는 현금으로 그 대금을 지급한다.

나. 예 외

① 발행자 및 발행요건 : 다음의 어느 하나에 해당하는 경우로서 매수의무자가 지방자치단체인 경우에는 도시 · 군계획시설채권을 발행하여 지급할 수 있다.

㉠ 토지소유자가 원하는 경우

㉡ 부재부동산 소유자의 토지 또는 비업무용 토지로서 매수대금이 3,000만 원을 초과하여 그 초과하는 금액을 지급하는 경우

② 상환기간 및 이율

㉠ 상환기간 : 10년 이내

㉡ 이율 : 채권발행 당시 「은행법」에 따른 인가를 받은 금융기관 중 전국을 영업으로 하는 금융기관이 적용하는 1년 만기 정기예금금리의 평균 이상으로 한다.

㉢ 구체적인 상환기간 · 이율 : 특별시 · 광역시 · 특별자치시 · 특별자치도 · 시 또는 군의 조례로 정한다.

③ 지방재정법 준용 : 도시 · 군계획시설채권의 발행절차나 그 밖의 필요한 사항은 이 법에 특별한 규정이 있는 경우 외에는 「지방재정법」에서 정하는 바에 따른다.

(6) 매수거부나 지연 시 개발행위허가

가. 개발행위허가의 요건 : 매수청구를 한 토지의 소유자는 다음에 해당하면 개발행위의 허가를 받아 건축물 또는 공작물을 설치할 수 있다. 이 경우 개발행위허가의 기준 및 도시 · 군계획시설부지에서의 개발행위규정은 적용하지 아니한다.

① 매수청구에 대해 매수하지 아니하기로 결정한 경우

② 매수결정을 알린 날부터 2년이 지날 때까지 해당 토지를 매수하지 아니하는 경우

나. 허가대상 물건

① 단독주택(다가구주택, 다중주택, 공관은 제외)으로서 3층 이하인 것

② 제1종 근린생활시설로서 3층 이하인 것

③ 공작물 : 다만, 위의 범위에서 특별시 · 광역시 · 특별자치시 · 특별자치도 · 시 또는 군의 도시 · 군계획조례로 따로 허용범위를 정하는 경우에는 그에 따른다.

(7) 토지보상법 준용

매수청구된 토지의 매수가격 · 매수절차 등 이 법에 특별한 규정이 있는 경우 외에는 「공익사업을 위한 토지 등의 취득 및 보상에 관한 법률」의 규정을 준용한다.

5) 도시 · 군계획시설결정의 해제 신청

① 도시 · 군계획시설결정의 고시일부터 10년 이내에 그 도시 · 군계획시설의 설치에 관한 도시 · 군계획시설사업이 시행되지 아니한 경우로서 단계별 집행계획상 해당 도시 · 군계획시설의 실효 시까지 집행계획이 없는 경우에는 그 도시 · 군계획시설 부지로 되어 있는 토지의 소유자는 대통령령으로 정하는 바에 따라 해당 도시 · 군계획시설에 대한 도시 · 군관리계획 입안권자에게 그 토지의 도시 · 군계획시설결정 해제를 위한 도시 ·

군관리계획 입안을 신청할 수 있다.

② 도시·군관리계획 입안권자는 제1항에 따른 신청을 받은 날부터 3개월 이내에 입안 여부를 결정하여 토지 소유자에게 알려야 하며, 해당 도시·군계획시설결정의 실효 시까지 설치하기로 집행계획을 수립하는 등 대통령령으로 정하는 특별한 사유가 없으면 그 도시·군계획시설결정의 해제를 위한 도시·군관리계획을 입안하여야 한다.

③ 제1항에 따라 신청을 한 토지 소유자는 해당 도시·군계획시설결정의 해제를 위한 도시·군관리계획이 입안되지 아니하는 등 대통령령으로 정하는 사항에 해당하는 경우에는 해당 도시·군계획시설에 대한 도시·군관리계획 결정권자에게 그 도시·군계획시설결정의 해제를 신청할 수 있다.

④ 도시·군관리계획 결정권자는 제3항에 따른 신청을 받은 날부터 2개월 이내에 결정 여부를 정하여 토지 소유자에게 알려야 하며, 특별한 사유가 없으면 그 도시·군계획시설결정을 해제하여야 한다.

⑤ 제3항에 따라 해제 신청을 한 토지 소유자는 해당 도시·군계획시설결정이 해제되지 아니하는 등 대통령령으로 정하는 사항에 해당하는 경우에는 국토교통부장관에게 그 도시·군계획시설결정의 해제 심사를 신청할 수 있다.

⑥ 제5항에 따라 신청을 받은 국토교통부장관은 대통령령으로 정하는 바에 따라 해당 도시·군계획시설에 대한 도시·군관리계획 결정권자에게 도시·군계획시설결정의 해제를 권고할 수 있다.

⑦ 제6항에 따라 해제를 권고받은 도시·군관리계획 결정권자는 특별한 사유가 없으면 그 도시·군계획시설결정을 해제하여야 한다.

⑧ 제2항에 따른 도시·군계획시설결정 해제를 위한 도시·군관리계획의 입안 절차와 제4항 및 제7항에 따른 도시·군계획시설결정의 해제 절차는 대통령령으로 정한다.

6) 도시·군계획시설결정의 실효

도시·군계획시설결정이 고시된 도시·군계획시설에 대하여 그 고시일부터 20년이 지날 때까지 그 시설의 설치에 관한 도시·군계획시설사업이 시행되지 아니하는 경우에 그 도시·군계획시설결정은 그 고시일부터 20년이 되는 날의 다음 날에 그 효력을 잃는다. 도시·군계획시설결정이 효력이 잃으면 국토교통부장관이 하는 경우에는 관보에, 시·도지사 또는 대도시 시장이 하는 경우에는 해당 시·도 또는 대도시의 공보에 실효일자 및 실효사유와 실효된 도시·군계획의 내용을 게재하는 방법에 따라 지체 없이 그 사실을 고시하여야 한다.

5 도시계획위원회

1) 중앙도시계획위원회

(1) 업 무

광역도시계획 · 도시 · 군계획 · 토지거래계약허가구역 등 국토교통부장관의 권한에 속하는 사항과 다른 법률에서 중앙도시계획위원회의 심의를 거치도록 한 사항을 심의하고 도시 · 군계획에 관한 조사 · 연구를 수행하기 위하여 국토교통부에 중앙도시계획위원회를 둔다.

(2) 조 직

가. 중앙도시계획위원회는 위원장 · 부위원장 각 1명을 포함한 25명 이상 30명 이내의 위원으로 구성한다.

나. 중앙도시계획위원회의 위원장과 부위원장은 위원 중에서 국토교통부장관이 임명하거나 위촉한다.

다. 위원은 관계 중앙행정기관의 공무원과 토지이용 · 건축 · 주택 · 교통 · 환경 · 방재 · 문화 · 농림 등 도시 · 군계획에 관한 학식과 경험이 풍부한 자중에서 국토교통부장관이 임명하거나 위촉한다.

라. 공무원이 아닌 위원의 수는 10명 이상으로 하고, 그 임기는 2년으로 한다.

마. 보궐위원의 임기는 전임자 임기의 남은 기간으로 한다.

(3) 회의의 소집 및 의결정족수

가. 중앙도시계획위원회의 회의는 국토교통부장관 또는 위원장이 필요하다고 인정하는 경우에 국토교통부장관 또는 위원장이 소집한다.

나. 중앙도시계획위원회의 회의는 재적위원 과반수의 출석으로 개의하고, 출석위원 과반수의 찬성으로 의결한다.

2) 지방도시계획위원회

(1) 시 · 도 도시계획위원회

시 · 도 도시계획위원회는 위원장 및 부위원장 각 1인을 포함한 20인 이상 25인 이하의 위원으로 구성한다. 시 · 도 도시계획위원회의 위원장은 당해 지방자치단체의 부시장 또는 부지사가 되면 부위원장이 되며 부위원장은 위원 중에서 호선한다. 또한 시 · 도 도시계획 위원회의위원은 시 · 도지사가 임명 또는 위촉한다. 이 경우 민간위원의 수는 전체 위원의 2/3 이상이어야 한다.

가. 시 · 도지사가 결정하는 도시 · 군관리계획의 심의 등 시 · 도지사의 권한에 속하는 사항과 다른 법률에서 시 · 도 도시계획위원회의 심의를 거치도록 한 사항의 심의
나. 국토교통부장관의 권한에 속하는 사항 중 중앙도시계획위원회의 심의대상에 해당하는 사항이 시 · 도지사에게 위임된 경우 그 위임된 사항의 심의
다. 도시 · 군관리계획과 관련하여 시 · 도지사가 자문하는 사항에 대한 조언
라. 그 밖에 대통령령으로 정하는 사항에 관한 심의 또는 조언

(2) 시 · 군 · 구 도시계획위원회

시 · 군 · 구 도시계획위원회는 위원장 및 부위원장 각 1인을 포함한 15인 이상 25인 이하의 위원으로 구성한다. 시 · 군 · 구 도시계획위원회의 위원장은 당해 지방자치단체의 부시장, 부 군수 또는 부구청장이 되며 부위원장은 위원 중에서 호선한다. 다만 2이상의 시 · 군 · 구에 공동으로 시 · 군 · 구 도시계획위원회를 설치하는 경우에는 그 위원의 수를 30인까지로 할 수 있으며, 위원장은 당해 시장 또는 구청장이 협의하여 정한다. 시 · 군 · 구 도시계획위원회의 위원장은 시장 군수 또는 구청장이 임명 또는 위촉한다. 이 경우 민간위원의 수는 위원 총수의 1/2 이상이어야 한다.

가. 대도시 시장이 결정하는 도시 · 군관리계획의 심의와 국토교통부장관 또는 시 · 도지사의 권한에 속하는 사항 중 시 · 도 도시계획위원회의 심의대상에 해당하는 사항이 시장 · 군수 또는 구청장에게 위임되거나 재위임된 경우 그 위임된 사항의 심의
나. 도시 · 군관리계획과 관련하여 시장 · 군수 또는 구청장이 자문하는 사항에 대한 조언
다. 개발행위의 허가 등에 관한 심의
라. 그 밖에 대통령령으로 정하는 사항에 관한 심의 또는 조언

(3) 위원의 제척사유

지방도시계획위원회의 위원은 다음의 어느 하나에 해당하는 경우에 심의 · 조언에서 제척된다.

가. 자기나 배우자 또는 배우자이었던 자가 당사자이거나 공동권리자 또는 공동의무자인 경우
나. 자기나 당사자와 친족관계이거나 자기 또는 자기가 속한 법인이 당사자의 법률 · 경영 등에 대한 자문 · 고문 등으로 있는 경우
다. 자기 또는 자기가 속한 법인이 당사자 등의 대리인으로 관여하거나 관여하였던 경우
라. 그 밖에 해당 안건에 자기가 이해관계인으로 관여한 경우로서 대통령령으로 정하는 경우

3) 회의록의 공개

지방도시계획위원회의 심의 일시 · 장소 · 안건 · 내용 · 결과 등이 기록된 회의록은 3년을 초과하지 않는 범위 내에서 대통령령이 정하는 기간이 경과한 후에는 공개요청이 있는 경우 대통령령이 정하는 바에 따라 이를 공개하여야 한다. 다만, 공개에 의하여 부동산 투기 유발 등 공익을 현저히 해할 우려가 있다고 인정하는 경우나, 심의 · 의결의 공정성을 침해할 우려가 있다고 인정되는 이름 · 주민등록번호 등 대통령령이 정하는 개인식별 정보에 관한 부분의 경우에는 그러하지 아니하다.

4) 시범도시의 지정·지원

(1) 지정권자 및 지정분야

국토교통부장관은 도시의 경제 · 사회 · 문화적인 특성을 살려 개성있고 지속가능한 발전을 촉진하기 위하여 필요하면 직접 또는 관계 중앙행정기관의 장이나 시 · 도지사의 요청에 의하여 경관, 생태, 정보통신, 과학, 문화, 관광, 그 밖에 대통령령으로 정하는 분야(교육 · 안전 · 교통 및 도시정비)별로 시범도시(시범지구나 시범단지를 포함)를 지정할 수 있다.

(2) 지정기준

가. 시범도시의 지정이 지역균형발전에 기여할 수 있을 것

나. 시범도시의 지정에 대한 주민의 호응도가 높을 것

다. 시범도시의 지정목적달성에 필요한 시범도시사업에 주민이 참여할 수 있을 것

라. 시범도시사업의 재원조달계획이 적정하고 실현가능할 것

(3) 지정절차

가. 의견청취 및 자문 : 관계 중앙행정기관의 장 또는 시 · 도지사는 국토교통부장관에게 시범도시의 지정을 요청하려면 미리 설문조사 · 열람 등을 통하여 주민의 의견을 들은 후 관계 지방자치단체장의 의견을 들어야 한다. 시 · 도지사는 국토교통부장관에게 시범도시의 지정을 요청하려면 미리 해당 시 · 도 도시계획위원회의 자문을 거쳐야 한다.

나. 협의 및 심의 : 국토교통부장관은 시범도시를 지정하려면 관계 중앙행정기관의 장과 협의한 후 중앙도시계획위원회의 심의를 거쳐야 한다.

다. 공고 및 통보 : 국토교통부장관은 시범도시를 지정한 때에는 지정목적 · 지정분야 · 지정대상도시 등을 관보에 공고하고 관계 행정기관의 장에게 통보하여야 한다.

(4) 공 모

국토교통부장관은 직접 시범도시를 지정함에 있어서 필요한 경우에는 국토교통부령이 정하는 바에 따라 그 대상이 되는 도시를 공모할 수 있다. 이 경우 공모에 응모할 수 있는 자는 특별시장 · 광역시장 · 시장 · 군수 또는 구청장으로 한다.

(5) 사업계획의 수립

시범도시를 관할하는 특별시장 · 광역시장 · 특별자치시장 · 특별자치도지사 · 시장 또는 군수 · 광역시장 · 시장 · 군수 또는 구청장은 시범도시사업의 시행에 관한 계획인 시범도시사업계획을 수립 · 시행하여야 한다.

(6) 지원기준

국토교통부장관, 관계 중앙행정기관의 장 또는 시 · 도지사는 시범도시에 대하여 다음의 범위에서 보조 또는 융자를 할 수 있다. 관계 중앙행정기관의 장 또는 시 · 도지사는 시범도시에 대하여 예산 · 인력 등을 지원한 때에는 그 지원내역을 국토교통부장관에서 통보하여야 한다.

가. 시범도시사업계획의 수립에 소요되는 비용의 80% 이하

나. 시범도시사업의 시행에 소요되는 비용(보상비는 제외)의 50% 이하

제8장 개발행위

1 개발행위의 허가

1) 허가권자

특별시장 · 광역시장 · 특별자치시장 · 특별자치도지사 · 시장 또는 군수가 허가권자이다.

2) 허가대상

(1) 원 칙

다음 각 호의 어느 하나에 해당하는 행위로서 대통령령으로 정하는 행위(이하 '개발행위허가'라한다)를 하려는 자는 특별시장 · 광역시장 · 특별자치시장 · 특별자치도지사 · 시장 또는 군수의 허가(이하 '개발행위허가'라 한다)를 받아야 한다. 다만, 도시 · 군계획사업(다른 법률에 따라 도시 · 군계획사업을 의제한 사업을 포함한다)에 의한 행위는 그러하지 아니하다.

가. 건축물의 건축 : 「건축법」에 따른 건축물의 건축

나. 공작물의 설치 : 인공을 가하여 제작한 시설물의 설치

다. 토지의 형질변경 : 절토 · 성토(盛土) · 정지(整地) · 포장(50cm 이상) 등의 방법으로 토지의 형상을 변경하는 행위와 공유수면의 매립(경작을 위한 경우로서 대통령령으로 정하는 토지의 형질 변경은 제외)

라. 토석의 채취 : 흙 · 모래 · 자갈 · 바위 등의 토석을 채취하는 행위

마. 토지분할 : 다음에 해당하는 토지의 분할을 말한다(다만, 건축물이 있는 대지의 분할은 제외).

① 녹지지역 · 관리지역 · 농림지역 및 자연환경보전지역에서 관계 법령에 따른 허가 · 인가 등을 받지 아니하고 행하는 토지의 분할

② 「건축법」에 따른 분할제한면적 미만으로의 토지의 분할

③ 관계 법령에 따른 허가 · 인가 등을 받지 아니하고 행하는 너비 5m 이하로의 토지의 분할

바. 물건을 쌓아놓는 행위 : 녹지지역 · 관리지역 또는 자연환경보전지역에서 건축물의 울타리 안에 위치하지 아니한 토지에 물건을 1개월 이상 쌓아놓는 행위

(2) 경미한 변경의 허가

개발행위허가를 받은 사항을 변경하는 경우에도 허가를 받아야 하지만, 다음과 같은 경미한 사항을 변경한 때에는 지체 없이 그 사실을 특별시장 · 광역시장 · 특별자치시장 · 특별자치도지사 · 시장 또는 군수에게 통지하여야 한다.

가. 사업기간을 단축하는 경우

나. 사업면적을 5% 범위에서 축소하는 경우

다. 관계 법령의 개정 또는 도시 · 군관리계획의 변경에 따라 허가받은 사항을 불가피하게 변경하는 경우

(3) 개별법의 적용

개발행위 중 도시지역 및 계획관리지역의 산림에서 임도의 설치와 사방산업에 관하여는 각각 「산림자원의 조성 및 관리에 관한 법률」과 「사방사업법」에 따르고, 보전관리지역 · 생산관리지역 · 농림지역 및 자연환경보전지역의 산림에서의 개발행위에 관하여는 「산지관리법」에 따른다.

(4) 허가가 필요치 않은 개발행위

다음에 해당하는 행위는 개발행위허가를 받지 아니하고 할 수 있다.

가. 재해복구나 재난수습을 위한 응급조치를 한 경우에는 1개월 이내에 특별시장 · 광역시장 · 특별자치시장 · 특별자치도지사 · 시장 또는 군수에게 신고

나. 「건축법」에 따라 신고하고 설치할 수 있는 건축물의 개축 · 증축 또는 재축과 이에 필요한 범위에서의 토지의 형질변경

다. 그 밖에 다음의 경미한 행위. 다만, 다음에 규정된 범위에서 특별시 · 광역시 · 특별자치시 · 특별자치도 · 시 또는 군의 도시 · 군계획조례로 따로 정하는 경우에는 그에 의한다.

① 건축물의 건축 : 「건축법」에 따른 건축허가 또는 건축신고 대상에 해당하지 아니하는 건축물의 건축

② 공작물의 설치

㉠ 도시지역 또는 지구단위계획구역에서 무게가 50톤 이하, 부피가 $50m^3$ 이하, 수평투영면적이 $25m^2$ 이하인 공작물의 설치. 다만, 「건축법」에 해당하는 신고대상 공작물의 설치는 제외한다.

㉡ 도시지역 · 자연환경보전지역 및 지구단위계획구역 외의 지역에서 무게가 150톤 이하, 부피가 $150m^3$ 이하, 수평 투영 면적이 $75m^2$ 이하인 공작물의 설치. 다만 「건축법」에 해당하는 신고대상공작물의 설치는 제외한다.

㉢ 녹지지역 · 관리지역 또는 농림지역 안에서의 농림어업용 비닐하우스의 설치

③ 토지의 형질변경

㉠ 높이 50cm이내 또는 깊이 50cm이내의 절토 · 성토 · 정지 등

㉡ 도시지역 · 자연환경보전지역 및 지구단위계획구역 외의 지역에서 면적이 660m^2 이하인 토지에 대한 지목변경을 수반하지 아니하는 절토 · 성토 · 정지 · 포장 등

㉢ 조성이 완료된 기존 대지에서의 건축물 그 밖의 공작물의 설치를 위한 토지의 굴착

㉣ 국가 또는 지방자치단체가 공익상의 필요에 의하여 직접 시행하는 사업을 위한 토지의 형질변경

④ 토석의 채취

㉠ 도시지역 또는 지구단위계획구역에서 채취면적이 25m^2 이하인 토지에서의 부피 50m^3 이하의 토석채취

㉡ 도시지역 · 자연환경보전지역 및 지구단위계획구역 외의 지역에서 채취면적이 250m^2 이하인 토지에서의 부피 500m^3 이하의 토석채취

⑤ 토지의 분할

㉠ 「사도법」에 따른 사도개설허가를 받은 토지의 분할

㉡ 토지의 일부를 공공용지 또는 공용지로 하기 위한 토지의 분할

㉢ 행정재산 중 용도폐지되는 부분의 분할 또는 잡종재산을 매각 · 교환 또는 양여하기 위한 분할

㉣ 토지의 일부가 도시 · 군계획시설로 지형도면고시가 된 해당 토지의 분할

㉤ 너비 5m 이하로 이미 분할된 토지의 「건축법」에 따른 분할제한면적 이상으로의 분할

⑥ 물건을 쌓아놓는 행위

㉠ 녹지지역 또는 지구단위계획구역에서 물건을 쌓아놓는 면적이 25m^2 이하인 토지에 전체무게 50톤 이하, 전체부피 50m^3 이하로 물건을 쌓아놓는 행위

㉡ 관리지역에서 물건을 쌓아놓는 면적이 250m^2 이하인 토지에 전체무게 500톤 이하, 전체부피 500m^3 이하로 물건을 쌓아놓는 행위

3) 개발행위허가의 기준

특별시장 · 광역시장 · 특별자치시장 · 특별자치도지사 · 시장 또는 군수는 개발행위허가의 신청내용이 다음의 기준에 맞는 경우에만 개발행위허가를 하여야 한다.

가. 용도지역별 특성을 고려하여 대통령령으로 정하는 개발행위의 규모에 적합할 것. 다만, 개발행위가 「농어촌정비법」 에 따른 농어촌 정비사업으로 이루어지는 경우

등 대통령령으로 정하는 경우에는 개발행위 규모의 제한을 받지 아니한다.

① 도시지역

㉠ 주거지역 · 상업지역 · 자연녹지지역 · 생산녹지지역 : 1만m^2 미만

㉡ 보전녹지지역 : 5천m^2 미만

㉢ 공업지역 : 3만m^2 미만

② 관리지역 : 3만m^2 미만

③ 농림지역 : 3만m^2 미만

④ 자연환경보전지역 : 5천m^2 미만

나. 도시 · 군관리계획의 성장관리방안의 내용에 어긋나지 아니할 것

다. 도시 · 군계획사업의 시행에 지장이 없을 것

라. 주변지역의 토지이용실태 또는 토지이용계획, 건축물의 높이, 토지의 경사도, 수목의 상태, 물의 배수 하천 · 호소 · 습지의 배수 등 주변 환경이나 경관과 조화를 이룰 것

마. 해당 개발행위에 따른 기반시설의 설치나 그에 필요한 용지의 확보계획이 적절할 것

4) 개발행위허가의 절차

(1) 신청서 제출

가. 원칙 : 개발행위를 하려는 자는 그 개발행위에 따른 기반시설의 설치나 그에 필요한 용지의 확보, 위해방지, 환경오염방지, 경관, 조경 등에 관한 계획서를 첨부한 신청서를 개발행위허가권자에게 제출하여야 한다.

나. 예외 : 개발밀도관리구역에서의 기반시설의 설치나 그에 필요한 용지의 확보에 관한 계획서는 제출하지 아니한다.

(2) 의견청취

가. 도시 · 군계획사업 시행자의 의견청취 : 개발행위허가를 하려면 그 개발행위가 도시 · 군계획사업의 시행에 지장을 주는지에 관하여 해당 지역에서 시행되는 도시 · 군계획사업 시행자의 의견을 들어야 한다.

나. 공공시설관리청의 의견청취 : 특별시장 · 광역시장 · 특별자치시장 · 특별자치도지사 · 시장 또는 군수는 공공시설의 귀속에 관한 사항이 포함된 개발행위허가를 하려면 미리 해당 공공시설이 속한 관리청의 의견을 들어야 한다. 다만, 관리청이 지정되지 아니한 경우에는 관리청이 지정된 후 준공되기 전에 관리청의 의견을 들어야 하며, 관리청이 불분명한 경우에는 도로 · 하천 등에 대하여는 국토교통부장관을 관리청으로 보고, 그 외의 재산에 대하여는 기획재정부장관을 관리청으로 본다.

(3) 도시계획위원회의 심의

가. 원칙 : 관계 행정기관의 장은 개발행위 중 건축물의 건축이나 공작물의 설치, 토지의 형질변경, 토석의 채취에 해당하는 경우로서 다음의 행위를 이 법에 따라 허가하거나 다른 법률에 따라 인 · 허가 · 승인 또는 협의를 하려면 중앙도시계획위원회나 지방도시계획위원회의 심의를 거쳐야 한다. 다만, 도시 · 군계획사업에 의하는 경우를 제외한다.

① 건축물의 건축 또는 공작물의 설치를 목적으로 하는 토지의 형질변경으로서 그 면적이 개발행위허가의 면적규모 이상인 경우

② 부피 3만m^3 이상의 토석의 채취

나. 예외 : 다음의 어느 하나에 해당하는 개발행위는 중앙도시계획위원회와 지방도시계획원회의 심의를 거치지 아니한다.

① 다른 법률에 따른 구역 등의 지정 또는 다른 법률에 따라 도시계획위원회의 심의를 받는 구역에서 하는 개발행위

② 지구단위계획 또는 성장관리방안을 수립한 지역에서 하는 개발행위

③ 주거지역 · 상업지역 · 공업지역에서 시행하는 개발행위 중 특별시 · 광역시 · 특별자치시 · 특별자치도 · 시 또는 군의 조례로 정하는 규모 · 위치 등에 해당하지 아니하는 개발행위

④ 「환경영향평가법」에 따라 환경영향평가를 받은 개발행위

⑤ 「도시교통정비 촉진법」에 따라 교통영향분석 · 개선대책에 대한 검토를 받은 개발행위

⑥ 「농어촌정비법」에 따른 농어촌정비사업 중 대통령령으로 정하는 사업을 위한 개발행위

⑦ 「산림자원의 조성 및 관리에 관한 법률」에 따른 산림사업 및 「사방사업법」에 따른 사방사업을 위한 개발행위

다. 국토교통부장관이나 지방자치단체의 장은 "나"항에도 불구하고 같은 항 제②호, 제④호 및 제⑤호에 해당하는 개발행위가 도시 · 군계획에 포함되지 아니한 경우에는 관계 행정기관의 장에게 대통령령으로 정하는 바에 따라 중앙도시계획위원회나 지방도시계획위원회의 심의를 받도록 요청할 수 있다. 이 경우 관계 행정기관의 장은 특별한 사유가 없으면 요청에 따라야 한다.

(4) 허가 · 불허가 처분

가. 기간 : 특별시장 · 광역시장 · 특별자치시장 · 특별자치도지사 · 시장 또는 군수는 개발행위허가의 신청에 대하여 특별한 사유가 없는 한 15일 이내에 허가 또는 불허가의 처분을 하여야 한다.

나. 방법 : 특별시장 · 광역시장 · 특별자치시장 · 특별자치도지사 · 시장 또는 군수는 허

가 또는 불허가의 처분을 할 때에는 지체 없이 그 신청인에게 허가증을 발급하거나 불허가처분의 사유를 서면 또는 국토이용정보체계를 통하여 알려야 한다.

(5) 성장관리방안의 수립

가. 수립권자 및 수립목적

① 성장관리방안을 수립할 수 있는 지역

㉠ 주변여건 변동 등으로 향후 시가화가 예상되는 지역

㉡ 개발수요가 많아 무질서한 개발이 진행되고 있거나 진행될 것으로 예상되는 지역

㉢ 주변지역과 연계하여 체계적인 관리가 필요한 지역

㉣ 그 밖에 도시 · 군 계획조례로 정하는 지역

② 성장관리방안에 포함될 내용 : 성장관리방안에는 다음의 사항 중 Ⓐ, Ⓑ를 포함한 둘 이상의 사항이 포함되어야 한다.

㉠ 도로, 공원 등 기반시설의 배치와 규모에 관한 사항

㉡ 건축물의 용도제한, 건축물의 건폐율 또는 용적률

㉢ 건축물의 배치 · 형태 · 색채 · 높이

㉣ 환경관리계획 또는 경관계획

㉤ 그 밖에 도시 · 군 계획조례가 정하는 사항

나. 수립절차

특별시장 · 광역시장 · 특별자치시장 · 특별자치도지사 · 시장 또는 군수는 성장관리방안을 수립하거나 변경하려면 대통령령으로 정하는 바에 따라 주민과 해당지방의회의 의견을 들어야 하며, 관계 행정기관과의 협의 및 지방도시계획위원회의 심의를 거쳐야 한다. 특별시장 · 광역시장 · 특별자치시장 · 특별자치도지사 · 시장 또는 군수 · 광역시장 · 특별자치시장 · 특별자치도지사 · 시장 또는 군수는 성장관리방안을 수립하거나 변경한 경우에는 관계 행정기관의 장에게 관계서류를 송부하여야 하며, 대통령령으로 정하는 바에 따라 이를 고시하고 일반인이 열람할 수 있도록 하여야 한다.

5) 조건부 허가와 이행보증

(1) 허가사유

개발행위허가를 하는 경우에는 그 개발행위에 따른 기반시설의 설치나 그에 필요한 용지의 확보, 위해방지, 환경오염방지, 경관, 조경 등에 관한 조치를 할 것을 조건으로 개발행위허가를 할 수 있다.

(2) 이행보증금의 예치

특별시장 · 광역시장 · 특별자치시장 · 특별자치도지사 · 시장 또는 군수는 기반시설의

설치나 그에 필요한 용지의 확보, 위해방지, 환경오염방지, 경관, 조경 등을 위하여 필요하다고 인정되는 경우로서 다음의 경우에는 이의 이행을 보증하기 위하여 개발행위허가를 받는 자로 하여금 이행보증금을 예치하게 할 수 있다.

가. 건축물의 건축 또는 공작물의 설치, 토지의 형질변경, 토석의 채취행위로서 해당 개발행위로 인하여 도로·수도 공급설비·하수도 등 기반시설의 설치가 필요한 경우

나. 토지의 굴착으로 인하여 인근의 토지가 붕괴될 우려가 있거나 인근의 건축물 또는 공작물이 손괴될 우려가 있는 경우

다. 토석의 발파로 인한 낙석·먼지 등에 의하여 인근지역에 피해가 발생할 우려가 있는 경우

라. 토석을 운반하는 차량의 통행으로 인하여 통행로 주변의 환경이 오염될 우려가 있는 경우

마. 토지의 형질변경이나 토석의 채취가 완료된 후 비탈면에 조경을 할 필요가 있는 경우

(3) 예치의무 면제

가. 국가나 지방자치단체가 시행하는 개발행위

나. 「공공기관의 운영에 관한 법률」에 따른 공공기관이 시행하는 개발행위

다. 그 밖에 해당 지방자치단체의 조례로 정하는 공공단체가 시행하는 개발행위

(4) 예치금

예치금액은 기반시설의 설치, 위해방지, 환경오염방지, 경관 및 조경에 필요한 비용의 범위에서 산정하되 총공사비의 20% 이내가 되도록 하고, 그 산정에 관한 구체적인 사항 및 예치방법은 특별시·광역시·특별자치시·특별자치도·시 또는 군의 도시·군계획조례로 정한다. 이 경우 도시지역 또는 계획관리지역 안의 산지에서의 개발행위에 대한 이행보증금의 예치금액은 「산지관리법」에 따른 복구비를 포함하여 정하되, 복구비가 이행보증금에 중복하여 계상되지 아니하도록 하여야 한다.

(5) 예치방법과 반환

가. 원칙 : 현금으로 납입함을 원칙으로 한다.

나. 예외 : 「국가를 당사자로 하는 계약에 관한 법률 시행령」 및 「지방자치단체를 당사자로 하는 계약에 관한 법률 시행령」의 보증서 등 또는 「광산피해의 방지 및 복구에 관한 법률」에 따라 한국광해관리공단이 발행하는 이행보증서 등으로 갈음할 수 있다.

다. 반환시기 : 개발행위허가를 받은 자가 준공검사를 받은 때에는 즉시 반환하여야 한다.

6) 개발행위허가의 제한

(1) 제한권자

국토교통부장관, 시·도지사, 시장 또는 군수는 개발행위허가를 제한할 수 있다.

(2) 제한사유

다음의 어느 하나에 해당되는 지역으로서 도시·군관리계획상 특히 필요하다고 인정되는 지역에 대해서는 대통령령으로 정하는 바에 따라 중앙도시계획위원회나 지방도시계획위원회의 심의를 거쳐 한 차례만 3년 이내의 기간 동안 개발행위허가를 제한할 수 있다. 다만, "다"호부터 "마"호까지에 해당하는 지역에 대해서는 중앙도시계획위원회나 지방도시계획위원회의 심의를 거치지 아니하고 한 차례만 2년 이내의 기간 동안 개발행위허가의 제한을 연장할 수 있다.

가. 녹지지역이나 계획관리지역으로서 수목이 집단적으로 자라고 있거나 조수류 등이 집단적으로 서식하고 있는 지역 또는 우량농지 등으로 보전할 필요가 있는 지역

나. 개발행위로 인하여 주변의 환경·경관·미관·문화재 등이 크게 오염되거나 손상될 우려가 있는 지역

다. 도시·군기본계획이나 도시·군관리계획을 수립하고 있는 지역으로서 그 도시·군기본계획이나 도시·군관리계획이 결정될 경우 용도지역·용도지구 또는 용도구역의 변경이 예상되고 그에 따라 개발행위허가의 기준이 크게 달라질 것으로 예상되는 지역

라. 지구단위계획구역으로 지정된 지역

마. 기반시설부담구역으로 지정된 지역

(3) 제한기간

가. 원칙 : 1회에 한하여 3년 이내의 기간 동안 제한할 수 있다.

나. 예외 : 위의 제한사유 중 (다), (라), (마)에 해당하는 지역에 대하여는 1회에 한하여 2년 이내의 기간 동안 연장할 수 있다.

(4) 제한절차

개발행위허가를 제한하려는 자가 국토교통부장관인 경우에는 중앙도시계획위원회의 심의를 거쳐야 하며, 도시계획위원회의 심의 전에 미리 제한하려는 지역을 관할하는 시장 또는 군수의 의견을 들어야 한다. 또한 개발행위허가를 제한하려는 자가 시·도지사 또는 시장·군수인 경우에는 해당 지방자치단체에 설치된 지방도시계획위원회의 심의를 거쳐야 한다.

(5) 사전고시

국토교통부장관, 시·도지사, 시장 또는 군수는 개발행위허가를 제한하려면 제한지역·제한사유·제한대상행위 및 제한기간을 미리 관보나 공보에 고시하여야 한다.

7) 관련 인·허가 등의 의제

개발행위허가를 할 때에 특별시장·광역시장·특별자치시장·특별자치도지사·시장 또는 군수가 그 개발행위에 대한 다음의 인·허가 승인, 면허·협의·해제·신고 또는 심사 등에 관하여 미리 관계 행정기관의 장과 협의한 사항에 대하여는 그 인·허가 등을 받은 것으로 본다.

가. 「공유수면매립법」에 따른 공유수면매립의 면허 및 실시계획의 인가

나. 삭제

다. 「광업법」에 따른 채광계획의 인가

라. 「농어촌정비법」에 따른 농업기반시설의 목적 외 사용의 승인

마. 「농지법」에 따른 농지전용의 허가 또는 협의, 농지전용의 신고 및 농지의 타용도 일시사용의 허가 또는 협의

바. 「도로법」에 따른 도로공사 시행의 허가 및 도로점용의 허가

사. 「장사 등에 관한 법률」 제27조제1항에 따른 무연분묘(無緣墳墓)의 개장(改葬) 허가

아. 「사도법」 제4조에 따른 사도(私道) 개설(開設)의 허가

자. ① 「사방사업법」 제14조에 따른 토지의 형질 변경 등의 허가 및 같은 법 제20조에 따른 사방지 지정의 해제

② 「산업집적활성화 및 공장설립에 관한 법률」 제13조에 따른 공장설립등의 승인

차. 「산지관리법」 제14조·제15조에 따른 산지전용허가 및 산지전용신고, 같은 법 제15조의2에 따른 산지일시사용허가·신고, 같은 법 제25조제1항에 따른 토석채취허가, 같은 법 제25조제2항에 따른 토사채취신고 및 「산림자원의 조성 및 관리에 관한 법률」 제36조제1항·제4항에 따른 입목벌채(立木伐採) 등의 허가·신고

카. 「소하천정비법」 제10조에 따른 소하천공사 시행의 허가 및 같은 법 제14조에 따른 소하천의 점용 허가

타. 「수도법」 제52조에 따른 전용상수도 설치 및 같은 법 제54조에 따른 전용공업용수도 설치의 인가

하. 「연안관리법」 제25조에 따른 연안정비사업실시계획의 승인

거. 「체육시설의 설치·이용에 관한 법률」 제12조에 따른 사업계획의 승인

너. 「초지법」 제23조에 따른 초지전용의 허가, 신고 또는 협의

더. 「공간정보의 구축 및 관리 등에 관한 법률」 제15조제3항에 따른 지도등의 간행 심사

러. 「하수도법」 제16조에 따른 공공하수도에 관한 공사시행의 허가 및 같은 법 제24조에 따른 공공하수도의 점용허가

머. 「하천법」 제30조에 따른 하천공사 시행의 허가 및 같은 법 제33조에 따른 하천 점용의 허가

버. 「도시공원 및 녹지 등에 관한 법률」 제24조에 따른 도시공원의 점용허가 및 같은 법 제38조에 따른 녹지의 점용허가

8) 허가위반자 조치

(1) 원상회복명령

개발행위허가를 받지 아니하고 개발행위를 하거나 허가내용과 다르게 개발행위를 하는 자에게는 그 토지의 원상회복을 명령할 수 있다.

(2) 행정대집행

원상회복의 명령을 받는 자가 원상회복을 하지 아니하면 「행정대집행법」에 따른 행정대집행에 따라 원상회복을 할 수 있다. 이 경우 행정대집행에 필요한 비용은 개발행위허가를 받은 자가 예치한 이행보증금을 사용할 수 있다. 사용 후 잔액이 있는 때에는 즉시 이행보증금의 예치자에게 반환하여야 한다.

(3) 벌 칙

개발행위허가의 규정에 위반하여 허가 또는 변경허가를 받지 아니하거나, 속임수나 그 밖의 부정한 방법으로 허가 또는 변경허가를 받아 개발행위를 한 자는 3년 이하의 징역 또는 3천만 원 이하의 벌금에 처한다.

2 공공시설의 귀속

1) 귀속주체

(1) 행정청이 개발행위허가를 받은 경우

가. 새로 설치된 공공시설 : 그 시설을 관리할 관리청에 무상으로 귀속된다.

나. 종래의 공공시설 : 개발행위허가를 받은 자에게 무상으로 귀속된다.

(2) 비 행정청이 개발행위허가를 받은 경우

가. 새로 설치한 공공시설 : 그 시설을 관리할 관리청에 무상으로 귀속된다.

나. 개발행위로 용도가 폐지되는 공공시설 : 새로 설치한 공공시설의 설치비용에 상당하는 범위에서 개발행위허가를 받은 자에게 무상으로 양도할 수 있다.

2) 관리청의 의견청취

(1) 의 의

특별시장 · 광역시장 · 특별자치시장 · 특별자치도지사 · 시장 또는 군수는 공공시설의 귀속에 관한 사항이 포함된 개발행위허가를 하려면 미리 해당 공공시설이 속한 관리청의 의견을 들어야 한다.

(2) 관리청이 지정되지 아니한 경우

관리청이 지정된 후 준공되기 전에 관리청의 의견을 들어야 한다.

(3) 관리청이 불분명한 경우

도로 · 하천 등에 대하여는 국토교통부장관을 관리청으로 보고, 그 외의 재산에 대하여는 기획재정부장관을 관리청으로 본다.

3) 귀속시기

(1) 행정청이 개발행위허가를 받은 경우

개발행위허가를 받은 자는 개발행위가 끝나 준공검사를 마친 때에는 해당 시설의 관리청에 공공시설의 종류와 토지의 세목을 통지하여야 한다. 이 경우 공공시설은 그 통지한 날에 해당 시설을 관리할 관리청과 개발행위허가를 받은 자에게 각각 귀속된 것으로 본다.

(2) 비 행정청이 개발행위허가를 받은 경우

개발행위허가를 받은 자가 관리청에 귀속되거나 그에게 양도될 공공시설에 관하여 개발행위가 끝나기 전에 그 시설의 관리청에 그 종류와 토지의 세목을 통지 하여야 하고 준공검사를 한 특별시장 · 광역시장 · 특별자치시장 · 특별자치도지사 · 시장 또는 군수는 그 내용을 해당 시설의 관리청에 통보하여야 한다. 이 경우 공공시설은 준공검사를 받음으로써 해당 시설을 관리할 관리청과 개발행위허가를 받은 자에게 각각 귀속되거나 양도된 것으로 본다.

4) 등기의 특례

공공시설을 등기할 때에 「부동산등기법」에 따른 등기원인을 증명하는 서면은 준공검사를 받았음을 증명하는 서면으로 갈음한다.

5) 수익금의 전용제한

개발행위허가를 받은 자가 행정청인 경우에는 그에게 귀속된 공공시설의 처분으로 인한 수익금을 도시 · 군계획사업 외의 목적으로 사용하여서는 아니된다.

3 준공검사

1) 원 칙

건축물의 건축 또는 공작물의 설치, 토지의 형질변경, 토석의 채취행위에 대한 개발행위허가를 받은 자는 그 개발행위를 마치면 특별시장 · 광역시장 · 특별자치시장 · 특별자치도지사 · 시장 또는 군수의 준공검사를 받아야 한다.

2) 예 외

건축물의 건축 또는 공작물의 설치행위에 대하여 「건축법」에 따른 건축물의 사용승인을 받은 경우에는 준공검사를 받지 아니한다.

3) 준공검사의 의제

준공검사를 받은 경우에는 개발행위허가로 인하여 인 · 허가 등을 받은 것으로 의제되는 사항에 대한 준공검사 · 준공인가 등에 관하여 특별시장 · 광역시장 · 특별자치시장 · 특별자치도지사 · 시장 또는 군수가 관계 행정기관의 장과 협의한 사항에 대하여는 그 준공검사 · 준공인가 등을 받은 것으로 본다.

4 개발밀도관리구역

1) 의의 및 귀속배분

개발밀도관리구역이란 개발로 인하여 기반시설이 부족할 것으로 예상되나 기반시설을 설치하기 곤란한 지역을 대상으로 건폐율이나 용적률을 강화하여 적용하기 위하여 지정하는 구역을 말한다.

2) 지정권자

개발밀도관리구역은 특별시장 · 광역시장 · 특별자치시장 · 특별자치도지사 · 시장 또는 군수가 지정한다.

3) 대상지역

주거 · 상업 또는 공업지역에서의 개발행위로 기반시설의 처리 · 공급 또는 수용능력이 부족할 것으로 예상되는 지역 중 기반시설의 설치가 곤란한 지역을 개발밀도관리구역으로 지정할 수 있다.

4) 지정기준

개발밀도관리구역의 지정기준, 개발밀도관리구역의 관리 등에 관하여 필요한 사항은 다음에 정하는 바에 따라 국토교통부장관이 정한다.

가. 개발밀도관리구역은 도로 · 수도공급설비 · 하수도 · 학교 등 기반시설의 용량이 부족할 것으로 예상되는 지역 중 기반시설의 설치가 곤란한 지역으로서 다음에 해당하는 지역에 대하여 지정할 수 있도록 할 것

① 해당 지역의 도로 서비스 수준이 매우 낮아 차량통행이 현저하게 지체되는 지역. 이 경우 도로 서비스 수준의 측정에 관하여는 「도시교통정비 촉진법」에 따른 교통영향분석 · 개선대책의 예에 따른다.

② 해당 지역의 도로율이 국토교통부령이 정하는 용도지역별 도로율에 20%이상 미달하는 지역

③ 향후 2년 이내에 해당 지역의 수도에 대한 수요량이 수도시설의 시설용량을 초과할 것으로 예상되는 지역

④ 향후 2년 이내에 해당 지역의 하수발생량이 하수시설의 시설용량을 초과할 것으로 예상되는 지역

⑤ 향후 2년 이내에 해당 지역의 학생 수가 학교수용능력을 20%이상 초과할 것으로 예상되는 지역

나. 개발밀도관리구역의 경계는 도로 · 하천 그 밖에 특색 있는 지형지물을 이용하거나 용도지역의 경계선을 따라 설정하는 등 경계선이 분명하게 구분되도록 할 것

다. 용적률의 강화범위는 해당 용도지역에 적용되는 용적률의 최대한도의 50%의 범위에서 앞의 (가)에 규정된 기반시설의 부족정도를 감안하여 결정할 것

라. 개발밀도관리구역 안의 기반시설의 변화를 주기적으로 검토하여 용적률을 강화 또는 완화하거나 개발밀도관리구역을 해제하는 등 필요한 조치를 취하도록 할 것

5) 지정절차

(1) 지방도시계획위원회 심의

특별시장 · 광역시장 · 특별자치시장 · 특별자치도지사 · 시장 또는 군수는 개발밀도관리구역을 지정하거나 변경하려면 다음의 사항을 포함하여 해당 지방자치단체에 설치된 지방도시계획위원회의 심의를 거쳐야 한다.

가. 개발밀도관리구역의 명칭

나. 개발밀도관리구역의 범위

다. 건폐율 또는 용적률의 강화범위

(2) 고 시

특별시장 · 광역시장 · 특별자치시장 · 특별자치도지사 · 시장 또는 군수는 개발밀도관리구역을 지정하거나 변경한 경우에는 해당 지방자치단체의 공보에 게재하는 방법으로 고시하여야 한다.

6) 지정 · 고시의 효과

대통령령으로 정하는 범위에서 용도지역에서의 건폐율 또는 용적률을 최대한도의 50%의 범위에서 강화 적용한다.

5 기반시설 부담구역

1) 의 의

개발밀도관리구역 외의 지역으로서 개발로 인하여 도로, 공원, 녹지 등 대통령령으로 정하는 다음의 기반시설의 설치가 필요한 지역을 대상으로 기반시설을 설치하거나 그에 필요한 용지를 확보하기 위하여 지정 · 고시하는 구역을 말한다.

가. 도로(인근의 간선도로로부터 기반시설 부담구역까지의 진입도로를 포함)
나. 공원
다. 녹지
라. 학교
마. 수도(인근의 수도로부터 기반시설 부담구역까지 연결하는 수도를 포함
바. 하수도(인근의 하수도로부터 기반시설 부담구역까지 연결하는 하수도를 포함)
사. 폐기물처리시설
아. 그 밖에 특별시장 · 광역시장 · 특별자치시장 · 특별자치도지사 · 시장 또는 군수가 기반시설 부담계획에서 정하는 시설

2) 기반시설 부담구역의 지정

(1) 지정권자

특별시장 · 광역시장 · 특별자치시장 · 특별자치도지사 · 시장 또는 군수가 지정한다.

(2) 지정 대상지역

다음의 어느 하나에 해당하는 지역에 대하여는 기반시설 부담구역으로 지정하여야 한다. 다만, 개발행위가 집중되어 특별시장 · 광역시장 · 특별자치시장 · 특별자치도지사 ·

시장 또는 군수가 해당 지역의 계획적 관리를 위하여 필요하다고 인정하면 다음에 해당하지 아니하는 경우라도 기반시설 부담구역으로 지정할 수 있다.

가. 이 법 또는 다른 법령의 제정 · 개정으로 인하여 행위제한이 완화되거나 해제되는 지역

나. 이 법 또는 다른 법령에 따라 지정된 용도지역 등이 변경되거나 해제되어 행위제한이 완화되는 지역

다. 개발행위허가 현황 및 인구증가율 등을 고려하여 대통령령으로 정하는 다음의 지역

① 해당 지역의 전년도 개발행위허가 건수가 전전년도 개발행위허가 건수보다 20%이상 증가한 지역

② 해당 지역의 전년도 인구증가율이 그 지역이 속하는 특별시 · 광역시 · 특별자치시 · 특별자치도 · 시 또는 군의 전전년도 인구증가율보다 20%이상 높은 지역

(3) 지정기준

국토교통부장관은 기반시설 부담구역의 지정기준을 정할 때에는 다음의 사항을 종합적으로 고려하여야 한다.

가. 기반시설 부담구역은 기반시설이 적절하게 배치될 수 있는 규모로서 최소 10만m^2 이상의 규모가 되도록 지정할 것

나. 소규모 개발행위가 연접하여 시행될 것으로 예상되는 지역의 경우에는 하나의 단위구역으로 묶어서 기반시설 부담구역을 지정할 것

다. 기반시설 부담구역의 경계는 도로, 하천, 그 밖의 특색 있는 지형지물을 이용하는 등 경계선이 분명하게 구분되도록 할 것

(4) 지정절차

기반시설 부담구역을 지정 또는 변경하려면 주민의 의견을 들어야 하며, 해당 지방자치단체에 설치된 지방도시계획위원회의 심의를 거쳐 해당 지방자치단체의 공보와 인터넷 홈페이지에 고시하여야 한다.

(5) 지정 · 고시의제

지구단위계획구역의 지정에 대한 결정 · 고시가 있는 경우 해당 구역은 기반시설 부담구역으로 지정 · 고시된 것으로 본다.

3) 설치계획의 수립

(1) 수립권자

특별시장 · 광역시장 · 특별자치시장 · 특별자치도지사 · 시장 또는 군수는 기반시설 부담구역이 지정되면 기반시설 설치계획을 수립하여야 하며 도시 · 군관리계획에 반영하여야 한다.

(2) 수립내용

특별시장 · 광역시장 · 특별자치시장 · 특별자치도지사 · 시장 또는 군수는 기반시설 설치계획을 수립할 때에는 다음의 내용을 포함하여 수립하여야 한다.

가. 설치가 필요한 기반시설의 종류, 위치 및 규모

나. 기반시설의 설치 우선순위 및 단계별 설치계획

다. 그 밖에 기반시설의 설치에 필요한 사항

(3) 수립 시 고려사항

특별시장 · 광역시장 · 특별자치시장 · 특별자치도지사 · 시장 또는 군수는 기반시설 설치계획을 수립할 때에는 다음의 사항을 종합적으로 고려하여야 한다.

가. 기반시설의 배치는 해당 기반시설 부담구역의 토지이용계획 또는 앞으로 예상되는 개발수요를 감안하여 적절하게 정할 것

나. 기반시설의 설치시기는 재원조달계획, 시설별 우선순위, 사용자의 편의와 예상되는 개발행위의 완료시기 등을 감안하여 합리적으로 정할 것

(4) 기반시설 설치계획의 수립의제

지구단위계획을 수립한 경우에는 기반시설 설치계획을 수립한 것으로 본다.

(5) 기반시설 부담구역의 해제의제

기반시설 부담구역의 지정 · 고시일부터 1년이 되는 날까지 기반시설 설치계획을 수립하지 아니하면 그 1년이 되는 날의 다음 날에 기반시설 부담구역의 지정은 해제된 것으로 본다.

4) 설치비용의 부과

(1) 부과대상 건축

기반시설 부담구역에서 기반시설 설치비용의 부과대상인 건축행위는 단독주택 및 숙박시설 등의 시설로서 200m^2(기존 건축물의 연면적을 포함)를 초과하는 건축물의 신축 · 증축 행위로 한다. 다만, 기존 건축물을 철거하고 신축하는 경우에는 기존 건축물의 건축연면적을 초과하는 건축행위만 부과대상으로 한다.

(2) 부과대상 금액

가. 원칙 : 기반시설 설치비용은 기반시설을 설치하는데 필요한 기반시설 표준 시설비용과 용지비용을 합산한 금액에 부과대상 건축연면적과 기반시설 설치를 위하여 사용되는 총비용 중 국가 · 지방자치단체의 부담분을 제외하고 민간 개발사업자가

부담하는 부담률을 곱한 금액으로 한다.

나. 예외 : 특별시장 · 광역시장 · 특별자치시장 · 특별자치도지사 · 시장 또는 군수가 해당 지역의 기반시설 소요량 등을 고려하여 대통령령으로 정하는 바에 따라 기반시설 부담계획을 수립한 경우에는 그 부담계획에 따른다.

다. 감면 : 납부의무자가 기반시설 부담구역에서 설치해야 하는 기반시설을 설치하거나 그에 필요한 용지를 확보한 경우 또는 「도로법」에 따른 원인자 부담금 등 대통령령으로 정하는 다음의 비용을 납부한 경우에는 이 법에 따른 기반시설 설치비용에서 감면한다.

(3) 납부의무자

부과대상 건축행위를 하는 자는 기반시설 설치비용을 내야 한다.

가. 건축행위를 위탁 또는 도급한 경우에는 그 위탁이나 도급을 한 자

나. 타인 소유의 토지를 임차하여 건축행위를 하는 경우에는 그 행위자

다. 건축행위를 완료하기 전에 건축주의 지위나 위의 (가.) 또는 (나.)에 해당하는 자의 지위를 승계하는 경우에는 그 지위를 승계한 자

5) 비용의 예정통지

가. 예정통지 : 특별시장 · 광역시장 · 특별자치시장 · 특별자치도지사 · 시장 또는 군수는 기반시설 설치비용을 부과하려면 부과기준시점부터 30일 이내에 납부의무자에게 적용되는 부과기준 및 부과될 기반시설설치 비용을 미리 알려야 한다.

나. 예지 통지를 받은 납부의무자는 예정 통지된 기반시설설치비용에 대하여 이의가 있으면 예정 통지를 받은 날부터 15일 이내에 특별시장 · 광역시장 · 특별자치시장 · 특별자치도지사·시장 또는 군수에게 심사를 청구할 수 있다. 고지 전 심사를 청구하려면 고지 전 심사 청구서를 특별시장 · 광역시장 · 특별자치시장 · 특별자치도지사 · 시장 또는 군수에게 제출하여야 한다.

다. 심사결과의 통지 : 고지 전 심사청구를 받은 특별시장 · 광역시장 · 특별자치시장 · 특별자치도지사 · 시장 또는 군수는 그 청구를 받은 날부터 15일 이내에 청구내용을 심사하여 그 결과를 청구인에게 알려야 한다. 고지 전 심사결과의 통지는 고지 전 심사결정 통지서로 하여야 한다.

라. 기반시설 설치비용의 결정 : 특별시장 · 광역시장 · 특별자치시장 · 특별자치도지사 · 시장 또는 군수는 예정통지에 이의가 없는 경우 또는 고지 전 심사청구에 대한 심사결과를 통지한 경우에는 그 통지한 금액에 따라 기반시설 설치비용을 결정한다.

6) 부과 및 납부

가. 납부의 고지 : 특별시장 · 광역시장 · 특별자치시장 · 특별자치도지사 · 시장 또는 군수는 기반시설 설치비용을 부과하려면 납부의무자에게 납부고지서를 발급하여야 한다. 납부고지서를 발급할 때에는 납부금액 및 그 산출근거, 납부의 기한과 납부 장소를 명시하여야 한다.

나. 부과 및 납부기한 : 특별시장 · 광역시장 · 특별자치시장 · 특별자치도지사 · 시장 또는 군수는 납부의무자가 국가 또는 지방자치단체로부터 건축허가를 받은 날로부터 2개월 이내에 기반시설 설치비용을 부과하여야 하고, 납부의무자는 사용승인신청 시까지 내야 한다.

다. 설치비용의 정정 및 추가부과 : 특별시장 · 광역시장 · 특별자치시장 · 특별자치도지사 · 시장 또는 군수는 기반시설 설치비용을 부과한 후 그 내용에 누락이나 오류가 있는 것을 발견한 경우에는 즉시 부과한 기반시설 설치비용을 조사하여 정정하고 그 정정내용을 납부의무자에게 알려야 한다. 특별시장 · 광역시장 · 특별자치시장 · 특별자치도지사 · 시장 또는 군수는 건축허가사항 등의 변경으로 건축연면적이 증가되는 등 기반시설 설치비용의 증가사유가 발생한 경우에는 변경허가 등을 받은 날을 기준으로 산정한 변경된 건축허가사항 등에 대한 기반시설 설치비용에서 변경허가 등을 받은 날을 기준으로 산정한 당초 건축허가사항 등에 대한 기반시설 설치비용을 뺀 금액을 추가로 부과하여야 한다.

라. 설치비용의 물납

① 물납신청서의 제출 : 기반시설 설치비용은 현금납부를 원칙으로 하되, 부과대상 토지 및 이와 비슷한 토지로 하는 납부를 인정할 수 있다. 물납을 신청하려는 자는 납부기한 20일 전까지 기반시설 설치비용, 물납 대상 토지의 면적 및 위치, 물납신청 당시 물납 대상 토지의 개별공시지가 등을 적은 물납신청서를 특별시장 · 광역시장 · 특별자치시장 · 특별자치도지사 · 시장 또는 군수에게 제출하여야 한다.

② 수납여부 통지 : 특별시장 · 광역시장 · 특별자치시장 · 특별자치도지사 · 시장 또는 군수는 물납신청서를 받은 날부터 10 이내에 신청인에게 수납 여부를 서면으로 알려야한다.

③ 물납 대상 토지 : 물납을 신청할 수 있는 토지의 가액은 해당 기반시설 설치비용의 부과액을 초과할 수 없으며, 납부의무자는 부과된 기반시설 설치비용에서 물납하는 토지의 가액을 뺀 금액을 현금으로 납부하여야 한다. 물납에 충당할 토지의 가액은 다음에 해당하는 금액을 합한 가액으로 한다.

㉠ 수납 여부를 서면으로 알린 날의 가장 최근에 결정 · 공시된 개별공시지가

㉡ 위 ㉠에 따른 개별공시지가의 기준일부터 수납여부를 서면으로 알린 날까지의 해당 시 · 군 · 구의 지가변동률을 일 단위로 적용하여 산정한 금액

④ 물납의 귀속 : 특별시장 · 광역시장 · 특별자치시장 · 특별자치도지사 · 시장 또는 군수는 물납을 받으면 해당 기반시설부담구역에 설치한 기반시설 특별회계에 귀속시켜야 한다.

마. 납부기일의 연기 및 분할납부

① 연기 및 분할납부 사유 : 특별시장 · 광역시장 · 특별자치시장 · 특별자치도지사 · 시장 또는 군수는 납부의무자가 다음의 어느 하나에 해당하여 기반시설 설치비용을 납부하기가 곤란하다고 인정되면 해당 개발사업 목적에 따른 이용상황 등을 고려하여 1년의 범위에서 납부 기일을 연기하거나 2년의 범위에서 분할납부를 인정할 수 있다.

㉠ 재해나 도난으로 재산에 심한 손실을 입은 경우

㉡ 사업에 뚜렷한 손실을 입은 때

㉢ 사업에 중대한 위기가 처한 경우

㉣ 납부의무자나 그 동거 가족의 질병이나 중상해로 장기치료가 필요한 경우

② 연기신청서 또는 분할납부 신청서의 제출 : 기반시설 설치비용의 납부기일을 연기하거나 분할납부를 신청하려는 자는 납부고지서를 받은 날부터 15일 이내에 납부기일 연기신청서 또는 분할납부 신청서를 특별시장 · 광역시장 · 특별자치시장 · 특별자치도지사 · 시장 또는 군수에게 제출하여야 한다.

③ 연기여부 통지 : 특별시장 · 광역시장 · 특별자치시장 · 특별자치도지사 · 시장 또는 군수는 납부기일 연기신청서 또는 분할납부 신청서를 받은 날부터 15일 이내에 납부기일의 연기 또는 분할납부 여부를 서면으로 알려야 한다. 납부를 연기한 기간 또는 분할납부로 납부가 유예된 기간에 대하여는 기반시설 설치비용에 「국세기본법 시행령」에 따른 이자를 더하여 징수하여야 한다.

바. 납부의 독촉

특별시장 · 광역시장 · 특별자치시장 · 특별자치도지사 · 시장 또는 군수는 납부의무자가 사용승인신청 시까지 그 기반시설 설치비용을 완납하지 아니하면 납부기한이 지난 후 10일 이내에 독촉장을 보내야 한다.

7) 체납처분

특별시장 · 광역시장 · 특별자치시장 · 특별자치도지사 · 시장 또는 군수는 납부의무자가 납부기한 내에 기반시설 설치비용을 납부하지 아니하는 경우에는 지방세체납처분의 예에 따라 징수할 수 있다.

8) 환 급

가. 사유 : 특별시장 · 광역시장 · 특별자치시장 · 특별자치도지사 · 시장 또는 군수는 기반시설 설치비용을 납부한 자가 사용승인신청 후 해당 건축행위와 관련된 기반시설의 추가설치 등 기반시설 설치비용을 환급하여야 하는 다음의 사유가 발생하는 경우에는 기반시설 설치비용을 환급하여야 한다.

① 건축허가사항 등의 변경으로 건축면적이 감소되는 등 납부한 기반시설 설치비용의 감소 사유가 발생한 경우

② 납부의무자가 「국세기본법 시행령」 별표 1의4 각 호의 어느 하나에 해당하는 비용을 추가로 납부한 경우

③ 공제받을 금액이 증가한 경우

나. 증명자료의 제출 : 기반시설 설치비용을 환급받으려는 납부의무자는 부담금 납부 또는 기반시설 설치에 관한 변동사항과 그 변동사항을 증명하는 자료를 해당 건축행위의 사용승인일 또는 준공일까지 특별시장 · 광역시장 · 특별자치시장 · 특별자치도지사 · 시장 또는 군수에게 제출하여야 한다.

다. 환급 : 특별시장 · 광역시장 · 특별자치시장 · 특별자치도지사 · 시장 또는 군수는 기반시설 설치비용을 환급할 때에는 납부의무자가 납부한 기반시설 설치비용에서 당초 부과기준시점을 기준으로 산정한 변경된 건축허가사항에 대한 기반시설 설치비용을 뺀 금액과 다음의 어느 하나에 해당하는 날의 다음 날부터 환급결정을 하는 날까지의 기간에 대하여 「국세기본법 시행령」에 따른 이자율에 따라 계산한 금액을 환급하여야 한다.

① 과오납부 · 이중납부 또는 납부 후 그 부과의 취소 · 정정으로 환급하는 경우에는 그 납부일

② 납부자에게 책임이 있는 사유로 인하여 설치비용을 발생시킨 허가가 취소되어 환급하는 경우에는 그 취소일

③ 납부자의 건축계획 변경, 그 밖에 이에 준하는 사유로 환급하는 경우에는 그 변경허가일 또는 이에 준하는 행정처분의 결정일

라. 환급금의 지급 및 지급유보 : 환급금과 환급가산금은 해당 기반시설 부담구역에 설치된 기반시설 특별회계에서 지급한다. 다만, 특별시장 · 광역시장 · 특별자치시장 · 특별자치도지사 · 시장 또는 군수는 허가의 취소, 사업면적의 축소 등으로 사업시행자에게 원상회복의 책임이 있는 경우에는 원상회복이 완료될 때까지 원상회복에 소요되는 비용에 상당하는 금액의 지급을 유보할 수 있다.

9) 설치비용의 관리 및 사용

(1) 관 리

특별시장 · 광역시장 · 특별자치시장 · 특별자치도지사 · 시장 또는 군수는 기반시설 설치비용의 관리 및 운용을 위하여 기반시설 부담구역별로 특별회계를 설치하여야 하며, 그에 필요한 사항은 지방자치단체의 조례로 정한다.

(2) 사 용

가. 원칙 : 납부한 기반시설 설치비용은 해당 기반시설부담구역에서 설치해야 하는 기반시설의 설치 또는 그에 필요한 용지의 확보 등 다음을 위하여 사용하여야 한다.

① 기반시설 부담구역별 기반시설 설치계획 및 기반시설 부담계획 수립

② 기반시설 부담구역에서 건축물의 신축 · 증축 행위로 유발되는 기반시설의 신규 설치, 그에 필요한 용지확보 또는 기존 기반시설의 개량

③ 기반시설 부담구역별로 설치하는 특별회계의 관리 및 운영

나. 예외 : 해당 기반시설 부담구역에 사용하기가 곤란한 경우로서 대통령령으로 정하는 경우에는 해당 기반시설 부담구역의 기반시설과 연계된 기반시설의 설치 또는 그에 필요한 용지의 확보 등에 사용할 수 있다.

6 성장관리계획

1) 성장관리계획의 지정

(1) 특별시장 · 광역시장 · 특별자치시장 · 특별자치도지사 · 시장 또는 군수는 녹지지역, 관리지역, 농림지역 및 자연환경보전지역 중 다음 각 호의 어느 하나에 해당하는 지역의 전부 또는 일부에 대하여 성장관리계획구역을 지정할 수 있다.

가. 개발수요가 많아 무질서한 개발이 진행되고 있거나 진행될 것으로 예상되는 지역

나. 주변의 토지이용이나 교통여건 변화 등으로 향후 시가화가 예상되는 지역

다. 주변지역과 연계하여 체계적인 관리가 필요한 지역

라. 「토지이용규제 기본법」 제2조제1호에 따른 지역 · 지구 등의 변경으로 토지이용에 대한 행위제한이 완화되는 지역

마. 그 밖에 난개발의 방지와 체계적인 관리가 필요한 지역으로서 대통령령으로 정하는 지역

(2) 특별시장 · 광역시장 · 특별자치시장 · 특별자치도지사 · 시장 또는 군수는 성장관리

계획구역을 지정하거나 이를 변경하려면 대통령령으로 정하는 바에 따라 미리 주민과 해당 지방의회의 의견을 들어야 하며, 관계 행정기관과의 협의 및 지방도시계획위원회의 심의를 거쳐야 한다. 다만, 대통령령으로 정하는 경미한 사항을 변경하는 경우에는 그러하지 아니하다.

(3) 특별시 · 광역시 · 특별자치시 · 특별자치도 · 시 또는 군의 의회는 특별한 사유가 없으면 60일 이내에 특별시장 · 광역시장 · 특별자치시장 · 특별자치도지사 · 시장 또는 군수에게 의견을 제시하여야 하며, 그 기한까지 의견을 제시하지 아니하면 의견이 없는 것으로 본다.

(4) 제(2)항에 따라 협의 요청을 받은 관계 행정기관의 장은 특별한 사유가 없으면 요청을 받은 날부터 30일 이내에 특별시장 · 광역시장 · 특별자치시장 · 특별자치도지사 · 시장 또는 군수에게 의견을 제시하여야 한다.

(5) 특별시장 · 광역시장 · 특별자치시장 · 특별자치도지사 · 시장 또는 군수가 성장관리계획구역을 지정하거나 이를 변경한 경우에는 관계 행정기관의 장에게 관계 서류를 송부하여야 하며, 대통령령으로 정하는 바에 따라 이를 고시하고 일반인이 열람할 수 있도록 하여야 한다. 이 경우 지형도면의 고시 등에 관하여는 「토지이용규제 기본법」 제8조에 따른다.

(6) 그 밖에 성장관리계획구역의 지정 기준 및 절차 등에 관하여 필요한 사항은 대통령령으로 정한다.

2) 성장관리계획의 수립

(1) 특별시장 · 광역시장 · 특별자치시장 · 특별자치도지사 · 시장 또는 군수는 성장관리계획구역을 지정할 때에는 다음 각 호의 사항 중 그 성장관리계획구역의 지정목적을 이루는 데 필요한 사항을 포함하여 성장관리계획을 수립하여야 한다.

가. 도로, 공원 등 기반시설의 배치와 규모에 관한 사항

나. 건축물의 용도제한, 건축물의 건폐율 또는 용적률

다. 건축물의 배치, 형태, 색채 및 높이

라. 환경관리 및 경관계획

마. 그 밖에 난개발의 방지와 체계적인 관리에 필요한 사항으로서 대통령령으로 정하는 사항

(2) 성장관리계획구역에서는 제77조제1항에도 불구하고 다음 각 호의 구분에 따른 범위에서 성장관리계획으로 정하는 바에 따라 특별시 · 광역시 · 특별자치시 · 특별자치도 · 시 또는 군의 조례로 정하는 비율까지 건폐율을 완화하여 적용할 수 있다.

가. 계획관리지역 : 50퍼센트 이하

나. 생산관리지역 · 농림지역 및 대통령령으로 정하는 녹지지역: 30퍼센트 이하

(3) 성장관리계획구역 내 계획관리지역에서는 제78조제1항에도 불구하고 125퍼센트 이하의 범위에서 성장관리계획으로 정하는 바에 따라 특별시 · 광역시 · 특별자치시 · 특별자치도 · 시 또는 군의 조례로 정하는 비율까지 용적률을 완화하여 적용할 수 있다.

(4) 성장관리계획의 수립 및 변경에 관한 절차는 제75조의2 제2항부터 제5항까지의 규정을 준용한다. 이 경우 "성장관리계획구역"은 "성장관리계획"으로 본다.

(5) 특별시장 · 광역시장 · 특별자치시장 · 특별자치도지사 · 시장 또는 군수는 5년마다 관할 구역 내 수립된 성장관리계획에 대하여 대통령령으로 정하는 바에 따라 그 타당성 여부를 전반적으로 재검토하여 정비하여야 한다.

(6) 그 밖에 성장관리계획의 수립기준 및 절차 등에 관하여 필요한 사항은 대통령령으로 정한다.

3) 성장관리계획 구역에서의 개발행위

성장관리계획구역에서 개발행위 또는 건축물의 용도변경을 하려면 그 성장관리계획에 맞게 하여야 한다.

제9장 기 타

1 토지에의 출입

1) 출입권자

국토교통부장관, 시 · 도지사, 시장 또는 군수나 도시 · 군계획시설사업의 시행자는 타인의 토지에 출입하거나 타인의 토지를 재료적치장 또는 임시통로로 일시 사용할 수 있으며, 특히 필요한 때에는 나무 · 흙 · 돌 그 밖의 장애물로 변경하거나 제거할 수 있다.

2) 출입 등의 사유

가. 도시 · 군계획 · 광역도시계획에 관한 기초조사
나. 개발밀도관리구역, 기반시설 부담구역, 기반시설 설치계획에 관한 기초조사
다. 지가의 동향 및 토지거래의 상황에 관한 조사
라. 도시 · 군계획시설사업에 관한 조사 · 측량 또는 시행

3) 타인의 토지에의 출입

(1) 출입허가

타인의 토지에 출입하려는 자는 특별시장 · 광역시장 · 특별자치시장 · 특별자치도지사 · 시장 또는 군수의 허가를 받아야 한다.

(2) 출입통지

타인의 토지에 출입하려는 날의 7일 전까지 그 토지의 소유자 · 점유자 또는 관리인에게 그 일시와 장소를 알려야 한다.

(3) 야간출입의 제한

일출 전이나 일몰 후에는 그 토지점유자의 승낙 없이 택지나 담장 또는 울타리로 둘러싸인 타인의 토지에 출입할 수 없다.

4) 일시 사용 및 장애물의 변경 · 제거

(1) 동 의

타인의 토지를 재료적치장 또는 임시통로로 일시 사용하거나 나무 · 흙 · 돌 그 밖의 장애물을 변경 또는 제거하려는 자는 토지의 소유자 · 점유자 또는 관리인의 동의를 받아야 한다.

(2) 동의가 불가능한 경우

토지 또는 장애물의 소유자 · 점유자 또는 관리인이 현장에 없거나 주소 또는 거소가 불분명하게 그 동의를 받을 수 없는 경우에는 행정청인 도시 · 군계획시설사업의 시행자는 관할 특별시장 · 광역시장 · 특별자치시장 · 특별자치도지사 · 시장 또는 군수에게 그 사실을 통지하여야 하며, 행정청이 아닌 도시 · 군계획시설사업의 시행자는 미리 관할 특별시장 · 광역시장 · 특별자치시장 · 특별자치도지사 · 시장 또는 군수의 허가를 받아야 한다.

(3) 사전통지

토지를 일시 사용하거나 장애물을 변경 또는 제거하려는 자는 토지를 사용하려는 날이나 장애물을 변경 또는 제거하려는 날의 3일 전까지 그 토지나 장애물의 소유자 · 점유자 또는 관리인에게 알려야 한다.

5) 토지점유자의 수인의무

토지의 점유자는 정당한 사유 없이 토지에의 출입, 일시 사용, 장애물의 변경 · 제거 행위를 방해하거나 거부하지 못한다.

6) 증표 및 허가증의 휴대, 제시

토지에의 출입, 일시 사용, 장애물의 변경 · 제거 행위를 하려는 자는 그 권한을 표시하는 증표와 허가증을 지니고 관계인에게 제시하여야 한다.

7) 토지에의 출입 등에 따른 손실보상

(1) 손실보상의 주체

토지에의 출입 등의 행위로 인하여 손실을 입은 자가 있으면 그 행위자가 속한 행정청이나 도시 · 군계획시설사업의 시행자가 그 손실을 보상하여야 한다.

(2) 손실보상의 협의

그 손실을 보상할 자와 손실을 입은 자가 협의하여야 한다.

(3) 재결신청

손실을 보상할 자나 손실을 입은 자는 협의가 성립되지 아니하거나 협의를 할 수 없는 경우에는 관할 토지수용위원회에 재결을 신청할 수 있다.

(4) 이의신청과 행정소송

「공익사업을 위한 토지 등의 취득 및 보상에 관한 법률」에 따른 이의신청에 대한 재결과 행정소송제기 규정은 관할 토지수용위원회의 재결에 관하여 준용한다.

2 법률 위반자 처분

1) 처분사유

국토교통부장관, 시 · 도지사, 시장 · 군수 또는 구청장은 다음에 어느 하나에 해당하는 자에게 이 법에 따른 허가 · 인가 등의 취소, 공사의 중지, 공작물 등의 개축 또는 이전 그 밖에 필요한 처분을 하거나 조치를 명할 수 있다.

가. 신고를 하지 아니하고 사업 또는 공사를 한 자

가-2. 도시혁신구역에서 해당 도시혁신계획에 맞지 아니하게 건축물을 건축 또는 용도변경을 하거나 공작물을 설치한 자

가-3. 복합용도구역에서 해당 복합용도계획에 맞지 아니하게 건축물을 건축 또는 용도변경을 하거나 공작물을 설치한 자

가-4. 입체복합구역에서 해당 도시 · 군관리계획에 맞지 아니하게 건축물을 건축 또는 용도변경을 하거나 공작물을 설치한 자

나. 도시 · 군계획시설을 도시 · 군관리계획의 결정 없이 설치한 자

다. 공동구의 점용 또는 사용에 관한 허가를 받지 아니하고 공동구를 점용 또는 사용하거나 점용료 또는 사용료를 내지 아니한 자

라. 지구단위계획구역에서 해당 지구단위계획에 맞지 아니하게 건축물을 건축하거나 용도변경을 한 자

바. 개발행위허가 또는 변경허가를 받지 아니하고 개발행위를 한 자

사. 개발행위허가 또는 변경허가를 받고 그 허가받은 사업기간 동안 개발행위를 완료하지 아니한 자

사-2. 개발행위허가를 받고 그 개발행위허가의 조건을 이행하지 아니한 자

아. 이행보증금을 예치하지 아니하거나 토지의 원상회복명령에 따르지 아니한 자

자. 개발행위를 끝낸 후 준공검사를 받지 아니한 자

차. 원상회복명령에 따르지 아니한 자

차-2. 성장관리계획구역에서 그 성장관리계획에 맞지 아니하게 개발행위를 하거나 건축물의 용도를 변경한 자

카. 용도지역 또는 용도지구에서의 건축 제한 등을 위반한 자

타. 건폐율을 위반하여 건축한 자

파. 용적률을 위반하여 건축한 자

하. 용도지역 미지정 또는 미세분 지역에서의 행위 제한 등을 위반한 자

거. 시가화조정구역에서의 행위 제한을 위반한 자

너. 둘 이상의 용도지역 등에 걸치는 대지의 적용 기준을 위반한 자

더. 도시·군계획시설사업시행자 지정을 받지 아니하고 도시·군계획시설사업을 시행한 자

러. 도시·군계획시설사업의 실시계획인가 또는 변경인가를 받지 아니하고 사업을 시행한 자

머. 도시·군계획시설사업의 실시계획인가 또는 변경인가를 받고 그 실시계획에서 정한 사업기간 동안 사업을 완료하지 아니한 자

버. 실시계획의 인가 또는 변경인가를 받은 내용에 맞지 아니하게 도시·군계획시설을 설치하거나 용도를 변경한 자

서. 이행보증금을 예치하지 아니하거나 같은 조 제3항에 따른 토지의 원상회복명령에 따르지 아니한 자

어. 도시·군계획시설사업의 공사를 끝낸 후 제98조에 따른 준공검사를 받지 아니한 자

저. 제130조를 위반하여 타인의 토지에 출입하거나 그 토지를 일시사용한 자

처. 개발행위허가 또는 변경허가, 개발행위의 준공검사, 시가화조정구역에서의 행위허가, 도시·군계획시설사업의 시행자 지정, 실시계획의 인가 또는 변경인가, 도시·군계획시설사업의 준공검사 등 부정한 방법으로 허가·인가·지정 등을 받은 자

커. 사정이 변경되어 개발행위 또는 도시·군계획시설사업을 계속적으로 시행하면 현저히 공익을 해칠 우려가 있다고 인정되는 경우의 그 개발행위허가를 받은 자 또는 도시·군계획시설사업의 시행자

2) 변경에 따른 손실보상

국토교통부장관, 시·도지사, 시장·군수 또는 구청장은 위 처분사유 (마.)에 따른 사정의 변경으로 필요한 처분을 하거나 조치를 명한 경우에는 이로 인하여 발생한 손실을 보상하여야 한다.

3 청 문

국토교통부장관, 시 · 도지사, 시장 · 군수 또는 구청장은 다음의 어느 하나에 해당하는 처분을 하려면 청문을 하여야 한다.

가. 개발행위허가의 취소
나. 도시 · 군계획시설사업의 시행자 지정의 취소
다. 실시계획인가의 취소
라. 토지거래계약허가의 취소

4 벌 칙

1) 행정처벌

(1) 처벌사유

가. 3년 이하의 징역 또는 3천만 원 이하의 벌금
① 개발행위허가 또는 변경허가 규정에 위반하여 허가 또는 변경허가를 받지 아니하거나, 속임수나 그 밖의 부정한 방법으로 허가 또는 변경허가를 받아 개발행위를 한 자
② 시가화 조정구역에서 허가를 받지 아니하고 허가대상 개발행위에 해당하는 행위를 한 자

나. 3년 이하의 징역 또는 면탈 · 경감하였거나 면탈 · 경감하고자 한 기반시설 설치비용의 3배 이하에 상당하는 벌금
가. 기반시설 설치비용을 면탈 · 경감할 목적 또는 면탈 · 경감하게 할 목적으로 거짓 계약을 체결하거나 거짓 자료를 제출한 자

다. 2년 이하의 징역 또는 2천만 원 이하의 벌금
① 도시 · 군계획시설의 설치 · 관리규정에 위반하여 도시 · 군관리계획의 결정이 없이 기반시설을 설치한 자
② 공동구 수용 의무규정에 위반하여 공동구에 수용하여야 하는 시설을 공동구에 수용하지 아니한 자
③ 지구단위계획구역 안에서 지구단위계획에 맞게 건축해야 할 의무를 위반하여 지구단위계획에 맞지 아니하게 건축물을 건축하거나 용도를 변경한 자
④ 용도지역 또는 용도지역에서의 건축물이나 그 밖의 시설의 용도·종류 및 규모 등의 제한을 위반하여 건축물을 건축하거나 건축물의 용도를 변경한 자
⑤ 토지거래계약의 허가 또는 변경허가를 받지 아니하고 토지거래계약을 체결하거나, 속임수나 그 밖의 부정한 방법으로 토지거래계약허가를 받은 자

라. 1년 이하의 징역 또는 1천만 원 이하의 벌금 : 법률 등의 위반자에 대한 처분규정에 따른 허가 · 인가 등의 취소, 공사의 중지, 공작물 등의 개축 또는 이전 등의 처분 또는 조치명령을 위반한 자

(2) 양벌규정

법인의 대표자나 법인 또는 개인의 대리인 · 사용인 또는 종업원이 행정형벌에 해당하는 행위를 한 때에는 그 행위자를 벌하는 외에 그 법인 또는 개인에 대하여도 각 해당 조의 벌금형을 과한다. 다만, 법인 또는 개인이 그 위반행위를 방지하기 위하여 해당 업무에 관하여 상당한 주의와 감독을 게을리하지 아니한 경우는 그러하지 아니하다.

2) 행정질서법

(1) 부과사유

가. 1천만 원 이하의 과태료

① 공동구 설치비용을 부담하지 아니한 자의 공동구 점용 · 사용 시 허가규정에 따른 허가를 받지 아니하고 공동구를 점용하거나 사용한 자

② 정당한 사유 없이 타인의 토지 등의 출입이나 일시 사용 및 장애물의 변경 · 제거행위를 방해하거나 거부한 자

③ 타인의 토지 등의 출입 등을 위한 허가나 동의규정에 따른 허가 또는 동의를 받지 아니하고 행위를 한 자

④ 소속공무원으로 하여금 개발행위나 도시 · 군계획시설사업에 관한 업무의 상황을 검사할 수 있는 규정에 따른 검사를 거부 · 방해하거나 기피한 자

나. 5백만 원 이하의 과태료

① 개발행위 중 재해복구 또는 재난수습을 위한 응급조치 후 1개월 내에 신고를 하지 아니한 자

② 개발행위허가를 받은 자 또는 도시 · 군계획시설사업의 시행자에 대하여 감독상 필요한 보고를 하게 하거나 자료를 제출하도록 명할 수 있는 규정에 따른 보고 또는 자료제출을 하지 아니하거나 거짓된 보고 또는 자료제출을 한 자

(2) 부과권자

가. 국토교통부장관, 시 · 도지사, 시장 또는 군수

① 정당한 사유 없이 타인의 토지 등의 출입이나 일시 사용 및 장애물의 변경 · 제거행위를 방해 또는 거부한 자

② 소속공무원으로 하여금 개발행위나 도시 · 군계획시설사업에 관한 업무의 상황

을 검사할 수 있는 규정에 따른 검사를 거부 · 방해하거나 기피한 자

③ 개발행위허가를 받은 자 또는 도시 · 군계획시설사업의 시행자에 대하여 감독상 필요한 보고를 하게 하거나 자료를 제출하도록 명할 수 있는 규정에 따른 보고 또는 자료제출을 하지 아니하거나, 허위로 보고 또는 자료제출을 한 자

나. 특별시장 · 광역시장 · 특별자치시장 · 특별자치도지사 · 시장 또는 군수

① 공동구 설치비용을 부담하지 아니한 자의 공동구 점용 · 사용 시 허가규정에 따른 허가를 받지 아니하고 공동구를 점용하거나 사용한 자

② 타인의 토지 등의 출입 등을 위한 허가나 동의규정에 따른 허가 또는 동의를 받지 아니하고 행위를 한 자

③ 개발행위 중 재해복구 또는 재난수습을 위한 응급조치 후 1개월 내에 신고를 하지 아니한 자

다. 시장 · 군수 · 구청장

토지거래계약허가를 받아 취득한 토지를 허가받은 목적대로 이용하지 아니한 자

Chapter

02

도시개발법

제1장 총 론

1 제정목적

도시개발법은 도시개발에 필요한 사항을 규정하여 계획적이고 체계적인 도시개발을 도모하고 쾌적한 도시환경의 조성과 공공복리의 증진에 이바지함을 목적으로 한다.

2 용어의 정의

이 법에서 사용하는 용어의 뜻은 다음과 같다.

가. 도시개발구역 : 도시개발사업을 시행하기 위하여 도시개발법의 규정에 의하여 지정·고시된 구역을 말한다.

나. 도시개발사업 : 도시개발구역 안에서 주거·상업·산업·유통·정보통신·생태·문화·보건 및 복지 등의 기능을 가지는 단지 또는 시가지를 조성하기 위하여 시행하는 사업을 말한다.

다. 국토의 계획 및 이용에 관한 법률 적용 : 「국토의 계획 및 이용에 관한 법률」에서 사용하는 용어는 이 법에서 적용함을 원칙으로 하며 다만, 이 법에서 특별히 정하는 경우에는 그러하지 아니한다.

라. 과거의 도시개발은 주택단지개발, 산업단지개발 등과 같은 단일 목적의 개발방식으로 추진되어 신도시의 개발 등 복합적인 기능을 갖는 도시를 종합적·체계적으로 개발하는 데는 한계가 있었다.

따라서 종전의 도시계획법의 도시계획사업에 관한 부분과 토지구획정리사업법을 통합 보완하여 도시개발에 관한 기본법으로서 도시개발법을 제정함으로써 종합적 체계적인 도시개발을 위한 법적 기반을 마련하는 한편, 도시개발에 대한 민간부문의 참여를 활성화함으로써 다양한 형태의 도시개발이 가능하도록 하였다.

【도시개발사업의 구성】

- 일단의 주택지 조성사업
- 일단의 공업용지 조성사업
- 시가지 조성사업(구, 도시계획법)

- 토지구획정리 사업
(구, 토지구획정리사업법)

→ 도시개발사업

제2장 도시개발계획의 수립

1 개발계획의 수립 및 변경

1) 수립권자

(1) 원칙적 수립권자 : 시·도지사

(2) 예외적 수립권자 : 국토교통부장관

도시개발구역을 지정하는 자가 도시개발구역을 지정하려면 해당 도시개발구역에 대한 도시개발사업의 계획을 수립하여야 한다.

다만, 대통령령으로 정하는 지역에 도시개발구역을 지정할 때에는 도시개발구역을 지정한 후에 개발계획을 수립할 수 있다.

2) 수립시기

(1) 원칙적 수립(선 수립 후 지정)

도시개발구역의 지정권자는 도시개발구역을 지정하려면 해당 도시개발구역에 대한 도시개발사업의 계획을 수립하여야 한다.

(2) 예외적 수립(선 지정 후 수립)

다음의 도시개발구역을 지정할 때에는 도시개발구역을 지정한 후에 개발계획을 수립할 수 있다.

가. 자연녹지지역

나. 생산녹지지역(생산녹지지역이 도시개발구역 지정면적의 30/100 이하인 경우만 해당)

다. 도시지역 외의 지역

라. 국토교통부장관이 국가균형발전을 위하여 관계 중앙행정기관의 장과 협의하여 도시개발구역으로 지정하려는 지역(자연환경 보전지역은 제외)

마. 해당 도시개발구역에 포함되는 주거지역, 상업지역, 공업지역의 면적의 합계가 전체 도시개발구역 지정면적의 30/100 이하인 지역

3) 개발계획의 변경

지정권자는 본인이 직접 변경하거나 또는 다음의 지정하는 자의 요청을 받아 개발계획을 변경할 수 있다.

가. 관계 중앙행정기관의 장

나. 시장(대도시 시장을 제외) · 군수 · 구청장

다. 도시개발사업 시행자

4) 환지방식 적용지역의 동의요건

지정권자는 환지(換地)방식의 도시개발사업에 대한 개발계획을 수립하려면 환지방식이 적용되는 지역의 토지면적의 2/3 이상에 해당하는 토지소유자와 그 지역의 토지소유자 총수의 1/2 이상의 동의를 받아야 한다. 환지방식으로 시행하기 위하여 개발계획을 변경(대통령령으로 정하는 경미한 사항의 변경은 제외)하려는 경우에도 또한 같다.

(1) 국가 · 지자체의 경우 환지방식의 동의 간주

지정권자는 도시개발사업을 환지방식으로 시행하려고 개발계획을 수립하거나 변경할 때에 도시개발사업의 시행자가 국가 · 지자체에 해당하는 자이면 환지방식의 동의요건의 규정에 불구하고 토지소유자의 동의를 받을 필요가 없다.

(2) 조합의 경우 환지방식의 동의 간주

지정권자가 도시개발사업의 전부를 환지방식으로 시행하려고 개발계획을 수립하거나 변경할 때에 도시개발사업의 시행자가 조합에 해당하는 경우로서 조합이 성립된 후 총회에서 도시개발구역의 토지면적의 2/3 이상에 해당하는 조합원과 그 지역의 조합원 총수의 1/2 이상의 찬성으로 수립 또는 변경을 의결한 개발계획을 지정권자에게 제출한 경우에는 환지방식의 동의요건 규정에 불구하고 토지소유자의 동의를 받은 것으로 본다.

(3) 동의자 수의 산정방법

환지방식의 동의요건에 관한 규정에 따른 동의자 수의 산정방법 및 동의절차 그 밖에 필요한 사항은 대통령령으로 정한다.

2 개발계획의 내용

1) 개발계획

개발계획에는 다음 각 호의 사항이 포함되어야 한다. 다만, (파)~(너)에 해당 하는 사항은 도시개발구역을 지정한 후에 개발계획에 포함시킬 수 있다.

가. 도시개발구역의 명칭·위치 및 면적

나. 도시개발구역의 지정목적과 도시개발사업의 시행기간

다. 도시개발구역을 둘 이상의 사업시행지구로 분할하여 도시개발사업을 시행하는 경우에는 그 지구분할에 관한 사항

라. 도시개발사업의 시행자에 관한 사항

마. 도시개발사업의 시행방식

바. 인구 수용계획(분양주택 및 임대주택으로 구분한 주택별 수용계획을 포함)

사. ① 토지 이용계획

② 원형지로 공급될 대상 토지 및 개발 방향

아. 교통 처리계획

자. 환경 보전계획

차. 보건의료시설 및 복지시설의 설치계획

카. 도로, 상하수도 등 주요 기반시설의 설치계획

타. 재원조달계획

파. 도시개발구역 밖의 지역에 기반시설을 설치하여야 하는 경우에는 그 시설의 설치에 필요한 비용의 부담계획

하. 수용(收用) 또는 사용의 대상이 되는 토지·건축물 또는 토지에 정착한 물건과 이에 관한 소유권 외의 권리, 광업권, 어업권, 물의 사용에 관한 권리가 있는 경우에는 그 세부목록

거. 임대주택 건설계획 등 세입자 등의 주거 및 생활 안정 대책

너. 순환개발 등 단계적 사업추진이 필요한 경우 사업추진 계획 등에 관한 사항

더. 그 밖에 대통령령으로 정하는 사항

① 학교시설계획

② 문화재 보호계획

③ 초고속 정보통신망 계획

④ 공동구 등 지하매설물 계획

⑤ 존치하는 기존 건축물 및 공작물 등에 관한 계획

⑥ 산업의 유치업종 및 배치계획

⑦ 도시개발구역 밖의 지역에서 도시개발구역의 이용에 제공되는 기반시설의 설치가 필요한 경우 도시개발구역 밖의 기반시설계획에 관한 사항

⑧ 집단에너지 공급계획

⑨ 전시장, 공연장 등의 문화시설계획

⑩ 보육시설계획
⑪ 도시 · 군관리계획의 수립 또는 변경에 관한 사항
⑫ 그 밖에 국토교통부령으로 정하는 사항(노인복지시설계획, 방재계획)

2) 계획의 부합의무

「국토의 계획 및 이용에 관한 법률」에 따른 광역도시계획이나 도시 · 군기본계획이 수립되어 있는 지역에 대하여 개발계획을 수립하려면 개발계획의 내용이 해당 광역도시계획이나 도시 · 군기본계획에 들어맞도록 하여야 한다.

3) 구역지정 후 개발계획수립 시 포함되는 내용

도시개발구역을 지정한 후에 개발계획을 수립하는 경우에는 도시개발구역을 지정할 때에 지정, 목적, 시행방식 및 인구수용계획 등 대통령령으로 정하는 사항에 관한 계획을 수립하여야 한다.

4) 기능의 상호 조화의무(복합기능도시)

면적이 330만m^2 이상인 도시개발구역에 관한 개발계획을 수립할 때에는 해당 구역에서 주거, 생산, 교육, 유통, 위락 등의 기능이 서로 조화를 이루도록 노력하여야 한다.

5) 개발계획의 수립기준

개발계획의 작성기준 및 방법은 국토교통부장관이 정한다.

제3장 도시개발구역의 지정

1 도시개발구역의 지정

1) 도시개발구역의 지정권자

(1) 원칙적 지정권자

특별시장 · 광역시장 · 도지사 · 특별자치도지사 또는 인구 50만 이상의 대도시 시장이 지정한다. 다음의 어느 하나에 해당하는 자는 계획적인 도시개발이 필요하다고 인정되는 때에는 도시개발구역을 지정할 수 있다. 이 경우 지정하고자 하는 도시개발구역의 면적이 100만m^2 이상인 때에는 국토교통부장관의 승인을 받아야 한다.

가. 특별시장 · 광역시장 · 도지사 · 특별자치도지사

나. 「지방자치법」에 따라 자치구가 아닌 구가 설치된 대도시 시장

다만, 도시개발사업이 필요하다고 인정되는 지역이 둘 이상의 특별시 · 광역시 · 도 · 특별자치도 또는 「지방자치법」에 따라 자치구가 아닌 구가 설치된 대도시의 행정구역에 걸치는 경우에는 관계 시 · 도지사 또는 대도시 시장이 협의하여 도시개발구역을 지정할 자를 정한다.

(2) 예외적 지정권자

국토교통부장관이 지정한다. 다음의 어느 하나에 해당하면 예외적으로 국토교통부장관이 도시개발구역을 지정할 수 있다.

가. 국가가 도시개발사업을 실시할 필요가 있는 경우

나. 관계 중앙행정기관의 장이 요청하는 경우

다. 공공기관의 장 또는 정부출연기관의 장이 30만m^2 이상으로 도시개발구역의 지정을 제안하는 경우

라. 시 · 도 또는 대도시의 시장 상호간에 협의가 성립되지 아니하는 경우

마. 천재 · 지변 그 밖의 사유로 인하여 도시개발사업이 긴급히 필요한 경우

2) 도시개발구역의 지정요청

(1) 시장 · 군수 · 구청장의 요청

시장 · 군수 또는 구청장은 대통령령으로 정하는 바에 따라 시 · 도지사에게 도시개발구

역의 지정을 요청할 수 있다. 시장 · 군수 또는 구청장이 특별시장 · 광역시장 · 도지사에게 도시개발구역의 지정을 요청하려면 「국토의 계획 및 이용에 관한 법률」에 따른 시 · 군·구 도시계획위원회에 자문을 한 후 국토교통부령으로 정하는 서류를 특별시장 · 광역시장 · 도지사에게 제출하여야 한다. 다만, 지구단위계획구역에서 이미 결정된 지구단위계획에 따라 도시개발사업을 시행하기 위하여 도시개발구역의 지정을 요청하는 경우에는 시 · 군 · 구 도시계획위원회에 자문을 하지 아니할 수 있다.

(2) 관계 중앙행정기관의 장의 요청

관계 중앙행정기관의 장이 국토교통부장관에게 지정을 요청하는 경우 국토교통부장관이 직접 도시개발구역을 지정할 수 있다.

3) 도시개발구역의 지정요건

(1) 대상 지역과 규모

가. 도시지역

① 주거지역 및 상업지역 : 1만m^2 이상

② 공업지역 : 3만m^2 이상

③ 자연녹지지역 : 1만m^2 이상

④ 생산녹지지역 : 1만m^2 이상(생산녹지지역이 도시개발구역 지정면적의 30/100 이하인 경우에 한함)

☞ 보전녹지지역에는 도시개발구역을 지정할 수 없음

나. 도시지역 외의 지역 : 원칙적으로 30만m^2 이상으로 한다. 다만, 「건축법 시행령」의 공동주택 중 아파트 또는 연립주택의 건설계획이 포함되는 경우로서 다음 요건을 모두 갖춘 경우에는 10만m^2 이상으로 한다.

① 도시개발구역 안에 초등학교용지를 확보하여 관할 교육청의 동의를 얻은 경우

② 도시개발구역에 「도로법」에 해당하는 도로 또는 국토교통부령이 정하는 도로와 연결되는 4차로 이상의 도로를 설치하는 경우

(2) 자연녹지지역, 생산녹지지역 및 도시지역 외의 지역

가. 광역도시계획 또는 도시 · 군기본계획에 의하여 개발이 가능한 용도로 지정된 지역에서만 국토교통부장관이 정하는 기준에 따라 지정

나. 광역도시계획 및 도시 · 군기본계획이 수립되지 아니한 지역의 경우에는 자연녹지지역 및 계획관리지역에서만 도시개발구역을 지정

【도시개발구역의 지정규모】

구 분		도시개발사업	개발행위허가	지구단위계획
도시지역	주거지역	1만m^2 이상	1만m^2 미만	
	상업지역	1만m^2 이상	1만m^2 미만	
	공업지역	3만m^2 이상	3만m^2 미만	
	자연녹지지역	1만m^2 이상	1만m^2 미만	
	생산녹지지역	1만m^2 이상	1만m^2 미만	
	보전녹지지역	지정할 수 없음	5천m^2 미만	
비도시지역		30만m^2 이상 (10만m^2 이상)	3만m^2 미만 (자연환경보전지역 : 5천m^2미만)	30만m^2 이상

(3) 제한 없이 지정이 가능한 지역

다음의 어느 하나에 해당하는 지역으로서 도시개발구역을 지정하는 자가 계획적인 도시개발이 필요하다고 인정하는 지역에 대하여는 위 (1), (2) 규정을 적용하지 아니 하고 지정할 수 있다.

가. 취락지구

나. 개발진흥지구

다. 지구단위계획구역

라. 국토교통부장관이 국가균형발전을 위하여 관계 중앙행정기관의 장과 협의하여 도시 개발구역으로 지정하고자 하는 지역(자연환경보전지역은 제외)

(4) 둘 이상의 용도지역에 걸치는 경우

도시개발구역으로 지정하고자 하는 지역이 둘 이상의 용도지역에 걸치는 경우에는 국토교통부령이 정하는 기준에 따라 도시개발구역을 지정하여야 한다.

2 도시개발구역의 지정절차

1) 지정절차

(1) 기초조사 및 자료제출[1)]

도시개발사업의 시행자나 시행자가 되려는 자는 도시개발구역을 지정하거나 도시개발

1) 부동산공법가운데 유일하게 강제사항이 아닌 임의사항

구역의 지정을 요청 또는 제안하려고 할 때에는 도시개발구역으로 지정될 구역의 토지, 건축물, 공작물, 그 밖에 필요한 사항에 관하여 대통령령으로 정하는 바에 따라 조사하거나 측량할 수 있다.

조사나 측량을 하려는 자는 관계 행정기관, 지방자치단체, 「공공기관의 운영에 관한 법률」에 따른 공공기관, 정부출연기관, 그 밖의 관계 기관의 장에게 필요한 자료의 제출을 요청할 수 있다. 이 경우 자료제출을 요청받은 기관의 장은 특별한 사유가 없으면 요청에 따라야 한다.

(2) 주민 등의 의견청취

국토교통부장관, 시 · 도지사 또는 대도시 시장이 도시개발구역을 지정하고자 하거나 대도시 시장이 아닌 시장 · 군수 또는 구청장이 도시개발구역의 지정을 요청하려고 하는 경우에는 공람이나 공청회를 통하여 주민이나 관계 전문가 등으로부터 의견을 들어야 하며, 공람이나 공청회에서 제시된 의견이 타당하다고 인정되면 이를 반영하여야 한다. 도시개발구역을 변경하려는 경우에도 또한 같다.

가. 송부 및 공람

① 관계 서류 송부 : 국토교통부장관 또는 특별시장 · 광역시장 · 도지사 · 특별자치도지사는 도시개발구역의 지정에 관한 주민의 의견을 청취하려면 관계 서류사본을 시장 · 군수 또는 구청장에게 송부하여야 한다.

② 일간신문 공고 : 시장 · 군수 또는 구청장은 제①항에 따라 관계 서류사본을 송부 받거나 주민의 의견을 청취하려는 경우에는 다음 각 호의 사항을 전국 또는 해당 지방에서 주된 보급지역으로 하는 둘 이상의 일간신문과 해당 시 · 군 또는 구의 인터넷 홈페이지에 공고하고 14일 이상 일반인에게 공람시켜야 한다. 다만, 도시개발구역의 면적이 10만m^2 미만인 경우에는 일간신문에 공고하지 아니하고 공보와 해당 시 · 군 또는 구의 인터넷 홈페이지에 공고할 수 있다.

㉠ 입안할 도시개발구역의 지정 및 개발계획의 개요

㉡ 시행자 및 도시개발사업의 시행방식에 관한 사항

㉢ 공람기간

㉣ 그 밖에 국토교통부령으로 정하는 사항

③ 의견제출 : 공고된 내용에 관하여 의견이 있는 자는 공람기간에 도시개발구역의 지정에 관한 공고를 한 자에게 의견서를 제출할 수 있다. 시장 · 군수 또는 구청장은 제출된 의견을 종합하여 국토교통부장관, 시 · 도지사에게 제출하여야 하며, 제출된 의견이 없으면 그 사실을 국토교통부장관, 시 · 도지사에게 통보하여야 한다. 다만, 대도시 시장이 지정권자인 경우에는 그러하지 아니하다.

④ 검토결과 통보 : 국토교통부장관, 시 · 도지사, 시장 · 군수 또는 구청장은 제③항에 따라 제출된 의견을 공고한 내용에 반영할 것인지를 검토하여 그 결과를 공람기간이 끝난 날부터 30일 이내에 그 의견을 제출한 자에게 통보하여야 한다.

나. 공청회

① 국토교통부장관, 시 · 도지사, 시장 · 군수 또는 구청장은 도시개발사업을 시행하려는 구역의 면적이 100만m^2 이상인 경우에는 공람기간이 끝난 후에 공청회를 개최하여야 한다.

② 국토교통부장관, 시 · 도지사, 시장 · 군수 또는 구청장은 제①항에 따라 공청회를 개최하려면 다음 각 호의 사항을 전국 또는 해당 지방에서 주된 보급지역으로 하는 일간신문과 인터넷 홈페이지에 공청회 개최예정일 14일 전까지 1회 이상 공고하여야 한다. 다만, 주민의 의견을 청취하려는 공고 시 이미 공고한 경우에는 그러하지 아니하다.

③ 공청회가 국토교통부장관, 시 · 도지사, 시장 · 군수 또는 구청장이 책임질 수 없는 사유로 2회에 걸쳐 개최되지 못하거나 개최는 되었으나 정상적으로 진행되지 못한 경우에는 공청회를 생략할 수 있다. 이 경우 공청회를 생략하게 된 사유와 달리 의견을 제출할 수 있는 의견제출의 시기 및 방법 등에 관한 사항을 공고함으로써 주민의 의견을 듣도록 하여야 한다.

④ 공청회는 공청회를 개최하는 자가 지명하는 자가 주재한다.

⑤ 제①항부터 제④항까지에 규정한 사항 외에 공청회의 개최에 필요한 사항은 그 공청회를 개최하는 주체에 따라 국토교통부장관이 정하거나 해당 지방자치단체의 조례로 정할 수 있다.

(3) 도시개발구역지정 및 고시의 효과

지정권자는 도시개발구역을 지정하거나 제4조제1항 단서에 따라 개발계획을 수립한 경우에는 대통령령으로 정하는 바에 따라 이를 관보나 공보에 고시하고, 대도시 시장인 지정권자는 관계 서류를 일반에게 공람시켜야 하며, 대도시 시장이 아닌 지정권자는 해당 도시개발구역을 관할하는 시장(대도시 시장을 제외한다) · 군수 또는 구청장에게 관계 서류의 사본을 보내야 하며, 지정권자인 특별자치도지사와 관계 서류를 송부받은 시장(대도시 시장을 제외한다) · 군수 또는 구청장은 해당 관계 서류를 일반인에게 공람시켜야 한다. 변경하는 경우에도 또한 같다.

가. 도시지역 등의 결정, 고시 의제 : 도시개발구역이 지정 · 고시된 경우 당해 도시개발구역은 「국토의 계획 및 이용에 관한 법률」에 의한 도시지역과 지구단위계획구역으로 결정 · 고시된 것으로 본다. 다만, 「국토의 계획 및 이용에 관한 법률」 규정에

의한 지구단위계획구역 및 취락지구로 지정된 지역인 경우에는 그러하지 아니하다.

나. 시 · 도지사의 지정 시 통보 : 시 · 도지사 또는 대도시 시장이 도시개발구역을 지정 · 고시한 경우에는 국토교통부장관에게 그 내용을 통보하여야 한다.

다. 지형도면고시의 기간 : 도시지역으로 결정 · 고시된 것으로 보는 사항에 대하여 「국토의 계획 및 이용에 관한 법률」의 도시 · 군관리계획에 관한 지형도면의 고시는 도시개발사업의 시행기간 안에 할 수 있다.

(4) 도시개발구역 안에서의 행위제한

가. 행위제한의 원칙 : 도시개발구역지정에 관한 주민 등의 의견청취를 위한 공고가 있는 지역 및 도시개발구역에 건축물의 건축, 공작물의 설치, 토지의 형질 변경, 토석의 채취, 토지분할, 물건을 쌓아놓는 행위, 죽목의 벌채 및 식재 등 대통령령으로 정하는 행위를 하려는 자는 특별시장 · 광역시장 · 특별자치시장 · 특별자치도지사 · 시장 또는 군수의 허가를 받아야 한다. 허가받은 사항을 변경하려는 경우에도 또한 같다.

① 건축물의 건축 : 「건축법」에 따른 건축물(가설 건축물 포함)의 건축, 대수선(大修繕) 또는 용도변경

② 공작물의 설치 : 인공을 가하여 제작한 시설물의 설치

③ 토지의 형질변경 : 절토 · 성토 · 정지 · 포장 등의 방법으로 토지의 형상을 변경하는 행위, 토지의 굴착 또는 공유수면의 매립

④ 토석의 채취 : 흙 · 모래 · 자갈 · 바위 등의 토석을 채취하는 행위. 다만, 토지의 형질변경을 목적으로 하는 것은 제③호에 따른다.

⑤ 토지분할

⑥ 물건을 쌓아놓는 행위 : 옮기기 쉽지 아니한 물건을 1개월 이상 쌓아놓는 행위

⑦ 죽목(竹木)의 벌채 및 식재(植栽)

나. 행위제한의 예외 : 다음의 어느 하나에 해당하는 행위는 허가를 받지 아니하고 이를 할 수 있다.

① 재해복구 또는 재난수습에 필요한 응급조치를 위하여 하는 행위

② 그 밖에 대통령령이 정하는 행위라 함은 다음의 어느 하나에 해당하는 행위로서 「국토의 계획 및 이용에 관한 법률」에 따른 개발행위허가의 대상이 아닌 것을 말한다.

㉠ 농림수산물의 생산에 직접 이용되는 것으로서 국토교통부령으로 정하는 간이 공작물의 설치

㉡ 경작을 위한 토지의 형질변경

㉢ 도시개발구역의 개발에 지장을 주지 아니하고 자연경관을 훼손하지 아니하

는 범위에서의 토석채취

㉣ 도시개발구역에 남겨두기로 결정된 대지에서 물건을 쌓아놓는 행위

㉤ 관상용 죽목의 임시 식재(경작지에서의 임시 식재는 제외)

다. 위반자에 대한 원상회복명령 : 특별시장 · 광역시장 · 특별자치시장 · 특별자치도지사 · 시장 또는 군수는 개발행위허가를 위반한 자에 대하여 원상회복을 명할 수 있다. 이 경우 명령을 받은 자가 그 의무를 이행하지 아니하는 때에는 특별시장 · 광역시장 · 특별자치시장 · 특별자치도지사 · 시장 또는 군수는 「행정대집행법」에 따라 이를 대집행할 수 있다.

라. 기존사업의 계속성 인정 : 허가를 받아야 하는 행위로서 도시개발구역의 지정 및 고시 당시 이미 관계 법령에 따라 행위허가를 받았거나 허가를 받을 필요가 없는 행위에 관하여 그 공사 또는 사업에 착수한 자는 도시개발구역이 지정 · 고시된 날부터 30일 이내에 국토교통부령이 정하는 신고서에 그 공사 또는 사업의 진행사항과 시행계획을 첨부하여 관할 특별시장 · 광역시장 · 특별자치시장 · 특별자치도지사 · 시장 또는 군수에게 신고한 후 이를 계속 시행할 수 있다.

마. 법률의 준용

① 허가에 관하여 이 법에 규정한 것을 제외하고는 「국토의 계획 및 이용에 관한 법률」의 규정을 준용한다.

② 개발행위허가를 받은 경우에는 「국토의 계획 및 이용에 관한 법률」상 개발행위허가를 받은 것으로 본다.

2) 도시개발구역지정의 해제

(1) 해제기준일

가. 원칙적 해제(규정된 날) : 도시개발구역의 지정은 다음의 어느 하나에 규정된 날에 해제된 것으로 본다.

① 도시개발구역이 지정 · 고시된 날부터 3년이 되는 날까지 도시개발사업에 관한 실시계획의 인가를 신청하지 아니하는 경우에는 그 3년이 되는 날

② 도시개발사업 공사완료(환지방식에 의한 사업인 경우에는 그 환지처분)의 공고일

나. 예외적 해제(규정된 날의 다음날) : 도시개발구역을 지정한 이후에 개발계획을 수립하는 경우에는 다음의 어느 하나에 규정된 날의 다음날에 도시개발구역의 지정이 해제된 것으로 본다.

① 도시개발구역을 지정 · 고시한 날부터 2년이 되는 날까지 개발계획을 수립·고시하지 아니하는 경우에는 그 2년이 되는 날의 다음날, 다만, 도시개발구역의 면적이 330만m^2 이상인 경우에는 5년으로 한다.

② 개발계획을 수립 · 고시한 날부터 3년이 되는 날까지 실시계획의 인가를 신청하지 아니하는 경우에는 그 3년이 되는 날의 다음날. 다만, 도시개발구역의 면적이 330만m^2 이상인 경우에는 5년으로 한다.

(2) 용도지역의 환원

도시개발구역의 지정이 해제의제(解除擬制)된 경우에는 그 도시개발구역에 대한 「국토의 계획 및 이용에 관한 법률」에 따른 용도지역 및 지구단위계획구역은 해당 도시개발구역 지정전의 용도지역 및 지구단위계획구역으로 각각 환원되거나 폐지된 것으로 본다. 다만, 도시개발사업의 완료로 해제의제된 경우에는 환원되거나 폐지된 것으로 보지 아니한다.

(3) 해제의제의 고시 · 공람

도시개발구역의 지정이 해제의제되는 경우 지정권자는 대통령령으로 정하는 바에 따라 이를 관보나 공보에 고시하고, 대도시 시장인 지정권자는 관계 행정기관의 장에게 통보하여야 하며 관계 서류를 일반에게 공람시켜야 하고, 대도시 시장이 아닌 지정권자는 관계 행정기관의 장과 도시개발구역을 관할하는 시장 · 군수 또는 구청장에게 통보하여야 한다. 이 경우 지정권자인 특별자치도지사와 통보를 받은 시장 · 군수 또는 구청장은 관계 서류를 일반인에게 14일 이상 공람시켜야 한다.

해제고시를 하고자 할 때에는 다음의 내용을 포함하여야 한다.

가. 도시개발구역의 명칭

나. 도시개발구역의 위치 및 면적

다. 도시개발구역의 지정의 해제사유

라. 기타 국토교통부령이 정하는 사항

마. 「국토의 계획 및 이용에 관한 법률」에 의한 용도지역·용도지구··용도구역 및 도시·군계획 시설의 환원 또는 폐지에 관한 사항

3) 보안관리 및 부동산투기 방지대책

(1) 보안관리

다음 각 호에 해당하는 자는 주민 등의 의견청취를 위한 공람 전까지는 도시개발구역의 지정을 위한 조사, 관계 서류 작성, 관계기관 협의, 중앙도시계획위원회 또는 시 · 도 도시계획위원회나 대도시 도시계획위원회의 심의 등의 과정에서 관련 정보가 누설되지 아니하도록 필요한 조치를 하여야 한다. 다만, 지정권자가 도시개발사업의 원활한 시행을 위하여 필요하다고 인정하는 경우로서 대통령령으로 정하는 경우에는 관련 정보를 미리 공개할 수 있다.

가. 지정권자

나. 도시개발구역의 지정을 요청하거나 요청하려는 관계 중앙행정기관의 장 또는 시장(대도시 시장은 제외한다) · 군수 · 구청장

다. 시행자 또는 시행자가 되려는 자 및 도시개발구역의 지정을 제안하거나 제안하려는 자

라. 도시개발구역을 지정하거나 도시개발구역의 지정을 요청 또는 제안하기 위한 자료의 제출을 요구받은 자

마. 도시개발구역 지정 시 협의하는 관계 행정기관의 장 또는 자문 · 심의기관의 장

(2) 정보 누설 금지

다음 각 호의 기관 또는 업체에 종사하였거나 종사하는 자는 업무 처리 중 알게 된 도시개발구역 지정 또는 지정의 요청 · 제안과 관련한 정보로서 불특정 다수인이 알 수 있도록 공개되기 전의 정보를 도시개발구역의 지정 또는 지정 요청 · 제안 목적 외로 사용하거나 타인에게 제공 또는 누설해서는 아니 된다.

가. 지정권자가 속한 기관

나. 도시개발구역의 지정을 요청하거나 또는 요청하려는 관계 중앙행정기관 또는 시(대도시는 제외한다) · 군 · 구

다. 시행자 또는 시행자가 되려는 자 및 도시개발구역의 지정을 제안하거나 제안하려는 자

라. 도시개발구역을 지정하거나 도시개발구역의 지정을 요청 또는 제안하기 위한 자료의 제출을 요구받은 기관

마. 도시개발구역 지정 시 협의하는 관계 기관 또는 자문 · 심의 기관

바. 도시개발사업의 시행자 또는 시행자가 되려는 자가 도시개발구역의 지정 또는 지정 요청 · 제안에 필요한 조사 · 측량을 하거나 관계 서류 작성 등을 위하여 용역 계약을 체결한 업체

(3) 정보 제공 금지

기관 또는 업체에 종사하였거나 종사하는 자로부터 미공개정보를 제공받은 자 또는 미공개정보를 부정한 방법으로 취득한 자는 그 미공개정보를 도시개발구역의 지정 또는 지정 요청 · 제안 목적 외로 사용하거나 타인에게 제공 또는 누설해서는 아니 된다.

(4) 투기 방지 대책

지정권자는 도시개발구역으로 지정하려는 지역 및 주변지역이 부동산투기가 성행하거나 성행할 우려가 있다고 판단되는 경우에는 대통령령으로 정하는 바에 따라 투기방지대책을 수립하여야 한다.

제4장 도시개발사업의 시행

1 시행자 및 도시개발조합

1) 시행자

(1) 원칙적 시행자

도시개발사업의 시행자(이하 '시행자'라 한다)는 다음 각 호의 자 중에서 지정권자가 지정한다. 다만, 도시개발구역의 전부를 환지 방식으로 시행하는 경우에는 토지 소유자나 조합을 시행자로 지정한다.

가. 국가나 지방자치단체

나. 공공기관(한국토지주택공사, 한국수자원공사, 한국농어촌공사, 한국관광공사, 한국철도공사)

다. 정부출연기관(한국철도 시설공단, 제주국제 자유도시 개발센터)

라. 지방공사 : 「지방공기업법」에 따라 설립된 지방공사

마. 토지소유자

① 도시개발구역의 토지소유자(「공유수면 관리 및 매립에 관한 법률」에 따라 면허를 받은 자를 해당 공유수면을 소유한 자로 보고 그 공유수면을 토지로 보며, 수용 또는 사용방식의 경우에는 도시개발구역의 국공유지를 제외한 토지면적의 2/3 이상을 소유한 자를 말한다)

② 도시개발구역의 토지 소유자(「공유수면 관리 및 매립에 관한 법률」에 따라 면허를 받은 자를 해당 공유수면을 소유한 자로 보고 그 공유수면을 토지로 본다)가 도시개발을 위하여 설립한 조합(도시개발사업의 전부를 환지 방식으로 시행하는 경우에만 해당하며, 이하 '조합'이라 한다)

바. 이전법인 : 「수도권정비계획법」에 따른 과밀억제권역에서 수도권 외의 지역으로 이전하는 법인 중 과밀억제권역의 사업기간 등 대통령령으로 정하는 요건에 해당하는 법인

① 「수도권정비계획법」 규정에 의한 과밀억제권역 안에 3년 이상 계속하여 공장시설을 갖추고 사업을 영위하고 있거나 3년 이상 계속하여 본점 또는 주사무소를 두고 있는 법인으로서 그 공장시설의 전부 또는 본사를 수도권 외의 시역으로

이전하는 법인, 이 경우 공장시설 또는 본사의 이전에 따라 이전하는 종업원의 수(여러 개의 법인이 모여 지방으로 이전하는 경우에는 그 종업원 총수)가 500명 이상이어야 한다.

② 과밀억제권역 안에서 「고등교육법」 규정에 의한 대학(대학원대학은 제외)을 운영중인 학교법인으로서 대학시설의 전부를 수도권 외의 지역으로 이전하는 학교법인

사. 등록사업자 : 「주택법」에 따라 등록한 자 중 도시개발사업을 시행할 능력이 있다고 인정되는 자로서 대통령령으로 정하는 요건에 해당하는 자(주택법에 따른 주택단지와 그에 수반되는 기반시설을 조성하는 경우에 한함)

아. 건설사업자, 신탁업자 : 「건설산업기본법」에 따른 토목공사업 또는 토목건축공사업의 면허를 받는 등 개발계획에 맞게 도시개발사업을 시행할 능력이 있다고 인정되는 자로서 대통령령으로 정하는 요건에 해당하는 자

① 「건설산업기본법」에 의하여 일반건설업(토목공사업 및 토목건축공사업에 한함)의 등록을 한 자로서 공시된 시공능력평가액이 당해 도시개발사업에 소요되는 연평균사업비(보상비를 제외) 이상인 자

② 「신탁업법」에 의한 신탁회사 중 「주식회사의 외부감사에 관한 법률」 시행령 규정에 의한 외부감사의 대상이 되는 자

아-2. 「부동산개발업의 관리 및 육성에 관한 법률」 제4조제1항에 따라 등록한 부동산개발업자로서 대통령령으로 정하는 요건에 해당하는 자

자. 부동산투자회사 : 「부동산투자회사법」에 따라 설립된 자기관리 부동산투자회사 또는 위탁관리 부동산투자회사로서 대통령령이 정하는 요건에 해당하는 자(가, 나, 다, 라, 마, 바, 사, 아호에 해당하는 자와 공동으로 시행하는 경우에만 해당)

① 「부동산투자회사법」에 따른 자기관리 부동산투자회사로서 부동산 또는 부동산개발사업에 대한 투자실적이 있는 자기관리 부동산투자회사

② 「부동산투자회사법」에 따른 자기관리 부동산투자회사로서 자산관리회사와 자산관리 위탁계약을 체결한 위탁관리 부동산투자회사

차. (가)호부터 (아)호까지, (아-2)호 및 (자)호에 해당하는 자(마-②항에 따른 조합은 제외한다)가 도시개발사업을 시행할 목적으로 출자에 참여하여 설립한 법인으로서 대통령령으로 정하는 요건에 해당하는 법인

(2) 환지방식의 시행자

가. 원칙(토지소유자 또는 조합) : 도시개발구역의 전부를 환지방식으로 시행하는 경우에는 토지소유자 또는 조합을 시행자로 지정한다.

나. 예외(지방자치단체) : 지정권자는 다음에 해당하는 사유가 있을 때에는 지방자치단체 또는 대통령령이 정하는 자(한국토지주택공사법에 의한 한국토지주택공사, 지방공기업법에 의한 지방공사 및 신탁회사)를 시행자로 지정할 수 있다. 이 경우 도시개발사업을 시행하는 자가 시 · 도지사 또는 대도시 시장인 경우 국토교통부장관이 지정한다.

① 토지소유자 또는 조합이 개발계획의 수립 · 고시일부터 6월 이내에 시행자 지정을 신청하지 아니한 때 또는 지정권자가 신청된 내용이 위법 또는 부당하다고 인정한 때(다만, 지정권자가 시행자지정 신청기간의 연장이 불가피하다고 인정하여 6월의 범위 안에서 이를 연장한 경우에는 그 연장된 기간을 말함)

② 지방자치단체의 장이 집행하는 공공시설에 관한 사업과 병행하여 시행할 필요가 없다고 인정한 때

③ 도시개발구역 안의 국 · 공유지를 제외한 토지면적의 1/2 이상에 해당하는 토지소유자 및 토지소유자 총수의 1/2 이상이 지방자치단체 등의 시행에 동의한 때

(3) 시행자 지정신청

시행자로 지정받고자 하는 자는 다음의 사항을 기재한 사업시행자지정 신청서를 시장 · 군수 또는 구청장을 거쳐 지정권자에게 제출하여야 한다. 다만, 지정권자가 도시개발사업을 직접 시행하는 경우에는 그러하지 아니하며, 국토교통부장관, 특별자치도지사 또는 대도시 시장이 지정권자인 경우에는 본인들에게 직접 제출할 수 있다.

(4) 시행자의 변경사유

지정권자는 다음에 해당하는 경우에는 시행자를 변경할 수 있다.

가. 도시개발사업에 관한 실시계획의 인가를 받은 후 2년 이내에 사업을 착수하지 아니하는 경우

나. 행정처분에 의하여 시행자의 지정 또는 실시계획의 인가가 취소된 경우

다. 시행자의 부도 · 파산, 그 밖에 이와 유사한 사유로 인하여 도시개발사업의 목적을 달성하기 어렵다고 인정되는 경우

라. 도시개발구역의 전부를 환지방식으로 시행하는 경우로서 원칙적 시행자인 토지소유자 또는 조합이 도시개발구역 지정의 고시일부터 1년 내에 도시개발사업에 관한 실시계획의 인가를 신청하지 아니하는 경우(다만, 지정권자가 실시계획의 인가신청기간의 연장이 불가피하다고 인정하여 6월의 범위 안에서 이를 연장한 경우에는 그 연장된 기간을 말함)

(5) 규약 등의 작성

가. 규약의 작성 : 지정권자는 토지소유자 2인 이상이 도시개발사업을 시행하고자 하는 때 또는 토지소유자가 이전법인, 등록사업사, 건설업사나 신탁업자, 부동산투자회

사와 공동으로 도시개발사업을 시행하고자 하는 때에는 대통령령이 정하는 바에 따라 도시개발사업에 관한 규약을 정하게 할 수 있다.

나. 시행규정의 작성 : 지방자치단체 등이 도시개발사업의 전부를 환지방식에 의하여 시행하고자 하는 때와 국가 또는 지방자치단체, 공공기관, 정부출연기관, 지방공사, 시행자 중 2 이상이 도시개발사업을 시행할 목적으로 출자하여 설립한 법인(국가 또는 지방자치단체, 공공기관, 정부출연기관, 지방공사가 50%를 초과하여 출자한 경우에 한함)에 해당하는 자가 도시개발사업의 일부를 환지방식에 의하여 시행하고자 하는 때에는 대통령령이 정하는 바에 따라 시행규정을 작성하여야 한다.

(6) 도시개발구역 지정의 제안

가. 지정의 제안

① 공공기관, 정부출연기관, 지방공사, 도시개발구역 안의 토지소유자(수용 또는 사용의 방식으로 제안하는 경우에는 도시개발구역 안의 국·공유지를 제외한 토지면적의 2/3 이상을 사용할 수 있는 대통령령이 정하는 권원을 가지고 1/2 이상을 소유한 자) 또는 수도권 외의 지역으로 이전하는 법인, 등록업자, 능력있는 자, 자기관리·위탁관리 부동산투자회사, 공동출자법인은 대통령령이 정하는 바에 따라 특별자치도지사·시장·군수 또는 구청장에게 도시개발구역의 지정을 제안할 수 있다.

② 정부출연기관의장은 국토교통부장관에게 직접 제안할 수 있다.

나. 구역지정제안 시 동의 : 토지소유자 또는 수도권 외의 지역으로 이전하는 법인, 등록업자, 능력있는 자, 자기관리 · 위탁관리 부동산투자회사, 공동출자법인(국가 또는 지방자치단체, 공공기관, 정부출연기관, 지방공사가 50%를 초과하여 출자한 경우는 제외)에 해당하는 자가 도시개발구역의 지정을 제안하고자 하는 경우에는 대상구역 토지면적의 2/3 이상에 해당하는 토지소유자(지상권자를 포함)의 동의를 얻어야 한다.

다. 관련 서류의 제출

① 도시개발구역의 지정을 제안하고자 하는 자는 국토교통부령이 정하는 도시개발구역지정 제안서를 국토교통부장관, 특별자치도지사·시장·군수 또는 구청장에게 제출하여야 한다.

② 도시개발구역의 지정을 제안하고자 하는 지역이 2 이상의 시·군 또는 구의 행정구역에 걸치는 경우에는 그 지역에 포함된 면적이 가장 큰 지역의 시장·군수 또는 구청장에게 서류를 제출하여야 한다.

라. 비용부담 : 특별자치도지사 · 시장 · 군수 또는 구청장은 제안자와 협의하여 도시개발구역의 지정을 위하여 필요한 비용의 전부 또는 일부를 제안자에게 부담시킬 수 있다.

마. 제안에 따른 결과 통보 : 도시개발구역 지정의 제안을 받은 국토교통부장관, 특별자치도지사 · 시장 · 군수 또는 구청장은 제안내용의 수용여부를 3개월 이내에 제안자에게 통보하여야 한다.

2) 도시개발조합

(1) 조합설립의 인가

가. 설립인가 및 변경 : 조합을 설립하려면 도시개발구역의 토지소유자 7명 이상이 대통령령으로 정하는 사항을 포함한 정관을 작성하여 지정권자에게 조합설립의 인가를 받아야 한다. 조합이 인가를 받은 사항을 변경하고자 하는 때에는 지정권자로부터 변경 인가를 받아야 한다. 다만, 대통령령이 정하는 경미한 사항을 변경하고자 하는 때에는 이를 신고만 하여도 가능하다.

나. 조합설립의 동의요건 : 조합설립의 인가를 신청하고자 하는 때에는 당해 도시개발구역 안의 토지면적의 2/3 이상에 해당하는 토지소유자와 그 구역 안의 토지소유자 총수의 1/2 이상의 동의를 얻어야 한다(토지면적 2/3 이상 + 토지소유자 총수 1/2 이상).

다. 동의자 수의 산정방법 : 조합설비의 동의자 수의 산정방법 및 동의절차 기타 필요한 사항은 다음과 같다.

① 토지소유권자 또는 지상권을 공유하는 경우 : 다른 공유자의 동의를 받은 대표공유자 또는 대표지상권자 1명만을 해당 토지소유자 또는 지상권자로 볼 것. 다만, 「집합건물의 소유 및 관리에 관한 법률」에 따른 구분소유자는 각각을 토지소유자 1명으로 본다.

② 공람·공고일 후에 「집합건물의 소유 및 관리에 관한 법률」에 따른 구분소유권을 분할하게 되어 토지소유자의 수가 증가하게 된 경우 : 공람 · 공고일 전의 토지소유자의 수를 기준으로 산정하고, 증가된 토지소유자의 수는 토지소유자 총수에 추가 산입하지 말 것

③ 도시개발구역의 지정이 제안되기 전에 동의를 철회한 사람이 있는 경우 : 그 사람은 동의자 수에서 제외할 것

④ 도시개발구역의 지정이 제안된 후부터 도시개발구역이 지정되기 전까지 토지소유자가 변경된 경우 : 기존 토지소유자 동의서를 기준으로 할 것

⑤ 토지소유자가 동일하거나 동의를 철회할 경우에는 국토교통부령으로 정하는 동의서 또는 동의철회서를 제출하여야 하며, 토지 또는 지상권을 공동으로 소유하는 토지 또는 지상권의 대표소유자는 공유자의 인감을 찍은 대표자지정 동의서와 해당 인감증명서를 첨부하여 함께 제출하여야 한다.

라. 설립등기 : 조합의 설립인가가 있는 때에는 당해 조합을 대표하는 자는 설립인가를 받은 날부터 30일 이내에 주된 사무소의 소재지에서 설립등기를 하여야 한다.

(2) 조합원

가. 조합의 구성 : 조합의 조합원은 도시개발구역 안의 토지소유자[2]로 한다.

나. 조합원의 권리 및 의무

① 보유토지의 면적에 관계없는 평등한 의결권. 이 경우 공유토지는 공유자의 동의를 받은 대표공유자 1명만 의결권이 있으며, 「집합건물의 소유 및 관리에 관한 법률」에 따른 구분소유자는 구분소유자별로 의결권이 있다. 다만, 공람·공고일 후에 「집합건물의 소유 및 관리에 관한 법률」에 따른 구분소유권을 분할하여 구분소유권을 취득한 자는 의결권이 없다.

② 정관에서 정한 조합의 운영 및 도시개발사업의 시행에 필요한 경비의 부담

③ 그 밖에 정관에서 정하는 권리 및 의무

다. 임원 : 조합의 임원은 그 조합의 다른 임원 또는 직원을 겸할 수 없다.

① 임원의 구성원 : 조합장 1인, 이사 1인, 감사 1인

② 임원의 선임 : 조합의 임원은 정관이 정하는 바에 의하여 조합원 중에서 총회에서 이를 선임한다.

③ 임원의 결격사유 : 다음에 해당하는 자는 조합의 임원이 될 수 없다.

㉠ 피성년후견인, 피한정후견인 또는 미성년자

㉡ 파산선고를 받은 자로서 복권되지 아니한 자

㉢ 금고 이상의 형을 선고받고 그 집행이 종료되거나 집행을 받지 아니하기로 확정된 후 2년이 경과되지 아니한 자 또는 그 형의 집행유예의 기간 중에 있는 자

④ 임원의 자격상실 : 조합의 임원으로 선임된 자가 결격사유에 해당하게 된 때에는 그 다음날부터 임원의 자격을 상실한다.

⑤ 임원의 직무

㉠ 조합장 : 조합을 대표하고 그 사무를 총괄하며, 총회·대의원회 또는 이사회의 의장이 된다.

㉡ 이사 : 정관이 정하는 바에 따라 조합장을 보좌하며, 조합의 사무를 분장(分掌)한다.

㉢ 감사 : 조합의 사무 및 재산상태와 회계에 관한 사항을 감사한다.

㉣ 조합장 또는 이사의 자기를 위한 조합과의 계약이나 소송에 관여하는 감사

2) 조합설립에 동의하지 않았어도 일단 조합이 설립되면 도시개발구역의 모든 토지소유자는 조합원이 됨

가 조합을 대표한다.

ⓜ 조합의 임원은 같은 목적의 사업을 하는 다른 조합의 임원 또는 직원을 겸할 수 없다.

(3) 조합의 성격

가. 성격 : 조합은 법인으로 한다.

나. 성립요건 : 조합은 그 주된 사무소의 소재지에서 등기를 하면 성립한다. 조합의 설립인가를 받은 조합의 대표자는 설립인가를 받은 날부터 30일 이내에 주된 사무소의 소재지에서 설립등기를 하여야 한다.

다. 사단법인 규정 : 조합에 관하여 이 법에 규정한 것을 제외하고는 민법 중 사단법인에 관한 규정을 준용한다.

(4) 조합원의 경비부담

가. 경비부과 및 징수 : 조합은 그 사업에 필요한 비용을 조성하기 위하여 정관이 정하는 바에 따라 조합원에 대하여 경비를 부과 · 징수할 수 있다.

나. 징수기준 : 부과금의 금액은 도시개발구역의 토지의 위치, 지목, 면적, 이용상황, 환경, 그 밖의 사항을 종합적으로 고려하여 정하여야 한다.

다. 연체료 부과 : 조합은 그 조합원이 부과금의 납부를 게을리 한 때에는 정관이 정하는 바에 따라 연체료를 부담시킬 수 있다.

라. 체납자에 대한 조치 : 조합은 부과금 또는 연체료를 체납하는 자가 있는 때에는 대통령령이 정하는 바에 따라 특별자치도지사 · 시장 · 군수 또는 구청장에게 그 징수를 위탁할 수 있다.

마. 위탁수수료 : 특별자치도지사 · 시장 · 군수 또는 구청장이 부과금 또는 연체료의 징수를 위탁받은 때에는 지방세체납처분의 예에 따라 이를 징수할 수 있다. 이 경우 조합은 특별자치도지사 · 시장 · 군수 또는 구청장이 징수한 금액의 4%에 해당하는 금액을 당해 특별자치도 · 시 · 군 또는 구에 지급하여야 한다.

(5) 총 회

다음의 사항은 총회의 의결을 거쳐야 한다.

가. 정관의 변경

나. 개발계획 및 실시계획의 수립 및 변경

다. 자금의 차입과 그 방법 · 이율 및 상환방법

라. 조합의 수지예산

마. 부과금의 금액 또는 징수방법

바. 환지계획의 작성

사. 환지예정지의 지정
아. 체비지 등의 처분방법
자. 조합임원의 선임
차. 조합의 합병 또는 해산에 관한 사항. 다만, 청산금의 징수 · 교부를 완료한 후에 조합을 해산하는 경우를 제외한다.
카. 그 밖에 정관으로 정하는 사항

(6) 대의원회

가. 임의적 기관 : 조합원의 수가 100인 이상인 조합은 총회의 권한을 대행하게 하기 위하여 대의원회를 둘 수 있다.
나. 대의원수 : 대의원회에 두는 대의원의 수는 조합원 총수의 10% 이상으로 하며, 조합원 중에서 정관이 정하는 바에 따라 선출한다.
다. 대의원회의 권한 : 대의원회는 총회의 의결사항 중 다음의 사항을 제외한 사항에 대하여 행사할 수 있다.
① 정관의 변경
② 개발계획의 수립 및 변경(실시계획의 수립 및 변경은 대의원회에서 대행 가능)
③ 조합임원의 선임
④ 조합의 합병 또는 해산에 관한 사항. 다만, 청산금의 징수 · 교부를 완료한 후에 조합을 해산하는 경우에는 총회의 의결사항이 아니므로 대의원회의 권한도 아님

(7) 도시개발사업의 위탁시행

가. 공공시설 건설 등의 위탁 : 시행자는 항만 · 철도 기타 대통령령이 정하는 공공시설의 건설과 공유수면의 매립에 관한 업무를 대통령령이 정하는 바에 따라 국가 · 지방자치단체나 대통령령이 정하는 정부투자기관 및 정부출연기관 또는 지방공사에 위탁하여 시행할 수 있다.
나. 위탁시행 : 시행자는 도시개발사업을 위한 기초조사, 토지매수업무, 손실보상업무, 주민 이주대책사업 등을 대통령령이 정하는 바에 따라 관할 지방자치단체나 대통령령이 정하는 정부투자기관(한국토지주택공사, 한국수자원공사, 한국농어촌공사)·정부출연기관 및 정부출자기관 또는 지방공사에 위탁할 수 있다. 다만, 정부출자기관에 대하여 주민이주대책사업을 위탁하는 경우에는 이주대책의 수립·실시 또는 이주정착금의 지급 그 밖에 보상과 관련된 부대업무만을 위탁할 수 있다.
다. 수수료 : 시행자가 업무를 위탁하여 시행하는 경우에는 국토교통부령이 정하는 요율의 위탁수수료를 당해 업무를 위탁받아 시행하는 자에게 지급하여야 한다.
라. 신탁에 의한 개발 : 토지소유자, 이들이 설립하는 조합, 이전법인, 등록사업자, 건

설업자인 시행자는 지정권자의 승인을 얻어 자본시장과 금융투자에 관한 법률에 따른 신탁업자와 신탁계약을 체결하여 도시개발사업을 시행할 수 있다. 시행자는 승인을 얻어 신탁계약을 체결한 경우에는 그 계약을 체결한 날부터 14일 이내에 그 계약서 사본을 첨부하여 지정권자에게 그 사실을 통보하여야 한다.

2 실시계획

1) 작성 및 인가

(1) 작성 및 인가신청

가. 시행자는 대통령령이 정하는 바에 따라 도시개발사업에 관한 실시계획을 작성하여야 한다. 이 경우 실시계획에는 지구단위계획이 포함되어야 한다.

나. 실시계획은 개발계획에 맞게 작성하여야 한다.

다. 실시계획의 작성에 필요한 세부적인 사항은 국토교통부장관이 정한다.

라. 시행자가 실시계획의 인가를 받으려는 경우에는 실시계획인가 신청서에 국토교통부령으로 정하는 서류를 첨부하여 시장 · 군수 또는 구청장을 거쳐 지정권자에게 제출하여야 한다. 다만, 국토교통부장관 · 특별자치도지사 또는 대도시 시장이 지정권자인 경우에는 국토교통부장관 · 특별자치도지사 또는 대도시 시장에게 직접 제출할 수 있다.

(2) 지정권자의 인가

시행자는 작성된 실시계획에 관하여 지정권자의 인가를 받아야 한다. 인가를 받은 실시계획을 변경하거나 폐지하는 경우에도 이를 준용한다. 다만, 국토교통부령이 정하는 경미한 사항을 변경하는 경우에는 그러하지 아니하다.

(3) 지방자치단체장의 의견청취

지정권자가 실시계획을 작성하거나 인가하는 경우 국토교통부장관이 지정권자이면 시·도지사 또는 대도시 시장의 의견을, 시 · 도지사가 지정권자이면 시장·군수 또는 구청장의 의견을 미리 들어야 한다.

(4) 관련 서류제출 및 고시

실시계획에는 사업시행에 필요한 설계도서, 자금계획, 시행기간, 그 밖에 대통령령으로 정하는 사항과 서류를 명시하거나 첨부하여야 한다. 지정권자가 실시계획을 작성하거나 인가한 경우에는 대통령령으로 정하는 바에 따라 이를 관보나 공보에 고시하고 시행자에게 관계 서류의 사본을 송부하며, 대도시 시장인 지정권자는 일반에게 관계 서류를 공람시켜야 하고, 대도시 시장이 아닌 지정권자는 해당 도시개발구역을 관할하는 시장 · 군수 또는 구청장에게 관계 서류의 사본을 보내야 한다. 이 경우 지정권자인 특별자치도지사와 본문에 따라 관계 서류를 받은 시장 · 군수 또는 구청장은 이를 일반인에게 공람시켜야 한다.

2) 고시의 효과

(1) 도시 · 군관리계획의 결정 · 고시의제

실시계획을 고시한 경우 그 고시된 내용 중 「국토의 계획 및 이용에 관한 법률」에 따라 도시 · 군관리계획으로 결정하여야 하는 사항은 같은 법에 따른 도시 · 군관리계획이 결정되어 고시된 것으로 본다. 이 경우 종전에 도시 · 군관리계획으로 결정된 사항 중 고시내용에 저촉되는 사항은 고시된 내용으로 변경된 것으로 본다.

(2) 지형도면의 고시

도시 · 군관리계획으로 결정 · 고시된 사항에 대한 「국토의 계획 및 이용에 관한 법률」의 도시 · 군관리계획에 관한 지형도면의 고시에 대하여는 도시개발사업이 시행기간 안에 할 수 있다.

(3) 관련 인 · 허가 등의 의제

가. 의제시기 : 실시계획을 작성하거나 인가할 때 지정권자가 해당 실시계획에 대한 다음 각 호의 허가 · 승인 · 심사 · 인가 · 신고 · 면허 · 등록 · 협의 · 지정 · 해제 또는 처분 등에 관하여 관계 행정기관의 장과 협의한 사항에 대하여는 해당 인 · 허가 등을 받은 것으로 보며, 실시계획을 고시한 경우에는 관계 법률에 따른 인 · 허가 등의 고시나 공고를 한 것으로 본다.

① 「수도법」에 따른 수도사업의 인가, 같은 법에 따른 전용 상수도 설치의 인가
② 「하수도법」에 따른 공공 하수도 공사시행의 허가
③ 「공유수면 관리 및 매립에 관한 법률」에 따른 공유수면의 점용 · 사용허가, 공유수면의 매립면허, 국가 등이 시행하는 매립의 협의 또는 승인 및 공유수면 매립 실시계획의 승인
④ 「하천법」에 따른 하천공사 시행의 허가, 하천의 점용허가 및 하천수의 사용허가
⑤ 「도로법」에 따른 도로공사시행의 허가, 같은 법에 따른 도로점용의 허가
⑥ 「농어촌정비법」에 따른 농업기반시설의 목적 외 사용의 승인
⑦ 「농지법」에 따른 농지전용의 허가 또는 협의, 같은 법 농지의 전용신고, 같은 법 농지의 타 용도 일시사용허가 · 협의 및 같은 법 용도변경의 승인
⑧ 「산지관리법」에 따른 산지전용허가 및 산지전용신고, 같은 법 토석채취허가 및 「산림

자원의 조성 및 관리에 관한 법률」에 따른 입목벌채 등의 허가·신고
⑨ 「초지법」에 따른 초지(草地) 전용의 허가
⑩ 「사방사업법」에 따른 벌채 등의 허가, 같은 법 사방지(砂防地) 지정의 해제
⑪ 「공간정보의 구축 및 관리 등에 관한 법률」 지도 등의 간행 심사
⑫ 「광업법」에 따른 불허가처분, 같은 법 광구감소처분 또는 광업권취소처분
⑬ 「장사 등에 관한 법률」에 따른 연고자가 없는 분묘의 개장(改葬)허가
⑭ 「건축법」에 따른 허가, 같은 법 신고, 같은 법 허가 · 신고사항의 변경, 같은 법 가설 건축물의 허가 또는 신고
⑮ 「주택법」에 따른 주택건설사업자 등의 등록(입체환지를 하는 시행자만 해당)과 같은 법 사업계획의 승인
⑯ 「항만법」에 따른 항만공사 시행의 허가, 같은 법에 따른 실시계획의 승인
⑰ 「사도법」에 따른 사도(私道)개설의 허가
⑱ 「국유재산법」에 따른 사용·수익의 허가
⑲ 「공유재산 및 물품관리법」에 따른 사용·수익의 허가
⑳ 「관광진흥법」에 따른 관광지의 지정, 같은 법에 따른 조성계획의 승인, 같은 법에 따른 조성사업시행의 허가
㉑ 「체육시설의 설치 · 이용에 관한 법률」에 따른 사업계획의 승인
㉒ 「유통산업발전법」에 따른 대규모 점포의 개설등록
㉓ 「산업집적활성화 및 공장설립에 관한 법률」에 따른 공장설립 등의 승인
㉔ 「물류시설의 개발 및 운영에 관한 법률」에 따른 물류단지의 지정 및 같은 법에 따른 물류단지개발 실시계획의 승인
㉕ 「산업입지 및 개발에 관한 법률」에 따른 산업단지의 지정, 같은 법 실시계획의 승인
㉖ 「공간정보의 구축 및 관리 등에 관한 법률」 에 따른 사업의 착수·변경 또는 완료의 신고
㉗ 「에너지 이용합리화법」에 따른 에너지 사용계획의 협의
㉘ 「집단에너지 사업법」에 따른 집단에너지의 공급 타당성에 관한 협의
㉙ 「소하천 정비법」에 따른 소하천(小河川) 공사시행의 허가, 같은 법 소하천 점용의 허가
㉚ 「하수도법」에 따른 개인하수처리시설의 설치신고

나. 관련 서류제출 및 사전협의 : 인 · 허가 등의 의제를 받으려는 자는 실시계획의 인가를 신청하는 때에 해당 법률로 정하는 관계 서류를 함께 제출하여야 한다. 지정권자는 실시계획을 작성하거나 인가할 때 미리 관계 행정기관의 장과 협의하여야 한다. 이 경우 관계 행정기관의 장은 협의요청을 받은 날부터 30일 이내에 의견을 제출하여야 한다.

다. 농지에 대한 특례 : 도시개발구역의 지정을 제안하는 자가 도시개발구역의 지정과

동시에 농지전용허가의 의제를 받고자 하는 경우에는 시장 · 군수 · 구청장 또는 국토교통부장관에게 도시개발구역의 지정을 제안할 때에 「농지법」으로 정하는 관계 서류를 함께 제출하여야 한다. 지정권자가 도시개발구역을 지정할 때 농지전용허가에 관하여 관계 행정기관의 장과 협의한 경우에는 제안자가 시행자로 지정된 때에 해당 허가를 받은 것으로 본다.

3 사업시행

1) 시행방식

도시개발사업은 시행자가 도시개발구역의 토지 등을 수용 또는 사용하는 방식이나 환지방식 또는 이를 혼용하는 방식으로 시행할 수 있다.

【사업방식별 시행자】

구 분		수용 또는 사용방식	혼용방식	환지방식
시행자	행정청	• 국가 또는 지방자치단체	좌동	• 지방자치단체
	공사	• 정부투자기관(한국토지주택공사, 한국수자원공사, 한국농어촌공사, 한국관광공사, 철도공사) • 지방공사	좌동	• 한국토지주택공사 • 지방공사
	민간	• 토지소유자 • 수도권 이외 지역 이전법인 • 일반건설업체(부동산투자회사)	좌동	• 토지소유자 • 조합 • 부동산투자회사

2) 시행방식의 변경

지정권자는 도시개발구역지정 이후 지가상승 등 지역개발여건의 변화로 도시개발사업 시행방식지정 당시의 요건을 충족하지 못하나 다른 요건을 충족하는 경우에는 다음과 같이 도시개발사업의 시행방식을 변경할 수 있다.

가. 공공사업시행자가 도시개발사업의 시행방식을 수용 또는 사용방식에서 전부 환지방식으로 변경하는 경우

나. 공공사업시행자가 도시개발사업의 시행방식을 혼용방식에서 전부 환지방식으로 변경하는 경우

다. 시행자(조합은 제외)가 도시개발사업의 시행방식을 수용 또는 사용방식에서 혼용방식으로 변경하는 경우

3) 시행방식의 종류

(1) 시행방식의 결정

시행자는 도시개발구역으로 지정하려는 지역에 대하여 다음 각 호에서 정하는 바에 따라 도시개발사업의 시행방식을 정함을 원칙으로 하되, 사업의 용이성 · 규모 등을 고려하여 필요하면 국토교통부장관이 정하는 기준에 따라 도시개발사업의 시행방식을 정할 수 있다.

(2) 혼용방식의 사업시행지구 분할시행

가. 시행자는 도시개발사업을 혼용방식으로 시행하려는 경우에는 수용 또는 사용방식이 적용되는 구역과 환지방식이 적용되는 구역을 사업시행지구로 각각 분할하여 도시개발사업을 시행할 수 있다. 단, 사업시행지구를 분할하여 시행하는 경우에는 각 사업지구에서 부담하여야 하는 「국토의 계획 및 이용에 관한 법률」에 따른 기반시설의 설치비용 등을 명확히 구분하여 실시계획에 반영하여야 한다.

나. 사업시행의 방법 등에 관하여 필요한 세부적인 사항은 국토교통부장관이 정한다.

【시행방식】

수용 또는 사용방식	계획적이고 체계적인 도시개발 등 집단적인 조성과 공급이 필요한 경우
환지방식	• 대지로서의 효율증진과 공공시설의 정비를 위하여 토지의 교환·분합, 그 밖의 구획 변경, 지목 또는 형질의 변경이나 공공시설의 설치·변경이 필요한 경우 • 도시개발사업을 시행하는 지역의 지가가 인근의 다른 지역에 비하여 현저히 높아 수용 또는 사용방식으로 시행하는 것이 어려운 경우
혼용방식	도시개발구역으로 지정하려는 지역이 부분적으로 수용 또는 사용방식과 환지방식에 해당하는 경우

4 수용 또는 사용방식

1) 토지 등의 수용 또는 사용

(1) 수용권자

시행자(조합은 제외)는 도시개발사업에 필요한 토지 등을 수용하거나 사용할 수 있다.

(2) 민간 시행자의 수용요건

토지소유자, 수도권 외의 지역으로 이전하는 법인, 등록업사, 능력있는 사, 사기관리 ·

위탁관리 부동산투자회사, 공동출자법인(국가 또는 지방자치단체, 공공기관, 정부출연기관, 지방공사가 50%를 초과하여 출자한 경우를 제외)에 해당하는 시행자는 사업대상 토지면적의 2/3 이상에 해당하는 토지를 소유하고 토지소유자 총수의 1/2 이상에 해당하는 자의 동의를 받아야 한다. 이 경우 토지소유자의 동의요건 산정기준일은 도시개발구역지정고시일을 기준으로 하며, 그 기준일 이후 시행자가 취득한 토지에 대하여는 동의요건에 필요한 토지소유자의 총수에 포함하고 이를 동의한 자의 수로 산정한다.

(3) 「공익사업을 위한 토지 등의 취득 및 보상에 관한 법률」상 특례

가. 의의 : 토지 등의 수용 또는 사용에 관하여 이 법에 특별한 규정이 있는 경우 외에는 「공익사업을 위한 토지 등의 취득 및 보상에 관한 법률」을 준용한다.

나. 사업인정의제 : 「공익사업을 위한 토지 등의 취득 및 보상에 관한 법률」을 준용할 때 수용 또는 사용의 대상이 되는 토지의 세부목록을 고시한 경우에는 「공익사업을 위한 토지 등의 취득 및 보상에 관한 법률」에 따른 사업인정 및 그 고시가 있었던 것으로 본다.

다. 재결신청기간의 특례 : 재결신청은 「공익사업을 위한 토지 등의 취득 및 보상에 관한 법률」 규정에 불구하고 개발계획에서 정한 도시개발사업의 시행기간 종료일까지 하여야 한다.

2) 토지상환채권의 발행

(1) 발행 및 규모

시행자는 토지소유자가 원하면 토지 등의 매수대금의 일부를 지급하기 위하여 대통령령이 정하는 바에 따라 사업시행으로 조성된 토지 · 건축물로 상환하는 채권을 발행할 수 있다. 토지상환채권의 발행규모는 그 토지상환채권으로 상환할 토지 · 건축물이 해당 도시개발사업으로 조성되는 분양토지 또는 분양건축물 면적의 1/2을 초과하지 아니하도록 하여야 한다.

(2) 발행의 제한

토지소유자 또는 이들이 설립한 조합, 수도권정비계획법에 의한 이전법인, 건설산업기본법에 의한 능력있는 자, 공동출자법인은 금융기관 등으로부터 지급보증을 받은 경우에 한하여 이를 발행할 수 있다.

(3) 지정권자의 승인

시행자는 토지상환채권을 발행하려면 대통령령으로 정하는 바에 따라 토지상환채권의 발행계획을 작성하여 미리 지정권자의 승인을 받아야 한다.

(4) 토지상환채권의 발행조건

토지상환채권의 이율은 발행당시의 금융기관의 예금금리 및 부동산 수급상황을 고려하여 발행자가 정하며 토지상환채권은 기명식(記名式) 증권으로 발행한다.

(5) 토지상환채권의 이전 및 대항

가. 토지상환채권 원부 : 토지상환채권을 이전하는 경우 취득자는 그 성명과 주소를 토지상환채권원부에 기재하여 줄 것을 요청하여야 한다.

나. 토지상환채권의 대항력 : 취득자의 성명과 주소가 토지상환채권에 기재되지 아니하면 취득자는 발행자 및 그 밖의 제3자에게 대항하지 못한다.

다. 토지상환채권원부의 대항력 : 질권을 목적으로 하는 경우에는 질권자의 성명과 주소가 토지상환채권원부에 기재되지 아니하면 질권자는 발행자 및 그 밖의 제3자에게 대항하지 못하며 발행자는 질권이 설정된 때에는 토지상환채권에 그 사실을 표시하여야 한다.

(6) 토지상환채권의 소유자에 대한 통지

토지상환채권의 소유자에 대한 통지 또는 최고는 토지상환채권원부에 기재된 주소로 하여야 한다. 다만, 토지상환채권의 소유자가 토지상환채권의 발행자에게 따로 주소를 알린 경우에는 그 주소로 하여야 한다.

3) 선수금

(1) 선수금의 수취

시행자는 조성토지 등을 공급받거나 이용하려는 자로부터 대통령령으로 정하는 바에 따라 해당 대금의 전부 또는 일부를 미리 받을 수 있다.

(2) 지정권자의 승인요건

시행자는 해당 대금의 전부 또는 일부를 미리 받으려면 지정권자의 승인을 받아야 한다. 선수금을 받고자 하는 시행자는 다음의 구분에 따른 요건을 갖추어 지정권자의 승인을 받아야 한다.

가. 공공사업시행자(공동출자법인 포함) : 개발계획을 수립·고시한 후에 사업시행 토지 면적의 25/100 이상의 토지에 대한 소유권을 확보할 것. 다만, 실시계획인가를 받기 전에 선수금을 받으려는 경우에는 「환경영향평가법」에 따른 환경영향평가를 하여 「국토의 계획 및 이용에 관한 법률」에 따른 기반시설 투자계획이 구체화된 경우로 한정한다.

나. 민간 사업시행자(부동산투자회사, 공동출자법인 제외) : 해당 도시개발구역에 대하

여 실시계획인가를 받은 후 다음 각 목의 요건을 모두 갖출 것

① 공급하려는 토지에 대한 소유권을 확보하고, 해당 토지에 설정된 저당권을 말소하였을 것. 다만, 부득이한 사유로 토지소유권을 확보하지 못하였거나 저당권을 말소하지 못한 경우에는 시행자 · 토지소유자 및 저당권자가 다음 내용의 공동약정서를 공증하여 제출하여야 한다.

㉠ 토지소유자는 제3자에게 해당 토지를 양도하거나 담보로 제공하지 아니할 것

㉡ 선수금을 납부한 자가 준공검사 또는 준공 전 사용허가를 받아 해당 토지를 사용하게 되는 경우에는 토지소유자 및 저당권자는 지체 없이 소유권을 이전하고, 저당권을 말소할 것

② 공급하려는 토지에 대한 도시개발사업의 공사진척률이 10% 이상일 것

③ 공급계약의 불이행 시 선수금의 환불을 담보하기 위하여 다음의 내용이 포함된 보증서 등을 지정권자에게 제출할 것

㉠ 보증 또는 보험의 금액은 선수금에 그 금액에 대한 보증 또는 보험기간에 해당하는 약정이자 상당액을 가산한 금액 이상으로 할 것

㉡ 보증 또는 보험기간의 개시일은 선수금을 받는 날 이전이어야 하며, 그 종료일은 준공예정일부터 1개월 이상으로 할 것

(3) 담보제공제한

시행자는 공사완료공고 전에 미리 토지를 공급하거나 시설물을 이용하게 한 후에는 그 토지를 담보로 제공하여서는 아니 된다.

(4) 보증서의 사용

지정권자는 시행자가 공급계약의 내용대로 사업을 이행하지 아니하거나 시행자의 파산 등으로 사업을 이행할 능력이 없다고 인정하는 경우에는 해당 도시개발사업의 준공 전에 보증서 등을 선수금의 환불을 위하여 사용할 수 있다.

4) 이주대책 및 조성토지 등의 공급

시행자는 「공익사업을 위한 토지 등의 취득 및 보상에 관한 법률」로 정하는 바에 따라 도시개발사업의 시행에 필요한 토지 등의 제공으로 생활의 근거를 상실하게 되는 자에 관한 이주대책 등을 수립 · 시행하여야 한다.

(1) 조성토지 공급계획

가. 시행자는 조성토지 등을 공급하려고 할 때에는 조성토지등의 공급 계획을 작성하

여야 하며, 지정권자가 아닌 시행자는 작성한 조성토지등의 공급 계획에 대하여 지정권자의 승인을 받아야 한다. 조성토지등의 공급 계획을 변경하려는 경우에도 또한 같다.

나. 지정권자가 가항에 따라 조성토지등의 공급 계획을 작성하거나 승인하는 경우 국토교통부장관이 지정권자이면 시·도지사 또는 대도시 시장의 의견을, 시·도지사가 지정권자이면 시장(대도시 시장은 제외한다)·군수 또는 구청장의 의견을 미리 들어야 한다.

다. 시행자(법인이 시행자인 경우에는 그 출자자를 포함한다)가 직접 건축물을 건축하여 사용하거나 공급하려고 계획한 토지가 있는 경우에는 그 현황을 가항에 따른 조성토지등의 공급 계획의 내용에 포함하여야 한다. 다만, 민간참여자가 직접 건축물을 건축하여 사용하거나 공급하려고 계획한 토지는 전체 조성토지 중 해당 민간참여자의 출자 지분 범위 내에서만 조성토지등의 공급 계획에 포함할 수 있다.

(2) 공급 방법

조성토지 등의 공급계획의 내용, 공급의 절차·기준 및 조성토지 등의 가격의 평가 기타 필요한 사항은 대통령령으로 정한다.

가. 공급조건 : 시행자는 조성토지 등을 개발계획에서 정한 용도에 따라 공급하여야 한다. 이 경우 시행자는 「국토의 계획 및 이용에 관한 법률」에 따른 기반시설의 원활한 설치를 위하여 필요하면 공급대상자의 자격을 제한하거나 공급조건을 부여할 수 있다.

나. 원칙적 공급방법 : 조성토지 등의 공급은 경쟁 입찰의 방법에 따른다.

다. 예외적 공급방법

① 추첨방식 : 330m² 이하의 단독주택용지, 「주택법 시행령」 규정에 의한 국민주택규모 이하의 주택 건설용지 및 공장용지에 대하여는 추첨의 방법으로 분양할 수 있다.

② 수의계약방식 : 시행자는 다음 각 호의 어느 하나에 해당하는 경우에는 수의계약의 방법으로 조성토지 등을 공급할 수 있다.

㉠ 학교용지, 공공청사용지 등 일반에게 분양할 수 없는 공공용지를 국가, 지방자치단체, 그 밖의 법령에 따라 해당 시설을 설치할 수 있는 자에게 공급하는 경우

㉡ 실시계획에 따라 존치하는 시설물의 유지관리에 필요한 최소한의 토지를 공급하는 경우

㉢ 「공익사업을 위한 토지 등의 취득 및 보상에 관한 법률」에 따른 협의를 하여

그가 소유하는 도시개발구역 안의 조성토지 등의 전부를 시행자에게 양도한 자에게 국토교통부령으로 정하는 기준에 따라 토지를 공급하는 경우

㉣ 토지상환채권에 의하여 토지를 상환하는 경우

㉤ 토지의 규모 및 형상, 입지조건 등에 비추어 토지 이용가치가 현저히 낮은 토지로서, 인접 토지소유자 등에게 공급하는 것이 불가피하다고 시행자가 인정하는 경우

㉥ 공공사업 시행자가 도시개발구역에서 도시발전을 위하여 복합적이고 입체적인 개발이 필요하여 국토교통부령으로 정하는 절차와 방법에 따라 선정된 자에게 토지를 공급하는 경우

㉦ 그 밖에 관계 법령의 규정에 따라 수의계약으로 공급할 수 있는 경우

라. 조성토지 등의 가격의 평가

① 원칙 : 조성토지 등의 가격평가는 「부동산 가격공시 및 감정평가에 관한 법률」에 따른 감정평가업자가 평가한 감정가로 한다.

② 예외 : 학교용지 등의 공급가격

시행자는 학교, 폐기물처리시설, 임대주택, 그 밖에 대통령령으로 정하는 시설을 설치하기 위한 조성토지 등과 이주단지의 조성을 위한 토지를 공급하는 경우에는 해당 토지의 가격을 「감정평가 및 감정평가사에 관한 법률」에 따른 감정평가법인 등이 감정평가한 가격 이하로 정할 수 있다. 공급가격을 감정평가한 가격 이하로 가능한 시설은 다음과 같다.

㉠ 공공청사

㉡ 사회복지시설. 다만, 「사회복지사업법」에 따른 사회복지시설의 경우에는 유료시설을 제외한 시설로서 관할 지방자치단체의 장의 추천을 받은 경우로 한정한다.

㉢ 「국토의 계획 및 이용에 관한 법률 시행령」상 공장. 다만, 해당 도시개발사업으로 이전되는 공장의 소유자가 설치하는 경우로 한정한다.

㉣ 임대주택. 다만, 시행자가 임대주택을 건설하려는 자에게 공급하는 경우로 한정한다.

㉤ 「주택법」에 따른 국민주택규모 이하의 공동주택. 다만, 국민주택규모 이하의 공동주택을 건설하려는 자에게 공급하는 경우로 한정한다.

㉥ 그 밖에 「국토의 계획 및 이용에 관한 법률」상 기반시설로서 국토교통부령으로 정하는 시설

5 환지방식

환지란 사업시행 전에 존재하던 권리관계에 변동을 가하지 않고 각 토지의 위치, 지적, 토지이용상황 및 환경 등을 고려하여 사업시행 후의 새로이 조성된 대지에 기존의 권리를 이전하는 행위를 말하며, 미개발된 시가지나 농지를 택지로 조성하기 위하여 공공시설의 설치, 변경 또는 토지의 교환, 분합, 구획변경, 형질변경 등을 가하는 도시개발사업으로서 환지와 감보를 수반한다.

1) 환지계획의 작성내용

환지계획의 작성자는 사업시행자이며 시행자는 도시개발사업의 전부 또는 일부를 환지방식으로 시행하려면 다음 각 호의 사항이 포함된 환지계획을 작성하여야 한다.

가. 환지설계

나. 필지별로 된 환지명세

다. 필지별과 권리별로 된 청산대상 토지명세

라. 체비지(替費地) 또는 보류지(保留地)의 명세

마. 기타 국토교통부령이 정하는 사항(축척 1/1,200 이상의 환지예정지도 · 환지전후대비도 · 과부족 면적표시도 및 무상귀속 토지표시도가 첨부)

2) 환지계획의 작성기준

(1) 원칙(적응환지)

환지계획은 종전의 토지와 환지의 위치 · 지목 · 면적 · 토질 · 수리(水利) · 이용상황 · 환경, 그 밖의 사항을 종합적으로 고려하여 합리적으로 정하여야 한다. 환지계획의 작성에 따른 환지계획의 기준, 보류지(체비지 · 공공시설 용지)의 책정기준 등에 관하여 필요한 사항은 국토교통부령으로 정할 수 있다.

(2) 예 외

가. 환지를 지정하지 않는 경우

① 동의에 의한 환지의 제외 : 토지소유자가 신청하거나 동의하면 해당 토지의 전부 또는 일부에 대하여 환지를 정하지 아니할 수 있다. 다만, 토지에 관하여 임차권자등이 있는 경우에는 그 동의를 받아야 한다.

② 토지면적을 고려한 환지

㉠ 시행자는 토지면적의 규모를 조정할 특별한 필요가 있으면 면적이 작은 토지는 과소(過少) 토지가 되지 아니하도록 면적을 늘려 환지를 정하거나 환

지대상에서 제외할 수 있고, 면적이 넓은 토지는 그 면적을 줄여서 환지를 정할 수 있다.

㉡ 과소 토지의 기준이 되는 면적은 대통령령이 정하는 범위에서 시행자가 규약 · 정관 또는 시행규정으로 정한다.

③ 공공시설에 대한 대체 시설설치

㉠ 「공익사업을 위한 토지 등의 취득 및 보상에 관한 법률」의 어느 하나에 해당하는 공공시설의 용지에 대하여는 환지계획을 정할 때 그 위치 · 면적 등에 관하여 기준을 적용하지 아니할 수 있다.

㉡ 시행자가 도시개발사업의 시행으로 국가 또는 지방자치단체가 소유한 공공시설과 대체되는 공공시설을 설치하는 경우 종전의 공공시설의 전부 또는 일부의 용도가 폐지되거나 변경되어 사용하지 못하게 될 토지는 환지를 정하지 아니하며, 이를 다른 토지에 대한 환지의 대상으로 하여야 한다. 시행자가 도시개발사업의 시행으로 국가 또는 지방자치단체의 소유에 속하는 공공시설에 대체되는 공공시설을 설치하는 경우 종전의 공공시설의 전부 또는 일부의 용도가 폐지 또는 변경되어 불용으로 될 토지에 대하여는 환지를 정하지 아니하며 이를 다른 토지에 대한 환지의 대상으로 하여야 한다.

나. 입체환지 : 시행자는 입체 환지로 건설된 주택 등 건축물을 제29조에 따라 인가된 환지 계획에 따라 환지신청자에게 공급하여야 한다. 이 경우 주택을 공급하는 경우에는 「주택법」 에 따른 주택의 공급에 관한 기준을 적용하지 아니한다. 입체 환지로 주택을 공급하는 경우에 환지 계획의 내용은 다음 각 호의 기준에 따른다. 이 경우 주택의 수를 산정하기 위한 구체적인 기준은 대통령령으로 정한다.

① 1세대 또는 1명이 하나 이상의 주택 또는 토지를 소유한 경우 1주택을 공급할 것

② 같은 세대에 속하지 아니하는 2명 이상이 1주택 또는 1토지를 공유한 경우에는 1주택만 공급할 것

다. 공공시설의 용지 : 「공익사업을 위한 토지 등의 취득 및 보상에 관한 법률」의 어느 하나에 해당하는 공공시설의 용지에 대하여는 환지계획을 정할 때 그 위치 · 면적 등에 관하여 원칙적인 기준을 적용하지 아니할 수 있다.

라. 체비지 : 시행자는 도시개발사업에 필요한 경비에 충당하거나 규약 · 정관 · 시행규정 또는 실시계획이 정하는 목적을 위하여 일정한 토지를 환지로 정하지 아니하고 보류지로 정할 수 있으며, 그 중 일부를 체비지로 정하여 도시개발사업에 필요한 경비에 충당할 수 있다. 시장·군수 또는 구청장은 주택법에 의한 공동주택의 건설

을 촉진하기 위하여 필요하다고 인정하는 때에는 체비지 중 일부를 같은 지역 안에 집단으로 정하게 할 수 있다.

3) 조성토지의 가격평가

시행자는 환지방식이 적용되는 도시개발구역에 있는 조성토지 등의 가격을 평가할 때에는 토지평가협의회의 심의를 거쳐 결정하되, 그에 앞서 대통령령으로 정하는 공인평가기관(감정평가업자)이 평가하게 하여야 한다. 토지평가협의회의 구성 및 운영 등에 필요한 사항은 해당 규약 · 정관 또는 시행규정으로 한다.

4) 환지계획의 인가

가. 인가권자 : 특별자치도지사 · 시장 · 군수 또는 구청장이 인가권자이다.

행정청이 아닌 시행자가 환지계획을 작성한 때에는 특별자치도지사 · 시장 · 군수 또는 구청장의 인가를 받아야 한다. 인가받은 내용을 변경하고자 하는 경우에 한하여 이를 준용한다. 다만, 대통령령이 정하는 다음의 경미한 사항을 변경하는 경우에는 그러하지 아니하다.

① 종전 토지의 합필 또는 분필로 환지계획을 변경하는 경우

② 토지소유자 간의 합의에 따라 환지계획을 변경하는 경우

③ 공사완료를 위한 확정측량 결과에 따라 환지계획을 변경하는 경우

나. 인가절차

① 통지 및 공람 : 행정청이 아닌 시행자가 환지계획의 인가를 신청하려고 하거나 행정청인 시행자가 환지계획을 정하려고 하는 경우에는 토지소유자와 해당 토지에 대하여 임차권, 지상권, 그 밖에 사용하거나 수익할 권리를 가진 자에게 이를 알리고 대통령령으로 정하는 바에 따라 관계 서류의 사본을 일반인에게 공람시켜야 한다. 다만, 대통령령으로 정하는 경미한 사항을 변경하는 경우에는 그러하지 아니하다.

② 의견제출에 따른 반영통보 : 토지소유자나 임차권자 등은 공람기간에 시행자에게 의견서를 제출할 수 있으며, 시행자는 그 의견이 타당하다고 인정하면 환지계획에 이를 반영하여야 한다.

③ 의견검토 결과통보 : 시행자는 제출된 의견에 대하여 공람기일이 종료된 날부터 60일 이내에 그 의견을 제출한 자에게 환지계획에의 반영여부에 관한 검토결과를 통보하여야 한다.

5) 환지예정지의 지정

(1) 의의 및 지정

시행자는 도시개발사업에 지장이 없는 범위에서 보통 환지로 받게 될 토지의 사용·수익권을 미리 부여함으로서 장기간 동안 사유재산권이 침해될 수 있는 가능성을 방지하기 위해 도시개발사업이 완료된 후에 처분할 환지를 미리 지정하여 주어 그 환지예정지를 지정할 수 있다. 그러므로 인하여 토지소유자나 용익권자는 환지예정지를 사용 · 수익할 수 있으므로 불안정한 권리관계를 안정시킬 수 있으며, 시행자는 체비지를 사용 · 수익 및 처분할 수 있으므로 사업시행을 원활하게 하기 위하여 지정한다. 이 경우 종전의 토지에 대한 임차권자 등이 있으면 해당 환지예정지에 대하여 해당 권리의 목적인 토지 또는 그 부분을 아울러 지정하여야 한다.

(2) 통지 및 공람

가. 민간시행자가 환지예정지를 지정하고자 하는 때에는 토지소유자와 임차권자 등에게 이를 통지하고 관계 서류의 사본을 일반에게 공람시켜야 한다.

나. 시행자가 환지예정지를 지정하려면 관계 토지소유자와 임차권자 등에게 환지예정지의 위치·면적과 환지예정지 지정의 효력발생 시기를 알려야 한다.

(3) 환지예정지 지정의 효과

가. 사용 · 수익권의 이전 : 환지예정지가 지정되면 종전의 토지의 소유자와 임차권자 등은 환지예정지 지정의 효력발생일부터 환지처분이 공고되는 날까지 환지예정지나 해당 부분에 대하여 종전과 같은 내용의 권리를 행사할 수 있으며 종전의 토지는 사용하거나 수익할 수 없다.

나. 사용 · 수익 개시일의 별도 지정 : 시행자는 환지예정지를 지정한 경우에 해당 토지를 사용하거나 수익하는 데에 장애가 될 물건이 그 토지에 있거나 그 밖에 특별한 사유가 있으면 그 토지의 사용 또는 수익을 시작할 날을 따로 정할 수 있다.

다. 수인의무 : 환지예정지 지정의 효력이 발생하거나 그 토지의 사용 또는 수익을 시작하는 경우에 해당 환지예정지의 종전의 소유자 또는 임차권자 등은 환지예정지 지정의 효력발생일부터 환지처분이 공고되는 날까지 이를 사용하거나 수익할 수 없으며 그에 따른 권리의 행사를 방해할 수 없다.

라. 체비지의 사용 · 수익 · 처분 : 시행자는 체비지의 용도로 환지예정지가 지정된 경우에는 도시개발사업에 드는 비용을 충당하기 위하여 이를 사용 또는 수익하게 하거나 처분할 수 있다.

마. 임대료 등의 증감청구

① 임차권 등의 목적인 토지에 관하여 환지예정지가 지정된 경우 임대료 · 지료(地

料), 그 밖의 사용료 등의 증감(增減)이나 권리의 포기 등에 관하여는 이를 준용한다.

② 임대료 등의 증감청구기간은 환지예정지 지정의 효력발생일로부터 60일 이내에 하여야 한다.

(4) 사업시행을 위한 조치

가. 사용 · 수익의 정지 : 시행자는 환지를 정하지 아니하기로 결정된 토지소유자나 임차권자 등에게 날짜를 정하여 그날부터 해당 토지 또는 해당 부분의 사용 또는 수익을 정지시킬 수 있다. 시행자가 사용 또는 수익을 정지하게 하려면 30일 이상의 기간을 두고 미리 해당 토지소유자 또는 임차권자 등에게 알려야 한다.

나. 장애물 등의 이전 및 제거

① 이전 및 제거의 허가 : 시행자는 환지예정지를 지정하거나 종전의 토지에 관한 사용 또는 수익을 정지시키는 경우나 대통령령으로 정하는 시설의 변경·폐지에 관한 공사를 시행하는 경우 필요하면 도시개발구역에 있는 건축물과 그 밖의 공작물이나 물건 및 죽목(竹木), 토석, 울타리 등의 장애물을 이전하거나 제거할 수 있다. 이 경우 시행자는 미리 관할 특별자치도지사·시장·군수 또는 구청장의 허가를 받아야 한다.

② 이전 및 제거의 절차 : 이전하거나 제거하려면 행정청이 아닌 시행자는 미리 관할 특별자치도지사 · 시장 · 군수 또는 구청장의 허가를 받아야 한다. 또한 건축물과 장애물 등을 이전하거나 제거하려고 하는 경우에는 그 소유자나 점유자에게 미리 알려야 한다. 다만, 소유자나 점유자를 알 수 없으면 관보 또는 당해 도시개발구역이 있는 특별시 · 광역시 · 특별자치시 · 특별자치도 · 시 또는 군의 지역을 주된 보급지역으로 하는 일간신문에 공고하여야 하며, 시행자는 당해 공고의 내용을 시행지구 안의 적당한 장소에 게시하여야 한다.

③ 주거용 건축물의 이전 및 철거의 통지 : 주거용으로 사용하고 있는 건축물을 이전하거나 철거하려고 하는 경우에는 이전하거나 철거하려는 날부터 늦어도 2개월 전에 통지를 하여야 한다. 다만, 건축물의 일부에 대하여 경미한 이전 또는 철거를 하는 경우나 「국토의 계획 및 이용에 관한 법률」에 위반한 건축물의 경우에는 그러하지 아니하다.

④ 손실보상금의 공탁 : 시행자는 건축물 등과 장애물 등을 이전 또는 제거하려고 할 경우 「공익사업을 위한 토지 등의 취득 및 보상에 관한 법률」에 따른 토지수용위원회의 손실보상금에 대한 재결이 있은 후 다음 각 호의 어느 하나에 해당하는 사유가 있으면 이전하거나 제거할 때까지 토지 소재지의 공탁소에 보상금

을 공탁할 수 있다. 시행자는 보상금을 받은 자에게 자기가 산정한 보상금을 지급하고 그 금액과 토지수용위원회가 재결한 보상금액과의 차액을 공탁하여야 한다. 이 경우 보상금을 받을 자는 그 불복절차가 끝날 때까지 공탁된 보상금을 받을 수 없다.

㉠ 보상금을 받을 자가 받기를 거부하거나 받을 수 없을 때

㉡ 시행자의 과실 없이 보상금을 받을 자를 알 수 없을 때

㉢ 시행자가 관할 토지수용위원회에서 재결한 보상금액에 불복할 때

다. 토지의 관리

① 시행자의 관리 : 환지예정지의 지정이나 사용 또는 수익의 정지처분으로 이를 사용하거나 수익할 수 있는 자가 없게 된 토지 또는 해당 부분은 환지예정지의 지정일이나 사용 또는 수익의 정지처분이 있은 날부터 환지처분을 공고한 날까지 시행자가 관리한다.

② 표지설치 : 시행자는 환지예정지 또는 환지의 위치를 나타내려고 하는 경우에는 국토교통부령으로 정하는 표지를 설치할 수 있다. 누구든지 환지처분이 공고된 날까지는 시행자의 승낙 없이 설치된 표지를 이전하거나 훼손하여서는 아니된다.

6) 환지처분

(1) 의 의

환지처분이란 시행자가 환지계획에 따라 환지방식 개발사업구역 내의 토지에 대하여 환지방식 개발사업 시행 전 토지의 각 필지 및 그 토지상에 존재하는 임차권 · 지상권 · 지역권 등 권리의 목적이 되는 부분을 환지방식 개발사업공사 후의 환지에 위치와 면적을 확보하는 처분을 말한다.

(2) 공정력

환지처분은 행정처분의 하나이다. 시행자가 행정청이 아닌 토지소유자 또는 조합인 경우에도 그가 행하는 환지처분은 국가의 공권력을 위임받아 행하는 행위로서 행정처분이다. 따라서 중대하고도 명백한 하자가 있으면 환지처분은 무효로 되고, 행정청이나 재판에 의해 취소되지 않는 한 공정력을 갖는다.

(3) 절 차

가. 공고 및 공람 : 시행자는 환지방식으로 도시개발사업에 관한 공사를 끝낸 경우에는 지체 없이 관보 또는 공보에 따라 이를 공고하고 공사관계 서류를 일반인에게 14일 이상 공람시켜야 한다.

나. 의견제출 : 도시개발구역의 토지소유자나 이해관계인은 공람기간에 시행자에게 의견서를 제출할 수 있으며, 의견서를 받은 시행자는 공사결과와 실시계획내용에 맞는지를 확인하여 필요한 조치를 하여야 한다.

다. 준공검사 또는 공사완료 : 시행자는 공람기간에 의견서의 제출이 없거나 제출된 의견서에 따라 필요한 조치를 한 경우에는 지정권자에 의한 준공검사를 신청하거나 도시개발사업의 공사를 끝내야 한다.

라. 공고 : 시행자는 지정권자에 의한 준공검사를 받은 경우에는 60일 내에 환지처분을 하여야 한다. 시행자는 환지처분을 하려는 경우에는 환지계획에서 정한 사항을 토지소유자에게 알리고 대통령령으로 정하는 바에 따라 이를 공고하여야 한다.

1. 사업의 명칭	2. 시행자	3. 시행기간	4. 환지처분일
5. 사업의 정산내역	6. 체비지 매각대금과 보조금, 기타 사업비의 재원별 내역		

(4) 공고의 효과

가. 권리의 이전 및 소멸 : 환지처분계획에 의하여 정하여진 환지는 그 환지처분이 공고된 날의 다음 날부터 종전의 토지로 보며 환지계획에서 환지를 정하지 아니한 종전의 토지에 있던 권리는 그 환지처분이 공고된 날이 끝나는 때에 소멸한다.

나. 소유권 및 저당권의 이전 : 환지처분을 받은 자는 환지처분이 공고된 날의 다음 날에 환지계획으로 정하는 바에 따라 건축물의 일부와 해당 건축물이 있는 토지의 공유지분을 취득한다. 이 경우 종전의 토지에 대한 저당권은 환지처분이 공고된 날의 다음 날부터 해당 건축물의 일부와 해당 건축물이 있는 토지의 공유지분에 존재하는 것으로 간주한다.

다. 체비지 및 보류지 : 체비지의 취득자는 시행자이며 보류지의 취득자는 환지계획에서 정한자로 한다. 또한 취득시점은 모두 환지처분이 공고된 날의 다음날로 한다. 다만, 환지예정지가 체비지의 용도로 지정된 경우 이미 처분된 체비지는 그 체비지를 매입한 자가 소유권이전 등기를 마친 때에 소유권을 취득한다.

라. 용익권자의 권리조정

(5) 환지등기

가. 시행자의 촉탁 또는 신청 : 시행자는 환지처분이 공고되면 공고 후 14일 이내에 관할 등기소에 이를 알리고 토지와 건축물에 관한 등기를 촉탁하거나 신청하여야 한다.

나. 다른 등기의 제한

① 원칙 : 환지처분이 공고된 날부터 등기가 있는 때까지는 다른 등기를 할 수 없

다.

② 예외 : 다만, 등기신청인이 확정일자가 있는 서류로 환지처분의 공고일 전에 등기원인(登記原因)이 생긴 것임을 증명하면 다른 등기를 할 수 있다.

(6) 체비지의 처분기준

가. 시행자는 체비지나 보류지를 규약·정관·시행규정 또는 실시계획으로 정하는 목적 및 방법에 따라 합리적으로 처분하거나 관리하여야 한다.

나. 행정청인 시행자가 체비지 또는 보류지를 관리하거나 처분하는 경우에는 국가나 지방자치단체의 재산처분에 관한 법률을 적용하지 아니한다. 다만, 신탁계약에 따라 체비지를 처분하려는 경우에는 「공유재산 및 물품관리법」 규정을 준용한다.

다. 학교 폐기물처리시설 그 밖에 대통령령으로 정하는 시설을 설치하기 위하여 조성토지 등을 공급하는 경우 그 조성토지 등의 공급가격에 관하여는 이를 준용한다.

(7) 용익권자의 권리조정

가. 임대료의 증감청구

① 도시개발사업으로 임차권 등의 목적인 토지 또는 지역권에 관한 승역지(承役地)의 이용이 증진되거나 방해를 받아 종전의 임대료 · 지료, 그 밖의 사용료 등이 불합리하게 되면 당사자는 계약조건에도 불구하고 장래에 관하여 그 증감을 청구할 수 있다. 도시개발사업으로 건축물이 이전된 경우 그 임대료에 관하여도 또한 같다.

② 증감청구 면제 : 당사자는 해당 권리를 포기하거나 계약을 해지하여 그 의무를 지지 아니할 수 있다.

③ 제척기간 : 환지처분이 공고된 날부터 60일이 지나면 임대료·지료, 그 밖의 사용료 등의 증감을 청구할 수 없다.

나. 권리의 포기

① 의 의 : 도시개발사업의 시행으로 지역권 또는 임차권 등을 설정한 목적을 달성할 수 없게 되면 당사자는 해당 권리를 포기하거나 계약을 해지할 수 있다. 도시개발사업으로 건축물이 이전되어 그 임대의 목적을 달성할 수 없게 된 경우에도 또한 같다.

② 손실보상청구 : 권리를 포기하거나 계약을 해지한 자는 그로 인한 손실을 보상하여 줄 것을 시행자에게 청구할 수 있다.

③ 구상권(求償權)행사 : 손실을 보상한 시행자는 해당 토지 또는 건축물의 소유자 또는 그로 인하여 이익을 얻는 자에게 이를 구상할 수 있다. 손실금의 구상에 관하여 시장·군수 또는 구청장에게 구상금의 징수를 위탁할 수 있다. 시장·

군수 또는 구청장은 구상금의 징수를 위탁받은 때에는 국세체납처분 또는 지방세체납처분의 예에 따라 이를 징수할 수 있다. 이 경우 시행자는 시장·군수 또는 구청장이 징수한 금액의 4%에 해당하는 금액을 당해 시·군 또는 자치구에 지급하여야 한다.

④ 기간 : 환지처분이 공고된 날부터 60일이 지나면 권리를 포기하거나 계약을 해지할 수 없다.

7) 청산금

(1) 의 의

청산이란 종전의 토지에 대하여 환지가 지정되지 않거나 지정되었더라고 증환지 내지는 감환지로 인해 종전의 토지와 가치가 일치하지 않게 되는 경우 그 과부족분을 금전으로 정리하는 것을 말한다. 따라서 이득을 받은 자로부터는 청산금을 징수하고 손실을 받은 자에게는 청산금을 교부하게 된다.

(2) 산정기준

환지를 정하거나 그 대상에서 제외한 경우 그 과부족분(過不足分)은 종전의 토지 및 환지의 위치 · 지목 · 면적 · 토질 · 수리 · 이용상황 · 환경, 그 밖의 사항을 종합적으로 고려하여 금전으로 청산하여야 한다. 청산금은 환지처분을 하는 때에 결정하여야 한다. 다만, 환지 대상에서 제외한 토지 등에 대하여는 청산금을 교부하는 때에 청산금을 결정할 수 있다.

(3) 징수 및 교부

시행자는 환지처분이 공고된 후에 확정된 청산금을 징수하거나 교부하여야 한다. 다만, 환지를 정하지 아니하는 토지에 대하여는 환지처분 전이라도 청산금을 교부할 수 있다.

가. 분할징수 및 교부

① 원 칙 : 일괄징수 · 일괄교부

② 예 외 : 이자를 붙여 분할징수하거나 분할 교부할 수 있다.

나. 강제징수

① 강제징수 : 행정청인 시행자는 청산금을 내야 할 자가 이를 내지 아니하면 국세 또는 지방세 체납처분의 예에 따라 징수할 수 있으며, 행정청이 아닌 시행자는 특별자치도지사 · 시장 · 군수 또는 구청장에게 청산금의 징수를 위탁할 수 있다.

② 징수위탁 : 시장 · 군수 또는 구청장이 청산금의 징수를 위탁받은 때에는 지방

세체납처분의 예에 따라 이를 징수할 수 있다. 이 경우 조합은 시장 · 군수 또는 구청장이 징수한 금액의 4%에 해당하는 금액을 당해 시·군 또는 구에 지급하여야 한다.

다. 공탁 : 청산금을 받을 자가 주소불분명 등의 이유로 청산금을 받을 수 없거나 받기를 거부하면 그 청산금을 공탁할 수 있다.

라. 소멸시효 : 청산금을 받을 권리나 징수할 권리를 5년 간 행사하지 아니하면 시효로 소멸한다.

8) 감가보상금

(1) 의 의

행정청인 시행자는 도시개발사업의 시행으로 사업시행 후의 토지가액의 총액이 사업시행 전의 토지가액의 총액보다 줄어든 경우에는 그 차액에 해당하는 감가보상금을 대통령령으로 정하는 기준에 따라 종전의 토지소유자나 임차권자 등에게 지급하여야 한다.

(2) 보상기준

감가보상금으로 지급하여야 할 금액은 도시개발사업시행 후의 토지가액의 총액과 시행전의 토지가액의 총액과의 차액을 시행 전의 토지가액의 총액으로 나누어 얻은 수치에 종전의 토지 또는 그 토지에 대하여 수익할 수 있는 권리의 시행 전의 가액을 곱한 금액으로 한다.

☞ 감가보상금 산출방법

$$\text{종전 토지가액} \times \frac{(\text{시행 전 토지가액 총액} - \text{시행 후 토지가액 총액})}{\text{시행 전 토지가액 총액}} = \text{감가보상금}$$

(3) 발생요인

가. 행정청이 시행자인 경우에 한하여 발생

나. 공공시설용지의 과다확보로 발생

다. 사업시행 후 토지가액이 종전가격보다 감소한 경우 발생

9) 준공검사

(1) 공사완료 보고서

시행자가 도시개발사업의 공사를 끝낸 때에는 국토교통부령으로 정하는 바에 따라 공사완료 보고서를 작성하여 지정권자의 준공검사를 받아야 한다.

(2) 절 차

지정권자는 공사완료 보고서를 받으면 지체 없이 준공검사를 하여야 한다. 이 경우 지정권자는 효율적인 준공검사를 위하여 필요하면 행정기관 · 공공기관 · 연구기관, 그 밖의 전문기관 등에 의뢰하여 준공검사를 할 수 있다.

가. 공공기관의 요청 : 지정권자는 공사완료 보고서의 내용에 포함된 공공시설을 인수하거나 관리하게 될 국가기관 · 지방자치단체 또는 공공기관의 장 등에게 준공검사에 참여할 것을 요청할 수 있으며, 이를 요청받은 자는 특별한 사유가 없으면 요청에 따라야 한다.

나. 부분적 준공검사 : 시행자는 도시개발사업을 효율적으로 시행하기 위하여 필요하면 해당 도시개발사업에 관한 공사가 전부 끝나기 전이라도 공사가 끝난 부분에 관하여 준공검사를 받을 수 있다.

(3) 공사완료의 공고

지정권자는 준공검사를 한 결과 도시개발사업이 실시계획대로 끝났다고 인정되면 시행자에게 준공검사 증명서를 내어주고 공사완료 공고를 하여야 하며, 실시계획대로 끝나지 아니하였으면 지체 없이 보완시공 등 필요한 조치를 하도록 명하여야 한다. 지정권자가 시행자인 경우 그 시행자는 도시개발사업의 공사를 완료한 때에는 공사완료공고를 하여야 한다.

(4) 공사완료에 따른 효과

준공검사를 하거나 공사완료공고를 할 때 지정권자가 의제되는 인 · 허가 등에 따른 준공검사 · 준공인가 등에 대하여 관계 행정기관의 장과 협의한 사항에 대하여는 그 준공검사 · 준공인가 등을 받은 것으로 본다. 시행자가 준공검사 · 준공인가 등의 의제를 받으려면 준공검사를 신청할 때 해당 법률로 정하는 관계 서류를 함께 제출하여야 한다. 지정권자는 준공검사를 하거나 공사완료공고를 할 때 그 내용에 따라 의제되는 인 · 허가 등에 따른 준공검사 · 준공인가 등에 해당하는 사항이 있으면 미리 관계 행정기관의 장과 협의하여야 한다.

(5) 준공 전 사용

준공검사 전 또는 공사완료공고 전에는 조성토지 등을 사용할 수 없다. 다만, 사업시행의 지장여부를 확인받는 등 대통령령으로 정하는 바에 따라 지정권자로부터 사용허가를 받은 경우에는 그러하지 아니하다.

제5장 비용의 부담 및 조달

1 비용부담

1) 비용부담의 원칙

도시개발사업에 필요한 비용은 이 법이나 다른 법률에 특별한 규정이 있는 경우 외에는 시행자가 부담한다.

2) 비용부담의 특례

(1) 지방자치단체의 부담

가. 시행자가 지정권자인 경우 : 지정권자가 시행자인 경우 그 시행자는 그가 시행한 도시개발사업으로 이익을 얻는 시 · 도 또는 시 · 군 · 구가 있으면 대통령령으로 정하는 바에 따라 그 도시개발사업에 든 비용의 일부를 그 이익을 얻는 시 · 도 또는 시 · 군 · 구에 부담시킬 수 있다. 이 경우 국토교통부장관은 행정안전부장관과 협의하여야 하고, 시 · 도지사 또는 대도시 시장은 관할 이외의 시 · 군 · 구에 비용을 부담시키려면 그 시 · 군 · 구를 관할하는 시 · 도지사와 협의하여야 하며, 시 · 도지사 간 또는 대도시 시장과 시도지사 간의 협의가 성립되지 아니하는 경우에는 행정안전부장관의 결정에 따른다.

나. 시행자가 시 · 군 · 구인 경우 : 시장 · 군수 또는 구청장은 그가 시행한 도시개발사업으로 이익을 얻는 다른 지방자치단체가 있으면 대통령령으로 정하는 바에 따라 그 도시개발사업에 든 비용의 일부를 그 지방자치단체에 부담시킬 수 있다. 이 경우 협의가 성립되지 아니하면 관할 시 · 도지사의 결정에 따르며, 그 시 · 군 · 구를 관할하는 시 · 도지사가 서로 다른 경우에는 행정안전부장관의 결정에 따른다. 부담금액은 시행자가 지정권자인 경우와 동일하다.

(2) 공공시설관리자의 비용부담

시행자는 공동구(共同溝)를 설치하는 경우에는 다른 법률에 따라 그 공동구에 수용될 시설을 설치할 의무가 있는 자에게 공동구의 설치에 드는 비용을 부담시킬 수 있다. 이 경우 공동구의 설치 방법 · 기준 및 절차와 비용의 부담 등에 관한 사항은 「국토의 계획 및 이용에 관한 법률」을 준용한다.

(3) 도시개발구역 밖의 기반시설의 설치비용

가. 시행자의 비용부담 : 도시개발구역의 이용에 제공하기 위하여 대통령령으로 정하는 기반시설을 도시개발구역 밖의 지역에 설치하는 경우 지정권자는 비용부담계획이 포함된 개발계획에 따라 시행자에게 이를 설치하게 하거나 그 설치비용을 부담하게 할 수 있다.

나. 국가, 지자체의 지원 : 국가나 지방자치단체는 시행자가 부담하는 비용을 제외한 나머지 설치비용을 지원할 수 있다. 이 경우 지원규모나 지원방법 등은 국토교통부장관이 관계 중앙행정기관의 장과 협의하여 정한다.

다. 추가설치의 비용부담 : 지정권자는 비용부담계획에 포함되지 아니하는 기반시설을 실시계획의 변경 등으로 인하여 도시개발구역 밖에 추가로 설치하여야 하는 경우에는 그 비용을 대통령령으로 정하는 바에 따라 실시계획의 변경 등 기반시설의 추가 설치를 필요하게 한 자에게 부담시킬 수 있다.

라. 지정권자는 시행자의 부담으로 도시개발구역 밖의 지역에 설치하는 기반시설로 이익을 얻는 지방자치단체 또는 공공시설의 관리자가 있으면 대통령령으로 정하는 바에 따라 그 기반시설의 설치에 드는 비용의 일부를 이익을 얻는 지방자치단체 또는 공공시설의 관리자에게 부담시킬 수 있다. 이 경우 지정권자는 해당 지방자치단체나 공공시설의 관리자 및 시행자와 협의하여야 한다.

마. 가항 및 다항에 따라 지정권자로부터 기반시설의 설치비용을 부담하도록 통지를 받은 자가 비용의 부담에 대하여 이견이 있는 경우에는 그 통지를 받은 날부터 20일 이내에 지정권자에게 이를 증명할 수 있는 자료를 첨부하여 조정을 신청할 수 있다. 이 경우 지정권자는 그 신청을 받은 날부터 15일 이내에 이를 심사하여 그 결과를 신청인에게 통지하여야 한다.

바. 지정권자는 납부의무자가 가항 및 다항에 따른 기반시설의 설치비용을 납부기한까지 내지 아니하면 가산금을 징수한다. 이 경우 가산금에 관하여는 「국세징수법」을 준용한다.

사. 지정권자는 납부의무자가 가항 및 다항에 따른 기반시설의 설치비용과 가산금을 납부기한까지 내지 아니하면 국세 또는 지방세 체납처분의 예에 따라 징수한다.

아. 지정권자는 납부의무자가 납부한 금액에서 과오납(過誤納)한 부분이 있으면 이를 조사하여 그 차액(差額)을 추징하거나 환급하여야 한다. 이 경우 과오납한 날의 다음 날부터 추징 또는 환급 결정을 하는 날까지의 기간에 대하여 「국세기본법」에서 정한 이자율에 따라 계산한 금액을 추징금 또는 환급금에 더하여야 한다.

(4) 보조 또는 융자

도시개발사업의 시행에 드는 비용은 대통령령으로 정하는 바에 따라 그 비용의 전부 또는 일부를 국고에서 보조하거나 융자할 수 있다. 다만, 시행자가 행정청이면 전부를 보조하거나 융자할 수 있다.

3) 도시개발 특별회계의 설치

(1) 설 치

시 · 도지사 또는 시장 · 군수는 도시개발사업을 촉진하고 도시 · 군계획시설사업의 설치 지원 등을 위하여 지방자치단체에 도시개발 특별회계를 설치할 수 있다.

(2) 재원조달

특별회계는 다음 각 호의 재원으로 조성된다.

1. 일반회계에서 전입된 금액
2. 정부의 보조금
2-2. 개발이익 재투자를 위하여 납입된 금액
3. 도시개발채권의 발행으로 조성된 자금
4. 수익금 및 집행 잔액
5. 부과 · 징수된 과태료
6. 「수도권정비계획법」의 시 · 도에 귀속되는 과밀부담금 중 해당 시 · 도의 조례로 정하는 비율의 금액
7. 「개발이익환수에 관한 법률」에 따라 지방자치단체에 귀속되는 개발부담금 중 해당 지방자치단체의 조례로 정하는 비율의 금액
8. 「국토의 계획 및 이용에 관한 법률」에 따른 수익금
9. 「지방세법」에 따라 부과 · 징수되는 도시계획세의 징수액 중 대통령령으로 정하는 비율의 금액
10. 차입금
11. 해당 특별회계자금의 융자회수금·이자수입금 및 그 밖의 수익금

(3) 특별회계의 운용

가. 특별회계는 다음 각 호의 용도로 사용한다.

1. 도시개발사업의 시행자에 대한 공사비의 보조 및 융자
2. 도시 · 군계획시설사업에 관한 보조 및 융자
3. 지방자치단체가 시행하는 대통령령으로 정하는 도시 · 군계획시설의 설치사업비
4. 도시개발채권의 원리금 상환
5. 도시개발구역의 지정, 계획수립 및 제도발전을 위한 조사 · 연구비
6. 차입금의 원리금 상환
7. 특별회계의 조성 · 운용 및 관리를 위한 경비
8. 그 밖에 대통령령으로 정하는 사항

나. 국토교통부장관은 필요한 경우에는 지방자치단체의 장에게 특별회계의 운용상황을 보고하게 할 수 있다.

다. 특별회계의 설치 · 운용 및 관리에 필요한 사항은 대통령령으로 정하는 기준에 따

라 해당 지방자치단체의 조례로 정한다.

라. 채권의 발행

① 발행자 : 지방자치단체의 장은 도시개발사업 또는 도시 · 군계획시설사업에 필요한 자금을 조달하기 위하여 도시개발채권을 발행할 수 있다.

② 절 차

㉠ 승인 및 협의

㉮ 지방자치단체의 장이 도시개발채권의 발행을 위하여 「지방재정법」에 따라 행정안전부장관의 승인을 받으려면 미리 국토교통부장관과 협의하여야 한다.

㉯ 시 · 도지사는 도시개발채권의 발행하려는 경우에는 다음의 사항에 대하여 국토교통부장관과 협의하고 행정안전부장관의 승인을 받아야 한다.

1. 채권의 발행총액	2. 채권의 발행방법
3. 채권의 발행조건	4. 상환의 방법 및 절차
5. 그 밖에 채권의 발행에 필요한 사항	

㉡ 공고

시 · 도지사는 승인을 받은 후 도시개발채권을 발행하려는 경우에는 다음 각 호의 사항을 공고하여야 한다.

1. 채권의 발행총액	2. 채권의 발행기간
3. 채권의 이율	4. 원금상환의 방법과 시기
5. 이자지급의 방법과 시기	

③ 소멸시효

도시개발채권의 소멸시효는 상환일로부터 기산(起算)하여 원금은 5년, 이자는 2년으로 한다.

④ 채권의 매입

다음에 해당하는 자는 도시개발채권의 매입의무가 있다.

㉠ 수용 또는 사용방식에 의하여 시행하는 도시개발사업의 경우 국가 또는 지방자치단체, 정부투자기관, 지방공사와 도시개발사업의 시행을 위한 공사의 도급계약을 체결하는 자

㉡ 도시개발사업의 시행을 위하여 공동으로 출자하여 설립한 법인, 토지소유자 또는 조합, 수도권이외 지역 이전 법인, 공동출자법인으로서 도시개발사업을 시행하는 자

㉢ 「국토의 계획 및 이용에 관한 법률」에 의한 개발행위허가를 받는 자 중 토지의 형질변경허가를 받은 자

제6장

보칙 및 벌칙

1 사업시행을 위한 조치

1) 타인토지의 출입

(1) 출입자

시행자는 도시개발구역의 지정, 도시개발사업에 관한 조사 · 측량 또는 사업의 시행을 위하여 필요하면 타인이 점유하는 토지에 출입하거나 타인의 토지에 재료를 쌓아두는 장소 또는 임시도로로 일시 사용할 수 있으며, 특히 필요하면 장애물 등을 변경하거나 제거할 수 있다.

(2) 출입을 위한 절차

가. 사전허가 및 동의 : 타인의 토지에 출입하려는 자는 특별자치도지사·시장·군수 또는 구청장의 허가를 받아야 하며, 출입하려는 날의 3일 전에 그 토지의 소유자·점유자 또는 관리인에게 그 일시와 장소를 알려야 한다. 타인의 토지에 재료를 쌓아두는 장소 또는 임시도로로 일시 사용하거나 장애물 등을 변경하거나 제거하려는 자는 미리 그 토지의 소유자 · 점유자 또는 관리인의 동의를 받아야 한다.

나. 출입통지 및 제한 : 토지나 장애물 등의 소유자 · 점유자 또는 관리인이 현장에 없거나 주소 또는 거소(居所)를 알 수 없어 그 동의를 받을 수 없으면 관할 특별자치도지사 · 시장 · 군수 또는 구청장에게 알려야 한다. 다만, 행정청이 아닌 도시개발사업의 시행자는 관할 특별자치도지사 · 시장 · 군수 또는 구청장의 허가를 받아야 한다. 토지를 일시 사용하거나 장애물 등을 변경하거나 제거하려는 자는 토지를 사용하려는 날이나 장애물 등을 변경하거나 제거하려는 날의 3일 전까지 해당 토지나 장애물 등의 소유자 · 점유자 또는 관리인에게 토지의 일시 사용이나 장애물 등의 변경 또는 제거에 관한 사항을 알려야 한다. 일출 전이나 일몰 후에는 해당 토지의 점유자의 승낙 없이 택지 또는 담장과 울타리로 둘러싸인 타인의 토지에 출입할 수 없다.

다. 의무 : 토지의 점유자는 정당한 사유 없이 시행자의 행위를 방해하거나 거절하지 못한다. 토지출입 등의 행위를 하고자 하는 그 권한을 표시하는 증표와 허가증을 지니고 이를 관계인에게 내보여야 하며, 증표와 허가증에 필요한 사항은 국토교통부령으로 정한다.

(3) 손실보상

타인 토지 등의 출입행위로 손실을 입은 자가 있으면 시행자가 그 손실을 보상하여야 한다. 손실보상에 관하여는 그 손실을 보상할 자와 손실을 입은 자가 협의하여야 한다. 손실을 보상할 자나 손실을 입은 자는 협의가 성립되지 아니하거나 협의를 할 수 없으면 관할 토지수용위원회에 재결을 신청할 수 있다. 관할 토지수용위원회의 재결에 관하여는 「공익사업을 위한 토지 등의 취득 및 보상에 관한 법률」의 규정을 준용한다.

(4) 건축물의 존치

시행자는 도시개발구역에 있는 기존 건축물이나 그 밖의 시설을 이전하거나 철거하지 아니하여도 도시개발사업에 지장이 없다고 인정하여 대통령령으로 정하는 요건을 충족하는 경우에는 이를 존치하게 할 수 있다. 수용 또는 사용의 방식으로 시행하는 도시개발사업(혼용방식 중 수용 또는 사용의 방식이 적용되는 구역을 포함한다)의 시행자는 존치하게 된 시설물의 소유자에게 도로, 공원, 상하수도, 그 밖에 대통령령으로 정하는 공공시설의 설치 등에 필요한 비용의 일부를 부담하게 할 수 있다. 비용 부담의 기준·방법 등에 관하여 필요한 사항은 대통령령으로 정한다.

2) 공공시설

(1) 귀속 및 관리

가. 공공사업 시행자가 설치한 경우 : 시행자가 새로 공공시설을 설치하거나 기존의 공공시설에 대체되는 공공시설을 설치한 경우에는 「국유재산법」과 「공유재산 및 물품 관리법」 등에도 불구하고 종전의 공공시설은 시행자에게 무상으로 귀속되고, 새로 설치된 공공시설은 그 시설을 관리할 행정청에 무상으로 귀속된다.

나. 민간지정 시행자가 설치한 경우 : 시행자가 새로 설치한 공공시설은 그 관리청에 무상으로 귀속되며, 도시개발사업의 시행으로 용도가 폐지되는 행정청의 공공시설은 「국유재산법」과 「공유재산 및 물품 관리법」 등에도 불구하고 새로 설치한 공공시설의 설치비용에 상당하는 범위에서 시행자에게 무상으로 귀속시킬 수 있다.

(2) 귀속시기

시행자는 도시개발사업이 끝나 준공검사를 마친 경우에는 해당 공공시설의 관리청에 공공시설의 종류와 토지의 세부목록을 알려야 한다. 이 경우 공공시설은 그 통지한 날에 해당 공공시설을 관리할 관리청과 시행자에 각각 귀속된 것으로 본다. 또한 시행자는 그에게 양도되거나 관리청에 귀속될 공공시설에 대하여 도시개발사업의 준공검사를 마치기 전에 해당 공공시설의 관리청에 그 종류와 토지의 세부목록을 알려야 하고, 준공검사를 한 지정권자는 그 내용을 해당 공공시설의 관리청에 통보하여야 한다. 이 경우 공공시설은 지정권자가 준공검사 증명서를 내어준 때에 해당 공공시설을 관리할 관리청과 시행자에게 각각 귀속되거나 양도된 것으로 본다.

(3) 등기 및 관리

공공시설을 등기할 때 「부동산등기법」에 따른 등기원인을 증명하는 서면은 준공검사 증명서로 갈음한다. 도시개발사업으로 도시개발구역에 설치된 공공시설은 준공 후 해당 공공시설의 관리청에 귀속될 때까지 이 법이나 다른 법률에 특별한 규정이 있는 경우 외에는 특별자치도지사 · 시장 · 군수 또는 구청장이 관리한다.

3) 국 · 공유지 등의 임대

(1) 수도권 외 이전법인의 임대

수도권 외 이전법인에 해당하는 시행자의 경우 기획재정부장관, 국유재산의 관리청 또는 지방자치단체의 장은 「국유재산법」과 「공유재산 및 물품 관리법」에도 불구하고 도시개발구역에 있는 국가나 지방자치단체의 소유인 토지 · 공장, 그 밖의 국공유지를 수의계약으로 사용·수익 또는 대부할 수 있다.

(2) 임대기간

국가나 지방자치단체가 소유하는 토지 등을 임대하는 경우의 임대기간은 「국유재산법」과 「공유재산 및 물품 관리법」에도 불구하고 20년의 범위 이내로 할 수 있다.

(3) 영구시설물의 축조

국가나 지방자치단체가 소유하는 토지를 임대하는 경우에는 「국유재산법」과 「공유재산 및 물품 관리법」에도 불구하고 그 토지 위에 공장이나 그 밖의 영구시설물을 축조하게 할 수 있다. 이 경우 그 시설물의 종류 등을 고려하여 임대기간이 끝나는 때에 이를 국가나 지방자치단체에 기부하거나 원상으로 회복하여 반환하는 것을 조건으로 토지를 임대할 수 있다.

4) 국 · 공유지의 처분제한

도시개발구역에 있는 국가나 지방자치단체의 소유의 토지로서 도시개발사업에 필요한 토지는 해당 개발계획으로 정하여진 목적 이외로 처분할 수 없다. 도시개발구역에 있는 국가나 지방자치단체 소유의 재산으로 도시개발사업에 필요한 재산은 「국유재산법」과 「공유재산 및 물품 관리법」에도 불구하고 시행자에게 수의계약의 방법으로 처분할 수 있다. 이 경우 그 재산의 용도폐지나 처분에 관하여는 지정권자가 미리 관계 행정기관의 장과 협의하여야 한다. 관계 행정기관의 장은 협의요청을 받으면 그 요청을 받은 날부터 30일 이내에 협의에 필요한 조치를 하여야 한다.

5) 수익금 등의 사용제한

(1) 토지처분

공공시설의 귀속규정에 의하여 국가 또는 지방자치단체, 공공기관, 지방공사인 시행자에게 귀속되는 토지로서 용도가 폐지된 토지를 처분하여 생긴 수익금은 해당 개발계획으로 정하여진 목적 이외로 사용할 수 없다.

(2) 체비지 매각

시행자는 체비지의 매각대금과 청산금의 징수금, 부담금과 보조금 등을 해당 도시개발사업의 목적이 아닌 다른 목적으로 사용할 수 없다.

(3) 집행 잔액의 귀속

수익금 등을 도시개발사업의 목적으로 사용한 후 집행 잔액이 있으면 그 집행 잔액과 지방자치단체가 수용 또는 사용방식으로 도시개발사업을 시행하여 발생한 수익금은 해당 지방자치단체에 설치된 특별회계에 귀속된다.

6) 조세 및 부담금 등의 감면

국가나 지방자치단체는 도시개발사업을 원활히 시행하기 위하여 「지방세법」, 「농지법」, 「산지관리법」 등으로 정하는 바에 따라 지방세, 농지보전부담금, 대체 산림자원조성비 등을 감면할 수 있다.

7) 결합개발 등에 관한 적용 기준 완화의 특례

(1) 적용 기준 완화

지정권자는 다음 각 호의 어느 하나에 해당하는 경우에는 도시개발구역의 지정 대상 및 규모, 개발계획의 내용, 시행자를 지정하는 요건 및 도시개발채권의 매입에 관한 기준을 일부 완화하여 적용할 수 있다.

가. 제3조의2에 따라 서로 떨어진 둘 이상의 지역을 결합하여 하나의 도시개발사업으로 시행하는 경우로서 대통령령으로 정하는 사업

나. 제5조에 따라 개발계획을 수립할 때에 대통령령으로 정하는 바에 따라 저탄소 녹색도시계획을 같이 수립하여 시행하는 경우

다. 제21조의3에 따른 임대주택 건설용지나 임대주택의 공급 기준을 초과하여 공급하거나 영세한 세입자, 토지 소유자 등 사회적 약자를 위하여 대통령령으로 정하는 바에 따라 사업계획을 수립하는 경우
라. 환지 방식으로 시행되는 지역에서 영세한 토지 소유자 등의 원활한 재정착을 위하여 대통령령으로 정하는 바에 따라 환지 계획을 수립하여 시행하는 경우
마. 「공공주택 특별법」에 따른 공공주택 건설을 위한 용지 등을 감정가격 이하로 공급하는 경우
바. 역세권 등 대중교통 이용이 용이한 지역(「국토의 계획 및 이용에 관한 법률」 제36조에 따른 주거지역, 상업지역, 공업지역의 면적이 도시개발구역 전체면적의 100분의 70 이상인 경우에 한정한다)에 도시개발구역을 지정하는 경우로서 도심 내 소형주택의 공급 확대, 토지의 고도이용과 건축물의 복합개발을 촉진할 필요가 있는 경우
사. 그 밖에 주거 등 생활환경의 개선과 낙후지역의 도시기능 회복 등을 위하여 민간기업의 투자유치가 필요한 사업으로서 대통령령으로 정하는 사업을 시행하는 경우

(2) 결합개발의 적용 기준 완화

지정권자는 제(1)항 각 호의 어느 하나에 해당하는 사항이 포함된 사업을 효율적으로 시행하기 위하여 필요한 경우에는 해당 법률의 규정에도 불구하고 대통령령으로 정하는 범위에서 다음 각 호의 사항에 대하여 완화된 기준을 정하여 시행할 수 있다. 이 경우 지정권자가 시·도지사나 대도시 시장인 경우에는 대통령령으로 정하는 범위에서 해당 지방자치단체의 조례로 완화된 기준을 정하여 시행할 수 있다.

가. 「국토의 계획 및 이용에 관한 법률」의 규정에 따른 건축물의 건축, 건폐율 및 용적률의 제한
나. 「건축법」에 따른 건축 심의, 대지의 조경, 건축물의 높이 등 건축 제한
다. 「도시공원 및 녹지 등에 관한 법률」에 따른 도시공원 또는 녹지 확보 기준
라. 「주차장법」에 따른 주차장설비기준 및 부설주차장의 설치기준
마. 「주택법」 및 「주택도시기금법」에 따른 주택 건설 및 공급 기준과 국민주택채권의 매입

8) 법률 등의 위반자에 대한 행정처분

지정권자나 시장·군수 또는 구청장은 다음 각 호의 어느 하나에 해당하는 자에 대하여 이 법에 따른 타인토지의 출입의 허가·시행자의 지정 또는 실시계획의 인가 등을 취소하거나 공사의 중지, 건축물 등이나 장애물 등의 개축 또는 이전 그 밖에 필요한 처분을 하거나 조치를 명할 수 있다.

가. 지정권자가 수립 · 지정 · 인가 또는 승인 시 부과된 조건을 지키지 아니하거나 개발계획 · 실시계획대로 도시개발사업을 시행하지 아니한 자
나. 허가를 받지 아니하고 행위를 한 자
다. 거짓 그 밖의 부정한 방법으로 다른 시행자 지정 · 조합설립인가 · 실시계획인가 · 토지 등의 수용 또는 사용재결 · 토지상환채권발행의 승인 또는 환지계획의 인가를 받은 자
라. 규약 · 시행규정 또는 정관을 위반한 자
이하 생략…….

9) 청문과 행정심판

지정권자나 특별자치도지사 · 시장 · 군수 또는 구청장은 이 법에 따른 허가 · 지정 · 인가 또는 승인을 취소하려면 청문을 하여야 한다. 이 법에 따라 시행자가 행한 처분에 불복하는 자는 「행정심판법」에 따라 행정심판을 제기할 수 있다. 다만, 행정청이 아닌 시행자가 한 처분에 관하여는 다른 법률에 특별한 규정이 있는 경우 외에는 지정권자에게 행정심판을 제기하여야 한다.

10) 위 임

이 법에 따른 국토교통부장관의 권한은 그 일부를 대통령령으로 정하는 바에 따라 시 · 도지사나 그 소속기관의 장에게 위임할 수 있으며, 시 · 도지사는 국토교통부장관의 승인을 받아 위임받은 권한의 일부를 시장 · 군수 또는 구청장에게 재 위임할 수 있다.
이 법에 따른 시 · 도지사의 권한은 그 일부를 시 · 도의 조례로 정하는 바에 따라 시장 · 군수 또는 구청장에게 위임할 수 있다.

2 벌칙 및 과태료

1) 벌 칙

① 제10조의2제2항 또는 제3항을 위반하여 미공개정보를 목적 외로 사용하거나 타인에게 제공 또는 누설한 자는 5년 이하의 징역 또는 그 위반행위로 얻은 재산상 이익 또는 회피한 손실액의 3배 이상 5배 이하에 상당하는 벌금에 처한다. 다만, 얻은 이익 또는 회피한 손실액이 없거나 산정하기 곤란한 경우 또는 그 위반행위로 얻은 재산상 이익의 5배에 해당하는 금액이 10억원 이하인 경우에는 벌금의 상한액을 10억원으로 한다.
② 제1항의 위반행위로 얻은 이익 또는 회피한 손실액이 5억원 이상인 경우에는 제1항

의 징역을 다음 각 호의 구분에 따라 가중한다.

1. 이익 또는 회피한 손실액이 50억원 이상인 경우에는 무기 또는 5년 이상의 징역
2. 이익 또는 회피한 손실액이 5억원 이상 50억원 미만인 경우에는 3년 이상의 유기 징역

③ 제1항 또는 제2항에 따라 징역에 처하는 경우에는 제1항에 따른 벌금을 병과할 수 있다.

④ 제1항의 죄를 범한 자 또는 그 정을 아는 제3자가 제1항의 죄로 인하여 취득한 재물 또는 재산상의 이익은 몰수한다. 다만, 이를 몰수할 수 없을 때에는 그 가액을 추징한다.

(1) 3년 이하의 징역 또는 3천만 원 이하의 벌금

가. 개발행위허가를 받지 아니하고 행위를 한 자
나. 부정한 방법으로 시행자의 지정을 받은 자
다. 부정한 방법으로 실시계획의 인가를 받은 자
라. 원형지 공급 계획을 승인받지 아니하고 원형지를 공급하거나 부정한 방법으로 공급 계획을 승인받은 자
마. 원형지를 매각한 자

(2) 2년 이하의 징역 또는 2천만 원 이하의 벌금

가. 실시계획의 인가를 받지 아니하고 사업을 시행한 자
나. 조성토지 등의 공급계획을 제출하지 아니하고 조성토지 등을 공급한 자
다. 사용허가 없이 조성토지 등을 사용한 자

(3) 1년 이하의 징역 또는 1천만 원 이하의 벌금

가. 고의나 과실로 감리업무를 게을리 하여 위법한 도시개발사업의 공사를 시공함으로써 시행자 또는 조성토지 등을 분양받은 자에게 손해를 입힌 자
나. 사전통지를 받고도 계속하여 도시개발사업의 공사를 시공한 시공자 및 시행자
다. 타인 토지출입의 허가, 시행자지정 또는 실시계획의 인가 등의 취소, 공사의 중지, 건축물 등이나 장애물 등의 개축 또는 이전 등의 처분이나 조치명령을 위반한 자

(4) 양벌규정

가. 법인의 대표자, 대리인, 사용인, 그 밖의 종업원이 그 법인의 업무에 관하여 위반행위를 하면 행위자를 벌할 뿐만 아니라 그 법인에도 각 해당 조문의 벌금형을 과한다. 다만, 법인이 그 위반행위를 방지하기 위하여 해당 업무에 관하여 상당한 주의와 감독을 게을리 하지 아니한 때에는 그러하지 아니하다.
나. 개인의 대리인, 사용인, 그 밖의 종업원이 그 개인의 업무에 관하여 위반행위를 하

면 행위자를 벌할 뿐만 아니라 그 개인에게도 각 해당 조문의 벌금형을 과한다. 다만, 개인이 그 위반행위를 방지하기 위하여 해당 업무에 관하여 상당한 주의와 감독을 게을리 하지 아니한 때에는 그러하지 아니하다.

2) 과태료

(1) 다음에 해당하는 자는 1천만 원 이하의 과태료에 처한다

가. 조사 또는 측량을 위한 행위를 거부 또는 방해한 자

나. 허가 또는 동의를 받지 아니한 자

다. 검사를 거부·방해 또는 기피한 자

(2) 다음에 해당하는 자는 500만 원 이하의 과태료에 처한다

가. 조합이 도시개발사업이 아닌 다른 업무를 한 경우

나. 환지 또는 환지예정지의 관리를 위반한 자

다. 환지처분에 따른 통지를 하지 아니한 자

라. 토지점유자의 승낙 없이 일출 전 일몰 후에 타인의 토지에 출입한 자

마. 도시개발사업에 관한 관계 서류나 도면을 넘기지 아니한 자

바. 도시개발사업에 관한 보고를 하지 아니하거나 거짓된 보고를 한 자

사. 도시개발사업에 관한 자료의 제출을 하지 아니하거나 거짓된 자료를 제출한 자

(3) 부과절차

가. 부과권자 : 국토교통부장관, 시·도지사, 시장·군수 또는 구청장이 부과·징수한다.

나. 이의제기 : 과태료처분에 불복이 있는 자는 그 처분의 고지를 받은 날부터 30일 이내에 부과권자에게 이의를 제기할 수 있다.

다. 이의신청 불복에 따른 재판 : 과태료 처분을 받은 자가 이의를 제기한 때에는 부과권자는 지체 없이 관할 법원에 그 사실을 통보하여야 하며, 관할 법원은 비송사건절차법에 의한 과태료의 재판을 한다.

라. 강제징수 : 이의신청의 기간 내에 이의를 제기하지 아니하고 과태료를 납부하지 아니하는 때에는 국세체납처분 또는 지방세체납처분의 예에 따라 이를 징수한다.

Chapter

03 도시 및 주거환경정비법

제1장 총 론

1 제정배경 및 목적

1970년대 이후 산업화 · 도시화 과정에서 대량으로 공급된 주택들이 노후화됨에 따라 이를 체계적이고 효율적으로 정비할 필요성이 커지고 있으나 현행 재개발사업 · 재건축사업 및 주거환경개선사업이 각각 개별법으로 규정되어 이에 관한 제도적 뒷받침이 미흡하므로 이를 보완하여 일관성 있고 체계적인 단일 · 통합법을 제정하고자 하였다.
이 법은 도시기능의 회복이 필요하거나 주거환경이 불량한 지역을 계획적으로 정비하고 노후 · 불량건축물을 효율적으로 개량하기 위하여 필요한 사항을 규정함으로써 도시환경을 개선하고 주거생활의 질을 높이는데 이바지함을 목적으로 한다.

2 용어의 정의

1) 정비구역

정비사업을 계획적으로 시행하기 위하여 지정 · 고시된 구역을 말한다.

2) 정비사업

'정비사업'이라 함은 이 법에서 정한 절차에 따라 도시기능을 회복하기 위하여 정비구역 에서 정비기반시설을 정비하거나 주택 등 건축물을 개량하거나 건설하는 다음 각목의 사업을 말한다.

가. 주거환경개선사업 : 도시저소득 주민이 집단거주하는 지역으로서 정비기반시설이 극히 열악하고 노후 · 불량건축물이 과도하게 밀집한 지역의 주거환경을 개선하거나 단독주택 및 다세대주택이 밀집한 지역에서 정비기반시설과 공동이용시설 확충을 통하여 주거환경을 보전 · 정비 · 개량하기 위한 사업

나. 재개발사업 : 정비기반시설이 열악하고 노후 · 불량건축물이 밀집한 지역에서 주거환경을 개선하거나 상업지역 · 공업지역 등에서 도시기능의 회복 및 상권활성화 등을 위하여 도시환경을 개선하기 위한 사업. 이 경우 다음 요건을 모두 갖추어 시행하는 재개발사업을 "공공재개발사업"이라 한다.

【정비사업의 추진절차】

단계	절차	내용
계획단계	기본계획수립 (시장)	기본계획안 작성 → 주민공람 → 시의회 의견청취 → 관련부서 협의(국토부 등) → 시도시계획위원회 심의 → 고시(시장)
	↓ 구역지정 (시장)	기초조사(구청장) → 입안(구청장) → 공람공고(구청장) → 구의회 의견청취 → 시도시계획위원회 심의 → 지정 및 고시(시장) → 주민설명회 개최
	↓ 조합설립추진위원회 구성 및 승인 (구청장)	토지 등 소유자 과반수 동의 → 추진위원회 구성 → 구청장 승인 - 회계감사 : 조합으로 인계되기 7일 이내(3.5억 이상) - 안전진단실시(공동주택재건축)
시행단계	↓ 조합설립인가 (구청장)	정관작성 → 토지 등 소유자 동의 → 인가신청 → 인가(구청장) → 법인등기
	↓ 사업시행인가 (구청장)	사업시행계획서 작성 → 토지 등 소유자동의 → 인가신청 → 일반공람(구청장) → 인가 및 고시(구청장) 회계감사 : 고시일부터 20일 이내(7억 이상)
	↓ **관리처분계획 인가(구청장)**	분양통지 및 공고 → 분양신청 → 관리처분 계획수립 → 공람(시행자) → 인가신청 → 인가(구청장) → 고시(구청장) → 인가내용의 통지(시행자) 회계감사 : 준공인가 7일 이내(14억 원 이상)
완료단계	↓ 준공 및 이전고시 (소유권이전) (사업시행자)	준공검사(구청장) → 준공인가 및 고시(구청장) → 확정측량 및 토지분할 → 관리처분계획사항 통지 → 이전고시 및 보고(조합)
	↓ 청산 · 등기 (시행자)	청산금 징수·지급 및 등기촉탁
	↓ 조합해산 (조합)	청산법인 설립 서류이관(조합 → 구청장)

① 특별자치시장, 특별자치도지사, 시장, 군수, 자치구의 구청장(이하 "시장 · 군수등"이라 한다) 또는 토지주택공사등(조합과 공동으로 시행하는 경우를 포함한다)이 주거환경개선사업의 시행자, 재개발사업의 시행자나 재개발사업의 대행자(이하 "공공재개발사업 시행자"라 한다)일 것

② 건설 · 공급되는 주택의 전체 세대수 또는 전체 연면적 중 토지등소유자 대상 분양분(지분형주택은 제외한다)을 제외한 나머지 주택의 세대수 또는 연면적의 100분의 20 이상 100분의 50 이하의 범위에서 대통령령으로 정하는 기준에 따라 특별시 · 광역시 · 특별자치시 · 도 · 특별자치도 또는 서울특별시 · 광역시 및

특별자치시를 제외한 인구 50만 이상 대도시(이하 "대도시"라 한다)의 조례(이하 "시 · 도조례"라 한다)로 정하는 비율 이상을 제80조에 따른 지분형주택, 「공공주택 특별법」에 따른 공공임대주택(이하 "공공임대주택"이라 한다) 또는 「민간임대주택에 관한 특별법」에 따른 공공지원민간임대주택(이하 "공공지원민간임대주택"이라 한다)으로 건설 · 공급할 것. 이 경우 주택 수 산정방법 및 주택 유형별 건설비율은 대통령령으로 정한다.

다. 재건축사업 : 정비기반시설은 양호하나 노후 · 불량건축물에 해당하는 공동주택이 밀집한 지역에서 주거환경을 개선하기 위한 사업. 이 경우 다음 요건을 모두 갖추어 시행하는 재건축사업을 "공공재건축사업"이라 한다.

① 시장 · 군수등 또는 토지주택공사등(조합과 공동으로 시행하는 경우를 포함한다)이 재건축사업의 시행자나 재건축사업의 대행자(이하 "공공재건축사업 시행자"라 한다)일 것

② 종전의 용적률, 토지면적, 기반시설 현황 등을 고려하여 대통령령으로 정하는 세대수 이상을 건설 · 공급할 것. 다만, 정비구역의 지정권자가 「국토의 계획 및 이용에 관한 법률」에 따른 도시 · 군기본계획, 토지이용 현황 등 대통령령으로 정하는 불가피한 사유로 해당하는 세대수를 충족할 수 없다고 인정하는 경우에는 그러하지 아니하다.

3) 노후 · 불량건축물

"노후 · 불량건축물"이란 다음 각 목의 어느 하나에 해당하는 건축물을 말한다.

가. 건축물이 훼손되거나 일부가 멸실되어 붕괴 그 밖의 안전사고의 우려가 있는 건축물

나. 내진성능이 확보되지 아니한 건축물 중 중대한 기능적 결함 또는 부실 설계·시공으로 인한 구조적 결함 등이 있는 건축물로서 대통령령으로 정하는 건축물

① 급수 · 배수 · 오수 설비 등의 설비 또는 지붕 · 외벽 등 마감의 노후화나 손상으로 그 기능을 유지하기 곤란할 것으로 우려되는 건축물

② 안전진단기관이 실시한 안전진단 결과 건축물의 내구성 · 내하력(耐荷力) 등이 국토교통부장관이 정하여 고시하는 기준에 미치지 못할 것으로 예상되어 구조 안전의 확보가 곤란할 것으로 우려되는 건축물

다. 다음의 요건에 해당하는 건축물로서 대통령령으로 정하는 바에 따라 특별시 · 광역시 · 특별자치시 · 도 · 특별자치도 또는 「지방자치법」에 따른 서울특별시 · 광역시 및 특별자치시를 제외한 인구 50만 이상 대도시의 조례로 정하는 건축물

① 주변 토지의 이용 상황 등에 비추어 주거환경이 불량한 곳에 위치할 것

② 건축물을 철거하고 새로운 건축물을 건설하는 경우 건설에 드는 비용과 비교하여

효용의 현저한 증가가 예상될 것

③ 도시미관을 저해하거나 노후화된 건축물로서 대통령령으로 정하는 바에 따라 시도 조례로 정할 수 있는 건축물은 다음의 어느 하나에 해당하는 건축물을 말한다.

㉠ 「건축법」 제57조제1항에 따라 해당 지방자치단체의 조례로 정하는 면적에 미치지 못하거나 「국토의 계획 및 이용에 관한 법률」 제2조제7호에 따른 도시 · 군계획시설 등의 설치로 인하여 효용을 다할 수 없게 된 대지에 있는 건축물

㉡ 공장의 매연 · 소음 등으로 인하여 위해를 초래할 우려가 있는 지역에 있는 건축물

㉢ 해당 건축물을 준공일 기준으로 40년까지 사용하기 위하여 보수 · 보강하는 데 드는 비용이 철거 후 새로운 건축물을 건설하는 데 드는 비용보다 클 것으로 예상되는 건축물

라. 도시미관을 저해하거나 노후화로 인하여 구조적 결함 등이 있는 건축물로서 대통령령으로 정하는 바에 따라 시 · 도 조례로 정하는 건축물

① 준공된 후 20년 이상 30년 이하의 범위에서 시 · 도조례로 정하는 기간이 지난 건축물

② 「국토의 계획 및 이용에 관한 법률」 제19조제1항제8호에 따른 도시 · 군기본계획의 경관에 관한 사항에 어긋나는 건축물

4) 정비기반시설(반드시 있어야 할 시설)

'정비기반시설'이라 함은 도로 · 상하수도 · 구거(溝渠 : 도랑) · 공원 · 공용주차장 · 공동구 그 밖에 주민의 생활에 필요한 열 · 가스 등의 공급시설로서 대통령령이 정하는 시설(녹지, 하천, 공공공지, 광장, 소방용수시설, 비상대피시설, 가스공급시설, 지역난방시설 등)을 말한다.

5) 공동이용시설(있으면 좋고 없어도 큰 무리가 없는 시설)

주민이 공동으로 사용하는 놀이터, 마을회관, 공동작업장, 구판장, 세탁장, 화장실 및 수도, 탁아소, 어린이집, 경로당 등 노유자 시설, 이와 유사한 시설로서 대통령령으로 정하는 시설을 말한다.

6) 대 지

정비사업으로 조성된 토지를 말한다.

7) 주택단지

주택 및 부대 · 복리시설을 건설하거나 대지로 조성되는 일단의 토지로서 대통령령이

정하는 범위에 해당하는 일단의 토지를 말한다.

가. 주택법에 따른 사업계획승인을 얻어 주택과 부대 · 복리시설을 건설한 일단의 토지

나. 일단의 토지 중 도시 · 군계획시설인 도로 그 밖에 이와 유사한 시설로 분리되어 각각 관리되고 있는 각각의 토지

다. 일단의 토지 2 이상이 공동으로 관리 되고 있는 경우 그 전체 토지

라. 분할된 토지 또는 분할되어 나가는 토지

마. 건축법에 따라 건축허가를 얻어 아파트 또는 연립주택을 건설한 일단의 토지

8) 사업시행자

정비사업을 시행하는 자를 말한다.

9) 토지 등 소유자

"토지등소유자"라 함은 다음 각목의 자를 말한다. 다만, 「자본시장과 금융투자업에 관한 법률」에 따른 신탁업자(이하 "신탁업자"라 한다)가 사업시행자로 지정된 경우 토지등소유자가 정비사업을 목적으로 신탁업자에게 신탁한 토지 또는 건축물에 대하여는 위탁자를 토지등소유자로 본다.

가. 주거환경개선사업 및 재개발사업의 경우에는 정비구역에 위치한 토지 또는 건축물의 소유자 또는 그 지상권자

나. 재건축사업의 경우에는 정비구역에 위치한 건축물 및 그 부속토지의 소유자

10) 토지주택공사 등

「한국토지주택공사법」에 따라 설립된 한국토지주택공사 또는 「지방공기업법」에 따라 주택사업을 수행하기 위하여 설립된 지방공사를 말한다.

11) 정 관

토지 등 소유자가 자치적으로 정하여 운영하는 규약, 시장 · 군수 또는 자치구의 구청장 또는 한국토지주택공사 등이 작성한 시행규정을 말한다.

제2장 기본계획의 수립

1 기본계획의 수립

1) 수립권자

(1) 의무적 수립

특별시장 · 광역시장 · 특별자치시장 · 특별자치도지사 또는 대도시시장(인구 50만 이상)은 도시 · 주거환경정비기본계획 (이하 '기본계획'이라 한다)을 10년 단위로 수립하여야 한다.

(2) 임의적 수립

다만, 지방자치법에 따라 서울특별시와 광역시를 제외한 인구 50만 이하인 도시의 경우 기본계획을 수립하지 아니할 수 있다. 다만, 도지사가 기본계획의 수립이 필요하다고 인정하는 시는 제외한다.

2) 기본계획의 내용

가. 정비사업의 기본방향
나. 정비사업의 계획기간
다. 인구 · 건축물 · 토지이용 · 정비기반시설 · 지형 및 환경 등의 현황
라. 주거지 관리계획
마. 토지이용계획 · 정비기반시설계획 · 공동이용시설 설치계획 및 교통계획
바. 녹지 · 조경 · 에너지공급 · 폐기물 처리 등에 관한 환경계획
사. 사회복지시설 및 주민문화시설 등의 설치계획, 도시의 광역적 재정비를 위한 기본방향
아. 정비구역으로 지정할 예정인 구역의 개략적 범위
자. 단계별 정비사업 추진계획
차. 건폐율 · 용적률 등에 관한 건축물의 밀도계획
카. 세입자에 대한 주거안정대책
타. 그 밖에 주거환경 등을 개선하기 위하여 필요한 사항으로서 대통령령이 정하는 사항

3) 타당성 검토

특별시장 · 광역시장 또는 시장은 기본계획에 대하여 5년마다 그 타당성 여부를 검토하여 그 결과를 기본계획에 반영하여야 한다.

4) 수립절차

(1) 공람 · 의견청취 · 심의

특별시장 · 광역시장 또는 시장은 기본계획을 수립 또는 변경하고자 하는 때에는 14일 이상 주민에게 공람하고 『국토의 계획 및 이용에 관한 법률』에 따른 지방도시계획위원회의 심의를 거쳐야 한다. 다만, 대통령령이 정하는 경미한 사항을 변경하는 경우에는 그러하지 아니하다.

【기본계획의 수립절차】

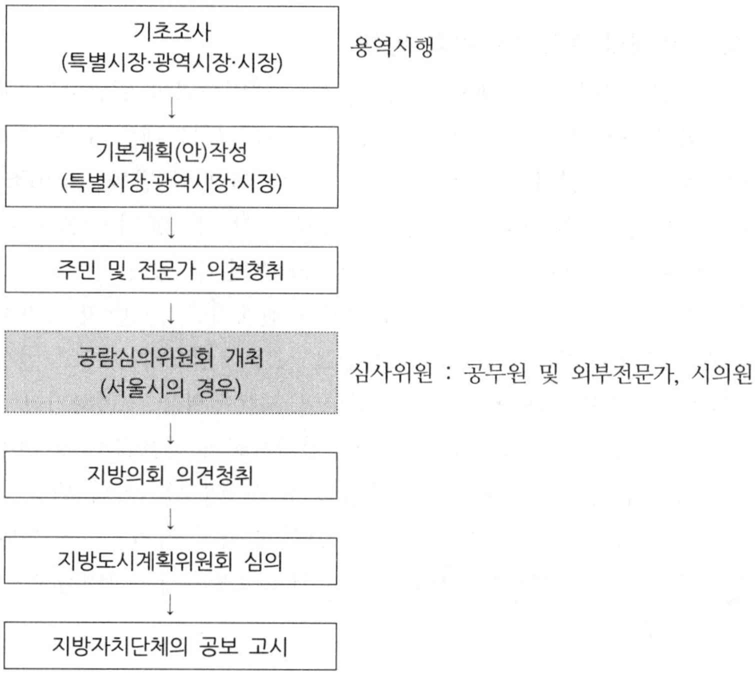

(2) 도지사의 승인

대도시(인구 50만 이상)의 시장이 아닌 시장은 기본계획을 수립 또는 변경한 때에는 도지사의 승인을 얻어야 하며, 도지사가 이를 승인함에 있어서는 지방도시계획위원회의 심의를 거쳐야 한다. 다만, 경미한 사항에 해당하는 변경의 경우에는 그러하지 아니하다.

(3) 사전협의

특별시장 · 광역시장 · 도지사 또는 대도시의 시장은 지방도시계획위원회의 심의를 거치기 전에 관계 행정기관의 장과 협의하여야 한다.

(4) 고시 및 보고

특별시장 · 광역시장 또는 시장은 기본계획이 수립 또는 변경된 때에는 이를 지체 없이 당해 지방자치단체의 공보에 고시하여야 한다. 특별시장 · 광역시장 또는 시장은 기본계획을 수립하거나 변경한 때에는 국토교통부령이 정하는 방법 및 절차에 따라 국토교통부장관에게 보고하여야 한다.

5) 수립기준

기본계획의 작성기준 및 작성방법은 국토교통부장관이 이를 정한다.

6) 기본계획 및 정비계획 수립시 용적률 완화

기본계획의 수립권자 또는 정비계획의 입안권자는 정비사업의 원활한 시행을 위하여 기본계획을 수립하거나 정비계획을 입안하려는 경우에는(기본계획 또는 정비계획을 변경하려는 경우에도 또한 같다) 「국토의 계획 및 이용에 관한 법률」 제36조에 따른 주거지역에 대하여는 같은 법 제78조에 따라 조례로 정한 용적률에도 불구하고 같은 조 및 관계 법률에 따른 용적률의 상한까지 용적률을 정할 수 있다.

기본계획의 수립권자 또는 정비계획의 입안권자는 천재지변, 그 밖의 불가피한 사유로 건축물이 붕괴할 우려가 있어 긴급히 정비사업을 시행할 필요가 있다고 인정하는 경우에는 용도지역의 변경을 통해 용적률을 완화하여 기본계획을 수립하거나 정비계획을 입안할 수 있다. 이 경우 기본계획의 수립권자, 정비계획의 입안권자 및 정비구역의 지정권자는 용도지역의 변경을 이유로 기부채납을 요구하여서는 아니 된다.

구청장등 또는 대도시의 시장이 아닌 시장은 제1항에 따라 정비계획을 입안하거나 변경입안하려는 경우 기본계획의 변경 또는 변경승인을 특별시장 · 광역시장 · 도지사에게 요청할 수 있다.

제3장 정비구역의 지정

1 정비구역의 지정

1) 지정신청

시장 · 군수는 기본계획에 적합한 범위 안에서 노후 · 불량건축물이 밀집하는 등 대통령령이 정하는 요건에 해당하는 구역에 대하여 다음의 사항이 포함된 정비계획을 수립하여 14일 이상 주민에게 공람하고 지방의회의 의견을 들은 후 이를 첨부하여 시 · 도지사에게 정비구역지정을 신청하여야 하며, 정비계획의 내용을 변경할 필요가 있을 때에는 같은 절차를 거쳐 변경지정을 신청하여야 한다. 다만, 대통령령이 정하는 경미한 사항을 변경하는 경우에는 주민공람 및 지방의회의 의견청취절차를 거치지 아니할 수 있다.

2) 정비계획의 내용

가. 정비사업의 명칭
나. 정비구역 및 그 면적
　나-2. 토지 등 소유자 유형별 분담금 추산액 및 산출근거
다. 도시 · 군계획시설의 설치에 관한 계획
라. 공동이용시설 설치계획
마. 건축물의 주용도 · 건폐율 · 용적률 · 높이에 관한 계획
바. 환경보전 및 재난방지에 관한 계획
사. 정비구역 주변의 교육환경보호에 관한 계획
아. 세입자 주거대책
자. 정비사업시행 예정시기
차. 정비사업을 통하여 「민간임대주택에 관한 특별법」에 따른 공공지원 민간임대주택을 공급하거나 주택임대관리업자에게 임대할 목적으로 주택을 위탁하려는 경우에는 다음 각 목의 사항에 해당한다. 다만, ②항과 ③항의 사항은 건설하는 주택 전체 세대수에서 공공지원민간임대주택 또는 임대할 목적으로 주택임대관리업자에게 위탁하려는 주택이 차지하는 비율이 100분의 20 이상, 임대기간이 8년 이상의 범위 등에서 대통령령으로 정하는 요건에 해당하는 경우로 한정한다.

① 공공지원민간임대주택 또는 임대관리 위탁주택에 관한 획지별 토지이용 계획
② 주거 · 상업 · 업무 등의 기능을 결합하는 등 복합적인 토지이용을 증진시키기 위하여 필요한 건축물의 용도에 관한 계획
③ 「국토의 계획 및 이용에 관한 법률」 제36조제1항제1호가목에 따른 주거지역을 세분 또는 변경하는 계획과 용적률에 관한 사항
④ 그 밖에 공공지원민간임대주택 또는 임대관리 위탁주택의 원활한 공급 등을 위하여 대통령령으로 정하는 사항

카. 「국토의 계획 및 이용에 관한 법률」에 관한 계획
타. 그 밖에 정비사업의 시행을 위하여 필요한 사항으로서 대통령령이 정하는 사항

3) 정비구역 지정의 절차

(1) 심 의

시 · 도지사 또는 대도시의 시장은 정비구역을 지정 또는 변경 지정하고자 하는 경우에는 대통령령이 정하는 바에 따라 지방도시계획위원회의 심의를 거쳐 지정 또는 변경 지정하여야 한다. 다만, 경미한 사항을 변경하고자 하는 경우에는 지방도시계획위원회의 심의를 거치지 아니할 수 있다.

(2) 정비계획의 입안 제안

토지 등 소유자는 다음 각 호의 어느 하나에 해당하는 경우에 시장·군수에게 정비계획의 입안을 제안할 수 있으며, 이 경우 정비계획의 제안을 위한 토지 등 소유자의 동의, 제안서의 처리 등에 관하여 필요한 사항은 대통령령으로 정한다.

가. 단계별 정비사업 추진계획상 정비예정구역별 정비계획의 입안시기가 지났음에도 불구하고 정비계획이 입안되지 아니하거나 같은 호에 따른 정비예정구역별 정비계획의 수립시기를 정하고 있지 아니한 경우
나. 토지등소유자가 토지주택공사등을 사업시행자로 지정 요청하려는 경우
다. 대도시가 아닌 시 또는 군으로서 시 · 도조례로 정하는 경우
라. 정비사업을 통하여 공공지원민간임대주택을 공급하거나 임대할 목적으로 주택을 주택임대관리업자에게 위탁하려는 경우로서 제9조제1항제10호 각 목을 포함하는 정비계획의 입안을 요청하려는 경우
마. 제26조제1항제1호 및 제27조제1항제1호에 따라 정비사업을 시행하려는 경우
바. 토지등소유자(조합이 설립된 경우에는 조합원을 말한다.)가 3분의 2 이상의 동의로 정비계획의 변경을 요청하는 경우. 다만, 경미한 사항을 변경하는 경우에는 토지등

소유자의 동의절차를 거치지 아니한다.

(3) 고시 및 보고

시 · 도지사 또는 대도시의 시장은 정비구역을 지정 또는 변경 지정한 경우에는 당해 정비계획을 포함한 지정 또는 변경지정내용을 당해 지방자치단체의 공보에 고시하고 국토교통부령이 정하는 방법 및 절차에 따라 국토교통부장관에게 그 지정내용 또는 변경지정내용을 보고하여야 하며, 관계 서류를 일반인이 열람할 수 있도록 하여야 한다.

(4) 지정의 효과

가. 지구단위계획구역 및 계획의 지정 간주 : 정비구역의 지정 또는 변경지정에 대한 고시가 있는 경우 당해 정비구역 및 정비계획 중 「국토의 계획 및 이용에 관한 법률」에 해당하는 사항은 지구단위계획구역으로 결정 · 고시된 것으로 본다.

나. 정비구역의 지정의제 : 「국토의 계획 및 이용에 관한 법률」에 의한 지구단위계획구역에 대하여 정비계획의 내용을 모두 포함한 지구단위계획을 결정 · 고시하는 경우 당해 지구단위계획구역은 정비구역으로 지정 · 고시된 것으로 본다.

다. 건폐율·용적률의 완화 : 정비계획을 통한 토지의 효율적인 활용을 도모하기 위하여 「국토의 계획 및 이용에 관한 법률」 규정에 의한 건폐율 등의 완화규정은 정비계획에 관하여 이를 준용한다. 이 경우 '지구단위계획구역'은 '정비구역'으로, '지구단위계획'은 '정비계획'으로 본다.

라. (다)항에도 불구하고 용적률이 완화되는 경우로서 사업시행자가 정비구역에 있는 대지의 가액 일부에 해당하는 금액을 현금으로 납부한 경우에는 대통령령으로 정하는 공공시설 또는 기반시설의 부지를 제공하거나 공공시설 등을 설치하여 제공한 것으로 본다.

마. (라)항에 따른 현금납부 및 부과 방법 등에 필요한 사항은 대통령령으로 정한다.

(5) 의견청취

시장 · 군수는 정비기반시설 및 국 · 공유재산의 귀속 및 처분에 관한 사항이 포함된 정비계획을 수립하고자 하는 때에는 미리 해당 정비기반시설 및 국 · 공유재산의 관리청의 의견을 들어야 한다.

(6) 기준작성자

정비계획의 작성기준 및 작성방법은 국토교통부장관이 이를 정한다.

(7) 정비구역의 지정요건

가. 주거환경개선구역

면적(m^2)	구역지정 요건
제한 없음	[도시 및 주거환경정비법시행령] • 1985년 6월 30일 이전에 건축된 특정건축물 정리에 관한 특별조치법의 규정에 의한 무허가건축물 또는 위법시공건축물로서 노후 · 불량건축물에 해당되는 건축물의 수가 당해 대상구역안의 건축물수의 50% 이상인 지역 • 개발제한구역으로서 그 구역지정 이전에 건축된 노후 · 불량건축물의 수가 당해 정비 구역안의 건축물수의 50% 이상인 지역 • 주택재개발사업을 위한 정비구역 안의 토지면적의 50% 이상의 소유자와 토지 또는 건축물을 소유하고 있는 자의 50% 이상이 각각 주택재개발사업의 시행을 원하지 아니하는 지역 • 철거민이 50세대 이상 규모로 정착한 지역이거나 인구가 과도하게 밀집되어 있고 기반시설의 정비가 불량하여 주거환경이 열악하고 그 개선이 시급한 지역

나. 재개발구역

면적(m^2)	구역지정 요건
1만m^2 이상	[도시 및 주거환경정비법 시행령] • 정비기반시설의 정비에 따라 토지가 대지로서의 효용을 다할 수 없게 되거나 과소토지로 되어 도시의 환경이 현저히 불량하게 될 우려가 있는 지역 • 건축물이 노후 · 불량하여 그 기능을 다할 수 없거나 건축물이 과도하게 밀집되어 있어 그 구역안의 토지의 합리적인 이용과 가치의 증진을 도모하기 곤란한 지역 • 철거민이 50세대 이상 규모로 정착한 지역이거나 인구가 과도하게 밀집되어 있고 기반시설의 정비가 불량하여 주거환경이 열악하고 그 개선이 시급한 지역 • 정비기반시설이 현저히 부족하여 재해발생 시 피난 및 구조활동이 곤란한 지역

다. 재건축구역

구 분	구역지정 요건
공동주택	[도시 및 주거환경정비법 시행령] • 주거환경정비사업 · 주택재개발사업의 대상 구역에 해당되지 않는 다음의 지역 가. 건축물의 일부가 멸실되어 붕괴 그 밖의 안전사고의 우려가 있는 지역 나. 재해 등이 발생할 경우 위해의 우려가 있어 신속히 정비사업을 추진할 필요가 있는 지역 다. 노후 · 불량건축물로서 기존 세대수 또는 재건축사업후의 예정세대수가 300세대 이상이거나 그 부지면적이 1만m^2 이상인 지역 라. 3 이상의 공동주택단지가 밀집되어 있는 지역으로서 안전진단결과 3분의 2 이상의 주택 및 주택단지가 재건축 판정을 받은 지역

구 분	구역지정 요건
단독주택	• 기존의 단독주택을 재건축하고자 하는 경우에는 기존의 단독주택(나대지 및 단독주택이 아닌 건축물을 일부 포함할 수 있음)이 200호 이상 또는 그 부지면적이 1만 m^2 이상인 지역으로서 다음에 해당하는 지역(건축물의 붕괴 및 안전사고 우려가 있는 경우 예외) 가. 당해 지역의 주변에 도로 등 정비기반시설이 충분히 갖추어져 있어 당해 지역을 개발하더라도 인근지역에 정비기반시설을 추가로 설치할 필요가 없을 것 다만, 추가로 설치할 필요가 있는 정비기반시설을 정비사업 시행자가 부담하여 설치하는 경우에는 그러하지 아니하다. 나. 노후·불량건축물이 당해 지역 안에 있는 건축물수의 3분의 2 이상이거나, 노후 건축물이 2분의 1 이상으로서 15년 이상이 경과한 다세대, 다가구 주택이 당해 지역 안에 30% 이상일 것

2 주택의 규모 및 건설비율

가. 정비계획의 입안권자는 주택수급의 안정과 저소득 주민의 입주기회 확대를 위하여 정비사업으로 건설하는 주택에 대하여 다음 각 호의 구분에 따른 범위에서 국토교통부장관이 정하여 고시하는 임대주택 및 주택규모별 건설비율 등을 정비계획에 반영하여야 한다.

① 「주택법」에 따른 국민주택규모의 주택(이하 "국민주택규모 주택"이라 한다)이 전체 세대수의 100분의 90 이하에서 대통령령으로 정하는 범위

② 임대주택(공공임대주택 및 「민간임대주택에 관한 특별법」에 따른 민간임대주택을 말한다.)이 전체 세대수 또는 전체 연면적의 100분의 30 이하에서 대통령령으로 정하는 범위

나. 정비계획의 반영

시장 · 군수는 국토교통부장관의 고시내용을 정비계획에 반영하여야 한다.

3 정비구역 안의 행위제한

1) 개발행위허가사항

정비구역 안에서 건축물의 건축, 공작물의 설치, 토지의 형질변경, 토석의 채취, 토지분할, 물건을 쌓아놓는 행위 등 대통령령이 정하는 행위를 하고자 하는 자는 시장 · 군수의 허가를 받아야 한다. 허가받은 사항을 변경하고자 하는 때에도 또한 같다.

2) 허가 없이 가능한 행위

다음 어느 하나하나에 해당하는 행위는 허가를 받지 아니하고 이를 할 수 있다.

가. 재해복구 또는 재난수습에 필요한 응급조치를 위하여 하는 행위

나. 기존 건축물의 붕괴 등 안전사고의 우려가 있는 경우 해당 건축물에 대한 안전조치를 위한 행위

다. 그 밖에 대통령령이 정하는 다음의 행위

① 농림수산물의 생산에 직접 이용되는 것으로서 국토교통부령이 정하는 간이 공작물의 설치

② 경작을 위한 토지의 형질변경

③ 정비구역의 개발에 지장을 주지 아니하고 자연경관을 손상하지 아니하는 범위 안에서의 토석의 채취

④ 정비구역 안에 존치하기로 결정된 대지 안에서 물건을 쌓아놓는 행위

⑤ 관상용 죽목의 임시식재

3) 개발행위 신고사항

허가를 받아야 하는 행위로서 정비구역의 지정 및 고시 당시 이미 관계 법령에 따라 행위허가를 받았거나 허가를 받을 필요가 없는 행위에 관하여 그 공사 또는 사업에 착수한 자는 대통령령이 정하는 바에 따라 관할 시장 · 군수에게 신고한 후 이를 계속 시행할 수 있다.

4) 위반자에 대한 조치

시장 · 군수는 위반한 자에 대하여 원상회복을 명할 수 있다. 이 경우 명령을 받은 자가 그 의무를 이행하지 아니하는 때에는 시장 · 군수는 「행정대집행법」에 따라 이를 대집행할 수 있다.

5) 「국토의 계획 및 이용에 관한 법률」 규정의 특례

가. 허가에 관하여 이 법에 규정한 것을 제외하고는 「국토의 계획 및 이용에 관한 법률」 개발행위허가의 절차, 개발행위허가의 기준, 개발행위에 대한 도시계획위원회의 심의, 개발행위허가의 이행담보 및 준공검사에 관한 규정을 준용한다.

나. 정비구역 안에서 개발행위허가를 받은 경우에는 「국토의 계획 및 이용에 관한 법률」에 따라 허가를 받은 것으로 본다.

6) 건축허가제한

국토교통부 장관, 시 · 도지사 또는 시장·군수는 비경제적인 건축행위 및 투기수요의 유입방지를 위하여 기본계획을 공람중인 정비예정구역 또는 정비계획을 수립중인 지역에 대하여 3년 이내의 기간(1년의 범위 안에서 한 차례만 연장할 수 있음)을 정하여 대통령령으로 정하는 방법과 절차에 따라 다음 각 호의 행위를 제한할 수 있다.

가. 건축물의 건축

나. 토지의 분할

다. 건축물대장 중 일반건축물대장을 집합건축물대장으로 전환

라. 건축물대장 중 집합건축물대장의 전유부분 분할

7) 조합원 모집 금지

정비예정구역 또는 정비구역에서는 「주택법」에 따른 지역주택조합의 조합원을 모집해서는 아니 된다.

4 정비구역 등의 해제

1) 정비구역의 지정권자

정비구역의 지정권자는 다음 각 호의 어느 하나에 해당하는 경우에는 정비구역 등을 해제하여야 한다.

(1) 정비예정구역에 대하여 기본계획에서 정한 정비구역 지정 예정일부터 3년이 되는 날까지 특별자치시장, 특별자치도지사, 시장 또는 군수가 정비구역을 지정하지 아니하거나 구청장등이 정비구역의 지정을 신청하지 아니하는 경우

(2) 재개발사업 · 재건축사업이 다음 각 목의 어느 하나에 해당하는 경우

가. 토지등소유자가 정비구역으로 지정 · 고시된 날부터 2년이 되는 날까지 조합설립추진위원회의 승인을 신청하지 아니하는 경우

나. 토지등소유자가 정비구역으로 지정 · 고시된 날부터 3년이 되는 날까지 조합설립인가를 신청하지 아니하는 경우(추진위원회를 구성하지 아니하는 경우로 한정한다.)

다. 추진위원회가 추진위원회 승인일부터 2년이 되는 날까지 조합설립인가를 신청하지 아니하는 경우

라. 조합이 조합설립인가를 받은 날부터 3년이 되는 날까지 제50조에 따른 사업시행계획인가를 신청하지 아니하는 경우

(3) 토지등소유자가 시행하는 재개발사업으로서 토지등소유자가 정비구역으로 지정 · 고시된 날부터 5년이 되는 날까지 사업시행계획인가를 신청하지 아니하는 경우

2) 해제 요청

구청장 등은 1)항 각 호의 어느 하나에 해당하는 경우에는 특별시장 · 광역시장에게 정비구역 등의 해제를 요청하여야 한다.

3) 의견 청취

특별자치시장, 특별자치도지사, 시장, 군수 또는 구청장 등이 다음 각 호의 어느 하나에 해당하는 경우에는 30일 이상 주민에게 공람하여 의견을 들어야 한다.

(1) 1)항에 따라 정비구역등을 해제하는 경우

(2) 2)항에 따라 정비구역등의 해제를 요청하는 경우

(3) 3)항에 따른 주민공람을 하는 경우에는 지방의회의 의견을 들어야 한다. 이 경우 지방의회는 특별자치시장, 특별자치도지사, 시장, 군수 또는 구청장등이 정비구역 등의 해제에 관한 계획을 통지한 날부터 60일 이내에 의견을 제시하여야 하며, 의견제시 없이 60일이 지난 경우 이의가 없는 것으로 본다.

4) 정비구역 지정권자의 해제

정비구역의 지정권자는 1)항부터 3)항까지의 규정에 따라 정비구역 등의 해제를 요청받거나 정비구역 등을 해제하려면 지방도시계획위원회의 심의를 거쳐야 한다. 다만, 「도시재정비 촉진을 위한 특별법」에 따른 재정비촉진지구에서는 같은 법에 따른 도시재정비위원회의 심의를 거쳐 정비구역 등을 해제하여야 한다.

5) 정비구역 해제

1)항에도 불구하고 정비구역의 지정권자는 다음 각 호의 어느 하나에 해당하는 경우에는 1)항 (1)호부터 (3)호까지의 규정에 따른 해당 기간을 2년의 범위에서 연장하여 정비구역 등을 해제하지 아니할 수 있다.

가. 정비구역 등의 토지등소유자가 100분의 30 이상의 동의로 1)항 (1)호부터 (3)호까지의 규정에 따른 해당 기간이 도래하기 전까지 연장을 요청하는 경우

나. 정비사업의 추진 상황으로 보아 주거환경의 계획적 정비 등을 위하여 정비구역 등의 존치가 필요하다고 인정하는 경우

6) 정비구역 지정권자의 해제

정비구역의 지정권자는 4)항에 따라 정비구역 등을 해제하는 경우[5)항에 따라 해제하지 아니한 경우를 포함한다]에는 그 사실을 해당 지방자치단체의 공보에 고시하고 국토교통부장관에게 통보하여야 하며, 관계 서류를 일반인이 열람할 수 있도록 하여야 한다.

5 정비구역 등의 직권 해제

1) 정비구역의 지정권자

정비구역의 지정권자는 다음 각 호의 어느 하나에 해당하는 경우 지방도시계획위원회의 심의를 거쳐 정비구역 등을 해제할 수 있다. 이 경우 (1)호 및 (2)호에 따른 구체적인 기준 등에 필요한 사항은 시 · 도조례로 정한다.

(1) 정비사업의 시행으로 토지등소유자에게 과도한 부담이 발생할 것으로 예상되는 경우

(2) 정비구역 등의 추진 상황으로 보아 지정 목적을 달성할 수 없다고 인정되는 경우

(3) 토지등소유자의 100분의 30 이상이 정비구역(추진위원회가 구성되지 아니한 구역으로 한정한다) 등의 해제를 요청하는 경우

(4) 시행 중인 주거환경개선사업의 정비구역이 지정 · 고시된 날부터 10년 이상 경과하고, 추진 상황으로 보아 지정 목적을 달성할 수 없다고 인정되는 경우로서 토지 등소유자의 과반수가 정비구역의 해제에 동의하는 경우

(5) 추진위원회 구성 또는 조합 설립에 동의한 토지등소유자의 2분의 1 이상 3분의 2 이하의 범위에서 시 · 도 조례로 정하는 비율 이상의 동의로 정비구역의 해제를 요청하는 경우(사업시행계획인가를 신청하지 아니한 경우로 한정한다)

(6) 추진위원회가 구성되거나 조합이 설립된 정비구역에서 토지등소유자 과반수의 동의로 정비구역의 해제를 요청하는 경우(사업시행계획인가를 신청하지 아니한 경우로 한정)

2) 1)항에 따른 정비구역 등의 해제

1)항에 따른 정비구역 등의 해제의 절차에 관하여는 제20조제3항부터 제5항까지 및 제7항을 준용한다.

3) 1추진위원회 구성승인 또는 조합설립인가가 취소

1)항에 따라 정비구역 등을 해제하여 추진위원회 구성승인 또는 조합설립인가가 취소

되는 경우 정비구역의 지정권자는 해당 추진위원회 또는 조합이 사용한 비용의 일부를 대통령령으로 정하는 범위에서 시 · 도조례로 정하는 바에 따라 보조할 수 있다.

6 도시재생 선도지역 지정 요청

정비구역 등이 해제된 경우 정비구역의 지정권자는 해제된 정비구역 등을 「도시재생 활성화 및 지원에 관한 특별법」에 따른 도시재생 선도지역으로 지정하도록 국토교통부장관에게 요청할 수 있다.

7 정비구역 등의 해제의 효력

1) 정비구역 등이 해제된 경우

정비구역 등이 해제된 경우에는 정비계획으로 변경된 용도지역, 정비기반시설 등은 정비구역 지정 이전의 상태로 환원된 것으로 본다. 다만, 정비구역의 지정권자는 정비기반시설의 설치 등 해당 정비사업의 추진 상황에 따라 환원되는 범위를 제한할 수 있다.

2) 해제된 정비구역

정비구역(재개발사업 및 재건축사업을 시행하려는 경우로 한정한다) 등이 해제된 경우 정비구역의 지정권자는 해제된 정비구역 등을 시행하는 주거환경개선구역(주거환경개선사업을 시행하는 정비구역을 말한다)으로 지정할 수 있다. 이 경우 주거환경개선구역으로 지정된 구역은 기본계획에 반영된 것으로 본다.

3) 정비구역 등이 해제 · 고시된 경우

정비구역 등이 해제 · 고시된 경우 추진위원회 구성승인 또는 조합설립인가는 취소된 것으로 보고, 시장 · 군수 등은 해당 지방자치단체의 공보에 그 내용을 고시하여야 한다.

제4장 정비사업의 시행

1 정비사업의 시행

1) 시행방법

(1) 주거환경개선사업

주거환경개선사업은 다음 각 호에 해당하는 방법 또는 이를 혼용하는 방법에 따른다.

가. 사업시행자가 정비구역에서 정비기반시설 및 공동이용시설을 새로 설치하거나 확대하고 토지등소유자가 스스로 주택을 보전·정비하거나 개량하는 방법(스스로 개량방식)

나. 정비구역의 전부 또는 일부를 수용하여 주택을 건설한 후 토지등소유자에게 우선 공급하거나 대지를 토지등소유자 또는 토지등소유자 외의 자에게 공급하는 방법(수용방식)

다. 주거환경개선사업의 시행자가 환지로 공급하는 방법(환지방식)

라. 사업시행자가 정비구역에서 인가받은 관리처분계획에 따라 주택 및 부대시설·복리시설을 건설하여 공급하는 방법

(2) 재개발사업

정비구역에서 인가받은 관리처분계획에 따라 건축물을 건설하여 공급하거나 환지로 공급하는 방법으로 한다.

(3) 재건축사업

재건축사업은 정비구역에서 인가받은 관리처분계획에 따라 건축물을 건설하여 공급하는 방법으로 한다. 다만, 주택단지에 있지 아니하는 건축물의 경우에는 지형여건·주변의 환경으로 보아 사업시행상 불가피한 경우로서 정비구역으로 보는 사업에 한정한다. 건축물을 건설하여 공급하는 경우 주택, 부대시설 및 복리시설을 제외한 건축물은 「국토의 계획 및 이용에 관한 법률」에 따른 준주거지역 및 상업지역에서만 건설할 수 있다. 이 경우 공동주택 외 건축물의 연면적은 전체 건축물 연면적의 100분의 30 이하이어야 한다.

2) 사업시행자

(1) 주거환경 개선사업(소유자2/3 + 세입자1/2)

주거환경개선사업은 시장 · 군수 등이 직접 시행하거나 다음 각 호에서 정한 자에게 시행하게 할 수 있다.

① 토지주택공사 등

② 주거환경개선사업을 시행하기 위하여 국가, 지방자치단체, 토지주택공사 또는 「공공기관의 운영에 관한 법률」에 따른 공공기관이 총지분의 100분의 50을 초과하는 출자로 설립한 법인

또한 시장 · 군수 등이 위 각 기관에 해당하는 자와 다음 각 목의 어느 하나에 해당하는 자를 공동시행자로 지정하여 시행하게 할 수 있다.

①「건설산업기본법」 제9조에 따른 건설업자

②「주택법」 제7조제1항에 따라 건설업자로 보는 등록사업자

가. 원칙적 시행자 : 주거환경개선사업은 공람 공고일 현재 당해 정비예정구역 안의 토지 또는 건축물의 소유자 또는 지상권자의 2/3 이상의 동의와 세입자(공람공고일 3월 전부터 당해 정비예정구역 안에 3월 이상 거주하고 있는 자를 말함) 세대수 과반수의 동의를 각각 얻어 시장·군수가 직접 시행하거나 한국토지주택공사 등을 사업시행자로 지정하여 이를 시행하게 할 수 있다. 다만, 세입자의 세대수가 토지 등 소유자의 1/2 이하인 경우 등 대통령령이 정하는 다음의 사유가 있는 경우에는 세입자의 동의절차를 거치지 아니할 수 있다.

> 〈세입자의 동의를 거치지 않아도 되는 경우〉
>
> 1. 세입자의 세대수가 토지 등 소유자의 1/2 이하인 경우
> 2. 정비구역 지정고시일 현재 당해 지역이 속한 시·군·구에 국민임대주택 등 세입자가 입주 가능한 임대주택이 충분하여 임대주택을 건설할 필요가 없다고 특별시장·광역시장 또는 도지사가 인정하는 경우
> 3. 스스로 개량방식 또는 환지방식에 의한 방법으로 사업을 시행하는 경우

나. 동의 없이 가능한 경우 : 시장 · 군수는 천재·지변 그 밖의 불가피한 사유로 인하여 건축물의 붕괴우려가 있어 긴급히 정비사업을 시행할 필요가 있다고 인정하는 경우에는 토지 등 소유자 및 세입자의 동의 없이 자신이 직접 시행하거나 한국토지주택공사 등을 사업시행자로 지정하여 시행하게 할 수 있다. 이 경우 시장·군수는 지체 없이 토지 등 소유자에게 긴급한 정비사업의 시행사유 · 시행방법 및 시행시기 등을 통보하여야 한다.

(2) 재개발사업

재개발사업은 다음 각 호의 어느 하나에 해당하는 방법으로 시행할 수 있다.

가. 조합이 시행하거나 조합이 조합원의 과반수의 동의를 받아 시장 · 군수, 토지주택공

사, 건설업자, 등록사업자 또는 대통령령으로 정하는 요건을 갖춘 자와 공동으로 시행하는 방법

나. 토지등소유자가 20인 미만인 경우에는 토지등소유자가 시행하거나 토지등소유자가 토지등소유자의 과반수의 동의를 받아 시장 · 군수, 토지주택공사, 건설업자, 등록사업자 또는 대통령령으로 정하는 요건을 갖춘 자와 공동으로 시행하는 방법

(3) 재건축사업

주택재건축사업은 조합이 시행하거나 조합이 조합원의 과반수의 동의를 받아 시장 · 군수, 토지주택공사, 건설업자 또는 등록사업자와 공동으로 시행할 수 있다.

【정비사업의 비교】

사업종류	기반시설	시행자		시행방식
주거환경개선사업	극히 열악	토지 등 소유자 2/3 동의와 세입자(과반수)→시장 · 군수, 한국토지주택공사 등		① 스스로 개량 ② 수용 ③ 환지
주택재개발사업	열악	조합 + 과반수 동의	시장 · 군수, 한국토지주택공사 등 + 건설업자, 등록업자 + 대통령령으로 정한 자	(환지○, 관리처분○→주택)
주택재건축사업	양호	조합 + 과반수 동의	시장 · 군수, 한국토지주택공사 등	(환지×, 관리처분○→공동 주택)

(4) 재개발 재건축 사업의 지정개발자

시장 · 군수 등은 재개발사업 및 재건축사업이 다음 각 호의 어느 하나에 해당하는 때에는 직접 정비사업을 시행하거나 토지주택공사 등(토지주택공사 등이 건설업자 또는 등록사업자와 공동으로 시행하는 경우를 포함한다.)을 사업시행자로 지정하여 정비사업을 시행하게 할 수 있다.

가. 천재지변, 「재난 및 안전관리 기본법」 또는 「시설물의 안전 및 유지관리에 관한 특별법」에 따른 사용제한 · 사용금지, 그 밖의 불가피한 사유로 긴급하게 정비사업을 시행할 필요가 있다고 인정하는 때

나. 고시된 정비계획에서 정한 정비사업 시행예정일부터 2년 이내에 사업시행계획인가를 신청하지 아니하거나 사업시행계획인가를 신청한 내용이 위법 또는 부당하다고 인정하는 때(재건축사업의 경우는 제외한다)

다. 재개발사업 및 재건축사업의 조합설립을 위한 동의요건 이상에 해당하는 자가 신탁업자를 사업시행자로 지정하는 것에 동의하는 때

(5) 공보 고시

시장 · 군수 등은 지정개발자를 사업시행자로 지정하는 때에는 정비사업 시행구역 등 토지등소유자에게 알릴 필요가 있는 사항으로서 대통령령으로 정하는 사항을 해당 지

방자치단체의 공보에 고시하여야 한다. 다만, 천재지변의 경우에는 토지등소유자에게 지체 없이 정비사업의 시행 사유 · 시기 및 방법 등을 통보하여야 한다.

가. 정비사업의 종류 및 명칭

나. 사업시행자의 성명 및 주소

다. 정비구역의 위치 및 면적

라. 정비사업의 착수예정일 및 준공예정일

(6) 토지 등 소유자 정보 제공

신탁업자는 사업시행자 지정에 필요한 동의를 받기 전에 다음 각 호에 관한 사항을 토지등소유자에게 제공하여야 한다.

가. 토지등소유자별 분담금 추산액 및 산출근거

나. 그 밖에 추정분담금의 산출 등과 관련하여 시 · 도조례로 정하는 사항

(7) 토지 등 소유자의 동의

토지등소유자의 동의는 국토교통부령으로 정하는 동의서에 동의를 받는 방법으로 한다. 이 경우 동의서에는 다음 각 호의 사항이 모두 포함되어야 한다.

가. 건설되는 건축물의 설계의 개요

나. 건축물의 철거 및 새 건축물의 건설에 드는 공사비 등 정비사업에 드는 비용(이하 "정비사업비"라 한다)

다. 정비사업비의 분담기준(신탁업자에게 지급하는 신탁보수 등의 부담에 관한 사항을 포함한다)

라. 사업 완료 후 소유권의 귀속

마. 정비사업의 시행방법 등에 필요한 시행규정

바. 신탁계약의 내용

(8) 공보 고시

시장 · 군수등이 지정개발자를 사업시행자로 지정 · 고시한 때에는 그 고시일 다음 날에 추진위원회의 구성승인 또는 조합설립인가가 취소된 것으로 본다. 이 경우 시장 · 군수등은 해당 지방자치단체의 공보에 해당 내용을 고시하여야 한다. 국토교통부장관은 신탁업자와 토지등소유자 상호 간의 공정한 계약의 체결을 위하여 대통령령으로 정하는 바에 따라 표준 계약서 및 표준 시행규정을 마련하여 그 사용을 권장할 수 있다. 신탁업자와 재개발사업 또는 재건축사업의 준비 · 추진에 필요한 사항에 대하여 협약 등을 체결하려는 자(토지등소유자로 구성된 자를 말한다)는 대통령령으로 정하는 절차를 거친 사실을 시장 · 군수 등에게 확인받은 후 대통령령으로 정하는 비율 이상의 토지 등 소유자의 동의를 받아 신탁업자를 공개모집한 후 사업시행자 지정 전에 협약등을 체결

할 수 있다. 공개모집 및 협약 등의 체결에 필요한 사항은 대통령령으로 정한다.

3) 재개발, 재건축 사업의 사업대행자 지정

(1) 정비사업 대행사유

시장 · 군수는 다음 각 호의 어느 하나에 해당하는 경우에는 해당 조합 또는 토지등소유자를 대신하여 직접 정비사업을 시행하거나 토지주택공사 또는 지정개발자에게 해당 조합 또는 토지등소유자를 대신하여 정비사업을 시행하게 할 수 있다.

① 장기간 정비사업이 지연되거나 권리관계에 관한 분쟁 등으로 해당 조합 또는 토지등소유자가 시행하는 정비사업을 계속 추진하기 어렵다고 인정하는 경우

② 토지등소유자(조합을 설립한 경우에는 조합원을 말한다)의 과반수 동의로 요청하는 경우

(2) 사업대행 개시결정의 효과

가. 효과 : 사업대행 개시결정의 고시가 있은 때에는 사업대행자는 고시일의 다음날부터 사업대행완료의 고시일까지 자기의 이름 및 사업시행자의 계산으로 사업시행자의 업무를 집행하고 재산을 관리한다. 이 경우 법 또는 법에 의한 명령이나 정관 등이 정하는 바에 의하여 사업시행자가 행하거나 사업시행자에 대하여 행하여진 처분 · 절차, 그 밖의 행위는 사업대행자가 행하거나 사업대행자에 대하여 행하여진 것으로 본다.

나. 재산상 부담을 가하는 행위에 대한 승인 : 시장 · 군수가 아닌 사업대행자는 재산의 처분, 자금의 차입, 그 밖에 사업시행자에게 재산상 부담을 가하는 행위를 하고자 하는 때에는 미리 시장 · 군수의 승인을 얻어야 한다.

(3) 사업대행의 완료

가. 사업대행자가 사업시행자에게 보수 또는 비용의 상환을 청구함에 있어서는 그 보수 또는 비용을 지출한 날 이후의 이자를 청구할 수 있다.

나. 사업대행자는 사업대행의 원인이 된 사유가 없어지거나 등기를 완료한 때에는 사업대행을 완료하여야 한다. 이 경우 시장 · 군수가 아닌 사업대행자는 미리 시장·군수에게 사업대행을 완료할 뜻을 보고하여야 한다.

다. 시장 · 군수는 사업대행이 완료된 때에는 사업대행완료일을 당해 지방자치단체의 공보 등에 고시하고, 토지 등 소유자 및 사업시행자에게 각각 통지하여야 한다.

라. 사업대행자는 사업대행완료의 고시가 있은 때에는 지체 없이 사업시행자에게 업무를 인계하여야 하며, 사업시행자는 정당한 사유가 없는 한 이를 인수하여야 한다.

마. 인계 · 인수가 완료된 때에는 사업대행자가 정비사업을 대행함에 있어서 취득하거

나 부담한 권리와 의무는 사업시행자에게 승계된다.

(4) 사업대행자의 주의 의무

가. 선관주의 의무 : 사업대행자는 업무를 행함에 있어서는 선량한 관리자로서의 주의 의무를 다하여야 한다.

나. 대행자의 협조의무 : 사업대행자는 업무를 행함에 있어서 필요한 때에는 사업시행자에게 협조를 요청할 수 있으며, 사업시행자는 특별한 사유가 없는 한 이에 응하여야 한다.

(5) 보수 · 비용상환에 대한 대지 또는 건축물의 압류

정비사업을 대행하는 시장 · 군수, 지정개발자 또는 한국토지주택공사 등은 사업시행자에게 청구할 수 있는 보수 또는 비용의 상환에 대한 권리로써 사업시행자에게 귀속될 대지 또는 건축물을 압류할 수 있다.

4) 권리 · 의무의 승계

사업시행자와 정비사업과 관련하여 권리를 갖는 자의 변동이 있은 때에는 종전의 사업시행자와 권리자의 권리 · 의무는 새로이 사업시행자와 권리자로 된 자가 이를 승계한다.

5) 시공자의 선정

추진위원장 또는 사업시행자(청산인을 포함한다)는 이 법 또는 다른 법령에 특별한 규정이 있는 경우를 제외하고는 계약(공사, 용역, 물품구매 및 제조 등을 포함)을 체결하려면 일반경쟁에 부쳐야 한다. 다만, 계약규모, 재난의 발생 등 대통령령으로 정하는 경우에는 입찰 참가자를 지명(指名)하여 경쟁에 부치거나 수의계약(隨意契約)으로 할 수 있다. 일반경쟁의 방법으로 계약을 체결하는 경우로서 대통령령으로 정하는 규모를 초과하는 계약은 「전자조달의 이용 및 촉진에 관한 법률」의 국가종합전자조달시스템을 이용하여야 한다.

가. 조합은 조합설립인가를 받은 후 조합 총회에서 경쟁입찰 또는 수의계약(2회 이상 경쟁입찰이 유찰된 경우로 한정한다)의 방법으로 건설업자 또는 등록사업자를 시공자로 선정하여야 한다. 다만, 대통령령으로 정하는 규모 이하의 정비사업은 조합 총회에서 정관으로 정하는 바에 따라 선정할 수 있다.

나. 토지등소유자가 재개발사업을 시행하는 경우에는 사업시행계획인가를 받은 후 건설업자 또는 등록사업자를 시공자로 선정하여야 한다. 시장 · 군수 등이 직접 정비사업을 시행하거나 한국토지주택공사 등 또는 지정개발자를 사업시행자로 지정한 경우 사업시행자는 사업시행자 지정 · 고시 후 경쟁입찰 또는 수의계약의 방법으로

건설업자 또는 등록사업자를 시공자로 선정하여야 한다.

다. 시공자를 선정하거나 주거환경개선사업의 사업시행자가 시공자를 선정하는 경우 주민대표회의 또는 토지등소유자 전체회의는 대통령령으로 정하는 경쟁입찰 또는 수의계약(2회 이상 경쟁입찰이 유찰된 경우로 한정한다)의 방법으로 시공자를 추천할 수 있다. 조합은 시공자 선정을 위한 입찰에 참가하는 건설업자 또는 등록사업자가 토지등소유자에게 시공에 관한 정보를 제공할 수 있도록 합동설명회를 2회 이상 개최하여야 한다. 합동설명회의 개최 방법이나 시기 등은 국토교통부령으로 정한다.

라. 주민대표회의 또는 토지등소유자 전체회의가 시공자를 추천한 경우 사업시행자는 추천받은 자를 시공자로 선정하여야 한다. 이 경우 시공자와의 계약에 관해서는 「지방자치단체를 당사자로 하는 계약에 관한 법률」 또는 「공공기관의 운영에 관한 법률」을 적용하지 아니한다.

마. 사업시행자(사업대행자를 포함한다)는 규정에 따라 선정된 시공자와 공사에 관한 계약을 체결할 때에는 기존 건축물의 철거 공사(「석면안전관리법」에 따른 석면 조사 · 해체 · 제거를 포함한다)에 관한 사항을 포함시켜야 한다.

6) 주택재건축사업의 안전진단 및 시행여부 결정

(1) 안전진단의 신청

시장 · 군수등은 정비예정구역별 정비계획의 수립시기가 도래한 때부터 사업시행계획인가(이하 "사업시행계획인가"라 한다) 전까지 재건축진단을 실시하여야 한다. 시장 · 군수 등은 다음 각 호의 어느 하나에 해당하는 경우에는 재건축진단을 실시하여야 한다. 이 경우 시장 · 군수 등은 재건축진단에 드는 비용을 해당 재건축진단의 실시를 요청하는 자에게 부담하게 할 수 있다.

가. 정비계획의 입안을 요청하려는 자가 입안을 요청하기 전에 해당 정비예정구역 또는 사업예정구역에 위치한 건축물 및 그 부속토지의 소유자 10분의 1 이상의 동의를 받아 재건축진단의 실시를 요청하는 경우

나. 정비계획의 입안을 제안하려는 자가 입안을 제안하기 전에 해당 정비예정구역에 위치한 건축물 및 그 부속토지의 소유자 10분의 1 이상의 동의를 받아 재건축진단의 실시를 요청하는 경우

다. 정비예정구역을 지정하지 아니한 지역에서 재건축사업을 하려는 자가 사업예정구역에 있는 건축물 및 그 부속토지의 소유자 10분의 1 이상의 동의를 받아 재건축진단의 실시를 요청하는 경우

라. 재건축사업을 시행하려는 자가 해당 사업예정구역에 위치한 건축물 및 그 부속토지의 소유자 10분의 1 이상의 동의를 받아 재건축진단의 실시를 요청하는 경우

마. 정비계획을 입안하여 주민에게 공람한 지역 또는 정비구역으로 지정된 지역에서 재건축사업을 시행하려는 자가 해당 구역에 위치한 건축물 및 그 부속토지의 소유자 10분의 1 이상의 동의를 받아 재건축진단의 실시를 요청하는 경우
바. 시장 · 군수 등의 승인을 받은 조합설립추진위원회(이하 "추진위원회"라 한다) 또는 사업시행자가 재건축진단의 실시를 요청하는 경우

(2) 주택재건축사업의 안전진단 대상
가. 주택재건축사업을 위한 안전진단은 공동주택을 대상으로 한다. 다만, 대통령령으로 정하는 다음의 어느 하나에 해당하는 것은 안전진단 대상에서 제외한다.
① 천재 · 지변 등으로 주택이 붕괴되어 신속히 재건축을 추진할 필요가 있다고 시장 · 군수가 인정하는 것
② 주택의 구조안전상 사용금지가 필요하다고 시장 · 군수가 인정하는 것
③ 노후불량 건축물 수에 관한 기준을 충족한 경우 잔여 건축물
④ 정비구역 내 도로 등 기반시설 설치를 위한 토지 위의 건축물
나. 시장 · 군수는 안전진단의 신청이 있는 공동주택이 노후 · 불량건축물에 해당하지 아니함이 명백하다고 인정하는 경우에는 그 사유를 명시하여 신청을 반려할 수 있다.
다. 시장 · 군수는 안전진단의 신청이 있는 때에는 신청일 부터 30일 이내에 국토교통부장관이 정하는 바에 따라 안전진단의 실시여부를 결정하여 당해 신청인에게 통보하여야 한다. 이 경우 시장 · 군수는 안전진단실시여부 결정전에 단계별 정비사업추진계획 등의 사유로 주택재건축사업의 시기를 조정할 필요가 있다고 인정하는 경우에는 안전진단의 실시시기를 조정할 수 있다.
라. 시장 · 군수는 안전진단의 실시가 필요하다고 결정한 경우에는 다음에 해당하는 기관 중에서 안전진단을 실시할 기관을 지정하여야 한다.
① 「시설물의 안전관리에 관한 특별법」에 의한 안전진단전문기관
② 「시설물의 안전관리에 관한 특별법」에 의한 한국시설 안전기술공단
③ 「과학기술분야 정부출연 연구기관 등의 설립 · 운영 및 육성에 관한 법률」에 의한 한국건설기술연구원

(3) 안전진단의 절차
가. 안전진단의 대상 : 재건축사업의 재건축진단은 주택단지(연접한 단지를 포함한다)의 건축물을 대상으로 한다. 다만, 대통령령으로 정하는 주택단지의 건축물인 경우에는 재건축진단 대상에서 제외할 수 있다.
나. 안전진단 의뢰 : 시장 · 군수등은 대통령령으로 정하는 재건축진단기관에 의뢰하여 주거환경 적합성, 해당 건축물의 구조안전성, 건축마감, 설비노후도 등에 관한 재건

축진단을 실시하여야 한다.

다. 재건축진단을 의뢰받은 재건축진단기관은 국토교통부장관이 정하여 고시하는 기준(건축물의 내진성능 확보를 위한 비용을 포함한다)에 따라 재건축진단을 실시하여야 하며, 국토교통부령으로 정하는 방법 및 절차에 따라 재건축진단 결과보고서를 작성하여 시장 · 군수 및 재건축진단의 실시를 요청한 자에게 제출하여야 한다.

라. 시장 · 군수 등은 재건축진단의 결과와 도시계획 및 지역여건 등을 종합적으로 검토하여 사업시행계획인가 여부(시기 조정을 포함한다)를 결정하여야 한다.

마. 시장 · 군수 등(특별자치시장 및 특별자치도지사는 제외한다.)은 재건축진단 결과보고서를 제출받은 경우에는 지체 없이 특별시장 · 광역시장 · 도지사에게 결정내용과 해당 재건축진단 결과보고서를 제출하여야 한다.

바. 특별시장 · 광역시장 · 특별자치시장 · 도지사 · 특별자치도지사는 필요한 경우 「국토안전관리원법」에 따른 국토안전관리원 또는 「과학기술분야 정부출연연구기관 등의 설립 · 운영 및 육성에 관한 법률」에 따른 한국건설기술연구원에 재건축진단 결과의 적정성에 대한 검토를 의뢰할 수 있다.

사. 국토교통부장관은 시 · 도지사에게 재건축진단 결과보고서의 제출을 요청할 수 있으며, 필요한 경우 시 · 도지사에게 재건축진단 결과의 적정성에 대한 검토를 요청할 수 있다.

아. 특별시장 · 광역시장 · 도지사는 검토결과에 따라 필요한 경우 시장 · 군수 등에게 재건축진단에 대한 시정요구 등 대통령령으로 정하는 조치를 요청할 수 있으며, 시장 · 군수 등은 특별한 사유가 없으면 그 요청에 따라야 한다.

자. 재건축진단의 대상 · 기준 · 실시기관 · 지정절차 · 수수료 및 결과에 대한 조치 등에 필요한 사항은 대통령령으로 정한다.

(4) 안전진단의 비용

가. 시장 · 군수에게 안전진단을 신청한 자는 안전진단의 실시가 결정된 때에는 안전진단에 필요한 비용을 시장 · 군수에게 예치하여야 한다. 이 경우 비용의 산정에 관하여는 「시설물의 안전관리에 관한 특별법 시행령」 규정에 의한 안전점검 및 정밀안전진단의 대가를 준용한다.

나. 시 · 도지사는 안전진단실시여부 결정전에 평가를 함에 있어 주택재건축사업의 시행으로 인하여 주변지역의 주택가격 및 주택임차가격의 상승과 주택에 대한 투기가 우려되는 등의 사유로 주택재건축사업의 시기를 조정할 필요가 있다고 인정하는 경우에는 안전진단실시 시기 또는 사업시행인가 시기를 조정하는 것을 내용으로 평가할 수 있다.

다. 시장 · 군수는 안전진단결과보고서를 제출받은 때에는 예치된 금액에서 안전진단을 실시한 기관에 안전진단의 수수료를 직접 지불하고, 나머지 금액이 있는 경우에는 안전진단을 신청한 자에게 즉시 반환하여야 한다.

라. 시장 · 군수는 안전진단 전문기관이 제출한 안전진단결과보고서를 받은 때에는 안전진단기관에 안전진단결과보고서의 적정여부에 대한 검토를 의뢰할 수 있다.

(5) 정비계획의 입안 요청

가. 토지등소유자 또는 추진위원회는 다음 각 호의 어느 하나에 해당하는 경우에는 정비계획의 입안권자에게 정비구역의 지정을 위한 정비계획의 입안을 요청할 수 있다.

① 기본계획을 수립하지 아니한 지역으로서 대통령령으로 정하는 경우

② 단계별 정비사업 추진계획상 정비예정구역별 정비계획의 입안시기가 지났음에도 불구하고 정비계획이 입안되지 아니한 경우

③ 제5조제2항에 따라 기본계획에 같은 조 제1항제9호 및 제10호에 따른 사항을 생략한 경우

④ 천재지변 등 대통령령으로 정하는 불가피한 사유로 긴급하게 정비사업을 시행할 필요가 있다고 판단되는 경우

나. 정비계획의 입안권자는 가항의 요청이 있는 경우에는 요청일부터 4개월 이내에 정비계획의 입안 여부를 결정하여 토지등소유자 및 정비구역의 지정권자에게 알려야 한다. 다만, 정비계획의 입안권자는 정비계획의 입안 여부의 결정 기한을 2개월의 범위에서 한 차례만 연장할 수 있다.

다. 정비구역의 지정권자는 다음 각 호의 어느 하나에 해당하는 경우에는 토지이용, 주택건설 및 기반시설의 설치 등에 관한 기본방향을 작성하여 정비계획의 입안권자에게 제시하여야 한다.

① 나항에 따라 정비계획의 입안권자가 토지등소유자에게 정비계획을 입안하기로 통지한 경우

② 단계별 정비사업 추진계획에 따라 정비계획의 입안권자가 요청하는 경우

③ 정비계획의 입안권자가 정비계획을 입안하기로 결정한 경우로서 대통령령으로 정하는 경우

④ 정비계획을 변경하는 경우로서 대통령령으로 정하는 경우

라. 가항부터 다항까지에서 규정한 사항 외에 정비구역의 지정요청을 위한 요청서의 작성, 토지등소유자의 동의, 요청서의 처리 및 정비계획의 기본방향 작성을 위하여 필요한 사항은 대통령령으로 정한다.

7) 공사비 검증 요청 등

(1) 재개발사업 · 재건축사업의 사업시행자(시장 · 군수 또는 토지주택공사 단독 또는

공동으로 정비사업을 시행하는 경우는 제외한다)는 시공자와 계약 체결 후 다음 각 호의 어느 하나에 해당하는 때에는 정비사업 지원기구에 공사비 검증을 요청하여야 한다.

가. 토지등소유자 또는 조합원 5분의 1 이상이 사업시행자에게 검증 의뢰를 요청하는 경우

나. 공사비의 증액 비율(당초 계약금액 대비 누적 증액 규모의 비율로서 생산자물가상승률은 제외한다)이 다음 각 목의 어느 하나에 해당하는 경우

① 사업시행계획인가 이전에 시공자를 선정한 경우 : 100분의 10 이상

② 사업시행계획인가 이후에 시공자를 선정한 경우 : 100분의 5 이상

다. (가)호 또는 (나)호에 따른 공사비 검증이 완료된 이후 공사비의 증액 비율(검증 당시 계약금액 대비 누적 증액 규모의 비율로서 생산자물가상승률은 제외한다)이 100분의 3 이상인 경우

(2) (1)항에 따른 공사비 검증의 방법 및 절차, 검증 수수료, 그 밖에 필요한 사항은 국토교통부장관이 정하여 고시한다.

8) 임대사업자의 선정

(1) 사업시행자는 공공지원민간임대주택을 원활히 공급하기 위하여 국토교통부장관이 정하는 경쟁입찰의 방법 또는 수의계약(2회 이상 경쟁입찰이 유찰된 경우로 한정한다)의 방법으로「민간임대주택에 관한 특별법」에 따른 임대사업자를 선정할 수 있다.

(2) 제(1)항에 따른 임대사업자의 선정절차 등에 필요한 사항은 국토교통부장관이 정하여 고시할 수 있다.

2 조합설립추진위원회 및 조합의 설립

1) 조합의 설립 및 추진위원회의 구성

(1) 조합설립의 의무

시장 · 군수 또는 한국토지주택공사 등이 아닌 자가 정비사업을 시행하고자 하는 경우에는 토지 등 소유자로 구성된 조합을 설립하여야 한다. 다만, 도시환경 정비사업을 토지 등 소유자가 시행하고자 하는 경우에는 그러하지 아니하다.

(2) 추진위원회의 구성

조합을 설립하려는 경우에는 다음 각 호의 사항에 대하여 토지등소유자 과반수의 동의

를 받아 조합설립을 위한 추진위원회 위원장을 포함한 5명 이상의 추진위원회 위원을 구성하여 국토교통부령으로 정하는 방법과 절차에 따라 시장 · 군수 등의 승인을 받아야 한다. 이 경우 시장 · 군수 등은 승인 이후 구역경계, 토지등소유자의 수 등 국토교통부령으로 정하는 사항을 해당 지방자치단체 공보에 고시하여야 한다.

(3) 동의의 승계

추진위원회의 구성에 동의한 토지 등 소유자는 조합의 설립에 동의한 것으로 본다. 다만, 조합설립인가신청 전에 시장 · 군수 및 추진위원회에 조합설립에 대한 반대의 의사표시를 한 추진위원회 동의자의 경우에는 그러하지 아니하다. 추진위원회를 구성하여 승인받은 경우로서 승인 당시의 구역과 지정 · 고시된 정비구역의 면적 차이가 대통령령으로 정하는 기준 이상인 경우 추진위원회는 토지등소유자 과반수의 동의를 받아 시장 · 군수 등에게 다시 승인을 받아야 한다. 이 경우 추진위원회 구성에 동의한 자는 정비구역 지정 · 고시 이후 1개월 이내에 동의를 철회하지 아니하는 경우 동의한 것으로 본다.

(4) 설명 및 고지

토지 등 소유자의 동의를 받고자 하는 자는 그 동의를 받기 전에 대통령령으로 정하는 방법 및 절차에 따라 위의 내용을 설명 · 고지하여야 한다.

(5) 추진위원회 준용

추진위원회 위원의 결격사유, 퇴임, 해임 등에 관하여는 조합임원에 관하여 준용한다. 이 경우 '조합'은 '추진위원회'로, '임원'은 '위원'으로, '조합원'은 '토지 등 소유자'로, '조합장'은 '추진위원회 위원장'으로 본다.

(6) 협의 및 통보

시장 · 군수는 승인을 함에 있어 주택재건축사업이 재건축임대주택 공급의무가 있는 것으로서 정비구역이 아닌 구역에서 시행되는 경우에는 재건축임대주택의 규모 등 재건축임대주택에 관한 사항을 인수자와 미리 협의하여 추진위원회에 통보하여야 한다.

2) 추진위원회의 기능

(1) 업 무

추진위원회는 다음의 업무를 수행할 수 있다.

가. 정비사업 전문관리업자의 선정 및 변경

나. 설계자의 선정 및 변경

다. 개략적인 정비사업 시행계획서의 작성

라. 조합의 설립인가를 받기 위한 준비업무

마. 그 밖에 조합설립의 추진을 위하여 필요한 업무로서 다음의 대통령령이 정하는 업무

① 조합설립 추진위원회 운영규정의 작성

② 토지 등 소유자의 동의서 징구

③ 조합의 설립을 위한 창립총회의 준비 및 개최

④ 조합정관의 초안작성

⑤ 그 밖에 추진위원회 운영규정이 정하는 사항

【추진위원회 승인절차】

조합설립 추진위원회 구성 (준비 위원회)
↓
운영규정 작성 및 추진위원 선정(1/10이상) (추진위원회)
↓
동의서 연번부여 및 동의서 징구
↓
승인신청 (준비 위원회 → 구청)
↓
추진위원회 승인 (구청장)
↓
승인 통보 (구청장 → 추진위원회)
↓
업무수행 (추진위원회)

(2) 정비사업 전문관리업자의 선정

추진위원회가 정비사업전문관리업자를 선정하려는 경우에는 추진위원회 승인을 받은 후 경쟁입찰 또는 수의계약(2회 이상 경쟁입찰이 유찰된 경우로 한정한다)의 방법으로 선정하여야 한다.

(3) 창립총회의 개최

추진위원회는 조합설립인가를 신청하기 전에 대통령령으로 정하는 방법 및 절차에 따라 조합설립을 위한 창립총회를 개최하여야 한다.

(4) 토지 등 소유자의 동의

추진위원회가 수행하는 업무의 내용이 토지 등 소유자의 비용부담을 수반하는 것이거나 권리와 의무에 변동을 발생시키는 경우로서 대통령령으로 정하는 사항에 대하여는 그 업무를 수행하기 전에 대통령령이 정하는 비율 이상의 토지 등 소유자의 동의를 얻어야 한다.

3) 조직 및 운영

(1) 조 직

추진위원회는 추진위원회를 대표하는 위원장 1인과 감사를 두어야 하며, 그 운영에 필요한 사항은 대통령령으로 정한다.

(2) 운영규정

국토교통부장관은 추진위원회의 공정한 운영을 위하여 다음의 내용을 포함한 추진위원회의 운영규정을 정하여 관보에 고시하여야 한다.

가. 추진위원의 선임방법 및 변경
나. 추진위원의 권리 · 의무
다. 추진위원회의 업무범위
라. 추진위원회의 운영방법
마. 토지 등 소유자의 운영경비 납부
바. 추진위원회 운영자금의 차입
바. 그 밖에 추진위원회의 운영에 필요한 사항으로서 대통령령이 정하는 사항

(3) 필요경비의 납부

추진위원회는 운영규정에 따라 운영하여야 하며, 토지 등 소유자는 운영에 필요한 경비를 운영규정이 정하는 바에 따라 납부하여야 한다.

(4) 업무의 보고 및 포괄승계

추진위원회는 추진위원회가 행한 업무를 총회에 보고하여야 하며, 추진위원회가 행한 업무와 관련된 권리와 의무는 조합이 포괄 승계한다.

(5) 회계장부 및 관련 서류의 인계

추진위원회는 사용경비를 기재한 회계장부 및 관련 서류를 조합설립의 인가일부터 30일 이내에 조합에 인계하여야 한다.

(6) 위원의 교체 및 해임

토지 등 소유자는 추진위원회의 운영규정이 정하는 바에 따라 추진위원회에 추진위원

회 위원의 교체 및 해임을 요구할 수 있다. 추진위원회의 교체 · 해임절차 등에 관한 구체적인 사항은 운영규정이 정하는 바에 의한다.

4) 조합의 설립인가

(1) 설립동의

시장 · 군수, 토지주택공사 또는 지정개발자가 아닌 자가 정비사업을 시행하려는 경우에는 토지등소유자로 구성된 조합을 설립하여야 한다. 다만, 토지등소유자가 재개발사업을 시행하려는 경우에는 그러하지 아니하다.

가. 재개발사업의 추진위원회(추진위원회를 구성하지 아니하는 경우에는 토지등소유자를 말한다)가 조합을 설립하려면 토지등소유자의 4분의 3 이상 및 토지면적의 2분의 1 이상의 토지소유자의 동의를 받아 다음 각 호의 사항을 첨부하여 시장 · 군수등의 인가를 받아야 한다.

① 정관

② 정비사업비와 관련된 자료 등 국토교통부령으로 정하는 서류

③ 그 밖에 시 · 도조례로 정하는 서류

나. 재건축사업의 추진위원회(추진위원회를 구성하지 아니하는 경우에는 토지등소유자를 말한다)가 조합을 설립하려는 때에는 주택단지의 공동주택의 각 동(복리시설의 경우에는 주택단지의 복리시설 전체를 하나의 동으로 본다)별 구분소유자의 과반수(복리시설로서 대통령령으로 정하는 경우에는 3분의 1 이상으로 한다) 동의(공동주택의 각 동별 구분소유자가 5 이하인 경우는 제외한다)와 주택단지의 전체 구분소유자의 100분의 70 이상 및 토지면적의 100분의 70 이상의 토지소유자의 동의를 받아 시장 · 군수등의 인가를 받아야 한다. 주택단지가 아닌 지역이 정비구역에 포함된 때에는 주택단지가 아닌 지역의 토지 또는 건축물 소유자의 4분의 3 이상 및 토지면적의 3분의 2 이상의 토지소유자의 동의를 받아야 한다.

다. 설립된 조합이 인가받은 사항을 변경하고자 하는 때에는 총회에서 조합원의 3분의 2 이상의 찬성으로 의결하고, 시장 · 군수 등의 인가를 받아야 한다. 다만, 대통령령으로 정하는 경미한 사항을 변경하려는 때에는 총회의 의결 없이 시장 · 군수 등에게 신고하고 변경할 수 있다. 시장 · 군수 등은 신고를 받은 날부터 20일 이내에 신고수리 여부를 신고인에게 통지하여야 한다.

라. 시장 · 군수 등이 20일 내에 신고수리 여부 또는 민원 처리 관련 법령에 따른 처리기간의 연장을 신고인에게 통지하지 아니하면 그 기간(민원 처리 관련 법령에 따라 처리기간이 연장 또는 재연장된 경우에는 해당 처리기간을 말한다)이 끝난 날의 다음 날에 신고를 수리한 것으로 본다.

마. 조합이 정비사업을 시행하는 경우 「주택법」을 적용할 때에는 조합을 사업주체로 보며, 조합설립인가일부터 주택건설사업 등의 등록을 한 것으로 본다.

바. (나)항부터 (마)항까지의 규정에 따른 토지등소유자에 대한 동의의 대상 및 절차, 조합 설립신청 및 인가절차 등에 관하여 필요한 사항은 대통령령으로 정한다.

사. 추진위원회는 조합설립에 필요한 동의를 받기 전에 추정 분담금 등 대통령령으로 정하는 정보를 토지등소유자에게 제공하여야 한다.

(2) 사업주체로의 간주

조합이 이 법에 의한 정비사업을 시행하는 경우 주택법 규정을 적용함에 있어서는 조합을 사업주체로 보며, 조합설립 인가일부터 주택건설사업 등의 등록을 한 것으로 본다.

(3) 조합설립신청 및 인가절차

토지 등 소유자에 대한 동의의 대상 및 절차, 조합설립신청 및 인가절차 등에 관하여 필요한 사항은 대통령령으로 정한다.

5) 토지 등 소유자의 동의방법

동의는 인감도장을 사용한 서면동의 또는 전자서명 동의서를 제출하는 방법으로 한다. 이 경우 서면동의서는 토지등소유자가 성명을 적고 지장(指章)을 날인하는 방법으로 하며, 주민등록증, 여권 등 신원을 확인할 수 있는 신분증명서의 사본을 첨부하여야 한다.

(1) 동의기준

가. 토지등소유자가 시행하는 재개발사업에서의 특례

① 정비구역 지정 · 고시(변경지정 · 고시는 제외한다.) 이후 토지등소유자가 재개발사업을 시행하는 경우 토지등소유자의 동의자 수를 산정하는 기준일은 다음 각 호의 구분에 따른다.

1. 정비계획의 변경을 제안하는 경우 : 정비구역 지정 · 고시가 있는 날
2. 사업시행계획인가를 신청하는 경우 : 사업시행계획인가를 신청하기 직전의 정비구역 변경지정 · 고시가 있는 날(정비구역 변경지정이 없거나 정비구역 지정 · 고시 후에 정비사업을 목적으로 취득한 토지 또는 건축물에 대해서는 정비구역 지정 · 고시가 있는 날을 말한다)

② 토지등소유자의 동의자 수를 산정함에 있어 산정기준일 이후 1명의 토지등소유자로부터 토지 또는 건축물의 소유권이나 지상권을 양수하여 여러 명이 소유하게 된 때에는 그 여러 명을 대표하는 1명을 토지등소유자로 본다.

나. 토지등소유자의 동의 인정에 관한 특례

① 토지등소유자가 다음 각 호의 어느 하나에 해당하는 사항에 대하여 동의를 하

는 경우, 제②항의 요건을 모두 충족한 경우에 한정하여 다음 각 호의 사항 중 동의하지 아니한 다른 사항에 대하여도 동의를 한 것으로 본다.

1. 정비계획의 입안 요청을 위한 동의
2. 입안의 제안을 위한 동의
3. 추진위원회 구성에 대한 동의

② 제①항에 따라 동의를 인정받기 위한 요건은 다음 각 호와 같다.

1. 제①항 각 호의 동의를 받을 때 같은 항 각 호의 다른 동의에 관하여 대통령령으로 정하는 사항을 포함하여 동의를 받을 것
2. 제①항 각 호의 동의를 받을 때 같은 항 각 호의 다른 동의로도 인정될 수 있음을 고지받고, 고지받은 날부터 대통령령으로 정하는 기간 내에 동의를 철회하지 아니할 것
3. 그 밖에 대통령령으로 정하는 기준과 방법을 충족할 것

(2) 추진위원회 또는 조합의 설립에 동의한 자로부터 토지 또는 건축물을 취득한 자는 추진위원회 또는 조합의 설립에 동의한 것으로 볼 것

(3) 토지등기부등본 · 건물등기부등본 · 토지대장 및 건축물관리대장에 소유자로 등재될 당시 주민등록번호의 기재가 없고 기재된 주소가 현재 주소와 상이한 경우로서 소재가 확인되지 아니한 자는 토지 등 소유자의 수에서 제외할 것

(4) 추진위원회의 승인신청 전 또는 조합설립의 인가신청 전에 동의를 철회하는 자는 토지 등 소유자의 동의자 수에서 제외할 것. 다만, 토지 등 소유자 변경이 없는 경우에는 조합설립의 인가를 위한 동의자의 수에서 이를 제외하지 아니한다.

6) 조합의 법인격

(1) 조합의 법적 성격

조합의 법적 성격은 법인으로 한다.

(2) 성립요건

조합은 조합설립의 인가를 받은 날부터 30일 이내에 주된 사무소의 소재지에서 다음의 사항을 등기함으로써 성립한다.

가. 설립목적
나. 조합의 명칭
다. 주된 사무소의 소재지
라. 설립인가일
마. 임원의 성명 및 주소
바. 임원의 대표권을 제한하는 경우에는 그 내용

(3) 조합의 유사명칭 사용금지

조합은 그 명칭 중에 '정비사업조합' 이라는 문자를 사용하여야 한다.

(4) 민법의 준용

조합에 관하여는 이 법에 규정된 것을 제외하고는 민법 중 사단법인에 관한 규정을 준용한다.

7) 조합원의 자격

(1) 정비사업의 조합원

정비사업의 조합원(사업시행자가 신탁업자인 경우에는 위탁자를 말한다.)은 토지등소유자(재건축사업의 경우에는 재건축사업에 동의한 자만 해당한다)로 하되, 다음 각 호의 어느 하나에 해당하는 때에는 그 여러 명을 대표하는 1명을 조합원으로 본다. 다만, 「국가균형발전 특별법」에 따른 공공기관 지방이전 및 혁신도시 활성화를 위한 시책 등에 따라 이전하는 공공기관이 소유한 토지 또는 건축물을 양수한 경우 양수한 자(공유의 경우 대표자 1명을 말한다)를 조합원으로 본다.

가. 토지 또는 건축물의 소유권과 지상권이 여러 명의 공유에 속하는 때

나. 여러 명의 토지등소유자가 1세대에 속하는 때. 이 경우 동일한 세대별 주민등록표상에 등재되어 있지 아니한 배우자 및 미혼인 19세 미만의 직계비속은 1세대로 보며, 1세대로 구성된 여러 명의 토지등소유자가 조합설립인가 후 세대를 분리하여 동일한 세대에 속하지 아니하는 때에도 이혼 및 19세 이상 자녀의 분가(세대별 주민등록을 달리하고, 실거주지를 분가한 경우로 한정한다)를 제외하고는 1세대로 본다.

다. 조합설립인가(조합설립인가 전에 신탁업자를 사업시행자로 지정한 경우에는 사업시행자의 지정을 말한다) 후 1명의 토지등소유자로부터 토지 또는 건축물의 소유권이나 지상권을 양수하여 여러 명이 소유하게 된 때

(2) 재건축사업의 조합원

「주택법」에 따른 투기과열지구로 지정된 지역에서 재건축사업을 시행하는 경우에는 조합설립인가 후, 재개발사업을 시행하는 경우에는 관리처분계획의 인가 후 해당 정비사업의 건축물 또는 토지를 양수(매매 · 증여, 그 밖의 권리의 변동을 수반하는 일체의 행위를 포함하되, 상속 · 이혼으로 인한 양도 · 양수의 경우는 제외한다.)한 자는 (1)항에도 불구하고 조합원이 될 수 없다. 다만, 양도인이 다음 각 호의 어느 하나에 해당하는 경우 그 양도인으로부터 그 건축물 또는 토지를 양수한 자는 그러하지 아니하다.

가. 세대원(세대주가 포함된 세대의 구성원을 말한다.)의 근무상 또는 생업상의 사정이나 질병치료(「의료법」에 따른 의료기관의 장이 1년 이상의 치료나 요양이 필요하

다고 인정하는 경우로 한정한다) · 취학 · 결혼으로 세대원이 모두 해당 사업구역에 위치하지 아니한 특별시 · 광역시 · 특별자치시 · 특별자치도 · 시 또는 군으로 이전하는 경우

나. 상속으로 취득한 주택으로 세대원 모두 이전하는 경우

다. 세대원 모두 해외로 이주하거나 세대원 모두 2년 이상 해외에 체류하려는 경우

라. 1세대 1주택자로서 양도하는 주택에 대한 소유기간 및 거주기간이 대통령령으로 정하는 기간 이상인 경우

마. 그 밖에 불가피한 사정으로 양도하는 경우로서 대통령령으로 정하는 경우

8) 정관의 작성 및 변경

(1) 정관의 작성

조합은 다음의 사항이 포함된 정관을 작성하여야 한다.

가. 조합의 명칭 및 사무소의 주소

나. 조합원의 자격에 관한 사항

다. 조합원의 제명 · 탈퇴 및 교체에 관한 사항

라. 정비구역의 위치 및 면적

마. 조합의 임원 수 및 업무의 범위

바. 조합임원의 권리 · 의무 · 보수 · 선임방법 · 변경 및 해임에 관한 사항

사. 대의원의 수, 선임방법, 선임절차 및 대의원회의 의결방법

아. 조합의 비용부담 및 조합의 회계

자. 정비사업의 시행연도 및 시행방법

차. 총회의 소집절차 · 시기 및 의결방법

카. 총회의 개최 및 조합원의 총회소집요구

타. 정비사업비의 부담 시기 및 절차, 이자지급

파. 정비사업이 종결된 때의 청산절차

하. 청산금의 징수 · 지급의 방법 및 절차

거. 시공자 · 설계자의 선정 및 계약서에 포함될 내용

너. 정관의 변경절차

더. 그 밖에 정비사업의 추진 및 조합의 운영을 위하여 필요한 사항으로서 대통령령이 정하는 사항

(2) 표준정관

시 · 도지사는 위의 사항이 포함된 표준정관을 작성하여 보급할 수 있다.

(3) 정관의 변경

조합이 정관을 변경하고자 하는 경우에는 총회를 개최하여 조합원 과반수의 동의를 얻어 시장 · 군수의 인가를 받아야 한다(나, 다, 라, 아, 타항의 경우에는 2/3 이상). 다만, 대통령령이 정하는 경미한 사항을 변경하고자 하는 때에는 이 법 또는 정관으로 정하는 방법에 따라 변경하고 시장 · 군수에게 신고하여야 한다. 시장 · 군수 등은 신고를 받은 날부터 20일 이내에 신고수리 여부를 신고인에게 통지하여야 한다. 시장 · 군수 등이 20일 내에 신고수리 여부 또는 민원 처리 관련 법령에 따른 처리기간의 연장을 신고인에게 통지하지 아니하면 그 기간(민원 처리 관련 법령에 따라 처리기간이 연장 또는 재연장된 경우에는 해당 처리기간을 말한다)이 끝난 날의 다음 날에 신고를 수리한 것으로 본다.

9) 조합의 임원

가. 조합은 다음 각 호의 어느 하나의 요건을 갖춘 조합장 1명과 이사, 감사를 임원으로 둔다. 이 경우 조합장은 선임일부터 관리처분계획인가를 받을 때까지는 해당 정비구역에서 거주(영업을 하는 자의 경우 영업을 말한다.)하여야 한다.

① 정비구역에서 거주하고 있는 자로서 선임일 직전 3년 동안 정비구역 내 거주기간이 1년 이상일 것

② 정비구역에 위치한 건축물 또는 토지(재건축사업의 경우에는 건축물과 그 부속토지를 말한다)를 5년 이상 소유하고 있을 것

나. 임원의 수 : 조합에 두는 이사의 수는 3인 이상으로 하고, 감사의 수는 1인 이상 3인 이하로 한다. 다만, 토지 등 소유자의 수가 100인을 초과하는 경우에는 이사의 수를 5인 이상으로 한다.

다. 조합임원의 임기는 3년 이하의 범위에서 정관으로 정하되, 연임할 수 있다.

라. 조합임원의 선출방법 등은 정관으로 정한다. 다만, 시장 · 군수 등은 다음 각 호의 어느 하나에 해당하는 경우 시 · 도조례로 정하는 바에 따라 변호사 · 회계사 · 기술사 등으로서 대통령령으로 정하는 요건을 갖춘 자를 전문조합관리인으로 선정하여 조합임원의 업무를 대행하게 할 수 있다.

① 조합임원이 사임, 해임, 임기만료, 그 밖에 불가피한 사유 등으로 직무를 수행할 수 없는 때부터 6개월 이상 선임되지 아니한 경우

② 총회에서 조합원 과반수의 출석과 출석 조합원 과반수의 동의로 전문조합관리인의 선정을 요청하는 경우

10) 조합임원의 직무

가. 조합장은 조합을 대표하고, 그 사무를 총괄하며, 총회 또는 대위원회의 의장이 된다.

나. 조합장 또는 이사의 자기를 위한 조합과의 계약이나 소송에 관하여는 감사가 조합을 대

표한다.

다. 조합임원은 같은 목적의 정비사업을 하는 다른 조합의 임원 또는 직원을 겸할 수 없다.

11) 임원의 결격사유 및 퇴임

(1) 임원의 결격사유

다음에 해당하는 자는 조합임원 또는 전문조합관리인이 될 수 없다.

가. 미성년자 · 피성년후견인 또는 피한정후견인

나. 파산선고를 받은 자로서 복권되지 아니한 자

다. 금고 이상의 실형의 선고를 받고 그 집행이 종료되거나 집행이 면제된 날부터 2년이 경과되지 아니한 자

라. 금고 이상의 형의 집행유예를 받고 그 유예기간 중에 있는 자

마. 이 법을 위반하여 벌금 100만원 이상의 형을 선고받고 10년이 지나지 아니한 자

(2) 임원의 퇴임

조합임원이 결격사유에 해당하게 되거나 선임 당시 그에 해당하는 자이었음이 판명된 때에는 당연 퇴임한다.

시장 · 군수등이 전문조합관리인을 선정한 경우 전문조합관리인이 업무를 대행할 임원은 당연 퇴임한다.

(3) 퇴임 전 행위의 효력

퇴임된 임원이 퇴임 전에 관여한 행위는 그 효력을 잃지 아니한다.

(4) 임원의 해임

조합임원의 해임은 조합원 1/10 이상의 발의로 소집된 총회에서 조합원 과반수의 출석과 출석 조합원 과반수의 동의를 얻어 할 수 있다. 이 경우 대표로 선출된 자가 해임총회의 소집 및 진행에 있어 조합장의 권한을 대행한다. 시장 · 군수등이 전문조합관리인을 선정한 경우 전문조합관리인이 업무를 대행할 임원은 당연 퇴임한다.

12) 총회개최 및 의결사항

(1) 총 회

조합에 조합원으로 구성되는 총회를 둔다.

(2) 총회의 소집

가. 조합에는 조합원으로 구성되는 총회를 둔다.

나. 총회는 조합장이 직권으로 소집하거나 조합원 5분의 1 이상(정관의 기재사항 중 조합임원의 권리 · 의무 · 보수 · 선임방법 · 변경 및 해임에 관한 사항을 변경하기 위한 총회의 경우는 10분의 1 이상으로 한다) 또는 대의원 3분의 2 이상의 요구로 조합장이 소집한다.

다. 조합임원의 사임, 해임 또는 임기만료 후 6개월 이상 조합임원이 선임되지 아니한 경우에는 시장 · 군수 등이 조합임원 선출을 위한 총회를 소집할 수 있다.

라. 총회를 소집하려는 자는 총회가 개최되기 7일 전까지 회의 목적 · 안건 · 일시 및 장소를 정하여 조합원에게 통지하여야 한다.

마. 총회의 소집 절차 · 시기 등에 필요한 사항은 정관으로 정한다.

바. 조합은 총회의 의결을 거쳐 총회와 병행하여 「정보통신망 이용촉진 및 정보보호 등에 관한 법률」에 따른 정보통신망을 이용한 총회(이하 "온라인총회"라 한다)를 개최하여 조합원이 참석하게 할 수 있다. 다만, 「재난 및 안전관리 기본법」에 따른 재난의 발생 등 대통령령으로 정하는 사유가 발생하여 시장 · 군수등이 조합원의 직접 출석이 어렵다고 인정하는 경우에는 온라인총회를 단독으로 개최할 수 있다.

사. 온라인총회는 다음 각 호의 요건을 모두 갖추어 개최하여야 한다. 이 경우 정족수를 산정할 때에는 직접 출석한 것으로 본다.

1. 온라인총회에 참석한 조합원이 본인인지 여부를 확인할 수 있을 것
2. 온라인총회에 참석한 조합원의 접속 기록 등이 보관되어 실제 참석 여부를 확인 · 관리할 수 있을 것
3. 그 밖에 원활한 의견의 청취 · 제시 등을 위하여 대통령령으로 정하는 기준에 부합할 것

아. 그 밖에 온라인총회의 개최 방법 및 절차에 관하여 필요한 사항은 대통령령으로 정한다.

(3) 총회의 의결

다음의 사항은 총회의 의결을 거쳐야 한다.

가. 정관의 변경

나. 자금의 차입과 그 방법 · 이율 및 상환방법

다. 정비사업비의 세부 항목별 사용계획이 포함된 예산안 및 예산의 사용내역

라. 정비사업비의 사용

마. 예산으로 정한 사항 외에 조합원에게 부담이 되는 계약

바. 시공자 · 설계자 또는 감정평가업자(시장 · 군수가 선정 · 계약하는 감정평가업자는 제외한다)의 선정 및 변경. 다만, 감정평가업자 선정 및 변경은 총회 의결을 거쳐

시장 · 군수에게 위탁할 수 있다.

사. 정비사업 전문관리업자의 선정 및 변경

아. 조합임원의 선임 및 해임

자. 정비사업 조합원별 분담내역

차. 사업시행계획서의 작성 및 변경(정비사업의 중지 또는 폐지에 관한 사항을 포함하며, 같은 항 단서에 따른 경미한 변경은 제외한다)

카. 관리처분계획의 수립 및 변경

카-2. 조합의 해산과 조합 해산 시의 회계보고

타. 청산금의 징수 · 지급(분할징수 · 분할지급을 포함한다)과 조합 해산 시의 회계보고

파. 비용의 금액 및 징수방법

하. 그 밖에 조합원에게 경제적 부담을 주는 사항 등 주요한 사항을 결정하기 위하여 필요한 사항으로서 대통령령 또는 정관이 정하는 사항

(4) 총회의 상정 및 의결

가. 위의 의결사항 중 이 법 또는 정관의 규정에 의하여 조합원의 동의가 필요한 사항은 총회에 상정하여야 한다. 총회의 의결은 이 법 또는 정관에 다른 규정이 없으면 조합원 과반수의 출석과 출석 조합원의 과반수 찬성으로 한다.

나. 사업시행계획서의 작성 및 변경과 관리처분계획의 수립 및 변경 건은 조합원 과반수의 찬성으로 의결한다. 다만, 정비사업비가 100분의 10(생산자물가 상승률분, 손실보상 금액은 제외) 이상 늘어나는 경우에는 조합원 3분의 2 이상의 찬성으로 의결하여야 한다.

다. 조합원은 서면으로 의결권을 행사하거나 다음 각 호의 어느 하나에 해당하는 경우에는 대리인을 통하여 의결권을 행사할 수 있다. 서면으로 의결권을 행사하는 경우에는 정족수를 산정할 때에 출석한 것으로 본다.

① 조합원이 권한을 행사할 수 없어 배우자, 직계존비속 또는 형제자매 중에서 성년자를 대리인으로 정하여 위임장을 제출하는 경우

② 해외에 거주하는 조합원이 대리인을 지정하는 경우

③ 법인인 토지등소유자가 대리인을 지정하는 경우. 이 경우 법인의 대리인은 조합임원 또는 대의원으로 선임될 수 있다.

④ 조합원은 다음 각 호의 요건을 모두 충족한 경우에는 전자적 방법(「전자문서 및 전자거래 기본법」에 따른 정보처리시스템을 사용하거나 그 밖의 정보통신기술을 이용하는 방법을 말한다. 이하 같다)으로 의결권을 행사할 수 있다. 이 경우 정족수를 산정할 때에 출석한 것으로 본다.

1. 조합원이 전자적 방법 외에도 의결권을 행사할 수 있게 할 것

2. 의결권의 행사 방법에 따른 결과가 각각 구분되어 확인 · 관리할 수 있을 것
3. 그 밖에 전자적 방법을 통한 의결권의 투명한 행사 등을 위하여 대통령령으로 정하는 기준에 부합할 것

⑤ 조합은 조합원의 참여를 확대하기 위하여 조합원이 전자적 방법을 우선적으로 이용하도록 노력하여야 한다.

⑥ 제④항에도 불구하고 제44조의2제1항 단서에 해당하는 경우에는 전자적 방법만으로 의결권을 행사할 수 있다.

⑦ 조합은 서면 또는 전자적 방법으로 의결권을 행사하는 자가 본인인지를 확인하여야 한다.

라. 총회의 의결은 조합원의 100분의 10 이상이 직접 출석(전자적 방법으로 의결권을 행사하는 경우 직접 출석한 것으로 본다.)하여야 한다. 다만, 시공자의 선정을 의결하는 총회의 경우에는 조합원의 과반수가 직접 출석하여야 하고, 창립총회, 시공자 선정 취소를 위한 총회, 사업시행계획서의 작성 및 변경, 관리처분계획의 수립 및 변경을 의결하는 총회 등 대통령령으로 정하는 총회의 경우에는 조합원의 100분의 20 이상이 직접 출석하여야 한다. 총회의 의결방법, 서면 또는 전자적 방법에 따른 의결권 행사 및 본인확인방법 등에 필요한 사항은 정관으로 정한다.

(5) 총회의 소집절차

총회의 소집절차 · 시기 및 의결방법 등에 관하여는 정관으로 정한다.

13) 대의원회

(1) 조 건

조합원의 수가 100인 이상인 조합은 대의원회를 두어야 한다.

(2) 구성원 수

대위원회는 조합원 수의 1/10 이상으로 하되 조합원이 1,000인 이상의 경우에는 대의원회를 100인 이상으로 구성할 수 있으며, 총회의 의결사항 중 대통령령이 정하는 사항을 제외하고는 총회의 권한을 대행할 수 있다.

(3) 겸임금지

조합장이 아닌 조합임원은 대의원이 될 수 없다.

(4) 대의원의 수 · 의결방법 · 선임방법 및 선임절차

대의원의 수 · 의결방법 · 선임방법 및 선임절차 등에 관하여는 대통령령이 정하는 범위

안에서 정관으로 정한다.

14) 주민대표회의

(1) 구성원

가. 정비구역안의 토지 등 소유자가 시장·군수 또는 한국토지주택공사 등의 사업시행을 원하는 경우 사업시행을 원활하게 하기 위한 주민대표기구를 정비구역지정 고시 후 구성하여야 한다. 다만, 협약등이 체결된 경우에는 정비구역 지정 · 고시 이전에 주민대표회의를 구성할 수 있다.

나. 구성원의 수 : 주민대표회의는 5인 이상 25인 이하로 구성한다. 주민대표회의에는 위원장과 부위원장 각 1인을 두며, 필요한 경우에는 감사를 둘 수 있다.

다. 동의요건 : 주민대표회의는 토지 등 소유자의 과반수의 동의를 얻어서 구성하며, 이를 구성한 때에는 국토교통부령으로 정하는 방법 및 절차에 따라 시장 · 군수의 승인을 얻어야 한다.

(2) 주민대표회의의 업무

주민대표회의는 사업시행자가 다음의 사항에 관하여 시행규정을 정하는 때에 의견을 제시할 수 있다.

가. 건축물의 철거에 관한 사항
나. 주민이주에 관한 사항
다. 토지 및 건축물의 보상에 관한 사항
라. 정비사업비의 부담에 관한 사항
마. 그 밖에 정비사업의 시행을 위하여 필요한 사항으로서 대통령령이 정하는 사항

(3) 운영방법

주민대표회의의 운영, 비용부담, 위원 선임방법 및 절차 등에 관하여 필요한 사항은 대통령령으로 정한다.

(4) 운영경비지원

사업시행자는 주민대표회의의 운영에 필요한 경비의 일부를 당해 정비사업비에서 지원할 수 있다.

(5) 토지등 소유자 전체회의

① 사업시행자로 지정된 신탁업자는 다음 각 호의 사항에 관하여 해당 정비사업의 토지등소유자(재건축사업의 경우에는 신탁업자를 사업시행자로 지정하는 것에 동의한 토지등소유자를 말한다.) 전원으로 구성되는 회의(이하 “토지등소유자 전체회

의"라 한다)의 의결을 거쳐야 한다.

1. 시행규정의 확정 및 변경
2. 정비사업비의 사용 및 변경
3. 정비사업전문관리업자와의 계약 등 토지등소유자의 부담이 될 계약
4. 시공자의 선정 및 변경
5. 정비사업비의 토지등소유자별 분담내역
6. 자금의 차입과 그 방법 · 이자율 및 상환방법
7. 제52조에 따른 사업시행계획서의 작성 및 변경
8. 제74조에 따른 관리처분계획의 수립 및 변경(제74조제1항 각 호 외의 부분 단서에 따른 경미한 변경은 제외한다)
9. 제89조에 따른 청산금의 징수 · 지급(분할징수 · 분할지급을 포함한다)과 조합 해산 시의 회계보고
10. 제93조에 따른 비용의 금액 및 징수방법
11. 그 밖에 토지등소유자에게 부담이 되는 것으로 시행규정으로 정하는 사항

② 토지등소유자 전체회의는 사업시행자가 직권으로 소집하거나 토지등소유자 5분의 1 이상의 요구로 사업시행자가 소집한다.

③ 토지등소유자 전체회의의 소집 절차 · 시기 및 의결방법 등에 관하여는 제44조제5항, 제44조의2 및 제45조제3항부터 제11항까지를 준용한다. 이 경우 "총회"는 "토지등소유자 전체회의"로, "조합"은 "사업시행자"로, "정관"은 "시행규정"으로, "조합원"은 "토지등소유자"로 본다.

3 사업시행계획

1) 사업시행계획서

(1) 사업시행계획서의 내용

사업시행자는 고시된 정비계획에 따라 다음의 사항을 포함하여 사업시행계획서를 작성하여야 한다.

(2) 사업시행의 동의

사업시행자(시장 · 군수 또는 한국토지주택공사 등을 제외)는 사업시행인가를 신청하기 전에 미리 총회를 개최하여 조합원 과반수의 동의를 얻어야 한다. 다만, 사업시행자가 지정개발자인 경우에는 정비구역 안의 토지면적 50% 이상 토지소유자의 동의와 토지

등 소유자 과반수의 동의를 각각 얻어야 하며, 경미한 변경인 경우에는 총회 의결을 필요로 하지 아니한다.

<사업시행계획서의 내용>

1. 토지이용계획(건축물배치계획을 포함한다)
2. 정비기반시설 및 공동이용시설의 설치계획
3. 임시수용시설을 포함한 주민이주대책
4. 세입자의 주거대책
5. 사업시행기간 동안 정비구역 내 가로등 설치, 폐쇄회로 텔레비전 설치 등 범죄예방대책
6. 임대주택의 건설계획(재건축사업의 경우는 제외한다)
7. 소형주택의 건설계획(주거환경개선사업의 경우는 제외한다)
8. 공공지원민간임대주택 또는 임대관리 위탁주택의 건설계획(필요한 경우로 한정한다)
9. 건축물의 높이 및 용적률 등에 관한 건축계획
10. 정비사업의 시행과정에서 발생하는 폐기물의 처리계획
11. 교육시설의 교육환경보호에 관한 계획(정비구역으로부터 200m 이내에 교육시설이 설치되어 있는 경우에 한한다)
12. 정비사업비
13. 그 밖에 사업시행을 위하여 필요한 사항으로서 대통령령이 정하는 범위 내에서 시·도 조례가 정하는 사항

2) 사업시행인가

(1) 사업시행계획서 제출 및 인가신청

① 사업시행자는 정비사업을 시행하고자 하는 경우에는 사업시행계획서에 정관 등과 그 밖에 국토교통부령이 정하는 서류를 첨부하여 시장·군수에게 제출하고 사업시행인가를 받아야 한다. 인가받은 내용을 변경하거나 정비사업을 중지 또는 폐지하고자 하는 경우에도 또한 같다. 다만, 대통령령이 정하는 경미한 사항을 변경하고자 하는 때에는 시장 · 군수에게 이를 신고하여야 한다.

② 시장 · 군수 등은 신고를 받은 날부터 20일 이내에 신고수리 여부를 신고인에게 통지하여야 한다.

③ 시장 · 군수 등이 정한 기간 내에 신고수리 여부 또는 민원 처리 관련 법령에 따른 처리기간의 연장을 신고인에게 통지하지 아니하면 그 기간(민원 처리 관련 법령에 따라 처리기간이 연장 또는 재연장된 경우에는 해당 처리기간을 말한다)이 끝난 날의 다음 날에 신고를 수리한 것으로 본다.

④ 시장 · 군수 등은 특별한 사유가 없으면 제1항에 따라 사업시행계획서의 제출이 있은 날부터 60일 이내에 인가 여부를 결정하여 사업시행자에게 통보하여야 한다.

⑤ 사업시행자(시장 · 군수 등 또는 토지주택공사 등은 제외한다)는 사업시행계획인가

를 신청하기 전에 미리 총회의 의결을 거쳐야 하며, 인가받은 사항을 변경하거나 정비사업을 중지 또는 폐지하려는 경우에도 또한 같다. 다만, 제1항 단서에 따른 경미한 사항의 변경은 총회의 의결을 필요로 하지 아니한다.

⑥ 토지등소유자가 제25조제1항제2호에 따라 재개발사업을 시행하려는 경우에는 사업시행계획인가를 신청하기 전에 사업시행계획서에 대하여 토지등소유자의 4분의 3 이상 및 토지면적의 2분의 1 이상의 토지소유자의 동의를 받아야 한다. 다만, 인가받은 사항을 변경하려는 경우에는 규약으로 정하는 바에 따라 토지등소유자의 과반수의 동의를 받아야 하며, 제1항 단서에 따른 경미한 사항의 변경인 경우에는 토지등소유자의 동의를 필요로 하지 아니한다.

⑦ 지정개발자가 정비사업을 시행하려는 경우에는 사업시행계획인가를 신청하기 전에 토지등소유자의 과반수의 동의 및 토지면적의 2분의 1 이상의 토지소유자의 동의를 받아야 한다. 다만, 제1항 단서에 따른 경미한 사항의 변경인 경우에는 토지등소유자의 동의를 필요로 하지 아니한다.

⑧ 제26조제1항제1호 및 제27조제1항제1호에 따른 사업시행자는 제7항에도 불구하고 토지등소유자의 동의를 필요로 하지 아니한다.

⑨ 시장 · 군수 등은 제1항에 따른 사업시행계획인가(시장 · 군수 등이 사업시행계획서를 작성한 경우를 포함한다)를 하거나 정비사업을 변경 · 중지 또는 폐지하는 경우에는 국토교통부령으로 정하는 방법 및 절차에 따라 그 내용을 해당 지방자치단체의 공보에 고시하여야 한다. 다만, 제1항 단서에 따른 경미한 사항을 변경하려는 경우에는 그러하지 아니하다.

(2) 건축위원회의 심의

시장 · 군수는 정비구역이 아닌 구역에서 시행하는 주택재건축사업의 사업시행인가를 하고자하는 경우에는 건축물의 높이 · 층수 · 용적률 등 대통령령이 정하는 사항에 대하여 건축법 규정에 의하여 시 · 군 · 구에 설치하는 건축위원회의 심의를 거쳐야 한다. 다만, 「국토의 계획 및 이용에 관한 법률」 규정에 의하여 지정된 지구단위계획구역인 경우 도시계획위원회의 심의를 거쳐 지구단위계획으로 결정된 사항을 제외한다.

(3) 지방자치단체와의 협의

시장 · 군수는 사업시행인가를 하고자 하는 경우 정비구역으로부터 200m 이내에 교육시설이 설치되어 있는 때에는 해당 지방자치단체의 교육감 또는 교육장과 협의하여야 한다.

(4) 공보 고시

시장 · 군수는 사업시행인가를 하거나 그 정비사업을 변경 · 중지 또는 폐지하는 경우에는 국토교통부령이 정하는 방법 및 절차에 의하여 그 내용을 당해 지방자치단체의 공보에 고시하여야 한다. 다만, 경미한 사항을 변경하고자 하는 경우에는 그러하지 아니하다.

(5) 관계 서류의 공람과 의견청취

가. 관계 서류의 공람 : 시장 · 군수는 사업시행인가를 하고자 하거나 사업시행계획서를 작성하고자 하는 경우에는 대통령령이 정하는 방법 및 절차에 따라 관계 서류의 사본을 30일 이상 일반인이 공람하게 하여야 한다. 다만, 경미한 사항을 변경하고자 하는 경우에는 그러하지 아니하다.

나. 의견제출 : 토지 등 소유자 또는 조합원 그 밖에 정비사업과 관련하여 이해관계를 가지는 자는 공람기간 이내에 시장 · 군수에게 서면으로 의견을 제출할 수 있다.

다. 의견의 채택 : 시장 · 군수는 제출된 의견을 심사하여 채택할 필요가 있다고 인정하는 때에는 이를 채택하고, 그러하지 아니한 경우에는 의견을 제출한 자에게 그 사유를 통보하여야 한다.

(6) 사업시행계획의 통합심의

① 정비구역의 지정권자는 사업시행계획인가와 관련된 다음 각 호 중 둘 이상의 심의가 필요한 경우에는 이를 통합하여 검토 및 심의(이하 "통합심의"라 한다)하여야 한다.

1. 「건축법」에 따른 건축물의 건축 및 특별건축구역의 지정 등에 관한 사항
2. 「경관법」에 따른 경관 심의에 관한 사항
3. 「교육환경 보호에 관한 법률」에 따른 교육환경평가
4. 「국토의 계획 및 이용에 관한 법률」에 따른 도시 · 군관리계획에 관한 사항
5. 「도시교통정비 촉진법」에 따른 교통영향평가에 관한 사항

   5-2. 「소방시설 설치 및 관리에 관한 법률」에 따른 성능위주설계의 평가에 관한 사항

   5-3. 「자연재해대책법」에 따른 재해영향평가에 관한 사항

6. 「환경영향평가법」에 따른 환경영향평가 등에 관한 사항
7. 그 밖에 국토교통부장관, 시 · 도지사 또는 시장 · 군수 등이 필요하다고 인정하여 통합심의에 부치는 사항

② 사업시행자가 통합심의를 신청하는 경우에는 관련된 서류를 첨부하여야 한다. 이 경우 정비구역의 지정권자는 통합심의를 효율적으로 처리하기 위하여 필요한 경우 제출기한을 정하여 제출하도록 할 수 있다.

③ 정비구역의 지정권자가 통합심의를 하는 경우에는 다음 각 호의 어느 하나에 해당하는 위원회에 속하고 해당 위원회의 위원장의 추천을 받은 위원, 정비구역의 지정권자가 속한 지방자치단체 소속 공무원 및 제50조에 따른 사업시행계획 인가권자

가 속한 지방자치단체 소속 공무원으로 소집된 통합심의위원회를 구성하여 통합심의하여야 한다. 이 경우 통합심의위원회의 구성, 통합심의의 방법 및 절차에 관한 사항은 대통령령으로 정한다.

1. 「건축법」에 따른 건축위원회
2. 「경관법」에 따른 경관위원회
3. 「교육환경 보호에 관한 법률」에 따른 교육환경보호위원회
4. 지방도시계획위원회
5. 「도시교통정비 촉진법」에 따른 교통영향평가심의위원회
6. 도시재정비위원회(정비구역이 재정비촉진지구 내에 있는 경우에 한정한다)
   6-2. 「소방시설 설치 및 관리에 관한 법률」에 따른 성능위주설계평가단 또는 중앙소방기술심의위원회
   6-3. 「자연재해대책법」에 따른 재해영향평가심의위원회
7. 「환경영향평가법」에 따른 환경영향평가협의회
8. 심의권한을 가진 관련 위원회

④ 시장·군수등은 특별한 사유가 없으면 통합심의 결과를 반영하여 사업시행계획을 인가하여야 한다.

⑤ 통합심의를 거친 경우에는 검토·심의·조사·협의·조정 또는 재정을 거친 것으로 본다.

(7) 정비계획 변경 및 사업시행 인가의 심의 특례

① 정비구역의 지정권자는 제50조제1항에 따른 사업시행계획인가(인가받은 사항을 변경하는 경우를 포함한다. 이하 이 조에서 같다)에 앞서 제16조제2항에 따라 결정·고시된 정비계획의 변경(정비구역의 변경도 포함하며, 제15조제3항에 따른 경미한 변경은 제외한다. 이하 이 조에서 같다)이 필요한 경우 제16조에도 불구하고 정비계획의 변경을 위한 지방도시계획위원회 심의를 사업시행계획인가와 관련된 심의와 함께 통합하여 검토 및 심의할 수 있다.

② 정비구역의 지정권자가 제1항에 따라 심의를 통합하여 실시하는 경우 사업시행자는 하나의 총회(제27조제1항에 따라 신탁업자가 사업시행자로 지정된 경우에는 제48조에 따른 토지등소유자 전체회의를 말한다.)에서 제45조제1항제8호 및 제9호에 관한 사항을 의결하여야 한다.

③ 제1항 및 제2항에서 규정한 사항 외에 심의 및 총회 의결을 위한 절차와 방법에 관하여 필요한 사항은 대통령령으로 정한다.

3) 인 · 허가 의제

(1) 인 · 허가 등의 의제

사업시행자가 사업시행인가를 받은 때에는 다음의 인 · 허가 · 승인 · 신고 · 등록 · 협의 · 동의 · 심사 또는 해제가 있는 것으로 보며, 사업시행인가의 고시가 있는 때에는 다음의 관계 법률에 의한 인 · 허가 등의 고시 · 공고 등이 있는 것으로 본다.

가. 「주택법」에 의한 사업계획의 승인

나. 「공공주택 특별법」 에 따른 주택건설사업계획의 승인

다. 「건축법」에 의한 건축허가 및 가설 건축물의 건축허가 또는 축조신고, 건축협의

라. 「도로법」에 의한 도로공사 시행의 허가 및 도로점용의 허가

마. 「사방사업법」에 의한 사방지 지정의 해제

바. 「농지법」에 의한 농지전용의 허가 · 협의 및 농지전용신고

사. 「산지관리법」에 의한 산지전용허가 및 산지전용신고와 「산림자원의 조성 및 관리에 관한 법률」에 의한 허가. 다만, 「산림자원의 조성 및 관리에 관한 법률」에 의한 산림유전 자원 보호림 · 채종림 및 시험림의 경우를 제외한다.

아. 「하천법」에 의한 하천공사시행의 허가, 하천공사 실시계획인가 및 하천의 점용 등의 허가

자. 「수도법」에 의한 일반수도사업의 인가 및 전용상수도 또는 전용공업용수도 설치의 인가

차. 「하수도법」에 의한 개인하수처리시설의 설치신고

카. 「공간정보의 구축 및 관리 등에 관한 법률」 에 따른 지도 등의 간행 심사

타. 「유통산업 발전법」에 의한 대규모점포의 등록

파. 「국유재산법」에 의한 사용·수익허가

하. 「공유재산 및 물품관리법」에 의한 사용·수익허가

거. 「공간정보의 구축 및 관리 등에 관한 법률」 에 의한 사업의 착수·변경의 신고

너. 「국토의 계획 및 이용에 관한 법률」에 의한 개발행위의 허가, 도시·군계획시설사업 시행자의 지정 및 실시계획의 인가

더. 「전기안전관리법」에 따른 자가용 전기설비의 공사계획의 인가 및 신고

러. 「소방시설 설치 및 관리에 관한 법률」 에 따른 건축허가등의 동의, 「위험물안전관리법」 에 따른 제조소등의 설치의 허가(제조소등은 공장건축물 또는 그 부속시설과 관계있는 것으로 한정한다)

머. 「도시공원 및 녹지 등에 관한 법률」 에 따른 공원조성계획의 결정

버. 「장애인 · 노인 · 임산부 등의 편의증진 보장에 관한 법률」 에 따른 편의시설 설치기준의 적합성 확인

(2) 공장에 대한 특례

사업시행자가 공장이 포함된 구역에 대하여 재개발사업의 사업시행계획인가를 받은 때에는 제1항에 따른 인 · 허가등 외에 다음 각 호의 인 · 허가 등이 있는 것으로 보며, 제50조제9항에 따른 사업시행계획인가를 고시한 때에는 다음 각 호의 관계 법률에 따른 인 · 허가 등의 고시 · 공고 등이 있은 것으로 본다.

가. 「산업 집적활성화 및 공장설립에 관한 법률」에 의한 공장설립 등의 승인 및 공장설립 등의 완료신고

나. 「폐기물관리법」에 의한 폐기물 처리시설의 설치승인 또는 설치신고

다. 「대기환경보전법」, 「물환경보전법」 및 「소음 · 진동관리법」 에 의한 배출시설설치허가 및 신고

라. 「총포 · 도검 · 화약류 등의 안전관리에 관한 법률」에 의한 화약류저장소 설치의 허가

(3) 관계 서류 제출

사업시행자는 정비사업에 대하여 인 · 허가 등의 의제를 받고자 하는 경우에는 사업시행인가를 신청하는 때에 해당 법률이 정하는 관계 서류를 함께 제출하여야 한다. 다만, 사업시행인가를 신청한 때에 시공자가 선정되어 있지 아니하여 관계 서류를 제출할 수 없는 경우이거나 사업시행인가를 하는 때에는 시장 · 군수가 정하는 기한까지 이를 제출할 수 있다.

(4) 관계 행정기관의 장과 협의

시장 · 군수는 사업시행인가를 하거나 사업시행계획서를 작성하고자 함에 있어서 의제되는 인 · 허가 등에 해당하는 사항이 있는 경우에는 미리 관계 행정기관의 장과 협의하여야 하며, 협의를 요청받은 관계 행정기관의 장은 요청받은 날부터 30일 이내에 의견을 제출하여야 한다. 이 경우 관계 행정기관의 장이 30일 이내에 의견을 제출하지 아니하면 협의된 것으로 본다.

(5) 협의 전 사업시행인가 특례

천재 · 지변 그 밖의 불가피한 사유로 인하여 긴급히 정비사업을 시행할 필요가 있다고 시장 · 군수가 인정하는 때에는 관계 행정기관의 장과 협의를 마치기 전에 사업시행인가를 할 수 있다. 이 경우 협의를 마칠 때까지는 인 · 허가 등을 받은 것으로 보지 아니한다.

(6) 수수료 등의 면제

정비사업에 대하여 다른 법률에 의한 인 · 허가 등이 있은 것으로 보는 경우에는 관계 법률 또는 시 · 도 조례에 의하여 당해 인 · 허가 등의 대가로 부과되는 수수료 등은 이를 면제한다.

4) 주택재건축사업의 임대주택 건설의무

(1) 공급대상지역과 비율

가. 공급의무

① 임대주택의 건설 대상지역 : 「수도권정비계획법」에 의한 과밀억제권역

② 건설공급비율 : 주택재건축사업을 시행하는 경우 사업시행자는 세입자의 주거 안정과 개발이익의 조정 등을 위하여 당해 주택재건축사업으로 증가되는 용적률 중 25/100 이하의 범위 안에서 대통령령이 정하는 비율(25%) 이상에 해당하는 면적을 재건축 임대주택으로 공급하여야 한다.

③ 용적률 완화가 불가능한 경우 : 건축관계법률에 의한 건축물 층수제한 등 건축제한으로 용적률의 완화가 사실상 불가능한 경우에는 대통령령으로 임대주택 공급비율을 따로 정할 수 있다. 주택재건축사업의 임대주택의 공급비율은 증가되는 용적률의 10/100 이상으로서 용적률 완화가 가능한 범위까지로 하되, 용적률 완화가 가능한 범위는 건축위원회의 심의를 거쳐 시장·군수가 인정하는 범위로 한다.

〈용적률의 완화가 사실상 불가능한 경우〉

1. 「국토의 계획 및 이용에 관한 법률」에 의한 건축물의 층수제한
2. 「항공법」에 의한 비행장 주변지역의 건축물 높이제한
3. 「군용항공기지법」에 의한 비행안전구역 내 건축물의 높이제한
4. 「문화재보호법」에 의한 건설공사 시 문화재보호를 위한 건축제한
5. 그 밖에 건축관계법률에 의한 건축제한으로 인하여 용적률의 완화적용이 불가능하다고 시장·군수가 건축위원회의 심의를 거쳐 인정하는 경우

나. 공급의무 면제 : 용적률의 상승폭, 기존 주택의 세대수 그 밖의 사업내용이 대통령령이 정하는 기준 이하인 경우에는 임대주택을 공급하지 아니할 수 있다. 대통령령에서 정하는 재건축 임대주택을 공급하지 않는 세대수는 기존 세대수가 50세대 미만인 경우에는 재건축 임대주택을 공급하지 아니하여도 된다.

(2) 임대주택의 인수자

사업시행자는 재건축 임대주택을 대통령령이 정하는 바에 따라 국토교통부장관, 시·도지사 또는 한국토지주택공사 등에게 공급하여야 한다.

(3) 공급가격

재건축 임대주택의 공급가격은 재건축 임대주택의 건설에 투입되는 건축비를 기준으로 국토교통부장관이 고시하는 금액에 재건축 임대주택 부속토지의 가격을 합한 가격으로 한다. 다만, 사업시행자가 재건축 임대주택에 해당하는 만큼의 용적률을 완화받기로 선

택한 경우에는 인수자에게 그 부속토지를 기부 채납한 것으로 본다.

〈대통령령에서 정하는 인수자〉

1. 재건축 임대주택을 공급하는 경우에는 시 · 도지사가 우선 인수할 수 있다.
2. 다만, 시 · 도지사가 재건축 임대주택을 인수할 수 없는 경우에는 다음에서 정하는 때에 국토교통부장관에게 인수자 지정을 요청하여야 한다.
   ① 정비구역지정 대상인 주택재건축사업인 경우에는 정비구역지정 신청이 있은 후
   ② 정비구역지정 대상이 아닌 주택재건축사업인 경우에는 시장 · 군수가 추진위원회 승인신청 사실을 시 · 도지사에게 통보한 후
3. 국토교통부장관은 시 · 도지사로부터 인수자지정요청이 있는 경우 30일 이내에 인수자를 시 · 도지사에게 통보하여야 하며, 시 · 도지사는 지체 없이 이를 시장·군수에게 송부하여 인수자와 협의하도록 조치하여야 한다.

(4) 용적률 등의 완화

사업시행자가 용적률을 완화받기로 선택한 경우에는 다음의 기준에 따라 정비계획에서 정한 용적률 및 세대수 기준을 완화하여 적용하여야 한다.

가. 재건축 임대주택의 바닥면적을 연면적에서 제외하고, 재건축 임대주택 부속대지의 면적을 대지면적에 포함할 것

나. 재건축 임대주택의 세대수는 허용 세대수 산정에서 제외할 것

(5) 인수자와의 협의

사업시행자는 사업시행인가를 신청하기 전에 미리 재건축 임대주택의 규모 등 재건축 임대주택에 관한 사항을 인수자와 협의하여 사업시행계획서에 반영하여야 한다.

(6) 선 정

사업시행자는 조합원에게 공급되고 남은 주택을 대상으로 공개추첨의 방법에 의하여 인수자에게 공급하는 재건축 임대주택을 선정하여야 하며, 그 선정 결과를 지체 없이 인수자에게 통보하여야 한다.

(7) 등기의 촉탁 · 신청

사업시행자는 주택재건축사업의 준공인가 후에는 지체 없이 인수자에게 등기를 촉탁 또는 신청하여야 한다. 이 경우 사업시행자가 거부 또는 지체하는 경우에는 인수자가 등기를 촉탁 또는 신청할 수 있다.

(8) 임차인의 자격

재건축 임대주택의 임차인의 자격 등에 관하여는 다음의 범위 안에서 인수자가 이를 따로 정한다.

가. 임차인의 자격은 무주택 기간과 당해 재건축사업이 위치한 지역에 거주한 기간이 각각 1년 이상인 범위 안에서 오래된 순으로 할 것

나. 임대보증금과 임대료는 재건축사업이 위치한 지역의 시세의 90% 이하의 범위로 할 것

다. 임대주택의 계약방법 등에 관한 사항은 임대주택법령이 정하는 바에 의할 것

라. 관리비 등 주택의 관리에 관한 사항은 「주택법」이 정하는 바에 의할 것

(9) 용적률에 관한 특례

가. 사업시행자가 다음 각 호의 어느 하나에 해당하는 경우에는 「국토의 계획 및 이용에 관한 법률」에도 불구하고 해당 정비구역에 적용되는 용적률의 100분의 125 이하의 범위에서 대통령령으로 정하는 바에 따라 특별시 · 광역시 · 특별자치시 · 특별자치도 · 시 또는 군의 조례로 용적률을 완화하여 정할 수 있다.

① 대통령령으로 정하는 손실보상의 기준 이상으로 세입자에게 주거이전비를 지급하거나 영업의 폐지 또는 휴업에 따른 손실을 보상하는 경우

② 손실보상에 더하여 임대주택을 추가로 건설하거나 임대상가를 건설하는 등 추가적인 세입자 손실보상 대책을 수립하여 시행하는 경우

나. 정비구역이 역세권 등 대통령령으로 정하는 요건에 해당하는 경우(제24조제4항, 제26조제1항제1호 및 제27조제1항제1호에 따른 정비사업을 시행하는 경우는 제외한다)에는 제11조, 제54조 및 「국토의 계획 및 이용에 관한 법률」 제78조에도 불구하고 다음 각 호의 어느 하나에 따라 용적률을 완화하여 적용할 수 있다.

① 지방도시계획위원회의 심의를 거쳐 법적상한용적률의 100분의 120까지 완화

② 용도지역의 변경을 통하여 용적률을 완화하여 정비계획을 수립(변경수립을 포함한다.)한 후 변경된 용도지역의 법적상한용적률까지 완화

다. 사업시행자는 나항에 따라 완화된 용적률에서 정비계획으로 정하여진 용적률을 뺀 용적률의 100분의 75 이하로서 대통령령으로 정하는 바에 따라 시 · 도조례로 정하는 비율에 해당하는 면적에 국민주택규모 주택을 건설하여 인수자에게 공급하여야 한다. 이 경우 국민주택규모 주택의 공급 및 인수방법에 관하여는 제55조를 준용한다.

라. 다항에도 불구하고 인수자는 사업시행자로부터 공급받은 주택 중 대통령령으로 정하는 비율에 해당하는 주택에 대해서는 「공공주택 특별법」 제48조에 따라 분양할 수 있다. 이 경우 해당 주택의 공급가격은 「주택법」 제57조제4항에 따라 국토교통부장관이 고시하는 건축비로 하며, 부속 토지의 가격은 감정평가액의 100분의 50 이상의 범위에서 대통령령으로 정한다.

마. 다항 및 라항에서 규정한 사항 외에 국민주택규모 주택의 인수 절차 및 활용에 필요한 사항은 대통령령으로 정할 수 있다.

5) 사업시행인가의 특례

(1) 존치 또는 리모델링 건축물의 완화

사업시행자는 일부 건축물의 존치 또는 리모델링에 관한 내용이 포함된 사업시행계획서를 작성하여 사업시행인가의 신청을 할 수 있다. 이 경우 시장·군수는 존치 또는 리모델링되는 건축물 및 건축물이 있는 토지가 「주택법」 및 「건축법」상의 다음의 건축과 관련 기준에 적합하지 아니하더라도 사업시행인가를 할 수 있다.

가. 「주택법」에 의한 주택단지의 범위

나. 「주택법」에 의한 부대시설 및 복리시설의 설치기준

다. 「건축법」에 의한 대지와 도로의 관계

라. 「건축법」에 의한 건축선의 지정

마. 「건축법」에 의한 일조 등의 확보를 위한 건축물의 높이제한

(2) 존치 또는 리모델링 건축물의 동의요건

사업시행자가 사업시행계획서를 작성하고자 하는 경우에는 존치 또는 리모델링되는 건축물 소유자의 동의를 얻어야 한다. 집합건물의 소유 및 관리에 관한 법률에 의한 구분소유자가 있는 경우에는 구분소유자의 2/3 이상의 동의와 당해 건축물 연면적의 2/3 이상의 구분소유자의 동의로 한다.

6) 정비구역의 분할과 통합

가. 시장·군수는 정비사업의 효율적인 추진 또는 도시의 경관보호를 위하여 필요하다고 인정하는 경우에는 정비구역을 2 이상의 구역으로 분할하거나, 서로 떨어진 2 이상의 구역 또는 정비구역을 하나의 정비구역으로 지정 신청할 수 있다.

나. 정비구역을 분할하거나 서로 떨어진 지역을 하나의 정비구역으로 지정하여 정비사업을 시행하고자 하는 경우 시행방법과 절차에 관한 세부사항은 시·도 조례로 정하는 바에 따른다.

7) 순환정비사업

(1) 의 의

사업시행자는 주거환경개선사업·재개발사업·재건축사업을 원활히 시행하기 위하여 정비구역의 내·외에 새로 건설한 주택 또는 이미 건설되어 있는 주택에 그 정비사업의 시행으로 철거되는 주택의 소유자 또는 세입자가 임시로 거주하게 하는 등의 방식으로 그 정비구역을 순차적으로 정비할 수 있다.

(2) 순환용 주택의 처분

사업시행자는 순환정비방식으로 정비사업을 시행하는 경우에는 그 임시로 거주하는 주택을 주택법에 불구하고 임시수용시설로 사용하거나 임대할 수 있다. 다만, 임시로 거주하는 자가 정비사업이 완료된 후에도 순환용 주택에 계속 거주하기를 희망하는 때에는 이를 분양하거나 계속 임대할 수 있으며, 이 경우 순환용 주택은 인가받은 관리처분계획에 의하여 토지 등 소유자에게 처분된 것으로 본다.

4 정비사업을 위한 조치

1) 임시수용시설의 설치

(1) 임시사용

사업시행자는 주거환경개선사업 및 주택재개발사업의 시행으로 철거되는 주택의 소유자 또는 세입자에 대하여 당해 정비구역 내 · 외에 소재한 임대주택 등의 시설에 임시로 거주하게 하거나 주택자금의 융자알선 등 임시수용에 상응하는 조치를 하여야 한다. 이 경우 사업시행자는 그 임시수용을 위하여 필요한 때에는 국가·지방자치단체 그 밖의 공공단체 또는 개인의 시설이나 토지를 일시 사용할 수 있다.

(2) 국 · 공유지 등의 무상사용

국가 또는 지방자치단체는 사업시행자로부터 임시수용시설에 필요한 건축물이나 토지의 사용신청을 받은 때에는 대통령령이 정하는 사유가 없는 한 이를 거절하지 못한다. 이 경우 그 사용료 또는 대부료는 이를 면제한다.

〈예외적으로 거절가능 사유〉

1. 제3자와 이미 매매계약을 체결한 경우
2. 사용신청 이전에 사용계획이 확정된 경우
3. 제3자에게 이미 사용허가를 한 경우

(3) 원상회복

사업시행자는 정비사업의 공사를 완료한 때에는 그 완료한 날부터 30일 이내에 임시수용시설을 철거하고, 그 건축물이나 토지를 원상회복하여야 한다.

(4) 손실보상

가. 손실보상협의 : 공공단체 또는 개인의 시설이나 토지를 일시 사용함으로써 손실을

받은 자가 있는 경우에는 사업시행자는 그 손실을 보상하여야 하며, 손실을 보상함에 있어서는 손실을 받은 자와 협의하여야 한다.

나. 재결신청 : 사업시행자 또는 손실을 받은 자는 손실보상의 협의가 성립되지 아니하거나 협의할 수 없는 경우에는 「공익사업을 위한 토지 등의 취득 및 보상에 관한 법률」에 의하여 설치되는 관할 토지수용위원회에 재결을 신청할 수 있다.

다. 공 · 취 · 법 준용 : 손실보상에 관하여는 이 법에 규정된 것을 제외하고는 「공익사업을 위한 토지 등의 취득 및 보상에 관한 법률」을 준용한다.

2) 법 준용

(1) 토지 등의 수용 · 사용

사업시행자는 정비구역 안에서 정비사업을 시행하기 위하여 필요한 경우에는 「공익사업을 위한 토지 등의 취득 및 보상에 관한 법률」에 의한 토지 · 물건 또는 그 밖의 권리를 수용 또는 사용할 수 있다.

(2) 법률의 준용

가. 공익사업을 위한 토지 등의 취득 및 보상에 관한 법률 준용 : 정비구역 안에서 정비사업의 시행을 위한 토지 또는 건축물의 소유권과 그 밖의 권리에 대한 수용 또는 사용에 관하여는 이 법에 특별한 규정이 있는 경우를 제외하고는 「공익사업을 위한 토지 등의 취득 및 보상에 관한 법률」을 준용한다. 다만, 「공익사업을 위한 토지 등의 취득 및 보상에 관한 법률」에 불구하고 이주대책의 수립 등 손실보상에 관하여는 대통령령으로 따로 정할 수 있다.

나. 특례규정

① 사업인정 · 고시의 특례 : 「공익사업을 위한 토지 등의 취득 및 보상에 관한 법률」을 준용함에 있어서 사업시행인가의 고시가 있은 때에는 「공익사업을 위한 토지 등의 취득 및 보상에 관한 법률」에 의한 사업인정 및 그 고시가 있은 것으로 본다.

② 재결신청의 특례 : 수용 또는 사용에 대한 재결의 신청은 「공익사업을 위한 토지 등의 취득 및 보상에 관한 법률」 규정에 불구하고 사업시행인가를 할 때 정한 사업시행기간 내에 이를 행하여야 한다.

③ 사후 현물보상 특례 : 대지 또는 건축물을 현물보상하는 경우에는 「공익사업을 위한 토지 등의 취득 및 보상에 관한 법률」에 불구하고 준공인가 이후에 그 현물보상을 할 수 있다.

3) 주택재건축사업에 관한 특례

(1) 매도청구

사업시행자는 주택재건축사업을 시행함에 있어 다음 각 호의 어느 하나에 해당하는 자의 토지 또는 건축물의 토지 및 건축물에 대하여는 「집합건물의 소유 및 관리에 관한 법률」을 준용하여 매도청구를 할 수 있다. 이 경우 재건축결의는 조합설립의 동의로 보며, 구분소유권 및 대지사용권은 사업시행구역 안의 매도청구의 대상이 되는 토지 또는 건축물의 소유권과 그 밖의 권리로 본다.

가. 조합설립의 동의를 하지 아니한 자

나. 건축물 또는 토지만 소유한 자

다. 시장 · 군수 또는 한국토지주택공사 등의 사업시행자 지정에 동의를 하지 아니한 자

(2) 주택재건축사업의 범위에 관한 특례

가. 특례 : 사업시행자 또는 추진위원회는 주택법 규정에 의하여 사업계획승인을 받아 건설한 2 이상의 건축물이 있는 주택단지에 주택재건축사업을 하는 경우, 조합설립의 동의요건을 충족시키기 위하여 필요한 경우에는 그 주택단지 안의 일부 토지에 대하여 건축법 규정에 불구하고 분할하고자 하는 토지면적이 대지분할 제한면적에 미달되더라도 토지분할을 청구할 수 있다.

나. 토지분할절차

① 토지분할협의 : 사업시행자 또는 추진위원회는 토지분할청구를 하는 때에는 토지분할 대상이 되는 토지 및 그 위의 건축물과 관련된 토지 등 소유자와 협의하여야 한다.

② 법원에 토지분할청구 : 사업시행자 또는 추진위원회는 토지분할의 협의가 성립되지 아니한 경우에는 법원에 토지분할을 청구할 수 있다.

다. 시장 · 군수등은 토지분할이 청구된 경우에 분할되어 나가는 토지 및 그 위의 건축물이 다음 각 호의 요건을 충족하는 때에는 토지분할이 완료되지 아니하여 가항에 따른 동의요건에 미달되더라도 「건축법」 제4조에 따라 특별자치시 · 특별자치도 · 시 · 군 · 구(자치구를 말한다)에 설치하는 건축위원회의 심의를 거쳐 조합설립인가와 사업시행계획인가를 할 수 있다.

① 당해 토지 및 건축물과 관련된 토지 등 소유자의 수가 전체의 1/10 이하일 것

② 분할되어 나가는 토지 위의 건축물이 분할선 상에 위치하지 아니할 것

③ 그 밖에 사업시행인가를 위하여 필요한 사항으로서 다음에 정하는 요건에 해당할 것

㉠ 분할되어 나가는 토지가 「건축법」 규정에 적합할 것

㉡ 분할되어 나가는 토지에 대한 권리관계가 명확할 것

4) 주거환경 개선사업에 관한 특례

(1) 국민주택채권 매입의 적용배제

주거환경개선사업에 따른 건축허가를 받는 때와 부동산등기를 하는 때에는 주택법의 국민주택채권의 매입에 관한 규정은 적용하지 아니한다.

(2) 도시 · 군계획시설의 결정 · 구조 및 설치의 기준

주거환경개선구역 안에서 「국토의 계획 및 이용에 관한 법률」에 의한 도시 · 군계획시설의 결정 · 구조 및 설치의 기준 등에 관하여는 국토교통부령이 따로 정하는 바에 의한다.

(3) 건축법의 완화

사업시행자는 주거환경개선구역 안에서 다음에 해당하는 사항에 대하여는 시·도 조례가 정하는 바에 의하여 그 기준을 따로 정할 수 있다.

가. 건축법에 의한 대지와 도로의 관계(소방활동에 지장이 없는 경우로 한정한다)

나. 건축법에 의한 건축물의 높이제한(사업시행자가 공동주택을 건설 · 공급하는 경우로 한정한다)

(4) 용적률의 완화

사업시행자는 공공재건축사업을 위한 정비구역에 따른 재건축구역(재건축사업을 시행하는 정비구역을 말한다.) 또는 용적률을 완화하여 적용하는 정비구역에서 다음 각 호의 어느 하나에 해당하는 사항에 대하여 대통령령으로 정하는 범위에서 「건축법」 제72조제2항에 따른 지방건축위원회 또는 지방도시계획위원회의 심의를 거쳐 그 기준을 완화받을 수 있다.

가. 「건축법」 제42조에 따른 대지의 조경기준

나. 「건축법」 제55조에 따른 건폐율의 산정기준

다. 「건축법」 제58조에 따른 대지 안의 공지 기준

라. 「건축법」 제60조 및 제61조에 따른 건축물의 높이 제한

마. 「주택법」 제35조제1항제3호 및 제4호에 따른 부대시설 및 복리시설의 설치기준

마-2. 「도시공원 및 녹지 등에 관한 법률」 제14조에 따른 도시공원 또는 녹지 확보기준

바. 위에서 규정한 사항 외에 공공재건축사업 또는 제26조제1항제1호 및 제27조제1항제1호에 따른 재건축사업의 원활한 시행을 위하여 대통령령으로 정하는 사항

(5) 세분된 주거지역으로의 지정의제

가. 원칙 : 주거환경개선구역은 당해 정비구역의 지정고시가 있는 날부터 「국토의 계획 및 이용에 관한 법률」에 의한 주거지역을 세분하여 정하는 지역 중 대통령령으

로 정하는 지역으로 결정 · 고시된 것으로 본다.

나. 예외 : 다만, 다음 각 호의 하나에 해당하는 경우에는 그러하지 아니하다.
  ① 당해 정비구역이 「개발제한구역의 지정 및 관리에 관한 특별조치법」에 따라 결정된 개발제한구역인 경우
  ② 시장 · 군수가 주거환경개선사업을 위하여 필요하다고 인정하여 당해 정비구역 일부분은 종전 용도지역을 그대로 유지하거나 동일면적 범위 내에서 위치를 변경하는 내용으로 정비계획을 수립한 경우

5) 도시개발법의 준용

가. 도시개발법의 환지방식은 정비사업과 관련된 환지에 관하여 이를 준용한다. 이 경우 '환지처분을 하는 때'는 이를 '사업시행인가를 하는 때'로 본다.

나. 주거환경개선사업의 경우에는 「공익사업을 위한 토지 등의 취득 및 보상에 관한 법률」 제78조제4항을 적용하지 아니하며, 「주택법」 을 적용할 때에는 이 법에 따른 사업시행자(토지주택공사 등이 공동사업시행자인 경우에는 토지주택공사 등을 말한다)는 「주택법」 에 따른 사업주체로 본다.

다. 공공재개발사업 시행자 또는 공공재건축사업 시행자는 공공재개발사업 또는 공공재건축사업을 시행하는 경우 「건설기술 진흥법」 등 관계 법령에도 불구하고 대통령령으로 정하는 바에 따라 건설사업관리기술인의 배치기준을 별도로 정할 수 있다.

6) 소유자의 확인이 곤란한 건축물

(1) 공고 · 공탁

사업시행자는 정비사업을 시행함에 있어 조합설립의 인가일 현재 건축물 또는 토지의 소유자의 소재확인이 현저한 곤란한 경우에는 전국적으로 배포되는 2 이상의 일간신문에 2회 이상 공고하고, 그 공고한 날부터 30일 이상이 지난 때에는 그 소유자의 소재확인이 현저히 곤란한 건축물 또는 토지의 감정평가액에 해당하는 금액을 법원에 공탁하고 정비사업을 시행할 수 있다.

(2) 공동소유 토지 · 건축물

주택재건축사업을 시행함에 있어 조합설립의 인가일 현재 조합원 전체의 공동소유인 토지 또는 건축물에 대하여는 조합소유의 토지 또는 건축물로 본다.

(3) 관리처분계획 명시

조합소유로 보는 토지 또는 건축물의 처분에 관한 사항은 관리처분계획에 이를 명시하여야 한다.

5 정비사업의 완료

1) 분양공고 및 분양신청

(1) 통지 및 공고

사업시행자는 사업시행계획인가의 고시가 있은 날(사업시행계획인가 이후 시공자를 선정한 경우에는 시공자와 계약을 체결한 날)부터 90일(대통령령으로 정하는 경우에는 1회에 한정하여 30일의 범위에서 연장할 수 있다) 이내에 다음 각 호의 사항을 토지등소유자에게 통지하고, 분양의 대상이 되는 대지 또는 건축물의 내역 등 대통령령으로 정하는 사항을 해당 지역에서 발간되는 일간신문에 공고하여야 한다. 다만, 토지등소유자 1인이 시행하는 재개발사업의 경우에는 그러하지 아니하다.

가. 분양대상자별 종전의 토지 또는 건축물의 명세 및 사업시행계획인가의 고시가 있은 날을 기준으로 한 가격(사업시행계획인가 전에 철거된 건축물은 시장 · 군수등에게 허가를 받은 날을 기준으로 한 가격)

나. 분양대상자별 분담금의 추산액

다. 분양신청기간

라. 그 밖에 대통령령으로 정하는 사항

(2) 분양신청

가. 대지 또는 건축물에 대한 분양을 받고자 하는 토지 등 소유자는 분양신청기간 이내에 대통령이 정하는 방법 및 절차에 의하여 사업시행자에게 대지 또는 건축물에 대한 분양신청을 하여야 한다.

나. 분양신청기간은 통지한 날부터 30일 이상 60일 이내로 하여야 한다. 다만, 사업시행자는 관리처분계획의 수립에 지장이 없다고 판단하는 경우에는 분양신청기간을 20일의 범위에서 한 차례만 연장할 수 있다.

다. 사업시행자는 분양신청기간 종료 후 사업시행계획인가의 변경(경미한 사항의 변경은 제외한다)으로 세대수 또는 주택규모가 달라지는 경우 규정에 따라 분양공고 등의 절차를 다시 거칠 수 있다.

라. 사업시행자는 정관등으로 정하고 있거나 총회의 의결을 거친 경우 제73조제1항제1호 및 제2호에 해당하는 토지등소유자에게 분양신청을 다시 하게 할 수 있다.

마. 투기과열지구의 정비사업에서 제74조에 따른 관리처분계획에 따라 같은 조 제1항제2호 또는 제1항제4호가목의 분양대상자 및 그 세대에 속한 자는 분양대상자 선정일(조합원 분양분의 분양대상자는 최초 관리처분계획 인가일을 말한다)부터 5년 이내에는 투기과열지구에서 분양신청을 할 수 없다.

【정비사업의 완료절차】

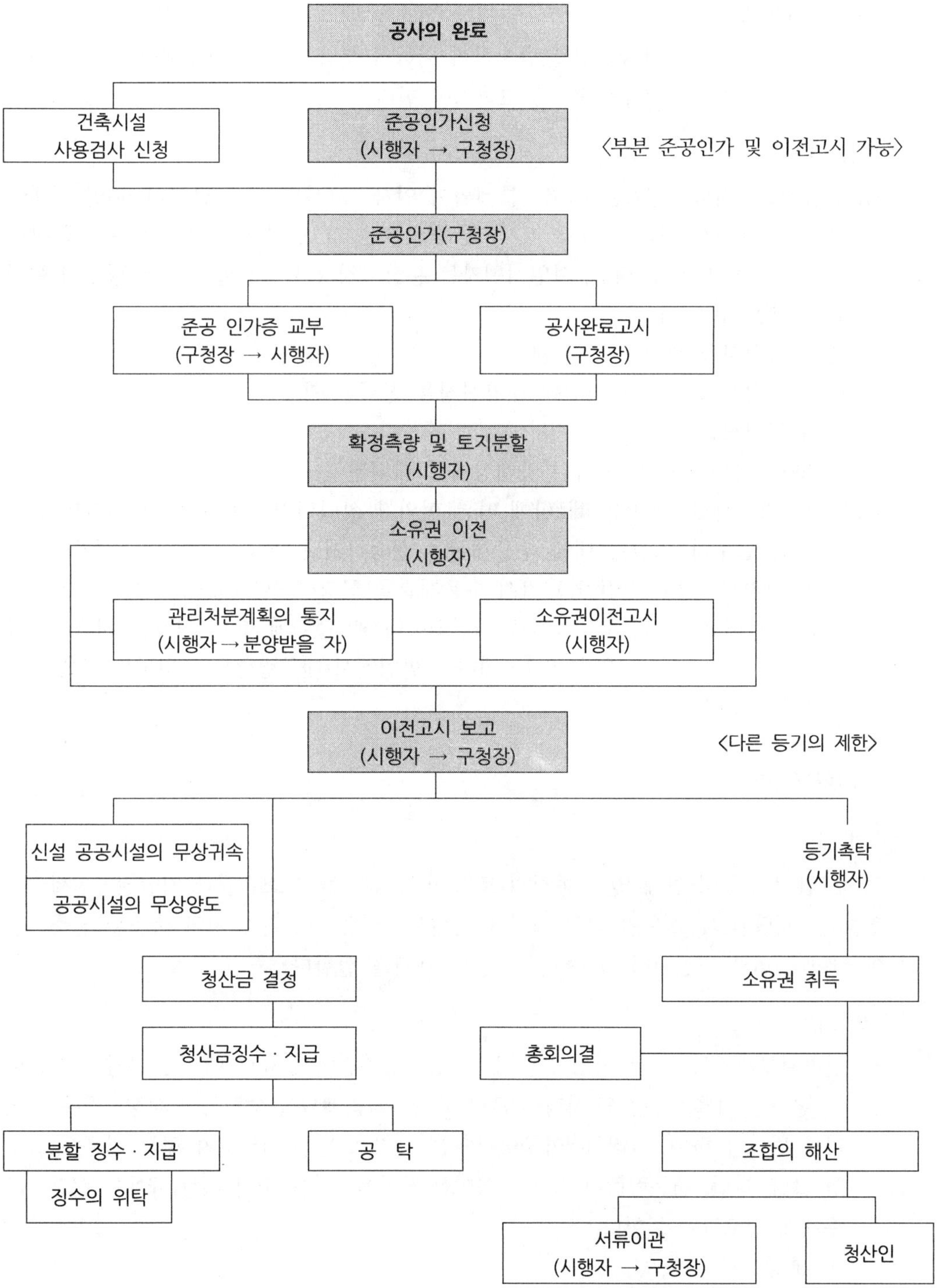

공사의 완료
건축시설 사용검사 신청
준공인가신청 (시행자 → 구청장)
〈부분 준공인가 및 이전고시 가능〉
준공인가(구청장)
준공 인가증 교부 (구청장 → 시행자)
공사완료고시 (구청장)
확정측량 및 토지분할 (시행자)
소유권 이전 (시행자)
관리처분계획의 통지 (시행자 → 분양받을 자)
소유권이전고시 (시행자)
이전고시 보고 (시행자 → 구청장)
〈다른 등기의 제한〉
신설 공공시설의 무상귀속
공공시설의 무상양도
등기촉탁 (시행자)
청산금 결정
소유권 취득
청산금징수 · 지급
총회의결
분할 징수 · 지급
공 탁
조합의 해산
징수의 위탁
서류이관 (시행자 → 구청장)
청산인

다만, 상속, 결혼, 이혼으로 조합원 자격을 취득한 경우에는 분양신청을 할 수 있다.

바. 공공재개발사업 시행자는 제39조제2항제6호에 따라 건축물 또는 토지를 양수하려는 경우 무분별한 분양신청을 방지하기 위하여 분양공고 시 양수대상이 되는 건축물 또는 토지의 조건을 함께 공고하여야 한다.

(3) 미신청자

가. 현금청산 : 사업시행자는 관리처분계획이 인가 · 고시된 다음 날부터 90일 이내에 다음 각 호에서 정하는 자와 토지, 건축물 또는 그 밖의 권리의 손실보상에 관한 협의를 하여야 한다. 다만, 사업시행자는 분양신청기간 종료일의 다음 날부터 협의를 시작할 수 있다.

① 분양신청을 하지 아니한 자

② 분양신청기간 종료 이전에 분양신청을 철회한 자

③ 분양신청을 할 수 없는 자

④ 관리처분계획에 의하여 분양대상에서 제외된 자

나. 청산절차 : 사업시행자는 제1항에 따른 협의가 성립되지 아니하면 그 기간의 만료일 다음 날부터 60일 이내에 수용재결을 신청하거나 매도청구소송을 제기하여야 한다. 사업시행자는 기간을 넘겨서 수용재결을 신청하거나 매도청구소송을 제기한 경우에는 해당 토지등소유자에게 지연일수(遲延日數)에 따른 이자를 지급하여야 한다. 이 경우 이자는 100분의 15 이하의 범위에서 대통령령으로 정하는 이율을 적용하여 산정한다.

2) 관리처분계획

(1) 의 의

정비사업 시행구역 안에 있는 종전의 토지 또는 건축물의 소유권과 지상권 · 전세권 · 임차권 · 저당권 등 소유권 외의 권리를 정비사업으로 조성된 토지와 축조된 건축시설에 관한 권리로 변환시켜 배분하는 일련의 계획을 말한다.

(2) 인 가

가. 관리처분계획의 인가 : 사업시행자는 분양신청기간이 종료된 때에는 분양신청에 따른 현황을 기초로 다음의 사항이 포함된 관리처분계획을 수립하여 시장 · 군수의 인가를 받아야 하며, 관리처분계획을 변경 · 중지 또는 폐지하고자 하는 경우에도 또한 같다. 다만, 대통령령이 정하는 경미한 사항을 변경하고자 하는 때에는 시장 · 군수에게 신고하여야 한다.

① 분양설계

② 분양대상자의 주소 및 성명

③ 분양대상자별 분양예정인 대지 또는 건축물의 추산액

③-1. 다음 각 목에 해당하는 보류지 등의 명세와 추산액 및 처분방법. 다만, 나목의 경우에는 제30조제1항에 따라 선정된 임대사업자의 성명 및 주소(법인인 경우에는 법인의 명칭 및 소재지와 대표자의 성명 및 주소)를 포함한다.

㉠ 일반 분양분

㉡ 공공지원민간임대주택

㉢ 임대주택

㉣ 그 밖에 부대시설 · 복리시설 등

④ 분양대상자별 종전의 토지 또는 건축물의 명세 및 사업시행인가의 고시가 있은 날을 기준으로 한 가격

⑤ 정비사업비의 추산액 및 그에 따른 조합원 부담규모 및 부담시기

⑥ 분양대상자의 종전의 토지 또는 건축물에 관한 소유권 이외의 권리명세

⑦ 세입자별 손실보상을 위한 권리명세 및 그 평가액

⑧ 그 밖에 정비사업과 관련한 권리 등에 대하여 다음에 정하는 사항

㉠ 현금으로 청산하여야 하는 토지 등 소유자별 기존의 토지·건축물 또는 그 밖의 권리의 명세와 이에 대한 청산방법

㉡ 정비사업의 시행으로 인하여 새로이 설치되는 정비기반시설의 명세와 용도가 폐지되는 정비기반시설의 명세

㉢ 보류지 등의 명세와 추산가액 및 처분방법

㉣ 비용의 부담비율에 의한 대지 및 건축물의 분양계획과 그 비용부담의 한도·방법 및 시기. 이 경우 비용부담에 의하여 분양받을 수 있는 한도는 정관 등에서 따로 정하는 경우를 제외하고는 기존의 토지 또는 건축물의 가격의 비율에 따라 부담할 수 있는 비용의 50%를 기준으로 정한다.

나. 시장 · 군수등은 신고를 받은 날부터 20일 이내에 신고수리 여부를 신고인에게 통지하여야 한다.

다. 시장 · 군수등이 정한 기간 내에 신고수리 여부 또는 민원 처리 관련 법령에 따른 처리기간의 연장을 신고인에게 통지하지 아니하면 그 기간(민원 처리 관련 법령에 따라 처리기간이 연장 또는 재연장된 경우에는 해당 처리기간을 말한다)이 끝난 날의 다음 날에 신고를 수리한 것으로 본다.

라. 작성기준 : 관리처분계획의 내용은 다음의 기준에 의한다.

① 원칙 : 종전의 토지 또는 건축물의 면적 · 이용 상황 · 환경 그 밖의 사항을 종합적으로 고려하여 대지 또는 건축물이 균형있게 분양신청자에게 배분되고 합리적으로 이용되도록 한다.

② 예외적으로 규모의 조정

㉠ 지나치게 좁거나 넓은 토지 또는 건축물에 대하여 필요한 경우에는 이를 증가하거나 감소시켜 대지 또는 건축물이 적정 규모가 되도록 한다.

㉡ 너무 좁은 토지 또는 건축물이나 정비구역 지정 후 분할된 토지를 취득한 자에 대하여는 현금으로 청산할 수 있다.

㉢ 재해 또는 위생상의 위해를 방지하기 위하여 토지의 규모를 조정할 특별한 필요가 있는 때에는 너무 좁은 토지를 증가시키거나 토지에 갈음하여 보상을 하거나 건축물의 일부와 그 건축물이 있는 대지의 공유지분을 교부할 수 있다.

③ 분양설계기준일 : 분양설계에 관한 계획은 분양신청기간이 만료되는 날을 기준으로 하여 수립한다.

④ 1주택공급의 원칙 : 1세대가 1주택 이상을 소유한 경우 1주택을 공급하고, 2인 이상이 1주택을 공유한 경우에는 1주택만 공급한다. 다만, 다음의 어느 하나에 해당하는 토지 등 소유자에 대하여는 소유한 주택 수만큼 공급할 수 있다.

마. 잔여분의 분양 : 사업시행자는 분양신청을 받은 후 잔여분이 있는 경우에는 정관 또는 사업시행계획이 정하는 목적을 위하여 보류지로 정하거나 조합원 외의 자에게 분양할 수 있다. 이 경우 분양공고와 분양신청절차 등 필요한 사항은 대통령령으로 정한다.

바. 조성된 대지 · 건축물의 처분 또는 관리 : 정비사업의 시행으로 조성된 대지 및 건축물은 관리처분계획에 의하여 이를 처분 또는 관리하여야 한다.

사. 재산평가방법 : 정비사업에서 제1항제3호 · 제5호 및 제8호에 따라 재산 또는 권리를 평가할 때에는 다음 각 호의 방법에 따른다.

① 「감정평가 및 감정평가사에 관한 법률」에 따른 감정평가법인 등 중 다음 각 목의 구분에 따른 감정평가법인 등이 평가한 금액을 산술평균하여 산정한다. 다만, 관리처분계획을 변경 · 중지 또는 폐지하려는 경우 분양예정 대상인 대지 또는 건축물의 추산액과 종전의 토지 또는 건축물의 가격은 사업시행자 및 토지등소유자 전원이 합의하여 산정할 수 있다.

㉠ 주거환경개선사업 또는 재개발사업 : 시장 · 군수 등이 선정 · 계약한 2인 이상의 감정평가법인 등

㉡ 재건축사업 : 시장 · 군수등이 선정 · 계약한 1인 이상의 감정평가법인등과 조합총회의 의결로 선정 · 계약한 1인 이상의 감정평가법인 등

② 시장 · 군수는 ①호에 따라 감정평가업자를 선정 · 계약하는 경우 감정평가업자의 업무수행능력, 소속 감정평가사의 수, 감정평가 실적, 법규 준수 여부, 평가계획의 적정성 등을 고려하여 객관적이고 투명한 절차에 따라 선정하여야 한다. 이 경우 감정평가업자의 선정 · 절차 및 방법 등에 관하여 필요한 사항은 시·도

조례로 정한다.

③ 사업시행자는 ①호에 따라 감정평가를 하고자 하는 경우 시장 · 군수에게 감정평가업자의 선정 · 계약을 요청하고 감정평가에 필요한 비용을 미리 예치하여야 한다. 시장 · 군수는 감정평가가 끝난 경우 예치된 금액에서 감정평가 비용을 직접 지불한 후 나머지 비용은 사업시행자와 정산하여야 한다.

아. 철거

① 철거시기 : 사업시행자는 관리처분계획의 인가를 받은 후 기존의 건축물을 철거하여야 한다.

② 예외 : 제①항에도 불구하고 「재난 및 안전관리기본법」 · 「주택법」 · 「건축법」 등 관계법령에 따라 기존의 건축물이 붕괴 그 밖의 안전사고의 우려가 있거나 재난 등의 위험이 있는 경우에는 시장 · 군수의 허가를 얻어 기존 건축물을 철거할 수 있다. 이 경우 건축물의 철거에도 불구하고 토지 등 소유자로서의 권리 · 의무에 영향을 주지 아니한다.

(3) 관리처분계획의 수립기준

관리처분계획의 수립기준은 다음 각 호의 기준에 따른다.

가. 종전의 토지 또는 건축물의 면적 · 이용 상황 · 환경, 그 밖의 사항을 종합적으로 고려하여 대지 또는 건축물이 균형 있게 분양신청자에게 배분되고 합리적으로 이용되도록 한다.

나. 지나치게 좁거나 넓은 토지 또는 건축물은 넓히거나 좁혀 대지 또는 건축물이 적정 규모가 되도록 한다.

다. 너무 좁은 토지 또는 건축물을 취득한 자나 정비구역 지정 후 분할된 토지 또는 집합건물의 구분소유권을 취득한 자에게는 현금으로 청산할 수 있다.

라. 재해 또는 위생상의 위해를 방지하기 위하여 토지의 규모를 조정할 특별한 필요가 있는 때에는 너무 좁은 토지를 넓혀 토지를 갈음하여 보상을 하거나 건축물의 일부와 그 건축물이 있는 대지의 공유지분을 교부할 수 있다.

마. 분양설계에 관한 계획은 분양신청기간이 만료하는 날을 기준으로 하여 수립한다.

바. 1세대 또는 1명이 하나 이상의 주택 또는 토지를 소유한 경우 1주택을 공급하고, 같은 세대에 속하지 아니하는 2명 이상이 1주택 또는 1토지를 공유한 경우에는 1주택만 공급한다.

사. (바)호에도 불구하고 다음 각 목의 경우에는 각 목의 방법에 따라 주택을 공급할 수 있다.

① 2명 이상이 1토지를 공유한 경우로서 시 · 도 조례로 주택공급을 따로 정하고 있는 경우에는 시 · 도 조례로 정하는 바에 따라 주택을 공급할 수 있다.

② 다음 어느 하나에 해당하는 토지등소유자에게는 소유한 주택 수만큼 공급할 수 있다.

㉠ 과밀억제권역에 위치하지 아니한 재건축사업의 토지등소유자. 다만, 투기과열지구 또는 「주택법」에 따라 지정된 조정대상지역에서 사업시행계획인가(최초 사업시행계획인가를 말한다)를 신청하는 재건축사업의 토지등소유자는 제외한다.

㉡ 근로자(공무원인 근로자를 포함한다) 숙소, 기숙사 용도로 주택을 소유하고 있는 토지등소유자

㉢ 국가, 지방자치단체 및 토지주택공사 등

㉣ 「지방자치분권 및 지역균형발전에 관한 특별법」 제25조에 따른 공공기관지방이전 및 혁신도시 활성화를 위한 시책 등에 따라 이전하는 공공기관이 소유한 주택을 양수한 자

③ 과밀억제권역 외의 조정대상지역 또는 투기과열지구에서 조정대상지역 또는 투기과열지구로 지정되기 전에 1명의 토지등소유자로부터 토지 또는 건축물의 소유권을 양수하여 여러 명이 소유하게 된 경우에는 양도인과 양수인에게 각각 1주택을 공급할 수 있다.

④ 가격의 범위 또는 종전 주택의 주거전용면적의 범위에서 2주택을 공급할 수 있고, 이 중 1주택은 주거전용면적을 60㎡ 이하로 한다. 다만, 60㎡ 이하로 공급받은 1주택은 제86조제2항에 따른 이전고시일 다음 날부터 3년이 지나기 전에는 주택을 전매(매매 · 증여나 그 밖에 권리의 변동을 수반하는 모든 행위를 포함하되 상속의 경우는 제외한다)하거나 전매를 알선할 수 없다.

⑤ 과밀억제권역에 위치한 재건축사업의 경우에는 토지등소유자가 소유한 주택수의 범위에서 3주택까지 공급할 수 있다. 다만, 투기과열지구 또는 「주택법」에 따라 지정된 조정대상지역에서 사업시행계획인가(최초 사업시행계획인가를 말한다)를 신청하는 재건축사업의 경우에는 그러하지 아니하다.

(4) 주택 등 건축물을 분양받을 권리의 산정 기준일

가. 정비사업을 통하여 분양받을 건축물이 다음 각 호의 어느 하나에 해당하는 경우에는 전단에 따른 고시가 있은 날 또는 시 · 도지사가 투기를 억제하기 위하여 기본계획 수립 후 정비구역 지정 · 고시 전에 따로 정하는 날의 다음 날을 기준으로 건축물을 분양받을 권리를 산정한다.

① 1필지의 토지가 여러 개의 필지로 분할되는 경우

② 단독주택 또는 다가구주택이 다세대주택으로 전환되는 경우

③ 하나의 대지 범위에 속하는 동일인 소유의 토지와 주택 등 건축물을 토지와 주

택 등 건축물로 각각 분리하여 소유하는 경우

④ 나대지에 건축물을 새로 건축하거나 기존 건축물을 철거하고 다세대주택, 그 밖의 공동주택을 건축하여 토지등소유자의 수가 증가하는 경우

나. 시 · 도지사는 (가)항에 따라 기준일을 따로 정하는 경우에는 기준일 · 지정사유 · 건축물을 분양받을 권리의 산정 기준 등을 해당 지방자치단체의 공보에 고시하여야 한다.

3) 공람 및 인가절차

(1) 공람 · 의견청취

사업시행자는 관리처분계획의 인가를 신청하기 전에 관계 서류의 사본을 30일 이상 토지 등 소유자에게 공람하게 하고 의견을 들어야 한다. 다만, 대통령령으로 정하는 경미한 사항을 변경하고자 하는 경우에는 토지 등 소유자의 공람 및 의견청취절차를 거치지 아니할 수 있다.

(2) 인가여부의 통보 및 고시

가. 통보 : 시장 · 군수등은 사업시행자의 관리처분계획인가의 신청이 있은 날부터 30일 이내에 인가 여부를 결정하여 사업시행자에게 통보하여야 한다. 다만, 시장 · 군수 등은 관리처분계획의 타당성 검증을 요청하는 경우에는 관리처분계획인가의 신청을 받은 날부터 60일 이내에 인가 여부를 결정하여 사업시행자에게 통지하여야 한다.

나. 고시 : 시장 · 군수는 관리처분계획을 인가하는 때에는 그 내용을 당해 지방자치단체의 공보에 고시하여야 한다.

다. 사업시행자는 제1항에 따라 공람을 실시하려거나 제4항에 따른 시장 · 군수등의 고시가 있은 때에는 대통령령으로 정하는 방법과 절차에 따라 토지등소유자에게는 공람계획을 통지하고, 분양신청을 한 자에게는 관리처분계획인가의 내용 등을 통지하여야 한다.

라. 시장 · 군수 등은 다음 각 호의 어느 하나에 해당하는 경우에는 대통령령으로 정하는 공공기관에 관리처분계획의 타당성 검증을 요청하여야 한다. 이 경우 시장 · 군수 등은 타당성 검증 비용을 사업시행자에게 부담하게 할 수 있다.

① 정비사업비가 제52조제1항제12호에 따른 정비사업비 기준으로 100분의 10 이상으로서 대통령령으로 정하는 비율 이상 늘어나는 경우

② 조합원 분담규모가 제72조제1항제2호에 따른 분양대상자별 분담금의 추산액 총액 기준으로 100분의 20 이상으로서 대통령령으로 정하는 비율 이상 늘어나는 경우

③ 조합원 5분의 1 이상이 관리처분계획인가 신청이 있은 날부터 15일 이내에 시

장 · 군수등에게 타당성 검증을 요청한 경우

④ 그 밖에 시장 · 군수등이 필요하다고 인정하는 경우

(3) 분양신청자에 대한 통지

사업시행자는 공람을 실시하고자 하거나 시장 · 군수의 고시가 있은 때에는 대통령령으로 정하는 방법과 절차에 따라 토지 등 소유자 또는 분양신청을 한 자에게 공람계획 또는 관리처분계획의 인가내용 등을 통지하여야 한다.

(4) 준 용

공람 · 의견청취 · 고시 · 통지에 관한 위 규정은 시장 · 군수가 직접 관리처분계획을 수립하는 경우에 이를 준용한다.

(5) 타당성 검증

사업시행자는 관리처분계획의 내용이 관리처분계획인가의 신청 이전(제45조제1항제10호에 따른 총회 의결이 있은 경우로 한정한다)에 공공기관에 관리처분계획의 타당성 검증을 요청할 수 있다. 이 경우 타당성 검증이 요청된 것으로 본다.

4) 임차권자 등의 권리조정

(1) 사용 · 수익의 정지

관리처분계획의 인가 · 고시가 있은 때에는 종전의 토지 또는 건축물의 소유자 · 지상권자 · 전세권자 · 임차권자 등 권리자는 소유권 이전의 고시가 있은 날까지 종전의 토지 또는 건축물에 대하여 이를 사용하거나 수익할 수 없다. 다만, 사업시행자의 동의를 얻은 경우에는 그러하지 아니하다.

(2) 임차권자 권리조정

가. 계약의 해지 : 정비사업의 시행으로 인하여 지상권 · 전세권 또는 임차권의 설정목적을 달성할 수 없는 때에는 그 권리자는 계약을 해지할 수 있다.

나. 금전반환청구권의 행사 : 계약을 해지할 수 있는 자가 가지는 전세금 · 보증금 그 밖의 계약상의 금전의 반환청구권은 사업시행자에게 이를 행사할 수 있다.

다. 구상권의 행사 : 금전의 반환청구권의 행사에 따라 당해 금전을 지급한 사업시행자는 당해 토지 등 소유자에게 이를 구상할 수 있다.

라. 구상불응에 따른 압류 : 사업시행자는 구상이 되지 아니하는 때에는 당해 토지 등 소유자에게 귀속될 대지 또는 건축물을 압류할 수 있다. 이 경우 압류한 권리는 저당권과 동일한 효력을 가진다.

5) 주택의 공급

(1) 공급의 원칙

사업시행자는 정비사업의 시행으로 건설된 건축물은 인가된 관리처분계획에 따라 토지 등 소유자에게 공급하여야 한다.

(2) 입주자 모집조건

사업시행자가 정비구역 안에 주택을 건설하는 경우에는 입주자 모집조건 · 방법 · 절차, 입주금의 납부방법 · 시기 · 절차, 주택공급방법 · 절차 등에 관하여는 주택법 규정에 불구하고 대통령령이 정하는 범위 안에서 시장 · 군수의 승인을 얻어 사업시행자가 이를 따로 정할 수 있다.

(3) 임차인 자격

정비사업의 시행으로 임대주택을 건설하는 경우에 임차인의 자격 · 선정방법 · 임대보증금 · 임대료 등 임대조건에 관한 기준 및 무주택 세대주에게 우선 매각하도록 하는 기준 등에 관하여는 임대주택법에 불구하고 대통령령이 정하는 범위 안에서 시장 · 군수의 승인을 얻어 사업시행자가 이를 따로 정할 수 있다. 다만, 재건축 임대주택의 임차인의 자격 등에 관하여는 대통령령이 정하는 범위 안에서 인수자가 이를 따로 정한다.

(4) 잔여주택

사업시행자는 공급대상자에게 주택을 공급하고 남은 주택에 대하여는 공급대상자 외의 자에게 공급할 수 있다. 이 경우 주택의 공급방법 · 절차 등에 관하여는 「주택법」을 준용한다. 다만, 사업시행자가 매도청구소송을 통해 법원의 승소판결을 받은 후 입주예정자에게 피해가 없도록 청산금액을 공탁하고 분양예정인 건축물을 담보한 경우에는 법원의 승소판결이 확정되기 전이라도 「주택법」에도 불구하고 입주자를 모집할 수 있으나, 준공인가신청 전까지 당해 주택건설대지의 소유권을 확보하여야 한다.

(5) 주택공급 등의 제한

가. 정비사업으로 인하여 주택 등 건축물을 공급하는 경우 고시가 있는 날 또는 시 · 도지사가 투기억제를 위하여 기본계획수립 후 정비구역지정 · 고시 전에 따로 정하는 날 이후에 다음 각 호의 어느 하나에 해당하는 경우에는 해당 토지 또는 주택 등 건축물의 분양받을 권리는 기준일을 기준으로 산정한다.

① 1필지의 토지가 수 개의 필지로 분할되는 경우

② 단독 또는 다가구주택이 다세대주택으로 전환되는 경우

③ 하나의 대지범위 안에 속하는 동일인 소유의 토지와 주택 등 건축물을 토지와 주택 등 건축물로 각각 분리하여 소유하는 경우

④ 나대지에 건축물을 새로이 건축하거나 기존 건축물을 철거하고 다세대주택 기타 공동주택을 건축하여 토지 등 소유자가 증가되는 경우

나. 시 · 도지사는 기준일을 따로 정하는 경우에는 기준일, 기준일 지정사유, 건축물의 분양받을 권리의 산정기준 등을 해당 지방자치단체의 공보에 고시하여야 한다.

6) 시공보증

(1) 시공보증서의 제출

조합이 정비사업의 시행을 위하여 시장 · 군수등 또는 토지주택공사 등이 아닌 자를 시공자로 선정(공동사업시행자가 시공하는 경우를 포함한다)한 경우 그 시공자는 공사의 시공보증(시공자가 공사의 계약상 의무를 이행하지 못하거나 의무이행을 하지 아니할 경우 보증기관에서 시공자를 대신하여 계약이행의무를 부담하거나 총 공사금액의 100분의 50 이하 대통령령으로 정하는 비율 이상의 범위에서 사업시행자가 정하는 금액을 납부할 것을 보증하는 것을 말한다)을 위하여 국토교통부령으로 정하는 기관의 시공보증서를 조합에 제출하여야 한다.

(2) 시장 · 군수의 확인의무

시장 · 군수는 「건축법」 규정에 의한 착공신고를 받는 경우에는 시공보증서 제출여부를 확인하여야 한다.

6 공사완료에 따른 조치

1) 정비사업의 준공인가

(1) 시장 · 군수의 준공인가

시장 · 군수가 아닌 사업시행자는 정비사업에 관한 공사를 완료한 때에는 대통령령이 정하는 방법 및 절차에 의하여 시장 · 군수의 준공인가를 받아야 한다.

(2) 준공검사의 실시 및 의뢰

준공인가신청을 받은 시장 · 군수는 지체 없이 준공검사를 실시하여야 한다. 이 경우 시장 · 군수는 효율적인 준공검사를 위하여 필요한 때에는 관계 행정기관 · 정부투자기관 · 연구기관 그 밖의 전문기관 또는 단체에 준공검사의 실시를 의뢰할 수 있다.

(3) 준공인가 및 공사완료고시

가. 시장 · 군수는 준공검사의 실시결과 정비사업이 인가받은 사업시행계획대로 완료되었다고 인정하는 때에는 준공인가를 하고 공사의 완료를 당해 지방자치단체의 공

보에 고시하여야 한다.

나. 시장 · 군수는 직접 시행하는 정비사업에 관한 공사가 완료된 때에는 그 공사의 완료를 당해 지방자치단체의 공보에 고시하여야 한다.

(4) 준공인가 전 사용허가

시장 · 군수는 준공인가를 하기 전이라도 완공된 건축물이 사용에 지장이 없는 등 대통령령이 정하는 기준에 적합한 경우에는 입주예정자가 완공된 건축물을 사용할 것을 사업시행자에 대하여 허가할 수 있다. 다만, 자신이 사업시행자인 경우에는 허가를 받지 아니하고 입주예정자가 완공된 건축물을 사용하게 할 수 있다. 공사완료의 고시절차 및 그 방법 그 밖에 필요한 사항은 대통령령으로 정한다.

2) 인 · 허가 등의 의제

(1) 준공검사 등의 의제

준공인가를 하거나 공사완료의 고시를 함에 있어 시장 · 군수가 의제되는 인 · 허가 등에 따른 준공검사 · 준공인가 · 사용검사 · 사용승인 등에 관하여 관계 행정기관의 장과 협의한 사항에 대하여는 당해 준공검사 · 인가 등을 받은 것으로 본다.

(2) 서류제출

시장 · 군수가 아닌 사업시행자는 준공검사 · 인가 등의 의제를 받고자 하는 경우에는 준공인가를 신청하는 때에 해당 법률이 정하는 관계 서류를 함께 제출하여야 한다.

(3) 관계 행정기관장과 협의

시장 · 군수는 준공인가를 하거나 공사완료의 고시를 함에 있어서 그 내용에 의제되는 인 · 허가 등에 따른 준공검사 · 인가 등에 해당하는 사항이 있은 때에는 미리 관계 행정기관의 장과 협의하여야 한다. 관계 행정기관의 장은 협의를 요청받은 날부터 10일 이내에 의견을 제출하여야 한다. 관계 행정기관의 장이 기간(「민원 처리에 관한 법률」 제20조제2항에 따라 회신기간을 연장한 경우에는 그 연장된 기간을 말한다) 내에 의견을 제출하지 아니하면 협의가 이루어진 것으로 본다.

3) 소유권의 이전고시

(1) 소유권 이전의 절차

사업시행자는 공사완료의 고시가 있은 때에는 지체 없이 대지확정측량을 하고 토지의 분할절차를 거쳐 관리처분계획에 정한 사항을 분양을 받을 자에게 통지하고 대지 또는 건축물의 소유권을 이전하여야 한다. 다만, 정비사업의 효율적인 추진을 위하여 필요한 경우에는 당해 정비사업에 관한 공사가 전부 완료되기 전에 완공된 부분에 대하여 준공 인가를 받아 대지 또는 건축물별로 이를 분양받을 자에게 그 소유권을 이전할 수 있다.

(2) 고시 및 보고

사업시행자는 대지 및 건축물의 소유권을 이전한 때에는 그 내용을 당해 지방자치단체의 공보에 고시한 후 이를 시장·군수에게 보고하여야 한다.

4) 대지 및 건축물에 대한 권리의 확정

(1) 소유권 외의 권리확정

대지 또는 건축물을 분양받을 자에게 소유권을 이전하고자 하는 경우 종전의 토지 또는 건축물에 설정된 지상권·전세권·저당권·임차권·가등기담보권·가압류 등 등기된 권리 및 주택 임대차보호법 대항요건을 갖춘 임차권은 소유권을 이전받은 대지 또는 건축물에 설정된 것으로 본다. 이 경우 대지 또는 건축물을 분양받을 자는 고시가 있은 날의 다음날에 그 대지 또는 건축물에 대한 소유권을 취득한다.

(2) 도시개발법상 환지 등의 간주

취득하는 대지 또는 건축물 중 토지 등 소유자에게 분양하는 대지 또는 건축물은 도시개발법에 의하여 행하여진 환지로 보며, 보류지와 일반에게 분양하는 대지 또는 건축물은 도시개발법에 의한 보류지 또는 체비지로 본다.

5) 등기절차 및 권리변동의 제한

(1) 등기절차

가. 사업시행자는 소유권의 이전 고시가 있은 때에는 지체 없이 대지 및 건축물에 관한 등기를 지방법원지원 또는 등기소에 촉탁 또는 신청하여야 한다.

나. 등기에 관하여 필요한 사항은 대법원 규칙으로 정한다.

(2) 다른 등기의 제한

정비사업에 관하여 소유권의 이전의 고시가 있은 날부터 등기가 있을 때까지는 저당권 등의 다른 등기를 하지 못한다.

6) 청산금

(1) 의 의

대지 또는 건축물을 분양받은 자가 종전에 소유하고 있던 토지 또는 건축물의 가격과 분양받은 대지 또는 건축물의 가격 사이에 차이가 있는 경우에는 사업시행자는 소유권의 이전의 고시가 있은 후에 그 차액에 상당하는 금액을 분양받은 자로부터 징수하거나 분양받은 자에게 지급하여야 한다. 다만, 정관 등에서 분할징수 및 분할지급에 내하여 정하고 있거나 총회의 의결을 거쳐 따로 정한 경우에는 관리처분계획 인가 후부터 소유권의 이전의 고시일까지 일정기간별로 분할징수하거나 분할지급할 수 있다.

(2) 청산금 산정시 기준

종전에 소유하고 있던 토지 또는 건축물의 가격과 분양받은 대지 또는 건축물의 가격은 그 토지 또는 건축물의 규모 · 위치 · 용도 · 이용상황 · 정비사업비 등을 참작하여 평가하여야 한다.

(3) 가격평가의 방법 및 절차

가격평가의 방법 및 절차 등에 관하여 필요한 사항은 대통령령으로 정한다.

7) 청산금의 징수방법

(1) 강제징수

청산금을 납부할 자가 이를 납부하지 아니하는 경우에는 시장 · 군수인 사업시행자는 지방세체납처분의 예에 의하여 이를 징수할 수 있으며, 시장 · 군수가 아닌 사업시행자는 시장 · 군수에게 청산금의 징수를 위탁할 수 있다.

(2) 공 탁

청산금을 지급받을 자가 이를 받을 수 없거나 거부한 때에는 사업시행자는 그 청산금을 공탁할 수 있다.

(3) 소멸시효

청산금을 지급받을 권리 또는 이를 징수할 권리는 소유권의 이전의 고시일 다음 날부터 5년 간 이를 행사하지 아니하면 소멸한다.

8) 저당권의 물상대위

정비사업을 시행하는 지역 안에 있는 토지 또는 건축물에 저당권을 설정한 권리자는 저당권이 설정된 토지 또는 건축물의 소유자가 지급받을 청산금에 대하여 청산금을 지급하기 전에 압류절차를 거쳐 저당권을 행사할 수 있다.

제5장 비용의 부담

1 비용부담

1) 비용부담의 원칙

(1) 원 칙

정비사업비는 이 법 또는 다른 법령에 특별한 규정이 있는 경우를 제외하고는 사업시행자가 부담한다.

(2) 예 외

시장 · 군수는 시장 · 군수가 아닌 사업시행자가 시행하는 정비사업의 정비계획에 따라 설치되는 도시 · 군계획시설 중 대통령령이 정하는 주요 정비기반시설 및 임시수용시설에 대하여는 그 건설에 소요되는 비용의 전부 또는 일부를 부담할 수 있다.

〈주요 정비기반시설〉

1. 도로	2. 상 · 하수도	3. 공원	4. 공용주차장
5. 공동구	6. 녹지	7. 하천	8. 공공공지
9. 광장	10. 임시수용시설		

2) 비용의 조달

(1) 부과금의 부과 · 징수

사업시행자는 토지 등 소유자로부터 정비사업의 비용과 정비사업의 시행과정에서 발생한 수입의 차액을 부과금으로 부과·징수할 수 있다.

(2) 연체료의 부과 · 징수

사업시행자는 토지 등 소유자가 부과금의 납부를 태만히 한 때에는 연체료를 부과 · 징수할 수 있다. 부과금 및 연체료의 부과 · 징수에 관하여 필요한 사항은 정관 등으로 정한다.

(3) 징수의 위탁

가. 시장 · 군수가 아닌 사업시행자는 부과금 또는 연체료를 체납하는 자가 있는 때에는 시장 · 군수에게 그 부과 · 징수를 위탁할 수 있다.

나. 시장 · 군수는 부과 · 징수를 위탁받은 경우에는 지방세체납처분의 예에 의하여 이를 부과 · 징수할 수 있다. 이 경우 사업시행자는 징수한 금액의 4%에 해당하는 금액을 당해 시장 · 군수에게 교부하여야 한다.

3) 정비기반시설 관리자

(1) 비용부담

시장 · 군수는 그가 시행하는 정비사업으로 인하여 현저한 이익을 받는 정비기반시설의 관리자가 있는 경우에는 대통령령이 정하는 방법 및 절차에 따라 당해 정비사업비의 일부를 그 정비기반시설의 관리자와 협의하여 그 관리자에게 이를 부담시킬 수 있다.

〈정비기반시설 관리자의 비용부담〉

1. 부담비용의 총액은 당해 정비사업에 소요된 비용의 1/3을 초과하여서는 아니된다. 다만, 다른 정비기반시설의 정비가 그 정비사업의 주된 내용이 되는 경우에는 그 부담비용의 총액은 당해 정비사업에 소요된 비용의 50%까지로 할 수 있다.
2. 사업시행자는 정비사업비의 일부를 정비기반시설의 관리자에게 부담시키고자 하는 때에는 정비사업에 소요된 비용의 명세와 부담 금액을 명시하여 그 비용을 부담시키고자 하는 자에게 통지하여야 한다.

(2) 공동구 설치비용

사업시행자는 정비사업을 시행하는 지역에 전기 · 가스 등의 공급시설을 설치하기 위하여 공동구를 설치하는 경우에는 다른 법령에 의하여 그 공동구에 수용될 시설을 설치할 의무가 있는 자에게 공동구의 설치에 소요되는 비용을 부담시킬 수 있다. 비용부담의 비율 및 부담방법과 공동구의 관리에 관하여 필요한 사항은 국토교통부령으로 정한다.

4) 보조 및 융자

(1) 국가 또는 시 · 도

국가 또는 시 · 도는 시장, 군수, 구청장 또는 주택공사 등이 시행하는 정비사업에 관한 기초조사 및 정비사업의 시행에 필요한 시설로서 대통령령이 정하는 정비기반시설, 임시수용시설에 따른 공동이용시설의 건설에 소요되는 비용의 일부를 보조하거나 융자할 수 있다. 이 경우 국가 또는 시 · 도는 시장, 군수, 구청장 또는 주택공사 등이 시행하는 사업에 우선 보조하거나 융자할 수 있다.

(2) 시장 · 군수

시장 · 군수는 사업시행자가 주택공사등인 주거환경개선사업과 관련하여 제(1)항에 따른 정비기반시설, 임시수용시설에 따른 공동이용시설을 건설하는 경우 건설에 소요되는 비용의 전부 또는 일부를 주택공사 등에게 보조하여야 한다.

(3) 국가 또는 지방자치단체

국가 또는 지방자치단체는 시장 · 군수가 아닌 사업시행자가 시행하는 정비사업에 소요되는 비용의 일부를 보조 또는 융자하거나 융자를 알선할 수 있다. 국가 또는 지방자치단체는 정비사업에 필요한 비용을 보조 또는 융자하는 경우 순환정비방식의 정비사업에 우선적으로 지원할 수 있다. 이 경우 순환정비방식의 정비사업의 원활한 시행을 위하여 국가 또는 지방자치단체는 다음 각 호의 비용 일부를 보조 또는 융자할 수 있다.

2 정비기반시설의 설치

1) 정비기반시설의 설치

(1) 설치의무

사업시행자는 관할 지방자치단체장과의 협의를 거쳐 정비구역 안에 정비기반시설을 설치하여야 한다.

(2) 우선매수청구권

가. 의의 : 정비기반시설의 설치를 위하여 토지 또는 건축물이 수용된 자는 당해 정비구역 안에 소재하는 대지 또는 건축물로서 매각대상이 되는 대지 또는 건축물에 대하여 다른 사람에게 우선하여 매수청구할 수 있다. 이 경우 당해 대지 또는 건축물이 국가 또는 지방자치단체의 소유인 때에는 「국유재산법」 또는 「공유재산 및 물품관리법」 규정에 의한 국유재산관리계획 또는 공유재산관리계획과 「국유재산법」 또는 「공유재산 및 물품관리법」 규정에 의한 계약의 방법에도 불구하고 수의계약에 의하여 매각할 수 있다.

나. 방 법

① 매각대상 대지 또는 건축물의 공고 : 사업시행자는 정비기반시설의 설치를 위하여 토지 또는 건축물이 수용된 자에게 매각할 대지 또는 건축물이 있는 경우에는 다음의 사항을 당해 지역에서 발간되는 일간신문에 공고하여야 한다.

㉠ 우선 매수할 수 있다는 취지

㉡ 매각할 대지 또는 건축물의 위치 · 면적 및 매각예정가격

㉢ 매각대금의 납부시기 및 납부방법 등

㉣ 그 밖에 매수에 필요한 사항

② 매수청구기간 : 우선매수를 하고자 하는 자는 공고일부터 14일 이내에 사업시행

자에게 서면으로 매수청구를 하여야 한다. 이 경우 그 기간 내에 매수청구가 없는 때에는 매수의사가 없는 것으로 본다.

③ 매각조건에 관한 협의 : 매수청구가 있는 경우 사업시행자는 매수청구를 한 자와 매각조건에 관하여 협의하여야 한다. 이 경우 협의가 성립되지 아니한 경우에는 사업시행자 또는 매수청구자의 신청에 의하여 시장·군수가 당해 지방도시계획위원회의 심의를 거쳐 결정한다.

④ 매각의무 : 사업시행자는 협의가 성립되거나 결정이 있는 때에는 그 내용에 따라 매수청구자에게 매각하여야 한다.

(3) 정비구역지정의 특례

시 · 도지사는 정비구역을 지정함에 있어서 정비구역의 진입로 설치를 위하여 필요한 경우에는 진입로 지역과 그 인접지역을 포함하여 정비구역을 지정할 수 있다.

2) 정비기반시설 및 토지 등의 귀속

(1) 귀속주체

가. 시장 · 군수 또는 한국토지주택공사 등의 사업시행자 : 정비사업의 시행으로 새로이 정비기반시설을 설치하거나 기존의 정비기반시설에 대체되는 정비기반시설을 설치한 경우에는 「국유재산법」 또는 「공유재산 및 물품관리법」의 규정에 불구하고 종래의 정비기반시설은 사업시행자에게 무상으로 귀속되고, 새로이 설치된 정비기반시설은 그 시설을 관리할 국가 또는 지방자치단체에 무상으로 귀속된다.

나. 기타 사업시행자 : 정비사업의 시행으로 새로이 설치한 정비기반시설은 그 시설을 관리할 국가 또는 지방자치단체에 무상으로 귀속되고, 정비사업의 시행으로 인하여 용도가 폐지되는 국가 또는 지방자치단체 소유의 정비기반시설은 그가 새로이 설치한 정비기반시설의 설치비용에 상당하는 범위 안에서 사업시행자에게 무상으로 양도된다.

(2) 관리자의 의견청취

시장 · 군수는 정비기반시설의 귀속 및 양도에 관한 사항이 포함된 정비사업을 시행하고자 하거나 그 시행을 인가하고자 하는 경우에는 미리 그 관리청의 의견을 들어야 한다. 인가받은 사항을 변경하고자 하는 경우에도 또한 같다.

(3) 귀속시기

사업시행자는 관리청에 귀속될 정비기반시설과 사업시행자에게 귀속 또는 양도될 재산의 종류와 세목을 정비사업의 준공 전에 관리청에 통지하여야 하며, 당해 정비기반시설은 그 정비사업이 준공 인가되어 관리청에 준공인가통지를 한 때에 국가 또는 지방자치단체에 귀속되거나 사업시행자에게 귀속 또는 양도된 것으로 본다.

(4) 정비기반시설의 등기

정비기반시설의 등기에 있어서는 정비사업의 시행인가서와 준공인가서는 부동산등기법에 의한 등기원인을 증명하는 서류에 갈음한다.

3 국 · 공유재산의 처분

1) 국 · 공유재산의 처분

(1) 관리청과 협의

가. 시장 · 군수는 인가하고자 하는 사업시행계획 또는 직접 작성하는 사업시행계획서에 국 · 공유재산의 처분에 관한 내용이 포함되어 있는 때에는 미리 관리청과 협의하여야 한다.

나. 관리청이 불분명한 재산 중 도로 · 하천 · 구거 등에 대하여는 국토교통부장관을, 그 외의 재산에 대하여는 기획재정부장관을 관리처장으로 본다.

다. 협의를 받은 관리청은 20일 이내에 의견을 제시하여야 한다.

(2) 국 · 공유재산의 처분제한

정비구역 안의 국 · 공유재산은 정비사업 외의 목적으로 매각하거나 양도할 수 없다.

(3) 국·공유재산의 우선 매각 · 임대

가. 정비구역 안의 국 · 공유재산은 「국유재산법」 또는 「공유재산 및 물품관리법」 규정에 의한 국유재산관리계획 또는 공유재산관리계획과 「국유재산법」 또는 「공유재산 및 물품관리법」 규정에 의한 계약의 방법에 불구하고 사업시행자 또는 점유자 및 사용자에게 다른 사람에 우선하여 수의계약으로 매각 또는 임대할 수 있다.

나. 다른 사람에 우선하여 매각 또는 임대할 수 있는 국·공유재산은 「국유재산법」 · 「공유재산 및 물품관리법」, 그 밖에 국 · 공유지의 관리와 처분에 관하여 규정한 관계 법령의 규정에 불구하고 사업시행인가의 고시가 있은 날부터 종전의 용도가 폐지된 것으로 본다.

다. 정비사업을 목적으로 우선 매각하는 국 · 공유지의 평가는 사업시행인가의 고시가 있은 날을 기준으로 하여 행하며, 주거환경개선사업의 경우 매각가격은 이 평가금액의 80/100으로 한다. 다만, 사업시행인가의 고시가 있은 날부터 3년 이내에 매매계약을 체결하지 아니한 국 · 공유지는 「국유재산법」 또는 「공유재산 및 물품관리법」이 정하는 바에 의한다.

2) 국 · 공유재산의 임대

(1) 관리청과 협의

지방자치단체 또는 한국토지주택공사 등은 주거환경개선구역 및 주택재개발구역에서 임대주택을 건설하는 경우에는 「국유재산법」 또는 「공유재산 및 물품관리법」 규정에 불구하고 국 · 공유지 관리청과 협의하여 정한 기간 동안 국 · 공유지를 임대할 수 있다. 임대하는 국 · 공유지의 임대료는 「국유재산법」 또는 「공유재산 및 물품관리법」이 정하는 바에 의한다.

(2) 공동주택 등의 축조

시장 · 군수는 임대하는 국 · 공유지는 「국유재산법」 또는 「공유재산 및 물품관리법」 규정에 불구하고 그 토지 위에 공동주택, 그 밖의 영구건축물을 축조하게 할 수 있다. 이 경우 당해 시설물의 임대기간이 종료되는 때에는 임대한 국 · 공유지의 관리청에 기부 또는 원상으로 회복시켜서 반환하거나 국 · 공유지 관리청으로부터 매입하여야 한다.

3) 국 · 유지의 무상양여

(1) 무상양여

다음 각 호의 어느 하나에 해당하는 구역에서 국가 또는 지방자치단체가 소유하는 토지는 사업시행계획인가의 고시가 있은 날부터 종전의 용도가 폐지된 것으로 보며, 「국유재산법」, 「공유재산 및 물품 관리법」 및 그 밖에 국 · 공유지의 관리 및 처분에 관하여 규정한 관계 법령에도 불구하고 해당 사업시행자에게 무상으로 양여된다. 다만, 「국유재산법」 제6조제2항에 따른 행정재산 또는 「공유재산 및 물품 관리법」 에 따른 행정재산과 국가 또는 지방자치단체가 양도계약을 체결하여 정비구역지정 고시일 현재 대금의 일부를 수령한 토지에 대하여는 그러하지 아니하다.

가. 주거환경개선구역

나. 국가 또는 지방자치단체가 도시영세민을 이주시켜 형성된 낙후지역으로서 대통령령으로 정하는 재개발구역(무상양여 대상에서 국유지는 제외하고, 공유지는 시장 · 군수 또는 토지주택공사 등이 단독으로 사업시행자가 되는 경우로 한정한다)

(2) 무상양여된 토지의 사용 · 수익

무상양여된 토지의 사용수익 또는 처분으로 발생한 수입은 주거환경개선사업 또는 재개발사업 외의 용도로 사용할 수 없다.

(3) 협 의

시장 · 군수는 무상양여의 대상이 되는 국 · 공유지를 소유 또는 관리하고 있는 국가 또는 지방자치단체와 협의를 하여야 한다.

(4) 양여된 토지의 관리처분

사업시행자에게 양여된 토지의 관리처분에 관하여 필요한 사항은 국토교통부장관의 승인을 얻어 당해 시 · 도 조례 또는 한국토지주택공사 등의 시행규정으로 정한다.

4) 공동이용시설 사용료의 면제

(1) 지방자치단체의 장은 마을공동체 활성화 등 공익 목적을 위하여 「공유재산 및 물품 관리법」 공동이용시설에 대한 사용 허가를 하는 경우 같은 법 제22조에도 불구하고 그 사용료를 면제할 수 있다.

(2) (1)항에 따른 공익 목적의 기준, 사용료 면제 대상 및 그 밖에 필요한 사항은 시 · 도 조례로 정한다.

5) 공공재개발사업 및 공공재건축사업

(1) 공공재개발 사업

가. 공공재개발사업 예정구역의 지정 · 고시

① 정비구역의 지정권자는 비경제적인 건축행위 및 투기 수요의 유입을 방지하고, 합리적인 사업계획을 수립하기 위하여 공공재개발사업을 추진하려는 구역을 공공재개발사업 예정구역으로 지정할 수 있다. 이 경우 공공재개발사업 예정구역의 지정 · 고시에 관한 절차는 제16조를 준용한다.

② 정비계획의 입안권자 또는 토지주택공사 등은 정비구역의 지정권자에게 공공재개발사업 예정구역의 지정을 신청할 수 있다. 이 경우 토지주택공사 등은 정비계획의 입안권자를 통하여 신청하여야 한다.

③ 공공재개발사업 예정구역에서 제19조제7항 각 호의 어느 하나에 해당하는 행위 또는 같은 조 제8항의 행위를 하려는 자는 시장 · 군수 등의 허가를 받아야 한다. 허가받은 사항을 변경하려는 때에도 또한 같다.

④ 공공재개발사업 예정구역 내에 분양받을 건축물이 제77조제1항 각 호의 어느 하나에 해당하는 경우에는 제77조에도 불구하고 공공재개발사업 예정구역 지정 · 고시가 있은 날 또는 시 · 도지사가 투기를 억제하기 위하여 공공재개발사업 예정구역 지정 · 고시 전에 따로 정하는 날의 다음 날을 기준으로 건축물을 분양받을 권리를 산정한다. 이 경우 시 · 도지사가 건축물을 분양받을 권리일을 따로 정하는 경우에는 제77조제2항을 준용한다.

⑤ 정비구역의 지정권자는 공공재개발사업 예정구역이 지정 · 고시된 날부터 2년

이 되는 날까지 공공재개발사업 예정구역이 공공재개발사업을 위한 정비구역으로 지정되지 아니하거나, 공공재개발사업 시행자가 지정되지 아니하면 그 2년이 되는 날의 다음 날에 공공재개발사업 예정구역 지정을 해제하여야 한다. 다만, 정비구역의 지정권자는 1회에 한하여 1년의 범위에서 공공재개발사업 예정구역의 지정을 연장할 수 있다.

⑥ 공공재개발사업 예정구역의 지정과 지정 신청에 필요한 사항 및 그 절차는 대통령령으로 정한다.

나. 공공재개발사업을 위한 정비구역 지정 등

① 정비구역의 지정권자는 제8조제1항에도 불구하고 기본계획을 수립하거나 변경하지 아니하고 공공재개발사업을 위한 정비계획을 결정하여 정비구역을 지정할 수 있다.

② 정비계획의 입안권자는 공공재개발사업의 추진을 전제로 정비계획을 작성하여 정비구역의 지정권자에게 공공재개발사업을 위한 정비구역의 지정을 신청할 수 있다. 이 경우 공공재개발사업을 시행하려는 공공재개발사업 시행자는 정비계획의 입안권자에게 공공재개발사업을 위한 정비계획의 수립을 제안할 수 있다.

③ 정비계획의 지정권자는 공공재개발사업을 위한 정비구역을 지정 · 고시한 날부터 1년이 되는 날까지 공공재개발사업 시행자가 지정되지 아니하면 그 1년이 되는 날의 다음 날에 공공재개발사업을 위한 정비구역의 지정을 해제하여야 한다. 다만, 정비구역의 지정권자는 1회에 한하여 1년의 범위에서 공공재개발사업을 위한 정비구역의 지정을 연장할 수 있다.

다. 정비구역 지정을 위한 특례 : 공공재개발사업 예정구역 및 공공재개발사업 · 공공재건축사업을 위한 정비구역 지정을 위한 특례를 정하였다.

① 지방도시계획위원회 또는 도시재정비위원회는 공공재개발사업 예정구역 또는 공공재개발사업 · 공공재건축사업을 위한 정비구역의 지정에 필요한 사항을 심의하기 위하여 분과위원회를 둘 수 있다. 이 경우 분과위원회의 심의는 지방도시계획위원회 또는 도시재정비위원회의 심의로 본다.

② 정비구역의 지정권자가 공공재개발사업 또는 공공재건축사업을 위한 정비구역의 지정 · 변경을 고시한 때에는 제7조에 따른 기본계획의 수립 · 변경, 「도시재정비 촉진을 위한 특별법」 제5조에 따른 재정비촉진지구의 지정 · 변경 및 같은 법 제12조에 따른 재정비촉진계획의 결정 · 변경이 고시된 것으로 본다.

라. 공공재개발사업에서의 용적률 완화 및 주택 건설비율

① 공공재개발사업 시행자는 공공재개발사업(「도시재정비촉진을 위한 특별법」 제2조제1호에 따른 재정비촉진지구에서 시행되는 공공재개발사업을 포함한다)

을 시행하는 경우 「국토의 계획 및 이용에 관한 법률」 제78조 및 조례에도 불구하고 지방도시계획위원회 및 도시재정비위원회의 심의를 거쳐 법적상한용적률의 100분의 120까지 건축할 수 있다.

② 공공재개발사업 시행자는 제54조에도 불구하고 법적상한초과용적률에서 정비계획으로 정하여진 용적률을 뺀 용적률의 100분의 20 이상 100분의 70 이하로서 시·도조례로 정하는 비율에 해당하는 면적에 국민주택규모 주택을 건설하여 인수자에게 공급하여야 한다. 다만, 제24조제4항, 제26조제1항제1호 및 제27조제1항제1호에 따른 정비사업을 시행하는 경우에는 그러하지 아니한다.

③ 국민주택규모 주택의 공급 및 인수방법에 관하여는 제55조를 준용한다.

④ 인수자는 공공재개발사업 시행자로부터 공급받은 주택 중 대통령령으로 정하는 비율에 해당하는 주택에 대해서는 「공공주택 특별법」 제48조에 따라 분양할 수 있다. 이 경우 해당 주택의 공급가격과 부속 토지의 가격은 제66조제4항을 준용하여 정한다.

(2) 공공재건축 사업

가. 공공재건축사업에서의 용적률 완화 및 주택 건설비율

① 공공재건축사업을 위한 정비구역에 대해서는 해당 정비구역의 지정·고시가 있은 날부터 「국토의 계획 및 이용에 관한 법률」 에 따라 주거지역을 세분하여 정하는 지역 중 대통령령으로 정하는 지역으로 결정·고시된 것으로 보아 해당 지역에 적용되는 용적률 상한까지 용적률을 정할 수 있다. 다만, 다음 각 호의 어느 하나에 해당하는 경우에는 그러하지 아니하다.

1. 해당 정비구역이 「개발제한구역의 지정 및 관리에 관한 특별조치법」 제3조제1항에 따라 결정된 개발제한구역인 경우
2. 시장·군수 등이 공공재건축사업을 위하여 필요하다고 인정하여 해당 정비구역의 일부분을 종전 용도지역으로 그대로 유지하거나 동일면적의 범위에서 위치를 변경하는 내용으로 정비계획을 수립한 경우
3. 시장·군수 등이 제9조제1항제10호다목의 사항을 포함하는 정비계획을 수립한 경우

② 공공재건축사업 시행자는 공공재건축사업(「도시재정비 촉진을 위한 특별법」 제2조제1호에 따른 재정비촉진지구에서 시행되는 공공재건축사업을 포함한다)을 시행하는 경우 제54조제4항에도 불구하고 제1항에 따라 완화된 용적률에서 정비계획으로 정하여진 용적률을 뺀 용적률의 100분의 40 이상 100분의 70 이하로서 주택증가 규모, 공공재건축사업을 위한 정비구역의 재정적 여건 등을 고

려하여 시·도조례로 정하는 비율에 해당하는 면적에 국민주택규모 주택을 건설하여 인수자에게 공급하여야 한다.

③ 주택의 공급가격은 「공공주택 특별법」 제50조의4에 따라 국토교통부장관이 고시하는 공공건설임대주택의 표준건축비로 하고, 제4항 단서에 따라 분양을 목적으로 인수한 주택의 공급가격은 「주택법」 제57조제4항에 따라 국토교통부장관이 고시하는 기본형건축비로 한다. 이 경우 부속 토지는 인수자에게 기부채납한 것으로 본다.

④ 국민주택규모 주택의 공급 및 인수방법에 관하여는 제55조를 준용한다. 다만, 인수자는 공공재건축사업 시행자로부터 공급받은 주택 중 대통령령으로 정하는 비율에 해당하는 주택에 대해서는 「공공주택 특별법」 제48조에 따라 분양할 수 있다.

⑤ 분양주택의 인수자는 감정평가액의 100분의 50 이상의 범위에서 대통령령으로 정하는 가격으로 부속 토지를 인수하여야 한다.

(3) 공공시행자 및 지정개발자 특례

가. 정비구역 지정의 특례

① 토지주택공사 등(제26조에 따라 사업시행자로 지정되려는 경우로 한정한다) 또는 지정개발자(제27조제1항에 따른 신탁업자로 한정한다)는 제8조에도 불구하고 대통령령으로 정하는 비율 이상의 토지등소유자의 동의를 받아 정비구역의 지정권자(특별자치시장·특별자치도지사·시장·군수인 경우로 한정한다)에게 정비구역의 지정(변경지정을 포함한다)을 제안할 수 있다. 이 경우 토지주택공사 등 또는 지정개발자는 다음 각 호의 사항을 포함한 제안서를 정비구역의 지정권자에게 제출하여야 한다.

1. 정비사업의 명칭
2. 정비구역의 위치, 면적 등 개요
3. 토지이용, 주택건설 및 기반시설의 설치 등에 관한 기본방향
4. 그 밖에 지정제안을 위하여 필요한 사항으로서 대통령령으로 정하는 사항

② 토지주택공사 등 또는 지정개발자가 정비구역의 지정을 제안한 경우 정비구역의 지정권자는 제8조 및 제16조에도 불구하고 정비계획을 수립하기 전에 정비구역을 지정할 수 있다.

③ 정비구역의 지정권자는 정비구역을 지정하려면 주민 및 지방의회의 의견을 들어야 하며, 지방도시계획위원회의 심의를 거쳐야 한다. 다만, 제15조제3항에 따른 경미한 사항을 변경하는 경우에는 그러하지 아니하다.

④ 정비구역 지정에 대한 고시에 대하여는 제16조제2항 및 제3항을 준용한다. 이 경우 “정비계획을 포함한 정비구역”은 “정비구역”으로 본다.

⑤ 제1항부터 제4항까지에서 규정한 사항 외에 정비구역의 지정제안 및 정비구역 지정을 위한 절차 등에 관하여 필요한 사항은 대통령령으로 정한다.

나. 사업시행자 지정의 특례

① 정비구역의 지정권자는 제26조제1항제8호 및 제27조제1항제3호에도 불구하고 토지면적 2분의 1 이상의 토지소유자와 토지등소유자의 3분의 2 이상에 해당하는 자가 동의하는 경우에는 정비구역의 지정과 동시에 토지주택공사 등 또는 지정개발자를 사업시행자로 지정할 수 있다. 이 경우 제101조의8제1항에 따라 정비구역 지정제안에 동의한 토지등소유자는 토지주택공사 등 또는 지정개발자의 사업시행자 지정에 동의한 것으로 본다.

② 정비구역의 지정권자는 제1항에 따라 토지주택공사 등 또는 지정개발자를 사업시행자로 지정하는 때에는 정비사업 시행구역 등 토지등소유자에게 알릴 필요가 있는 사항으로서 대통령령으로 정하는 사항을 해당 지방자치단체의 공보에 고시하여야 한다.

다. 정비계획과 사업시행계획의 통합 수립

① 사업시행자는 제101조의8에 따라 정비구역이 지정된 경우에는 제9조에 따른 정비계획과 제52조에 따른 사업시행계획을 통합하여 다음 각 호의 사항이 포함된 계획(이하 “정비사업계획”이라 한다. 이하 같다)을 수립하여야 한다.

1. 제9조제1항에 따른 정비계획의 내용(제9호는 제외한다)
2. 제52조제1항에 따른 사업시행계획서의 내용

② 사업시행자는 정비사업을 시행하려는 경우에는 제1항에 따른 정비사업계획에 정관등과 그 밖에 국토교통부령으로 정하는 서류를 첨부하여 정비구역의 지정권자에게 제출하고 정비사업계획인가를 받아야 하고, 인가받은 사항을 변경하거나 정비사업을 중지 또는 폐지하려는 경우에도 또한 같다. 다만, 제15조제3항 및 제50조제1항 단서에 따른 경미한 사항을 변경하려는 때에는 정비구역의 지정권자에게 신고하여야 한다.

③ 지정개발자가 정비사업을 시행하려는 경우에는 정비사업계획인가(최초 정비사업계획인가를 말한다)를 신청하기 전에 제35조에 따른 재개발사업 및 재건축사업의 조합설립을 위한 동의요건 이상의 동의를 받아야 한다. 이 경우 제101조의9에 따라 사업시행자 지정에 동의한 토지등소유자는 동의한 것으로 본다.

④ 정비구역의 지정권자는 제2항에 따른 정비사업계획인가를 하거나 정비사업을 변경ㆍ중지 또는 폐지하는 경우에는 국토교통부령으로 정하는 방법 및 절차에

따라 그 내용을 해당 지방자치단체의 공보에 고시하여야 한다. 다만, 제2항 단서에 따른 경미한 사항을 변경하려는 경우에는 그러하지 아니하다.

⑤ 제4항에 따라 정비사업계획인가의 고시가 있는 경우 해당 정비사업계획 중 「국토의 계획 및 이용에 관한 법률」 제52조제1항 각 호의 어느 하나에 해당하는 사항은 같은 법 제50조에 따라 지구단위계획구역 및 지구단위계획으로 결정·고시된 것으로 본다.

⑥ 제4항에 따른 정비사업계획인가의 고시는 제16조제2항에 따른 정비계획 결정의 고시 및 제50조제9항에 따른 사업시행계획인가의 고시로 본다.

⑦ 정비사업계획에 관하여는 제10조부터 제13조까지, 제17조제3항부터 제5항까지, 제50조제2항부터 제8항까지(제7항은 제외한다), 제50조의2, 제51조 및 제53조부터 제59조까지를 준용한다. 이 경우 "시장·군수등"은 "정비구역의 지정권자"로, "정비계획" 및 "사업시행계획"은 "정비사업계획"으로 본다.

⑧ 제1항부터 제7항까지에서 규정한 사항 외에 정비사업계획인가 및 고시 등을 위하여 필요한 사항은 대통령령으로 정한다.

제6장 정비사업 전문관리업과 감독

1 정비사업 전문관리업

1) 정비사업 전문관리업의 등록

정비사업의 시행을 위하여 필요한 다음의 사항을 추진위원회 또는 사업시행자로부터 위탁받거나 이와 관련한 자문을 하고자 하는 자는 대통령령이 정하는 자본 · 기술인력 등의 기준을 갖춰 시 · 도지사에게 등록 또는 변경 등록하여야 한다. 다만, 주택의 건설 · 감정평가 등 정비사업관련 업무를 하는 정부투자기관 등으로 대통령령이 정하는 기관의 경우에는 그러하지 아니하다.

〈정비사업 전문관리업자의 업무〉

1. 조합설립의 동의 및 정비사업의 동의에 관한 업무의 대행
2. 조합설립인가의 신청에 관한 업무의 대행
3. 사업성 검토 및 정비사업의 시행계획서의 작성
4. 설계자 및 시공자 선정에 관한 업무의 지원
5. 사업시행인가의 신청에 관한 업무의 대행
6. 관리처분계획의 수립에 관한 업무의 대행
7. 시장 · 군수 등이 정비사업 전문관리업자를 선정한 경우에는 추진위원회 설립에 필요한 동의서 제출의 접수, 운영규정 작성 지원, 그 밖에 시 · 도 조례로 정하는 사항

2) 등록의 절차

가. 기준 : 등록의 절차 및 방법, 등록수수료 등에 관하여 필요한 사항은 대통령령으로 정한다.

나. 보고 : 시 · 도지사는 정비사업 전문관리업의 등록 또는 변경 등록한 현황 및 등록취소 또는 업무정지를 명한 현황을 국토교통부령이 정하는 방법 및 절차에 따라 국토교통부장관에게 보고하여야 한다.

3) 정비사업 전문관리업자의 업무제한

정비사업 전문관리업자는 동일한 정비사업에 대하여 다음의 업무를 병행하여 수행할 수 없다.

가. 건축물의 철거

나. 정비사업의 설계

다. 정비사업의 시공
라. 정비사업의 회계감사
마. 그 밖에 정비사업의 공정한 질서유지에 필요하다고 인정하여 대통령령이 정하는 업무

4) 전문관리업자와 위탁자와의 관계

정비사업 전문관리업자에게 업무를 위탁하거나 자문을 요청한 자와 정비사업 전문관리업자 사이의 관계에 관하여 이 법에 규정이 있는 것을 제외하고는 민법 중 위임에 관한 규정을 준용한다.

5) 전문관리업자의 결격사유

가. 다음에 해당하는 자는 정비사업 전문관리업의 등록을 신청할 수 없으며, 정비사업 전문관리업자의 업무를 대표 또는 보조하는 임직원이 될 수 없다.
  ① 미성년자, 피성년후견인 또는 피한정후견인
  ② 파산선고를 받은 자로서 복권되지 아니한 자
  ③ 정비사업의 시행과 관련한 범죄행위로 인하여 금고 이상의 실형의 선고를 받고 그 집행이 종료되거나 집행이 면제된 날부터 2년이 경과되지 아니한 자
  ④ 정비사업의 시행과 관련한 범죄행위로 인하여 금고 이상의 형의 집행유예를 받고 그 유예기간 중에 있는 자
  ⑤ 이 법을 위반하여 벌금형 이상의 선고를 받고 2년이 경과되지 아니한 자
  ⑥ 등록이 취소된 후 2년이 경과되지 아니한 자
  ⑦ 법인의 업무를 대표 또는 보조하는 임직원 중 위의 ①~⑥ 가운데 어느 하나에 해당하는 자가 있는 법인
나. 결격사유로 인한 퇴직 : 정비사업 전문관리업자의 업무를 대표 또는 보조하는 임직원이 결격사유에 해당하게 되거나 선임 당시 그에 해당하는 자이었음이 판명된 때에는 당연 퇴직한다. 퇴직된 임직원이 퇴직 전에 관여한 행위는 그 효력을 잃지 아니한다.

6) 등록취소

가. 시 · 도지사는 정비사업 전문관리업자가 다음에 해당하는 때에는 그 등록을 취소하거나 1년 이내의 기간을 정하여 업무의 전부 또는 일부의 정지를 명할 수 있다. 다만 ①, ④, ⑧, ⑨항에 해당하는 때에는 그 등록을 취소하여야 한다.
  ① 거짓, 그 밖의 부정한 방법으로 등록을 한 때
  ② 등록기준에 미달하게 된 때
  ③ 추진위원회, 사업시행자 또는 시장 · 군수 등의 위탁이나 자문에 관한 계약 없이

제102조제1항 각 호에 따른 업무를 수행한 때

④ 제102조제1항 각 호에 따른 업무를 직접 수행하지 아니한 때

⑤ 고의 또는 과실로 조합에게 계약금액(정비사업 전문관리업자가 조합과 체결한 총 계약금액을 말한다)의 1/3 이상의 재산상 손실을 끼친 때

⑥ 제107조에 따른 보고 · 자료제출을 하지 아니하거나 허위로 한 때 또는 조사 · 검사를 거부 · 방해 또는 기피한 때

⑦ 제111조에 따른 보고 · 자료제출을 하지 아니하거나 허위로 한 때 또는 조사를 거부·방해 또는 기피한 때

⑧ 최근 3년 간 2회 이상의 업무정지처분을 받은 자로서 그 정지처분을 받은 기간이 합산하여 12월을 초과한 때

⑨ 다른 사람에게 자기의 성명 또는 상호를 사용하여 이 법이 정한 업무를 수행하게 하거나 등록증을 대여한 때

⑩ 이 법을 위반하여 벌금형 이상의 선고를 받은 경우(법인의 경우에는 그 소속 임직원을 포함한다)

⑪ 그 밖에 이 법 또는 이 법에 의한 명령이나 처분을 위반한 때

나. 등록취소 등의 기준 : 등록의 취소 및 업무의 정지처분에 관한 기준은 대통령령으로 정한다.

다. 등록취소처분 통지 : 정비사업 전문관리업자는 등록취소처분 등을 받은 경우에는 당해 내용을 지체 없이 사업시행자에게 통지하여야 한다.

라. 등록취소처분 받기 전의 행한 업무 : 정비사업 전문관리업자는 등록취소처분 등을 받기 전에 계약을 체결한 업무는 이를 계속하여 수행할 수 있다. 이 경우 정비사업 전문관리업자는 당해 업무를 완료할 때까지는 정비사업 전문관리업자로 본다.

마. 정비사업 전문관리업자는 다음에 해당하는 경우에는 업무를 계속하여 수행할 수 있다.

① 사업시행자가 통지를 받거나 처분사실을 안 날부터 3월 이내에 총회 또는 대의원회의 의결을 거쳐 당해 업무계약을 해지한 경우

② 정비사업 전문관리업자가 등록취소처분 등을 받은 날부터 3월 이내에 사업시행자로부터 업무의 계속수행에 대하여 동의를 받지 못한 경우. 이 경우 사업시행자가 동의를 하고자 하는 때에는 총회 또는 대의원회의 의결을 거쳐야 한다.

③ 등록이 취소된 경우

7) 전문관리업자에 대한 조사

가. 국토교통부장관 또는 시 · 도지사는 다음 각 호의 어느 하나에 해당하는 경우 정비사업전문관리업자에 대하여 그 업무에 관한 사항을 보고하게 하거나 자료의 제출, 그 밖의 필요한 명령을 할 수 있으며, 소속 공무원에게 영업소 등에 출입하여 장부

· 서류 등을 조사 또는 검사하게 할 수 있다.

① 등록요건 또는 결격사유 등 이 법에서 정한 사항의 위반 여부를 확인할 필요가 있는 경우

② 정비사업전문 관리업자와 토지등소유자, 조합원, 그 밖에 정비사업과 관련한 이해관계인 사이에 분쟁이 발생한 경우

③ 그 밖에 시 · 도 조례로 정하는 경우

나. 출입 · 검사 등을 하는 공무원은 그 권한을 표시하는 증표를 지니고 이를 관계인에게 내보여야 한다.

다. 국토교통부장관 또는 시 · 도지사가 정비사업 전문관리업자에게 업무에 관한 사항의 보고, 자료의 제출을 하게 하거나, 소속 공무원에게 조사 또는 검사하게 하려는 경우에는 「행정조사기본법」에 따라 사전통지를 하여야 한다.

라. 업무에 관한 사항의 보고 또는 자료의 제출 명령을 받은 정비사업 전문관리업자는 그 명령을 받은 날부터 15일 이내에 이를 보고 또는 제출(전자문서를 이용한 보고 또는 제출을 포함)하여야 한다.

마. 국토교통부장관 또는 시 · 도지사는 업무에 관한 사항의 보고, 자료의 제출, 조사 또는 검사 등이 완료된 날부터 30일 이내에 그 결과를 통지하여야 한다.

8) 교 육

국토교통부장관, 시 · 도지사 또는 시장 · 군수는 추진위원회의 위원장 및 감사, 조합의 임원, 정비사업 전문관리업자의 대표자 및 기술인력 등에 대하여 대통령령으로 정하는 바에 따라 교육을 실시할 수 있다.

9) 협회의 업무 및 감독

(1) 협회의 업무

협회의 업무는 다음 각 호와 같다.

가. 정비사업전문관리업 및 정비사업의 건전한 발전을 위한 조사 · 연구

나. 회원의 상호 협력증진을 위한 업무

다. 정비사업전문관리 기술 인력과 정비사업전문관리업 종사자의 자질향상을 위한 교육 및 연수

라. 그 밖에 대통령령으로 정하는 업무

(2) 협회의 감독

국토교통부장관은 협회의 업무 수행 현황 또는 이 법의 위반 여부를 확인할 필요가 있

는 때에는 협회에게 업무에 관한 사항을 보고하게 하거나 자료의 제출, 그 밖에 필요한 명령을 할 수 있으며, 소속 공무원에게 그 사무소 등에 출입하여 장부 · 서류 등을 조사 또는 검사하게 할 수 있다. 또한, 업무에 관한 사항의 보고, 자료의 제출, 조사 또는 검사에 관하여는 제107조제2항부터 제5항까지의 규정을 준용한다.

2 감 독

1) 자료의 제출

(1) 추진실적 보고

시 · 도지사는 국토교통부령으로 정하는 방법 및 절차에 따라 정비사업의 추진실적을 분기별로 국토교통부장관에게, 시장, 군수 또는 구청장은 시 · 도조례로 정하는 바에 따라 정비사업의 추진실적을 특별시장 · 광역시장 또는 도지사에게 보고하여야 한다.

(2) 보고 · 자료제출의 명령

국토교통부장관, 시 · 도지사, 시장, 군수 또는 구청장은 정비사업(제86조의2에 따라 해산한 조합의 청산 업무를 포함한다. 이하 이 항에서 같다)의 원활한 시행을 감독하기 위하여 필요한 경우로서 다음 각 호의 어느 하나에 해당하는 때에는 추진위원회 · 사업시행자(청산인을 포함한다) · 정비사업전문관리업자 · 설계자 및 시공자 등 이 법에 따른 업무를 하는 자에게 그 업무에 관한 사항을 보고하게 하거나 자료의 제출, 그 밖의 필요한 명령을 할 수 있으며, 소속 공무원에게 영업소 등에 출입하여 장부 · 서류 등을 조사 또는 검사하게 할 수 있다.

가. 이 법의 위반 여부를 확인할 필요가 있는 경우
나. 토지등소유자, 조합원, 그 밖에 정비사업과 관련한 이해관계인 사이에 분쟁이 발생된 경우
다. 그 밖에 시 · 도 조례로 정하는 경우

(3) 사전통지

업무를 조사하는 공무원은 국토교통부령이 정하는 방법 및 절차에 따라 조사일시 · 조사목적 등을 미리 알려주어야 한다.

(4) 자금차입의 신고

추진위원회 또는 사업시행자(시장 · 군수등과 토지주택공사 등은 제외한다)는 자금을 차입한 때에는 대통령령으로 정하는 바에 따라 자금을 대여한 상대방, 차입액, 이자율 및 상환방법 등의 사항을 시장 · 군수 등에게 신고하여야 한다.

2) 회계감사

시장 · 군수 등 또는 도지주택공사 등이 아닌 사업시행자는 대통령령으로 정하는 방법 및 절차에 따라 다음 각 호의 어느 하나에 해당하는 시기에 「주식회사 등의 외부감사에 관한 법률」에 따른 감사인의 회계감사를 받아야 하며, 그 감사결과를 회계감사가 종료된 날부터 15일 이내에 시장 · 군수 등 및 해당 조합에 보고하고 조합원이 공람할 수 있도록 하여야 한다. 다만, 지정개발자가 사업시행자인 경우에는 (가), (나)에 해당하는 시기에 한정한다.

가. 추진위원회에서 조합으로 인계되기 전 7일 이내
나. 사업시행인가의 고시일부터 20일 이내
다. 준공인가의 신청일부터 7일 이내
라. 토지등소유자 또는 조합원 5분의 1 이상이 사업시행자에게 회계감사를 요청하는 경우 : 제4항에 따른 절차를 고려한 상당한 기간 이내

3) 조치사항

(1) 위반 시 필요한 조치

정비사업의 시행이 이 법 또는 이 법에 따른 명령 · 처분이나 사업시행계획서 또는 관리처분계획에 위반되었다고 인정되는 때에는 정비사업의 적정한 시행을 위하여 필요한 범위에서 국토교통부장관은 시 · 도지사, 시장, 군수, 구청장, 추진위원회, 주민대표회의, 사업시행자 또는 정비사업전문관리업자에게, 특별시장, 광역시장 또는 도지사는 시장, 군수, 구청장, 추진위원회, 주민대표회의, 사업시행자 또는 정비사업전문관리업자에게, 시장 · 군수는 추진위원회, 주민대표회의, 사업시행자 또는 정비사업전문관리업자에게 처분의 취소 · 변경 또는 정지, 공사의 중지 · 변경, 임원의 개선 권고, 그 밖의 필요한 조치를 취할 수 있다.

가. 국토교통부장관 : 시 · 도지사, 시장, 군수, 구청장, 추진위원회, 주민대표회의, 사업시행자 또는 정비사업전문관리업자에게 조치
나. 특별시장, 광역시장 또는 도지사 : 시장, 군수, 구청장, 추진위원회, 주민대표회의, 사업시행자 또는 정비사업전문관리업자에게 조치
다. 시장 · 군수 : 추추진위원회, 주민대표회의, 사업시행자 또는 정비사업전문관리업자에게 조치

(2) 점검반의 운영

국토교통부장관은 이 법에 의한 정비사업의 원활한 시행을 위하여 관계공무원 및 전문가로 구성된 점검반을 구성하여 정비사업 현장조사를 통하여 분쟁의 조정, 위법사항의 시정요구 등 필요한 조치를 할 수 있다. 이 경우 관할 지방자치단체의 장과 조합 등은

대통령령이 정하는 자료의 제공 등 점검반의 활동에 적극 협조하여야 한다.

4) 시공자 선정 취소 명령 또는 과징금

(1) 시공자 선정 취소

시 · 도지사는 건설업자가 다음 각 호의 어느 하나에 해당하는 경우 사업시행자에게 건설업자의 해당 정비사업에 대한 시공자 선정을 취소할 것을 명하거나 그 건설업자에게 사업시행자와 시공자 사이의 계약서상 공사비의 100분의 20 이하에 해당하는 금액의 범위에서 과징금을 부과할 수 있다. 이 경우 시공자 선정 취소의 명을 받은 사업시행자는 시공자 선정을 취소하여야 한다.

가. 건설업자가 제132조를 위반한 경우

나. 건설업자가 제132조의2를 위반하여 관리 · 감독 등 필요한 조치를 하지 아니한 경우로서 용역업체의 임직원(건설업자가 고용한 개인을 포함한다.)이 제132조를 위반한 경우

(2) 과징금 부과

과징금을 부과하는 위반행위의 종류와 위반 정도 등에 따른 과징금의 금액 등에 필요한 사항은 대통령령으로 정한다. 또한, 시 · 도지사는 과징금의 부과처분을 받은 자가 납부기한까지 과징금을 내지 아니하면 「지방세외수입금의 징수 등에 관한 법률」에 따라 징수한다.

5) 건설업자의 입찰 참가 제한

가. 시 · 도지사는 제113조의2제1항 각 호의 어느 하나에 해당하는 건설업자에 대해서는 2년 이내의 범위에서 대통령령으로 정하는 기간 동안 정비사업의 입찰참가를 제한하여야 한다.

나. 시 · 도지사는 건설업자 또는 등록사업자에 대한 정비사업의 입찰참가를 제한하려는 경우에는 대통령령으로 정하는 바에 따라 대상, 기간, 사유, 그 밖의 입찰참가 제한과 관련된 내용을 공개하고, 관할 구역의 시장, 군수 또는 구청장 및 사업시행자에게 통보하여야 한다. 다만, 정비사업의 입찰참가를 제한하려는 해당 건설업자 또는 등록사업자가 입찰 참가자격을 제한받은 사실이 있는 경우에는 시 · 도지사가 입찰참가 제한과 관련된 내용을 전국의 시장, 군수 또는 구청장에게 통보하여야 하고, 통보를 받은 시장, 군수 또는 구청장은 관할 구역의 사업시행자에게 관련된 내용을 다시 통보하여야 한다.

다. 입찰자격 제한과 관련된 내용을 통보받은 사업시행자는 해당 건설업자 또는 등록사업자의 입찰 참가자격을 제한하여야 한다. 이 경우 사업시행자는 전단에 따라 입찰참가를 제한받은 건설업자 또는 등록사업자와 계약(수의계약을 포함한다)을 체

결하여서는 아니 된다.

라. 시 · 도지사는 정비사업의 입찰참가를 제한하는 경우에는 대통령령으로 정하는 바에 따라 입찰참가 제한과 관련된 내용을 제119조제1항에 따른 정비사업관리시스템에 등록하여야 한다.

마. 시 · 도지사는 대통령령으로 정하는 위반행위에 대하여는 1회에 한하여 과징금으로 입찰참가 제한을 갈음할 수 있다. 이 경우 과징금의 부과기준 및 절차는 제113조의2제1항 및 제3항을 준용하고, 과징금을 부과하는 위반행위의 종류와 위반 정도 등에 따른 과징금의 금액 등에 필요한 사항은 대통령령으로 정한다.

6) 정비사업 지원기구

국토교통부장관은 다음 각 호의 업무를 수행하기 위하여 정비사업 지원기구를 설치할 수 있다. 이 경우 국토교통부장관은 「한국부동산원법」에 따라 설립된 한국부동산원 또는 「한국토지주택공사법」에 따라 설립된 한국토지주택공사에게 시 · 도지사는 「지방공기업법」에 따라 주택사업을 수행하기 위하여 설립된 지방공사에 정비사업 지원기구의 업무를 대행하게 할 수 있다.

① 정비사업 상담지원업무
② 정비사업전문관리제도의 지원
③ 전문조합관리인의 교육 및 운영지원
④ 소규모 영세사업장 등의 사업시행계획 및 관리처분계획 수립지원
⑤ 정비사업을 통한 공공지원민간임대주택 공급 업무 지원
⑥ 제29조의2에 따른 공사비 검증 업무
⑦ 공공재개발사업 및 공공재건축사업의 지원
⑧ 그 밖에 국토교통부장관이 정하는 업무

7) 교육의 실시

국토교통부장관, 시 · 도지사, 시장, 군수 또는 구청장은 추진위원장 및 감사, 조합임원, 전문조합관리인, 정비사업전문관리업자의 대표자 및 기술인력, 토지등소유자 등에 대하여 대통령령으로 정하는 바에 따라 교육을 실시할 수 있다.

8) 도시분쟁 조정위원회

(1) 조정위원회의 구성

가. 정비사업의 시행으로 발생한 분쟁을 조정하기 위하여 정비구역이 지정된 특별자치시, 특별자치도, 또는 시 · 군 · 구(자치구를 말한다.)에 도시분쟁조정위원회를 둔다.

다만, 시장 · 군수 등을 당사자로 하여 발생한 정비사업의 시행과 관련된 분쟁 등의 조정을 위하여 필요한 경우에는 시 · 도에 조정위원회를 둘 수 있다.

나. 조정위원회는 부시장 · 부지사 · 부구청장 또는 부군수를 위원장으로 한 10명 이내의 위원으로 구성한다.

다. 조정위원회 위원은 정비사업에 대한 학식과 경험이 풍부한 사람으로서 다음 각 호의 어느 하나에 해당하는 사람 중에서 시장 · 군수 등이 임명 또는 위촉한다. 이 경우 ①, ③, ④호에 해당하는 사람이 각 2명 이상 포함되어야 한다.

① 해당 특별자치시, 특별자치도 또는 시 · 군 · 구에서 정비사업 관련 업무에 종사하는 5급 이상 공무원

② 대학이나 연구기관에서 부교수 이상 또는 이에 상당하는 직에 재직하고 있는 사람

③ 판사, 검사 또는 변호사의 직에 5년 이상 재직한 사람

④ 건축사, 감정평가사, 공인회계사로서 5년 이상 종사한 사람

⑤ 그 밖에 정비사업에 전문적 지식을 갖춘 사람으로서 시 · 도조례로 정하는 자

라. 조정위원회에는 위원 3명으로 구성된 분과위원회를 두며, 분과위원회에는 (다)항의 ①호 및 제③호에 해당하는 사람이 각 1명 이상 포함되어야 한다.

(2) 조정위원회의 조정

가. 조정위원회는 정비사업의 시행과 관련하여 다음 각 호의 어느 하나에 해당하는 분쟁 사항을 심사 · 조정한다. 다만 「주택법」, 「공익사업을 위한 토지 등의 취득 및 보상에 관한 법률」, 그 밖의 관계 법률에 따라 설치된 위원회의 심사대상에 포함되는 사항은 제외할 수 있다.

① 매도청구권 행사 시 감정가액에 대한 분쟁

② 공동주택 평형 배정방법에 대한 분쟁

③ 그 밖에 대통령령으로 정하는 분쟁

나. 시장 · 군수 등은 다음 각 호의 어느 하나에 해당하는 경우 조정위원회를 개최할 수 있으며, 조정위원회는 조정신청을 받은 날부터 60일 이내에 조정절차를 마쳐야 한다. 다만, 조정기간 내에 조정절차를 마칠 수 없는 정당한 사유가 있다고 판단되는 경우에는 조정위원회의 의결로 그 기간을 한 차례만 연장할 수 있으며 그 기간은 30일 이내로 한다.

① 분쟁당사자가 정비사업의 시행으로 인하여 발생한 분쟁의 조정을 신청하는 경우

② 시장 · 군수 등이 조정위원회의 조정이 필요하다고 인정하는 경우

다. 조정위원회의 위원장은 조정위원회의 심사에 앞서 분과위원회에서 사전 심사를 담당하게 할 수 있다. 다만, 분과위원회의 위원 전원이 일치된 의견으로 조정위원회의 심사가 필요 없다고 인정하는 경우에는 조정위원회에 회부하지 아니하고 분과

위원회의 심사로 조정절차를 마칠 수 있다.

라. 조정위원회 또는 분과위원회는 조정절차를 마친 경우 조정안을 작성하여 지체 없이 각 당사자에게 제시하여야 한다. 이 경우 조정안을 제시받은 각 당사자는 제시받은 날부터 15일 이내에 수락 여부를 조정위원회 또는 분과위원회에 통보하여야 한다.

마. 당사자가 조정안을 수락한 경우 조정위원회는 즉시 조정서를 작성한 후, 위원장 및 각 당사자는 조정서에 서명 · 날인하여야 한다.

바. 당사자가 강제집행을 승낙하는 취지의 내용이 기재된 조정서에 서명 · 날인한 경우 조정서의 정본은 「민사집행법」 제56조에도 불구하고 집행력 있는 집행권원과 같은 효력을 가진다. 다만, 청구에 관한 이의의 주장에 대하여는 「민사집행법」 제44조제2항을 적용하지 아니한다.

사. 그 밖에 조정위원회의 구성 · 운영 및 비용의 부담, 조정기간 연장 등에 필요한 사항은 시 · 도조례로 정한다.

(3) 협의체의 운영

가. 시장 · 군수 등은 정비사업과 관련하여 발생하는 문제를 협의하기 위하여 제117조제2항에 따라 조정위원회의 조정신청을 받기 전에 사업시행자, 관계 공무원 및 전문가, 그 밖에 이해관계가 있는 자 등으로 구성된 협의체를 구성 · 운영할 수 있다.

나. 특별시장 · 광역시장 또는 도지사는 협의체의 구성 · 운영에 드는 비용의 전부 또는 일부를 보조할 수 있다.

다. 협의체의 구성 · 운영 시기, 협의 대상 · 방법 및 비용 보조 등에 관하여 필요한 사항은 시 · 도조례로 정한다.

9) 정비사업의 공공지원

가. 시장 · 군수 등은 정비사업의 투명성 강화 및 효율성 제고를 위하여 시 · 도조례로 정하는 정비사업에 대하여 사업시행 과정을 지원하거나 토지주택공사 등, 신탁업자, 「주택도시기금법」에 따른 주택도시보증공사 또는 이 법 제102조제1항 각 호 외의 부분 단서에 따라 대통령령으로 정하는 기관에 공공지원을 위탁할 수 있다.

나. 정비사업을 공공지원하는 시장 · 군수 및 공공지원을 위탁받은 자는 다음 각 호의 업무를 수행한다.

① 추진위원회 또는 주민대표회의 구성

② 정비사업전문관리업자의 선정

③ 설계자 및 시공자 선정 방법 등

④ 세입자의 주거 및 이주 대책(이주 거부에 따른 협의 대책을 포함한다) 수립

⑤ 관리처분계획 수립

⑥ 그 밖에 시 · 도조례로 정하는 사항

다. 시장 · 군수 등은 위탁지원자의 공정한 업무수행을 위하여 관련 자료의 제출 및 조사, 현장점검 등 필요한 조치를 할 수 있다. 이 경우 위탁지원자의 행위에 대한 대외적인 책임은 시장 · 군수 등에게 있다.

라. 공공지원에 필요한 비용은 시장 · 군수 등이 부담하되, 특별시장, 광역시장 또는 도지사는 관할 구역의 시장, 군수 또는 구청장에게 특별시 · 광역시 또는 도의 조례로 정하는 바에 따라 그 비용의 일부를 지원할 수 있다.

마. 추진위원회가 시장 · 군수 등이 선정한 정비사업 전문관리업자를 선정하는 경우에는 제32조제2항을 적용하지 아니한다.

바. 공공지원의 시행을 위한 방법과 절차, 기준 및 제126조에 따른 도시 · 주거환경정비기금의 지원, 시공자 선정 시기 등에 필요한 사항은 시 · 도조례로 정한다.

사. (바)항에도 불구하고 다음 각 호의 어느 하나에 해당하는 경우에는 토지등소유자의 과반수 동의를 받아 제29조제4항에 따라 시공자를 선정할 수 있다. 다만, 제1호의 경우에는 해당 건설업자를 시공자로 본다.

① 조합이 제25조에 따라 건설업자와 공동으로 정비사업을 시행하는 경우로서 조합과 건설업자 사이에 협약을 체결하는 경우

② 제28조제1항 및 제2항에 따라 사업대행자가 정비사업을 시행하는 경우

아. (사)항 제①호의 협약사항에 관한 구체적인 내용은 시 · 도조례로 정할 수 있다.

10) 청 문

국토교통부장관, 시 · 도지사 또는 시장 · 군수는 다음에 해당하는 처분을 하고자 하는 경우에는 청문을 실시하여야 한다.

가. 정비사업 전문관리업의 등록취소

나. 추진위원회 승인의 취소, 조합설립인가의 취소, 사업시행인가의 취소 또는 관리처분계획인가의 취소

다. 시공자 선정 취소 또는 과징금 부과

라. 입찰참가 제한

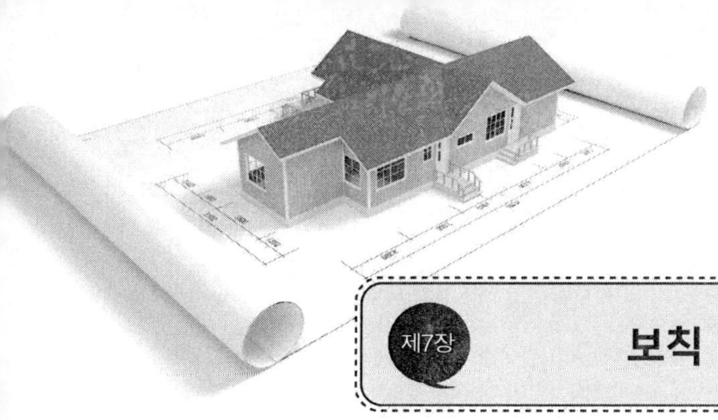

제7장 보칙 및 벌칙

1 보 칙

1) 건축물의 유지 · 관리

(1) 유지 · 관리의무

시장 · 군수는 정비사업으로 건축된 건축물에 대하여 기본계획 및 정비계획에 포함된 건축기준에 적합하게 유지 · 관리하여야 한다.

(2) 정비기반시설의 설치

시장 · 군수는 공사완료의 고시가 된 후에 정비기반시설의 설치가 필요한 경우에는 「국토의 계획 및 이용에 관한 법률」 규정에 의한 도시 · 군계획시설의 설치에 관한 규정을 적용하여 이를 설치할 수 있다.

2) 주택재개발사업의 시행방식의 전환

(1) 시행방식의 전환

시장 · 군수는 사업대행자를 지정하거나, 토지 등 소유자의 4/5 이상의 요구가 있어 주택재개발사업의 시행방식의 전환이 필요하다고 인정하는 경우에는 정비사업이 완료되기 전이라도 대통령령이 정하는 범위 안에서 정비구역의 전부 또는 일부에 대하여 시행방식의 전환을 승인할 수 있다.

(2) 시행방식 전환의 절차

가. 시행방식 전환 시 동의조건 : 사업시행자는 시행방식을 전환하기 위하여 관리처분계획을 변경하고자 하는 경우 토지면적의 2/3 이상의 동의와 토지 등 소유자의 4/5 이상의 동의를 얻어야 하며 변경절차에 관하여는 관리처분계획 변경에 관한 규정을 준용한다.

나. 공사완료의 고시 : 사업시행자는 정비구역 일부에 대하여 시행방식을 변경하고자 하는 경우에 주택재개발사업이 완료된 부분에 대하여는 준공인가를 거쳐 당해 지방자치단체의 공보에 공사완료의 고시를 하여야 하며, 변경하고자 하는 부분에 대하여는 이 법에서 정하고 있는 절차에 따라 시행방식을 전환하여야 한다.

다. 공사완료 고시의 효과 : 공사완료의 고시를 한 때에는 「지적법」 규정에 불구하고 관리처분계획의 내용에 따라 이전이 된 것으로 본다.

3) 관련 자료의 공개와 보존

(1) 자료 등의 공개 및 공람

가. 추진위원장 또는 사업시행자는 정비사업시행에 관하여 다음 각 호의 서류 및 관련 자료를 조합원 또는 토지 등 소유자가 알 수 있도록 인터넷과 그 밖의 방법을 병행하여 공개하여야 하며, 조합원 또는 토지 등 소유자의 열람 · 등사 요청이 있는 경우 즉시 이에 응하여야 한다. 이 경우 등사에 필요한 비용은 실비의 범위 안에서 청구인의 부담으로 한다.

① 추진위원회 운영규정 및 정관 등

② 설계자·시공자 · 철거업자 및 정비사업 전문관리업자 등 용역업체의 선정계약서

③ 추진위원회 · 주민총회 · 조합총회 및 조합의 이사회 · 대의원회의 의사록

④ 사업시행계획서

⑤ 관리처분계획서

⑥ 당해 정비사업의 시행에 관한 공문서

⑦ 회계감사보고서

⑧ 그 밖에 정비사업시행에 관하여 대통령령이 정하는 서류 및 관련 자료

나. 추진위원회 · 조합 또는 정비사업 전문관리업자는 추진위원장 또는 사업시행자는 서류 및 관련 자료와 총회 또는 중요한 회의가 있은 때에는 속기록 · 녹음 또는 영상자료를 만들어 이를 청산 시까지 보관하여야 하며, 공개의 대상이 되는 서류 및 관련 자료의 경우 분기별로 공개대상의 목록, 개략적인 내용, 공개장소, 열람·등사 방법 등을 대통령령으로 정하는 방법과 절차에 따라 조합원 또는 토지 등 소유자에게 서면으로 통지하여야 한다.

다. 공개 및 공람의 적용범위 · 절차 등에 관하여 필요한 사항은 국토교통부령으로 정한다.

(2) 관련 서류의 인계

가. 시장 · 군수 또는 한국토지주택공사 등이 아닌 사업시행자는 정비사업을 완료하거나 폐지한 때에는 시 · 도 조례가 정하는 바에 따라 관계 서류를 시장 · 군수에게 인계하여야 한다.

나. 시장 · 군수 또는 한국토지주택공사 등인 사업시행자와 관계 서류를 인계받은 시장 · 군수는 당해 정비사업의 관계 서류를 5년 간 보존하여야 한다.

4) 도시 · 주거환경정비 기금의 설치

(1) 설 치

도시환경정비기본계획을 수립 또는 승인하는 특별시장 · 광역시장 · 도지사 또는 시장은

정비사업의 원활한 수행을 위하여 도시 · 주거환경정비 기금을 설치하여야 한다.

(2) 재 원

가. 사업시행자가 현금으로 납부한 금액

나. 시 · 도지사, 시장, 군수 또는 구청장에게 공급된 소형주택의 임대보증금 및 임대료

다. 부담금 및 정비사업으로 발생한 「개발이익 환수에 관한 법률」에 따른 개발부담금 중 지방자치단체 귀속분의 일부

라. 정비구역(재건축구역은 제외한다) 안의 국 · 공유지 매각대금 중 대통령령으로 정하는 일정 비율 이상의 금액

마. 「재건축초과이익 환수에 관한 법률」에 따른 재건축부담금 중 지방자치단체 귀속분

바. 「지방세법 에 따라 부과 · 징수되는 지방소비세 또는 같은 법에 따라 부과 · 징수되는 재산세 중 대통령령으로 정하는 일정 비율 이상의 금액

사. 그 밖에 시 · 도조례가 정하는 재원

(3) 사용제한

정비기금은 다음의 어느 하나의 용도 이외의 목적으로 사용하여서는 아니된다.

가. 기본계획의 수립

나. 안전진단 및 정비계획의 수립

다. 추진위원회의 운영자금 대여

라. 그 밖에 이 법에 의한 사항 및 시 · 도 조례로 정하는 사항

마. 임대주택의 건설 · 관리

바. 임차인 주거안전 지원

사. 「재건축초과이익 환수에 관한 법률」에 의한 재건축부담금의 부과 · 징수

아. 주택개량의 지원

자. 정비구역 등이 해제된 지역에서의 정비기반시설의 설치 지원

차. 「빈집 및 소규모주택 정비에 관한 특례법」 에 따른 빈집정비사업 및 소규모주택정비사업에 대한 지원

카. 「주택법」 에 따른 증축형 리모델링의 안전진단 지원

타. 제142조에 따른 신고포상금의 지급

(4) 관리 및 운용

정비기금의 관리 · 운용과 개발부담금의 지방자치단체의 귀속분 중 정비기금으로 적립되는 비율 등에 관하여 필요한 사항은 시 · 도 조례로 정한다.

5) 노후 · 불량주거지 개선계획의 수립

국토교통부장관은 주택 또는 기반시설이 열악한 주거지의 주거환경개선을 위하여 5년마다 개선 대상 지역을 조사하고 연차별 재정지원계획 등을 포함한 노후 · 불량주거지 개선계획을 수립하여야 한다.

6) 권한의 위임

국토교통부장관은 이 법의 규정에 의한 권한의 일부를 대통령령이 정하는 바에 의하여 시 · 도지사 또는 시장 · 군수에게 위임할 수 있다.

7) 재건축 사업의 안전진단 재실시

시장 · 군수 등은 정비구역이 지정 · 고시된 날부터 10년이 되는 날까지 사업시행계획인가를 받지 아니하고 다음 각 호의 어느 하나에 해당하는 경우에는 안전진단을 다시 실시하여야 한다.

가. 「재난 및 안전관리 기본법」에 따라 재난이 발생할 위험이 높거나 재난예방을 위하여 계속적으로 관리할 필요가 있다고 인정하여 특정관리대상지역으로 지정하는 경우

나. 「시설물의 안전 및 유지관리에 관한 특별법」에 따라 재해 및 재난 예방과 시설물의 안전성 확보 등을 위하여 정밀안전진단을 실시하는 경우

다. 「공동주택관리법」에 따라 공동주택의 구조안전에 중대한 하자가 있다고 인정하여 안전진단을 실시하는 경우

8) 조합임원 등의 선임, 선정 시 행위제한

누구든지 추진위원, 조합임원의 선임 또는 제29조에 따른 계약 체결과 관련하여 다음 각 호의 행위를 하여서는 아니 된다.

가. 금품, 향응 또는 그 밖의 재산상 이익을 제공하거나 제공의사를 표시하거나 제공을 약속하는 행위

나. 금품, 향응 또는 그 밖의 재산상 이익을 제공받거나 제공의사 표시를 승낙하는 행위

다. 제3자를 통하여 제1호 또는 제2호에 해당하는 행위를 하는 행위

9) 건설사업자의 관리 감독 의무

건설업자는 시공자 선정과 관련하여 홍보 등을 위하여 계약한 용역업체의 임직원이 제132조를 위반하지 아니하도록 교육, 용역비 집행 점검, 용역업체 관리 · 감독 등 필요한 조치를 하여야 한다.

2 벌 칙

1) 공무원 의제

추진위원회의 위원장 · 조합의 임원 및 정비사업 전문관리업의 대표자(법인인 경우에는 임원을 말한다) · 직원은 이를 공무원으로 간주한다.

2) 행정형벌 : 벌칙

가. 다음 각 호의 어느 하나에 해당하는 자는 5년 이하의 징역 또는 5천만원 이하의 벌금에 처한다.

① 제36조에 따른 토지등소유자의 서면동의서 또는 전자서명동의서를 위조한 자

② 제132조 각 호의 어느 하나를 위반하여 금품, 향응 또는 그 밖의 재산상 이익을 제공하거나 제공의사를 표시하거나 제공을 약속하는 행위를 하거나 제공을 받거나 제공의사 표시를 승낙한 자

나. 다음 각 호의 어느 하나에 해당하는 자는 3년 이하의 징역 또는 3천만원 이하의 벌금에 처한다.

① 제29조제1항에 따른 계약의 방법을 위반하여 계약을 체결한 추진위원장, 전문조합관리인 또는 조합임원(조합의 청산인 및 토지등소유자가 시행하는 재개발사업의 경우에는 그 대표자, 지정개발자가 사업시행자인 경우 그 대표자를 말한다)

② 제29조제4항부터 제8항까지의 규정을 위반하여 시공자를 선정한 자 및 시공자로 선정된 자

③ 제29조제9항을 위반하여 시공자와 공사에 관한 계약을 체결한 자

④ 시장 · 군수 등의 추진위원회 승인을 받지 아니하고 정비사업전문관리업자를 선정한 자

⑤ 계약의 방법을 위반하여 정비사업전문관리업자를 선정한 추진위원장(전문조합관리인을 포함한다)

⑥ 토지등소유자의 서면동의서 또는 전자서명동의서를 매도하거나 매수한 자

⑦ 거짓 또는 부정한 방법으로 제39조제2항을 위반하여 조합원 자격을 취득한 자와 조합원 자격을 취득하게 하여준 토지등소유자 및 조합의 임직원(전문조합관리인을 포함한다)

⑧ 제39조제2항을 회피하여 제72조에 따른 분양주택을 이전 또는 공급받을 목적으로 건축물 또는 토지의 양도 · 양수 사실을 은폐한 자

⑨ 제76조제1항제7호다목 단서를 위반하여 주택을 전매하거나 전매를 알선한 자

다. 2년 이하의 징역 또는 2천만 원 이하의 벌금

① 재건축진단 결과보고서를 거짓으로 작성한 자
② 허가 또는 변경허가를 받지 아니하거나 거짓 그 밖에 부정한 방법으로 허가 또는 변경허가를 받아 행위를 한 자
③ 추진위원회 또는 주민대표회의의 승인을 얻지 아니하고 업무를 수행하거나 주민대표회의를 구성·운영한 자
④ 승인받은 추진위원회 또는 주민대표회의가 구성되어 있음에도 불구하고 시장·군수의 승인을 받지 아니하고 임의로 추진위원회 또는 주민대표회의를 구성하여 이 법에 따른 정비사업을 추진하는 자
⑤ 조합이 설립되었는데도 불구하고 추진위원회를 계속 운영하는 자
⑥ 총회의 의결을 거치지 아니하고 같은 조 제1항 각 호의 사업(같은 항 제13호 중 정관으로 정하는 사항은 제외한다)을 임의로 추진한 조합임원(전문조합관리인을 포함한다)
⑦ 사업시행인가를 받지 아니하고 정비사업을 시행한 자와 동 사업시행계획서에 위반하여 건축물을 건축한 자
⑧ 관리처분계획의 인가를 받지 아니하고 이전을 한 자
⑨ 등록을 하지 아니하고 이 법에 따른 정비사업을 위탁받은 자 또는 거짓, 그 밖의 부정한 방법으로 등록을 한 정비사업전문관리업자
⑩ 등록이 취소되었음에도 불구하고 영업을 하는 자
⑪ 처분의 취소·변경 또는 정지, 그 공사의 중지 및 변경에 관한 명령을 받고도 이에 응하지 아니한 추진위원회, 사업시행자, 주민대표회의 및 정비사업전문관리업자
⑫ 서류 및 관련 자료를 거짓으로 공개한 추진위원장 또는 조합임원(토지등소유자가 시행하는 재개발사업의 경우 그 대표자)
⑬ 열람·복사 요청에 허위의 사실이 포함된 자료를 열람·복사해 준 추진위원장 또는 조합임원(토지등소유자가 시행하는 재개발사업의 경우 그 대표자)

라. 1년 이하의 징역 또는 1천만 원 이하의 벌금
① 제19조제8항을 위반하여 「주택법」 제2조제11호가목에 따른 지역주택조합의 조합원을 모집한 자
② 제34조제4항을 위반하여 추진위원회의 회계장부 및 관계 서류를 조합에 인계하지 아니한 추진위원장(전문조합관리인을 포함한다)
③ 제83조제1항에 따른 준공인가를 받지 아니하고 건축물 등을 사용한 자와 같은 조 제5항 본문에 따라 시장·군수 등의 사용허가를 받지 아니하고 건축물을 사용한 자

④ 다른 사람에게 자기의 성명 또는 상호를 사용하여 이 법에서 정한 업무를 수행하게 하거나 등록증을 대여한 정비사업전문관리업자

⑤ 제102조제1항 각 호에 따른 업무를 다른 용역업체 및 그 직원에게 수행하도록 한 정비사업전문관리업자

⑥ 제112조에 따른 회계감사를 받지 아니한 자

⑦ 제124조제1항을 위반하여 정비사업시행과 관련한 서류 및 자료를 인터넷과 그 밖의 방법을 병행하여 공개하지 아니하거나 같은 조 제4항을 위반하여 조합원 또는 토지등소유자의 열람·복사 요청에 응하지 아니하는 추진위원장, 전문조합관리인 또는 조합임원(조합의 청산인 및 토지등소유자가 시행하는 재개발사업의 경우에는 그 대표자, 제27조에 따른 지정개발자가 사업시행자인 경우 그 대표자를 말한다)

⑧ 제125조제1항을 위반하여 속기록 등을 만들지 아니하거나 관련 자료를 청산 시까지 보관하지 아니한 추진위원장, 전문조합관리인 또는 조합임원(조합의 청산인 및 토지등소유자가 시행하는 재개발사업의 경우에는 그 대표자, 제27조에 따른 지정개발자가 사업시행자인 경우 그 대표자를 말한다)

마. 5천만 원 이하의 벌금 : 건설업자가 제132조의2에 따른 조치를 소홀히 하여 용역업체의 임직원이 제132조 각 호의 어느 하나를 위반한 경우 그 건설업자는 5천만원 이하의 벌금에 처한다.

3) 양벌규정

법인의 대표자나 법인 또는 개인의 대리인, 사용인, 그 밖의 종업원이 그 법인 또는 개인의 업무에 관하여 위반행위를 하면 그 행위자를 벌하는 외에 그 법인 또는 개인에게도 해당 조문의 벌금형을 과한다. 다만, 법인 또는 개인이 그 위반행위를 방지하기 위해 해당 업무에 관하여 상당한 주의와 감독을 게을리 하지 아니한 경우에는 그러하지 아니하다.

4) 과태료(행정벌)

(1) 1천만 원 이하의 과태료

제113조제2항에 따른 점검반의 현장조사를 거부·기피 또는 방해한 자, 계약의 체결과 관련하여 시공과 관련 없는 사항을 제안한 자, 사실과 다른 정보 또는 부풀려진 정보를 제공하거나, 사실을 숨기거나 축소하여 정보를 제공한 자에게는 1천만원의 과태료를 부과한다.

(2) 500만 원 이하의 과태료

가. 제29조제2항을 위반하여 전자조달시스템을 이용하지 아니하고 계약을 체결한 자

나. 제78조제5항 또는 제86조제1항에 따른 통지를 태만히 한 자
다. 제107조제1항 및 제111조제2항에 따른 보고 또는 자료의 제출을 태만히 한 자
다-2. 자금차입에 관한 사항을 신고하지 아니하거나 거짓으로 신고한 자
라. 제125조제2항에 따른 관계 서류의 인계를 태만히 한 자

(3) 부과권자

과태료는 대통령령이 정하는 방법 및 절차에 의하여 국토교통부장관, 시 · 도지사, 시장 · 군수 또는 구청장이 부과 · 징수한다.

(4) 이의신청

과태료의 처분에 불복이 있는 자는 그 처분의 고지를 받은 날부터 30일 이내에 그 처분권자에게 이의를 제기할 수 있다.

(5) 자수자에 대한 특례

제132조 각 호의 어느 하나를 위반하여 금품, 향응 또는 그 밖의 재산상 이익을 제공하거나 제공의사를 표시하거나 제공을 약속하는 행위를 하거나 제공을 받거나 제공의사 표시를 승낙한 자가 자수하였을 때에는 그 형벌을 감경 또는 면제한다.

(6) 금품 향응 수수행위 등에 대한 신고 포상금

시 · 도지사 또는 대도시의 시장은 제132조 각 호의 행위사실을 신고한 자에게 시 · 도조례로 정하는 바에 따라 포상금을 지급할 수 있다.

Chapter

04 건축법

제1장 총 론

1 제정목적

건축법은 건축물의 대지 · 구조 · 설비 기준 및 용도 등을 정하여 건축물의 안전 · 기능 · 환경 및 미관을 향상시킴으로써 공공복리의 증진에 이바지하는 것을 목적으로 한다.

2 용어의 정의

1) 건축법 적용대상물건

(1) 대 지

가. 원칙적 대지 : 「공간정보의 구축 및 관리 등에 관한 법률」에 따라 각 필지(筆地)로 나눈 토지를 말한다. 다만, 대통령령으로 정하는 토지는 둘 이상의 필지를 하나의 대지로 하거나 하나 이상의 필지의 일부를 하나의 대지로 할 수 있다.

나. 예외적인 대지 : 다음의 토지는 둘 이상의 필지를 하나의 대지로 하거나 하나 이상의 필지의 일부를 하나의 대지로 할 수 있다.

① 건축법에 따라 둘 이상의 필지를 하나의 대지로 할 수 있는 토지

㉠ 하나의 건축물을 두 필지 이상에 걸쳐 건축하는 경우에는 그 건축물이 건축되는 각 필지의 토지를 합한 토지

㉡ 「지적법」에 따라 합병이 불가능한 경우 중 다음의 어느 하나에 해당하는 경우 그 합병이 불가능한 필지의 토지를 합한 토지. 다만, 토지의 소유자가 서로 다르거나 소유권 외의 권리관계가 서로 다른 경우는 제외한다.

㉮ 각 필지의 지번부여지역이 서로 다른 경우

㉯ 각 필지의 도면이 축척이 다른 경우

㉰ 서로 인접하고 있는 필지로서 각 필지의 지반이 연속되지 아니한 경우

㉢ 「국토의 계획 및 이용에 관한 법률」에 따른 도시 · 군계획시설에 해당하는 건축물을 건축하는 경우 그 도시 · 군계획시설이 설치되는 일단의 토지

㉣ 「주택법」에 따른 사업계획승인을 받아 주택과 그 부대시설 및 복리시설을 건축하는 경우 그 주택단지

㉤ 도로의 지표 아래에 건축하는 건축물의 경우 특별시장 · 광역시장 · 특별자치도지

사 · 시장 · 군수 또는 구청장이 그 건축물이 건축되는 토지로 정하는 토지

㉥ 건축물의 사용승인을 신청할 때 둘 이상의 필지를 하나의 필지로 합칠 것을 조건으로 건축허가를 하는 경우 그 필지가 합쳐지는 토지

② 하나 이상의 필지의 일부를 하나의 대지로 할 수 있는 토지

㉠ 하나 이상의 필지의 일부에 대하여 도시 · 군계획시설이 결정 · 고시된 경우 그 결정 · 고시된 부분의 토지

㉡ 하나 이상의 필지의 일부에 대하여 「농지법」에 따른 농지전용허가를 받은 경우 그 허가받은 부분의 토지

㉢ 하나 이상의 필지의 일부에 대하여 「산지관리법」에 따른 산지전용허가를 받은 경우 그 허가받은 부분의 토지

㉣ 하나 이상의 필지의 일부에 대하여 「국토의 계획 및 이용에 관한 법률」에 따른 개발행위허가를 받은 경우 그 허가받은 부분의 토지

㉤ 「건축법」에 따른 사용승인을 신청할 때 필지를 나눌 것을 조건으로 건축허가를 하는 경우 그 필지가 나누어지는 토지

(2) 도 로

가. 원칙적 도로 : 「건축법」상 도로란 보행과 자동차 통행이 가능한 너비 4m 이상의 도로로서 다음 각 목의 어느 하나에 해당하는 도로나 그 예정도로를 말한다.

① 「국토의 계획 및 이용에 관한 법률」, 「도로법」, 「사도법」, 그 밖의 관계 법령에 따라 신설 또는 변경에 관한 고시가 된 도로

② 건축허가 또는 신고 시에 특별시장 · 광역시장 · 도지사 · 특별자치도지사 또는 시장 · 군수 · 구청장이 위치를 지정하여 공고한 도로

나. 예외적인 도로 : 지형적 조건 등에 따른 도로의 구조 및 너비 등을 말한다.

자동차 통행이 불가능한 도로의 경우 특별자치도지사 또는 시장 · 군수 · 구청장이 지형적 조건으로 인하여 차량통행을 위한 도로의 설치가 곤란하다고 인정하여 그 위치를 지정 · 공고하는 구간의 너비 3m 이상(길이가 10m 미만의 막다른 도로인 경우에는 너비 2m 이상)인 도로를 말한다.

막다른 도로의 길이	도로의 너비
10m 미만	2m 이상
10m 이상 35m 미만	3m 이상
35m 이상	6m 이상 (단, 도시지역이 아닌 읍·면 : 4m 이상)

(3) 건축물

건축물이란 토지에 정착(定着)하는 공작물 중 지붕과 기둥 또는 벽이 있는 것과 이에 딸린 시설물, 지하나 고가(高架)의 공작물에 설치하는 사무소 · 공연장 · 점포 · 차고 ·

창고, 그 밖에 대통령령으로 정하는 것을 말한다. 다음은 공작물이나 건축물로 취급하는 공작물을 말하며 공작물을 축조할 때 특별자치도지사 또는 시장 · 군수 · 구청장에게 신고를 하여야 하는 공작물은 다음 각 호와 같다.

가. 높이 2m를 넘는 옹벽 또는 담장
나. 높이 4m를 넘는 광고탑, 광고판, 그 밖에 이와 비슷한 것
다. 높이 6m를 넘는 굴뚝
라. 높이 6m를 넘는 장식탑, 기념탑, 그 밖에 이와 비슷한 것
마. 높이 6m를 넘는 골프연습장 등의 운동시설을 위한 철탑, 주거지역·상업지역에 설치하는 통신용 철탑, 그 밖에 이와 비슷한 것
바. 높이 8m를 넘는 고가수조나 그 밖에 이와 비슷한 것
사. 높이 8m 이하의 기계식 주차장 및 철골 조립식 주차장으로서 외벽이 없는 것
아. 바닥면적 $30m^2$를 넘는 지하대피호
자. 건축조례로 정하는 제조시설, 저장시설, 유희시설, 그 밖에 이와 비슷한 것
차. 건축물의 구조에 심대한 영향을 줄 수 있는 중량물로서 건축조례로 정하는 것

(4) 건축물의 용도

건축물의 종류를 유사한 구조, 이용 목적 및 형태별로 묶어 분류한 것을 말한다.

(5) 건축설비

건축물에 설치하는 전기 · 전화 설비, 초고속 정보통신 설비, 지능형 홈네트워크 설비, 가스 · 급수 · 배수(配水) · 배수(排水) · 환기 · 난방 · 냉방 · 소화(消火) · 배연(排煙) 및 오물처리의 설비, 굴뚝, 승강기, 피뢰침, 국기 게양대, 공동시청 안테나, 유선방송 수신시설, 우편함, 저수조(貯水槽), 방범시설, 그 밖에 국토교통부령으로 정하는 설비를 말한다.

(6) 지하층

건축물의 바닥이 지표면 아래에 있는 층으로서 바닥에서 지표면까지 평균높이가 해당 층 높이의 2분의 1 이상인 것을 말한다.

(7) 거 실

건축물 안에서 거주, 집무, 작업, 집회, 오락, 그 밖에 이와 유사한 목적을 위하여 사용되는 방을 말한다.

(8) 주요구조부

주요구조부란 내력벽(耐力壁), 기둥, 바닥, 보, 지붕틀 및 주계단(主階段)을 말한다. 다만, 사이 기둥, 최하층 바닥, 작은 보(堡), 차양, 옥외계단, 그 밖에 이와 유사한 것으로 건축물의 구조상 중요하지 아니한 부분은 제외한다.

(9) 기타 건축물

가. 내수재료(耐水材料) 나. 내화구조(耐火構造) 다. 방화구조(防火構造)
라. 난연재료(難燃材料) 마. 불연재료(不燃材料) 바. 준 불연재료
사. 부속용도 아. 발코니 자. 지하층 차. 특별건축구역

2) 건축법 적용대상자

(1) 건축주

건축물의 건축 · 대수선 · 용도변경, 건축설비의 설치 또는 공작물의 축조에 관한 공사를 발주하거나 현장관리인을 두어 스스로 그 공사를 하는 자를 말한다.

(2) 설계자

자기의 책임(보조자의 도움을 받는 경우를 포함)으로 설계도서를 작성하고 그 설계도서에서 의도하는 바를 해설하며, 지도하고 자문에 응하는 자를 말한다.

(3) 공사감리자

자기의 책임(보조자의 도움을 받는 경우를 포함)으로 이 법으로 정하는 바에 따라 건축물, 건축설비 또는 공작물이 설계도서의 내용대로 시공되는지를 확인하고, 품질관리 · 공사관리 · 안전관리 등에 대하여 지도 · 감독하는 자를 말한다.

(4) 공사시공자

「건설산업기본법」에 따른 건설공사를 시공하는 자를 말한다.

(5) 관계 전문기술자

건축물의 구조 · 설비 등 건축물과 관련된 전문기술자격을 보유하고 설계와 공사감리에 참여하여 설계자 및 공사감리자와 협력하는 자를 말한다.

3) 건축행위

(1) 건 축

가. 신축 : 건축물이 없는 대지에 새로 건축물을 축조하는 것을 말하며 부속건축물만 있는 대지에 새로 주된 건축물을 축조하는 것을 포함하되, 개축 또는 재축하는 것은 제외한다.

① 건축물이 없는 대지에 새로이 건축물을 축조하는 것

② 기존 건축물의 전부가 철거 또는 멸실된 대지에 새로이 건축물을 기존보다 더 크게 축조하는 것

③ 부속건축물만 있는 대지에 새로이 주된 건축물을 축조하는 것

나. 증축 : 기존 건축물이 있는 대지에서 기존 건축물의 일부가 철거 또는 멸실된 후 종전 규모보다 크게 건축물의 건축면적, 연면적, 층수 또는 높이를 늘리는 것을 말한다.

다. 개축 : 기존 건축물의 전부 또는 일부(내력벽 · 기둥 · 보 · 지붕틀 중 셋 이상이 포함되는 경우를 말함)를 철거하고 그 대지에 종전과 같은 규모의 범위에서 건축물을 다시 축조하는 것을 말한다.

라. 재축 : 건축물이 천재지변이나 그 밖의 재해로 멸실된 경우 그 대지에 종전과 같은 규모의 범위에서 다시 축조하는 것을 말한다(개축과 유사하나 철거가 아니라 멸실).

마. 이전 : 건축물의 주요 구조부를 해체하지 아니하고 같은 대지의 다른 위치로 옮기는 것을 말한다.

(2) 대수선

건축물의 기둥, 보, 내력벽, 주계단 등의 구조나 외부 형태를 수선 · 변경하거나 증설하는 것으로서 대통령령으로 정하는 다음의 것을 말한다.

가. 내력벽을 증설 또는 해체하거나 그 벽 면적을 30m² 이상 수선 또는 변경하는 것

나. 기둥을 증설 또는 해체하거나 세 개 이상 수선 또는 변경하는 것

다. 보를 증설 또는 해체하거나 세 개 이상 수선 또는 변경하는 것

라. 지붕틀을 증설 또는 해체하거나 세 개 이상 수선 또는 변경하는 것

마. 방화벽 또는 방화구획을 위한 바닥 또는 벽을 증설 또는 해체하거나 수선 또는 변경하는 것

바. 주계단 · 피난계단 또는 특별피난계단을 증설 또는 해체하거나 수선 또는 변경하는 것

사. 미관지구에서 건축물의 외부형태(담장을 포함)를 변경하는 것

아. 다가구주택의 가구 간 경계벽 또는 다세대주택의 세대 간 경계벽을 증설 또는 해체하거나 수선 또는 변경하는 것

(3) 리모델링

가. 의의 : 리모델링이란 건축물의 노후화 억제 또는 기능향상 등을 위하여 대수선 또는 사용검사일 또는 「건축법」에 따른 사용승인일부터 15년(15년 이상 20년 미만의 연수 중 특별시 · 광역시 또는 도의 조례가 정하는 경우 그 연수)이 경과된 공동주택을 각 세대의 주거전용면적의 3/10 이내에서 증축을 하는 행위를 말한다.

나. 리모델링에 대한 특례 : 리모델링이 쉬운 구조의 공동주택의 건축을 촉진하기 위하여 공동주택을 '대통령령으로 정하는 구조'로 하여 건축허가를 신청하면 건축물의 용적률, 건축물의 높이제한 및 일조 등의 확보를 위한 높이제한에 따른 기준을 120/100의 범위에서 대통령령으로 정하는 비율로 완화하여 적용할 수 있다. 다만,

건축조례에서 지역별 특성 등을 고려하여 그 비율을 강화한 경우에는 건축조례로 정하는 기준에 따른다.

(4) 용도별 건축물

가. 의의 : 용도별 건축물이란 건축물의 종류를 유사한 구조, 이용 목적 및 형태별로 묶어 분류한 것을 말하며, 건축물의 용도변경을 변경하려는 용도의 건축기준에 맞게 하여야 한다. 국토교통부장관은 용도변경을 할 때 적용되는 건축기준을 고시할 수 있다. 이 경우 다른 행정기관의 권한에 속하는 건축기준에 대하여는 미리 관계 행정기관의 장과 협의하여야 한다.

나. 용도에 따른 건축물의 종류 : 건축물의 용도는 다음과 같이 구분하되 각 용도에 속하는 건축물의 세부용도는 대통령령으로 정한다.

1. 단독주택	2. 공동주택	3. 제1종 근린생활시설
4. 제2종 근린생활시설	5. 문화 및 집회시설	6. 종교시설
7. 판매시설	8. 운수시설	9. 의료시설
10. 교육연구시설	11. 노유자(노인, 어린이)시설	12. 수련시설
13. 운동시설	14. 업무시설	15. 숙박시설
16. 위락시설	17. 공장	18. 창고시설
19. 위험물저장 및 처리시설	20. 자동차 관련 시설	21. 동물 및 식물 관련 시설
22. 자원순환 관련 시설	23. 교정(矯正)시설	24. 국방 · 군사시설
25. 방송통신시설	26. 발전시설	27. 묘지 관련 시설
28. 관광 휴게시설	29. 그 밖에 대통령령으로 정하는 시설	

※ 용도별 건축물의 종류

1. 단독주택

가. 단독주택 : 1가족만 살 수 있는 주택을 말한다.
(지하층이나 옥탑층 임대를 한다면 2가구 이상이 거주하게 되고 이는 다가구 주택에 해당한다.)

나. 다중주택 (하숙집 등)
(1) 학생 또는 직장인 등 다수인이 장기간 거주할 수 있는 구조로 되어 있을 것
(2) 개별화장실이나 개별 취사시설 등 독립된 주거의 형태가 아닐 것
(3) 연면적이 330m² 이하이고 층수가 3층 이하일 것

다. 다가구주택 (임대를 줄 수 있는 주택, 분양이 불가능)
(1) 주택으로 쓰이는 층수(지하층을 제외)가 3개층 이하일 것
다만, 1층 바닥면적의 2분의 1 이상을 피로티 구조로 하여 주차장으로 사용하고 나머지 부분을 주택 외의 용도로 사용하는 경우에는 해당 층을 주택의 층수에서 제외한다.
(2) 1개동의 주택으로 쓰이는 바닥면적의 합계가 660m² 이하일 것
(3) 19세대 이하가 거주할 수 있을 것 (분양이 되지 않기 때문에 주택수를 산정할 때에는 1세대만 인정)

라. 공관 : 교회의 목사관이나 일반 기업의 대표자 숙소 등이 해당된다.

2. 공동주택

공동주택은 건립하는 세대수에 따라 적용되는 법령이 다르나. 19세대 이하는 건축법에 의하여 건축허가를 받아야 하지만, 20세대 이상은 주택법 또는 도시 및 주거환경 정비법에 따른 사업승인을 받아야 한다.

가. 아파트 : 주택으로 쓰이는 층수가 5개층 이상인 주택

나. 연립주택 : 주택으로 쓰이는 1개동의 바닥면적(지하주차장 면적을 제외)의 합계가 660m^2를 초과하고, 층수가 4개층 이하인 주택

다. 다세대주택 : 주택으로 쓰이는 1개 동의 바닥면적(2개 이상의 동이 지하주차장으로 연결하는 경우에는 각각의 동으로 간주하며, 지하주차장 면적을 제외)의 합계가 660m^2 이하이고, 층수가 4개층 이하인 주택(분양 가능)

라. 기숙사

3. 제1종 근린생활시설

가. 슈퍼마켓과 일용품(식품 · 잡화 · 의류 · 완구 · 서적 · 건축자재 · 의약품류 등) 등의 소매점으로서 동일한 건축물(하나의 대지 안에 2동 이상의 건축물이 있는 경우에는 이를 동일한 건축물로 본다. 이하 같다) 안에서 당해 용도에 쓰이는 바닥면적의 합계가 1,000m^2 미만인 것

나. 휴게음식점·제과점으로서 동일한 건축물 안에서 당해 용도에 쓰이는 바닥면적의 합계가 300m^2 미만인 것

다. 이용원 · 미용원 · 일반목욕장 및 세탁소(공장이 부설된 것을 제외한다)

라. 의원 · 치과의원 · 한의원 · 침술원 · 접골원 및 조산소

마. 탁구장 및 체육도장으로서 동일한 건축물 안에서 당해 용도에 쓰이는 바닥면적의 합계가 500m^2 미만인 것

바. 동사무소 · 경찰관지구대 · 소방서 · 우체국 · 전신전화국 · 방송국 · 보건소 · 공공도서관 · 지역건강보험조합, 그 밖에 이와 유사한 것으로서 동일한 건축물 안에서 당해 용도에 쓰이는 바닥면적의 합계가 1,000m^2 미만인 것

사. 마을회관 · 마을공동작업소 · 마을공동구판장, 그 밖에 이와 유사한 것

아. 변전소 · 양수장 · 정수장 · 대피소 · 공중화장실 기타 이와 유사한 것

자. 지역아동센터

4. 제2종 근린생활시설

가. 일반음식점 · 기원

나. 휴게음식점 · 제과점으로서 제1종 근린생활시설에 해당하지 아니하는 것

다. 서점으로서 제1종 근린생활시설에 해당하지 아니하는 것

라. 테니스장 · 체력단련장 · 에어로빅장 · 볼링장 · 당구장 · 실내낚시터 · 골프연습장 기타 이와 유사한 것으로서 동일한 건축물 안에서 당해 용도에 쓰이는 바닥면적의 합계가 500m^2 미만인 것

마. 종교집회장 · 공연장이나 비디오물감상실 · 비디오물소극장으로서 동일한 건축물 안에서 당해 용도에 쓰이는 바닥면적의 합계가 300m^2 미만인 것

바. 금융업소, 사무소, 부동산중개업소, 결혼상담소 등 소개업소, 출판사 기타 이와 유사한 것으로서 동일한 건축물 안에서 당해 용도에 쓰이는 바닥면적의 합계가 500m^2 미만인 것

사. 제조업소 · 수리점 · 세탁소 그 밖에 이와 유사한 것으로서 동일한 건축물 안에서 당해 용도에 쓰이는 바닥면적의 합계가 500m^2 미만이고, 다음의 요건 중 어느 하나에 해당되는 시설

(1) 「대기환경보전법」, 「수질환경보전법」 또는 「소음 · 진동규제법」에 의한 배출시설의 설치허가 또는 신고를 요하지 아니하는 것
(2) 「대기환경보전법」, 「수질환경보전법」 또는 「소음 · 진동규제법」에 의한 설치허가가 또는 신고대상 시설이나 귀금속 · 장신구 및 관련제품 제조시설로서 발생되는 폐수를 전량 위탁 처리하는 것

아. 게임제공업소, 멀티미디어 문화 컨텐츠 설비제공업소, 복합유통 · 제공업소로서 동일한 건축물 안에서 당해 용도에 쓰이는 바닥면적의 합계가 150m² 미만인 것
자. 사진관 · 표구점 · 학원(동일한 건축물 안에서 당해 용도에 쓰이는 바닥면적의 합계가 500m² 미만인 것에 한하며, 자동차학원 및 무도학원을 제외한다) · 직업훈련소(동일한 건축물 안에서 그 용도에 쓰이는 바닥면적의 합계가 500m² 미만인 것을 말하되, 운전 · 정비 관련 직업훈련소를 제외한다) · 장의사 · 동물병원 · 독서실 · 총포판매사, 그 밖에 이와 유사한 것
차. 단란주점으로서 동일한 건축물 안에서 당해 용도에 쓰이는 바닥면적의 합계가 150m² 미만인 것
카. 의약품도매점 및 자동차영업소로서 동일한 건축물 안에서 당해 용도에 쓰이는 바닥면적의 합계가 1,000m² 미만인 것
타. 안마시술소 · 안마원 및 노래연습장

5. 문화 및 집회시설
가. 공연장(극장 · 영화관 · 연예장 · 음악당 · 서커스장 · 비디오물감상실 · 비디오물소극장 기타 이와 유사한 것을 말한다)으로서 제2종 근린생활시설에 해당하지 아니하는 것
나. 집회장(예식장 · 공회당 · 회의장 · 마권장외 발매소 · 마권전화투표소 기타 이와 유사한 것을 말한다)으로서 제2종 근린생활시설에 해당하지 아니하는 것
다. 관람장(경마장 · 자동차경기장 기타 이와 유사한 것 및 체육관 · 운동장으로서 관람석의 바닥면적의 합계가 1,000m² 이상인 것을 말한다)
라. 전시장(박물관 · 미술관 · 과학관 · 기념관 · 산업전시장 · 박람회장 기타 이와 유사한 것을 말한다)
마. 동 · 식물원(동물원 · 식물원 · 수족관 기타 이와 유사한 것을 말한다)

6. 종교시설
가. 종교집회장(교회 · 성당 · 사찰 · 기도원 · 수도원 · 수녀원 · 제실 · 사당, 그 밖에 이와 유사한 것으로서 제2종 근린생활시설에 해당하지 아니하는 것을 말한다)
나. 종교집회장 안에 설치하는 봉안당 으로서 제2종 근린생활시설에 해당하지 아니하는 것

7. 판매시설
가. 도매시장(도매시장에 소재한 근린생활시설을 포함한다)
나. 소매시장(유통산업 발전법에 의한 시장 · 대형점 · 백화점 및 쇼핑센터 그밖에 이와 유사한 것을 말하며 그에 소재한 근린생활시설을 포함한다)
다. 상점(상점에 소재한 근린생활시설을 포함한다)

8. 운수시설
가. 여객자동차터미널
나. 철도시설
다. 공항시설
라. 항만시설
마. 그 밖에 이와 유사한 것

9. 의료시설
  가. 병원(종합병원 · 병원 · 치과병원 · 한방병원 · 정신병원 및 요양병원을 말한다)
  나. 격리병원(전염병원 · 마약진료소 기타 이와 유사한 것을 말한다)

10. 교육연구시설
  (제2종 근린생활시설에 해당하는 것을 제외한다)
  가. 학교(유치원 · 초등학교 · 중학교 · 고등학교 · 전문대학 · 대학 · 대학교 기타 이에 준하는 각종 학교를 말한다)
  나. 교육원(연수원 기타 이와 유사한 것을 포함한다)
  다. 직업훈련소(운전 및 정비 관련 직업훈련소를 제외한다)
  라. 학원, 교습소(자동차학원 및 무도학원을 제외한다)
  마. 연구소(연구소에 준하는 시험소와 계측계량소를 포함한다)
  바. 도서관

11. 노유자시설
  가. 아동 관련 시설(어린이집 · 아동복지시설, 그 밖에 이와 유사한 것으로서 단독주택, 공동주택 및 제1종 근린생활시설에 해당하지 아니하는 것을 말한다)
  나. 노인복지시설(단독주택과 공동주택에 해당하지 아니하는 것을 말한다)
  다. 그 밖에 이와 유사한 사회복지시설 및 근로복지시설

12. 수련시설
  가. 생활권수련시설(청소년수련관 · 청소년문화의 집 · 청소년특화시설, 그 밖에 이와 유사한 것을 말한다)
  나. 자연권수련시설(청소년수련원 · 청소년야영장, 그 밖에 이와 유사한 것을 말한다)
  다. 청소년활동 진흥법에 따른 유스호스텔
  라. 관광진흥법에 따른 야영장 시설로서 야영장 시설에 해당하지 아니하는 시설

13. 운동시설
  가. 탁구장 · 체육도장 · 테니스장 · 체력단련장 · 에어로빅장 · 볼링장 · 당구장 · 실내낚시터 · 골프연습장 · 놀이형시설, 그 밖에 이와 유사한 것으로서 제1종 근린생활시설 및 제2종 근린생활시설에 해당하지 아니하는 것
  나. 체육관(관람석이 없거나 관람석의 바닥면적이 1,000m^2 미만인 것)
  다. 운동장(육상 · 구기 · 볼링 · 수영 · 스케이트 · 롤러스케이트 · 승마 · 사격 · 궁도 · 골프장 등과 이에 부수되는 건축물로서 관람석이 없거나 관람석의 바닥면적이 1,000m^2 미만인 것)

14. 업무시설
  가. 공공업무시설 : 국가 또는 지방자치단체의 청사와 외국공관의 건축물로서 제1종 근린생활시설에 해당하지 아니하는 것
  나. 일반 업무시설 : 금융업소 · 사무소 · 신문사 · 오피스텔(업무를 주로 하는 건축물이고, 분양 또는 임대하는 구획에서 일부 숙식을 할 수 있도록 한 건축물로서 국토교통부장관이 고시하는 기준에 적합한 것을 말한다) 그 밖에 이와 유사한 것으로서 제2종 근린생활시설에 해당하지 아니하는 것

15. 숙박시설
  가. 일반숙박시설 및 생활숙박시설(호텔 · 여관 및 여인숙)
  나. 관광숙박시설(관광호텔 · 수상관광호텔 · 한국전통호텔 · 가족호텔 · 호스텔 · 소형호텔 · 의료관광호텔 및 휴양콘도미니엄)

다. 다중생활시설(제2종 근린생활시설에 해당하지 아니하는 것)
라. 그 밖에 이와 유사한 것

16. 위락시설
가. 단란주점으로서 제2종 근린생활시설에 해당하지 아니하는 것
나. 유흥주점이나 그 밖에 이와 비슷한 것
다. 「관광진흥법」에 의한 유원시설업의 시설 기타 이와 유사한 것(제2종 근린생활시설에 해당하는 것과 운동시설에 해당하는 것을 제외한다)
라. 무도장과 무도학원
마. 카지노영업소

17. 공장
물품의 제조 · 가공(염색 · 도장 · 표백 · 재봉 · 건조 · 인쇄 등을 포함한다) 또는 수리에 계속적으로 이용되는 건축물로서 제2종 근린생활시설, 위험물저장 및 처리시설, 자동차 관련 시설, 분뇨 및 쓰레기처리시설 등으로 따로 분류되지 아니한 것

18. 창고시설
(위험물저장 및 처리시설 또는 그 부속용도에 해당하는 것을 제외한다)
가. 창고(물품저장시설로서 냉장 · 냉동 창고를 포함한다)
나. 하역장
다. 물류터미널
라. 집배송 시설

19. 위험물저장 및 처리시설
「위험물 안전관리법」, 「석유 및 석유대체연료 사업법」, 「도시가스사업법」, 「고압가스 안전관리법」, 「액화석유가스의 안전관리 및 사업관리법」, 「총포 · 도검 · 화약류 등 단속법」, 「유해화학물질 관리법」에 의하여 설치 또는 영업의 허가를 받아야 하는 건축물로서 다음 각 목의 어느 하나에 해당하는 것. 다만, 자가난방 · 자가발전과 이와 유사한 목적에 쓰이는 저장시설을 제외한다.
가. 주유소(기계식 세차설비를 포함한다) 및 석유판매소
나. 액화석유가스 충전소, 판매소, 저장소(기계식 세차설비를 포함한다)
다. 위험물제조소, 저장소, 취급소
라. 액화가스 취급소, 판매소
마. 유독물보관 · 저장 · 판매시설
바. 고압가스충전 · 판매소 · 저장소
사. 도료류 판매소
아. 도시가스 제조시설
자. 화약류 저장소
차. 그 밖에 이와 유사한 것

20. 자동차 관련 시설(건설기계 관련 시설을 포함한다)
가. 주차장
나. 세차장
다. 폐차장
라. 검사장
마. 매매장
바. 정비공장

사. 운전학원 및 정비학원(운전 및 정비 관련 직업훈련소를 포함한다)
아. 「여객자동차 운수사업법」·「화물자동차 운수사업법」 및 「건설기계관리법」에 의한 차고 및 주기장
자. 전기자동차 충전소로서 제1종 근린생활시설에 해당하지 않는것

21. 동물 및 식물 관련 시설
가. 축사(양잠·양봉·양어시설 및 부화장 등을 포함한다)
나. 가축시설(가축용운동시설, 인공수정센터, 관리사, 가축용 창고, 가축시장, 동물검역소, 실험 동물사육시설 기타 이와 유사한 것을 말한다)
다. 도축장
라. 도계장
마. 작물재배사
바. 종묘배양시설
사. 화초 및 분재 등의 온실
아. 그 밖에 이와 유사한 것(동·식물원은 제외)

22. 자연 순환 관련시설
가. 하수 등 처리시설
나. 고물상
다. 폐기물 재활용시설
라. 폐기물 처분시설
마. 폐기물 감량화 시설

23. 교정시설
(제1종 근린생활시설에 해당하는 것을 제외한다)
가. 교정시설(보호감호소, 구치소 및 교도소를 말함)
나. 갱생보호시설, 그 밖에 범죄자의 갱생·보육·교육·보건 등의 용도에 쓰이는 시설
다. 소년원 및 소년분류심사원

24. 국방·군사시설
가. 제1종 근린생활시설에 해당하는 것을 제외한다.
나. 국방, 군사시설

25. 방송통신시설(제1종 근린생활시설에 해당하는 것을 제외한다)
가. 방송국(방송프로그램 제작시설 및 송신·수신·중계시설을 포함한다)
나. 전신전화국
다. 촬영소
라. 통신용시설
마. 데이터센터
바. 그 밖에 이와 유사한 것

26. 발전시설
발전소(집단에너지 공급시설을 포함한다)로 사용되는 건축물로서 제1종 근린생활시설로 분류되지 아니한 것

27. 묘지 관련 시설
가. 화장시설

나. 봉안당(종교시설에 해당하는 것을 제외한다)
다. 묘지와 자연장지에 부수되는 건축물
라. 동물화장시설, 동물건조장 시설 및 동물 전용의 납골시설

28. 관광휴게시설
가. 야외음악당
나. 야외극장
다. 어린이회관
라. 관망탑
마. 휴게소
바. 공원·유원지 또는 관광지에 부수되는 시설

29. 그 밖에 대통령령으로 정하는 시설

다. 시설군 및 건축물의 용도군

시 설 군	건축물의 용도군
자동차 관련 시설군	자동차 관련 시설
산업 등의 시설군	① 운수시설 ② 창고시설 ③ 공장 ④ 위험물저장 및 처리시설 ⑤ 분뇨 및 쓰레기 처리시설 ⑥ 묘지 관련 시설
전기통신시설군	① 방송통신시설 ② 발전시설
문화 및 집회시설군	① 문화 및 집회시설 ② 종교시설 ③ 위락시설 ④ 관광 휴게시설
영업시설군	① 판매시설 ② 운동시설 ③ 숙박시설
교육 및 복지시설군	① 의료시설 ② 교육연구시설 ③ 노유자시설 ④ 수련시설
근린생활시설군	① 제1종 근린생활시설 ② 제2종 근린생활시설
주거업무시설군	① 단독주택 ② 공동주택 ③ 업무시설 ④ 교정 및 군사시설
그 밖의 시설군	① 동물 및 식물 관련 시설 ② 장례식장

라. 용도변경의 허가 또는 신고

① 특별자치도시사 또는 시장·군수·구청장의 허가 또는 신고 : 사용승인을 받은 건축물의 용도를 변경하려는 자는 다음의 구분에 따라 국토교통부령으로 정하는 바에 따라 특별자치도시자 또는 시장·군수·구청장의 허가를 받거나 신고를 하여야 한다.

② 허가대상 : 일정한 시설군에 속하는 건축물의 용도를 상위군에 해당하는 용도로 변경하는 경우이다.

③ 신고대상 : 일정한 시설군에 속하는 건축물의 용도를 하위군에 해당하는 용도로 변경하는 경우이다.

④ 건축물대장 변경신청대상 : 같은 시설군 안에서 용도를 변경하려는 자는 국토교통부령으로 정하는 바에 따라 특별자치도지사 또는 시장·군수·구청장에게 건축물대장 기재내용의 변경을 신청하여야 한다. 다만, 용도별 건축물의 종류

중 같은 호에 속하는 건축물 상호 간의 용도변경의 경우에는 건축물대장 기재 내용의 변경을 신청하지 아니한다.

마. 일정 규모 이상 용도변경 시 준용규정

① 사용승인 대상 : 용도변경에 따른 허가나 신고 대상인 경우로서 용도변경하려는 부분의 바닥면적의 합계가 $100m^2$ 이상인 경우의 사용승인에 관하여는 건축물의 사용승인 조항을 준용한다.

② 건축사 설계대상 : 용도변경에 따른 허가대상인 경우로서 용도변경하려는 부분의 바닥면적의 합계가 $500m^2$ 이상인 용도변경(다만, 1층인 축사를 공장으로 용도 변경하는 경우로서 증축 · 개축 또는 대수선이 수반되지 아니하고 구조안전이나 피난 등에 지장이 없는 경우는 제외)의 설계에 관하여는 건축물의 설계 조항을 준용한다.

4) 건축법 적용대상지역

(1) 건축법이 전면 적용되는 지역

다음의 지역에서는 건축법의 내용이 모두 적용된다.

가. 도시지역

나. 비도시지역 안의 지구단위계획구역

다. 동 또는 읍 지역(동이나 읍에 속하는 섬의 경우 인구 500인 이상인 경우에 한함)

(2) 장기 미집행 도시 · 군계획시설부지

장기 미집행 도시 · 군계획시설부지에서 매수청구를 한 토지의 소유자는 매수하지 않기로 결정된 경우나 2년이 경과될 때까지 당해 토지를 매수하지 않는 경우에는 허가를 받아 대통령령이 정하는 건축물 또는 공작물을 설치할 수 있다. 이 건축물이나 공작물을 도시 · 군계획시설로 결정된 도로의 예정지에 건축하는 경우에는 도로의 지정 · 폐지 또는 변경, 건축선의 지정, 건축선에 따른 건축제한의 규정을 적용하지 아니한다.

(3) 건축법의 일부 규정이 적용되지 않는 지역

대상지역	적용에서 제외되는 규정
1. 도시지역이 아닌 지역(관리지역, 농림지역, 자연환경보전지역) 2. 지구단위계획구역이 아닌 지역 3. 동 또는 읍의 지역 이외의 지역 4. 동 또는 읍에 속하는 섬으로 인구가 500인 미만	대지와 도로와의 관계
	도로의 폐지 또는 변경
	건축선의 지정
	건축선에 의한 건축제한
	방화지구 안의 건축물
	대지의 분할제한

(4) 건축법 적용제외 건축물

다음 각 호의 어느 하나에 해당하는 건축물에는 이 법을 적용하지 아니한다.

가. 「문화유산의 보존 및 활용에 관한 법률」에 따른 지정문화유산이나 임시지정문화유산 또는 「자연유산의 보존 및 활용에 관한 법률」에 따라 지정된 천연기념물등이나 임시지정천연기념물, 임시지정명승, 임시지정시 · 도자연유산, 임시자연유산자료

나. 철도나 궤도의 선로 부지(敷地)에 있는 다음 각 목의 시설

① 운전보안시설

② 철도 선로의 위나 아래를 가로지르는 보행시설

③ 플랫폼

④ 해당 철도 또는 궤도사업용 급수(給水) · 급탄(給炭) 및 급유(給油) 시설

다. 고속도로 통행료 징수시설

라. 컨테이너를 이용한 간이창고(「산업집적활성화 및 공장설립에 관한 법률」에 따른 공장의 용도로만 사용되는 건축물의 대지에 설치하는 것으로서 이동이 쉬운 것만 해당된다)

마. 「하천법」에 따른 하천구역 내의 수문조작실

3 건축법 적용의 특례

1) 건축법 적용의 완화

(1) 완화요청

건축관계자(건축주 · 설계자 · 공사시공자 또는 공사감리자)는 업무를 수행할 때 이법을 적용하는 것이 매우 불합리하다고 인정되는 대지나 건축물로서 대통령령으로 이 법의 기준을 완화하여 적용할 것을 허가권자에게 요청할 수 있다.

(2) 허가권자의 결정 및 통지

요청을 받은 허가권자는 건축위원회의 심의를 거쳐 완화여부와 적용범위를 결정하고 그 결과를 신청인에게 알려야 한다.

2) 기존의 건축물 등에 대한 특례

허가권자는 법령의 제정 · 개정이나 도시 · 군관리계획의 결정 · 변경 또는 행정구역의 변경이 있는 경우, 도시 · 군계획시설의 설치, 도시개발사업의 시행 또는 「도로법」에 따른 도로의 설치가 있는 경우, 그 밖에 국토교통부령으로 정하는 경우로 대지나 건축물이 이 법에 맞지 아니하게 된 경우에는 대통령령으로 정하는 범위에서 해당 지방자치단

체의 조례로 정하는 바에 따라 건축을 허가할 수 있다.

가. 기존 건축물을 재축하는 경우

나. 증축하거나 개축하려는 부분이 법령 등에 적합한 경우

다. 기존 건축물의 대지가 도시 · 군계획시설의 설치 또는「도로법」에 따른 도로의 설치로 해당 지방자치단체가 정하는 면적에 미달되는 경우로서 그 기존 건축물을 연면적 합계의 범위에서 증축하거나 개축하는 경우

라. 기존 건축물이 도시 · 군계획시설 또는「도로법」에 따른 도로의 설치로 법률에 의해 부적합하게 된 경우로서 화장실 · 계단 · 승강기의 설치 등 그 건축물의 기능을 유지하기 위하여 그 기존 건축물의 연면적 합계의 범위에서 증축하는 경우

마. 2006년 5월 9일 전에 건축된 기존 건축물의 건축선 및 인접 대지경계선으로부터의 거리가 해당 지방자치단체가 조례로 정하는 거리에 미달되는 경우로서 그 기존 건축물을 수직으로 증축하는 경우

3) 다른 법령의 배제

(1)「하수도법」 규정배제

건축물에 딸린 개인하수처리시설에 관한 설계의 경우에는 「하수도법」 제38조(개인하수처리시설의 설계 · 시공)를 적용하지 아니한다.

(2)「민법」 규정배제

건축물의 건축 등을 위하여 지하를 굴착하는 경우에는 민법 제244조 제1항을 적용하지 아니한다. 다만, 필요한 안전조치를 하여 위해를 방지하여야 한다.

<민법 제244조 (지하시설 등에 대한 제한)>

1. 우물을 파거나 용수, 하수 또는 오물 등을 저치할 지하시설을 하는 때에는 경계로부터 2m 이상의 거리를 두어야 하며 저수지, 구거 또는 지하실공사에는 경계로부터 그 깊이의 반 이상의 거리를 두어야 한다.
2. 전 항의 공사를 함에는 토사가 붕괴하거나 하수 또는 오액이 이웃에 흐르지 아니하도록 적당한 조처를 하여야 한다.

4 건축위원회

1) 의 의

국토교통부장관, 시 · 도지사 및 시장 · 군수 · 구청장은 다음 각 호의 사항을 조사 · 심의 · 조정 또는 재정(이하 이 조에서 "심의등"이라 한다)하기 위하여 각각 건축위원회를

두어야 한다.

가. 이 법과 조례의 제정 · 개정 및 시행에 관한 중요 사항

나. 건축물의 건축등과 관련된 분쟁의 조정 또는 재정에 관한 사항. 다만, 시 · 도지사 및 시장 · 군수 · 구청장이 두는 건축위원회는 제외한다.

다. 건축물의 건축등과 관련된 민원에 관한 사항. 다만, 국토교통부장관이 두는 건축위원회는 제외한다.

라. 건축물의 건축 또는 대수선에 관한 사항

마. 다른 법령에서 건축위원회의 심의를 받도록 규정한 사항

2) 중앙건축위원회

가. 다음 각 호의 사항을 심의하기 위하여 국토교통부에 위원장 및 부위원장을 포함한 70명 이내의 의원으로 구성하는 중앙건축위원회를 둔다.

① 건축법 및 시행령의 시행에 관한 사항

② 국토교통부장관이 회의에 부치는 사항

③ 다른 법령에 따라 건축위원회의 심의를 하는 경우 해당 법령에서 규정한 심의사항

나. 중앙건축위원회의 위원장 · 부위원장 및 위원의 자격 · 임명 · 위촉 및 임기 등에 관한 사항, 회의 및 전문위원회의 구성과 위원 등에 대한 수당 및 여비의 지급 등에 관한 사항은 국토교통부령으로 정한다.

3) 전문위원회의 구성 및 운영

가. 국토교통부장관은 자신이 설치하는 건축위원회의 심의를 효율적으로 수행하기 위하여 필요하면 분야별로 전문위원회를 구성 · 운영할 수 있다. 전문위원회는 중앙건축위원회가 정하는 사항을 심의한다. 전문위원회의 심의를 거친 사항은 중앙건축위원회의 심의를 거친 것으로 본다. 건축위원회의 조직 · 운영, 그 밖에 필요한 사항은 대통령령으로 정하는 바에 따라 국토교통부령이나 해당 지방자치단체의 조례로 정한다.

나. 국토교통부장관은 다음의 분야별로 전문위원회를 구성·운영할 수 있다.

① 건축계획 분야

② 건축구조 분야

③ 건축설비 분야

④ 건축방재 분야

⑤ 에너지관리 등 건축환경 분야

⑥ 건축물 설치광고 및 경관(景觀) 분야

⑦ 조경 분야

⑧ 도시 · 군계획 및 단지계획 분야
⑨ 교통 및 정보기술 분야
⑩ 사회 분야
⑪ 그 밖의 분야

4) 건축위원회 심의사항

다음 각 호의 사항을 심의하기 위하여 특별시 · 광역시 · 도 · 특별자치도 및 시 · 군 · 구에 지방건축위원회를 둔다.

(1) 시, 군, 구 지방건축위원회의 심의사항

가. 건축법 또는 시행령에 따른 조례의 제정 · 개정에 관한 사항
나. 건축선의 지정에 관한 사항
다. 다음의 어느 하나에 해당하는 다중이용 건축물의 건축에 관한 사항
① 문화 및 집회시설(전시장 및 동 · 식물원은 제외), 종교시설, 판매시설, 운수시설, 의료시설 중 종합병원 및 숙박시설 중 관광숙박시설의 용도로 쓰는 바닥면적의 합계가 5,000m² 이상인 건축물
② 16층 이상인 건축물
라. 미관지구의 건축물로서 해당 지방자치단체의 건축물에 관한 조례로 정하는 용도 및 규모에 해당하는 건축물의 건축에 관한 사항
마. 분양을 목적으로 하는 건축물로서 건축조례로 정하는 용도 및 규모에 해당하는 건축물의 건축에 관한 사항
바. 다른 법령에 따라 건축위원회의 심의를 하는 경우 해당 법령에서 규정한 심의사항

(2) 시 · 도 지방 건축위원회의 심의사항

다중이용 건축물 중 16층 이상 또는 연면적 3만m² 이상인 다중이용 건축물의 건축에 관한 사항은 시 · 도의 조례로 정하는 바에 따라 시 · 도에 설치된 지방건축위원회의 심의사항으로 할 수 있다.

(3) 중앙건축위원회의 심의사항

50층 이상의 건축물 또는 높이 200m 이상의 건축물로서 특별시장 · 광역시장 · 특별자치도지사 또는 시장 · 군수 · 구청장이 필요하다고 인정하여 요청하는 경우에는 지방건축위원회의 심의를 갈음하여 중앙건축위원회가 심의할 수 있다.

(4) 심의에 관한 기준

지방건축위원회의 위원장 · 부위원장 및 위원의 자격 · 임명 · 위촉 · 임기 등에 관한 사

항, 회의 및 소위원회의 구성 · 운영, 위원 등에 대한 수당 및 여비의 지급 등에 관한 사항은 건축조례로 정하되 다음의 기준에 따라야 한다.

가. 「국토의 계획 및 이용에 관한 법률」 건축위원회와 도시계획위원회가 공동으로 심의한 사항에 대하여는 심의를 생략할 것

나. 지방건축위원회의 심의를 갈음하여 중앙건축위원회가 심의한 사항은 지방건축위원회의 심의를 생략하고, 다중이용 건축물 중 특별시 · 광역시 또는 도에 설치된 지방건축위원회의 심의를 거친 건축물에 대하여는 시 · 군 · 구 건축위원회의 심의를 생략할 것

다. 회의개최 전에 회의에 부치는 안건을 각 위원에게 알릴 것. 다만, 긴급한 사정이나 그 밖에 부득이한 사유가 있는 경우에는 그러하지 아니하다.

라. 건축주 및 설계자가 희망하는 경우에는 심의에 참여하여 설명할 수 있는 기회를 줄 것

마. 위원별 의견, 심의결과 및 사유를 공개할 것

(5) 지방건축위원회의 위원장

지방건축위원회의 위원장 · 부위원장 및 위원의 자격 · 임명 · 위촉 · 임기 등에 관한 사항, 회의 및 소위원회의 구성 · 운영, 위원 등에 대한 수당 및 여비의 지급 등에 관한 사항은 건축조례로 정하되 다음 각 호의 기준에 따라야 한다.

가. 위원은 건축에 관한 전문적 학식과 경험이 풍부한 자로 할 것

나. 공무원을 위원으로 임명하는 경우에는 그 수를 전체 위원 수의 1/4 이하로 할 것

다. 공무원이 아닌 위원은 건축 관련 학회 및 협회 등 관련 단체나 기관의 추천 또는 공모절차를 걸쳐 위촉할 것

라. 다른 법령에 따라 건축위원회의 심의를 하는 경우에는 해당 분야의 관계 전문가가 그 심의에 위원으로 참석하는 심의위원 수의 1/4 이상이 되게 할 것. 이 경우 필요하면 해당 심의에만 위원으로 참석하는 관계 전문가를 임명 또는 위촉할 수 있다.

마. 공무원이 아닌 위원의 임기는 3년 이내로 하되, 필요한 경우에는 연임할 수 있게 할 것

5) 건축위원회의 건축 심의

(1) 대통령령으로 정하는 건축물을 건축하거나 대수선하려는 자는 국토교통부령으로 정하는 바에 따라 시 · 도지사 또는 시장 · 군수 · 구청장에게 제4조에 따른 건축위원회(이하 '건축위원회'라 한다)의 심의를 신청하여야 한다.

(2) 제(1)항에 따라 심의 신청을 받은 시 · 도지사 또는 시장·군수·구청장은 대통령령으로 정하는 바에 따라 건축위원회에 심의 안건을 상정하고, 심의 결과를 국토교통부령으로 정하는 바에 따라 심의를 신청한 자에게 통보하여야 한다.

(3) 제(2)항에 따른 건축위원회의 심의 결과에 이의가 있는 자는 심의 결과를 통보받은

날부터 1개월 이내에 시 · 도지사 또는 시장 · 군수 · 구청장에게 건축위원회의 재심의를 신청할 수 있다.

(4) 제(3)항에 따른 재심의 신청을 받은 시 · 도지사 또는 시장 · 군수 · 구청장은 그 신청을 받은 날부터 15일 이내에 대통령령으로 정하는 바에 따라 건축위원회에 재심의 안건을 상정하고, 재심의 결과를 국토교통부령으로 정하는 바에 따라 재심의를 신청한 자에게 통보하여야 한다.

6) 건축위원회 회의록 공개

시 · 도지사 또는 시장 · 군수 · 구청장은 제4조의2제1항에 따른 심의(같은 조 제3항에 따른 재심의를 포함한다. 이하 이 조에서 같다)를 신청한 자가 요청하는 경우에는 대통령령으로 정하는 바에 따라 건축위원회 심의의 일시 · 장소 · 안건 · 내용 · 결과 등이 기록된 회의록을 공개하여야 한다. 다만, 심의의 공정성을 침해할 우려가 있다고 인정되는 이름, 주민등록번호 등 대통령령으로 정하는 개인 식별 정보에 관한 부분의 경우에는 그러하지 아니하다.

5 전문위원회

1) 설치 및 조정

국토교통부장관, 시 도지사 및 시장 군수 구청장은 건축위원회의 심의 등을 효율적으로 수행하기 위하여 필요하면 자신이 설치하는 건축위원회에 다음의 전문위원회를 두어 운영할 수 있다.

① 건축분쟁전문위원회(국토부에 설치하는 건축위원회에 한정)
② 건축민원전문위원회(시 · 도 및 시 · 군 · 구에 설치하는 건축위원회에 한정)
③ 건축계획, 건축구조, 건축설비 등 분야별 전문위원회

가. 건축관계자와 해당 건축물의 건축 등으로 인하여 피해를 입은 인근주민 간의 분쟁
나. 관계 전문기술자와 인근주민 간의 분쟁
다. 건축관계자와 관계 전문기술자 간의 분쟁
라. 건축관계자 간의 분쟁
마. 인근주민 간의 분쟁
바. 관계 전문기술자 간의 분쟁
사. 그 밖에 대통령령으로 정하는 사항

2) 업 무

중앙건축분쟁조정위원회는 특별시장 · 광역시장 또는 특별자치도지사가 허가권자인 사항을 관할하고, 지방건축분쟁조정위원회는 시장 · 군수 · 구청장이 허가권자인 사항을 관할한다.

3) 건축분쟁조정위원회

(1) 구성원

중앙건축분쟁조정위원회 및 지방건축분쟁조정위원회는 각각 위원장과 부위원장 각 1명을 포함한 15명 이내의 위원으로 구성한다.

(2) 위 원

가. 중앙건축분쟁조정위원회의 위원

건축이나 법률에 관한 학식과 경험이 풍부한 자로서 다음 각 호의 어느 하나에 해당하는 자 중에서 국토교통부장관이 임명하거나 위촉한다. 이 경우 ④에 해당하는 자가 2명 이상 포함되어야 한다.

① 1급이나 1급 상당 이상의 공무원으로 1년 이상 재직한 자
② 2급 · 3급 또는 2급 · 3급 상당 이상의 공무원으로 3년 이상 재직한 자
③ 「고등교육법」에 따른 대학에서 건축공학이나 법률학을 가르치는 조교수 이상의 직에 3년 이상 재직한 자
④ 판사, 검사 또는 변호사의 직에 6년 이상 재직한 자
⑤ 「건축사법」에 따라 건축사 업무신고를 한 건축사로 6년 이상 종사한 자
⑥ 건설공사나 건설업에 대한 학식과 경험이 풍부한 자로서 그 분야에 15년 이상 종사한 자

나. 위원장 · 부위원장 : 건축분쟁조정위원회의 위원장 및 부위원장은 위원 중에서 호선한다.

다. 임기 : 공무원이 아닌 위원의 임기는 3년으로 하되, 연임할 수 있으며, 보궐위원의 임기는 전임자의 남은 임기로 한다.

라. 의결 : 건축분쟁조정위원회의 회의는 재적위원 과반수의 출석으로 열고 출석위원 과반수의 찬성으로 의결한다.

마. 위원의 결격사유 : 다음 각 호의 어느 하나에 해당하는 자는 건축분쟁조정위원회의 위원이 될 수 없다.

① 금치산자, 한정치산자 또는 파산선고를 받고 복권되지 아니한 자
② 금고 이상의 실형을 선고받고 그 집행이 끝나거나(집행이 끝난 것으로 보는 경우를 포함한다) 집행이 면제된 날부터 2년이 지나지 아니한 자

③ 법원의 판결이나 법률에 따라 자격이 정지된 자

4) 위원의 제척

(1) 위원의 제척

건축분쟁조정위원회의 위원이 다음의 어느 하나에 해당하면 그 직무의 집행에서 제외된다. 건축분쟁조정위원회는 제척 원인이 있는 경우 직권이나 당사자의 신청에 따라 제척의 결정을 한다.

가. 위원 또는 그 배우자나 배우자였던 자가 해당 분쟁사건의 당사자가 되거나 그 사건에 관하여 당사자와 공동권리자 또는 의무자의 관계에 있는 경우

나. 위원이 해당 사건의 당사자와 친족이거나 친족이었던 경우

다. 위원이 해당 사건에 관하여 진술이나 감정을 한 경우

라. 위원이 해당 사건에 당사자의 대리인으로서 관여하였거나 관여한 경우

마. 위원이 해당 사건의 원인이 된 처분이나 부작위에 관여한 경우

(2) 위원의 기피

당사자는 위원에게 공정한 직무집행을 기대하기 어려운 사정이 있으면 건축분쟁조정위원회에 기피신청을 할 수 있으며, 건축분쟁조정위원회는 기피신청이 타당하다고 인정하면 기피의 결정을 하여야 한다.

5) 조정 등의 신청

(1) 조정 등의 신청서

건축물의 건축등과 관련된 분쟁의 조정 또는 재정을 신청하려는 자는 관할 건축분쟁조정위원회에 조정 등의 신청서를 제출하여야 한다.

(2) 조정 등의 신청자

조정신청은 해당 사건의 당사자 중 1명 이상이 하며, 재정신청은 해당 사건당사자 간의 합의로 한다. 다만, 건축분쟁조정위원회는 조정신청을 받으면 해당 사건의 모든 당사자에게 조정신청이 접수된 사실을 알려야 한다.

(3) 조정 등의 기간

건축분쟁조정위원회는 당사자의 조정신청을 받으면 90일 이내에, 재정신청을 받으면 180일 이내에 절차를 마쳐야 한다. 다만, 부득이한 사정이 있으면 건축분쟁조정위원회의 의결로 기간을 연장할 수 있다.

6) 조정위원회 및 재정위원회

(1) 구 성

조정은 3명의 위원으로 구성되는 조정위원회에서 하고, 재정은 5명의 위원으로 구성되는 재정위원회에서 한다.

(2) 지 명

조정위원회의 위원과 재정위원회의 위원은 사건마다 건축분쟁조정위원회의 위원 중에서 위원장이 지명한다. 이 경우 재정위원회에는 위원(판사, 검사 또는 변호사의 직에 6년 이상 재직한 자)이 1명 이상 포함되어야 한다.

(3) 정족수

조정위원회와 재정위원회의 회의는 구성원 전원의 출석으로 개회하고 과반수의 찬성으로 의결한다.

(4) 재정신청의 조정회부

건축분쟁조정위원회는 재정신청이 된 사건을 조정에 회부하는 것이 적합하다고 인정하면 직권으로 직접 조정할 수 있다.

(5) 절차의 비공개

건축분쟁조정위원회가 행하는 조정 등의 절차는 건축법 또는 시행령에 특별한 규정이 있는 경우를 제외하고는 공개하지 아니한다.

7) 선정대표자

(1) 선정대표자의 수

여러 사람이 공동으로 조정 등의 당사자가 될 때에는 그 중에서 3명 이하의 대표자를 선정할 수 있다. 건축분쟁조정위원회는 당사자가 대표자를 선정하지 아니한 경우 필요하다고 인정하면 당사자에게 대표자를 선정할 것을 권고할 수 있다.

(2) 선정대표자의 업무범위

선정대표자는 다른 신청인 또는 피신청인을 위하여 그 사건의 조정 등에 관한 모든 행위를 할 수 있다. 다만, 신청을 철회하거나 조정안을 수락하려는 경우에는 서면으로 다른 신청인 또는 피신청인의 동의를 받아야 한다.

(3) 선정대표자의 대표성

대표자가 선정된 경우에는 다른 신청인 또는 피신청인은 그 선정대표자를 통해서만 그 사건에 관한 행위를 할 수 있다.

(4) 선정대표자의 해임 등

대표자를 선정한 당사자는 필요하다고 인정하면 선정대표자를 해임하거나 변경할 수 있다. 이 경우 당사자는 그 사실을 지체 없이 건축분쟁조정위원회에 통지하여야 한다.

8) 조정 등의 거부 및 중지

(1) 조정 등의 거부

건축분쟁조정위원회는 분쟁의 성질상 건축분쟁조정위원회에서 조정 등을 하는 것이 맞지 아니하다고 인정하거나 부정한 목적으로 신청되었다고 인정되면 그 조정 등을 거부할 수 있다. 이 경우 조정 등의 거부사유를 신청인에게 알려야 한다.

(2) 조정 등의 중지

건축분쟁조정위원회는 신청된 사건의 처리절차가 진행되는 도중에 한쪽 당사자가 소를 제기한 경우에는 조정 등의 처리를 중지하고 이를 당사자에게 알려야 한다.

9) 공사의 계속성

시 · 도지사 또는 시장 · 군수 · 구청장은 위해방지를 위하여 긴급한 상황이거나 그 밖에 특별한 사유가 없으면 조정 등의 신청이 있다는 이유만으로 해당 공사를 중지하게 하여서는 아니된다.

10) 조정 및 재정의 효력

(1) 조정의 효력

가. 조정위원회는 조정안을 작성하면 지체 없이 각 당사자에게 조정안을 제시하여야 한다.

나. 조정안을 제시받은 당사자는 제시를 받은 날부터 15일 이내에 수락여부를 조정위원회에 알려야 한다.

다. 조정위원회는 당사자가 조정안을 수락하면 즉시 조정서를 작성하여야 하며, 조정위원과 각 당사자는 이에 기명날인하여야 한다.

라. 당사자가 조정안을 수락하고 조정서에 기명날인하면 당사자 간에 조정서와 동일한 내용의 합의가 성립된 것으로 본다.

(2) 재정의 효력

재정위원회가 재정을 한 경우 재정문서의 정본이 당사자에게 송달된 날부터 60일 이내에 당사자 양쪽이나 어느 한쪽으로부터 그 재정의 대상인 건축물의 건축 등의 분쟁을 원인으로 하는 소송이 제기되지 아니하거나 그 소송이 철회되면 당사자 간에 재정내용과 동일한 합의가 성립된 것으로 본다.

11) 비용부담

분쟁의 조정 등을 위한 감정·진단·시험 등에 드는 비용은 당사자 간의 합의로 정하는 비율에 따라 당사자가 부담하여야 한다. 다만, 당사자 간에 비용부담에 대하여 합의가 되지 아니하면 조정위원회나 재정위원회에서 부담비율을 정한다.

조정위원회나 재정위원회는 필요하다고 인정하면 대통령령으로 정하는 바에 따라 당사자에게 비용을 예치하게 할 수 있다.

제2장

건축물의 건축

1 사전결정

1) 의 의

건축허가 대상 건축물을 건축하려는 자는 건축허가를 신청하기 전에 허가권자에게 그 건축물의 건축에 관한 다음 각 호의 사항에 대한 사전결정을 신청할 수 있다.

2) 심의 · 검토의 동시신청

사전결정신청자는 건축위원회 심의와 「도시교통정비 촉진법」에 따른 교통영향분석·개선대책의 검토를 동시에 신청할 수 있다.

3) 사전환경성 검토협의

허가권자는 사전결정이 신청된 건축물의 대지면적이 「환경정책기본법」에 따른 사전환경성 검토대상인 경우 환경부장관이나 지방환경관서의 장과 사전환경성 검토에 관한 협의를 하여야 한다.

4) 사전결정 및 통지

허가권자는 사전결정신청을 받으면 입지, 건축물의 규모, 용도 등을 사전결정한 후 사전결정 신청자에게 알려야 한다.

5) 사전결정의 효과

사전결정 통지를 받은 경우에는 다음의 허가를 받거나 신고 또는 협의를 한 것으로 본다.

가. 「국토의 계획 및 이용에 관한 법률」에 따른 개발행위허가

나. 「산지관리법」에 따른 산지전용허가와 산지전용신고. 다만, 보전산지인 경우에는 도시지역만 해당된다.

다. 「농지법」에 따른 농지전용허가 · 신고 및 협의

라. 「하천법」에 따른 하천전용허가

6) 협의 및 의견제출

허가권자는 사전결정으로 허가 · 신고 또는 협의가 의제되는 내용이 포함된 사전결정을 하려면 미리 관계 행정기관의 장과 협의하여야 하며, 협의를 요청받은 관계 행정기관의 장은 요청받은 날부터 15일 이내에 의견을 제출하여야 한다.

7) 건축허가 신청기간

사전결정 신청자는 사전결정을 통지받은 날부터 2년 이내에 건축허가를 신청하여야 하며, 이 기간에 건축허가를 신청하지 아니하면 사전결정의 효력이 상실된다.

2 건축허가

1) 의의 및 법적 성질

건축허가란 건축법령 등에 의거한 건축물의 건축, 대수선 또는 용도변경에 관하여 상대적인 일반적 금지(부작위 의무)를 특정한 경우에 해제하여 자연법상의 권리를 회복시켜 주는 행정기관의 명령적 행정처분을 말한다.

가. 법률 행위적 행정행위이다.
나. 명령적 행정행위이다.
다. 쌍방적 행정행위이다.
라. 상대적 금지의 해제이다.
마. 대물적 허가이다.
바. 적법요건이다.
사. 기속(기속재량)행위이다.
아. 요식행위이다.
자. 수익적 행정행위이다.

2) 건축허가권자와 허가대상

(1) 원칙 : 특별자치시장 특별자치도지사 또는 시장 · 군수 · 구청장

건축물을 건축하거나 대수선하려는 자는 특별자치시장 · 특별자치도지사 또는 시장 · 군수 · 구청장의 허가를 받아야 한다.

(2) 예외 : 특별시장 또는 광역시장

21층 이상의 건축물 등 대통령령으로 정하는 다음의 용도 및 규모의 건축물을 특별시나 광역시에 건축하려면 특별시장이나 광역시장의 허가를 받아야 한다.

가. 21층 이상의 건축물의 건축

나. 연면적의 합계가 10만m^2 이상인 건축물의 건축(공장은 제외)
(연면적의 3/10 이상의 증축으로 인하여 층수가 21층 이상으로 되거나 연면적의 합계가 10만m^2 이상으로 되는 경우의 증축을 포함)

3) 건축허가의 절차

(1) 허가신청서의 제출

건축허가를 받으려는 자는 허가신청서에 국토교통부령으로 정하는 설계도서를 첨부하여 허가권자에게 제출하여야 한다. 다만, 「방위사업법」에 따른 방위산업시설의 건축허가를 받으려는 경우에는 건축관계법령에 적합한지 여부에 관한 설계자의 확인으로 관계 서류를 갈음할 수 있다.

(2) 건축허가서 교부

허가권자는 건축허가를 하였으면 국토교통부령으로 정하는 바에 따라 건축허가서를 신청인에게 발급하여야 한다.

(3) 도지사의 사전승인

시장 · 군수는 제1항에 따라 다음 각 호의 어느 하나에 해당하는 건축물의 건축을 허가하려면 미리 건축계획서와 국토교통부령으로 정하는 건축물의 용도, 규모 및 형태가 표시된 기본설계도서를 첨부하여 도지사의 승인을 받아야 한다.

가. 층수가 21층 이상(다만, 도시환경, 광역교통 등을 고려하여 해당 도의 조례로 정하는 건축물은 제외한다.),

나. 연면적의 합계가 10만m^2 이상인 건축물(공장은 제외)의 건축(연면적의 3/10 이상의 증축으로 인하여 층수가 21층 이상으로 되거나 연면적의 합계가 10만m^2 이상으로 되는 경우의 증축을 포함)다만, 다음에 해당하는 건축물은 제외한다.

> ① 공장
> ② 창고
> ③ 지방건축위원회의 심의를 거친 건축물
> ④ 도시환경, 광역교통 등을 고려하여 해당 도의 조례로 정하는 건축물

다. 자연환경이나 수질을 보호하기 위하여 도지사가 지정 · 공고한 구역에 건축하는 3층 이상 또는 연면적의 합계가 1,000m^2 이상인 건축물로서 위락시설과 숙박시설 등 대통령령으로 정하는 용도에 해당하는 건축물

> ※ '위락시설 및 숙박시설 등 대통령령이 정하는 용도에 해당하는 건축물'이라 함은 다음의 건축물을 말한다.
> ① 공동주택 ② 제2종 근린생활시설(일반음식점만 해당)
> ③ 업무시설(일반 업무시설만 해당) ④ 숙박시설 ⑤ 위락시설

라. 주거환경이나 교육환경 등 주변 환경을 보호하기 위하여 필요하다고 인정하여 도지사가 지정 · 공고한 구역에 건축하는 위락시설 및 숙박시설에 해당하는 건축물

(4) 건축 불허가처분

허가권자는 제1항에 따른 건축허가를 하고자 하는 때에 「건축기본법」 제25조에 따른 한국건축규정의 준수 여부를 확인하여야 한다. 다만, 다음 각 호의 어느 하나에 해당하는 경우에는 이 법이나 다른 법률에도 불구하고 건축위원회의 심의를 거쳐 건축허가를 하지 아니할 수 있다.

가. 위락시설이나 숙박시설에 해당하는 건축물의 건축을 허가하는 경우 해당 대지에 건축하려는 건축물의 용도 · 규모 또는 형태가 주거환경이나 교육환경 등 주변 환경을 고려할 때 부적합하다고 인정되는 경우

나. 「국토의 계획 및 이용에 관한 법률」 제37조제1항제4호에 따른 방재지구(이하 "방재지구"라 한다) 및 「자연재해대책법」 제12조제1항에 따른 자연재해위험개선지구 등 상습적으로 침수되거나 침수가 우려되는 지역에 건축하려는 건축물에 대하여 지하층 등 일부 공간을 주거용으로 사용하거나 거실을 설치하는 것이 부적합하다고 인정되는 경우

(5) 공용건축물에 대한 특례

국가나 지방자치단체는 건축물을 건축하거나 대수선하려는 경우에는 대통령령으로 정하는 바에 따라 미리 건축물의 소재지를 관할하는 허가권자와 협의하여야 한다. 국가나 지방자치단체가 건축물의 소재지를 관할하는 허가권자와 협의한 경우에는 건축허가를 받았거나 신고한 것으로 본다.

4) 건축허가의 효과

(1) 건축금지의 해제

건축허가는 건축을 할 수 있는 새로운 권리를 부여하는 것이 아니라 건축에 대한 상대적 금지가 해제되어 본래의 권리가 회복되는 것을 말한다.

(2) 다른 허가 등의 의제

가. 의제되는 내용

건축허가를 받는 경우 다음의 허가 등을 받거나 신고를 한 것으로 본다. 공장건축물의 경우에는 「산업집적활성화 및 공장설립에 관한 법률」에 따라 관련 법률의 인·허가 등이나 허가 등을 받은 것으로 본다.

나. 행정기관과의 협의

허가권자는 허가 등이 의제되는 내용이 다른 행정기관의 권한에 속하면 그 행정기관의 장과 미리 협의하여야 하며, 협의요청을 받은 관계 행정기관의 장은 요청을 받은 날부터 15일 이내에 의견을 제출하여야 한다.

5) 건축허가 및 착공의 제한

(1) 의 의

건축허가 및 착공의 제한이란 건축주의 허가신청사항이 허가요건을 충족한 경우라 하더라도 일정한 사유가 있으면 일정기간 동안 건축허가 및 착공을 제한하여 행정목적을 달성하려는 행정처분을 말한다.

(2) 국토교통부장관의 제한사유

국토교통부장관은 국토관리를 위하여 특히 필요하다고 인정하거나 주무부장관이 국방, 문화재보존, 환경보전 또는 국민경제를 위하여 특히 필요하다고 인정하여 요청하면 허가권자의 건축허가나 허가를 받은 건축물의 착공을 제한할 수 있다.

(3) 시·도지사의 제한사유

시·도지사는 지역계획이나 도시·군계획에 특히 필요하다고 인정하면 시장·군수·구청장의 건축허가나 허가를 받은 건축물의 착공을 제한할 수 있다. 제한한 경우 즉시 국토교통부장관에게 보고하여야 하며, 보고를 받은 국토교통부장관은 제한내용이 지나치다고 인정하면 해제를 명할 수 있다.

(4) 제한기간

건축허가나 건축물의 착공을 제한하는 경우 제한기간은 2년 이내로 한다. 다만, 1회에 한하며 1년 이내의 범위에서 제한기간을 연장할 수 있다.

(5) 제한내용의 통보 및 공고

국토교통부장관이나 시·도지사는 건축허가나 건축물의 착공을 제한하는 경우 제한목적·기간, 대상 건축물의 용도와 대상 구역의 위치·면적·경계 등을 상세하게 정하여 허가권자에서 통보하여야 하며, 통보를 받은 허가권자는 지체 없이 이를 공고하여야 한다.

6) 건축허가의 필수적 취소

허가권자는 허가를 받은 자가 다음 각 호의 어느 하나에 해당하면 허가를 취소하여야 한다. 다만, (가)에 해당하는 경우로서 정당한 사유가 있다고 인정되면 1년의 범위에서 공사의 착수기간을 연장할 수 있다.

가. 허가를 받은 날부터 2년(「산업집적활성화 및 공장설립에 관한 법률」 제13조에 따라 공장의 신설·증설 또는 업종변경의 승인을 받은 공장은 3년) 이내에 공사에 착수하지 아니한 경우

나. 제1호의 기간 이내에 공사에 착수하였으나 공사의 완료가 불가능하다고 인정되는 경우

다. 제21조에 따른 착공신고 전에 경매 또는 공매 등으로 건축주가 대지의 소유권을 상실한 때부터 6개월이 경과한 이후 공사의 착수가 불가능하다고 판단되는 경우

7) 소유권 확보

건축허가를 받으려는 자는 해당 대지의 소유권을 확보하여야 한다. 다만, 다음 각 호의 어느 하나에 해당하는 경우에는 그러하지 아니하다.

가. 건축주가 대지의 소유권을 확보하지 못하였으나 그 대지를 사용할 수 있는 권원을 확보한 경우. 다만, 분양을 목적으로 하는 공동주택은 제외한다.

나. 건축주가 건축물의 노후화 또는 구조안전 문제 등 대통령령으로 정하는 사유로 건축물을 신축·개축·재축 및 리모델링을 위하여 건축물 및 해당 대지의 공유자 수의 100분의 80 이상의 동의를 얻고 동의한 공유자의 지분 합계가 전체 지분의 100분의 80 이상인 경우

다. 건축주가 제1항에 따른 건축허가를 받아 주택과 주택 외의 시설을 동일 건축물로 건축하기 위하여 「주택법」 제21조를 준용한 대지 소유 등의 권리 관계를 증명한 경우. 다만, 「주택법」 제15조제1항 각 호 외의 부분 본문에 따른 대통령령으로 정하는 호수 이상으로 건설·공급하는 경우에 한정한다.

라. 건축하려는 대지에 포함된 국유지 또는 공유지에 대하여 허가권자가 해당 토지의 관리청이 해당 토지를 건축주에게 매각하거나 양여할 것을 확인한 경우

마. 건축주가 집합건물의 공용부분을 변경하기 위하여 「집합건물의 소유 및 관리에 관한 법률」 제15조제1항에 따른 결의가 있었음을 증명한 경우

8) 건축복합민원 일괄 협의회

(1) 의 의

허가권자는 건축허가를 하려면 해당용도 · 규모 또는 형태의 건축물을 건축하려는 대지에 건축하는 것이 「국토의 계획 및 이용에 관한 법률」 등 관계 법령의 규정에 맞는지를 확인하고, 사전결정에 따른 의제나 허가 등의 의제사항을 처리하기 위하여 건축복합민원 일괄협의회를 개최하여야 한다.

(2) 소속공무원의 참석

관계 법령의 규정에 맞는지 확인이 요구되는 법령의 관계 행정기관의 장과 사전결정 및 허가의제를 위하여 협의가 필요한 관계 행정기관의 장은 소속공무원을 건축복합민원 일괄협의회에 참석하게 하여야 한다.

(3) 개최절차

가. 허가권자는 건축복합민원 일괄협의회의 회의를 사전결정 신청일 또는 건축허가 신청일부터 10일 이내에 개최하여야 한다.

나. 허가권자는 협의회의 회의를 개최하기 3일 전까지 회의개최 사실을 관계 행정기관 및 관계 부서에 통보하여야 한다.

다. 협의회의 회의에 참석하는 관계 공무원은 회의에서 관계 법령에 관한 의견을 발표하여야 한다.

라. 사전결정 또는 건축허가를 하는 관계 행정기관 및 관계 부서는 그 협의회의 회의를 개최한 날부터 5일 이내에 동의 또는 부동의 의견을 허가권자에게 제출하여야 한다.

3 건축신고

건축법상 허가 대상 건축물이라 하더라도 다음 각 호의 어느 하나에 해당하는 경우에는 미리 특별자치시장 · 특별자치도지사 또는 시장 · 군수 · 구청장에게 국토교통부령으로 정하는 바에 따라 신고를 하면 건축허가를 받은 것으로 본다. 신고를 한 자가 신고일부터 1년 이내에 공사에 착수하지 아니하면 그 신고의 효력은 없어진다. 다만, 건축주의 요청에 따라 허가권자가 정당한 사유가 있다고 인정하면 1년의 범위에서 착수기한을 연장할 수 있다.

특별자치시장 · 특별자치도지사 또는 시장 · 군수 · 구청장은 신고를 받은 날부터 5일 이내에 신고수리 여부 또는 민원 처리 관련 법령에 따른 처리기간의 연장 여부를 신고인에게 통지하여야 한다. 다만, 이 법 또는 다른 법령에 따라 심의, 동의, 협의, 확인 등이 필요한 경우에는 20일 이내에 통지하여야 한다.

가. 바닥면적의 합계가 85m² 이내의 증축 · 개축 또는 재축. 다만, 3층 이상 건축물인 경우에는 증축·개축 또는 재축하려는 부분의 바닥면적의 합계가 건축물 연면적의 10분의 1 이내인 경우로 한정한다.

나. 「국토의 계획 및 이용에 관한 법률」에 따른 관리지역·농림지역 또는 자연환경보전지역에서 연면적이 200m² 미만이고 3층 미만인 건축물의 건축. 다만, 지구단위계획구역, 방재지구 등 재해취약지역으로서 대통령령으로 정하는 구역에서의 건축은 제외한다.

다. 대수선(연면적이 200m² 미만이고 3층 미만인 건축물만 해당)

라. 주요구조부의 해체가 없는 등 대통령령으로 정하는 대수선

마. 그 밖에 소규모 건축물로서 대통령령으로 정하는 다음의 건축물의 건축

① 연면적의 합계가 100m² 이하인 건축물

② 건축물의 높이를 3m 이하의 범위에서 증축하는 건축물

③ 표준설계도서에 따라 건축하는 건축물로서 그 용도 및 규모가 주위환경이나 미관에 지장이 없다고 인정하여 건축조례로 정하는 건축물

④ 「국토의 계획 및 이용에 관한 법률」에 따른 공업지역, 지구단위계획구역 및 「산업입지 및 개발에 관한 법률」에 따른 산업단지에서 건축하는 2층 이하인 건축물로서 연면적의 합계가 500m² 이하인 공장

⑤ 농업이나 수산업을 영위하기 위하여 읍 · 면지역(특별자치도지사·시장·군수가 지역계획 또는 도시 · 군계획에 지장이 있다고 지정 · 공고한 구역은 제외)에서 건축하는 연면적 200m² 이하의 창고 및 연면적 400m² 이하의 축사 · 작물 재배사.

4 건축허가 · 신고사항의 변경

1) 변경부분에 대한 허가 · 신고

건축주가 건축 허가를 받았거나 신고한 사항을 변경하려면 변경하기 전에 대통령령으로 정하는 바에 따라 허가권자의 허가를 받거나 특별자치시장 · 특별자치도지사 또는 시장 · 군수 · 구청장에게 신고하여야 한다. 다만, 신축, 증축, 개축, 재축, 이전, 대수선 또는 용도변경 등 대통령령으로 정하는 경미한 사항의 변경은 그러하지 아니하다.

(1) 변경의 허가

바닥면적의 합계가 85m²를 초과하는 부분에 대한 신축, 증축, 개축에 해당하는 변경

(2) 변경의 신고

가. 바닥면적의 합계가 85m² 이하인 부분에 대한 증축 · 개축에 해당하는 변경

나. 건축신고사항 중에 (나) 또는 (라)에 따라 신고로써 허가를 갈음하는 건축물에 대하여는 변경 후 건축물의 연면적을 각각 신고로써 허가를 갈음할 수 있는 규모에서 변경

다. 건축주를 변경하는 경우

2) 경미한 변경부분에 대한 일괄신고

변경부분에 대한 허가나 신고사항 중 대통령령으로 정하는 다음의 사항의 변경은 사용승인을 신청할 때 허가권자에게 일괄하여 신고할 수 있다.

가. 건축물의 동수나 층수를 변경하지 아니하면서 변경되는 부분의 바닥면적의 합계가 50m² 이하인 경우. 다만, 변경되는 부분이 (라) 및 (마)의 규정에 따른 범위의 변경인 경우만 해당한다.

나. 건축물의 동수나 층수를 변경하지 아니하면서 변경되는 부분이 연면적의 합계의 1/10 이하인 경우(연면적이 5,000m² 이상인 건축물은 각층의 바닥면적이 50m² 이하의 범위에서 변경되는 경우만 해당). 다만, (라) 및 (마)의 규정에 따른 범위의 변경인 경우만 해당한다.

다. 대수선에 해당하는 경우

라. 건축물의 층수를 변경하지 아니하면서 변경되는 부분의 높이가 1m 이하이거나 전체 높이의 1/10 이하인 경우. 다만, 변경되는 부분이 (가), (나) 및 (마)의 규정에 따른 범위의 변경인 경우만 해당한다.

마. 허가를 받거나 신고를 하고 건축 중인 부분의 위치가 1m 이내에서 변경되는 경우. 다만, 변경되는 부분이 (가), (나) 및 (라)의 규정에 따른 범위의 변경인 경우만 해당한다.

3) 경미한 사항의 변경

신축 · 증축 · 개축 · 재축 · 이전 또는 대수선에 해당하지 아니하는 변경은 허가나 신고를 필요로 하지 아니한다.

5 가설건축물

1) 가설건축물의 건축허가

(1) 허가요건

가. 도시 · 군계획시설 및 도시 · 군계획시설예정지에서 가설건축물을 건축하려는 자는 특별자치시장 · 특별자치도지사 또는 시장 · 군수 · 구청장의 허가를 받아야 한다.

나. 특별자치시장 · 특별자치도지사 또는 시장 · 군수 · 구청장은 해당 가설건축물의 건축이 다음 각 호의 어느 하나에 해당하는 경우가 아니면 (가)항에 따른 허가를 하여야 한다.

① 「국토의 계획 및 이용에 관한 법률」 제64조에 위배되는 경우

② 4층 이상인 경우

③ 구조, 존치기간, 설치목적 및 다른 시설 설치 필요성 등에 관하여 대통령령으로 정하는 기준의 범위에서 조례로 정하는 바에 따르지 아니한 경우

④ 그 밖에 이 법 또는 다른 법령에 따른 제한규정을 위반하는 경우

다. (가)항에도 불구하고 재해복구, 흥행, 전람회, 공사용 가설건축물 등 대통령령으로 정하는 용도의 가설건축물을 축조하려는 자는 대통령령으로 정하는 존치 기간, 설치 기준 및 절차에 따라 특별자치시장 · 특별자치도지사 또는 시장 · 군수 · 구청장에게 신고한 후 착공하여야 한다.

라. (가)항과 (다)항에 따른 가설건축물을 건축하거나 축조할 때에는 대통령령으로 정하는 바에 따라 「녹색건축물 조성 지원법」 제15조 및 「국토의 계획 및 이용에 관한 법률」 제76조 중 일부 규정을 적용하지 아니한다.

마. 특별자치시장 · 특별자치도지사 또는 시장 · 군수 · 구청장은 (가)항부터 (다)항까지의 규정에 따라 가설건축물의 건축을 허가하거나 축조신고를 받은 경우 국토교통부령으로 정하는 바에 따라 가설건축물대장에 이를 기재하여 관리하여야 한다.

(2) 적용배제

가. 가설건축물에 대하여는 건축물대장을 적용하지 아니한다.

나. 가설건축물 중 시장의 공지 또는 도로에 설치하는 차양시설에 대하여는 건축선의 지정 및 건축물의 건폐율을 적용하지 아니한다.

다. 가설건축물을 도시 · 군계획예정 도로에 건축하는 경우에는 도로의 지정·폐지 또는 변경부터 건축선에 따른 건축제한까지를 적용하지 아니한다.

2) 가설건축물의 축조신고

(1) 신고대상

위의 가설건축물 외에 재해복구, 흥행, 전람회, 공사용 가설건축물 등 대통령령으로 정하는 다음의 용도의 가설건축물을 축조하려는 자는 대통령령으로 정하는 존치기간, 설치 기준 및 절차에 따라 특별자치도지사 또는 시장 · 군수 · 구청장에게 신고한 후 착공하여야 한다.

가. 재해가 발생한 구역 또는 그 인접구역으로서 특별자치도지사 또는 시장·군수·구청장이 지정하는 구역에서 일시사용을 위하여 건축하는 것

나. 특별자치도지사 또는 시장 · 군수 · 구청장이 도시미관인 교통소통에 지장이 없다고 인정하는 가설흥행장, 가설전람회장, 그밖에 이와 비슷한 것

다. 공사에 필요한 규모의 공사용 가설건축물 및 공작물

라. 전시를 위한 견본주택이나 그 밖에 이와 비슷한 것

마. 특별자치도지사 또는 시장 · 군수 · 구청장이 도로변 등의 미관정비를 위하여 지정 · 공고하는 구역에서 건축하는 가설점포로서 안전 · 방화 및 위생에 지장이 없는 것

바. 조립식 구조로 된 경비용으로 쓰는 가설건축물로서 연면적이 $10m^2$ 이하인 것

사. 조립식 경량구조로 된 외벽이 없는 임시 자동차차고

아. 컨테이너 또는 이와 비슷한 것으로 된 가설건축물로서 임시사무실·임시창고 또는 임시숙소로 사용되는 것

자. 도시지역 중 주거지역 · 상업지역 또는 공업지역에서 설치하는 농업 · 어업용 비닐하우스로서 연면적이 $100m^2$ 이상인 것

차. 연면적이 $100m^2$ 이상인 간이축사용 · 가축운동용 · 가축의 비 가림용 비닐하우스 또는 천막구조 건축물

카. 농업 · 어업용 고정식 온실

타. 공장에 설치하는 창고용 천막, 그 밖에 이와 비슷한 것

파. 유원지, 종합휴양업사업 지역 등에서 한시적인 관광, 문화행사 등을 목적으로 천막 또는 경량구조를 설치하는 것

하. 그 밖에 위와 비슷한 것으로서 건축조례로 정하는 건축물

(2) 존치기간

신고하여야 하는 가설건축물의 존치기간은 2년 이내로 하되, 특별자치도지사 또는 시장 · 군수 · 구청장은 존치기간 만료일 30일 전까지 해당 가설건축물의 건축주에게 존치기간 만료일을 알려야 하고, 존치기간을 연장하려는 건축주는 존치기간 만료일 7일 전까지 특별자치도지사 또는 시장 · 군수 · 구청장에게 신고하여야 한다.

3) 가설건축물의 관리

특별자치도지사 또는 시장·군수·구청장은 가설건축물의 건축을 허가하거나 축조신고를 받은 경우 국토교통부령으로 정하는 바에 따라 가설건축물대장에 이를 기재하여 관리하여야 한다.

6 건축절차

1) 건축관계자의 의무

건축관계자는 건축물이 설계도서에 따라 이 법과 이 법에 따른 명령이나 처분, 그 밖의 관계 법령에 맞게 건축되도록 업무를 성실히 수행하여야 하며, 서로 위법하거나 부당한 일을 하도록 강요하거나 이와 관련하여 어떠한 불이익도 주어서는 아니된다.

2) 건축주와의 계약

건축관계자 간의 책임에 관한 내용과 그 범위는 이 법에서 규정한 것 외에는 건축주와 설계자, 건축주와 공사시공자, 건축주와 공사감리자 간의 계약으로 정한다.

3) 건축물의 설계

(1) 건축사의 설계

건축허가를 받아야 하거나 건축신고를 하여야 하는 건축물 또는 사용승인을 받은 후 20년 이상이 지난 건축물로서 「주택법」에 따른 리모델링을 하는 건축물의 건축 등을 위한 설계는 건축사가 아니면 할 수 없다.

다만, 다음 각 호의 어느 하나에 해당하는 경우에는 그러하지 아니하다.

〈건축사 설계의 예외〉
1. 바닥면적의 합계가 $85m^2$ 미만인 증축 · 개축 또는 재축 2. 연면적이 $200m^2$ 미만이고 층수가 3층 미만인 건축물의 대수선 3. 그 밖에 건축물의 특수성과 용도 등을 고려하여 대통령령으로 정하는 건축물의 건축 등

(2) 설계도서의 작성기준

설계자는 건축물이 이 법과 이 법에 따른 명령이나 처분, 그 밖의 관계 법령에 맞고 안전 · 기능 및 미관에 지장이 없도록 설계하여야 하며, 국토교통부장관이 정하여 고시하는 설계도서 작성기준에 따라 설계도서를 작성하여야 한다. 다만, 해당 건축물의 공법(工法) 등이 특수한 경우로서 국토교통부령으로 정하는 바에 따라 건축위원회의 심의를 거친 때에는 그러하지 아니하다.

(3) 설계도서의 확인과 서명날인

설계도서를 작성한 설계자는 설계가 이 법과 이 법에 따른 명령이나 처분, 그 밖의 관계 법령에 맞게 작성되었는지를 확인한 후 설계도서에 서명 날인하여야 한다.

4) 착공신고

건축허가 · 건축신고 · 가설건축물의 건축허가 규정에 따라 허가를 받거나 신고를 한 건축물의 공사를 착수하려는 건축주는 국토교통부령으로 정하는 바에 의하여 허가권자에게 그 공사계획을 신고하여야 한다. 다만, 건축물의 철거를 신고할 때에 착공예정일을 기재한 경우에는 신고를 하지 아니한다.

공사계획을 신고하거나 변경신고를 하는 경우 해당 공사감리자 및 공사시공자가 신고서에 함께 서명하여야 한다.

5) 건축시공

(1) 공사시공자의 의무

공사시공자는 건축주와의 계약대로 성실하게 공사를 수행하여야 하며, 이 법과 이 법에 따르는 명령이나 처분, 그 밖의 관계 법령에 맞게 건축물을 건축하여 건축주에게 인도하여야 한다.

(2) 설계변경 요청

공사시공자는 설계도서가 이 법과 이 법에 따른 명령이나 처분, 그 밖의 관계 법령에 맞지 아니하거나 공사의 여건상 불합리하다고 인정되면 건축주와 공사감리자의 동의를 받아 서면으로 설계자에게 설계를 변경하도록 요청할 수 있다. 이 경우 설계자는 정당한 사유가 없으면 요청에 따라야 한다.

(3) 상세시공 도면의 작성

공사시공자는 공사를 하는 데에 필요하다고 인정하거나 연면적의 합계 5,000m² 이상의 건축공사에 관하여 공사감리자로부터 상세시공도면을 작성하도록 요청을 받으면 상세시공도면을 작성하여 공사감리자의 확인을 받아야 하며, 이에 따라 공사를 하여야 한다.

(4) 건축허가 표지판의 설치

공사시공자는 건축허가나 용도변경허가가 필요한 건축물의 건축공사를 착수한 경우에는 해당 건축공사의 현장에 국토교통부령으로 정하는 바에 따라 건축허가 표지판을 설치하여야 한다.

6) 건축물의 공사감리

(1) 공사감리자의 지정

건축주는 대통령령으로 정하는 용도 · 규모 및 구조의 건축물을 건축하는 경우 건축사나 대통령령으로 정하는 자를 공사감리자도 지정하여 공사감리를 하게 하여야 한다. 이 경우 시공에 관한 감리에 대하여 건축사를 공사감리자로 지정하는 때에는 공사시공자 본인 및 「독점규제 및 공정거래에 관한 법률」에 따른 계열회사를 공사감리자로 지정하여서는 아니된다.

(2) 공사감리자의 업무

가. 공사시공자가 설계도서에 따라 적합하게 시공하는지 여부의 확인

나. 공사시공자가 사용하는 건축자재가 법령에 따른 기준에 적합한 건축자재인지 여부의 확인

다. 그 밖에 공사감리에 관한 사항으로서 국토교통부령으로 정하는 사항

(3) 공사감리의 종류

가. 일반 공사감리 : 공사감리자는 수시로 또는 필요할 때 공사현장에서 감리업무를 수행하여야 한다.

나. 상주 공사감리 : 다음의 건축공사를 감리하는 경우에는 「건축사법」에 따른 건축사보 중 건축 분야의 건축사보 한 명 이상을 전체 공사기간 동안, 토목 · 전기 또는 기계 분야의 건축사보 한 명 이상을 각 분야별 해당 공사기간 동안 각각 공사현장에서 감리업무를 수행하게 하여야 한다. 이 경우 건축사보는 해당 분야의 건축사보의 설계 · 시공 · 시험 · 검사 · 공사감독 또는 감리업무 등에 2년 이상 종사한 경력이 있는 자이어야 한다.

① 바닥면적의 합계가 5,000m^2 이상인 건축공사, 다만, 축사 또는 작물 재배사의 건축공사는 제외한다.

② 연속된 5개 층(지하층을 포함) 이상으로서 바닥면적의 합계가 3,000m^2 이상인 건축공사

③ 아파트 건축공사

④ 준 다중이용 건축물 건축공사

다. 배치현황 제출 : 공사현장에 건축사보를 두는 공사감리자는 다음 각 호의 구분에 따른 기간에 국토교통부령으로 정하는 바에 따라 건축사보의 배치현황을 허가권자에게 제출하여야 한다.

① 최초로 건축사보를 배치하는 경우에는 예정일부터 7일

② 건축사보의 배치가 변경된 경우에는 변경된 날부터 7일

(4) 상세시공도면의 작성요청

연면적의 합계가 5,000m² 이상인 건축공사의 공사감리자는 필요하다고 인정하면 공사시공자에게 상세시공도면을 작성하도록 요청할 수 있다.

(5) 감리보고서의 작성과 제출

공사감리자는 감리일지를 기록 · 유지하여야 하고, 공사의 공정이 대통령령으로 정하는 진도에 다다른 경우에는 감리중간보고서를, 공사를 완료한 경우에는 감리완료보고서를 각각 작성하여 건축주에게 제출하여야 하며, 건축주는 건축물의 사용승인을 신청할 때 감리중간보고서와 감리완료보고서를 첨부하여 허가권자에게 제출하여야 한다.

가. 감리자 ⇒ 건축주

① 감리중간보고서의 제출 : 공사의 공정이 다음의 진도에 다다른 때

㉠ 해당 건축물의 구조가 철근 콘크리트조 · 철골조 · 철골철근 콘크리트조 · 조적조 또는 보강 콘크리트블럭조인 경우에는 다음의 어느 하나에 해당하게 된 경우

㉮ 기초공사 시 철근배치를 완료한 경우

㉯ 지붕슬래브배근을 완료한 경우

㉰ 5층 이상 건축물인 경우 지상 5개 층마다 상부 슬래브배근을 완료한 경우

㉡ 해당 건축물의 구조가 위 (가.) 외의 구조인 경우에는 기초공사에서 거푸집 또는 주춧돌의 설치를 완료한 경우

② 감리완료보고서의 제출 : 공사를 완료한 경우

나. 건축주 ⇒ 허가권자

건축주는 건축물의 사용승인을 신청할 때 중간감리보고서와 감리완료보고서를 첨부하여 허가권자에게 제출하여야 한다.

(6) 시공자의 위반 시 조치

가. 위반사항 통지 및 시정, 재시공요청 : 공사감리자는 공사감리를 할 때 이 법과 이 법에 따른 명령이나 처분, 그 밖의 관계 법령에 위반된 사항을 발견하거나 공사시공자가 설계도서대로 공사를 하지 아니하면 이를 건축주에게 알린 후 공사시공자에게 시정하거나 재시공하도록 요청하여야 하며, 공사시공자가 시정이나 재시공 요청에 따르지 아니하면 서면으로 그 건축공사를 중지하도록 요청할 수 있다. 이 경우 공사중지를 요청받은 공사시공자는 정당한 사유가 없으면 즉시 공사를 중지하여야 한다.

나. 허가권자에게 보고 : 공사시공자가 시정이나 재시공 요청을 받은 후 이에 따르지

아니하거나 공사중지 요청을 받고도 공사를 계속하면 국토교통부령으로 정하는 바에 따라 이를 허가권자에게 보고하여야 한다.

7) 건축물의 사용승인

(1) 사용승인의 신청

건축주가 건축허가·건축신고 또는 허가대상 가설건축물 규정에 따라 허가를 받았거나 신고를 한 건축물의 건축공사를 완료(하나의 대지에 둘 이상의 건축물을 건축하는 경우 동별 공사를 완료한 경우를 포함)한 후 그 건축물을 사용하려면 공사감리자가 작성한 감리완료보고서와 국토교통부령으로 정하는 공사완료도서를 첨부하여 허가권자에게 사용승인을 신청하여야 한다.

(2) 사용승인서의 교부

허가권자는 사용승인신청을 받은 경우 국토교통부령으로 신청서를 받은 날부터 7일 이내에 다음의 사항에 대한 검사를 실시하고, 검사에 합격된 건축물에 대하여는 사용승인서를 내주어야 한다.

다만, 해당 지방자치단체의 조례로 정하는 건축물은 사용승인을 위한 검사를 실시하지 아니하고 사용승인서를 내줄 수 있다.

가. 사용승인을 신청한 건축물이 이 법에 따라 허가 또는 신고한 설계도서대로 시공되었는지의 여부

나. 감리완료보고서, 공사완료도서 등의 서류 및 도서가 적합하게 작성되었는지의 여부

(3) 건축물의 사용 시기

건축주는 사용승인을 받은 후가 아니면 건축물을 사용하거나 사용하게 할 수 없다.

〈예외〉

① 허가권자가 사용승인서 교부기간 (7일) 내에 사용승인서를 교부하지 아니한 경우
② 사용승인서를 교부받기 전에 공사가 완료된 부분이 건폐율, 용적률, 설비, 피난 · 방화 등 국토교통부령으로 정하는 기준에 적합한 경우로서 기간을 정하여 대통령령으로 정하는 바에 따라 임시로 사용의 승인을 한 경우

(4) 임시사용의 승인

가. 임시사용의 승인신청 : 건축주는 사용승인서를 받기 전에 공사가 완료된 부분에 대한 임시사용의 승인을 받으려는 경우에는 국토교통부령으로 정하는 바에 따라 임시사용승인 신청서를 허가권자에게 제출하여야 한다.

나. 임시사용승인의 기간

① 원칙 : 2년 이내

② 예외 : 대형 건축물 또는 암반공사 등으로 인하여 공사기간이 장기적인 건축물에 대하여는 그 기간을 연장할 수 있다.

다. 조건부 임시사용의 승인 : 식수 등 조경에 필요한 조치를 하기에 부적합한 시기에 건축공사가 완료된 건축물은 허가권자 지정하는 시기까지 식수 등 조경에 필요한 조치를 할 것을 조건으로 임시사용을 승인할 수 있다.

(5) 준공검사 등의 의제

건축주가 사용승인을 받은 경우에는 다음 각 호에 따른 사용승인 · 준공검사 또는 등록신청 등을 받거나 한 것으로 보며, 공장건축물의 경우에는「산업집적활성화 및 공장설립에 관한 법률」제14조의 2에 따라 관련 법률의 검사 등을 받은 것으로 본다.

다만, 허가권자는 사용승인을 하는 경우 의제되는 내용이 포함되어 있는 경우에는 관계 행정기관의 장과 미리 협의하여야 한다.

가.「하수도법」에 따른 배수설비(排水設備)의 준공검사 및 개인하수처리시설의 준공검사

나.「공간정보의 구축 및 관리 등에 관한 법률」에 따른 지적공부(地籍公簿)의 변동사항 등록신청

다.「승강기 안전관리법」제28조에 따른 승강기 설치검사

라.「에너지이용 합리화법」제39조에 따른 보일러 설치검사

마.「전기사업법」에 따른 전기설비의 사용전 검사

바.「정보통신공사업법」에 따른 정보통신공사의 사용전 검사

사.「도로법」에 따른 도로점용공사 완료확인

아.「국토의 계획 및 이용에 관한 법률」에 따른 개발행위의 준공검사

자.「국토의 계획 및 이용에 관한 법률」에 따른 도시 · 군계획시설사업의 준공검사

차.「물환경보전법」에 따른 수질오염물질 배출시설의 가동개시의 신고

카.「대기환경보전법」에 따른 대기오염물질 배출시설의 가동개시의 신고

(6) 특별시장 · 광역시장의 사용승인

특별시장 또는 광역시장은 사용승인을 한 경우 지체 없이 그 사실을 군수 또는 구청장에게 알려서 건축물대장에 적게 하여야 한다. 이 경우 건축물대장에는 설계자, 대통령령으로 정하는 주요 공사의 시공자, 공사감리자를 적어야 한다.

7 건축행정 전산화

1) 의 의

국토교통부장관은 이 법에 따른 건축행정관련 업무를 전산처리하기 위하여 종합적인 계획을 수립 · 시행할 수 있다. 허가권자는 건축허가 등에 따른 신청서, 신고서, 첨부서류, 통지, 보고 등을 디스켓, 디스크 또는 정보통신망 등으로 제출하게 할 수 있다.

2) 건축허가업무 등의 전산처리

(1) 전자정보처리 시스템의 이용

허가권자는 건축허가업무 등의 효율적인 처리를 위하여 국토교통부령으로 정하는 바에 따라 전자정보처리 시스템을 이용하여 이 법에 규정된 업무를 처리할 수 있다.

(2) 전산자료의 이용절차

전자정보처리 시스템에 따라 처리된 자료를 이용하려는 자는 대통령령으로 정하는 바에 따라 관계 중앙행정기관의 장의 심사를 거쳐 다음의 구분에 따라 국토교통부장관, 시 · 도지사 또는 시장 · 군수 · 구청장의 승인을 받아야 한다. 다만, 지방자치단체의 장이 승인을 신청하는 경우에는 관계 중앙행정기관의 장의 심사를 받지 아니한다.

가. 전국 단위의 전산자료 : 국토교통부장관

나. 시 · 도 · 특별자치도 단위의 전산자요 : 시 · 도지사

다. 시 · 군 또는 구 단위의 전산자료 : 시장 · 군수 · 구청장

(3) 승인요건

국토교통부장관, 시 · 도지사 또는 시장·군수·구청장이 승인신청을 받은 경우에는 건축허가업무 등의 효율적인 처리에 지장이 없고 대통령령으로 정하는 건축주 등의 개인정보 보호기준을 위반하지 아니한다고 인정되는 경우에만 승인할 수 있다. 이 경우 용도를 한정하여 승인할 수 있다.

건축물의 소유자가 본인 소유의 건축물에 대한 소유 정보를 신청하거나 건축물의 소유자가 사망하여 그 상속인이 피상속인의 건축물에 대한 소유 정보를 신청하는 경우에는 승인 및 심사를 받지 아니할 수 있다.

(4) 사용료의 납부

승인을 받아 전산자료를 이용하려는 자는 사용료를 내야 한다.

3) 전산자료의 이용자에 대한 지도·감독

국토교통부장관, 시 · 도지사 또는 시장 · 군수 · 구청장은 개인정보의 보호 및 전산자료의 이용목적 외 사용 방지 등을 위하여 필요하다고 인정되면 전산자료의 보유 또는 관리 등에 관한 사항에 관하여 제32조에 따라 전산자료를 이용하는 자를 지도 · 감독할 수 있다.

8 건축물의 유지와 관리

1) 건축지도원

특별자치도지사 또는 시장 · 군수 · 구청장은 이 법 또는 이 법에 따른 명령이나 처분에 위반되는 건축물의 발생을 예방하고 건축물을 적법하게 유지 · 관리하도록 지도하기 위하여 대통령령으로 정하는 바에 따라 건축지도원을 지정할 수 있다.

2) 건축물대장

특별자치도지사 또는 시장 · 군수 · 구청장은 건축물의 소유 · 이용상태를 확인하거나 건축정책의 기초 자료로 활용하기 위하여 다음의 어느 하나에 해당하면 건축물대장에 건축물과 그 대지의 현황을 적어서 보관하여야 한다. 건축물대장의 서식, 기재내용, 기재절차, 그 밖에 필요한 사항은 국토교통부령으로 정한다.

가. 사용승인서를 내준 경우
나. 건축허가대상 건축물 외의 건축물의 공사를 끝낸 후 기재를 요청한 경우
다. 그 밖에 대통령령으로 정하는 경우

3) 등기촉탁

특별자치도지사 또는 시장 · 군수 · 구청장은 다음의 어느 하나에 해당하는 사유로 건축물대장의 기재 내용이 변경되는 경우 관할 등기소에 그 등기를 촉탁할 수 있다. 이 경우 (가) 및 (라)의 등기촉탁은 지방자치단체가 자기를 위하여 하는 등기로 본다.

가. 지번이나 행정구역의 명칭이 변경된 경우
나. 사용승인을 받은 건축물로서 사용승인 내용 중 건축물의 면적 · 구조 · 용도 및 층수가 변경된 경우
다. 건축물의 철거신고에 따라 철거한 경우
라. 건축물의 멸실 후 멸실신고를 한 경우

9 건축물 관련 기타 내용

1) 허용오차

대지의 측량이나 건축물의 건축과정에서 부득이하게 발생하는 오차는 이 법을 적용할 때 국토교통부령으로 정하는 범위에서 허용한다.

〈건축허용오차 범위〉

(1) 대지관련 건축기준의 허용오차

항 목	허용되는 오차의 범위
건축선의 후퇴거리	3% 이내
인접건축물과의 거리	3% 이내
건폐율	0.5% 이내(건축면적 $5m^2$를 초과할 수 없다)
용적률	1% 이내(연면적 $30m^2$를 초과할 수 없다)

(2) 건축물 관련 건축기준의 허용오차

항 목	허용되는 오차의 범위
건축물 높이	2% 이내(1m를 초과할 수 없다)
평면길이	2% 이내(건축물 전체길이는 1m를 초과할 수 없고, 벽으로 구획된 각 실의 길이)
출구너비	2% 이내
반자(천정)높이	2%이내
벽체두께	3% 이내
바닥판두께	3% 이내

2) 현장조사 · 검사 및 확인업무의 대행

가. 허가권자는 이 법에 따른 현장조사 · 검사 및 확인업무를 대통령령으로 정하는 바에 따라 「건축사법」에 건축사사무소개설신고를 한 자에게 대행하게 할 수 있다.

나. 업무를 대행하는 자는 현장조사 · 검사 또는 확인결과를 국토교통부령으로 정하는 바에 따라 허가권자에게 서면으로 보고하여야 한다.

다. 허가권자는 업무를 대행하게 한 경우 국토교통부령으로 정하는 범위에서 해당 지방자치단체의 조례로 정하는 수수료를 지급하여야 한다.

3) 공사현장의 위해방지

가. 건축물의 공사시공자는 대통령령으로 정하는 바에 따라 공사현장의 위해를 방지하

기 위하여 필요한 조치를 하여야 한다.

나. 허가권자는 건축물의 공사와 관련하여 건축관계자 간 분쟁상담 등의 필요한 조치를 하여야 한다.

4) 공용건축물에 대한 특례

가. 국가 또는 지방자치단체는 허가대상의 규정에 의한 건축물을 건축하거나 대수선하려는 경우에는 대통령령이 정하는 바에 의하여 미리 건축물의 소재지를 관할하는 허가권자와 협의하여야 한다.

나. 국가 또는 지방자치단체가 건축물의 소재지를 관할하는 허가권자와 협의한 경우에는 건축허가를 받았거나 신고한 것으로 본다.

다. 협의한 건축물에 대하여는 사용승인에 관한 규정을 적용하지 아니한다. 다만, 건축물의 공사가 완료된 경우에는 지체 없이 허가권자에게 이를 통보하여야 한다.

5) 건축통계

가. 허가권자는 다음 각 호의 사항을 국토교통부령으로 정하는 바에 따라 국토교통부장관이나 시 · 도지사에게 보고하여야 한다.

① 건축허가현황

② 건축신고현황

③ 용도변경허가 및 신고현황

④ 착공신고현황

⑤ 사용승인현황

⑥ 그 밖에 대통령령으로 정하는 사항

나. 건축통계의 작성 등에 필요한 사항은 국토교통부령으로 정한다.

제3장 대지와 도로

1 대지(垈地)

1) 대지의 안전

(1) 저지대에 대한 조치

대지(垈地)는 인접한 도로면보다 낮아서는 아니된다. 다만, 대지의 배수에 지장이 없거나 건축물의 용도상 방습의 필요가 없는 경우에는 인접한 도로면보다 낮아도 된다.

(2) 성토 등의 필요조치

습한 토지, 물이 나올 우려가 많은 토지, 쓰레기, 그 밖에 이와 유사한 것으로 매립된 토지에 건축물을 건축하는 경우에는 성토, 지반 개량 등 필요한 조치를 하여야 한다.

(3) 배수시설의 설치

대지에는 빗물과오수를 배출하거나 처리하기 위하여 필요한 하수관, 하수구, 저수탱크, 그 밖에 이와 유사한 시설을 하여야 한다.

(4) 옹벽의 설치

손궤의 우려가 있는 토지에 대지를 조성하려면 국토교통부령으로 정하는 바에 따라 옹벽을 설치하거나 그 밖에 필요한 조치를 하여야 한다.

다만, 건축사 또는 「국가기술자격법」에 의한 건축구조기술사에 의하여 당해 토지의 구조안전이 확인된 경우는 그러하지 아니하다.

가. 성토 또는 절토하는 부분의 경사도가 1 : 1.5 이상으로서 높이가 1m 이상인 부분에는 옹벽을 설치할 것

나. 옹벽의 높이가 3m 이상인 경우에는 이를 콘크리트구조로 할 것. 다만, 옹벽에 관한 기술적 기준에 적합한 경우에는 그러하지 아니하다(2m 이상은 축조신고).

다. 옹벽의 외벽면에는 이의 지지 또는 배수를 위한 시설 외의 구조물이 밖으로 튀어나오지 아니하게 할 것

(5) 토지 굴착에 대한 조치

공사시공자는 대지를 조성하거나 건축공사를 하기 위하여 토지를 굴착 · 절토(切土) · 매립(埋立) 또는 성토 등을 하는 경우 그 변경 부분에는 국토교통부령으로 정하는 바에 따라 공사 중 비탈면 붕괴, 토사 유출 등 위험 발생의 방지, 환경 보존, 그 밖에 필요한 조치를 한 후 해당 공사현장에 그 사실을 게시하여야 한다. 허가권자는 이를 위반한 자에게 의무이행에 필요한 조치를 명할 수 있다.

2) 대지의 조경

(1) 원 칙

면적이 $200m^2$ 이상인 대지에 건축을 하는 건축주는 용도지역 및 건축물의 규모에 따라 해당 지방자치단체의 조례로 정하는 기준에 따라 대지에 조경이나 그 밖에 필요한 조치를 하여야 한다.

(2) 조경의 예외

다음의 어느 하나에 해당하는 건축물에 대하여는 조경 등의 조치를 하지 아니할 수 있다.

가. 자연녹지지역에 건축하는 건축물

나. 「국토의 계획 및 이용에 관한 법률」에 따라 지정된 자연환경보전지역·농림지역 또는 관리지역(지구단위계획구역으로 지정된 지역은 제외)의 건축물

다. 면적 $5,000m^2$ 미만인 대지에 건축하는 공장

라. 연면적의 합계가 $1,500m^2$ 미만인 공장

마. 「산업집적활성화 및 공장설립에 관한 법률」에 따른 산업단지의 공장

바. 연면적의 합계가 $1,500m^2$ 미만인 물류시설(주거지역 또는 상업지역에 건축하는 것은 제외)로서 국토교통부령으로 정하는 것

사. 대지에 염분이 함유되어 있는 경우 또는 건축물용도의 특성상 조경 등의 조치를 하기가 곤란하거나 조경 등의 조치를 하는 것이 불합리한 경우로서 건축조례로 정하는 건축물

아. 축사

자. 허가대상 가설건축물

(3) 옥상조경

가. 옥상조경 대상 및 규모 : 일정한 건축물에 대해서는 옥상에 일정규모 이상의 조경을 하여야 한다. 다만, 건축조례로 그 기준보다 더 완화된 기준을 정한 경우에는 그 기준에 따른다.

나. 옥상조경에 대한 대지조경 의제 : 건축물의 옥상에 조경이나 그 밖에 필요한 조치를 하는 경우에는 옥상부분 조경면적의 2/3에 해당하는 면적을 대지의 조경면적으로 산정할 수 있다. 이 경우 조경면적으로 산정하는 면적은 조경면적의 50/100을 초과할 수 없다.

다. 옥상조경 등의 조치에 관한 기준

① 공장 및 물류시설

㉠ 연면적의 합계가 2,000m² 이상인 경우 : 대지면적의 10% 이상

㉡ 연면적의 합계가 1,500m² 이상 2,000m² 미만인 경우 : 대지면적의 5% 이상

② 공항시설 : 대지면적(활주로 · 유도로 · 계류장 · 착륙대 등 항공기의 이륙 및 착륙시설로 쓰는 면적은 제외한다)의 10% 이상

③ 「철도건설법」에 따른 철도 중 역시설 : 대지면적(선로 · 승강장 등 철도운행에 이용되는 시설의 면적은 제외한다)의 10% 이상

④ 그 밖에 면적 200m² 이상 300m² 미만인 대지에 건축하는 건축물 : 대지면적의 10% 이상

3) 공개공지

(1) 의 의

공개공지 또는 공개공간이란 일정한 지역의 환경을 쾌적하게 조성하기 위하여 일정한 용도와 규모의 건축물은 일반이 사용할 수 있도록 설치한 소규모 휴식시설을 말한다.

(2) 공개공지 등의 설치지역

다음의 어느 하나에 해당하는 지역의 환경을 쾌적하게 조성하기 위하여 대통령령으로 정하는 용도와 규모의 건축물은 일반이 사용할 수 있도록 대통령령으로 정하는 기준에 따라 소규모 휴식시설 등의 공개 공지(空地 : 공터) 또는 공개 공간을 설치하여야 한다.

가. 일반주거지역, 준주거지역

나. 상업지역

다. 준공업지역

라. 특별자치시장 · 특별자치도지사 또는 시장 · 군수 · 구청장이 도시화의 가능성이 크거나 노후 산업단지의 정비가 필요하다고 인정하여 지정 · 공고하는 지역

(3) 공개공지 등 확보대상 건축물

다음의 어느 하나에 해당하는 건축물의 대지에는 공개공지 또는 공개공간을 확보하여

야 한다.

가. 연면적의 합계가 5,000m² 이상인 문화 및 집회시설, 종교시설, 판매시설 (「농수산물유통 및 가격안정에 관한 법률」에 따른 농수산물 유통시설은 제외), 업무시설, 숙박시설, 운수시설(여객용 시설만 해당)

나. 그 밖에 다중이 이용하는 시설로서 건축조례로 정하는 건축물

(4) 공개공지들의 확보면적

공개공지 등의 면적은 대지면적의 10/100 이하의 범위에서 건축조례로 정한다. 이 경우 건축법에 따른 조경면적은 공개공지 또는 공개공간의 면적으로 할 수 있다.

(5) 공개공지 등 설치시설 및 구조

긴 의자 또는 파고라 등 공중이 이용할 수 있는 시설로서 건축조례로 정하는 시설을 설치하여야 한다. 이 경우 공개공지는 필로티의 구조로 설치할 수 있다.

(6) 법적용의 완화

공개공지 등을 설치하는 경우에는 건축물의 건폐율, 건축물의 용적률과 건축물의 높이 제한을 대통령령으로 정하는 바에 따라 완화하여 적용할 수 있다.

〈시행령상 공개공지 등에서의 완화한도〉

다음의 범위에서 건축조례로 정하는 바에 따른다.
① 용적률 : 해당 지역에 적용하는 용적률의 1.2배 이하
② 높이제한 : 해당 건축물에 적용하는 높이기준의 1.2배 이하

(7) 다른 건축물에의 준용

바닥면적의 합계가 5,000m² 이상인 건축물로서 공개공지 등의 설치대상이 아닌 건축물의 대지에 공개공지를 설치하는 경우에는 위 (6)의 완화 규정을 준용한다.

2 도 로

1) 도로의 지정

허가권자는 도로의 위치를 지정·공고하려면 그 도로에 대한 이해관계인의 동의를 받아야 한다. 다만, 다음의 어느 하나에 해당하면 이해관계인의 동의를 받지 아니하고 건축위원회의 심의를 거쳐 도로를 지정할 수 있다.

가. 허가권자가 이해관계인이 해외에 거주하는 등의 사유로 이해관계인의 동의를 받기가 곤란하다고 인정하는 경우

나. 주민이 오랫동안 통행로로 이용하고 있는 사실상의 통로로서 해당 지방자치단체의 조례로 정하는 것인 경우

2) 도로의 폐지 · 변경

허가권자는 지정한 도로를 폐지하거나 변경하려면 그 도로에 대한 이해관계인의 동의를 받아야 한다. 그 도로에 편입된 토지의 소유자, 건축주 등이 허가권자에게 지정된 도로의 폐지나 변경을 신청하는 경우에도 또한 같다.

3 대지와 도로의 관계

1) 원 칙

건축물의 대지는 2m 이상이 도로(자동차만의 통행에 사용되는 도로는 제외)에 접하여야 한다.

2) 예 외

다음의 어느 하나에 해당하면 도로에 접하지 아니하여도 된다.

가. 해당 건축물의 출입에 지장이 없다고 인정되는 경우

나. 건축물의 주변에 대통령령으로 정하는 공지(광장, 공원, 유원지, 그 밖에 관계 법령에 따라 건축이 금지되고 공중의 통행에 지장이 없는 공지로서 허가권자가 인정한 것)가 있는 경우

3) 연면적에 따른 관계

연면적의 합계가 2,000m^2 이상인 건축물의 대지는 너비 6m 이상의 도로에 4m 이상 접하여야 한다.

4) 건축선

(1) 의 의

가. 개념 : 건축선이란 도로와 대지와의 관계에 있어서 도로와 접한 부분에 건축물을 건축할 수 있는 선을 말한다.

나. 지정목적 : 건축물과 도로 사이에 일정한 거리를 둠으로써 건축물에 따른 침식을 방지하고 도로교통의 원활을 도모하기 위하여 지정한다.

(2) 건축선에 관한 규정

가. 원칙 : 건축선은 대지와 도로의 경계선으로 한다.

나. 예 외

① 소요 너비에 못 미치는 너비의 도로인 경우

㉠ 도로 양쪽에 대지가 존재하는 경우 : 그 중심선으로부터 그 소요너비의 1/2의 수평거리만큼 물러난 선을 건축선으로 한다.

㉡ 도로의 반대쪽에 경사지 등이 있는 경우 : 그 도로의 반대쪽에 경사지, 하천, 철도, 선로부지 그 밖에 이와 유사한 것이 있는 경우에는 그 경사지 등이 있는 쪽의 도로경계선에서 소요 너비에 해당하는 수평거리의 선을 건축선으로 한다.

② 도로 모퉁이에서의 건축선 : 너비 8m 미만, 교차각 120° 미만인 도로의 모퉁이에 위치한 대지의 도로모퉁이 부분의 건축선은 그 대지에 접한 도로경계선의 교차점으로부터 도로경계선에 따라 다음에 따른 거리를 각각 후퇴한 두 점을 연결한 선을 건축선으로 한다.

도로의 교차각	당해 도로의 너비		교차되는 도로의 너비
	6m 이상 8m 미만	4m 이상 6m 미만	
90° 미만(예각)	4m	3m	6m 이상 8m 미만
	3m	2m	4m 이상 6m 미만
90° 이상 120° 미만(둔각)	3m	2m	6m 이상 8m 미만
	2m	2m	4m 이상 6m 미만

(3) 건축선에 따른 건축제한

가. 건축물과 담장 : 건축물과 담장은 건축선의 수직면을 넘어서는 아니 된다. 다만, 지표 아래 부분은 그러하지 아니하다.

나. 출입구·창문 등의 구조물 : 도로면 으로부터 높이 4.5m 이하에 있는 출입구, 창문, 그 밖에 이와 유사한 구조물은 열고 닫을 때 건축선의 수직면을 넘지 아니하는 구조로 하여야 한다.

제4장 건축물의 구조 · 재료 · 설비

1 건축물의 구조

1) 건축물의 구조내력

건축물은 고정하중, 적재하중(積載荷重), 적설하중(積雪荷重), 풍압(風壓), 지진, 그 밖의 진동 및 충격 등에 대하여 안전한 구조를 가져야 한다.

2) 구조안전의 확인

(1) 구조기준 및 구조계산에 따른 구조안전의 확인대상

건축물을 건축하거나 대수선하는 경우 해당 건축물의 설계자는 국토교통부령으로 정하는 구조기준 등에 따라 그 구조의 안전을 확인하여야 한다.

구조 안전을 확인한 건축물 중 다음 각 호의 어느 하나에 해당하는 건축물의 건축주는 해당 건축물의 설계자로부터 구조 안전의 확인 서류를 받아 법 제21조에 따른 착공신고를 하는 때에 그 확인 서류를 허가권자에게 제출하여야 한다. 다만, 표준설계도서에 따라 건축하는 건축물은 제외한다.

가. 층수가 2층[주요구조부인 기둥과 보를 설치하는 건축물로서 그 기둥과 보가 목재인 목구조 건축물(이하 '목구조 건축물'이라 한다)의 경우에는 3층] 이상인 건축물

나. 연면적이 200제곱미터(목구조 건축물의 경우에는 500제곱미터) 이상인 건축물. 다만, 창고, 축사, 작물 재배사는 제외한다.

다. 높이가 13미터 이상인 건축물

라. 처마높이가 9미터 이상인 건축물

마. 기둥과 기둥 사이의 거리가 10미터 이상인 건축물

바. 건축물의 용도 및 규모를 고려한 중요도가 높은 건축물로서 국토교통부령으로 정하는 건축물

사. 국가적 문화유산으로 보존할 가치가 있는 건축물로서 국토교통부령으로 정하는 것

아. 한쪽 끝은 고정되고 다른 끝은 지지(支持)되지 아니한 구조로 된 보 · 차양 등이 외벽(외벽이 없는 경우에는 외곽 기둥을 말한다)의 중심선으로부터 3미터 이상 돌출된 건축물, 특수한 설계 · 시공 · 공법 등이 필요한 건축물로서 국토교통부장관이

정하여 고시하는 구조로 된 건축물

자. 단독주택 및 공동주택

(2) 지진에 대한 안전여부의 확인대상

다음의 어느 하나에 해당하는 건축물을 건축하거나 대수선하는 경우에는 지진에 대한 안전여부를 확인하여야 한다. 다만, 사용승인서를 받은 후 5년이 지난 건축물의 증축(연면적의 1/10 이내의 증축 또는 1개 층의 증축만 해당) 및 일부 개축의 경우에는 그러하지 아니하다.

가. 층수가 3층 이상인 건축물

나. 연면적이 1,000m^2 이상인 건축물. 다만, 창고 · 축사 · 작물재배사 및 표준설계도서에 따라 건축하는 건축물은 제외한다.

다. 국토교통부령으로 정하는 지진구역의 건축물

라. 국가적 문화유산으로 보존할 가치가 있는 건축물로서 국토교통부령으로 정하는 것(연면적 5,000m^2 이상인 박물관, 기념관 등)

(3) 구조기술자 등에 의한 구조안전의 확인대상

가. 다음의 건축물에 대한 구조계산은 「국가기술자격법」에 따른 건축구조기술사 또는 이와 같은 수준 이상의 기술능력이나 자격을 갖춘 자로서 국토교통부령으로 정하는 자가 하여야 한다.

① 16층 이상인 건축물

② 기둥과 기둥사이의 거리가 30m 이상인 건축물

③ 다중이용 건축물

④ 한쪽 끝은 고정되고 다른 끝은 지지되지 아니한 구조로 된 차양 등이 외벽의 중심선으로부터 3m 이상 돌출된 건축물

나. 연면적 1만m^2 이상인 건축물(창고시설은 제외한다) 또는 에너지를 대량으로 소비하는 건축물로서 국토교통부령으로 정하는 건축물에 급수 · 배수 · 난방 및 환기의 건축설비를 설치하는 경우에는 국토교통부령으로 정하는 바에 따라 「국가기술자격법」에 따른 건축기계설비기술사 또는 공조냉동기계기술사의 협력을 받아야 한다.

다. 깊이 10m 이상의 토지굴착공사 또는 높이 5m 이상의 옹벽 등의 공사를 수반하는 건축물의 설계자 및 공사감리자는 토지굴착 등에 관하여 국토교통부령으로 정하는 바에 따라 「국가기술자격법」에 따른 토목 분야 기술사 · 기사 및 산업기사 자격취득자의 협력을 받아야 한다.

라. 설계자 및 공사감리자는 안전상 필요하다고 인정하는 경우, 관계 법령에서 정하는 경우 및 설계계약 또는 감리계약에 따라 건축주가 요청하는 경우에는 관계 전문기

술자의 협력을 받아야 한다.

마. 위의 (가)~(라)까지의 규정에 따라 설계자 또는 공사감리자에게 협력한 관계 전문기술자는 그가 작성한 설계도서 또는 감리중간보고서 및 감리완료보고서에 설계자 또는 공사감리자와 함께 서명 날인하여야 하며, 구조기술사 등은 그가 한 구조계산에 따라 구조안전을 확인한 후 건축물의 구조도에 설계자와 함께 서명 날인하여야 한다.

2 거실 및 직통계단

1) 거 실

(1) 거실반자의 설치

건축물 거실의 반자(Ceiling)(반자가 없는 경우에는 보(Beam) 또는 바로 위층의 바닥판의 밑면, 그 밖에 이와 비슷한 것을 말함)는 국토교통부령으로 정하는 기준에 적합하여야 한다.

(2) 거실의 채광

가. 채광 · 환기 : 단독주택 및 공동주택의 거실, 교육연구시설 중학교의 교실, 의료시설의 병실 및 숙박시설의 객실에는 국토교통부령으로 정하는 기준에 따라 채광 및 환기를 위한 창문 등이나 설비를 설치하여야 한다.

나. 배연설비(排煙設備) : 6층 이상인 건축물로서 문화 및 집회시설, 종교시설, 판매시설, 운수시설, 의료시설, 교육연구시설 중 연구소, 노유자시설 중 아동 관련 시설·노인복지시설, 수련시설 중 유스호스텔, 운동시설, 업무시설, 숙박시설, 위락시설, 관광휴게시설 및 장례식장의 거실에는 국토교통부령으로 정하는 기준에 따라 배연설비를 하여야 한다. 다만, 피난층인 경우에는 그러하지 아니하다.

(3) 거실 등의 방습

다음의 어느 하나에 해당하는 거실 · 욕실 또는 조리장의 바닥 부분에는 국토교통부령으로 정하는 기준에 따라 방습을 위한 조치를 하여야 한다.

가. 건축물의 최하층에 있는 거실(바닥이 목조인 경우만 해당)

나. 제1종 근린생활시설 중 목욕장의 욕실과 휴게음식점 및 제과점의 조리장

다. 제2종 근린생활시설 중 일반음식점, 휴게음식점 및 제과점의 조리장과 숙박시설의 욕실

(4) 경계벽 및 칸막이벽의 설치

다음 각 호의 어느 하나에 해당하는 건축물에는 국토교통부령으로 정하는 기준에 따라 경계벽 및 칸막이벽을 설치하여야 한다.

가. 단독주택 중 다가구주택의 각 가구 간 또는 공동주택(기숙사는 제외한다)의 각 세대 간 경계벽(거실 · 침실 등의 용도로 쓰지 아니하는 발코니 부분은 제외한다)

나. 공동주택 중 기숙사의 침실, 의료시설의 병실, 교육연구시설 중학교의 교실 또는 숙박시설의 객실 간 칸막이벽

(5) 건축물에 설치하는 굴뚝

건축물에 설치하는 굴뚝은 국토교통부령으로 정하는 기준에 따라 설치하여야 한다.

(6) 창문 등의 차면시설

인접 대지경계선으로부터 직선거리 2m 이내에 이웃 주택의 내부가 보이는 창문 등을 설치하는 경우에는 차면시설(遮面施設)을 설치하여야 한다.

2) 직통계단

건축물의 피난층(직접 지상으로 통하는 출입구가 있는 층) 외의 층에서는 피난층 또는 지상으로 통하는 직통계단(경사로를 포함)을 거실의 각 부분으로부터 계단(거실로부터 가장 가까운 거리에 있는 계단을 말함)에 이르는 보행거리가 30m 이하가 되도록 설치하여야 한다.

다만, 건축물(지하층에 설치하는 것으로서 바닥면적의 합계가 300m² 이상인 공연장 · 집회장 · 관람장 및 전시장의 제외)의 주요구조부가 내화구조 또는 불연재료로 된 건축물은 그 보행거리가 50m(층수가 16층 이상인 공동주택은 40m) 이하가 되도록 설치할 수 있다.

보행거리	거실로부터 피난층으로 이르는 보행거리
30m 이하	건축물의 피난층(직접 지상으로 통하는 출입구가 있는 층을 말한다. 이하 같다) 외의 층에서는 피난층 또는 지상으로 통하는 직통계단(경사로를 포함한다. 이하 같다)을 거실의 각 부분으로부터 계단(거실로부터 가장 가까운 거리에 있는 계단을 말한다)에 이르는 보행거리가 30m 이하가 되도록 설치하여야 한다.
50m 이하	① 건축물(지하층에 설치하는 것으로서 바닥면적의 합계가 300m² 이상인 공연장 · 집회장 · 관람장 및 전시장은 제외한다)의 주요구조부가 내화구조 또는 불연재료로 된 건축물은 그 보행거리가 50m 이하가 되도록 설치할 수 있다. ② 예외 : 층수가 16층 이상인 공동주택은 40m

3) 지하층과 피난층 사이의 개방공간의 설치

바닥면적의 합계가 3,000m² 이상인 공연장 · 집회장 · 관람장 또는 전시장을 지하층에 설치하는 경우에는 각 실에 있는 자가 지하층 각 층에서 건축물 밖으로 피난하여 옥외 계단 또는 경사로 등을 이용하여 피난층으로 대피할 수 있도록 천장이 개방된 외부 공간을 설치하여야 한다.

4) 피난계단

직통계단의 성격	설 치 대 상	
피난계단 또는 특별피난계단	원 칙	5층 이상 또는 지하 2층 이하인 층에 설치하는 직통계단
	예 외	건축물의 주요구조부가 내화구조 또는 불연재료로 되어 있는 경우로서 다음의 어느 하나에 해당하는 경우 ① 5층 이상인 층의 바닥면적의 합계가 200m² 이하인 경우 ② 5층 이상인 층의 바닥면적 200m² 이내마다 방화구획이 되어 있는 경우
특별피난계단	건축물(복도식 공동주택은 제외)의 11층(공동주택의 경우에는 16층) 이상인 층(바닥면적이 400m² 미만인 층은 제외) 또는 지하 3층 이하인 층(바닥면적이 400m² 미만인 층은 제외)으로부터 피난층 또는 지상으로 통하는 직통계단	
옥외피난계단	건축물의 3층 이상인 층(피난층은 제외)으로서 다음의 어느 하나에 해당하는 용도로 쓰는 층에는 원칙적인 직통계단 외에 그 층으로부터 지상으로 통하는 옥외 피난계단을 따로 설치하여야 한다. ① 문화 및 집회시설 중 공연장이나 위락시설 중 주점영업의 용도로 쓰는 층으로서 그 층 거실의 바닥면적의 합계가 300m² 이상인 것 ② 문화 및 집회시설 중 집회장의 용도로 쓰는 층으로서 그 층 거실의 바닥면적의 합계가 1,000m² 이상인 것	

5) 옥상광장

(1) 난간의 설치

옥상광장 또는 2층 이상인 층에 있는 노대(露臺, 발코니)나 그 밖에 이와 비슷한 것의 주위에는 높이 1.2m 이상의 난간을 설치하여야 한다. 다만, 그 노대 등에 출입할 수 없는 구조인 경우에는 그러하지 아니하다.

(2) 피난광장의 설치

5층 이상인 층이 문화 및 집회시설(전시장 및 동·식물원은 제외), 종교시설, 판매시설, 위락시설 중 주점영업 또는 장례식장의 용도로 쓰는 경우에는 피난용도로 쓸 수 있는 광장을 옥상에 설치하여야 한다.

(3) 헬리포트의 설치

층수가 11층 이상인 건축물로서 11층 이상인 층의 바닥면적의 합계가 1만m^2 이상인 건축물(지붕을 평지붕으로 하는 경우만 해당)의 옥상에는 국토교통부령으로 정하는 기준에 따라 헬리포트를 설치하여야 한다.

6) 대피공간의 설치

(1) 원 칙

공동주택 중 아파트로서 4층 이상인 층의 각 세대가 2개 이상의 직통계단을 사용할 수 없는 경우에는 발코니에 인접 세대와 공동으로 또는 각 세대별로 다음의 요건을 모두 갖춘 대피공간을 하나 이상 설치하여야 한다. 이 경우 인접 세대와 공동으로 설치하는 대피공간은 인접 세대를 통하여 2개 이상의 직통계단을 쓸 수 있는 위치에 우선 설치되어야 한다.

가. 대피공간은 바깥의 공기와 접할 것

나. 대피공간은 실내의 다른 부분과 방화구획으로 구획될 것

다. 대피공간의 바닥면적은 인접 세대와 공동으로 설치하는 경우에는 3m^2 이상, 각 세대별로 설치하는 경우에는 2m^2 이상일 것

라. 국토교통부장관이 정하는 기준에 적합할 것

(2) 예 외

아파트의 4층 이상인 층에서 발코니에 설치하는 인접 세대와의 경계벽이 파괴하기 쉬운 경량구조 등이거나 경계벽에 피난구를 설치한 경우에는 대피공간을 설치하지 아니할 수 있다.

7) 방화에 장애가 되는 용도의 제한

가. 의료시설, 노유자시설(아동 관련 시설 및 노인복지시설만 해당), 공동주택 또는 장례식장과 위락시설, 위험물저장 및 처리시설, 공장 또는 자동차 관련 시설(정비공장만 해당)은 같은 건축물에 함께 설치할 수 없다.

다만, 다음의 어느 하나에 해당하는 경우로서 국토교통부령으로 정하는 경우에는 그러하지 아니하다.

① 기숙사와 공장이 같은 건축물에 있는 경우

② 중심상업지역 · 일반상업지역 또는 근린상업지역에서 「도시 및 주거환경정비법」에 따른 사업을 시행하는 경우

나. 노유자시설 중 아동 관련 시설 · 노인복지시설과 판매시설 중 도매시장 · 소매시장은 같은 건축물에 함께 설치할 수 없다.

다음의 ①과 ②의 시설은 함께 설치할 수 없다.

번 호	용 도	예 외
①	의료시설, 노유자시설(아동 관련 시설 및 노인 복지시설에 한한다), 공동주택 또는 장례식장	• 공장과 기숙사는 함께 설치할 수 있다. • 중심상업지역·일반상업지역 또는 근린상업지역 안에서 정비법에 의한 정비사업을 시행하는 경우
②	위락시설, 위험물저장 및 처리시설, 공장 또는 자동차 관련 시설(정비공장에 한한다)	
③	노유자시설 중 아동 관련 시설·노인복지시설과 판매시설 중 도매시장·소매시장은 같은 건축물안에 설치할 수 없다.	

8) 경계벽

다음에 해당하는 건축물에는 경계벽 및 칸막이벽을 설치하여야 한다. 다음의 어느 하나에 해당하는 건축물에는 국토교통부령으로 정하는 기준에 따라 경계벽 및 칸막이벽을 설치하여야 한다.

가. 단독주택 중 다가구주택의 각 가구 간 또는 공동주택(기숙사는 제외)의 각 세대 간 : 경계벽(거실 · 침실 등의 용도로 쓰지 아니하는 발코니 부분은 제외)

나. 공동주택 중 기숙사의 침실, 의료시설의 병실, 교육연구시설 가운데 학교의 교실 또는 숙박시설의 객실 간 : 칸막이벽

9) 창문 등의 차면시설

인접대지경계선으로부터 직선거리 2m 이내에 이웃 주택의 내부가 보이는 창문 등을 설치하는 경우에는 이를 가릴 수 있는 차면시설을 설치하여야 한다.

10) 대규모 건축물의 방화벽

가. 연면적이 1,000m^2 이상인 건축물은 방화벽으로 구획하되, 각 구획된 바닥면적의 합계는 1,000m^2 미만이어야 한다. 다만, 주요구조부가 내화구조이거나 불연재료인 건축물과 내부설비의 구조상 방화벽으로 구획할 수 없는 창고시설의 경우에는 그러하지 아니하다.

나. 연면적이 1,000m^2 이상인 목조건축물의 구조는 국토교통부령으로 정하는 바에 따라 방화구조로 하거나 불연재료로 하여야 한다.

3 방화지구의 건축물

1) 건축물의 내화구조

「국토의 계획 및 이용에 관한 법률」에 따른 방화지구 안에서는 건축물의 주요구조부와 외벽을 내화구조로 하여야 한다. 다만, 대통령령으로 정하는 다음의 경우에는 내화구조로 하지 아니할 수 있다.

> <예 외>
>
> ① 연면적 $30m^2$ 미만인 단층 부속건축물로서 외벽 및 처마면이 내화구조 또는 불연재료로 된 것
> ② 도매시장의 용도로 쓰이는 건축물로서 그 주요구조부가 불연재료로 된 것

2) 공작물의 불연재료

방화지구 안의 공작물로서 간판, 광고탑, 그 밖에 대통령령으로 정하는 공작물 중 건축물의 지붕 위에 설치하는 공작물이나 높이 3m 이상의 공작물은 주요부를 불연재료로 하여야 한다.

3) 건축물의 마감재료

① 대통령령으로 정하는 용도 및 규모의 건축물의 벽, 반자, 지붕(반자가 없는 경우에 한정한다) 등 내부의 마감재료는 방화에 지장이 없는 재료로 하되, 「실내공기질 관리법」 제5조 및 제6조에 따른 실내공기질 유지기준 및 권고기준을 고려하고 관계 중앙행정기관의 장과 협의하여 국토교통부령으로 정하는 기준에 따른 것이어야 한다.

② 대통령령으로 정하는 건축물의 외벽에 사용하는 마감재료는 방화에 지장이 없는 재료로 하여야 한다. 이 경우 마감재료의 기준은 국토교통부령으로 정한다.

③ 욕실, 화장실, 목욕장 등의 바닥 마감재료는 미끄럼을 방지할 수 있도록 국토교통부령으로 정하는 기준에 적합하여야 한다.

4) 실내건축

대통령령으로 정하는 용도 및 규모에 해당하는 건축물의 실내건축은 방화에 지장이 없고 사용자의 안전에 문제가 없는 구조 및 재료로 시공하여야 한다. 실내건축의 구조 · 시공방법 등에 관한 기준은 국토교통부령으로 정한다. 특별자치시장 · 특별자치도지사 또는 시장 · 군수 · 구청장은 실내건축이 적정하게 설치 및 시공되었는지를 검사하여야 한다. 이 경우 검사하는 대상 건축물과 주기(週期)는 건축조례로 정한다.

5) 건축자재의 제조 및 유통관리

① 제조업자 및 유통업자는 건축물의 안전과 기능 등에 지장을 주지 아니하도록 건축자재를 제조·보관 및 유통하여야 한다.

② 국토교통부장관, 시·도지사 및 시장·군수·구청장은 건축물의 구조 및 재료의 기준 등이 공사현장에서 준수되고 있는지를 확인하기 위하여 제조업자 및 유통업자에게 필요한 자료의 제출을 요구하거나 건축공사장, 제조업자의 제조현장 및 유통업자의 유통장소 등을 점검할 수 있으며 필요한 경우에는 시료를 채취하여 성능 확인을 위한 시험을 할 수 있다.

③ 국토교통부장관, 시·도지사 및 시장·군수·구청장은 제2항의 점검을 통하여 위법사실을 확인한 경우 대통령령으로 정하는 바에 따라 공사 중단, 사용 중단 등의 조치를 하거나 관계 기관에 대하여 관계 법률에 따른 영업정지 등의 요청을 할 수 있다.

④ 국토교통부장관, 시·도지사, 시장·군수·구청장은 제2항의 점검업무를 대통령령으로 정하는 전문기관으로 하여금 대행하게 할 수 있다.

⑤ ②항에 따른 점검에 관한 절차 등에 관하여 필요한 사항은 국토교통부령으로 정한다.

6) 건축자재의 품질관리

① 복합자재[불연재료인 양면 철판, 석재, 콘크리트 또는 이와 유사한 재료와 불연재료가 아닌 심재(心材)로 구성된 것을 말한다]를 포함한 제52조에 따른 마감재료, 방화문 등 대통령령으로 정하는 건축자재의 제조업자, 유통업자, 공사시공자 및 공사감리자는 국토교통부령으로 정하는 사항을 기재한 품질관리서를 대통령령으로 정하는 바에 따라 허가권자에게 제출하여야 한다.

② ①항에 따른 건축자재의 제조업자, 유통업자는 「과학기술분야 정부출연연구기관 등의 설립·운영 및 육성에 관한 법률」에 따른 한국건설기술연구원 등 대통령령으로 정하는 시험기관에 건축자재의 성능시험을 의뢰하여야 한다.

③ ②항에 따른 성능시험을 수행하는 시험기관의 장은 성능시험 결과 등 건축자재의 품질관리에 필요한 정보를 국토교통부령으로 정하는 바에 따라 기관 또는 단체에 제공하거나 공개하여야 한다.

④ ③항에 따라 정보를 제공받은 기관 또는 단체는 해당 건축자재의 정보를 홈페이지 등에 게시하여 일반인이 알 수 있도록 하여야 한다.

⑤ ①항에 따른 건축자재 중 국토교통부령으로 정하는 단열재는 국토교통부장관이 고시하는 기준에 따라 해당 건축자재에 대한 정보를 표면에 표시하여야 한다.

⑥ 복합자재에 대한 난연성분 분석시험, 난연성능기준, 시험수수료 등 필요한 사항은 국토교통부령으로 정한다.

4 일반 건축물의 내화구조 및 방화벽

문화 및 집회시설, 의료시설, 공동주택 등 대통령령이 정하는 건축물에는 국토교통부령이 정하는 기준에 따라 그 주요구조부를 내화구조로 하여야 한다.

가. 다음 각 호의 어느 하나에 해당하는 건축물(건축물로서 2층 이하인 건축물은 지하층 부분만 해당)의 주요구조부는 내화구조로 하여야 한다.

① 문화 및 집회시설(전시장 및 동 · 식물원은 제외한다), 종교시설, 위락시설 중 주점영업 및 장례식장의 용도로 쓰는 건축물로서 관람석 또는 집회실의 바닥면적의 합계가 $200m^2$(옥외관람석의 경우에는 $1,000m^2$) 이상인 건축물

② 문화 및 집회시설 중 전시장 또는 동 · 식물원, 판매시설, 운수시설, 수련시설, 운동시설 중 체육관 · 운동장, 위락시설(주점영업의 용도로 쓰는 것은 제외한다), 창고시설, 위험물저장 및 처리시설, 자동차 관련 시설, 방송통신시설 중 방송국 · 전신전화국 · 촬영소, 묘지 관련 시설 중 화장장 또는 관광휴게시설의 용도로 쓰는 건축물로서 그 용도로 쓰는 바닥면적의 합계가 $500m^2$ 이상인 건축물

③ 공장의 용도로 쓰는 건축물로서 그 용도로 쓰는 바닥면적의 합계가 $2,000m^2$ 이상인 건축물. 다만, 화재의 위험이 적은 공장으로서 국토교통부령으로 정하는 공장은 제외한다.

④ 건축물의 2층이 단독주택 중 다중주택 및 다가구주택, 공동주택, 제1종 근린생활시설(의료의 용도로 쓰는 시설만 해당한다), 의료시설, 노유자시설 중 아동관련 시설 및 노인복지시설, 수련시설 중 유스호스텔, 업무시설 중 오피스텔, 숙박시설 또는 장례식장의 용도로 쓰는 건축물로서 그 용도로 쓰는 바닥면적의 합계가 $400m^2$ 이상인 건축물

⑤ 3층 이상인 건축물 및 지하층이 있는 건축물. 다만, 단독주택(다중주택 및 다가구주택은 제외한다), 동물 및 식물 관련 시설, 발전시설(발전소의 부속용도로 쓰는 시설은 제외한다), 교도소 · 감화원 또는 묘지 관련 시설(화장장은 제외한다)의 용도로 쓰는 건축물은 제외한다.

나. 내화구조로 하지 아니하여도 되는 경우 : 연면적이 $50m^2$ 이하인 단층의 부속건축물로서 외벽 및 처마 밑면을 방화구조로 한 것과 무대의 바닥은 그러하지 아니하다.

5 지하층

건축물에 설치하는 지하층은 그 구조 및 설비를 국토교통부령이 정하는 기준에 적합하게 하여야 한다. 단독주택, 공동주택 등 대통령령으로 정하는 건축물의 지하층에는 거

실을 설치할 수 없다. 다만, 다음 각 호의 사항을 고려하여 해당 지방자치단체의 조례로 정하는 경우에는 그러하지 아니하다.

1. 침수위험 정도를 비롯한 지역적 특성
2. 피난 및 대피 가능성
3. 그 밖에 주거의 안전과 관련된 사항

1) 지하층의 의의

당해 층의 바닥이 지표면 아래에 있는 층으로서 바닥에서 지표면까지의 평균높이가 층고의 1/2 이상인 층을 말한다.

2) 지하층의 층수 산정

지하층은 층수에 포함되지 않는다.

6 맞벽건축 및 연결 복도

가. 다음 각 호의 어느 하나에 해당하는 경우에는 제58조, 제61조 및 「민법」 제242조를 적용하지 아니한다.

> 1. 다음의 지역에서 도시미관 등을 위하여 2 이상의 건축물의 벽을 맞벽(대지경계선으로부터 50cm 이내인 경우를 말한다. 이하 같다)으로 하여 건축하는 경우
>   ① 상업지역
>   ② 특별자치도지사 또는 시장 · 군수 · 구청장이 도시미관 등을 위하여 건축조례로 정하는 구역
> 2. 다음의 기준에 따라 인근 건축물과 연결복도 또는 연결통로를 설치하는 경우
>   ① 주요구조부가 내화구조일 것
>   ② 마감재료가 불연재료일 것
>   ③ 밀폐된 구조인 경우 벽면적의 1/10 이상에 해당하는 면적의 창문을 설치할 것. 다만, 지하층으로서 환기설비를 설치하는 경우에는 그러하지 아니하다.
>   ④ 너비 및 높이가 각각 5m 이하일 것. 다만, 허가권자가 건축물의 용도나 규모 등을 고려할 때 원활한 통행을 위하여 필요하다고 인정하면 지방건축위원회의 심의를 거쳐 그 기준을 완화하여 적용할 수 있다.
>   ⑤ 건축물과 복도 또는 통로의 연결부분에 방화셔터 또는 방화문을 설치할 것
>   ⑥ 연결복도가 설치된 대지 면적의 합계가 「국토의 계획 및 이용에 관한 법률 시행령」에 따른 개발행위의 최대 규모 이하일 것. 다만, 지구단위계획구역에서는 그러하지 아니하다.
>
> 민법 제242조 : 건물을 축조함에는 특별한 관습이 없으면 경계로부터 0.5m 이상의 거리를 두어야 한다.

나. 맞벽은 방화벽이어야 한다.

다. 맞벽건축을 할 때 맞벽 대상 건축물의 용도, 맞벽건축물의 수 및 층수 등 맞벽에 필요한 사항은 건축조례로 정한다.

라. 연결복도나 연결통로는 건축사 또는 건축구조 기술사로부터 안전에 관한 확인을 받아야 한다.

7 건축설비

1) 건축설비설치의 기준

가. 건축설비는 건축물의 안전 · 방화, 위생, 에너지 및 정보통신의 합리적 이용에 지장이 없도록 설치하여야 하고, 배관 피트 및 덕트의 단면적과 수선구의 크기를 해당 설비의 수선에 지장이 없도록 하는 등 설비의 유지 · 관리가 쉽게 설치하여야 한다.

나. 건축물에 설치하는 급수 · 배수 · 냉방 · 난방 · 환기 · 피뢰 등 건축설비의 설치에 관한 기술적 기준은 국토교통부령으로 정하되, 에너지 이용합리화와 관련한 건축설비의 기술적 기준에 관하여는 지식경제부장관과 협의하여 정한다.

다. 건축물에 설치하여야 하는 장애인 관련 시설 및 설비는 「장애인 · 노인 · 임산부 등의 편의증진보장에 관한 법률」에서 정하는 바에 따른다.

라. 공동주택, 판매시설, 운수시설, 의료시설, 업무시설, 숙박시설 및 장례식장의 용도로 쓰는 건축물에 공동시청 안테나를 설치할 때에는 방송통신위원회가 정하여 고시하는 바에 따른다.

마. 온돌 및 난방설비 등의 시공 : 건축물에 설치하는 온돌 및 난방설비는 국토교통부령으로 정하는 기준에 따라 안전 및 방화에 지장이 없도록 하여야 한다.

2) 승강기의 설치

(1) 승용승강기의 설치

가. 원칙 : 건축주는 6층 이상으로서 연면적이 2,000m^2 이상인 건축물을 건축하려면 승강기를 설치하여야 한다. 이 경우 승강기의 규모 및 구조는 국토교통부령으로 정한다.

나. 예외 : 층수가 6층인 건축물로서 각 층 거실의 바닥면적 300m^2 이내마다 1개소 이상의 직통계단을 설치한 건축물은 승강기를 설치하지 아니할 수 있다.

(2) 비상용 승강기의 설치

가. 설치대상 : 높이 31m를 초과하는 건축물에는 승용승강기뿐만 아니라 비상용 승강

기를 추가로 설치하여야 한다. 다만, 국토교통부령으로 정하는 건축물의 경우에는 그러하지 아니하다.

> 〈비상용 승강기 설치기준〉
>
> 다음의 기준에 따른 대수 이상의 비상용 승강기(비상용 승강기의 승강장 및 승강로 포함)를 설치하여야 한다. 다만, 승용승강기를 비상용 승강기의 구조로 하는 경우에는 그러하지 아니하다.
> 가. 높이 31m를 넘는 각 층의 바닥면적 중 최대 바닥면적이 1,500m^2 이하인 건축물 : 1대 이상
> 나. 높이 31m를 넘는 각 층의 바닥면적 중 최대 바닥면적이 1,500m^2를 넘는 건축물 : 1대에서 1,500m^2를 넘는 3,000m^2 이내마다 1대씩 더한 대수 이상

나. 설치방법 : 2대 이상의 비상용 승강기를 설치하는 경우에는 화재가 났을 때 소화에 지장이 없도록 일정한 간격을 두고 설치하여야 한다.

3) 친환경건축물의 인증

(1) 의 의

국토교통부장관과 환경부장관은 지속가능한 개발의 실현과 자원절약형이며 자연친화적인 건축물의 건축을 유도하기 위하여 공동으로 친환경건축물 인증제도를 실시한다.

(2) 인증기관의 지정

국토교통부장관은 환경부장관과 협의하여 인증기관을 지정하고 친환경건축물의 인증을 하게 할 수 있다.

(3) 인증의 신청

친환경건축물의 인증을 받으려는 자는 인증기관에 인증을 신청하여야 한다.

(4) 인증기준

국토교통부장관과 환경부장관은 다음의 사항을 포함하여 친환경건축물의 인증기준을 공동으로 고시한다.

가. 인증기준 및 절차
나. 표시활용 방법
다. 유효기간
라. 수수료
마. 인증등급 등

(5) 규정 법령

인증기관의 지정기준, 지정절차 및 인증신청 절차 등에 관하여 필요한 사항은 국토교통

부와 환경부의 공동부령으로 정한다.

4) 건축물의 에너지 이용과 폐자재 활용

(1) 종합대책의 수립

국토교통부장관은 지식경제부장관이나 환경부장관과 협의하여 건축물에 관한 효율적인 에너지 이용과 건축폐자재의 활용을 위한 종합대책을 수립·시행하여야 한다.

(2) 기준의 작성·고시

국토교통부장관은 대통령령으로 정하는 용도와 규모의 건축물에 대한 효율적인 에너지 관리와 건축폐자재의 활용을 위하여 필요한 설계·시공·감리 및 유지·관리에 관한 기준을 정하여 고시할 수 있다.

※ 연면적 500m^2 이상인 건축물로서 다음 각 호의 어느 하나에 해당하는 것을 말한다.

1. 공동주택	2. 제1종 근린생활시설 중 목욕장
3. 문화 및 집회시설	4. 종교시설
5. 판매시설	6. 운수시설
7. 의료시설	8. 교육연구시설 중 학교
9. 운동시설 중 수영장	10. 업무시설
11. 숙박시설	12. 장례식장

(3) 건축법의 완화적용

에너지절약 설계기준에 맞게 설계된 건축물이나 건축폐자재를 건축물의 신축공사를 위한 골조공사에 15/100 이상 사용한 건축물에 대하여는 대지의 조경, 건축물의 용적률 및 건축물의 높이제한에 따른 기준을 115/100의 범위에서 완화하여 적용할 수 있다.

제5장 지역 및 지구의 건축물

1 건축물의 대지가 지역 · 지구 또는 구역에 걸치는 경우

1) 원 칙

대지가 이 법이나 다른 법률에 따른 지역 · 지구(녹지지역과 방화지구는 제외한다. 이하 이 조에서 같다) 또는 구역에 걸치는 경우에는 대통령령으로 정하는 바에 따라 그 건축물과 대지의 전부에 대하여 대지의 과반(過半)이 속하는 지역 · 지구 또는 구역 안의 건축물 및 대지 등에 관한 이 법의 규정을 적용한다.

〈건축물의 대지가 지역 · 지구 또는 구역에 걸치는 경우〉
대지가 지역 · 지구 또는 구역에 걸치는 경우 그 대지의 과반이 속하는 지역 · 지구 또는 구역의 건축물 및 대지 등에 관한 규정을 그 대지의 전부에 대하여 적용받으려는 자는 해당 대지의 지역지구 또는 구역별 면적과 적용 받으려는 지역 · 지구 또는 구역에 관한 사항을 허가권자에게 제출하여야 한다.

해당 대지의 규모와 그 대지가 속한 용도지역 · 지구 또는 구역의 성격 등 그 대지에 관한 주변여건상 필요하다고 인정하여 해당 지방자치단체의 조례로 적용방법을 따로 정하는 경우에는 그에 따른다.

〈서울특별시 건축조례상 규정〉
건축물의 대지가 3 이상의 지역에 걸치고 그 걸치는 각 지역의 면적이 각각 그 대지전체 면적의 1/2에 미달하는 경우에는 그 지역에 속한 부분에 대하여는 그 지역에 관한 규정을 적용한다.

2) 건축물이 방화지구와 그 밖의 구역에 걸치는 경우

하나의 건축물이 방화지구와 그 밖의 구역에 걸치는 경우에는 그 전부에 대하여 방화지구 안의 건축물에 관한 이 법의 규정을 적용한다. 다만, 건축물의 방화지구에 속한 부분과 그 밖의 구역에 속한 부분의 경계가 방화벽으로 구획되는 경우 그 밖의 구역에 있는 부분에 대하여는 그러하지 아니하다.

3) 대지가 녹지지역과 그 밖의 지역에 걸치는 경우

대지가 녹지지역과 그 밖의 지역 · 지구 또는 구역에 걸치는 경우에는 각 지역 · 지구 또는 구역 안의 건축물과 대지에 관한 이 법의 규정을 적용한다. 다만, 녹지지역 안의 건축물이 방화지구에 걸치는 경우에는 (2)항에 따른다.

2 건축물의 건폐율과 용적률

1) 건축물의 건폐율

(1) 개 념

건폐율이란 대지면적에 대한 건축면적(대지에 건축물이 둘 이상 있는 경우에는 이들 건축면적의 합계)의 비율을 말한다.

$$\text{건폐율} = \frac{\text{건축면적}}{\text{대지면적}} \times 100\%$$

(2) 건폐율의 최대한도

대지면적에 대한 건축면적(대지에 건축물이 둘 이상 있는 경우에는 이들 건축면적의 합계로 한다)의 비율의 최대한도는「국토의 계획 및 이용에 관한 법률」에 따른 건폐율의 기준에 따른다. 다만, 이 법에서 기준을 완화하거나 강화하여 적용하도록 규정한 경우에는 그에 따른다.

2) 건축물의 용적률

(1) 의 의

용적률이란 대지면적에 대한 연면적(대지에 건축물이 둘 이상 있는 경우에는 이들 연면적의 합계)의 비율을 말한다.

$$\text{용적률} = \frac{\text{연면적}}{\text{대지면적}} \times 100\%$$

(2) 용적률의 최대한도

대지면적에 대한 연면적(대지에 건축물이 둘 이상 있는 경우에는 이들 연면적의 합계로 한다)의 비율의 최대한도는「국토의 계획 및 이용에 관한 법률」에 따른 용적률의 기준에 따른다. 다만, 이 법에서 기준을 완화하거나 강화하여 적용하도록 규정한 경우에는 그에 따른다.

(3) 층수 산정방법

건폐율은 용적률과 결합하여 건축물의 높이를 간접적으로 규제하는 효과가 있다.
일정한 대지에서 건폐율과 용적률을 알면 건축물을 건축할 수 있는 최대층수(다만, 각 층의 바닥면적이 건축면적과 동일하다는 전제)를 산정할 수 있다.

$$층수 = \frac{연면적}{건축면적} = \frac{용적률}{건폐율}$$

3 건축물의 면적에 대한 제한

1) 면적의 산정방법

(1) 대지면적

대지면적은 대지의 수평투영면적으로 한다. 다만, 다음의 어느 하나에 해당하는 면적은 대지면적에서 제외한다.

가. 소요너비에 못 미치는 너비의 도로인 경우와 도로모퉁이에서의 가각전제인 경우에 건축선의 후퇴로 인하여 대지에 건축선이 정하여진 경우 : 그 건축선과 도로 사이의 대지면적

나. 대지에 도시 · 군계획시설인 도로 · 공원 등이 있는 경우 : 그 도시 · 군계획시설에 포함되는 대지면적

(2) 건축면적

가. 다음의 어느 하나에 해당하는 부분은 건축면적에서 제외한다.

건축물의 부분	건축면적에서 제외되는 부분
낮은 부분	지표면으로부터 1m 이하에 있는 부분
처마, 차양, 부연 그 밖에 이와 비슷한 것으로서 그 외벽의 중심선으로부터 수평거리 1m 이상(한옥의 경우에는 2m 이상) 돌출된 부분	그 끝부분으로부터 수평거리 1m(한옥의 경우에는 2m)를 후퇴한 부분
「다중이용업소의 안전관리에 관한 특별법 시행령」에 따라 기존의 다중이용업소(2004년 5월 29일 이전의 것만 해당)의 비상구에 연결하여 설치하는 폭 1.5m 이하의 옥외 피난계단(기존 건축물에 옥외 피난계단을 설치함으로써 법 제55조에 따른 건폐율의 기준에 적합하지 아니하게 된 경우만 해당)	건축면적에서 제외

나. 건축면적은 건축물의 외벽(외벽이 없는 경우에는 외곽 부분의 기둥)의 중심선으로 둘러싸인 부분의 수평투영면적으로 한다. 다만, 태양열을 주된 에너지원으로 이용하는 주택과 창고 중 물품을 입출고하는 부위의 상부에 설치하는 돌출차양이 한쪽 끝은 고정되고 다른 끝은 지지되지 아니한 구조로 된 경우 그에 대한 건축면적의 산정방법은 국토교통부령으로 정한다.

(3) 바닥면적

바닥면적은 건축물의 각 층 또는 그 일부로서 벽, 기둥, 그 밖에 이와 비슷한 구획의 중심선으로 둘러싸인 부분의 수평투영면적으로 한다. 다만, 다음의 어느 하나에 해당하는 경우에는 그에 따른다.

가. 바닥면적에 산입하는 경우

① 벽·기둥의 구획이 없는 건축물은 그 지붕 끝부분으로부터 수평거리 1m를 후퇴한 선으로 둘러싸인 수평투영면적

② 주택의 발코니 등 건축물의 노대나 그 밖에 이와 유사한 것, 바닥은 난간 등의 설치여부에 관계없이 노대 등의 면적(외벽의 중심선으로부터 노대 등의 끝부분까지의 면적)에서 노대 등이 접한 가장 긴 외벽에 접한 길이에 1.5m를 곱한 값을 뺀 면적(발코니 가운데 1.5m가 초과하는 부분만 산입)

나. 바닥면적에 산입하지 아니하는 경우

① 필로티나 그 밖에 이와 비슷한 구조(벽면적의 1/2 이상이 그 층의 바닥면에서 위층 바닥 아래면까지 공간으로 된 것만 해당)의 부분은 그 부분이 공중의 통행이나 차량의 통행 또는 주차에 전용되는 경우와 공동주택의 경우

② 승강기탑, 계단탑, 장식탑, 다락 [층고가 1.5m(경사진 형태의 지붕인 경우에는 1.8m) 이하인 것만 해당], 건축물의 외부 또는 내부에 설치하는 굴뚝, 더스트슈트, 설비 덕트, 그 밖에 이와 비슷한 것과 옥상·옥외 또는 지하에 설치하는 물탱크, 기름탱크, 냉각탑, 정화조, 그 밖에 이와 비슷한 것을 설치하기 위한 구조물

③ 공동주택으로서 지상층에 설치한 기계실, 전기실, 어린이놀이터 및 조경시설의 면적

④ 「다중이용업소의 안전관리에 관한 특별법 시행령」에 따라 기존의 다중이용업소(2004년 5월 29일 이전의 것만 해당)의 비상구에 연결하여 설치하는 폭 1.5m 이하의 옥외 피난계단(기존 건축물에 옥외 피난계단을 설치함으로써 용적률에 적합하지 아니하게 된 경우만 해당)

(4) 바닥면적의 합계

바닥면적의 합계는 하나의 건축물 안에서 특정한 용도로 사용하기 위하여 벽·기둥 등의 중심선으로 둘러싸인 수평투영면적의 합계이다.

㉥ 소아과의원 바닥면적의 합계 = 대기실 바닥면적+접수실 바닥면적+진료실 바닥면적+주사 처치실 바닥면적

(5) 연면적

연면적은 하나의 건축물 각 층의 바닥면적의 합계로 한다. 다만, 용적률을 산정할 때에는 다음에 해당하는 면적은 제외한다.

가. 지하층의 면적

나. 지상층의 주차용(해당 건축물의 부속용도인 경우만 해당)으로 쓰는 면적

다. 「주택건설기준 등에 관한 규정」에 따른 주민공동시설(주민운동시설, 청소년수련시설, 주민휴게시설, 도서실, 독서실, 입주자집회소, 경로당, 보육시설)의 면적

(6) 연면적의 합계

연면적의 합계는 하나의 대지 안에 있는 모든 건축물의 연면적의 합계로 한다.

2) 대지의 분할제한

(1) 건축물이 있는 대지의 최소분할 대지면적

건축물이 있는 대지는 대통령령으로 정하는 다음의 범위에서 해당 지방자치단체의 조례로 정하는 면적에 못 미치게 분할할 수 없다.

〈건축법 시행령상 규정〉	〈서울특별시 건축조례상 규정〉
① 주거지역 : 60m^2 ② 상업지역 : 150m^2 ③ 공업지역 : 150m^2 ④ 녹지지역 : 200m^2 ⑤ 그 밖에 지역 : 60m^2	① 주거지역 : 90m^2 ② 상업지역 : 150m^2 ③ 공업지역 : 200m^2 ④ 녹지지역 : 200m^2 ⑤ 그 밖에 지역 : 90m^2

(2) 대지분할 제한기준

건축물이 있는 대지는 대지와 도로의 관계, 건축물의 건폐율, 건축물의 용적률, 대지 안의 공지, 건축물의 높이제한 및 일조 등의 확보를 위한 건축물의 높이제한에 따른 기준에 못 미치게 분할할 수 없다.

1. 대지가 도로에 접하는 길이가 2m 미만이 되게 하는 분할
2. 건폐율에 초과되게 하는 분할
3. 용적률에 초과되게 하는 분할
4. 대지 안의 공지에 위반되게 하는 분할
5. 건축물의 높이제한에 초과되는 분할
6. 일조권 확보를 위한 건축물의 높이제한 규정에 초과되는 분할

4 건축물 높이제한

1) 높이의 산정방법

(1) 건축물 높이의 산정

가. 원칙 : 건축물의 높이는 지표면으로부터 그 건축물의 상단까지의 높이로 한다. 다만, 건축물의 1층 전체에 필로티(건축물을 사용하기 위한 경비실, 계단실, 승강기실, 그 밖에 이와 비슷한 것을 포함)가 설치되어 있는 경우에는 건축물의 높이제한 및 공동주택에 대한 일조 등의 확보를 위한 건축물의 높이제한을 적용할 때 필로티의 층고를 제외한 높이로 한다.

나. 예외 : 다음의 어느 하나에 해당하는 경우에는 그에 따른다.

① 가로구역(도로로 둘러싸인 일단의 지역)에서 건축물의 높이는 전면도로의 중심선으로부터의 높이로 한다. 다만, 전면도로가 다음의 어느 하나에 해당하는 경우에는 그에 따라 산정한다.

㉠ 건축물의 대지에 접하는 전면도로의 노면에 고저차가 있는 경우 : 그 건축물이 접하는 범위의 전면도로부분의 수평거리에 따라 가중평균한 높이의 수평면을 전면도로면으로 본다.

㉡ 건축물의 대지의 지표면이 전면도로보다 높은 경우 : 그 고저차의 1/2의 높이만큼 올라온 위치에 그 전면도로의 면이 있는 것으로 본다.

② 일조 등의 확보를 위한 건축물의 높이제한 규정에 따른 건축물 높이를 산정할 때 건축물 대지의 지표면과 인접 대지의 지표면 간에 고저차가 있는 경우에는 그 지표면의 평균 수평면을 지표면(공동주택에 대한 일조 등의 확보를 위한 건축물이 높이제한 규정에 따른 높이를 산정할 때 해당 대지가 인접 대지의 높이보다 낮은 경우에는 그 대지의 지표면)으로 본다.

③ 건축물의 옥상에 설치되는 승강기탑 · 계단탑 · 망루 · 장식탑 · 옥탑 등으로서 그 수평투영면적의 합계가 해당 건축물 건축면적의 1/8(「주택법」에 따른 사업계획승인 대상인 공동주택 중 세대별 전용면적이 85㎡이하인 경우에는 1/6) 이하인 경우로서 그 부분의 높이가 12m를 넘는 경우에는 그 넘는 부분만 해당 건축물의 높이에 산입한다. 여기서 수평투영면적의 산정은 건축면적의 산정방법에 따른다.

④ 지붕마루장식 · 굴뚝 · 방화벽의 옥상돌출부나 그 밖에 이와 유사한 옥상돌출물과 난간벽(그 벽면적의 1/2 이상이 공간으로 되어 있는 것만 해당)은 그 건축물의 높이에 산입하지 아니한다.

(2) 층 고

층고는 방의 바닥구조체 윗면으로부터 위층 바닥구조체의 윗면까지의 높이로 한다. 다만, 한 방에서 층의 높이가 다른 부분이 있는 경우에는 그 각 부분 높이에 따른 면적에 따라 가중평균한 높이로 한다.

(3) 반자(천정)높이

반자높이는 방의 바닥면으로부터 반자까지의 높이로 한다. 다만, 동일한 방에서 반자높이가 다른 부분이 있는 경우에는 그 각 부분의 반자의 면적에 따라 가중평균한 높이로 한다.

(4) 층 수

가. 건축물의 층수로 산입하지 아니하는 경우

① 승강기탑, 계단탑, 망루, 장식탑, 옥탑, 그 밖에 이와 비슷한 건축물의 옥상부분으로서 그 수평투영면적의 합계가 해당 건축물 건축면적의 1/8(「주택법」에 따른 사업계획승인 대상인 공동주택 중 세대별 전용면적이 85m² 이하인 경우에는 1/6) 이하인 것

② 지하층

③ 아파트 및 연립주택의 1층 전부를 필로티 구조로 하여 주차장으로 사용하는 경우 그 필로티 부분

④ 다가구주택 및 다세대주택의 1층의 바닥면적 1/2 이상을 필로티 구조로 하여 주차장으로 사용하고 나머지 부분을 주택 외의 용도로 쓰는 경우에는 해당 층

나. 층의 구분이 명확하지 아니한 건축물 : 그 건축물의 높이 4m마다 하나의 층으로 보고 그 층수를 산정한다.

다. 건축물이 부분에 따라 그 층수가 다른 경우 : 그 중 가장 많은 층수를 그 건축물의 층수로 본다.

(5) 지표면 산정의 특례

건축물의 면적·높이 및 층수 등을 산정할 때 지표면에 고저차가 있는 경우에는 건축물의 주위가 접하는 각 지표면 부분의 높이를 그 지표면 부분의 수평거리에 따라 가중평균한 높이의 수평면을 지표면으로 본다. 이 경우 그 고저차가 3m를 넘는 경우에는 그 고저차 3m 이내의 부분마다 그 지표면을 정한다.

2) 건축물의 높이제한

(1) 가로구역에서 최고높이의 지정

가. 지정권자 : 허가권자는 가로구역[(街路區域): 도로로 둘러싸인 일단(一團)의 지역

을 말한다. 이하 같다]을 단위로 하여 대통령령으로 정하는 기준과 절차에 따라 건축물의 높이를 지정 · 공고할 수 있다. 다만, 특별자치시장 · 특별자치도지사 또는 시장 · 군수 · 구청장은 가로구역의 높이를 완화하여 적용할 필요가 있다고 판단되는 대지에 대하여는 대통령령으로 정하는 바에 따라 건축위원회의 심의를 거쳐 높이를 완화하여 적용할 수 있다. 특별시장이나 광역시장은 도시의 관리를 위하여 필요하면 가로구역별 건축물의 높이를 특별시나 광역시의 조례로 정할 수 있다. 허가권자는 제1항 및 제2항에도 불구하고 일조(日照) · 통풍 등 주변 환경 및 도시미관에 미치는 영향이 크지 않다고 인정하는 경우에는 건축위원회의 심의를 거쳐 이 법 및 다른 법률에 따른 가로구역의 높이 완화에 관한 규정을 중첩하여 적용할 수 있다.

〈가로구역별 최고높이제한 지정〉

1. 허가권자는 가로구역별로 건축물의 최고높이를 지정 · 공고할 때에는 다음 각 호의 사항을 고려하여야 한다.
   ① 도시 · 군관리계획 등의 토지이용계획
   ② 해당 가로구역이 접하는 도로의 너비
   ③ 해당 가로구역의 상 · 하수도 등 간선시설의 수용능력
   ④ 도시미관 및 경관계획
   ⑤ 해당 도시의 장래 발전계획
2. 허가권자는 가로구역별 건축물의 최고높이를 지정 · 공고하려면 공고안을 작성하여 15일 이상 주민에게 공람한 후 지방건축위원회의 심의를 거쳐야 한다.
3. 허가권자는 같은 가로구역에서 건축물의 용도 및 형태에 따라 건축물의 높이를 다르게 정할 수 있다.
4. 가로구역의 최고높이를 완화하여 적용하는 경우에 대한 구체적인 완화기준은 건축조례로 정한다.

나. 최고높이의 지정절차 : 허가권자는 가로구역별 건축물의 최고높이를 지정·공고하려면 공고안을 작성하여 15일 이상 주민에게 공람한 후 지방건축위원회의 심의를 거쳐야 한다.

다. 최고높이의 완화 및 차별적 적용 : 특별자치도지사 또는 시장 · 군수 · 구청장은 가로구역의 최고높이를 완화하여 적용할 필요가 있다고 판단되는 대지에 대하여는 대통령령으로 정하는 바에 따라 건축위원회의 심의를 거쳐 최고높이를 완화하여 적용할 수 있다.

(2) 최고높이를 지정하지 아니한 가로구역

가. 도로사선 제한의 원칙 : 최고높이가 정하여지지 아니한 가로구역의 경우 건축물의 각 부분의 높이는 그 부분으로부터 전면도로의 반대쪽 경계선까지의 수평거리의 1.5배를 넘을 수 없다.

나. 둘 이상의 공지에 접하는 건축물 : 대지가 둘 이상의 도로, 공원, 광장, 하천 등에 접하는 경우에는 건축물의 높이를 해당 지방자치단체의 조례로 따로 정할 수 있다.

3) 일조 등의 확보를 위한 건축물의 높이제한

(1) 전용주거지역 및 일반주거지역에서의 높이제한

가. 정북방향으로의 제한(원칙) : 전용주거지역과 일반주거지역 안에서 건축하는 건축물의 높이는 일조 등의 확보를 위하여 정북방향(正北方向)의 인접 대지경계선으로부터의 거리에 따라 대통령령으로 정하는 높이 이하로 하여야 한다. 다만, 건축물의 미관 향상을 위하여 너비 20m 이상의 도로(자동차 전용도로를 포함)로서 건축조례로 정하는 도로에 접한 대지(도로와 대지 사이에 도시 · 군계획시설인 완충녹지가 있는 경우 그 대지를 포함) 상호 간에 건축하는 건축물의 경우에는 그러하지 아니하다.

① 건축물의 높이 10m 이하인 부분 : 인접 대지경계선으로부터 1.5m 이상

② 높이 10m를 초과하는 부분 : 인접 대지경계선으로부터 해당 건축물 각 부분 높이의 1/2 이상

나. 정남방향으로의 제한(예외) : 다음 각 호의 어느 하나에 해당하면 건축물의 높이를 정남(正南)방향의 인접 대지경계선으로부터의 거리에 따라 대통령령으로 정하는 높이 이하로 할 수 있다.

① 「택지개발촉진법」에 따른 택지개발예정지구인 경우

② 「주택법」에 따른 대지조성사업지구인 경우

③ 「지역균형개발 및 지방중소기업 육성에 관한 법률」에 따른 광역개방권역 및 개발촉진지구인 경우

④ 「산업입지 및 개발에 관한 법률」에 따른 국가산업단지, 일반산업단지, 도시첨단산업단지 및 농공단지인 경우

⑤ 「도시개발법」에 따른 도시개발구역인 경우

⑥ 「도시 및 주거환경정비법」에 따른 정비구역인 경우

⑦ 정북방향으로 도로, 공원, 하천 등 건축이 금지된 공지에 접하는 대지인 경우

⑧ 정북방향으로 접하고 있는 대지의 소유자와 합의한 경우나 그 밖에 대통령령으로 정하는 경우

다. 주민공람 : 시장 · 군수 · 구청장은 건축물의 높이를 고시하고자 할 때에는 국토교통부령이 정하는 바에 따라 미리 당해 지역주민의 의견을 들어야 한다. 다만, 위 (나.)의 ①~⑥에 해당하는 지역인 경우로서 건축위원회의 심의를 거친 경우에는 그러

하지 아니하다.

(2) 공동주택에 대한 높이제한

일반상업지역과 중심상업지역에 건축하는 것을 제외한 공동주택의 높이는 전용주거지역 및 일반주거지역에서의 높이제한에 따른 기준에 맞아야 할 뿐만 아니라 대통령령으로 정하는 다음의 높이 이하로 하여야 한다.

가. 채광을 위한 방향에 따른 높이제한 : 공동주택 건축물(기숙사는 제외)의 각 부분의 높이는 그 부분으로부터 채광을 위한 창문 등이 있는 벽면에서 직각방향으로 인접 대지경계선까지의 수평거리의 2배(근린상업지역 또는 준주거지역의 건축물은 4배) 이하의 높이로 한다.

다만, 채광을 위한 창문 등이 있는 벽면에서 직각 방향으로 인접 대지경계선까지의 수평거리가 1m 이상으로서 건축조례로 정하는 거리 이상인 다세대주택은 위 기준을 적용하지 아니한다.

나. 인동거리(隣棟距離)에 따른 높이제한 : 같은 대지에서 두 동 이상의 건축물이 서로 마주보고 있는 경우(한 동의 건축물 각 부분이 서로 마주보고 있는 경우를 포함)에 건축물 각 부분 사이의 거리는 다음의 거리 이상을 띄어 건축한다.

① 채광을 위한 창문 등이 있는 벽면으로부터 직각방향으로 건축물 각 부분 높이의 0.5배(도시형 생활주택의 경우에는 0.25배) 이상

② 위 ①에도 불구하고 서로 마주보는 건축물 중 남쪽 방향(마주보는 두 동의 축이 남동에서 남서 방향인 경우만 해당)의 건축물 높이가 낮고, 주된 개구부(거실과 주된 침실이 있는 부분의 개구부를 말함)의 방향이 남쪽을 향하는 경우에는 높은 건축물 각 부분의 높이의 0.4배(도시형 생활주택의 경우에는 0.2배) 이상이고 낮은 건축물 각 부분의 높이의 0.5배(도시형 생활주택의 경우에는 0.25배) 이상

③ 위 ①에도 불구하고 건축물과 부대시설 또는 복리시설이 서로 마주보고 있는 경우에는 부대시설 또는 복리시설 각 부분 높이의 1배 이상

④ 채광창(창 넓이가 $0.5m^2$ 이상인 창)이 없는 벽면과 측벽이 마주보는 경우에는 8m 이상

⑤ 측벽과 측벽이 마주보는 경우에는 4m 이상(마주보는 측벽 중 하나의 측벽에 채광을 위한 창문 등이 설치되어 있지 아니한 바닥면적 $3m^2$ 이하의 발코니를 설치하는 경우를 포함)

다만, 그 대지의 모든 세대가 동지를 기준으로 9시에서 15시 사이에 2시간 이상을 계속하여 일조를 확보할 수 있는 거리 이상으로 할 수 있다.

(3) 소형건축물에 대한 적용의 제외

2층 이하로서 높이가 8m 이하인 건축물에는 해당 지방자치단체의 조례로 정하는 바에 따라 일조 등의 확보를 위한 건축물의 높이제한 규정을 적용하지 아니할 수 있다.

(4) 대지 사이에 공지가 있는 경우의 인접 대지경계선의 위치

건축물을 건축하려는 대지와 다른 대지 사이에 공원(「도시공원 및 녹지 등에 관한 법률」에 따른 생활권공원으로서 면적이 10만m^2 미만인 공원은 제외한다.

다만, 10만m^2 미만인 생활권공원으로서 건축위원회의 심의 또는 「도시 및 주거환경정비법」에 따라 지방도시계획위원회와 건축위원회의 공동 심의를 거쳐 허가권자가 공원의 일조 등을 확보할 수 있다고 인정하거나 공원의 일조를 확보할 것을 요구하는 것이 불합리하다고 인정하는 공원은 포함), 도로, 철도, 하천, 광장, 공공공지, 녹지, 유수지, 자동차 전용도로, 유원지, 그 밖에 건축이 허용되지 아니하는 공지가 있는 경우에는 그 반대편의 대지경계선(공동주택은 인접 대지경계선과 그 반대편 대지경계선의 중심선)을 인접 대지경계선으로 한다.

4) 맞벽건축 및 연결복도

(1) 맞벽건축

가. 맞벽건축 대상 : 다음의 지역에서 도시미관 등을 위하여 2 이상의 건축물의 벽을 맞벽(벽과 벽 사이가 50cm 미만인 경우를 말함)으로 하여 건축하는 경우를 말한다.

① 상업지역

② 시장 · 군수 · 구청장이 도시미관 등을 위하여 건축조례로 정하는 구역

나. 합의에 의한 맞벽건축 : 상업지역 및 시장 · 군수 · 구청장이 도시미관 등을 위하여 조례로 정하는 구역 이외의 지역에서 맞벽건축을 건축하고자 하는 건축주는 서로 맞벽하여 건축하고자 하는 경우에는 합의서를 첨부하여 함께 건축허가를 신청하거나 신고하여야 한다.

다. 맞벽의 구조 : 맞벽은 방화벽으로 축조하여야 한다.

(2) 연결통로

가. 연결통로 대상 : 다음의 기준에 따라 인근 건축물과 연결복도 또는 연결통로를 설치하는 경우

① 주요구조부가 내화구조일 것

② 마감재료가 불연재료일 것

③ 밀폐된 구조인 경우 벽면적의 1/10 이상에 해당하는 면적의 창문을 설치할 것. 다만, 지하층으로서 환기설비를 설치하는 경우에는 그러하지 아니하다.

④ 너비 및 높이가 각각 5m 이하일 것. 다만, 허가권자가 건축물의 용도나 규모 등을 고려할 때 원활한 통행을 위하여 필요하다고 인정하면 지방건축위원회의 심의를 거쳐 그 기준을 완화하여 적용할 수 있다.

⑤ 건축물과 복도 또는 통로의 연결부분에 방화셔터 또는 방화문을 설치할 것

⑥ 연결복도가 설치된 대지 면적의 합계가 「국토의 계획 및 이용에 관한 법률 시행령」에 따른 개발행위의 최대 규모 이하일 것. 다만, 지구단위계획구역에서는 그러하지 아니하다.

나. 연결통로의 안전확인 : 연결복도 또는 연결통로는 건축사 또는 건축구조기술사로부터 안전에 관한 확인을 받아야 한다.

(3) 관계규정의 적용배제

다음에 해당하는 경우에는 건축법의 건축물의 피난시설 · 용도제한 등과 민법의 경계선 부근의 건축의 규정에 적용하지 아니한다.

※ 민법 제242조 : 건물을 축조함에는 특별한 관습이 없으면 경계로부터 0.5m 이상의 거리를 두어야 한다.

5 특별건축구역

1) 의 의

특별건축구역이란 조화롭고 창의적인 건축물의 건축을 통하여 도시경관의 창출, 건설기술 수준향상 및 건축 관련 제도개선을 도모하기 위하여 이 법 또는 관계 법령에 따라 일부 규정을 적용하지 아니하거나 완화 또는 통합하여 적용할 수 있도록 특별히 지정하는 구역을 말한다.

2) 특별건축구역의 지정대상지역

(1) 지정대상 지역

국토교통부장관 또는 시 · 도지사는 다음 각 호의 구분에 따라 도시나 지역의 일부가 특별건축구역으로 특례 적용이 필요하다고 인정하는 경우에는 특별건축구역을 지정할 수 있다.

가. 국토교통부장관이 지정하는 경우

① 국가가 국제행사 등을 개최하는 도시 또는 지역의 사업구역

② 「신행정수도 후속대책을 위한 연기 · 공주지역 행정중심복합도시 건설을 위한 특별법」에 따른 행정중심복합도시의 사업구역
③ 「혁신도시 조성 및 발전에 관한 특별법」 에 따른 혁신도시의 사업구역
④ 「경제자유구역의 지정 및 운영에 관한 법률」에 따라 지정된 경제자유구역
⑤ 「택지개발촉진법」에 따른 택지개발사업구역
⑥ 「도시개발법」에 따른 도시개발구역
⑦ 「아시아문화중심도시 조성에 관한 특별법」에 따른 국립아시아문화전당 건설사업 구역
⑧ 「국토의 계획 및 이용에 관한 법률」 제51조에 따른 지구단위계획구역 중 현상설계(懸賞設計) 등에 따른 창의적 개발을 위한 특별계획구역

나. 시 도지사가 지정하는 경우
① 지방자치단체가 국제행사 등을 개최하는 도시 또는 지역의 사업구역
② 관계법령에 따른 도시개발 · 도시재정비 및 건축문화 진흥사업으로서 건축물 또는 공간환경을 조성하기 위하여 대통령령으로 정하는 사업구역
③ 건축문화진흥을 위하여 국토교통부령으로 정하는 건축물 또는 공간환경을 조성하는 지역
④ 주거, 상업, 업무 등 다양한 기능을 결합하는 복합적인 토지 이용을 증진시킬 필요가 있는 지역으로서 다음 각 목의 요건을 모두 갖춘 지역(도시지역일 것, 「국토의 계획 및 이용에 관한 법률 시행령」 에 따른 용도지역 안에서의 건축제한 적용을 배제할 필요가 있을 것)
⑤ 그 밖에 도시경관의 창출, 건설기술 수준향상 및 건축 관련 제도개선을 도모하기 위하여 특별건축구역으로 지정할 필요가 있다고 시 · 도지사가 인정하는 도시 또는 지역

(2) 지정의 배제

다음의 어느 하나에 해당하는 지역 · 구역 등에 대하여는 특별건축구역으로 지정할 수 없다.

가. 「개발제한구역의 지정 및 관리에 관한 특별조치법」에 따른 개발제한구역
나. 「자연공원법」에 따른 자연공원
다. 「도로법」에 따른 접도구역
라. 「산지관리법」에 따른 보전산지

【특별건축구역 안의 특례사항 적용 대상 건축물】

용 도	규 모(연면적 또는 세대)
공연장, 집회장, 관람장, 전시장	5,000m² 이상
교회, 성당, 사찰	–
철도역사, 공항시설, 항만시설, 종합여객시설	5,000m² 이상
학교, 도서관	5,000m² 이상
영유아보육시설, 유치원, 노인복지시설	5,000m² 이상
유스호스텔	5,000m² 이상
금융업소	1만m² 이상
관광숙박시설(관광호텔, 수상관광호텔, 한국전통호텔, 가족호텔, 휴양콘도미니엄)	1만m² 이상
방송국, 촬영소	5,000m² 이상
공동주택(아파트 및 연립주택에 한한다)	300세대 이상(주거용 외의 용도와 복합된 경우 200세대 이상)

〈참 고〉

1. 위의 용도에 해당하는 건축물은 허가권자가 인정하는 유사한 용도의 건축물을 포함한다.
2. 위의 용도가 복합된 건축물의 경우 해당 용도의 연면적의 합계가 기준 연면적을 합한 값 이상이어야 한다. 다만, 공동주택과 주거용 외의 용도가 복합된 경우에는 각각 해당 용도의 연면적 또는 세대기준에 적합하여야 한다.

3) 특별건축구역의 건축물

특별건축구역에서 건축기준 등의 특례사항을 적용하여 건축할 수 있는 건축물은 다음의 어느 하나에 해당되어야 한다.

가. 국가 또는 지방자치단체가 건축하는 건축물

나. 「공공기관의 운영에 관한 법률」에 따른 공공기관 중 대통령령으로 정하는 공공기관이 건축하는 건축물

다. 그 밖에 대통령령으로 정하는 용도·규모의 건축물로서 도시경관의 창출, 건설기술 수준향상 및 건축 관련 제도개선을 위하여 특례 적용이 필요하다고 허가권자가 인정하는 건축물

4) 특별건축구역의 지정절차

(1) 지정신청

중앙행정기관의 장, 지정대상지역의 사업구역의 관할하는 시 · 도지사 또는 시장 · 군수

· 구청장은 특별건축구역의 지정이 필요한 경우에는 다음의 자료를 갖추어 국토교통부장관에게 특별건축구역의 지정을 신청할 수 있다.
국토교통부장관은 지정신청기관의 지정신청이 없더라도 필요한 경우 직권으로 특별건축구역을 지정할 수 있다.

가. 특별건축구역의 위치 · 범위 및 면적 등에 관한 사항
나. 특별건축구역의 지정목적 및 필요성
다. 특별건축구역의 내 건축물의 규모 및 용도 등에 관한 사항
라. 특별건축구역의 도시 · 군관리계획에 관한 사항, 이 경우 도시 · 군관리계획의 세부 내용은 대통령령으로 정한다.
마. 건축물의 설계공사감리 및 건축시공 등의 발주방법 등에 관한 사항
바. 특별건축구역 전부 또는 일부를 대상으로 통합하여 적용하는 미술장식, 부설주차장, 공원 등의 시설에 대한 운영관리 계획서. 이 경우 운영관리 계획서의 작성방법, 서식, 내용 등에 관한 사항은 국토교통부령으로 정한다.
사. 그 밖에 특별건축구역의 지정에 필요한 대통령령으로 정하는 사항

(2) 중앙건축위원회의 심의

국토교통부장관은 지정신청이 접수된 경우에는 특별건축구역 지정의 필요성, 타당성 및 공공성 등과 피난 · 방재 등의 사항을 검토하고, 지정여부를 결정하기 위하여 지정신청을 받은 날부터 30일 이내에 중앙건축위원회의 심의를 거쳐야 한다.

(3) 국토교통부장관의 조정

국토교통부장관은 중앙건축위원외의 심의결과를 고려하여 필요한 경우 특별건축구역의 범위, 도시 · 군관리계획 등에 관한 사항을 조정할 수 있다.

(4) 지정 · 고시 및 송부

국토교통부장관은 특별건축구역을 지정하거나 변경 · 해제하는 경우에는 대통령령으로 정하는 바에 따라 주요 내용을 관보에 고시하고, 지정신청기관에 관계 서류의 사본을 송부하여야 한다. 특별건축구역을 지정하거나 변경한 경우에는 「국토의 계획 및 이용에 관한 법률」에 따른 도시 · 군관리계획의 결정(용도지역 · 지구·구역의 지정 및 변경은 제외)이 있는 것으로 본다.

(5) 지형도면의 승인신청

관계 서류의 사본을 받은 지정신청기관은 관계 서류에 도시·군관리계획의 결정사항이 포함되어 있는 경우에는 「국토의 계획 및 이용에 관한 법률」에 따라 지형도면의 승인신청 등 필요한 조치를 취하여야 한다.

(6) 변경지정

지정신청기관은 특별건축구역 지정 이후 변경이 있는 경우 변경지정을 받아야 한다. 이 경우 변경지정을 받아야 하는 변경의 범위, 변경지정의 절차 등 필요한 사항은 대통령령으로 정한다.

(7) 지정해제

국토교통부장관은 다음의 어느 하나에 해당하는 경우에는 특별건축구역의 전부 또는 일부에 대하여 지정을 해제할 수 있다. 이 경우 국토교통부장관은 지정신청기관의 의견을 청취하여야 한다.

가. 지정신청기관의 요청이 있는 경우
나. 거짓이나 그 밖의 부정한 방법으로 지정을 받은 경우
다. 특별건축구역 지정일부터 5년 이내에 특별건축구역 지정목적에 부합하는 건축물의 착공이 이루어지지 아니하는 경우
라. 특별건축구역 지정요건 등을 위반하였으나 시정이 불가능한 경우

5) 특별건축구역 내 건축물의 심의

(1) 건축허가의 신청

특별건축구역에서 건축기준 등의 특례사항을 적용하여 건축허가를 신청하려는 허가신청자는 일정한 사항이 포함된 특례적용계획서를 첨부하여 건축법상 해당 허가권자에게 건축허가를 신청하여야 한다. 이 경우 특례적용계획서의 작성방법 및 제출서류 등은 국토교통부령으로 정한다.

(2) 지방건축위원회의 심의

건축허가는 해당 건축물이 특별건축구역의 지정목적에 적합한지의 여부와 특례적용계획서 등 해당 사항에 대하여 시·도지사 및 시장·군수·구청장이 설치하는 지방건축위원회의 심의를 거쳐야 한다.

(3) 교통영향평가의 통합심의

허가신청자는 건축허가 시 「도시교통정비 촉진법」에 따른 교통영향분석·개선대책의 검토를 동시에 진행하고자 하는 경우에는 교통영향분석·개선대책에 관한 서류를 첨부하여 허가권자에게 심의를 신청할 수 있다. 교통영향분석·개선대책에 대하여 지방건축위원회에서 통합 심의한 경우에는 「도시교통정비 촉진법」에 따른 교통영향분석·개선대책의 심의를 한 것으로 본다.

6) 관계 법령의 적용특례

(1) 적용배제

특별건축구역에 건축하는 건축물에 대하여는 다음의 규정을 적용하지 아니할 수 있다.

> ① 건축법 제42조(대지의 조경), 제55조(건축물의 건폐율), 제58조(대지 안의 공지), 제60조(건축물의 높이제한) 및 제61조(일조 등의 확보를 위한 건축물의 높이제한)
> ② 「주택법」 제35조 중 대통령령으로 정하는 규정

다만, 건축물의 용적률은 적용대상이 된다.

(2) 완화적용

> ① 특별건축구역에 건축하는 건축물이 제49조부터 제53조까지, 제62조, 제64조 및 제66조에 해당하는 때에는 해당 규정에서 요구하는 기준 또는 성능 등을 다른 방법으로 대신할 수 있는 것으로 지방건축위원회가 인정하는 경우에 한하여 해당 규정의 전부 또는 일부를 완화하여 적용할 수 있다.
> ② 「소방시설설치유지 및 안전관리에 관한 법률」 제9조와 제11조에서 요구하는 기준 또는 성능 등을 대통령령으로 정하는 절차·심의방법 등에 따라 다른 방법으로 대신할 수 있는 경우 전부 또는 일부를 완화하여 적용할 수 있다.

7) 통합적용계획의 수립 및 시행

(1) 통합적용계획의 수립대상

특별건축구역에서는 다음의 관계 법령의 규정에 대하여는 개별 건축물마다 적용하지 아니하고 특별건축구역 전부 또는 일부를 대상으로 통합하여 적용할 수 있다.

> ① 「문화예술진흥법」에 따른 건축물에 대한 미술장식
> ② 「주차장법」에 따른 부설주차장의 설치
> ③ 「도시공원 및 녹지 등에 관한 법률」에 따른 공원의 설치

(2) 통합적용계획의 수립기준

지정신청기관은 관계 법령의 규정을 통합 적용하고자 하는 경우에는 특별건축구역 전부 또는 일부에 대하여 미술장식, 부설주차장, 공원 등에 대한 수요를 개별법으로 정한 기준 이상으로 산정하여 파악하고 이용자의 편의성, 쾌적성 및 안전 등을 고려한 통합적용계획을 수립하여야 한다.

(3) 허가권자와의 협의

지정신청기관이 통합적용계획을 수립하는 때에는 해당 구역을 관할하는 허가권자와 협의하여야 하며, 협의요청을 받은 허가권자는 요청받은 날부터 20일 이내에 지정신청기

관에게 의견을 제출하여야 한다.

(4) 계획의 송부

지정신청기관은 도시·군관리계획의 변경을 수반하는 통합적용계획이 수립된 때에는 관련 서류를 「국토의 계획 및 이용에 관한 법률」에 따른 도시·군관리계획 결정권자에게 송부하여야 하며, 이 경우 해당 도시·군관리계획 결정권자는 특별한 사유가 없는 한 도시·군관리계획의 변경에 필요한 조치를 취하여야 한다.

8) 건축주 등의 의무

(1) 원형유지의무

특별건축구역에서 건축기준 등의 적용 특례사항을 적용하여 건축허가를 받은 건축물의 공사감리자, 시공자, 건축주 및 소유자는 시공중이거나 건축물의 사용승인 이후에도 당초 허가를 받은 건축물의 형태, 재료, 색채 등이 원형을 유지하도록 필요한 조치를 하여야 한다.

9) 허가권자 등의 의무

허가권자는 특별건축구역의 건축물에 대하여 설계자의 창의성·심미성 등의 발휘와 제도개선·기술발전 등이 유도될 수 있도록 노력하여야 한다.

허가권자는 모니터링 결과를 국토교통부장관 또는 특별시장·광역시장·도지사에게 제출하여야 하며, 국토교통부장관 또는 특별시장·광역시장·도지사는 검사 및 모니터링 결과 등을 분석하여 필요한 경우 이 법 또는 관계 법령의 제도개선을 위하여 노력하여야 한다.

10) 특별건축구역 건축물의 검사

(1) 시정명령

국토교통부장관 및 허가권자는 특별건축구역의 건축물에 대하여 검사를 실시할 수 있으며, 필요한 경우 시정명령 등 필요한 조치를 취할 수 있다.

(2) 모니터링의 시행 또는 용역의뢰

국토교통부장관 및 허가권자는 모니터링 대상으로 지정된 건축물에 대하여 모니터링을 직접 시행하거나 분야별 전문가 또는 전문기관에 용역을 의뢰할 수 있다. 이 경우 해당 건축물의 건축주, 소유자 또는 관리자는 특별한 사유가 없는 한 모니터링에 필요한 사항에 대하여 협조하여야 한다.

11) 건축 협정

(1) 건축협정의 체결

① 토지 또는 건축물의 소유자, 지상권자 등 대통령령으로 정하는 자(이하 "소유자등"이라 한다)는 전원의 합의로 다음 각 호의 어느 하나에 해당하는 지역 또는 구역에서 건축물의 건축 · 대수선 또는 리모델링에 관한 협정(이하 "건축협정"이라 한다)을 체결할 수 있다.

1. 「국토의 계획 및 이용에 관한 법률」 제51조에 따라 지정된 지구단위계획구역
2. 「도시 및 주거환경정비법」 제2조제2호가목 및 마목에 따른 주거환경개선사업을 시행하기 위하여 같은 법 제4조에 따라 지정 · 고시된 정비구역
3. 「도시재정비 촉진을 위한 특별법」 제2조제6호에 따른 존치지역
4. 「도시재생 활성화 및 지원에 관한 특별법」 제2조제1항제5호에 따른 도시재생활성화지역
5. 그 밖에 특별자치시장 · 특별자치도지사 또는 시장 · 군수·구청장(이하 "건축협정인가권자"라 한다)이 도시 및 주거환경개선이 필요하다고 인정하여 해당 지방자치단체의 조례로 정하는 구역

② 제①항 각 호의 지역 또는 구역에서 둘 이상의 토지를 소유한 자가 1인인 경우에도 그 토지 소유자는 해당 토지의 구역을 건축협정 대상 지역으로 하는 건축협정을 정할 수 있다. 이 경우 그 토지 소유자 1인을 건축협정 체결자로 본다.

③ 소유자등은 제①항에 따라 건축협정을 체결(제②항에 따라 토지 소유자 1인이 건축협정을 정하는 경우를 포함한다. 이하 같다)하는 경우에는 다음 각 호의 사항을 준수하여야 한다.

1. 이 법 및 관계 법령을 위반하지 아니할 것
2. 「국토의 계획 및 이용에 관한 법률」 제30조에 따른 도시 · 군관리계획 및 이 법 제77조의11제①항에 따른 건축물의 건축·대수선 또는 리모델링에 관한 계획을 위반하지 아니할 것

④ 건축협정은 다음 각 호의 사항을 포함하여야 한다.

1. 건축물의 건축 · 대수선 또는 리모델링에 관한 사항
2. 건축물의 위치 · 용도 · 형태 및 부대시설에 관하여 대통령령으로 정하는 사항

⑤ 소유자등이 건축협정을 체결하는 경우에는 건축협정서를 작성하여야 하며, 건축협정서에는 다음 각 호의 사항이 명시되어야 한다.

1. 건축협정의 명칭
2. 건축협정 대상 지역의 위치 및 범위

3. 건축협정의 목적
4. 건축협정의 내용
5. 제1항 및 제2항에 따라 건축협정을 체결하는 자(이하 "협정체결자"라 한다)의 성명, 주소 및 생년월일(법인, 법인 아닌 사단이나 재단 및 외국인의 경우에는 「부동산등기법」 제49조에 따라 부여된 등록번호를 말한다. 이하 제6호에서 같다)
6. 제77조의5제1항에 따른 건축협정운영회가 구성되어 있는 경우에는 그 명칭, 대표자 성명, 주소 및 생년월일
7. 건축협정의 유효기간
8. 건축협정 위반 시 제재에 관한 사항
9. 그 밖에 건축협정에 필요한 사항으로서 해당 지방자치단체의 조례로 정하는 사항

⑥ 시·도지사가 필요하다고 인정하여 조례로 구역을 정하려는 때에는 해당 시장·군수·구청장의 의견을 들어야 한다.

(2) 건축협정운영회의 설립

① 협정체결자는 건축협정서 작성 및 건축협정 관리 등을 위하여 필요한 경우 협정체결자 간의 자율적 기구로서 운영회(이하 "건축협정운영회"라 한다)를 설립할 수 있다.
② 제1항에 따라 건축협정운영회를 설립하려면 협정체결자 과반수의 동의를 받아 건축협정운영회의 대표자를 선임하고, 국토교통부령으로 정하는 바에 따라 건축협정인가권자에게 신고하여야 한다. 다만, 제77조의6에 따른 건축협정 인가 신청 시 건축협정운영회에 관한 사항을 포함한 경우에는 그러하지 아니하다.

(3) 건축협정의 인가

① 협정체결자 또는 건축협정운영회의 대표자는 건축협정서를 작성하여 국토교통부령으로 정하는 바에 따라 해당 건축협정인가권자의 인가를 받아야 한다. 이 경우 인가신청을 받은 건축협정인가권자는 인가를 하기 전에 건축협정인가권자가 두는 건축위원회의 심의를 거쳐야 한다.
② 제1항에 따른 건축협정 체결 대상 토지가 둘 이상의 특별자치시 또는 시·군·구에 걸치는 경우 건축협정 체결 대상 토지면적의 과반(過半)이 속하는 건축협정인가권자에게 인가를 신청할 수 있다. 이 경우 인가 신청을 받은 건축협정인가권자는 건축협정을 인가하기 전에 다른 특별자치시장 또는 시장·군수·구청장과 협의하여야 한다.

③ 건축협정인가권자는 제1항에 따라 건축협정을 인가하였을 때에는 국토교통부령으로 정하는 바에 따라 그 내용을 공고하여야 한다.

(4) 건축협정의 변경

① 협정체결자 또는 건축협정운영회의 대표자는 제77조의6제1항에 따라 인가받은 사항을 변경하려면 국토교통부령으로 정하는 바에 따라 변경인가를 받아야 한다. 다만, 대통령령으로 정하는 경미한 사항을 변경하는 경우에는 그러하지 아니하다.

② 제1항에 따른 변경인가에 관하여는 제77조의6을 준용한다.

(5) 건축협정의 관리

건축협정인가권자는 제77조의6 및 제77조의7에 따라 건축협정을 인가하거나 변경인가하였을 때에는 국토교통부령으로 정하는 바에 따라 건축협정 관리대장을 작성하여 관리하여야 한다.

(6) 건축협정의 폐지

① 협정체결자 또는 건축협정운영회의 대표자는 건축협정을 폐지하려는 경우에는 협정체결자 과반수의 동의를 받아 국토교통부령으로 정하는 바에 따라 건축협정인가권자의 인가를 받아야 한다.

② 제1항에 따른 건축협정의 폐지에 관하여는 제77조의6제3항을 준용한다.

(7) 건축협정의 효력 및 승계

① 건축협정이 체결된 지역 또는 구역(이하 "건축협정구역"이라 한다)에서 건축물의 건축 · 대수선 또는 리모델링을 하거나 그 밖에 대통령령으로 정하는 행위를 하려는 소유자등은 제77조의6 및 제77조의7에 따라 인가 · 변경인가된 건축협정에 따라야 한다.

② 제77조의6제3항에 따라 건축협정이 공고된 후 건축협정구역에 있는 토지나 건축물 등에 관한 권리를 협정체결자인 소유자등으로부터 이전받거나 설정받은 자는 협정체결자로서의 지위를 승계한다. 다만, 건축협정에서 달리 정한 경우에는 그에 따른다.

(8) 건축협정에 관한 계획 수립 및 지원

① 건축협정인가권자는 소유자등이 건축협정을 효율적으로 체결할 수 있도록 건축협정구역에서 건축물의 건축·대수선 또는 리모델링에 관한 계획을 수립할 수 있다.

② 건축협정인가권자는 대통령령으로 정하는 바에 따라 도로 개설 및 정비 등 건축협정구역 안의 주거환경개선을 위한 사업비용의 일부를 지원할 수 있다.

(9) 경관협정과의 관계

① 소유자등은 제77조의4에 따라 건축협정을 체결할 때 「경관법」 제19조에 따른 경관협정을 함께 체결하려는 경우에는 「경관법」 제19조제3항 · 제4항 및 제20조에 관한 사항을 반영하여 건축협정인가권자에게 인가를 신청할 수 있다.

② 제1항에 따른 인가 신청을 받은 건축협정인가권자는 건축협정에 대한 인가를 하기 전에 건축위원회의 심의를 하는 때에 「경관법」 제29조제3항에 따라 경관위원회와 공동으로 하는 심의를 거쳐야 한다.

③ 제2항에 따른 절차를 거쳐 건축협정을 인가받은 경우에는 「경관법」 제21조에 따른 경관협정의 인가를 받은 것으로 본다.

(10) 건축협정에 따른 특례

① 제77조의4제1항에 따라 건축협정을 체결하여 제59조제1항제1호에 따라 둘 이상의 건축물 벽을 맞벽으로 하여 건축하려는 경우 맞벽으로 건축하려는 자는 공동으로 제11조에 따른 건축허가를 신청할 수 있다.

② 제1항의 경우에 제17조, 제21조, 제22조 및 제25조에 관하여는 개별 건축물마다 적용하지 아니하고 허가를 신청한 건축물 전부 또는 일부를 대상으로 통합하여 적용할 수 있다.

③ 건축협정의 인가를 받은 건축협정구역에서는 다음 각 호의 관계 법령의 규정을 개별 건축물마다 적용하지 아니하고 건축협정구역의 전부 또는 일부를 대상으로 통합하여 적용할 수 있다.

1. 제42조에 따른 대지의 조경
2. 제44조에 따른 대지와 도로와의 관계
3. 제53조에 따른 지하층의 설치
4. 제55조에 따른 건폐율
5. 「주차장법」 제19조에 따른 부설주차장의 설치
6. 「하수도법」 제34조에 따른 개인하수처리시설의 설치

④ 제3항에 따라 관계 법령의 규정을 적용하려는 경우에는 건축협정구역 전부 또는 일부에 대하여 조경 및 부설주차장에 대한 기준을 이 법 및 「주차장법」에서 정한 기준 이상으로 산정하여 적용하여야 한다.

⑤ 건축협정을 체결하여 둘 이상 건축물의 경계벽을 전체 또는 일부를 공유하여 건축하는 경우에는 제1항부터 제4항까지의 특례를 적용하며, 해당 대지를 하나의 대지로 보아 이 법의 기준을 개별 건축물마다 적용하지 아니하고 허가를 신청한 건축물의 전부 또는 일부를 대상으로 통합하여 적용할 수 있다.

⑥ 건축협정구역에 건축하는 건축물에 대하여는 제42조, 제55조, 제56조, 제58조, 제60조 및 제61조와 「주택법」 제35조를 대통령령으로 정하는 바에 따라 완화하여 적용할 수 있다. 다만, 제56조를 완화하여 적용하는 경우에는 제4조에 따른 건축위원회의 심의와 「국토의 계획 및 이용에 관한 법률」 제113조에 따른 지방도시계획위원회의 심의를 통합하여 거쳐야 한다.

⑦ 제6항 단서에 따라 통합 심의를 하는 경우 통합 심의의 방법 및 절차 등에 관한 구체적인 사항은 대통령령으로 정한다.

⑧ 제6항 본문에 따른 건축협정구역 내의 건축물에 대한 건축기준의 적용에 관하여는 제72조제1항(제2호 및 제4호는 제외한다)부터 제5항까지를 준용한다. 이 경우 '특별건축구역'은 '건축협정구역'으로 본다.

(11) 건축협정 집중구역 지정

① 건축협정인가권자는 건축협정의 효율적인 체결을 통한 도시의 기능 및 미관의 증진을 위하여 제77조의4제1항 각 호의 어느 하나에 해당하는 지역 및 구역의 전체 또는 일부를 건축협정 집중구역으로 지정할 수 있다.

② 건축협정인가권자는 제1항에 따라 건축협정 집중구역을 지정하는 경우에는 미리 다음 각 호의 사항에 대하여 건축협정인가권자가 두는 건축위원회의 심의를 거쳐야 한다.

1. 건축협정 집중구역의 위치, 범위 및 면적 등에 관한 사항
2. 건축협정 집중구역의 지정 목적 및 필요성
3. 건축협정 집중구역에서 제77조의4제4항 각 호의 사항 중 건축협정인가권자가 도시의 기능 및 미관 증진을 위하여 세부적으로 규정하는 사항
4. 건축협정 집중구역에서 제77조의13에 따른 건축협정의 특례 적용에 관하여 세부적으로 규정하는 사항

③ 제1항에 따른 건축협정 집중구역의 지정 또는 변경 · 해제에 관하여는 제77조의6제3항을 준용한다.

④ 건축협정 집중구역 내의 건축협정이 제2항 각 호에 관한 심의내용에 부합하는 경우에는 제77조의6제1항에 따른 건축위원회의 심의를 생략할 수 있다.

12) 결합 건축

(1) 결합건축 대상지역

① 다음 각 호의 어느 하나에 해당하는 지역에서 대지간의 최단거리가 100미터 이내의 범위에서 대통령령으로 정하는 범위에 있는 2개의 대지의 건축주가 서로 합의한

경우 제56조에 따른 용적률을 개별 대지마다 적용하지 아니하고, 2개의 대지를 대상으로 통합적용하여 건축물을 건축(이하 '결합건축'이라 한다)할 수 있다. 다만, 도시경관의 형성, 기반시설 부족 등의 사유로 해당 지방자치단체의 조례로 정하는 지역 안에서는 결합건축을 할 수 없다.

1. 「국토의 계획 및 이용에 관한 법률」 제36조에 따라 지정된 상업지역
2. 「역세권의 개발 및 이용에 관한 법률」 제4조에 따라 지정된 역세권개발구역
3. 「도시 및 주거환경정비법」 제2조에 따른 정비구역 중 주거환경개선사업의 시행을 위한 구역
4. 그 밖에 도시 및 주거환경 개선과 효율적인 토지이용이 필요하다고 대통령령으로 정하는 지역

② 다음 각 호의 어느 하나에 해당하는 경우에는 제①항 각 호의 어느 하나에 해당하는 지역에서 대통령령으로 정하는 범위에 있는 3개 이상 대지의 건축주 등이 서로 합의한 경우 3개 이상의 대지를 대상으로 결합건축을 할 수 있다.

1. 국가 · 지방자치단체 또는 「공공기관의 운영에 관한 법률」 제4조제1항에 따른 공공기관이 소유 또는 관리하는 건축물과 결합건축하는 경우
2. 「빈집 및 소규모주택 정비에 관한 특례법」 제2조제1항제1호에 따른 빈집 또는 「건축물관리법」 제42조에 따른 빈 건축물을 철거하여 그 대지에 공원, 광장 등 대통령령으로 정하는 시설을 설치하는 경우
3. 그 밖에 대통령령으로 정하는 건축물과 결합 건축하는 경우

③ 제①항 및 제②항에도 불구하고 도시경관의 형성, 기반시설 부족 등의 사유로 해당 지방자치단체의 조례로 정하는 지역 안에서는 결합건축을 할 수 없다.

④ 제①항 또는 제②항에 따라 결합건축을 하려는 2개 이상의 대지를 소유한 자가 1명인 경우는 제77조의4제2항을 준용한다.

(2) 결합건축의 절차

① 결합건축을 하고자 하는 건축주는 제11조에 따라 건축허가를 신청하는 때에는 다음 각 호의 사항을 명시한 결합건축협정서를 첨부하여야 하며 국토교통부령으로 정하는 도서를 제출하여야 한다.

1. 결합건축 대상 대지의 위치 및 용도지역
2. 결합건축협정서를 체결하는 자의 성명, 주소 및 생년월일(법인, 법인 아닌 사단이나 재단 및 외국인의 경우에는 「부동산등기법」 제49조에 따라 부여된 등록번호를 말한다)
3. 「국토의 계획 및 이용에 관한 법률」 제78조에 따라 조례로 정한 용적률과 결합

건축으로 조정되어 적용되는 대지별 용적률

4. 결합건축 대상 대지별 건축계획서

② 허가권자는 「국토의 계획 및 이용에 관한 법률」 제2조제11호에 따른 도시·군계획 사업에 편입된 대지가 있는 경우에는 결합건축을 포함한 건축허가를 아니할 수 있다.

③ 허가권자는 제1항에 따른 건축허가를 하기 전에 건축위원회의 심의를 거쳐야 한다. 다만, 결합건축으로 조정되어 적용되는 대지별 용적률이 「국토의 계획 및 이용에 관한 법률」 제78조에 따라 해당 대지에 적용되는 도시계획조례의 용적률의 100분의 20을 초과하는 경우에는 대통령령으로 정하는 바에 따라 건축위원회 심의와 도시계획위원회 심의를 공동으로 하여 거쳐야 한다.

④ 제1항에 따른 결합건축 대상 대지가 둘 이상의 특별자치시, 특별자치도 및 시·군·구에 걸치는 경우 제77조의6제2항을 준용한다.

(3) 결합건축의 관리

① 허가권자는 결합건축을 포함하여 건축허가를 한 경우 국토교통부령으로 정하는 바에 따라 그 내용을 공고하고, 결합건축 관리대장을 작성하여 관리하여야 한다.

② 허가권자는 결합건축과 관련된 건축물의 사용승인 신청이 있는 경우 해당 결합건축 협정서상의 다른 대지에서 착공신고 또는 대통령령으로 정하는 조치가 이행되었는지를 확인한 후 사용승인을 하여야 한다.

③ 허가권자는 결합건축을 허용한 경우 건축물대장에 국토교통부령으로 정하는 바에 따라 결합건축에 관한 내용을 명시하여야 한다.

④ 결합건축협정서에 따른 협정체결 유지기간은 최소 30년으로 한다. 다만, 결합건축 협정서의 용적률 기준을 종전대로 환원하여 신축·개축·재축하는 경우에는 그러하지 아니한다.

⑤ 결합건축협정서를 폐지하려는 경우에는 결합건축협정체결자 전원이 동의하여 허가권자에게 신고하여야 하며, 허가권자는 용적률을 이전받은 건축물이 멸실된 것을 확인한 후 결합건축의 폐지를 수리하여야 한다. 이 경우 결합건축 폐지에 관하여는 제1항 및 제3항을 준용한다.

⑥ 결합건축협정의 준수 여부, 효력 및 승계에 대하여는 제77조의4제3항 및 제77조의10을 준용한다. 이 경우 "건축협정"은 각각 "결합건축협정"으로 본다.

제6장 기 타

1 감 독

1) 국토교통부장관의 감독

국토교통부장관은 시 · 도지사 또는 시장 · 군수 · 구청장이 한 명령이나 처분이 이 법이나 이 법에 따른 명령이나 처분 또는 조례에 위반되거나 부당하다고 인정하면 그 명령 또는 처분의 취소 · 변경, 그 밖에 필요한 조치를 명할 수 있다.

2) 시 · 도지사의 감독

가. 시 · 도지사는 시장 · 군수 · 구청장이 한 명령이나 처분이 이 법 또는 이 법에 따른 명령이나 처분 또는 조례에 위반되거나 부당하다고 인정하면 그 명령이나 처분의 취소 · 변경, 그 밖에 필요한 조치를 명할 수 있다.

나. 국토교통부장관 및 시 · 도지사는 건축허가의 적법한 운영, 위법 건축물의 관리실태 등 건축행정의 건실한 운영을 지도 · 점검하기 위하여 국토교통부령으로 정하는 바에 따라 매년 지도 · 점검 계획을 수립 · 시행하여야 한다.

다. 국토교통부장관 및 시 · 도지사는 제4조의2에 따른 건축위원회의 심의 방법 또는 결과가 이 법 또는 이 법에 따른 명령이나 처분 또는 조례에 위반되거나 부당하다고 인정하면 그 심의 방법 또는 결과의 취소 · 변경, 그 밖에 필요한 조치를 할 수 있다. 이 경우 심의에 관한 조사 · 시정명령 및 변경절차 등에 관하여는 대통령령으로 정한다.

3) 위반 건축물 등에 대한 조치

① 허가권자는 이 법 또는 이 법에 따른 명령이나 처분에 위반되는 대지나 건축물에 대하여 이 법에 따른 허가 또는 승인을 취소하거나 그 건축물의 건축주 · 공사시공자 · 현장관리인 · 소유자 · 관리자 또는 점유자(이하 '건축주등'이라 한다)에게 공사의 중지를 명하거나 상당한 기간을 정하여 그 건축물의 해체 · 개축 · 증축 · 수선 · 용도변경 · 사용금지 · 사용제한, 그 밖에 필요한 조치를 명할 수 있다.

② 허가권자는 제1항에 따라 허가나 승인이 취소된 건축물 또는 제1항에 따른 시정명령을 받고 이행하지 아니한 건축물에 대하여는 다른 법령에 따른 영업이나 그 밖의

행위를 허가·면허·인가·등록·지정 등을 하지 아니하도록 요청할 수 있다. 다만, 허가권자가 기간을 정하여 그 사용 또는 영업, 그 밖의 행위를 허용한 주택과 대통령령으로 정하는 경우에는 그러하지 아니하다.

③ 제2항에 따른 요청을 받은 자는 특별한 이유가 없으면 요청에 따라야 한다.

④ 허가권자는 제1항에 따른 시정명령을 하는 경우 국토교통부령으로 정하는 바에 따라 건축물대장에 위반내용을 적어야 한다.

⑤ 허가권자는 이 법 또는 이 법에 따른 명령이나 처분에 위반되는 대지나 건축물에 대한 실태를 파악하기 위하여 조사를 할 수 있다.

⑥ 제5항에 따른 실태조사의 방법 및 절차에 관한 사항은 대통령령으로 정한다.

2 이행강제금

1) 의 의

이행강제금이란 종전의 과태료나 벌금이 가지는 일회성처분에 대하여 보다 더 강한 처분을 하여 위반한 부분에 대하여 실효성을 거두기 위해 계속하여 이행을 할 때까지 처분을 하여 계속적으로 부과를 하므로, 위반한 자에 대하여 이행을 하도록 하기 위해 반복적으로 부과하는 제도이다. 최근에는 토지거래허가구역에서도 도입하여 사회적 모순을 해결하기 위한 제도라고 볼 수 있다. 한번 부과로 인하여 행위에 대한 처벌이 없어진 과태료와는 다른 강한 성격을 가진다.

2) 이행강제금의 부과금액

허가권자는 제79조제1항에 따라 시정명령을 받은 후 시정기간 내에 시정명령을 이행하지 아니한 건축주등에 대하여는 그 시정명령의 이행에 필요한 상당한 이행기한을 정하여 그 기한까지 시정명령을 이행하지 아니하면 다음 각 호의 이행강제금을 부과한다. 다만, 연면적(공동주택의 경우에는 세대 면적을 기준으로 한다)이 60제곱미터 이하인 주거용 건축물과 제2호 중 주거용 건축물로서 대통령령으로 정하는 경우에는 다음 각 호의 어느 하나에 해당하는 금액의 2분의 1의 범위에서 해당 지방자치단체의 조례로 정하는 금액을 부과한다.

(1) 50/100 이하 부과

가. 부과사유

① 건축물이 건축법에 따른 건폐율 또는 용적률을 초과하여 건축된 경우

② 허가를 받지 아니하거나 신고를 하지 아니하고 건축된 경우

나. 부과금액 산정방법 : 「지방세법」에 따라 해당 건축물에 적용되는 1m²의 시가표준액의 50/100에 해당하는 금액에 위반면적을 곱한 금액 이하를 부과한다.
다만, 연면적이 60m² 이하인 주거용 건축물인 경우에는 부과금액의 1/2의 범위에서 해당 지방자치단체의 조례로 정하는 금액을 부과(최대 5회까지)한다.

(2) 10/100 이하 부과

가. 부과사유 : 건축물이 위 (1)의 부과사유 외의 위반 건축물에 해당하는 경우

나. 부과금액 산정방법 : 「지방세법」에 따라 그 건축물에 적용되는 시가표준액에 해당하는 금액의 10/100의 범위에서 위반내용에 따라 대통령령으로 정하는 금액을 부과한다. 다만, 다음의 건축물인 경우에는 부과금액의 1/2의 범위에서 해당 지방자치단체의 조례로 정하는 금액을 부과(최대 5회까지)한다.

① 연면적이 85m² 이하인 주거용 건축물인 경우 ② 다음의 주거용 건축물인 경우 가. 사용승인을 받지 아니하고 건축물을 사용한 경우 나. 대지의 조경에 관한 사항을 위반한 경우 다. 건축물의 높이제한을 위반한 경우 라. 일조 등의 확보를 위한 건축물의 높이제한을 위반한 경우 등

(3) 100/100 이하 부과

허가권자는 영리목적을 위한 위반이나 상습적 위반 등 대통령령으로 정하는 경우에 (1)항에 따른 금액을 100분의 100의 범위에서 가중할 수 있다.

(4) 이행강제금의 부과절차 · 방법

가. 사정계고 : 허가권자는 이행강제금을 부과하기 전에 이행강제금을 부과 · 징수한다는 뜻을 미리 문서로써 계고하여야 한다.

나. 부과행위의 요식성 : 허가권자는 이행강제금을 부과하는 경우 금액, 부과사유, 납부기한, 수납기관, 이의제기 방법 및 이의제기 기관 등을 구체적으로 밝힌 문서로 하여야 한다.

다. 부과의 제한 : 허가권자는 최초의 시정명령이 있었던 날을 기준으로 하여 1년에 2회 이내의 범위에서 그 시정명령이 이행될 때까지 반복하여 이행강제금을 부과·징수할 수 있다.
다만, 이행강제금을 1/2 이하로 감액이 가능한 건축물에 대하여는 총 부과 횟수가 5회를 넘지 아니하는 범위에서 해당 지방자치단체의 조례로 부과 횟수를 따로 정할 수 있다.

라. 부과의 중단 : 허가권자는 시정명령을 받은 자가 이를 이행하면 새로운 이행강제금의 부과를 즉시 중지하되, 이미 부과된 이행강제금은 징수하여야 한다.

(5) 부과 및 징수절차

이행강제금의 부과 및 징수절차는 국토교통부령으로 정한다.

> 〈이행강제금의 부과 및 징수절차〉
> 영 제115조의2 제3항에 따른 이행강제금의 부과 및 징수절차는 「국고금관리법 시행규칙」을 준용한다. 이 경우 납입고지서에는 이의신청방법 및 이의신청기간을 함께 기재하여야 한다.

(6) 미납자에 대한 조치

허가권자는 이행강제금 부과처분을 받은 자가 이행강제금을 납부기한까지 내지 아니하면 지방세 체납처분의 예에 따라 징수한다.

(7) 이행강제금 부과에 대한 특례

① 허가권자는 제80조에 따른 이행강제금을 다음 각 호에서 정하는 바에 따라 감경할 수 있다. 다만, 지방자치단체의 조례로 정하는 기간까지 위반내용을 시정하지 아니한 경우는 제외한다.

1. 축사 등 농업용·어업용 시설로서 500㎡(「수도권정비계획법」 제2조제1호에 따른 수도권 외의 지역에서는 1천㎡) 이하인 경우는 5분의 1을 감경
2. 그 밖에 위반 동기, 위반 범위 및 위반 시기 등을 고려하여 대통령령으로 정하는 경우(제80조제2항에 해당하는 경우는 제외한다)에는 100분의 75의 범위에서 대통령령으로 정하는 비율을 감경

② 허가권자는 법률 제4381호 건축법개정법률의 시행일(1992년 6월 1일을 말한다) 이전에 이 법 또는 이 법에 따른 명령이나 처분을 위반한 주거용 건축물에 관하여는 대통령령으로 정하는 바에 따라 제80조에 따른 이행강제금을 감경할 수 있다.

3 위반건축물 등에 대한 조치

1) 허가 등의 취소 및 시정명령

(1) 위반자에 대한 조치사항

허가권자는 대지나 건축물이 건축법 또는 건축법에 따른 명령이나 처분에 위반되면 건축법에 따른 허가 또는 승인을 취소하거나 그 건축물의 건축주·공사시공자·현장관리인·소유자·관리자 또는 점유자에게 공사의 중지를 명하거나 상당한 기간을 정하여 그 건축물의 철거·개축·증축·수선·용도변경·사용금지·사용제한, 그 밖에 필요한 조치를 명할 수 있다.

(2) 영업허가 등의 제한요청

허가권자는 허가나 승인이 취소된 건축물 또는 시정명령을 받고 이행하지 아니한 건축물에 대하여는 다른 법령에 따른 영업이나 그 밖의 행위를 허가 · 면허 · 인가 · 등록 · 지정 등을 하지 아니하도록 요청할 수 있다. 다만, 허가권자가 기간을 정하여 그 사용 또는 영업, 그 밖의 행위를 허용한 주택과 대통령령으로 정하는 경우에는 그러하지 아니하다.

(3) 표지의 설치

허가권자는 시정명령을 하는 경우 국토교통부령으로 정하는 표지를 그 위반 건축물이나 그 대지에 설치하여야 하며, 국토교통부령으로 정하는 바에 따라 건축물대장에 위반내용을 적어야 한다. 누구든지 표지설치를 거부 또는 방해하거나 훼손하여서는 아니된다.

(4) 청 문

허가권자는 허가나 승인을 취소하려면 청문을 실시하여야 한다.

(5) 지역건축안전센터 설립

① 지방자치단체의 장은 다음 각 호의 업무를 수행하기 위하여 관할 구역에 지역건축안전센터를 설치할 수 있다.

1. 제21조, 제22조, 제27조 및 제87조에 따른 기술적인 사항에 대한 보고 · 확인 · 검토 · 심사 및 점검

1의2. 제11조, 제14조 및 제16조에 따른 허가 또는 신고에 관한 업무

2. 제25조에 따른 공사감리에 대한 관리 · 감독

3. 그 밖에 대통령령으로 정하는 사항

② 제①항에도 불구하고 다음 각 호의 어느 하나에 해당하는 지방자치단체의 장은 관할 구역에 지역건축안전센터를 설치하여야 한다.

1. 시 · 도

2. 인구 50만명 이상 시 · 군 · 구

3. 국토교통부령으로 정하는 바에 따라 산정한 건축허가 면적(직전 5년 동안의 연평균 건축허가 면적을 말한다) 또는 노후건축물 비율이 전국 지방자치단체 중 상위 30% 이내에 해당하는 인구 50만명 미만 시 · 군 · 구

③ 체계적이고 전문적인 업무 수행을 위하여 지역건축안전센터에 「건축사법」 제23조제1항에 따라 신고한 건축사 또는 「기술사법」 제6조제1항에 따라 등록한 기술사 등 전문인력을 배치하여야 한다.

④ 제①항부터 제③항까지의 규정에 따른 지역건축안전센터의 설치 · 운영 및 전문인력의 자격과 배치기준 등에 필요한 사항은 국토교통부령으로 정한다.

2) 기존의 건축물에 대한 안전점검 및 시정명령

(1) 시정명령

특별자치도지사 또는 시장 · 군수 · 구청장은 기존 건축물이 국가보안상 이유가 있거나 건축물의 대지와 도로에 관한 규정을 위반하여 대통령령으로 정하는 다음의 기준에 해당하면 해당 건축물의 철거 · 개축 · 증축 · 수선 · 용도변경 · 사용금지 · 사용제한, 그 밖에 필요한 조치를 명할 수 있다.

> 1. 지방건축위원회의 심의결과 도로 등 공공시설의 설치에 장애가 된다고 판정된 건축물인 경우
> 2. 허가권자가 지방건축위원회의 심의를 거쳐 붕괴하거나 쓰러질 우려가 있어 다중에게 위해를 줄 우려가 크다고 인정하는 건축물인 경우
> 3. 군사작전구역에 있는 건축물로서 국가안보상 필요하여 국방부장관이 요청하는 건축물인 경우

(2) 손실보상

가. 시가보상 : 특별자치도지사 또는 시장 · 군수 · 구청장은 필요한 조치를 명하면 대통령령으로 정하는 바에 따라 정당한 보상을 하여야 한다.

나. 협의 불성립 시 공탁 및 통지 : 보상금액에 관하여 협의가 성립되지 아니한 경우 특별자치도지사 또는 시장 · 군수 · 구청장은 그 보상금액을 지급하거나 공탁하고 그 사실을 해당 건축물의 건축주에게 알려야 한다. 이 경우 그 건축주가 원하면 전자문서로 알릴 수 있다.

다. 재결신청 : 보상금의 지급 또는 공탁에 불복하는 자는 지급 또는 공탁의 통지를 받은 날부터 20일 이내에 관할 토지수용위원회에 재결을 신청할 수 있다.

(3) 미관지구 등에서의 개축명령

특별자치도지사 또는 시장 · 군수 · 구청장은 미관지구 또는 경관지구 안의 건축물로서 도시미관이나 주거환경상 현저히 장애가 된다고 인정하면 건축위원회의 의견을 들어 개축이나 수선을 하게 할 수 있다.

4 벌 칙

1) 행정형벌(징역 또는 벌금)

(1) 10년 이하의 징역이나 10억원 이하 벌금

① 업무상 과실로 제106조제1항의 죄를 범한 자는 5년 이하의 징역이나 금고 또는 5억원 이하의 벌금에 처한다.

② 업무상 과실로 제106조제2항의 죄를 범한 자는 10년 이하의 징역이나 금고 또는 10억원 이하의 벌금에 처한다.

(2) 무기징역이나 3년 이상의 징역

위 (1)의 죄를 범하여 사람을 죽거나 다치게 한 자

(3) 10년 이하의 징역이나 금고 또는 10억 원 이하의 벌금

업무상 과실로 위 (2)에 해당하는 죄를 범한 자

(4) 5년 이하의 징역이나 금고 또는 5억 원 이하의 벌금

업무상 과실로 위 (1)에 해당하는 죄를 범한 자

(5) 3년 이하의 징역이나 5억 원 이하의 벌금

도시지역에서 다음의 규정을 위반하여 건축물을 건축하거나 대수선 또는 용도변경을 한 건축주 및 공사시공자, 징역과 벌금은 병과(倂科)할 수 있다.

가. 도시지역에서 제11조제1항, 제19조제1항 및 제2항, 제47조, 제55조, 제56조, 제58조, 제60조, 제61조 또는 제77조의10을 위반하여 건축물을 건축하거나 대수선 또는 용도변경을 한 건축주 및 공사시공자

나. 제52조제1항 및 제2항에 따른 방화에 지장이 없는 재료를 사용하지 아니한 공사시공자 또는 그 재료 사용에 책임이 있는 설계자나 공사감리자

다. 제52조의3제1항을 위반한 건축자재의 제조업자 및 유통업자

라. 제52조의4제1항을 위반하여 품질관리서를 제출하지 아니하거나 거짓으로 제출한 제조업자, 유통업자, 공사시공자 및 공사감리자

마. 제52조의5제1항을 위반하여 품질인정기준에 적합하지 아니함에도 품질인정을 한 자

(6) 2년 이하의 징역이나 2억 원 이하의 벌금

가. 제27조 제2항(현장조사·검사 및 확인업무 대행자의 보고의무)의 규정에 따른 보고를 허위로 한 자

나. 제87조의2제1항제1호에 따른 보고 · 확인 · 검토 · 심사 및 점검을 거짓으로 한 자

(7) 2년 이하의 징역 또는 1억 원 이하의 벌금

가. 도시지역 밖에서 제11조제1항, 제19조제1항 및 제2항, 제47조, 제55조, 제56조, 제58조, 제60조, 제61조, 제77조의10을 위반하여 건축물을 건축하거나 대수선 또는 용도변경을 한 건축주 및 공사시공자

나. 제13조제5항을 위반한 건축주 및 공사시공자

다. 제16조(변경허가 사항만 해당한다), 제21조제5항, 제22조제3항 또는 제25조제7항

을 위반한 건축주 및 공사시공자

라. 제20조제1항에 따른 허가를 받지 아니하거나 제83조에 따른 신고를 하지 아니하고 가설건축물을 건축하거나 공작물을 축조한 건축주 및 공사시공자

마. 다음 각 목의 어느 하나에 해당하는 자

① 제25조제1항을 위반하여 공사감리자를 지정하지 아니하고 공사를 하게 한 자

② 제25조제1항을 위반하여 공사시공자 본인 및 계열회사를 공사감리자로 지정한 자

바. 제25조제3항을 위반하여 공사감리자로부터 시정 요청이나 재시공 요청을 받고 이에 따르지 아니하거나 공사 중지의 요청을 받고도 공사를 계속한 공사시공자

사. 제25조제6항을 위반하여 정당한 사유 없이 감리중간보고서나 감리완료보고서를 제출하지 아니하거나 거짓으로 작성하여 제출한 자

아. 제27조제2항을 위반하여 현장조사 · 검사 및 확인 대행 업무를 한 자

자. 제40조제4항을 위반한 건축주 및 공사시공자

차. 제43조제1항, 제49조, 제50조, 제51조, 제53조, 제58조, 제61조제1항 · 제2항 또는 제64조를 위반한 건축주, 설계자, 공사시공자 또는 공사감리자

카. 제48조를 위반한 설계자, 공사감리자, 공사시공자 및 제67조에 따른 관계전문기술자

타. 제50조의2제1항을 위반한 설계자, 공사감리자 및 공사시공자

파. 제48조의4를 위반한 건축주, 설계자, 공사감리자, 공사시공자 및 제67조에 따른 관계전문기술자

하. 제62조를 위반한 설계자, 공사감리자, 공사시공자 및 제67조에 따른 관계전문기술자

(8) 5,000만 원 이하의 벌금

가. 제14조, 제16조(변경신고 사항만 해당한다), 제20조제3항, 제21조제1항, 제22조제1항 또는 제83조제1항에 따른 신고 또는 신청을 하지 아니하거나 거짓으로 신고하거나 신청한 자

나. 제24조제3항을 위반하여 설계 변경을 요청받고도 정당한 사유 없이 따르지 아니한 설계자

다. 제24조제4항을 위반하여 공사감리자로부터 상세시공도면을 작성하도록 요청받고도 이를 작성하지 아니하거나 시공도면에 따라 공사하지 아니한 자

라. 제24조제6항을 위반하여 현장관리인을 지정하지 아니하거나 착공신고서에 이를 거짓으로 기재한 자

마. 제28조제1항을 위반한 공사시공자

바. 제41조나 제42조를 위반한 건축주 및 공사시공자

사. 제43조제4항을 위반하여 공개공지등의 활용을 저해하는 행위를 한 자

아. 제52조의2를 위반하여 실내건축을 한 건축주 및 공사시공자
자. 제52조의4제5항을 위반하여 건축자재에 대한 정보를 표시하지 아니하거나 거짓으로 표시한 자

(9) 양벌규정

가. 법인의 대표자, 대리인, 사용인, 그 밖의 종업원이 그 법인의 업무에 관하여 제106조의 위반행위를 하면 행위자를 벌할 뿐만 아니라 그 법인에도 10억원 이하의 벌금에 처한다. 다만, 법인이 그 위반행위를 방지하기 위하여 해당 업무에 관하여 상당한 주의와 감독을 게을리하지 아니한 때에는 그러하지 아니하다.
나. 개인의 대리인, 사용인, 그 밖의 종업원이 그 개인의 업무에 관하여 제106조의 위반행위를 하면 행위자를 벌할 뿐만 아니라 그 개인에게도 10억원 이하의 벌금에 처한다. 다만, 개인이 그 위반행위를 방지하기 위하여 해당 업무에 관하여 상당한 주의와 감독을 게을리하지 아니한 때에는 그러하지 아니하다.
다. 법인의 대표자, 대리인, 사용인, 그 밖의 종업원이 그 법인의 업무에 관하여 제107조부터 제111조까지의 규정에 따른 위반행위를 하면 행위자를 벌할 뿐만 아니라 그 법인에도 해당 조문의 벌금형을 과(科)한다. 다만, 법인이 그 위반행위를 방지하기 위하여 해당 업무에 관하여 상당한 주의와 감독을 게을리하지 아니한 때에는 그러하지 아니하다.
라. 개인의 대리인, 사용인, 그 밖의 종업원이 그 개인의 업무에 관하여 제107조부터 제111조까지의 규정에 따른 위반행위를 하면 행위자를 벌할 뿐만 아니라 그 개인에게도 해당 조문의 벌금형을 과한다. 다만, 개인이 그 위반행위를 방지하기 위하여 해당 업무에 관하여 상당한 주의와 감독을 게을리하지 아니한 때에는 그러하지 아니하다.

2) 행정질서벌(과태료)

(1) 200만 원 이하의 과태료

가. 제19조제3항에 따른 건축물대장 기재내용의 변경을 신청하지 아니한 자
나. 제24조제2항을 위반하여 공사현장에 설계도서를 갖추어 두지 아니한 자
다. 제24조제5항을 위반하여 건축허가 표지판을 설치하지 아니한 자
라. 제52조의3제2항에 따른 점검을 거부·방해 또는 기피한 자
마. 제48조의3제1항 본문에 따른 공개를 하지 아니한 자

(2) 100만 원 이하의 과태료

가. 제25조제4항을 위반하여 보고를 하지 아니한 공사감리자

나. 제27조제2항에 따른 보고를 하지 아니한 자

다. 제77조제2항을 위반하여 모니터링에 필요한 사항에 협조하지 아니한 건축주, 소유자 또는 관리자

라. 제83조제2항에 따른 보고를 하지 아니한 자

마. 제87조제1항에 따른 자료의 제출 또는 보고를 하지 아니하거나 거짓 자료를 제출하거나 거짓 보고를 한 자

(3) 50만 원 이하의 과태료

제24조제6항을 위반하여 공정 및 안전 관리 업무를 수행하지 아니하거나 공사 현장을 이탈한 현장관리인에게는 50만원 이하의 과태료를 부과한다.

(4) 부과권자

과태료는 대통령령으로 정하는 바에 따라 국토교통부장관, 시 · 도지사 또는 시장 · 군수 · 구청장이 부과 · 징수한다.

(5) 이의신청

과태료 처분에 불복하는 자는 그 처분을 고지받은 날부터 30일 이내에 해당 부과권자에게 이의를 제기할 수 있다.

(6) 과태료 재판

과태료 처분을 받은 자가 이의를 제기하면 해당 부과권자는 지체 없이 관할 법원에 그 사실을 통보하여야 하며, 그 통보를 받은 관할 법원은「비송사건절차법」에 따른 과태료 재판을 한다.

(7) 강제징수

과태료 처분을 고지받은 날부터 30일 이내에 이의를 제기하지 아니하고 과태료를 내지 아니하면 국세 또는 지방세 체납처분의 예에 따라 징수한다.

Chapter

05 주택법

제1장 총 론

1 제정목적

이 법은 쾌적한 주거생활에 필요한 주택의 건설 · 공급 · 관리와 이를 위한 자금의 조달 · 운용 등에 관한 사항을 정함으로써 국민의 주거안정과 주거수준의 향상에 이바지함을 목적으로 한다.

2 주 택

1) 주택의 정의

주택이라 함은 세대의 세대원이 장기간 독립된 주거생활을 영위할 수 있는 구조로 된 건축물의 전부 또는 일부 및 그 부속 토지를 말하며 이를 단독주택과 공동주택으로 구분한다.

'준주택'이란 주택 외의 건축물과 그 부속토지로서 주거시설로 이용가능한 시설 등을 말하며, 그 범위와 종류는 대통령령으로 정한다.

가. 기숙사
나. 다중생활시설
다. 노인복지시설 중 「노인복지법」의 노인복지주택
라. 오피스텔

2) 주택의 종류

(1) 단독주택

1세대가 하나의 건축물 안에서 독립된 주거생활을 할 수 있는 구조로 된 주택을 말하며, 그 종류는 단독주택, 다중주택, 다가구주택 등을 말한다.

(2) 공동주택

건축물의 벽 · 복도 · 계단 그 밖의 설비 등의 전부 또는 일부를 공동으로 사용하는 각 세대가 하나의 건축물 안에서 각각 독립된 주거생활을 영위할 수 있는 구조로 된 주택을 말하며, 그 종류와 범위는 다음과 같다.

(3) 공동주택의 형태별분류

형태분류	아파트	주택으로 쓰이는 층이 5개층 이상인 주택
	연립주택	주택으로 쓰이는 1개동의 바닥면적의 합계가 660m² 초과하는 4개층 이하의 주택
	다세대주택	주택으로 쓰이는 1개동의 바닥면적의 합계가 660m² 이하로서 4개층 이하의 주택

(4) 공동주택의 건설자금에 따른 분류

국민주택	국민주택이라 함은 국민주택기금에 의하여 자금을 지원받아 건설되거나 개량되는 주택으로 단독주택 1호당 또는 공동주택 1세대당 주거 전용면적이 85m² 이하인 주택을 말한다. 다만, 수도권을 제외한 읍/면지역은 1호 또는 1세대당 100m² 이하이어야 한다(최대 100m²까지 가능)
국민주택 등	국민주택+국가, 지방자치단체, 한국토지주택공사, 지방공사가 건설하는 주택 중 주거전용면적이 85m² 이하인 주택 및 임대주택법시행령 규정에 의한 공공건설임대주택 중 85m² 이하의 주택을 말한다.
민간건설 중형국민주택	국가, 지방자치단체, 한국토지주택공사, 지방공사 이외의 사업주체가 건설하는 60m² 초과 85m² 이하인 주택을 말한다. 여기서는 청약저축, 청약예금, 청약부금의 가입자 모두가 공급을 받을 수 있다.
민영주택	국민주택 등을 제외한 주택을 말한다.

(5) 세대구분형 공동주택

'세대구분형 공동주택'이란 공동주택의 주택 내부 공간의 일부를 세대별로 구분하여 생활이 가능한 구조로 하되, 그 구분된 공간 일부에 대하여 구분소유를 할 수 없는 주택으로서 대통령령으로 정하는 건설기준, 면적기준 등에 적합하게 건설된 주택을 말한다. 세대구분형 공동주택의 건설과 관련하여 법 제21조에 따른 주택건설기준 등을 적용하는 경우 세대구분형 공동주택의 세대수는 그 구분된 공간의 세대에 관계없이 하나의 세대로 산정한다.

가. 세대구분형 공동주택의 세대별로 구분된 각각의 공간마다 별도의 욕실, 부엌과 현관을 설치할 것

나. 하나의 세대가 통합하여 사용할 수 있도록 세대간에 연결문 또는 경량구조의 경계벽 등을 설치할 것

다. 세대구분형 공동주택은 주택단지 공동주택 전체 호수의 3분의 1을 넘지 아니할 것

라. 세대구분형 공동주택의 세대별로 구분된 각각의 공간의 주거전용면적 합계가 주택단지 전체 주거전용면적 합계의 3분의 1을 넘지 아니하는 등 국토교통부장관이 정하는 주거전용면적의 비율에 관한 기준을 충족할 것

3) 주택의 규모 및 규모별 건설비율

가. 사업주체가 건설·공급할 수 있는 주택의 규모는 단독주택은 1호당 330m² 이하로 하고, 공동주택은 1세대당 297m² 이하로 한다. 주택의 단위규모는 주거전용면적으로 산정한다.

민영주택	단독주택	공동주택
	1호당 330m² 이하	1세대당 297m² 이하
국민주택	85m² 이하(수도권 외 읍·면 : 100m² 이하) 국토교통부장관은 도시의 건전한 발전과 산업 및 관광의 진흥을 위하여 필요하거나 그 밖에 특별한 사유가 있는 경우에는 사업주체가 건설·공급할 수 있는 주택의 규모를 따로 정할 수 있다.	

나. 주택의 단위규모의 산정

① 단독주택의 경우에는 그 바닥면적에서 지하실(거실로 사용되는 면적을 제외한다), 본 건축물과 분리된 창고·차고 및 화장실의 면적을 제외한 면적

② 공동주택의 경우에는 외벽의 내부선을 기준으로 산정한 면적. 다만, 2세대 이상이 공동으로 사용하는 부분으로서 다음에 해당하는 공용면적을 제외하며, 이 경우 바닥면적에서 주거전용면적을 제외하고 남는 외벽면적은 공용면적에 가산한다.

1. 복도·계단·현관 등 공동주택의 지상층에 있는 공용면적
2. 1.의 공용면적을 제외한 지하층·관리사무소 등 그 밖의 공용면적

다. 주택의 규모별 건설비율 : 국토교통부장관은 주택수급의 적정을 기하기 위하여 필요하다고 인정하는 때에는 사업주체가 건설하는 주택의 75%(주택조합이나 고용자가 건설하는 주택은 100%) 이하의 범위 안에서 일정 비율 이상을 국민주택규모로 건설하게 할 수 있다.

라. 위 다.의 규정에 의한 국민주택규모 주택의 건설비율은 단위사업계획별로 적용한다.

4) 공공택지

공공택지라 함은 다음에 해당하는 공공사업에 의하여 개발·조성되는 공동주택이 건설되는 용지를 말한다.

가. 국민주택건설 또는 대지조성사업

나. 「택지개발촉진법」에 의한 택지개발사업

다. 「산업입지 및 개발에 관한 법률」에 의한 산업단지개발사업

라. 「국민임대주택건설 등에 관한 특별조치법」에 의한 국민임대주택단지조성사업

마. 「도시개발법」에 따른 도시개발사업(수용 또는 사용의 방식으로 시행하는 사업과 혼용방식 중 수용 또는 사용방식이 적용되는 구역에서 시행하는 사업에 한한다)
바. 「경제자유구역의 지정 및 운영에 관한 법률」에 따른 경제자유구역개발사업(수용 또는 사용의 방식으로 시행하는 사업과 혼용방식 중 수용 또는 사용방식이 적용되는 구역에서 시행하는 사업에 한한다)

5) 주택단지

주택단지라 함은 주택건설 사업계획 또는 대지조성사업계획의 승인을 얻어 주택과 그 부대시설 및 복리시설을 건설하거나 대지를 조성하는 데 사용되는 일단의 토지를 말한다. 다만, 다음의 시설로 분리된 토지는 이를 각각 별개의 주택단지로 본다.

가. 철도 · 고속도로 · 자동차 전용도로
나. 폭 20m 이상인 일반도로
다. 폭 8m 이상인 도시 · 군계획 예정도로
라. 가.~다.의 시설에 준하는 것으로 보행자 및 자동차의 통행이 가능한 도로로서 다음에 해당하는 도로를 말한다.
  ① 「국토의 계획 및 이용에 관한 법률」에 의한 도시 · 군계획시설인 도로로서 국토교통부령이 정하는 도로
  ② 「도로법」에 의한 일반국도 · 특별시도 · 광역시도 또는 지방도
  ③ 그 밖에 관계 법령에 의하여 설치된 도로로서 ① 및 ②에 준하는 도로

6) 사업주체

사업주체라 함은 주택건설 사업계획 또는 대지조성사업계획의 승인을 얻어 그 사업을 시행하는 다음의 자를 말한다.

가. 국가 · 지방자치단체
나. 「한국토지주택공사법」에 의한 한국토지주택공사
다. 등록한 주택건설사업자 또는 대지조성사업자
라. 그 밖에 이 법에 의하여 주택건설사업 또는 대지조성사업을 시행하는 자

7) 부대시설 · 복리시설 · 간선시설

가. 부대시설 : 주택에 부대되는 시설 또는 설비를 말한다.
  ① 주차장 · 관리사무소 · 담장 및 주택단지 안의 도로
  ② 「건축법」 규정에 의한 건축설비
  ③ ① 및 ②의 시설 · 설비에 준하는 것으로서 대통령령이 정하는 시설 또는 설비

나. 복리시설 : 주택단지 안의 입주자 등의 생활복리를 위한 공동시설

① 어린이놀이터 · 근린생활시설 · 유치원 · 주민운동시설 및 경로당

② 그 밖에 입주자 등의 생활복리를 위하여 대통령령이 정하는 공동시설

다. 간선시설 : 도로 · 상하수도 · 전기시설 · 가스시설 · 통신시설 및 지역난방시설 등 주택단지(2 이상의 주택단지를 동시에 개발하는 경우에는 각각의 주택단지를 말한다) 안의 기간시설을 당해 주택단지 밖에 있는 동종의 기간시설에 연결시키는 시설을 말한다. 다만, 가스시설·통신시설 및 지역난방시설의 경우에는 주택단지 안의 기간시설을 포함한다.

8) 주택조합

주택조합이라 함은 다수의 구성원이 주택을 마련하거나 리모델링하기 위하여 결성하는 다음의 조합을 말한다.

가. 지역주택조합 : 동일한 특별시 · 광역시 · 특별자치시 · 특별자치도 · 시 또는 군(광역시의 관할구역에 있는 군을 제외 한다. 이하 같다)에 거주하는 주민이 주택을 마련하기 위하여 설립한 조합

나. 직장주택조합 : 동일한 직장의 근로자가 주택을 마련하기 위하여 설립한 조합

다. 리모델링 주택조합 : 공동주택의 소유자가 당해 주택을 리모델링하기 위하여 설립한 조합

9) 입주자

가. 입주자라 함은 다음 각 목에 규정된 자를 말한다.

① 주택을 공급받는 자

② 주택의 소유자

③ 주택의 소유자 또는 그 소유자를 대리하는 배우자 및 직계존비속

나. 사용자라 함은 주택을 임차하여 사용하는 자 등을 말한다.

다. 관리주체라 함은 공동주택을 관리하는 다음의 자를 말한다.

① 자치관리기구의 대표자인 공동주택의 관리사무소장

② 관리업무를 인계하기 전의 사업주체

③ 주택관리업자

④ 임대사업자

3 국가 등의 의무

1) 국가 등의 의무

국가 및 지방자치단체는 주택정책을 수립·시행함에 있어 다음 각 호의 사항을 달성하기 위하여 노력하여야 한다.

가. 국민의 쾌적하고 살기 좋은 주거생활이 가능하도록 할 것

나. 주택시장의 원활한 기능발휘와 주택산업의 건전한 발전을 기할 수 있도록 할 것

다. 주택이 공평하고 효율적으로 공급되며 쾌적하고 안전하게 관리될 수 있도록 할 것

라. 저소득자·무주택자 등 주거복지 차원에서 지원이 필요한 계층에게는 국민주택규모의 주택이 우선적으로 공급될 수 있도록 할 것

2) 주택정책에 대한 협의

가. 중앙행정기관의장, 특별시장·광역시장 또는 도지사·특별자치도지사(이하 '시·도지사'라 한다)는 다음 각 호의 업무와 관련하여 이 법에 규정한 사항 외의 자기 소관업무에 관하여 필요한 조취를 취하고자 할 때에는 미리 국토교통부장관과 협의하여야 한다.

> 1. 주택의 건설·공급 및 관리
> 2. 제1호의 업무를 위한 자금의 조달·운용에 관련되는 사항

나. 협의대상기관·협의범위 및 절차 등에 관하여는 대통령령으로 정한다.

3) 주거실태조사

가. 국토교통부장관, 특별시장·광역시장·특별자치도지사·시장 또는 군수는 다음의 사항에 대하여 대통령령이 정하는 바에 의하여 주거실태조사를 실시할 수 있다.

> 1. 주택보급률
> 2. 주택의 유형·규모
> 3. 주택자금
> 4. 그 밖에 주택의 건설·공급 및 관리에 관한 사항으로서 대통령령이 정하는 사항

나. 국토교통부장관이 실시하는 주거실태조사는 정기조사와 수시조사로 구분하며, 정기조사는 「통계법」에 의하여 지정통계로 지정된 인구총조사 및 주택총조사와 병행하여 실시하여야 하고, 수시조사는 국토교통부장관이 특히 필요하다고 인정하는 경우에 조사항목을 특정하여 실시할 수 있다.

다. 특별시장 · 광역시장 · 특별자치도지사 · 시장 또는 군수가 실시하는 주거실태조사에 관하여는 위 나.의 규정을 준용한다.

라. 주거실태조사의 내용

1. 주택의 지역별 · 형별 · 점유유형별 분포 2. 주택의 규모 · 위치 · 건설기간 3. 택지의 규모 · 위치 · 개발기간 4. 입주형태 · 난방방식 및 관리형태 5. 최저주거기준 미달가구의 현황 6. 주택의 구조 및 설비 7. 가구 및 가구원수

4) 최저주거기준의 설정

(1) 기준설정

국토교통부장관은 국민이 쾌적하고 살기 좋은 생활을 영위하기 위하여 필요한 최저주거기준 설정 · 공고하여야 한다.

(2) 협의 · 심의

국토교통부장관이 최저주거기준을 설정 · 공고하고자 하는 경우에는 미리 관계 중앙행정기관의 장과 협의하고 주택정책심의위원회의 심의를 거쳐야 한다. 공고된 최저주거기준을 변경하고자 하는 경우에도 또한 같다.

(3) 포함내용

최저주거기준에는 주거면적, 용도별 방의 개수, 주택의 구조 · 설비 · 성능 및 환경요소 등 다음의 사항이 포함되어야 하며, 사회적 · 경제적인 여건변화에 따라 그 적정성이 유지되어야 한다.

〈가구구성별 최저주거면적〉 1. 용도별 방의 개수 2. 전용부엌 · 화장실 등 필수적인 설비의 기준 3. 안정성 · 쾌적성 등을 고려한 주택의 구조 · 성능 및 환경기준

(4) 최저주거기준 미달가구에 대한 우선 지원

가. 국가 또는 지방자치단체는 최저주거기준에 미달되는 가구에 대하여 우선적으로 주택을 공급하거나 국민주택기금을 지원하는 등 혜택을 부여할 수 있다.

나. 국가 또는 지방자치단체가 주택정책을 수립시행하거나 사업주체가 주택건설사업을 시행하는 경우에는 최저주거기준에 미달하는 가구를 줄이기 위하여 노력하여야 한다.

다. 국토교통부장관 또는 지방자치단체의 장은 주택의 건설과 관련된 인·허가 등을 함에 있어 그 건설사업의 내용이 최저주거기준에 미달되는 경우에는 당해 기준을 충족하도록 사업계획승인신청서의 보완지시 등 필요한 조취를 취할 수 있다.

라. 국토교통부장관 또는 지방자치단체의 장은 최저주거기준에 미달되는 가구가 밀집한 지역에 대하여는 우선적으로 임대주택을 건설하거나 「도시 및 주거환경정비법」이 정하는 바에 따라 우선적으로 주거환경정비사업을 시행할 수 있도록 하기 위하여 필요한 조치를 할 수 있다.

5) 다른 법률과의 관계

가. 임대주택의 건설·공급 및 관리에 관하여 「임대주택법」으로 정하지 아니한 사항에 대하여는 이 법을 적용한다.

나. 주거환경의 정비에 관하여 「도시 및 주거환경정비법」으로 정하지 아니한 사항에 대하여는 이 법을 적용한다.

4 주택종합계획의 수립

1) 주택종합계획의 수립

(1) 주택종합계획의 수립권자와 내용

국토교통부장관은 국민의 주거안정과 주거수준의 향상을 도모하기 위하여 다음의 사항이 포함된 주택종합계획을 수립·시행하여야 한다.

가. 주택정책의 기본목표 및 기본 방향에 관한 사항

나. 국민주택·임대주택의 건설 및 공급에 관한 사항

다. 주택·택지의 수요·공급 및 관리에 관한 사항

라. 주택자금의 조달 및 운용에 관한 사항

마. 저소득자·무주택자 등 주거복지 차원에서 지원이 필요한 계층에 대한 주택지원에 관한 사항

바. 건전하고 지속가능한 주거환경의 조성 및 정비에 관한 사항

사. 주택의 리모델링에 관한 사항

(2) 주택종합계획의 구분

주택종합계획은 연도별 계획과 10년 단위의 계획으로 구분하며, 연도별 계획은 10년 단위의 계획을 토대로 당해 연도 2월 말까지 수립하여야 한다.

(3) 주택종합계획의 구속성

주택종합계획은 「국토기본법」에 의한 국토종합계획에 적합하여야 하며, 국가·지방자치단체 · 한국토지주택공사 및 「지방공기업법」에 의하여 주택건설사업을 목적으로 설립된 지방공사인 사업주체는 주택종합계획이 정하는 바에 따라 주택건설사업 또는 대지조성사업을 시행하여야 한다.

(4) 주택종합계획의 수립절차

가. 소관별 계획서의 제출요청 : 국토교통부장관은 주택종합계획을 수립하고자 하는 때에는 미리 관계 중앙행정기관의 장 및 시 · 도지사에게 주택종합계획에 반영되어야 할 정책 및 사업에 관한 소관별 계획서의 제출을 요청할 수 있다. 이 경우 관계 중앙행정기관의 장 및 시 · 도지사는 특별한 사유가 없는 한 이에 응하여야 한다.

나. 소관별 계획서의 작성 · 제출 : 소관별 계획서의 제출을 요청받은 관계 중앙행정기관의 장 및 시 · 도지사는 매년 12월 말까지 다음 연도의 주택종합계획에 반영되어야 할 정책 및 사업에 관한 소관별 계획서를 작성하여 국토교통부장관에게 제출하여야 한다. 소관별 계획서에는 다음의 사항이 포함되어야 한다.

① 주택 및 택지의 현황
② 다음 연도의 주택건설계획
③ 다음 연도의 택지수급계획
④ 주택자금조달계획 및 투자계획
⑤ 주택건설자재의 수급계획
⑥ 저소득층의 주거수준 향상을 위한 지원계획
⑦ 주택의 개량 및 리모델링 추진계획
⑧ 「도시 및 주거환경정비법」에 의한 주거환경개선사업 등 정비사업추진계획
⑨ 그 밖에 국토교통부령으로 정하는 사항

(5) 주택자금조달계획서의 제출

국토교통부장관은 주택종합계획을 수립함에 있어 필요한 경우에는 기금수탁자에 대하여 다음 연도의 주택자금조달계획서를 제출하게 할 수 있다.

(6) 주택건설사업계획서의 작성 · 제출

중앙행정기관의 장 및 「정부투자기관 관리기본법」에 의한 정부투자기관의 장은 주택을 건설하고자 하거나 그 소속직원을 위하여 주택을 건설 · 공급하고자 하는 때에는 국토교통부령이 정하는 바에 따라 주택건설사업계획을 작성하여 매년 12월 말까지 국토교통부장관에게 제출하여야 한다.

(7) 협의 · 심의 · 통보

국토교통부장관은 제출받은 소관별 계획서를 기초로 주택종합계획안을 마련하여 관계 중앙행정기관의 장과 협의하고 주택정책심의위원회의 심의를 거쳐 확정한다. 이 경우 국토교통부장관은 지체 없이 확정된 주택종합계획을 관계 중앙행정기관의 장 및 시·도지사에게 통보하여야 한다.

2) 시 · 도 주택종합계획의 수립

(1) 수립권자와 구분

시·도지사는 주택종합계획에 따라 대통령령이 정하는 범위 안에서 당해 특별시·광역시 및 도·특별자치도지사의 조례가 정하는 바에 의하여 연도별 시·도 주택종합계획 및 10년 단위의 시·도 주택종합계획을 수립하여야 한다. 이 경우 시·도 주택종합계획은 주택종합계획에 적합하여야 하며, 연도별 시·도 주택종합계획은 10년 단위의 시·도 주택종합계획에 적합하여야 한다.

(2) 시 · 도 주택종합계획서의 제출

시·도지사가 연도별 시·도 주택종합계획 또는 10년 단위의 시·도 주택종합계획을 수립한때에는 지체 없이 이를 국토교통부장관에게 제출하여야 한다.

(3) 수립기준

시·도 주택종합계획의 수립기준에 대하여는 국토교통부장관이 이를 정할 수 있다.

(4) 10년 단위 시 · 도 주택종합계획의 포함내용

1. 시·도 주택종합계획의 기본목표 및 기본방향
2. 특별시·광역시 또는 도 주택시장의 현황 및 전망
3. 주택의 형별·규모별·점유유형별 수요 전망
4. 주거수준의 목표
5. 시·도 주택종합계획의 내용에 대한 시·도의 추진계획
6. 저소득층의 주거수준 향상을 위한 대책
7. 그 밖에 관할 지역의 주거안정 및 주거복지 향상을 위하여 필요한 사항

제2장 주택의 건설

1 사업자

1) 사업주체

사업주체라 함은 주택건설사업계획 또는 대지조성사업계획의 승인을 얻어 그 사업을 시행하는 자를 말한다.

2) 공동사업주체

가. 토지소유자가 주택을 건설하는 경우에는 등록을 한 자(이하 '등록사업자'라 한다)와 공동으로 사업을 시행할 수 있다. 이 경우 토지소유자와 등록사업자를 공동사업주체로 본다.

나. 주택조합(리모델링 주택조합을 제외한다)이 그 구성원의 주택을 건설하는 경우에는 등록사업자(지방자치단체 · 한국토지주택공사 및 지방공사를 포함)와 공동으로 사업을 시행할 수 있다. 이 경우 주택조합과 등록사업자를 공동사업주체로 본다.

다. 고용자가 그 근로자의 주택을 건설하는 경우에는 등록사업자와 공동으로 사업을 시행하여야 한다. 이 경우 고용자와 등록사업자를 공동사업주체로 본다.

라. 공동사업주체 간의 구체적인 업무 · 비용 및 책임의 분담 등에 관하여는 대통령령이 정하는 범위 안에서 당사자 간의 협약에 따른다.

3) 주택건설사업 등의 등록

(1) 주택건설사업의 등록

1. 국가 · 지방자치단체
2. 한국토지주택공사
3. 지방공사
4. 공익법인의 설립 · 운영에 관한 법률에 의하여 주택건설사업을 목적으로 설립된 공익법인(이하 '공익법인'이라 한다)
5. 주택조합(등록사업자와 공동으로 주택건설사업을 하는 경우에 한한다)
6. 근로자를 고용하는 자(등록사업자와 공동으로 주택건설사업을 시행하는 경우에 한하며, 이하 '고용자'라 한다)

건설하고자 하는 수가 연간(건축허가를 받은 날 이전 또는 이후 1년을 말함) 단독주택의 경우에는 20호, 공동주택의 경우에는 20세대(도시형 생활주택은 30세대) 이상의 주택건설사업을 시행하고자 하는 자 또는 연간 1만m² 이상의 대지조성사업을 시행하고자 하는 자는 국토교통부장관에게 등록하여야 한다.

다만, 다음의 사업주체의 경우에는 예외적으로 그러하지 아니하다.

(2) 등록기준

가. 주택건설사업 또는 대지조성사업의 등록을 하고자 하는 자는 다음의 요건을 갖추어야 한다. 이 경우 「건설산업기본법」에 의하여 등록한 건설업자(건축공사업 또는 토목건축공사업 으로 등록한 자에 한한다)가 주택건설사업 또는 대지조성사업의 등록을 하고자 하는 경우에는 이미 보유하고 있는 자본금 · 기술인력 및 사무실면적을 다음의 기준에 포함하여 산정하며, 다른 법률에 의하여 설립된 무자본특수법인이 국가업무를 위탁받은 범위 내에서 주택건설사업을 시행하는 경우에는 예외적으로 요건을 적용하지 아니한다.

구 분	자본금		기술자	사무실
	법 인	개 인		
주택건설사업자	3억원 이상	자산평가액 6억원 이상	건축분야 기술자 1인 이상	사업의 수행에 필요한 사무장비를 갖출 수 있는 면적
대지조성사업자			토목분야 기술자 1인 이상	

나. 주택건설사업을 등록한 자가 대지조성사업을 함께 영위하기 위하여 등록하는 때에는 대지조성사업의 등록기준에 적합한 기술자를, 대지조성사업을 등록한 자가 주택건설사업을 함께 영위하기 위하여 등록하는 때에는 주택 건설사업의 등록기준에 적합한 기술자를 각각 확보하여야 한다.

다. 다른 법률에 따라 설립된 무자본특수법인이 국가업무를 위탁받은 범위에서 주택건설사업을 시행하는 경우에는 (가)의 요건을 적용하지 아니하며, 「임대주택법」 단서에 따른 특수목적법인 등이 주택건설사업을 시행하는 경우에는 (나), (다)의 내용을 적용하지 아니한다.

(3) 등록사업자의 결격사유

1. 미성년자, 피성년후견인, 피한정후견인
2. 파산선고를 받은 자로서 복권되지 아니한 자
3. 「부정수표단속법」 또는 이 법을 위반하여 금고 이상의 실형의 선고를 받고 그 집행이 종료(집행이 종료된 것으로 보는 경우를 포함한다)되거나 집행이 면제된 날부터 2년이 경과되지 아니한 자
4. 「부정수표단속법」 또는 이 법을 위반하여 금고 이상의 형의 집행유예선고를 받고 그 유예기간 중에 있는 자
5. 등록이 말소된 후 2년이 경과되지 아니한 자
6. 법인의 임원 중 제1호 내지 제5호 가운데 어느 하나에 해당되는 자가 있는 법인

(4) 주택건설사업의 등록말소 또는 영업정지

국토교통부장관은 등록사업자가 다음에 해당하는 경우에는 그 등록을 말소하거나 1년 이내의 기간을 정하여 영업의 정지를 명할 수 있다.

다만, 제1호 또는 제2호에 해당하는 경우에는 그 등록을 말소하여야 한다.

1. 거짓 그 밖의 부정한 방법으로 등록한 때
2. 등록증의 대여 등을 한 때
3. 등록기준에 미달하게 된 때
4. 고의 또는 과실에 의한 공사시공상의 하자로 공중에게 위해를 끼치거나 입주자에게 재산상 손해를 가한 때
5. 제11조 제1항 제1호 내지 제4호 또는 제6호의 어느 하나에 해당할 때. 다만, 법인의 임원 중 제11조 제1항 제6호에 해당하는 자가 있는 경우 6월 이내에 그 임원을 해임한 때에는 그러하지 아니하다.
6. 다음에 해당하는 때
   ① 「건설기술관리법」에 의한 시정명령을 이행하지 아니한 때
   ② 「건설기술관리법」에 의한 시공상세도면의 작성의무를 위반하거나 감리원 또는 공사감독자의 검토 · 확인을 받지 아니하고 시공한 때
   ③ 「건설기술관리법」에 의한 품질시험 및 검사를 실시하지 아니한 때
   ④ 「건설기술관리법」에 의한 안전점검을 실시하지 아니한 때

6의 2. 「택지개발촉진법」에 의한 규정에 위반하여 택지를 전매한 때

7. 그 밖에 이 법 또는 이 법에 의한 명령 또는 처분을 위반한 때

(5) 등록사업자의 시공

가. 등록사업자가 사업계획승인(「건축법」에 의한 공동주택건축허가를 포함한다)을 얻어 분양 또는 임대를 목적으로 주택을 건설하는 경우로서 기술능력 · 주택건설실적 및 주택규모 등에 관하여 다음에서 정하는 기준에 해당하는 경우에는 「건설산업기본법」의 규정에 의한 건설업자로 보아 주택건설공사를 시공할 수 있다.

나. 건설 가능한 규모 : 등록사업자가 건설할 수 있는 주택의 규모는 5층(각 층 거실의 바닥면적 300m² 이내마다 1개소 이상의 직통계단을 설치한 경우에는 6층) 이하로 한다. 다만, 6층 이상의 아파트를 건설한 실적이 있거나 최근 3년 간 300세대 이상의 공동주택을 건설한 실적이 있는 등록사업자는 6층 이상의 주택을 건설할 수 있다.

<주택건설공사를 시공하고자 하는 등록사업자의 기준>

1. 자본금 5억원(개인인 경우에는 자산평가액 10억원) 이상
2. 「건설기술관리법 시행령」 별표 1의 규정에 의한 건축분야 및 토목분야기술자 3인 이상. 이 경우 건축시공 기술사 또는 건축기사 및 토목분야기술인 각 1인이 포함되어야 한다.
3. 최근 5년 간의 주택건설실적 100호 또는 100세대 이상

다. 건설공사비의 제한 : 등록사업자가 주택건설공사를 시공함에 있어서는 당해 건설공사비가 자본금과 자본준비금 · 이익준비금을 합한 금액의 10배(개인인 경우에는 자산평가액의 5배)를 초과할 수 없다.

라. 건설산업기본법의 준용 : 등록사업자가 주택을 건설하는 경우에는 「건설산업기본법」 규정을 준용한다. 이 경우 건설업자는 이를 등록사업자로 본다.

(6) 등록말소 등을 받은 자의 사업수행

등록말소 또는 영업정지의 처분을 받은 등록사업자는 그 처분 전에 사업계획승인을 얻은 사업은 이를 계속 수행할 수 있다. 다만, 등록말소의 처분을 받은 등록사업자가 그 사업을 계속 수행할 수 없는 중대하고 명백한 사유가 있을 경우에는 그러하지 아니하다.

(7) 영업실적 등의 제출

가. 영업실적 등의 제출 : 등록사업자는 국토교통부령이 정하는 바에 의하여 매년 영업실적(개인인 사업자가 당해 사업에 1년 이상 사용한 사업용 자산을 현물출자하여 법인을 설립한 경우에는 그 개인인 사업자의 영업실적을 포함한 실적을 말하며, 등록말소 후 다시 등록한 경우에는 다시 등록한 이후의 실적을 말한다)과 영업계획 및 기술인력 보유현황을 국토교통부장관에게 제출하여야 한다.

나. 주택분양계획 등의 제출 : 등록사업자는 국토교통부령이 정하는 바에 의하여 월별 주택분양계획 및 분양실적을 국토교통부장관에게 제출하여야 한다.

2 주택조합

1) 주택조합의 의의

주택조합이라 함은 다수의 구성원이 주택을 마련하거나 리모델링을 위하여 결성하는 다음의 조합을 말한다.

2) 주택조합의 종류

구 분	내 용
지역주택조합	동일한 특별시 · 광역시 · 특별자치시 · 특별자치도 · 시 또는 군(광역시의 관할구역에 있는 군은 제외한다. 이하 같다)에 거주하는 주민이 주택을 마련하기 위하여 설립한 조합 ① 서울특별시, 인천광역시 및 경기도 ② 대전광역시, 충청남도 및 세종특별시 ③ 충청북도 ④ 광주광역시 및 전라남도 ⑤ 전라북도 ⑥ 대구광역시 및 경상북도 ⑦ 부산광역시, 울산광역시 및 경상남도 ⑧ 강원도 ⑨ 제주특별자치도

직장주택조합	동일한 직장의 근로자가 주택을 마련하기 위하여 설립한 조합
리모델링 주택조합	공동주택의 소유자가 당해 주택을 리모델링하기 위하여 설립한 조합

3) 조합원의 자격

가. 조합원의 자격은 다음과 같다.

지역주택조합	① 조합설립인가신청일부터 당해 조합주택의 입주가능일까지 주택을 소유하지 아니하거나 주거전용면적 85m^2 이하의 주택 1채를 소유한 세대주인 자[세대주를 포함한 세대원(세대주와 동일한 세대별 주민등록표상에 등재되어 있지 아니한 세대주의 배우자 및 배우자와 동일한 세대를 이루고 있는 세대원을 포함한다) 전원이 주택을 소유하고 있지 아니하거나 세대원 중 1인에 한하여 주거전용면적 85m^2 이하의 주택 1채를 소유한 세대의 세대주를 말하며, 이에 해당하는지 여부에 관한 구체적인 기준은 국토교통부령으로 정한다]일 것 ② 조합설립인가신청일 현재 위 ①의 지역에 6월 이상 거주하여 온 자일 것 ③ 본인 또는 본인과 같은 세대별 주민등록표에 등재되어 있지 않은 배우자가 같은 또는 다른 직장주택조합의 조합원이거나 직장주택조합의 조합원이 아닐 것
직장주택조합	① 지역주택조합 조합원자격의 ①에 해당하는 자일 것. 다만, 국민주택을 공급받기 위하여 직장주택조합을 설립하고자 하는 자는 무주택자에 한한다. ② 조합설립인가신청일 현재 동일한 특별시 · 광역시 · 특별자치시 · 특별자치도 · 시 또는 군(광역시의 관할구역에 있는 군을 제외) 안에 소재하는 동일한 국가기관 · 지방자치단체 · 법인에 근무하는 자일 것 ③ 본인 또는 본인과 같은 세대별 주민등록표에 등재되어 있지 않은 배우자가 같은 또는 다른 직장주택조합의 조합원이거나 지역주택조합의 조합원이 아닐 것
리모델링 주택조합	① 사업계획승인을 얻어 건설한 공동주택의 소유자 ② 복리시설을 함께 리모델링하는 경우에는 당해 복리시설의 소유자 ③ 「건축법」에 의한 건축허가를 받아 분양을 목적으로 건설한 공동주택의 소유자와 그 건축물 중 공동주택외의 시설의 소유자
	당해 공동주택 또는 복리시설의 소유권이 수인의 공유에 속하는 경우에는 그 수인을 대표하는 1인을 조합원으로 본다.

나. 주택조합의 조합원이 근무 · 질병치료 · 유학 · 결혼 등 부득이한 사유로 인하여 세대주자격을 일시적으로 상실한 경우로서 시장 · 군수 또는 구청장이 인정하는 경우에는 위 가.의 규정에 의한 조합원자격이 있는 것으로 본다.

다. 조합원의 수 : 주택조합은 20인 이상의 조합원으로 구성되어야 한다. 다만, 리모델링 주택조합의 경우에는 그러하지 아니하다.

라. 지역 · 직장주택조합 조합원의 교체 · 신규가입

① 원칙 : 교체 · 신규가입 등의 금지

지역주택조합 또는 직장주택조합은 설립인가를 받은 후에는 해당 조합원을 교체하거나 신규로 가입하게 할 수 없다.

② 예외 : 교체 · 신규가입 등의 가능

㉠ 조합원수가 설립인가 당시의 사업계획서상 주택건설 예정세대수를 초과하지 아니하는 범위 안에서 시장 · 군수 또는 구청장으로부터 국토교통부령이 정하는 바에 의하여 조합원 추가모집의 승인을 얻은 경우와 다음에 해당하는 사유로 결원이 발생한 범위 안에서 충원하는 경우에는 그러하지 아니하다.

> 1. 조합원의 사망
> 2. 사사업계획승인 이후에 입주자로 선정된 지위가 양도 · 증여 또는 판결 등으로 변경된 경우. 다만, 전매가 금지되는 경우는 제외한다.
> 3. 조합원의 탈퇴 등으로 조합원 수가 주택건설 예정 세대수의 50% 미만이 되는 경우
> 4. 조합원이 무자격자로 판명되어 자격을 상실하는 경우
> 5. 사업계획승인 등의 과정에서 주택건설 예정 세대수가 변경되어 조합원 수가 변경된 세대수의 50% 미만이 되는 경우

㉡ 조합원으로 추가 모집되는 자와 충원되는 자에 대한 조합원 자격요건 충족 여부의 판단은 당해 주택조합의 설립인가 신청일을 기준으로 한다. 다만, 사망의 사유로 인하여 조합원의 지위를 상속받는 자는 조합원 자격요건을 필요로 하지 아니한다.

㉢ 조합원 추가모집의 승인은 1회에 한하여 이를 할 수 있으며, 조합원 추가모집에 따른 주택조합의 변경인가신청은 조합설립인가일부터 3월 이내에 이를 하여야 한다.

4) 주택조합의 설립

(1) 설립의 인가

다수의 구성원이 주택을 마련하거나 리모델링하기 위하여 주택조합을 설립하고자 하는 경우(신고대상 직장주택조합의 경우를 제외)에는 관할 특별자치시장 특별자치도지사 시장 · 군수 · 구청장의 인가를 받아야 한다. 인가받은 내용을 변경하거나 주택조합을 해산하고자 할 때에도 또한 같다. 주택을 마련하기 위하여 주택조합설립인가를 받으려는 자는 다음 각 호의 요건을 모두 갖추어야 한다.

1. 해당 주택건설대지의 80퍼센트 이상에 해당하는 토지의 사용권원을 확보할 것
2. 해당 주택건설대지의 15퍼센트 이상에 해당하는 토지의 소유권을 확보할 것

(2) 등록사업자의 책임

주택조합과 등록사업자가 공동으로 사업을 시행하면서 시공할 경우에는 등록사업자는 시공자로서의 책임뿐만 아니라 자신의 귀책사유로 사업추진이 불가능하게 되거나 지연됨으로 인하여 조합원에게 가한 손해를 배상할 책임이 있다.

(3) 직장주택조합의 신고

국민주택을 공급받기 위하여 직장주택조합을 설립하고자 하는 자는 관할 시장·군수·구청장에게 신고하여야 한다. 신고한 내용을 변경하거나 직장주택조합을 해산하고자 하는 때에도 또한 같다.

(4) 국민주택의 우선공급

주택조합(리모델링 주택조합은 제외)은 그 구성원을 위하여 건설하는 주택을 당해 조합원에게 우선 공급할 수 있으며, 직장주택조합에 대하여는 사업주체가 국민주택을 당해 조합원에게 우선 공급할 수 있다.

(5) 조합의 설립방법 등

인가를 받는 주택조합의 설립방법 · 설립절차, 주택조합 구성원의 자격기준 및 주택조합의 운영 · 관리 등에 관하여 필요한 사항과 직장주택조합의 설립요건 및 신고절차 등에 관하여 필요한 사항은 대통령령으로 정한다. 다만, 투기과열지구 안에서 설립인가를 받은 지역주택조합이 구성원을 선정하는 경우에는 신청서의 접수순서에 따라 조합원의 지위를 인정하여서는 아니된다.

5) 주택조합에 대한 감독

가. 국토교통부장관 또는 시장 · 군수 · 구청장은 주택공급에 관한 질서를 유지하기 위하여 특히 필요하다고 인정되는 경우에는 국가가 관리하고 있는 행정전산망 등을 이용하여 주택조합구성원의 자격 등에 관하여 필요한 사항을 확인할 수 있다.

나. 시장 · 군수 · 구청장은 주택조합 또는 그 조합의 구성원이 이 법 또는 이 법에 의한 명령이나 처분에 위반한 때에는 주택조합의 설립인가를 취소할 수 있다.

다. 주택조합은 대통령령이 정하는 바에 의하여 회계감사를 받아야 하며, 그 감사결과를 관할 시장 · 군수 · 구청장에게 보고하고, 인터넷에 게재하는 등 당해 조합원이 열람할 수 있도록 하여야 한다.

6) 주택조합의 사업계획승인신청

가. 주택조합은 설립인가를 받은 날부터 2년 이내에 사업계획승인(리모델링 주택조합의 경우에는 허가를 말함)을 신청하여야 한다.

나. 주택조합은 등록사업자가 소유하고 있는 토지를 주택건설대지로 사용하여서는 아니된다. 다만, 경매 또는 공매를 통하여 등록사업자의 토지를 매입하는 경우에는 그러하지 아니하다.

7) 직장주택조합의 설립신고

국민주택을 공급받기 위한 직장주택조합을 설립하고자 하는 자는 직장주택조합설립신고서에 다음 각 호의 서류를 첨부하여 관할 시장 · 군수 또는 구청장에게 제출하여야 한다. 이 경우 담당 공무원은 「전자정부 구현을 위한 행정업무 등의 전자화촉진에 관한 법률」에 따른 행정정보의 공동이용을 통하여 주민등록표 등본을 확인하여야 하며, 신고인이 확인에 동의하지 아니하는 경우에는 이를 첨부하도록 하여야 한다.

> 1. 조합원의 명부
> 2. 조합원이 될 자가 당해 직장에 근무하는 자임을 증명할 수 있는 서류(그 직장의 장이 확인한 서류에 한한다)
> 3. 무주택자임을 증명하는 서류

8) 주택조합업무의 대행

① 주택조합(리모델링주택조합은 제외한다.) 및 주택조합의 발기인은 조합원 모집 등 제2항에 따른 주택조합의 업무를 제5조제2항에 따른 공동사업주체인 등록사업자 또는 다음 각 호의 어느 하나에 해당하는 자로서 대통령령으로 정하는 자본금을 보유한 자 외의 자에게 대행하게 할 수 없다.

1. 등록사업자
2. 「공인중개사법」 제9조에 따른 중개업자
3. 「도시 및 주거환경정비법」 제102조에 따른 정비사업전문관리업자
4. 「부동산개발업의 관리 및 육성에 관한 법률」 제4조에 따른 등록사업자
5. 「자본시장과 금융투자업에 관한 법률」 에 따른 신탁업자
6. 그 밖에 다른 법률에 따라 등록한 자로서 대통령령으로 정하는 자

② 제①항에 따라 업무대행자에게 대행시킬 수 있는 주택조합의 업무는 다음 각 호와 같다.

1. 조합원 모집, 토지 확보, 조합설립인가 신청 등 조합설립을 위한 업무의 대행
2. 사업성 검토 및 사업계획서 작성업무의 대행
3. 설계자 및 시공자 선정에 관한 업무의 지원
4. 제15조에 따른 사업계획승인 신청 등 사업계획승인을 위한 업무의 대행
5. 계약금 등 자금의 보관 및 그와 관련된 업무의 대행
6. 그 밖에 총회의 운영업무 지원 등 국토교통부령으로 정하는 사항

③ 주택조합 및 주택조합의 발기인은 업무 중 계약금 등 자금의 보관 업무는 신탁업자에게 대행하도록 하여야 한다.

④ 업무대행자는 국토교통부령으로 정하는 바에 따라 사업연도별로 분기마다 해당 업무

의 실적보고서를 작성하여 주택조합 또는 주택조합의 발기인에게 제출하여야 한다.

⑤ 주택조합의 업무를 대행하는 자는 신의에 따라 성실하게 업무를 수행하여야 하고, 자신의 귀책사유로 주택조합(발기인을 포함한다) 또는 조합원(주택조합 가입 신청자를 포함한다)에게 손해를 입힌 경우에는 그 손해를 배상할 책임이 있다.

⑥ 국토교통부장관은 주택조합의 원활한 사업추진 및 조합원의 권리 보호를 위하여 공정거래위원회 위원장과 협의를 거쳐 표준업무대행계약서를 작성·보급할 수 있다.

9) 주택조합의 회계감사

가. 주택조합은 다음에 해당하는 날부터 30일 이내에 「주식회사의 외부감사에 관한 법률」에 의한 감사인의 회계감사를 받아야 한다.

> 1. 사업계획승인을 얻은 날부터 3월이 경과한 날
> 2. 사업계획승인(제27조제1항제2호에 따른 사업계획승인 대상이 아닌 리모델링인 경우에는 법 제66조제2항에 따른 허가를 말한다)을 받은 날부터 3개월이 지난 날
> 2. 사용검사 또는 임시사용승인을 신청한 날

나. 위 (가)의 규정에 의한 회계감사는 사업계획승인을 얻은 사업별로 실시하여야 한다.

다. 회계감사에 대하여는 「주식회사의 외부감사에 관한 법률」에 의한 회계감사기준을 적용한다.

라. 회계감사를 실시한 자는 회계감사 종료일부터 15일 이내에 회계감사결과를 관할 시장·군수 또는 구청장과 당해 주택조합에 통보하여야 한다.

마. 시장·군수 또는 구청장은 통보받은 회계감사결과의 내용을 검토하여 위법 또는 부당한 사항이 있다고 인정되는 경우에는 그 내용을 당해 주택조합에 통보하고 시정을 요구할 수 있다.

3 주택건설사업의 시행

1) 사업계획 승인 대상

(1) 단독주택

단독주택의 경우에는 30호, 다만, 다음에 해당하는 주택의 경우에는 50호로 한다.

가. 법 제2조제24호 각 목의 어느 하나에 해당하는 공공사업에 따라 조성된 용지를 개별 필지로 구분하지 아니하고 일단(一團)의 토지로 공급받아 해당 토지에 건설하는 단독주택

나. 「건축법 시행령」 제2조제16호에 따른 한옥

(2) 공동주택

공동주택의 경우에는 30세대(리모델링의 경우에는 증가하는 세대수를 기준) 다만, 다음의 다음 각 목의 어느 하나에 해당하는 공동주택을 건설(리모델링의 경우는 제외)하는 경우에는 50세대로 한다.

가. 다음의 요건을 모두 갖춘 단지형 연립주택 또는 단지형 다세대주택

① 세대별 주거전용면적이 30제곱미터 이상일 것

② 해당 주택단지 진입도로의 폭이 6미터 이상일 것. 다만, 해당 주택단지의 진입도로가 두 개 이상인 경우에는 다음의 요건을 모두 갖추면 진입도로의 폭을 4미터 이상 6미터 미만으로 할 수 있다.

㉠ 두 개의 진입도로 폭의 합계가 10미터 이상일 것

㉡ 폭 4미터 이상 6미터 미만인 진입도로는 제5조에 따른 도로와 통행거리가 200미터 이내일 것

나. 「도시 및 주거환경정비법」 제2조제1호에 따른 정비구역에서 같은 조 제2호가목에 따른 주거환경개선사업(같은 법 제23조제1항제1호에 해당하는 방법으로 시행하는 경우만 해당한다)을 시행하기 위하여 건설하는 공동주택. 다만, 같은 법 시행령 제8조제3항제6호에 따른 정비기반시설의 설치계획대로 정비기반시설 설치가 이루어지지 아니한 지역으로서 시장 · 군수 · 구청장이 지정 · 고시하는 지역에서 건설하는 공동주택은 제외한다.

2) 사업계획 승인권자

(1) 원 칙 : 시 · 도지사, 대도시시장, 시장 · 군수

1. 시 · 도지사 또는 서울특별시와 광역시 및 특별자치시를 제외한 인구 50만 이상의 대도시의 시장 : 주택건설사업 또는 대지조성사업으로서 해당 대지 면적이 10만m^2 이상인 경우 2. 특별시장 · 광역시장 특별자치시장 특별자치도지사 또는 시장 · 군수 : 주택건설사업 또는 대지조성사업으로 해당 대지면적이 10만m^2 미만인 경우

(2) 예외 : 국토교통부장관

다음의 자가 사업을 시행하는 경우에는 국토교통부장관이 사업계획의 승인권자이다.

1. 국가 · 한국토지주택공사 2. 330만m^2 이상의 규모로 택지개발촉진법에 의한 택지개발사업 또는 도시개발법에 의한 도시개발사업을 추진하는 지역 중 국토교통부장관이 지정 · 고시하는 지역 안에서 주택건설사업을 시행하는 경우

> 3. 수도권·광역시 지역의 긴급한 주택난 해소가 필요하거나 지역균형개발 또는 광역적 차원의 조정이 필요하여 국토교통부장관이 지정·고시하는 지역 안에서 주택건설사업을 시행하는 경우
> 4. 국가, 지방자치단체, 한국토지공사, 지방공사가 단독 또는 공동으로 총지분의 50%를 초과하여 출자한 위탁관리 부동산투자회사가 공공주택건설사업을 시행하는 경우

3) 사업계획승인의 제외 대상

주택 외의 시설과 주택을 동일건축물로 건축하는 경우 등 대통령령이 정하는 경우에는 사업계획승인대상에서 제외한다.

> 1. 「국토의 계획 및 이용에 관한 법률」에 의한 도시지역 중 상업지역(유통 상업지역을 제외) 또는 준주거지역 안에서 300세대 미만의 주택과 주택 외의 시설을 동일건축물로 건축하는 경우로서 해당 건축물의 연면적에 대한 주택연면적 합계의 비율이 90% 미만인 경우
> 2. 「농어촌정비법」에 의한 생활환경정비사업 중 농업협동조합중앙회가 조달하는 자금으로 시행하는 사업

4) 주택건설규모의 산정방법

주택건설규모를 산정함에 있어 동일한 사업주체(「건축법」에 의한 건축주를 포함)가 일단의 주택단지를 수 개의 공구로 분할하여 주택을 건설하고자 하는 때에는 전체 공구의 주택 건설호수 또는 세대수의 규모를 주택건설규모로 산정한다. 이 경우 주택의 건설기준, 부대시설 및 복리시설의 설치기준과 대지의 조성기준의 적용에 있어서는 전체 공구를 하나의 대지로 본다.

5) 주택건설대지의 소유권 확보

주택건설사업계획의 승인을 얻고자 하는 자는 당해 주택건설대지의 소유권을 확보하여야 한다. 다만, 다음에 해당하는 경우에는 그러하지 아니하다.

> 〈주택건설대지의 소유권을 확보하지 않아도 되는 경우〉
> 1. 「국토의 계획 및 이용에 관한 법률」에 의한 지구단위계획의 결정이 필요한 주택건설사업의 당해 대지면적의 80% 이상을 사용할 수 있는 권원을 확보하지 못한 대지가 제18조의 2 및 제18조의 3에 해당하는 경우
> 2. 사업주체가 주택건설대지의 소유권을 확보하지 못하였으나 당해 대지를 사용할 수 있는 권원을 확보한 경우
> 3. 국가·지방자치단체·한국토지주택공사 또는 지방공사가 주택건설사업을 하는 경우

6) 사업계획의 승인절차

(1) 사업계획승인의 통보

사업계획승인권자는 사업계획승인의 신청을 받은 때에는 정당한 사유가 없는 한 그 신청을 받은 날부터 60일 이내에 사업주체에게 승인여부를 통보하여야 한다.

(2) 승인내용의 통보

국토교통부장관은 주택건설사업계획의 승인을 한 때에는 지체 없이 관할 시 · 도지사에게 그 내용을 통보하여야 한다.

(3) 변경 · 승인

승인을 얻은 사업계획을 변경하고자 하는 때에는 변경·승인을 얻어야 한다. 다만, 국토교통부령이 정하는 경미한 사항을 변경하는 경우에는 그러하지 아니하다.

(4) 사업계획의 내용

사업계획은 쾌적하고 문화적인 주거생활을 영위하는데 적합하도록 작성되어야 하며, 그 사업계획에는 부대시설 및 복리시설의 설치에 관한 계획 등이 포함되어야 한다.

(5) 부당요구금지

사업계획승인권자는 사업계획을 승인함에 있어서 사업주체가 제출하는 사업계획에 당해 주택건설사업 또는 대지조성사업과 직접적으로 관련이 없는 공공청사 등의 용지의 기부채납이나 간선시설 등의 설치에 관한 계획을 포함하도록 요구하여서는 아니 된다.

(6) 승인고시

사업계획승인권자는 사업계획을 승인한 때에는 이에 관한 사항을 고시하여야 하며, 국토교통부장관 또는 시 · 도지사는 사업계획승인서 및 관계 서류의 사본을 지체 없이 관할 시장 · 군수 · 구청장에게 송부하여야 한다. 승인고시에 포함되는 내용은 다음과 같다.

1. 사업의 명칭
2. 사업주체의 성명 · 주소
3. 사업시행지의 위치 · 면적 및 건설주택의 규모
4. 사업시행기간
5. 고시가 의제되는 사항

(7) 공사착공의무기간

사업계획승인을 얻은 사업주체는 승인을 얻은 사업계획대로 사업을 시행하여야 하며 승인을 얻은 날부터 2년 이내에 공사에 착수하여야 한다. 다만, 사업계획승인권자는 다음에 정하는 정당한 사유가 있다고 인정하는 경우에는 사업주체의 신청에 따라 그 사유가 종료된 날부터 1년의 범위 안에서 그 공사의 착수기간을 연장할 수 있다.

> 1. 「문화재보호법」에 의하여 문화재청장의 발굴통지서 교부가 있는 경우
> 2. 당해 사업시행지에 대한 소유권 분쟁으로 인하여 공사착수가 지연되는 경우
> 3. 사업계획승인의 조건으로 부과된 사항을 이행함에 따라 공사착수가 지연되는 경우
> 4. 천재지변 또는 사업주체에게 책임이 없는 불가항력적인 사유로 인하여 공사착수가 지연되는 경우
> 5. 주택건설경기가 극도로 침체되는 등 공사에 착수하지 못할 부득이한 사유가 있어 사업계획승인권자로부터 승인을 얻는 경우

(8) 착공신고

사업계획승인을 얻은 사업주체가 공사에 착수하고자 하는 때에는 국토교통부령이 정하는 바에 의하여 사업계획승인권자에게 신고하여야 한다.

(9) 사업계획승인의 취소

① 사업주체는 승인받은 사업계획대로 사업을 시행하여야 하고, 다음 각 호의 구분에 따라 공사를 시작하여야 한다. 다만, 사업계획승인권자는 대통령령으로 정하는 정당한 사유가 있다고 인정하는 경우에는 사업주체의 신청을 받아 그 사유가 없어진 날부터 1년의 범위에서 공사의 착수기간을 연장할 수 있다.

1. 제15조제1항에 따라 승인을 받은 경우 : 승인받은 날부터 5년 이내
2. 제15조제3항에 따라 승인을 받은 경우

가. 최초로 공사를 진행하는 공구 : 승인받은 날부터 5년 이내

나. 최초로 공사를 진행하는 공구 외의 공구 : 해당 주택단지에 대한 최초 착공신고 일부터 2년 이내

② 사업주체가 제①항에 따라 공사를 시작하려는 경우에는 국토교통부령으로 정하는 바에 따라 사업계획승인권자에게 신고하여야 한다.

③ 사업계획승인권자는 제②항에 따른 신고를 받은 날부터 20일 이내에 신고수리 여부를 신고인에게 통지하여야 한다.

④ 사업계획승인권자는 다음 각 호의 어느 하나에 해당하는 경우 그 사업계획의 승인을 취소(제2호 또는 제3호에 해당하는 경우 「주택도시기금법」 제26조에 따라 주택분양보증이 된 사업은 제외한다)할 수 있다.

1. 사업주체가 제1항(제2호나목은 제외한다)을 위반하여 공사를 시작하지 아니한 경우
2. 사업주체가 경매 · 공매 등으로 인하여 대지소유권을 상실한 경우
3. 사업주체의 부도 · 파산 등으로 공사의 완료가 불가능한 경우

⑤ 사업계획승인권자는 제4항제2호 또는 제3호의 사유로 사업계획승인을 취소하고자

하는 경우에는 사업주체에게 사업계획 이행, 사업비 조달 계획 등 대통령령으로 정하는 내용이 포함된 사업 정상화 계획을 제출받아 계획의 타당성을 심사한 후 취소 여부를 결정하여야 한다.

⑥ 제④항에도 불구하고 사업계획승인권자는 해당 사업의 시공자 등이 제21조제1항에 따른 해당 주택건설대지의 소유권 등을 확보하고 사업주체 변경을 위하여 제15조 제4항에 따른 사업계획의 변경승인을 요청하는 경우에 이를 승인할 수 있다.

(10) 사업계획의 통합 심의

① 사업계획승인권자는 필요하다고 인정하는 경우에 도시계획 · 건축 · 교통 등 사업계획승인과 관련된 다음 각 호의 사항을 통합하여 검토 및 심의할 수 있다.

1. 「건축법」에 따른 건축심의
2. 「국토의 계획 및 이용에 관한 법률」에 따른 도시 · 군관리계획 및 개발행위 관련 사항
3. 「대도시권 광역교통 관리에 관한 특별법」에 따른 광역교통 개선대책
4. 「도시교통정비 촉진법」에 따른 교통영향평가
5. 「경관법」에 따른 경관심의
6. 그 밖에 사업계획승인권자가 필요하다고 인정하여 통합심의에 부치는 사항

② 사업계획승인권자는 제15조제1항 또는 제3항에 따라 사업계획승인을 받으려는 자가 통합심의를 신청하는 경우 통합심의를 하여야 한다. 다만, 사업계획의 특성 및 규모 등으로 인하여 제1항 각 호 중 어느 하나에 대하여 통합심의가 적절하지 아니하다고 인정하는 경우에는 그 사항을 제외하고 통합심의를 할 수 있다.

③ 제15조제1항 또는 제3항에 따라 사업계획승인을 받으려는 자가 통합심의를 신청하는 경우 제1항 각 호와 관련된 서류를 첨부하여야 한다. 이 경우 사업계획승인권자는 통합심의를 효율적으로 처리하기 위하여 필요한 경우 제출기한을 정하여 제출하도록 할 수 있다.

④ 사업계획승인권자가 시장 · 군수 · 구청장인 경우로서 시 · 도지사가 제1항 각 호의 어느 하나에 해당하는 권한을 가진 경우에는 사업계획승인권자가 시 · 도지사에게 통합심의를 요청할 수 있다.

⑤ 통합심의를 하는 지방자치단체의 장은 다음 각 호의 어느 하나에 해당하는 위원회에 속하고 해당 위원회의 위원장의 추천을 받은 위원들과 사업계획승인권자가 속한 지방자치단체 및 제4항에 따라 통합심의를 하는 지방자치단체 소속 공무원으로 소집된 공동위원회를 구성하여 통합심의를 하여야 한다. 이 경우 공동위원회의 구성, 통합심의의 방법 및 절차에 관한 사항은 대통령령으로 정한다.

1. 「건축법」에 따른 중앙건축위원회 및 지방건축위원회

2. 「국토의 계획 및 이용에 관한 법률」에 따라 해당 주택단지가 속한 시 · 도에 설치된 지방도시계획위원회
3. 「대도시권 광역교통 관리에 관한 특별법」에 따라 광역교통 개선대책에 대하여 심의권한을 가진 국가교통위원회
4. 「도시교통정비 촉진법」에 따른 교통영향평가심의위원회
5. 「경관법」에 따른 경관위원회
6. 제1항제6호에 대하여 심의권한을 가진 관련 위원회

⑥ 사업계획승인권자는 통합심의를 한 경우 특별한 사유가 없으면 심의 결과를 반영하여 사업계획을 승인하여야 한다.

⑦ 통합심의를 거친 경우에는 제1항 각 호에 대한 검토 · 심의 · 조사 · 협의 · 조정 또는 재정을 거친 것으로 본다.

7) 사업계획승인의 효과

(1) 인 · 허가의제

사업계획승인권자가 사업계획을 승인함에 있어서 다음의 허가 · 인가 · 결정 · 승인 또는 신고 등에 관하여 관계 행정기관의 장과 협의한 사항에 대하여는 당해 인 · 허가 등을 받은 것으로 본다.

(2) 관련 서류제출

인 · 허가 등의 의제를 받고자 하는 자는 사업계획승인을 신청하는 때에 해당 법률이 정하는 관계 서류를 함께 제출하여야 한다.

(3) 사전협의

사업계획승인권자는 사업계획을 승인하고자 하는 경우에 그 사업계획에 인·허가 의제에 해당하는 사항이 포함되어 있는 경우에는 해당 법률이 정하는 관계 서류를 미리 관계 행정기관의장에게 제출하고 협의하여야 한다. 이 경우 관계 행정기관의 장은 사업계획승인권자의 협의요청을 받은 날부터 30일 이내에 의견을 제출하여야 하며, 당해 법률에서 규정한 인 · 허가 등의 기준을 위반하여 협의에 응하여서는 아니된다.

(4) 수수료의 면제

50% 이상의 국민주택을 건설하는 사업주체가 다른 법률에 의한 인 · 허가 등을 받은 것으로 보는 경우에는 관계 법률에 의하여 부과되는 수수료 등은 이를 면제한다.

(5) 「공익사업을 위한 토지 등의 취득 및 보상에 관한 법률」의 준용

가. 수용 또는 사용의 특례 : 토지 등을 수용 또는 사용하는 경우에는 이 법에 규정한 것

을 제외하고는 「공익사업을 위한 토지 등의 취득 및 보상에 관한 법률」을 준용한다.

나. 사업인정의 간주 : 「공익사업을 위한 토지 등의 취득 및 보상에 관한 법률」을 준용하는 경우에는 사업계획승인을 「공익사업을 위한 토지 등의 취득 및 보상에 관한 법률」에 의한 사업인정으로 본다. 다만, 재결신청은 「공익사업을 위한 토지 등의 취득 및 보상에 관한 법률」 규정에도 불구하고 사업계획승인을 얻은 주택건설사업기간 이내에 할 수 있다.

8) 매도청구

(1) 매도청구자

사업계획승인을 얻은 사업주체는 다음 각 호에 따라 해당 주택건설대지 중 사용할 수 있는 권원을 확보하지 못한 대지(건축물을 포함)의 소유자에게 그 대지를 시가에 따라 매도할 것을 청구할 수 있다. 이 경우 매도청구 대상이 되는 대지의 소유자와 사전에 3개월 이상의 기간 동안 협의하여야 한다.

가. 주택건설대지면적 중 95/100 이상에 대하여 사용권원을 확보한 경우 : 사용권원을 확보하지 못한 대지의 모든 소유자에게 매도청구 가능

나. (가) 외의 경우 : 사용권원을 확보하지 못한 대지의 소유자 중 지구단위계획구역 결정고시일 10년 이전에 해당 대지의 소유권을 취득하여 계속 보유하고 있는 자(대지의 소유기간산정 시 대지소유자가 직계비속 · 직계존속 및 배우자로부터 상속으로 소유권을 취득한 경우에는 피상속인의 소유기간을 합산한다)를 제외한 소유자에게 매도청구 가능

(2) 리모델링 주택조합의 매도청구

인가를 받아 설립된 리모델링 주택조합은 그 리모델링 결의에 찬성하지 아니하는 자의 주택 및 토지에 대하여 매도청구를 할 수 있다.

(3) 법률의 준용

매도청구는 「집합건물의 소유 및 관리에 관한 법률」의 규정을 준용한다. 이 경우 구분소유권 및 대지사용권은 주택건설사업 또는 리모델링 사업의 매도청구의 대상이 되는 건축물 또는 토지의 소유권과 그 밖의 권리로 본다.

9) 소유자의 확인이 곤란한 대지 등에 대한 처분

(1) 공 고

사업계획승인을 받은 사업주체는 당해 주택건설대지 중 사용할 수 있는 권원을 확보하

지 못한 대지의 소유자의 소재확인이 현저히 곤란한 경우에는 전국적으로 배포되는 2 이상의 일간신문에 2회 이상 공고하고, 그 공고한 날부터 30일 이상이 지난 때에는 매도청구대상의 대지로 본다.

(2) 공탁 후 시행

사업주체는 매도청구대상 대지의 감정평가액에 해당하는 금액을 법원에 공탁하고 주택건설사업을 시행할 수 있다.

(3) 가격평가

위 규정에 따른 대지의 감정평가에 관하여는 사업계획승인권자가 추천하는 「부동산 가격공시 및 감정평가에 관한 법률」에 따른 감정평가업자 2인 이상이 평가한 금액을 산술평균하여 산정한다.

4 사업시행에 관한 조치

1) 토지에의 출입

가. 국가 · 지방자치단체 · 한국토지주택공사 및 지방공사인 사업주체가 사업계획의 작성을 위한 조사 또는 측량을 하고자 하는 경우와 국민주택사업을 시행하기 위하여 필요한 경우에는 타인의 토지에 출입하거나 특별한 용도로 이용되지 아니하고 있는 타인의 토지를 재료적치장 또는 임시도로로서 일시 사용할 수 있으며, 특히 필요한 때에는 죽목 · 토석, 그 밖의 장애물을 변경하거나 제거할 수 있다.

나. 사업주체가 국민주택을 건설하거나 국민주택을 건설하기 위한 대지를 조성하는 경우에는 토지나 토지에 정착한 물건 및 그 토지나 물건에 관한 소유권 외의 권리를 수용 또는 사용할 수 있다.

2) 토지에의 출입 등에 따른 손실보상

(1) 손실보상 주체

타인토지에의 출입에 의한 행위로 인하여 손실을 받은 자가 있는 때에는 그 행위를 한 사업주체가 그 손실을 보상하여야 한다.

(2) 협 의

손실보상에 관하여는 그 손실을 보상할 자와 손실을 받은 자가 협의하여야 한다.

(3) 재결신청

손실을 보상할 자 또는 손실을 받은 자는 협의가 성립되지 아니하거나 협의를 할 수 없는 때에는 「공익사업을 위한 토지 등의 취득 및 보상에 관한 법률」에 의한 관할 토지수용위원회에 재결을 신청할 수 있다.

(4) 법률의 준용

관할 토지수용위원회의 재결에 관하여는 「공익사업을 위한 토지 등의 취득 및 보상에 관한 법률」의 규정을 준용한다.

3) 서류의 열람

국민주택을 건설 · 공급하는 사업주체는 주택건설사업 또는 대지조성사업을 시행함에 있어서 필요한 경우에 등기소 및 그 밖의 관계 행정기관의 장에게 필요한 서류의 열람 · 등사나 그 등본 또는 초본의 교부를 무료로 청구할 수 있다.

4) 공공시설의 귀속

가. 사업주체가 사업계획승인을 얻은 사업지구 안의 토지에 새로이 공공시설을 설치하거나 기존의 공공시설에 대체되는 공공시설을 설치하는 경우에 그 공공시설의 귀속에 관하여는 「국토의 계획 및 이용에 관한 법률」의 규정을 준용한다. 이 경우 개발행위허가를 받은 자는 이를 사업주체로, 개발행위허가는 이를 사업계획승인으로, 행정청인 시행자는 이를 한국토지주택공사 및 지방공사로 본다.

나. 행정청인 시행자로 보는 한국토지주택공사 및 지방공사의 경우에 그에게 귀속되는 공공시설은 당해 국민주택사업을 시행하는 목적 외로는 이를 사용하거나 처분할 수 없다.

5) 국 · 공유지 등의 우선 매각 및 임대

(1) 우선 매각토지의 대상

국가 또는 지방자치단체는 그가 소유하는 토지를 매각하거나 임대함에 있어서 다음의 목적으로 당해 토지의 매수나 임차를 원하는 자가 있을 때에는 그에게 우선적으로 당해 토지를 매각하거나 임대할 수 있다.

가. 국민주택규모의 주택을 대통령령이 정하는 비율(50%) 이상으로 건설하는 주택의 건설

나. 설립된 주택조합이 건설하는 주택의 건설

다. 위의 (가.), (나.)의 주택을 건설하기 위한 대지의 조성

(2) 환매 · 임대계약취소

국가 또는 지방자치단체는 국가 또는 지방자치단체로부터 토지를 매수하거나 임차한 자가 그 매수 또는 임차일부터 2년 이내에 국민주택규모의 주택 또는 조합주택을 건설하지 아니하거나 그 주택의 건설을 위한 대지조성사업을 시행하지 아니한 때에는 환매하거나 임대계약을 취소할 수 있다.

6) 환지방식에 의한 도시개발사업으로 조성된 대지의 활용

(1) 사업주체의 체비지 우선매각

가. 사업주체가 국민주택용지로 사용하기 위하여 도시개발사업 시행자에게 체비지의 매각을 요구한 때에는 그 도시개발사업 시행자는 대통령령이 정하는 바(50%)에 의하여 체비지의 총면적의 1/2의 범위 안에서 이를 우선적으로 사업주체에게 매각할 수 있다.

나. 매각방법

① 원 칙 : 도시개발사업 시행자가 체비지를 사업주체에게 국민주택용지로 매각하는 대에는 경쟁입찰의 방법에 의한다.

② 예 외 : 매각을 요구하는 사업주체가 하나인 때에는 수의계약에 의할 수 있다.

(2) 환지계획작성 전 매각요구

사업주체가 「도시개발법」에 의한 환지계획의 작성 전에 체비지의 매각을 요구한 때에는 도시개발사업 시행자는 사업주체에게 매각할 체비지를 그 환지계획에서 하나의 단지로 정하여야 한다.

(3) 체비지의 양도가격

체비지의 양도가격은 국토교통부령이 정하는 바에 의하여 「부동산가격공시 및 감정평가에 관한 법률」에 의한 감정평가업자가 감정평가한 감정가격을 기준으로 한다. 다만, 임대주택을 건설하는 경우 등 국토교통부령이 정하는 경우에는 국토교통부령이 정하는 조성원가를 기준으로 할 수 있다.

7) 토지매수업무 등의 위탁

(1) 위탁의 주체

국가 또는 한국토지주택공사인 사업주체는 주택건설사업 또는 대지조상사업을 위한 토지매수업무와 손실보상업무를 대통령령이 정하는 바에 의하여 관할 지방자치단체의 장에게 위탁할 수 있다.

(2) 위탁수수료

사업주체가 토지매수업무와 손실보상업무를 위탁하는 때에는 그 토지매수금액과 손실보상금액의 2%의 범위 안에서 「공익사업을 위한 토지 등의 취득 및 보상에 관한 법률 시행령」 별표의 요율의 위탁수수료를 당해 지방자치단체에 지급하여야 한다.

5 사업의 시행

1) 주택의 시공 등

(1) 주택건설공사의 시공제한

가. 시공자의 자격

① 사업계획승인을 얻은 주택의 건설공사는 「건설산업기본법」에 의한 건설업자로서 토목건축공사업 또는 건축공사업의 등록을 한 자 또는 건설업자로 간주하는 등록사업자가 아니면 이를 시공할 수 없다.

② 공동주택의 방수·위생 및 냉난방설비공사는 「건설산업기본법」에 의한 건설업자로서 대통령령이 정하는 자가 아니면 이를 시공할 수 없다.

나. 설계와 시공의 분리발주 : 국가 또는 지방자치단체인 사업주체는 사업계획승인을 얻은 주택건설공사의 설계와 시공을 분리하여 발주하여야 한다. 다만, 주택건설공사 중 대통령령이 정하는 대형공사(총공사비가 500억원 이상인 공사)로서 기술관리상 설계와 시공을 분리하여 발주할 수 없는 공사에 대하여는 대통령령이 정하는 입찰방법으로 시행할 수 있다.

(2) 주택건설기준

가. 사업주체가 건설 · 공급하는 주택의 건설 등에 관한 다음의 기준은 대통령령으로 정한다.

① 주택의 배치, 세대 간의 경계벽, 바닥충격음 차단구조, 구조내력(構造耐力) 등에 관한 주택건설기준

② 부대시설의 설치기준

③ 복리시설의 설치기준

④ 주택의 규모 및 규모별 건설비율

⑤ 대지조성기준

⑥ 세대구분형 공동주택, 에너지절약형 친환경주택 및 건강친화형 주택의 건설기준

나. 지방자치단체는 당해 지역의 특성, 주택의 규모 등을 감안하여 주택건설기준 등의 범위 안에서 조례로 구체적인 기준을 정할 수 있다.

다. 사업주체는 주택건설기준 등 및 위 (나.) 의 기준에 따라 주택건설사업 또는 대지조성사업을 시행하여야 한다.

(3) 주택성능등급의 표시

사업주체가 대통령령이 정하는 1,000세대 이상(2006.1.9 도입)의 주택을 공급하고자 하는 때에는 국토교통부장관이 지정하는 기관으로부터 다음에 해당하는 주택의 성능에 대한 등급을 인정받아 이를 입주자 모집공고 안에 표시하여야 한다.

가. 경량충격음 · 중량충격음 · 화장실소음·경계소음 등 소음 관련 등급
나. 리모델링 등에 대비한 가변성 및 수리 용이성 등 구조 관련 등급
다. 조경 · 일조확보율 · 실내공기질 · 에너지절약 등 환경 관련 등급
라. 커뮤니티시설, 사회적 약자 배려, 홈네트워크, 방범안전 등 생활환경 관련 등급
마. 화재 · 소방 · 피난안전 등 화재 · 소방 관련 등급

(4) 환기시설의 설치

사업주체는 공동주택의 실내공기의 원활한 환기를 위하여 대통령령이 정하는 기준에 따라 환기시설을 설치하여야 한다.

(5) 주택의 설계 및 시공

가. 사업계획승인을 얻어 건설되는 주택(부대시설 및 복리시설을 포함)을 설계하는 자는 대통령령이 정하는 설계도작성기준에 적합하게 설계하여야 한다.
① 설계도서는 설계도 · 시방서 · 구조계산서 · 수량산출서 · 품질관리계획서 등으로 구분하여 작성할 것
② 설계도 및 시방서에는 건축물의 규모와 설비 · 재료 · 공사방법 등을 기재할 것
③ 설계도 · 시방서 · 구조계산서는 상호 보완관계를 유지할 수 있도록 작성할 것
④ 품질관리계획서에는 설계도 및 시방서에 의한 품질확보를 위하여 필요한 사항을 정할 것

나. 시공자와 사업주체는 설계도서에 적합하게 시공하여야 한다.

(6) 바닥충격음 성능등급 인정 및 성능검사

가. 국토교통부장관은 주택건설기준 중 공동주택 바닥충격음 차단구조의 성능등급을 대통령령으로 정하는 기준에 따라 인정하는 기관을 지정할 수 있다.
나. 바닥충격음 성능등급 인정기관은 성능등급을 인정받은 제품이 다음 각 호의 어느 하나에 해당하는 경우에는 그 인정을 취소할 수 있다.
다만, ①에 해당하는 경우에는 이를 취소하여야 한다.
① 거짓이나 그 밖의 부정한 방법으로 인정받은 경우

② 인정받은 내용과 다르게 판매 · 시공한 경우

③ 인정제품이 국토교통부령으로 정한 품질관리기준을 준수하지 아니한 경우

④ 인정유효기간의 연장을 위한 시험결과를 제출하지 아니한 경우

다. (가)항에 따른 바닥충격음 차단구조의 성능등급 인정의 유효기간 및 성능등급 인정에 드는 수수료 등 바닥충격음 차단구조의 성능등급 인정에 필요한 사항은 대통령령으로 정한다.

라. 바닥충격음 성능등급 인정기관의 지정요건 및 절차 등에 대하여는 대통령령으로 정한다.

마. 국토교통부장관은 바닥충격음 성능등급 인정기관이 다음 각 호의 어느 하나에 해당하는 경우 그 지정을 취소할 수 있다. 다만, 제1호에 해당하는 경우에는 그 지정을 취소하여야 한다.

① 거짓이나 그 밖의 부정한 방법으로 인정기관으로 지정을 받은 경우

② 제1항에 따른 바닥충격음 차단구조의 성능등급의 인정기준을 위반하여 업무를 수행한 경우

③ 제4항에 따른 인정기관의 지정 요건에 맞지 아니한 경우

④ 정당한 사유 없이 2년 이상 계속하여 인정업무를 수행하지 아니한 경우

바. 국토교통부장관은 바닥충격음 성능등급 인정기관에 대하여 성능등급의 인정현황 등 업무에 관한 자료를 제출하게 하거나 소속 공무원에게 관련 서류 등을 검사하게 할 수 있다.

사. (바)항에 따라 검사를 하는 공무원은 그 권한을 나타내는 증표를 지니고 이를 관계인에게 내보여야 한다.

아. 사업주체가 대통령령으로 정하는 두께 이상으로 바닥구조를 시공하는 경우 사업계획승인권자는 「국토의 계획 및 이용에 관한 법률」에 따라 지구단위계획으로 정한 건축물 높이의 최고한도의 100분의 115를 초과하지 아니하는 범위에서 조례로 정하는 기준에 따라 건축물 높이의 최고한도를 완화하여 적용할 수 있다.

자. 바닥충격음 성능검사

① 국토교통부장관은 바닥충격음 차단구조의 성능을 검사하기 위하여 성능검사의 기준을 마련하여야 한다.

② 국토교통부장관은 제⑤항에 따른 성능검사를 전문적으로 수행하기 위하여 성능을 검사하는 기관을 대통령령으로 정하는 지정 요건 및 절차에 따라 지정할 수 있다.

③ 바닥충격음 성능검사기관의 지정 취소, 자료 제출 및 서류 검사 등에 관하여는 제41조제⑤항부터 제⑦항까지를 준용한다. 이 경우 "바닥충격음 성능등급 인정기관"은 "바닥충격음 성능검사기관"으로, "인정업무"는 "바닥충격음 성능검사

업무"로 본다.

④ 국토교통부장관은 바닥충격음 성능검사기관의 업무를 수행하는 데에 필요한 비용을 지원할 수 있다.

⑤ 사업주체는 제15조에 따른 사업계획승인을 받아 시행하는 주택건설사업의 경우 제49조에 따른 사용검사를 받기 전에 바닥충격음 성능검사기관으로부터 성능검사기준에 따라 바닥충격음 차단구조의 성능을 검사받아 그 결과를 사용검사권자에게 제출하여야 한다.

⑥ 사용검사권자는 제⑤항에 따른 성능검사 결과가 성능검사기준에 미달하는 경우 대통령령으로 정하는 바에 따라 사업주체에게 보완 시공, 손해배상 등의 조치를 권고할 수 있다.

⑦ 제⑥항에 따라 조치를 권고받은 사업주체는 대통령령으로 정하는 기간 내에 권고사항에 대한 조치결과를 사용검사권자에게 제출하여야 한다.

⑧ 사업주체는 제⑤항에 따라 사용검사권자에게 제출한 성능검사 결과 및 제⑦항에 따라 사용검사권자에게 제출한 조치결과를 대통령령으로 정하는 방법에 따라 입주예정자에게 알려야 한다.

⑨ 국토교통부장관은 층간소음 저감 정책을 수립하기 위하여 필요하다고 판단하는 경우 사용검사권자에게 제⑤항에 따라 제출된 성능검사 결과 및 제⑦항에 따라 제출된 조치결과를 국토교통부장관에게 제출하도록 요청할 수 있다. 이 경우 자료 제출을 요청받은 사용검사권자는 정당한 사유가 없으면 이에 따라야 한다.

⑩ 바닥충격음 성능검사기관은 제⑤항에 따른 성능검사 결과를 토대로 대통령령으로 정하는 기준과 절차에 따라 매년 우수 시공자를 선정하여 공개할 수 있다.

⑪ 성능검사의 방법, 성능검사 결과의 제출, 성능검사에 드는 수수료 등 필요한 사항은 대통령령으로 정한다.

(7) 소음방지대책의 수립

가. 사업계획승인권자는 주택의 건설에 따른 소음의 피해를 방지하고 주택건설 지역 주민의 평온한 생활을 유지하기 위하여 주택건설사업을 시행하려는 사업주체에게 대통령령으로 정하는 바에 따라 소음방지대책을 수립하도록 하여야 한다.

나. 사업계획승인권자는 대통령령으로 정하는 주택건설 지역이 도로와 인접한 경우에는 해당 도로의 관리청과 소음방지대책을 미리 협의하여야 한다. 이 경우 해당 도로의 관리청은 소음 관계 법률에서 정하는 소음기준 범위 내에서 필요한 의견을 제시할 수 있다.

(8) 장수명 주택 건설기준 및 인증제도

가. 국토교통부장관은 구조적으로 오래 유지관리될 수 있는 내구성을 갖추고, 입주자의

필요에 따라 내부 구조를 쉽게 변경할 수 있는 가변성과 수리 용이성 등이 우수한 주택(이하 "장수명 주택"이라 한다)의 건설기준을 정하여 고시할 수 있다.

나. 국토교통부장관은 장수명 주택의 공급 활성화를 유도하기 위하여 (가)항의 건설기준에 따라 장수명 주택 인증제도를 시행할 수 있다.

다. 사업주체가 대통령령으로 정하는 호수 이상의 주택을 공급하고자 하는 때에는 (나)항의 인증제도에 따라 대통령령으로 정하는 기준 이상의 등급을 인정받아야 한다.

라. 국가, 지방자치단체 및 공공기관의 장은 장수명 주택을 공급하는 사업주체 및 장수명 주택 취득자에 대하여 법률 등으로 정하는 바에 따라 행정상·세제상의 지원을 할 수 있다.

마. 국토교통부장관은 (나)항의 인증제도를 시행하기 위하여 인증기관을 지정하고 관련 업무를 위탁할 수 있다.

바. (나)항의 인증제도의 운영과 관련하여 인증기준, 인증절차, 수수료 등은 국토교통부령으로 정한다.

사. (나)항의 인증제도에 따라 국토교통부령으로 정하는 기준 이상의 등급을 인정받은 경우 「국토의 계획 및 이용에 관한 법률」에도 불구하고 대통령령으로 정하는 범위에서 건폐율 · 용적률 · 높이제한을 완화할 수 있다.

2) 간선시설

간선시설이라 함은 도로 · 상하수도 · 전기시설 · 가스시설 · 통신시설 및 지역난방시설 등 주택단지(2개 이상의 주택단지를 동시에 개발하는 경우에는 각각의 주택단지를 말함) 안의 기간시설과 그 기간시설을 당해 주택단지 밖에 있는 동종의 기간시설에 연결시키는 시설을 말한다.

(1) 간선시설의 설치 및 비용의 상환

가. 간선시설의 설치대상 : 사업주체가 100호 이상의 주택건설사업을 시행하는 경우 또는 16,500m² 이상의 대지조성사업을 시행하는 경우에 다음의 자는 그 해당 간선시설을 설치하여야 한다.

다만, 사업주체가 주택건설사업계획 또는 대지조성사업계획에 포함하여 설치하고자 하는 경우에는 그러하지 아니하다.

① 지방자치단체 : 도로 및 상하수도시설(1/2범위 내에서 국고보조가능)

② 당해 지역에 전기 · 통신 · 가스 또는 난방을 공급하는 자 : 전기시설 · 통신시설 · 가스시설 또는 지역난방시설

③ 국가 : 우체통

나. 설치시기 : 간선시설의 설치는 특별한 사유가 없는 한 사용검사일까지 완료하여야 한다.

다. 설치비용부담 : 간선시설의 설치비용은 그 설치의무자가 이를 부담한다. 이 경우 지방자치단체가 도로 및 상·하수도시설을 설치하는 간선시설의 설치비용은 그 1/2의 범위 안에서 국가가 이를 보조할 수 있다.

라. 전기 간선시설을 지중선로로 설치하는 경우에는 전기를 공급하는 자와 지중에 설치할 것을 요청하는 자가 각각 50%의 비율로 그 설치비용을 부담한다. 다만, 사업지구 밖의 기간이 되는 시설로부터 그 사업지구 안의 가장 가까운 주택단지(사업지구 안에 1개의 주택단지가 있는 경우에는 그 주택단지를 말한다)의 경계선까지의 전기 간선시설은 전기를 공급하는 자가 부담한다.

마. 설치의 요청 : 지방자치단체는 사업주체가 자신의 부담으로 도로 또는 상하수도시설(당해 주택건설사업 또는 대지조성사업과 직접적으로 관련이 있는 경우에 한함)의 설치를 요청할 경우에는 이에 응할 수 있다.

바. 사업주체의 간선시설설치 : 간선시설 설치의무자가 설치의무기간 이내에 간선시설의 설치를 완료하지 못할 특별한 사유가 있는 때에는 사업주체는 당해 간선시설을 자기부담으로 설치하고 그 비용의 상환을 간선시설 설치의무자에게 요구할 수 있다. 간선시설 설치의무자는 사업계획에서 정한 사용검사예정일까지 해당 간선시설을 설치하지 못할 특별한 사유가 있는 때에는 통지를 받은 날부터 1월 이내에 그 사유와 설치가능시기를 명시하여 당해 사업주체에게 통보하여야 한다.

(2) 간선시설 설치비의 상환

가. 사업주체가 간선시설을 자기 부담으로 설치하고자 하는 경우 간선시설 설치의무자는 사업주체와 간선시설의 설치비상환계약을 체결하여야 한다.

나. 간선시설의 설치비상환계약에서 정하는 설치비의 상환기간은 당해 공사의 사용검사일부터 3년 이내로 하여야 한다.

다. 간선시설 설치의무자가 간선시설의 설치비상환계약에 의하여 상환하여야 하는 금액은 다음의 금액을 합산한 금액으로 한다.

① 설치비용

② 상환완료 시까지의 설치비용에 대한 이자. 이 경우 그 이자율은 설치비상환계약 체결일 당시의 정기예금 금리로 하되, 설치비상환계약에서 달리 정한 경우에는 그에 의한다.

3) 주택의 감리

(1) 감리자의 지정원칙

가. 사업계획승인권자가 제15조제1항 또는 제3항에 따른 주택건설사업계획을 승인하

였을 때와 시장 · 군수 · 구청장이 제66조제1항 또는 제2항에 따른 리모델링의 허가를 하였을 때에는 「건축사법」 또는 「건설기술 진흥법」 에 따른 감리자격이 있는 자를 대통령령으로 정하는 바에 따라 해당 주택건설공사의 감리자로 지정하여야 한다. 다만, 사업주체가 국가 · 지방자치단체 · 한국토지주택공사 · 지방공사 또는 대통령령으로 정하는 자인 경우와 「건축법」 제25조에 따라 공사감리를 하는 도시형 생활주택의 경우에는 그러하지 아니하다.

나. 다음 각 호의 단체 및 협회는 제1항에 따른 감리자를 지정하기 위하여 공동으로 주택건설공사 감리비 지급기준을 정하여 국토교통부장관의 승인을 받아야 한다. 승인받은 사항을 변경하려는 경우에도 또한 같다.

① 주택사업자단체

② 「건설기술 진흥법」 제69조에 따른 건설엔지니어링사업자단체

③ 「건축사법」 제31조에 따른 대한건축사협회

다. 사업계획승인권자는 감리자가 감리자의 지정에 관한 서류를 부정 또는 거짓으로 제출하거나, 업무 수행 중 위반 사항이 있음을 알고도 묵인하는 등 대통령령으로 정하는 사유에 해당하는 경우에는 감리자를 교체하고, 그 감리자에 대하여는 1년의 범위에서 감리업무의 지정을 제한할 수 있다.

라. 사업주체(제66조제1항 또는 제2항에 따른 리모델링의 허가만 받은 자도 포함한다.)와 감리자 간의 책임 내용 및 범위는 이 법에서 규정한 것 외에는 당사자 간의 계약으로 정한다.

마. 국토교통부장관은 제4항에 따른 계약을 체결할 때 사업주체와 감리자 간에 공정하게 계약이 체결되도록 하기 위하여 감리용역표준계약서를 정하여 보급할 수 있다.

(2) 감리자의 지정 예외

사업주체가 국가 · 지방자치단체 · 한국토지주택공사·지방공사 또는 대통령령이 정하는 자인 경우에는 위 (1)의 규정을 적용하지 아니한다.

(3) 감리자의 업무

감리자는 그에게 소속된 자를 대통령령이 정하는 바에 따라 감리원으로 배치하고, 다음 업무를 수행하여야 한다.

가. 시공자가 설계도서에 적합하게 시공하는지 여부의 확인

나. 시공자가 사용하는 건축자재가 관계 법령에 의한 기준에 적합한 건축자재인지 여부의 확인

다. 주택건설공사에 대한 「건설기술관리법」에 의한 품질시험의 실시여부의 확인

라. 시공자가 사용하는 마감자재 및 제품이 제38조 제3항의 규정에 따라 사업주체가 시

장 · 군수 · 구청장에게 제출한 마감자재 목록표, 영상물 등과 동일한지 여부의 확인

라-2. 주택건설공사의 하수급인(「건설산업기본법」 제2조제14호에 따른 하수급인을 말한다)이 「건설산업기본법」 제16조에 따른 시공자격을 갖추었는지 여부의 확인

마. 그 밖에 주택건설공사의 시공감리에 관한 사항으로서 대통령령이 정하는 사항

① 설계도서가 당해 지형 등에 적합한지 여부의 확인

② 설계변경에 관한 적정성의 확인

③ 기공계획 · 예정공정표 및 시공도면 등의 검토 · 확인

④ 방수 · 방음 · 단열시공의 적정성 확보, 재해의 예방, 시공상의 안전관리, 그 밖에 건축공사의 질적 향상을 위하여 국토교통부장관이 정하여 고시하는 사항에 대한 검토 · 확인

(4) 감리자의 감리원 배치

지정된 감리자는 다음의 기준에 따라 감리원을 배치하여 감리를 하여야 한다.

가. 국토교통부령이 정하는 감리자격이 있는 자를 공사현장에 상주시켜 감리할 것

나. 공사에 대한 감리업무를 총괄하는 총괄감리원 1인과 공사분야별 감리원을 각각 배치할 것

다. 총괄감리원은 주택건설공사 전 기간에 걸쳐 배치하고, 공사분야별 감리원은 해당 공사의 기간 동안 배치할 것

라. 감리원을 다른 주택건설공사에 중복하여 배치하지 아니할 것

(5) 감리업무의 수행상황보고

감리자는 업무의 수행상황을 국토교통부령이 정하는 바에 의하여 사업계획승인권자 및 사업주체에게 보고하여야 한다.

(6) 위반 시 조치

가. 감리자는 업무를 수행함에 있어서 위반사항을 발견한 때에는 지체 없이 시공자 및 사업주체에게 위반사항을 시정할 것을 통지하고 7일 이내에 시 · 도지사에게 그 내용을 보고하여야 한다.

나. 공사의 중지 · 확인 : 시공자 및 사업주체는 시정통지를 받은 때에는 즉시 당해 공사를 중지하고 위반사항을 시정한 후 감리자의 확인을 받아야 한다. 이 경우 감리자의 시정통지에 이의가 있는 때에는 즉시 당해 공사를 중지하고 시 · 도지사에게 서면으로 이의신청을 할 수 있다.

다. 이의신청의 처리 : 이의신청이 있는 때에는 그 이의신청을 받은 날부터 10일 이내

에 그 처리결과를 회신하여야 한다. 이 경우 감리자에게도 그 결과를 통보하여야 한다.

라. 공사감리비의 지급 : 사업주체는 감리자에게 국토교통부령이 정하는 절차 등에 의하여 공사감리비를 지급하여야 한다.

마. 감리자의 교체 : 사업계획승인권자는 감리자가 감리자의 지정에 관한 서류를 부정 또는 거짓으로 제출하거나 업무수행 중 위반사항을 묵인하는 등 다음에 정하는 사유에 해당하는 경우에는 감리자를 교체하고, 당해 감리자에 대하여는 1년의 범위 안에서 감리업무의 지정을 제한할 수 있다.

① 감리업무 수행중 발견한 위반사항을 묵인한 경우

② 이의신청결과 시정통지가 3회 이상 잘못된 것으로 판정된 경우

③ 공사기간 중 공사현장에 1월 이상 감리원을 상주시키지 아니한 경우. 이 경우 기간계산은 감리원별로 상주시켜야 할 기간에 각 감리원이 상주하지 아니한 기간을 합산한다.

④ 감리자의 지정에 관한 서류를 거짓 그 밖의 부정한 방법으로 작성 · 제출한 경우

바. 책임내용 · 범위 : 사업주체와 감리자 간의 책임내용 및 범위는 이 법에서 규정한 것을 제외하고는 당사자 간의 계약으로 정한다.

사. 감리용역표준계약서 : 국토교통부장관은 계약을 체결함에 있어 사업주체와 감리자 간에 공정하게 계약이 체결되도록 하기 위하여 감리용역표준계약서를 정하여 보급할 수 있다.

(7) 부실감리자 등에 대한 조치

사업계획승인권자는 지정 · 배치된 감리자 또는 감리원(다른 법률에 의한 감리자 또는 그에게 소속된 감리원을 포함)이 그 업무를 수행함에 있어서 고의 또는 중대한 과실로 감리를 부실하게 하거나 관계 법령을 위반하여 감리를 함으로써 당해 사업주체 또는 입주자 등에게 피해를 입히는 등 주택건설공사가 부실하게 된 경우에는 당해 감리자의 등록 또는 감리원의 면허 그 밖의 자격인정 등을 한 행정기관의 장에게 등록말소 · 면허취소 · 자격정지 · 영업정지 그 밖에 필요한 조치를 하도록 요청할 수 있다.

(8) 감리자에 대한 실태 점검

가. 사업계획승인권자는 주택건설공사의 부실방지, 품질 및 안전 확보를 위하여 해당 주택건설공사의 감리자를 대상으로 각종 시험 및 자재확인 업무에 대한 이행 실태 등 대통령령으로 정하는 사항에 대하여 실태점검을 실시할 수 있다.

나. 사업계획승인권자는 실태점검 결과 제44조제1항에 따른 감리업무의 소홀이 확인된 경우에는 시정명령을 하거나, 제43조제3항에 따라 감리자 교체를 하여야 한다.

다. 사업계획승인권자는 실태점검에 따른 감리자에 대한 시정명령 또는 교체지시 사실을 국토교통부령으로 정하는 바에 따라 국토교통부장관에게 보고하여야 하며, 국토교통부장관은 해당 내용을 종합관리하여 제43조제1항에 따른 감리자 지정에 관한 기준에 반영할 수 있다.

(9) 사전방문

가. 사업주체는 제49조제1항에 따른 사용검사를 받기 전에 입주예정자가 해당 주택을 방문하여 공사 상태를 미리 점검할 수 있게 하여야 한다.

나. 입주예정자는 사전방문 결과 하자[공사상 잘못으로 인하여 균열 · 침하(沈下) · 파손 · 들뜸 · 누수 등이 발생하여 안전상 · 기능상 또는 미관상의 지장을 초래할 정도의 결함을 말한다. 이하 같다]가 있다고 판단하는 경우 사업주체에게 보수공사 등 적절한 조치를 해줄 것을 요청할 수 있다.

다. 하자에 대한 조치 요청을 받은 사업주체는 대통령령으로 정하는 바에 따라 보수공사 등 적절한 조치를 하여야 한다. 이 경우 입주예정자가 조치를 요청한 하자 중 대통령령으로 정하는 중대한 하자는 대통령령으로 정하는 특별한 사유가 없으면 사용검사를 받기 전까지 조치를 완료하여야 한다.

라. 입주예정자가 요청한 사항이 하자가 아니라고 판단하는 사업주체는 대통령령으로 정하는 바에 따라 제49조제1항에 따른 사용검사를 하는 시장 · 군수 · 구청장에게 하자 여부를 확인해줄 것을 요청할 수 있다. 이 경우 사용검사권자는 제48조의3에 따른 공동주택 품질점검단의 자문을 받는 등 대통령령으로 정하는 바에 따라 하자 여부를 확인할 수 있다.

마. 사업주체는 조치한 내용 및 하자가 아니라고 확인받은 사실 등을 대통령령으로 정하는 바에 따라 입주예정자 및 사용검사권자에게 알려야 한다.

바. 국토교통부장관은 사전방문에 필요한 표준양식을 정하여 보급하고 활용하게 할 수 있다.

사. 보수공사 등 적절한 조치가 필요한 하자의 구체적인 기준 등에 관한 사항은 대통령령으로 정하고, 위에서 규정한 사항 외에 사전방문의 절차 및 방법 등에 관한 사항은 국토교통부령으로 정한다.

(10) 건축구조 기술사와의 협력

가. 수직증축형 리모델링(세대수가 증가되지 아니하는 리모델링을 포함한다. 이하 같다)의 감리자는 감리업무 수행 중에 다음 각 호의 어느 하나에 해당하는 사항이 확인된 경우에는 「국가기술자격법」에 따른 건축구조기술사(해당 건축물의 리모델링 구조설계를 담당한 자를 말하며, 이하 '건축구조기술사'라 한다)의 협력을 받아야

한다. 다만, 구조설계를 담당한 건축구조기술사가 사망하는 등 대통령령으로 정하는 사유로 감리자가 협력을 받을 수 없는 경우에는 대통령령으로 정하는 건축구조기술사의 협력을 받아야 한다.

1. 수직증축형 리모델링 허가 시 제출한 구조도 또는 구조계산서와 다르게 시공하고자 하는 경우
2. 내력벽(耐力壁), 기둥, 바닥, 보 등 건축물의 주요 구조부에 대하여 수직증축형 리모델링 허가 시 제출한 도면보다 상세한 도면 작성이 필요한 경우
3. 내력벽, 기둥, 바닥, 보 등 건축물의 주요 구조부의 철거 또는 보강 공사를 하는 경우로서 국토교통부령으로 정하는 경우
4. 그 밖에 건축물의 구조에 영향을 미치는 사항으로서 국토교통부령으로 정하는 경우

나. (가)항에 따라 감리자에게 협력한 건축구조기술사는 분기별 감리보고서 및 최종 감리보고서에 감리자와 함께 서명날인하여야 한다.

다. (가)항에 따라 협력을 요청받은 건축구조기술사는 독립되고 공정한 입장에서 성실하게 업무를 수행하여야 한다.

라. 수직증축형 리모델링을 하려는 자는 (가)항에 따라 감리자에게 협력한 건축구조기술사에게 적정한 대가를 지급하여야 한다.

4) 사용검사

(1) 사용검사권자

구분	내용
〈원칙〉 시장 · 군수 · 구청장	사업주체는 사업계획승인을 얻어 시행하는 주택건설사업 또는 대지조성사업을 완료한 경우에는 주택 또는 대지에 대하여 국토교통부령이 정하는 바에 의하여 시장 · 군수 · 구청장의 사용검사를 받아야 한다.
〈예외〉 국토교통부장관	국가 · 한국토지주택공사가 사업주체인 경우와 국토교통부장관으로부터 사업계획의 승인을 얻은 경우에는 국토교통부장관이 사용검사권자이다.

다만, 사업계획승인조건의 미이행 등 특별한 사유가 있어 사업을 완료하지 못하고 있는 경우에는 완공된 주택에 대하여 동별로 사용검사를 받을 수 있다.

(2) 사용검사의 통보

사용검사권자는 사용검사의 대상인 주택 또는 대지가 사업계획의 내용에 적합한지 여부를 확인한 후 그 신청일부터 15일 이내에 하여야 한다.

(3) 사용검사의 효과

사업주체가 사용검사를 받은 때에는 의제되는 인 · 허가 등에 따른 당해 사업의 사용승

인 · 준공검사 또는 준공인가 등을 받은 것으로 본다. 이 경우 사용검사를 행하는 시장 · 군수 · 구청장(사용검사권자)은 미리 관계 행정기관의 장과 협의하여야 한다. 협의요청을 받은 관계 행정기관의 장은 정당한 사유가 없는 한 그 요청을 받은 날부터 10일 이내에 그 의견을 제시하여야 한다.

(4) 시공보증자 등의 사용검사

사업주체(건축법에 따른 건축허가를 받아 주택과 주택 외의 시설을 동일건축물로 20호수 이상으로 건설 · 공급하는 건축주를 포함한다)가 파산 등으로 사용검사를 받을 수 없는 경우에는 당해 주택의 시공을 보증한 자 또는 입주예정자 등이 대통령령이 정하는 바에 의하여 사용검사를 받을 수 있다.

가. 사업주체가 파산 등으로 주택건설사업을 계속할 수 없는 경우에는 당해 주택의 시공을 보증한 자가 잔여공사를 시공하고 사용검사(사용승인을 포함)를 받아야 한다. 다만, 시공보증자가 없거나 시공보증자가 파산 등으로 시공을 할 수 없는 경우에는 입주예정자대표회의가 시공자를 정하여 잔여공사를 시공하고 사용검사를 받아야 한다.

나. 사용검사를 받은 경우에는 사용검사를 받은 자의 구분에 따라 시공보증자 또는 세대별 입주자의 명의로 건축물관리대장 등재 및 소유권보존등기를 할 수 있다.

다. 입주예정자대표회의의 구성 · 운영 등에 관하여 필요한 사항은 국토교통부령으로 정한다.

(5) 사용시기

가. 원칙 : 사업주체 또는 입주예정자는 사용검사를 받은 후가 아니면 주택 또는 대지를 사용하게 하거나 이를 사용할 수 없다.

나. 예외 : 사용검사권자의 임시사용승인을 얻은 경우에는 그러하지 아니하다.

다. 임시사용승인

① 임시사용승인 신청시점

㉠ 주택건설사업의 경우	건축물의 동별로 공사가 완료된 때
㉡ 대지조성사업의 경우	구획별로 공사가 완료된 때
㉢ 공동주택인 경우	세대별로 임시사용승인

② 임시사용승인을 얻고자 하는 자는 국토교통부령이 정하는 바에 의하여 사용검사권자에게 임시사용승인을 신청하여야 한다.

③ 사용검사권자는 임시사용승인의 신청을 받은 때에는 임시사용승인대상인 주택 또는 대지가 사업계획의 내용에 적합하고 사용에 지장이 없는 경우에 한하여

임시사용을 승인할 수 있다. 이 경우 임시사용승인의 대상이 공동주택인 경우에는 세대별로 임시사용승인을 할 수 있다.

6 공업화주택의 인정

1) 공업화주택의 인정

가. 국토교통부장관은 주요구조부의 전부 또는 일부를 국토교통부령이 정하는 성능 및 생산기준에 따라 조립식 등 공업화공법에 의하여 건설하는 주택을 공업화주택으로 인정할 수 있다.

나. 국토교통부장관은 다음에 해당하는 주택을 건설하고자 하는 자에 대하여는 「건설산업 기본법」에 불구하고 대통령령이 정하는 바에 의하여 이를 건설하게 할 수 있다.

> 1. 위 (가.)의 규정에 의한 공업화주택
> 2. 「건설기술관리법」에 의하여 국토교통부장관이 고시한 새로운 건설기술을 적용하여 건설하는 주택

다. 공업화주택의 인정에 관하여 필요한 사항은 대통령령으로 정한다.

2) 공업화주택의 인정취소

국토교통부장관은 공업화주택을 인정받은 자가 다음에 해당하는 행위를 한 때에는 공업화 주택의 인정을 취소할 수 있다.

> 1. 거짓 그 밖의 부정한 방법으로 인정을 받은 때
> 2. 인정을 받은 날부터 1년 이내에 공업화주택의 건설을 착공하지 아니한 때
> 3. 인정을 받은 기준에 적합하지 아니하게 공업화주택을 건설한 때

3) 공업화주택의 건설촉진

가. 국토교통부장관 또는 시 · 도지사는 사업주체가 건설할 주택을 공업화주택으로 건설하도록 사업주체에게 권고할 수 있다.

나. 공업화주택의 건설 및 품질향상과 관련하여 국토교통부령이 정하는 기술능력을 갖추고 있는 자가 공업화주택을 건설하는 경우에는 제22조 · 제24조 및 「건축사법」 제4조의 규정을 적용하지 아니한다.

제3장 주택의 공급

1 주택의 공급

1) 주택의 공급

'공급'이라 함은 「주택법」에 의한 사업주체(건축허가를 받아 주택 외의 시설과 주택을 동일 건축물로 하여 20 호수 이상으로 건설·공급하는 건축주와 사용검사를 받은 주택을 사업주체로부터 일괄하여 양수받은 자를 포함)는 다음 각 호에서 정하는 바에 따라 주택을 건설·공급하여야 한다. 이 경우 국가유공자, 장애인, 철거주택의 소유자, 그 밖에 국토교통부령으로 정하는 대상자에 대하여는 국토교통부령으로 정하는 바에 따라 입주자 모집조건 등을 달리 정하여 별도로 공급할 수 있다.

> 1. 사업주체(국가·지방자치단체·한국토지주택공사 및 지방공사를 제외)가 입주자를 모집하고자 하는 경우 : 국토교통부령이 정하는 바에 의하여 시장·군수·구청장의 승인(복리시설의 경우에는 신고)을 얻을 것
> 2. 사업주체가 건설하는 주택을 공급하고자 하는 경우
>   - 국토교통부령이 정하는 입주자모집 조건·방법·절차, 입주금(입주예정자가 사업주체에게 납입하는 주택가격)의 납부방법·시기·절차, 주택공급계약의 방법·절차 등에 적합할 것
>   - 국토교통부령이 정하는 바에 따라 벽지·바닥재·주방용구·조명기구 등을 제외한 부분의 가격을 별도로 제시하고, 이를 입주자가 선택할 수 있도록 할 것

가. 사업주체는 주택을 효율적으로 공급하기 위하여 필요하다고 인정하는 경우 주택의 공급업무의 일부를 제3자로 하여금 대행하게 할 수 있다.

나. 사업주체가 입주자자격, 공급 순위 등을 증명하는 서류의 확인 등 국토교통부령으로 정하는 업무를 대행하게 하는 경우 국토교통부령으로 정하는 바에 따라 다음 각 호의 어느 하나에 해당하는 자에게 대행하게 하여야 한다.

1. 등록사업자
2. 「건설산업기본법」 제9조에 따른 건설업자로서 대통령령으로 정하는 자
3. 「도시 및 주거환경정비법」 제102조에 따른 정비사업전문관리업자
4. 「부동산개발업의 관리 및 육성에 관한 법률」 제4조에 따른 등록사업자
5. 다른 법률에 따라 등록하거나 인가 또는 허가를 받은 자로서 국토교통부령으로 정하는 자

다. 사업주체가 제2항에 따라 업무를 대행하게 하는 경우 분양대행자에 대한 교육을 실시하는 등 국토교통부령으로 정하는 관리·감독 조치를 시행하여야 한다.

2) 주택 신청

주택을 공급받으려는 자는 국토교통부령으로 정하는 입주자자격, 재당첨 제한 및 공급 순위 등에 맞게 주택을 공급받아야 한다. 이 경우 제63조제1항에 따른 투기과열지구 및 제63조의2제1항에 따른 조정대상지역에서 건설·공급되는 주택을 공급받으려는 자의 입주자자격, 재당첨 제한 및 공급 순위 등은 주택의 수급 상황 및 투기 우려 등을 고려하여 국토교통부령으로 지역별로 달리 정할 수 있다.

3) 주택공급 승인신청

사업주체가 시장·군수·구청장의 승인을 얻고자 하는 때(사업주체가 국가·지방자치단체·한국토지주택공사 및 지방공사인 경우에는 견본주택을 건설하는 때를 말한다)에는 건설하는 견본주택에 사용되는 마감자재의 규격·성능 및 재질을 기재한 목록표와 견본주택의 각 실의 내부를 촬영한 영상물 등을 제작하여 승인권자에게 제출하여야 한다.

4) 입주예정자에 대한 공개의무

사업주체는 주택공급계약 체결 시 입주예정자에게 견본주택에 사용된 마감자재 목록표를 제공하여야 한다. 다만, 입주자모집공고 안에 이를 표시한 경우에는 그러하지 아니하다.

① 견본주택에 사용된 마감자재 목록표
② 공동주택 발코니의 세대 간 경계벽에 피난구를 설치하거나 경계벽을 경량구조로 건설한 경우 그에 관한 정보

5) 자료보관

시장·군수·구청장은 제출받은 마감자재 목록표와 영상물 등을 사용검사가 있은 날부터 2년 이상 보관하여야 하며, 입주자가 열람을 요구하는 때에는 이를 공개하여야 한다.

6) 마감자재의 변경

사업주체가 마감자재 생산업체의 부도 등으로 인한 제품의 품귀 등 부득이한 사유로 인하여 사업계획승인 또는 마감자재 목록표의 마감자재와 다르게 마감자재를 시공·설치하고자 하는 경우에는 당초의 마감자재와 동질 이상으로 설치하여야 한다.

7) 마감자재 변경통지

사업주체가 마감자재 목록표의 자재와 다른 마감자재를 시공·설치하고자 하는 경우에는 그 사실을 입주예정자에게 통지하여야 한다.

사업주체는 공급하려는 주택에 대하여 대통령령으로 정하는 내용이 포함된 표시 및 광

고를 한 경우 대통령령으로 정하는 바에 따라 해당 표시 또는 광고의 사본을 시장·군수·구청장에게 제출하여야 한다. 이 경우 시장·군수·구청장은 제출받은 표시 또는 광고의 사본을 제49조제1항에 따른 사용검사가 있은 날부터 2년 이상 보관하여야 하며, 입주자가 열람을 요구하는 경우 이를 공개하여야 한다.

8) 주택의 분양가격제한

가. 사업주체가 일반에게 공급하는 공동주택은 이 조에서 정하는 기준에 따라 산정되는 분양가격 이하로 공급하여야 한다. 이 경우 분양가격은 택지비 및 건축비로 구성되며, 구체적인 내역, 산정방식, 감정평가기관 선정방법 등은 국토교통부령으로 정한다. 다만, 다음 각 호의 어느 하나에 해당하는 경우에는 그러하지 아니하다.

① 도시형 생활주택

② 「경제자유구역의 지정 및 운영에 관한 특별법」 제4조에 따라 지정·고시된 경제자유구역에서 건설·공급하는 공동주택으로서 같은 법 제25조에 따른 경제자유구역위원회에서 외자유치 촉진과 관련이 있다고 인정하여 이 조에 따른 분양가격 제한을 적용하지 아니하기로 심의·의결한 경우

③ 「관광진흥법」 제70조제1항에 따라 지정된 관광특구에서 건설·공급하는 공동주택으로서 해당 건축물의 층수가 50층 이상이거나 높이가 150미터 이상인 경우

나. (가)의 분양가격의 구성항목 중 공공택지에서 주택을 공급하는 경우의 택지비는 해당 택지의 공급가격에 국토교통부령이 정하는 택지와 관련된 비용을 가산한 금액으로 하고, 공공택지 외의 택지에서 주택을 공급하는 경우의 택지비는 「부동산 가격공시 및 감정평가에 관한 법률」에 따라 감정평가한 가액에 국토교통부령이 정하는 택지와 관련된 비용을 가산한 금액으로 한다. 다만, 사업주체가 공공택지 외의 택지에서 주택을 공급하는 경우에 다음 각 호의 어느 하나에 해당하는 매입가격을 시장·군수·구청장에게 제출하여 분양가심사위원회의 심사를 거쳐 공시하는 경우에는 대통령령이 정하는 (「부동산 가격공시 및 감정평가에 관한 법률」에 따라 감정평가한 가액에 국토교통부령이 정하는 택지와 관련된 비용을 가산한 금액의 120/100에 상당하는 금액) 범위 내에서 당해 매입가격을 택지비로 볼 수 있다. 매입가격을 택지비로 보는 경우 택지비는 주택단지 전체에 동일하게 적용하여야 한다.

> 1. 「민사집행법」, 「국세징수법」 또는 「지방세법」에 의한 경·공매 낙찰가격
> 2. 국가·지방자치단체 등 공공기관으로부터 매입한 가격
> 3. 그 밖에 실제 매매가격을 확인할 수 있는 경우로서 「부동산등기법」에 따른 부동산등기부에 해당 택지의 거래가액이 기재되어 있는 경우

다. 분양가격의 구성항목 중 건축비는 국토교통부장관이 정하여 고시하는 건축비에 국토교통부령이 정하는 바에 따라 가산한 금액으로 한다. 이 경우 기본형 건축비는

시장 · 군수 · 구청장이 해당 지역의 특성을 감안하여 국토교통부령이 정하는 범위 내에서 따로 정하여 고시할 수 있다.

라. 사업주체는 분양가상한제 적용주택으로서 공공택지에서 공급하는 주택에 대하여 입주자모집승인을 얻은 때에는 입주자 모집공고안에 다음 각 호에 대해 분양가격을 공시하여야 한다.

> 1. 택지비　2. 공사비　3. 간접비　4. 그 밖에 국토교통부령이 정하는 비용

마. 시장 · 군수 · 구청장이 공공택지 외의 택지에서 공급되는 분양가상한제 적용주택(「수도권정비계획법」 규정에 따른 수도권 등 분양가상승 우려가 큰 지역으로서 대통령령으로 정하는 기준에 해당되는 지역 안에서 공급되는 주택에 한한다)에 대하여 입주자모집승인을 하는 경우에는 다음 각 호의 구분에 따라 분양가격을 공시하여야 한다. 이 경우 제2호 내지 제6호의 금액은 기본형건축비(시 · 군 · 구별 기본형건축비가 따로 있는 경우에는 시 · 군 · 구별 기본형건축비)의 항목별 가액으로 한다.

> 1. 택지비　2. 직접공사비　3. 간접공사비　4. 설계비　5. 감리비
> 6. 부대비　7. 그 밖에 국토교통부령이 정하는 비용

바. 공시를 함에 있어서 국토교통부령이 정하는 택지비 및 건축비에 가산되는 비용의 공시에 대하여는 분양가심사위원회 심사를 받은 내역과 산출근거를 포함하여야 한다.

9) 분양가심사위원회의 운영

가. 시장 · 군수 · 구청장은 분양가격의 제한에 관한 사항을 심의하기 위하여 분양가심사위원회를 설치 · 운영하여야 한다.

나. 시장 · 군수 · 구청장은 입주자모집승인을 함에 있어서 분양가심사위원회의 심사결과에 따라 승인여부를 결정하여야 한다.

다. 분양가심사위원회는 주택관련 분야 교수, 주택건설 분야 전문직 종사자, 관계 공무원 또는 변호사 · 회계사 · 감정평가사 등 관련 전문가 10인 이내로 구성하되, 구성 절차 및 운영에 관한 사항은 대통령령으로 정한다.

라. 분양가 심사위원회의 위원은 위 규정에 따른 업무를 수행함에 있어서 신의와 성실로써 공정하게 심사를 하여야 한다.

10) 토지임대부 및 환매조건부 주택 등의 공급

국가 · 지방자치단체 · 한국토지주택공사 및 지방공사는 20년 범위 내에서 다음 각 호의 주택을 공급할 수 있다.

(1) 토지임대부 분양주택

가. 임대차 관계

① 토지임대부 분양주택의 토지에 대한 임대차기간은 40년 이내로 한다. 이 경우 토지임대부 분양주택 소유자의 75퍼센트 이상이 계약갱신을 청구하는 경우 40년의 범위에서 이를 갱신할 수 있다.

② 토지임대부 분양주택을 공급받은 자가 토지소유자와 임대차계약을 체결한 경우 해당 주택의 구분소유권을 목적으로 그 토지 위에 제1항에 따른 임대차기간 동안 지상권이 설정된 것으로 본다.

③ 토지임대부 분양주택의 토지에 대한 임대차계약을 체결하고자 하는 자는 국토교통부령으로 정하는 표준임대차계약서를 사용하여야 한다.

④ 토지임대부 분양주택을 양수한 자 또는 상속받은 자는 제1항에 따른 임대차계약을 승계한다.

⑤ 토지임대부 분양주택의 토지임대료는 해당 토지의 조성원가 또는 감정가격 등을 기준으로 산정하되, 구체적인 토지임대료의 책정 및 변경기준, 납부 절차 등에 관한 사항은 대통령령으로 정한다.

⑥ 제5항의 토지임대료는 월별 임대료를 원칙으로 하되, 토지소유자와 주택을 공급받은 자가 합의한 경우 대통령령으로 정하는 바에 따라 임대료를 보증금으로 전환하여 납부할 수 있다.

⑦ 제1항부터 제6항까지에서 정한 사항 외에 토지임대부 분양주택 토지의 임대차 관계는 토지소유자와 주택을 공급받은 자 간의 임대차계약에 따른다.

⑧ 토지임대부 분양주택에 관하여 이 법에서 정하지 아니한 사항은 「집합건물의 소유 및 관리에 관한 법률」, 「민법」 순으로 적용한다.

나. 분양주택의 재건축

① 토지임대부 분양주택의 소유자가 제78조제1항에 따른 임대차기간이 만료되기 전에 「도시 및 주거환경정비법」 등 도시개발 관련 법률에 따라 해당 주택을 철거하고 재건축을 하고자 하는 경우 「집합건물의 소유 및 관리에 관한 법률」 제47조부터 제49조까지에 따라 토지소유자의 동의를 받아 재건축할 수 있다. 이 경우 토지소유자는 정당한 사유 없이 이를 거부할 수 없다.

② 제1항에 따라 토지임대부 분양주택을 재건축하는 경우 해당 주택의 소유자를 「도시 및 주거환경정비법」 제2조제9호나목에 따른 토지등소유자로 본다.

③ 제1항에 따라 재건축한 주택은 토지임대부 분양주택으로 한다. 이 경우 재건축한 주택의 준공인가일부터 제78조제1항에 따른 임대차기간 동안 토지소유자와 재건축한 주택의 조합원 사이에 토지의 임대차기간에 관한 계약이 성립된 것으

로 본다.

④ 제3항에도 불구하고 토지소유자와 주택소유자가 합의한 경우에는 토지임대부 분양주택이 아닌 주택으로 전환할 수 있다.

(2) 환매조건부 분양주택

주택의 입주자가 최초로 주택공급계약체결이 가능한 날부터 20년 이내에서 대통령령이 정하는 기간 내에 처분하는 경우에는 사업주체가 환매하는 것을 조건으로 분양하는 주택을 말한다.

가. 환매조건부 분양주택의 입주자가 환매조건부 분양주택을 그 환매조건에 따라 사업주체에게 처분하려는 경우에는 처분예정일 3개월 전에 그 내용을 통지하여야 한다.

나. 환매조건부 분양주택을 공급하는 사업주체가 그 주택을 입주자로부터 환매하는 경우에 있어서 환매가격에 관한 사항은 환매조건에 포함하여야 한다. 이 경우 그 환매가격은 해당 환매조건부 분양주택의 공급가격에 환매일까지 「은행법」에 따른 금융기관의 1년 만기 정기예금 평균이자율을 합산한 금액과 「부동산 가격공시 및 감정평가에 관한 법률」에 따라 환매일에 가장 가까운 시점에 공시된 공동주택가격 중 낮은 금액으로 하여야 한다. 사업주체는 공급한 환매조건부 분양주택을 환매한 경우에는 환매조건부 분양주택 외의 주택으로 공급하거나 종전의 공급조건과 달리하여 환매조건부 분양주택으로 다시 공급할 수 있다.

11) 분양가 주요항목 공개

주택을 공급함에 있어 분양가격의 주요항목별 공개내용은 다음과 같다.

1. 택지비
2. 직접공사비 : 그 주택건설공사를 시행하여 사용검사를 받을 때까지 발생되는 공사투입비용 중 주택단지에 설치되는 제반시설물의 시공을 위하여 투입되는 재료비, 직접노무비, 직접공사경비에 관한 비용
3. 간접공사비 : 그 주택건설공사를 시행하여 사용검사를 받을 때까지 발생하는 공사투입비용 중 공사현장관리비용, 법정경비, 일반관리에 관한 비용 및 이윤
4. 설계비 : 그 주택건설을 위하여 투입되는 설계에 관한 비용
5. 감리비 : 그 주택건설을 위하여 투입되는 감리에 관한 비용
6. 부대비 : 그 주택건설공사에 드는 총비용 중 제2호 내지 제5호 및 제7호에 따른 비용을 제외한 비용으로서 분양관련비용, 수도·가시·전기시설 인입비용, 건물보존등기비 등을 합한 비용
7. 가산비용
8. 택지매입원가 : 그 주택건설 사업주체가 택지를 공급받은 가격

(1) 분양가 상한제

① 사업주체가 제54조에 따라 일반인에게 공급하는 공동주택 중 다음 각 호의 어느 하나에 해당하는 지역에서 공급하는 주택의 경우에는 이 조에서 정하는 기준에 따라

산정되는 분양가격 이하로 공급(이에 따라 공급되는 주택을 '분양가상한제 적용주택'이라 한다. 이하 같다)하여야 한다.

1. 공공택지
2. 공공택지 외의 택지에서 주택가격 상승 우려가 있어 제58조에 따라 국토교통부장관이 「주거기본법」 제8조에 따른 주거정책심의위원회(이하 '주거정책심의위원회'라 한다) 심의를 거쳐 지정하는 지역

② 제①항에도 불구하고 다음 각 호의 어느 하나에 해당하는 경우에는 제1항을 적용하지 아니한다.

1. 도시형 생활주택
2. 「경제자유구역의 지정 및 운영에 관한 특별법」 제4조에 따라 지정·고시된 경제자유구역에서 건설 · 공급하는 공동주택으로서 같은 법 제25조에 따른 경제자유구역위원회에서 외자유치 촉진과 관련이 있다고 인정하여 이 조에 따른 분양가격 제한을 적용하지 아니하기로 심의 · 의결한 경우
3. 「관광진흥법」 제70조제1항에 따라 지정된 관광특구에서 건설 · 공급하는 공동주택으로서 해당 건축물의 층수가 50층 이상이거나 높이가 150미터 이상인 경우
4. 한국토지주택공사 또는 지방공사가 다음 각 목의 정비사업의 시행자(「도시 및 주거환경정비법」 제2조제8호 및 「빈집 및 소규모주택 정비에 관한 특례법」 제2조제5호에 따른 사업시행자를 말한다)로 참여하는 등 대통령령으로 정하는 공공성 요건을 충족하는 경우로서 해당 사업에서 건설 · 공급하는 주택
   가. 「도시 및 주거환경정비법」 제2조제2호에 따른 정비사업으로서 면적, 세대수 등이 대통령령으로 정하는 요건에 해당되는 사업
   나. 「빈집 및 소규모주택 정비에 관한 특례법」 제2조제3호에 따른 소규모주택 정비사업
5. 「도시재생 활성화 및 지원에 관한 특별법」에 따른 주거재생혁신지구에서 시행하는 혁신지구재생사업에서 건설 · 공급하는 주택
6. 「공공주택 특별법」 제2조제3호마목에 따른 도심 공공주택 복합사업에서 건설 · 공급하는 주택

③ 제1항의 분양가격은 택지비와 건축비로 구성(토지임대부 분양주택의 경우에는 건축비만 해당한다)되며, 구체적인 명세, 산정방식, 감정평가기관 선정방법 등은 국토교통부령으로 정한다. 이 경우 택지비는 다음 각 호에 따라 산정한 금액으로 한다.

1. 공공택지에서 주택을 공급하는 경우에는 해당 택지의 공급가격에 국토교통부령으로 정하는 택지와 관련된 비용을 가산한 금액
2. 공공택지 외의 택지에서 분양가상한제 적용주택을 공급하는 경우에는 「감정평가 및 감정평가사에 관한 법률」에 따라 감정평가한 가액에 국토교통부령으로 정하

는 택지와 관련된 비용을 가산한 금액. 다만, 택지 매입가격이 다음 각 목의 어느 하나에 해당하는 경우에는 해당 매입가격(대통령령으로 정하는 범위로 한정한다)에 국토교통부령으로 정하는 택지와 관련된 비용을 가산한 금액을 택지비로 볼 수 있다. 이 경우 택지비는 주택단지 전체에 동일하게 적용하여야 한다.

가. 「민사집행법」, 「국세징수법」 또는 「지방세징수법」에 따른 경매·공매 낙찰가격

나. 국가·지방자치단체 등 공공기관으로부터 매입한 가격

다. 그 밖에 실제 매매가격을 확인할 수 있는 경우로서 대통령령으로 정하는 경우

④ 제3항의 분양가격 구성항목 중 건축비는 국토교통부장관이 정하여 고시하는 건축비에 국토교통부령으로 정하는 금액을 더한 금액으로 한다. 이 경우 기본형건축비는 시장·군수·구청장이 해당 지역의 특성을 고려하여 국토교통부령으로 정하는 범위에서 따로 정하여 고시할 수 있다.

⑤ 사업주체는 분양가상한제 적용주택으로서 공공택지에서 공급하는 주택에 대하여 입주자모집 승인을 받았을 때에는 입주자 모집공고에 다음 각 호에 대하여 분양가격을 공시하여야 한다.

1. 택지비
2. 공사비
3. 간접비
4. 그 밖에 국토교통부령으로 정하는 비용

⑥ 시장·군수·구청장이 제54조에 따라 공공택지 외의 택지에서 공급되는 분양가상한제 적용주택 중 분양가 상승 우려가 큰 지역으로서 대통령령으로 정하는 기준에 해당되는 지역에서 공급되는 주택의 입주자모집 승인을 하는 경우에는 다음 각 호의 구분에 따라 분양가격을 공시하여야 한다. 이 경우 제2호부터 제6호까지의 금액은 기본형건축비[특별자치시·특별자치도·시·군·구별 기본형건축비가 따로 있는 경우에는 시·군·구별 기본형건축비]의 항목별 가액으로 한다.

1. 택지비
2. 직접공사비
3. 간접공사비
4. 설계비
5. 감리비
6. 부대비
7. 그 밖에 국토교통부령으로 정하는 비용

⑦ 제5항 및 제6항에 따른 공시를 할 때 국토교통부령으로 정하는 택지비 및 건축비에 가산되는 비용의 공시에는 제59조에 따른 분양가심사위원회 심사를 받은 내용과 산출근거를 포함하여야 한다.

(2) 분양가 상한제 적용지역의 지정 및 해제

① 국토교통부장관은 주택가격상승률이 물가상승률보다 현저히 높은 지역으로서 그 지역의 주택가격 · 주택거래 등과 지역 주택시장 여건 등을 고려하였을 때 주택가격이 급등하거나 급등할 우려가 있는 지역 중 대통령령으로 정하는 기준을 충족하는 지역은 주거정책심의위원회 심의를 거쳐 분양가상한제 적용 지역으로 지정할 수 있다.

② 국토교통부장관이 제1항에 따라 분양가상한제 적용 지역을 지정하는 경우에는 미리 시 · 도지사의 의견을 들어야 한다.

③ 국토교통부장관은 제1항에 따른 분양가상한제 적용 지역을 지정하였을 때에는 지체 없이 이를 공고하고, 그 지정 지역을 관할하는 시장 · 군수 · 구청장에게 공고 내용을 통보하여야 한다. 이 경우 시장 · 군수 · 구청장은 사업주체로 하여금 입주자 모집공고 시 해당 지역에서 공급하는 주택이 분양가상한제 적용주택이라는 사실을 공고하게 하여야 한다.

④ 국토교통부장관은 제1항에 따른 분양가상한제 적용 지역으로 계속 지정할 필요가 없다고 인정하는 경우에는 주거정책심의위원회 심의를 거쳐 분양가상한제 적용 지역의 지정을 해제하여야 한다.

⑤ 분양가상한제 적용 지역의 지정을 해제하는 경우에는 제2항 및 제3항 전단을 준용한다. 이 경우 "지정"은 "지정 해제"로 본다.

⑥ 분양가상한제 적용 지역으로 지정된 지역의 시 · 도지사, 시장, 군수 또는 구청장은 분양가상한제 적용 지역의 지정 후 해당 지역의 주택가격이 안정되는 등 분양가상한제 적용 지역으로 계속 지정할 필요가 없다고 인정하는 경우에는 국토교통부장관에게 그 지정의 해제를 요청할 수 있다.

⑦ 제6항에 따라 분양가상한제 적용 지역 지정의 해제를 요청하는 경우의 절차 등 필요한 사항은 대통령령으로 정한다.

(3) 분양가 심사위원회의 운영

① 시장 · 군수 · 구청장은 제57조에 관한 사항을 심의하기 위하여 분양가심사위원회를 설치 · 운영하여야 한다.

② 시장 · 군수 · 구청장은 제54조제1항제1호에 따라 입주자모집 승인을 할 때에는 분양가심사위원회의 심사결과에 따라 승인 여부를 결정하여야 한다.

③ 분양가심사위원회는 주택 관련 분야 교수, 주택건설 또는 주택관리 분야 전문직 종사자, 관계 공무원 또는 변호사 · 회계사 · 감정평가사 등 관련 전문가 10명 이내로 구성하되, 구성 절차 및 운영에 관한 사항은 대통령령으로 정한다.

④ 분양가심사위원회의 위원은 제1항부터 제3항까지의 업무를 수행할 때에는 신의와 성실로써 공정하게 심사를 하여야 한다.

(4) 분양가상한제 적용주택의 거주의무

① 다음 각 호의 어느 하나에 해당하는 주택의 입주자(상속받은 자는 제외한다.)는 해당 주택의 최초 입주가능일부터 3년 이내(제4호에 따른 토지임대부 분양주택의 경우에는 최초 입주가능일을 말한다)에 입주하여야 하고, 해당 주택의 분양가격과 국토교통부장관이 고시한 방법으로 결정된 인근지역 주택매매가격의 비율에 따라 5년 이내의 범위에서 대통령령으로 정하는 기간동안 계속하여 해당 주택에 거주하여야 한다. 다만, 해외 체류 등 대통령령으로 정하는 부득이한 사유가 있는 경우 그 기간은 해당 주택에 거주한 것으로 본다.

1. 사업주체가 「수도권정비계획법」 제2조제1호에 따른 수도권에서 건설 · 공급하는 분양가상한제 적용주택
2. 토지임대부 분양주택

② 거주의무자는 제1항에 따른 거주의무를 이행하지 아니한 경우 해당 주택을 양도(매매 · 증여나 그 밖에 권리 변동을 수반하는 모든 행위를 포함하되, 상속의 경우는 제외한다.)할 수 없다. 다만, 거주의무자가 제1항 각 호 외의 부분 단서 이외의 사유로 거주의무기간 이내에 거주를 이전하려는 경우 거주의무자는 대통령령으로 정하는 바에 따라 한국토지주택공사(사업주체가 「공공주택 특별법」 제4조에 따른 공공주택사업자인 경우에는 공공주택사업자를 말한다. 이하 이 조, 제64조, 제78조의2 및 제106조에서 같다)에 해당 주택의 매입을 신청하여야 한다.

③ 한국토지주택공사는 제2항 단서 또는 제8항에 따라 매입신청을 받거나 거주의무자 및 제7항에 따라 주택을 공급받은 사람이 제1항 또는 제7항을 위반하였다는 사실을 알게 된 경우 위반사실에 대한 의견청취를 하는 등 대통령령으로 정하는 절차를 거쳐 대통령령으로 정하는 특별한 사유가 없으면 해당 주택을 매입하여야 한다.

④ 한국토지주택공사가 제3항에 따라 주택을 매입하는 경우 거주의무자등에게 그가 납부한 입주금과 그 입주금에 「은행법」에 따른 은행의 1년 만기 정기예금의 평균이자율을 적용한 이자를 합산한 금액을 지급한 때에는 그 지급한 날에 한국토지주택공사가 해당 주택을 취득한 것으로 본다.

⑤ 사업주체는 제1항에 따른 주택을 공급하는 경우에는 거주의무자가 거주의무기간을 거주하여야 해당 주택을 양도할 수 있음을 소유권에 관한 등기에 부기등기하여야 한다. 이 경우 부기등기는 주택의 소유권보존등기와 동시에 하여야 하며, 부기등기에 포함되어야 할 표기내용 등은 대통령령으로 정한다.

⑥ 거주의무자등은 거주의무기간을 거주한 후 지방자치단체의 장으로부터 그 거주사실을 확인받은 경우 제5항에 따른 부기등기 사항을 말소할 수 있다. 이 경우 거주사실의 확인 등의 절차 · 방법 등에 필요한 사항은 대통령령으로 정한다.

⑦ 한국토지주택공사는 제3항 및 제4항에 따라 취득한 주택을 국토교통부령으로 정하는 바에 따라 재공급하여야 하며, 주택을 재공급받은 사람은 거주의무기간 중 잔여기간을 계속하여 거주하지 아니하고 그 주택을 양도할 수 없다. 다만, 제1항 각 호 외의 부분 단서의 사유에 해당하는 경우 그 기간은 해당 주택에 거주한 것으로 본다.

⑧ 제7항에 따라 주택을 재 공급받은 사람이 같은 항 단서 이외의 사유로 거주의무기간 이내에 거주를 이전하려는 경우에는 대통령령으로 정하는 바에 따라 한국토지주택공사에 해당 주택의 매입을 신청하여야 한다.

⑨ 한국토지주택공사가 제3항 및 제4항에 따라 주택을 취득하거나 제7항에 따라 주택을 공급하는 경우에는 제64조제1항을 적용하지 아니한다.

(5) 분양가상한제 거주실태 조사

① 국토교통부장관 또는 지방자치단체의 장은 거주의무자등의 실제 거주 여부를 확인하기 위하여 거주의무자등에게 필요한 서류 등의 제출을 요구할 수 있으며, 소속 공무원으로 하여금 해당 주택에 출입하여 조사하게 하거나 관계인에게 필요한 질문을 하게 할 수 있다. 이 경우 서류 등의 제출을 요구받거나 해당 주택의 출입·조사 또는 필요한 질문을 받은 거주의무자등은 모든 세대원의 해외출장 등 특별한 사유가 없으면 이에 따라야 한다.

② 국토교통부장관 또는 지방자치단체의 장은 제1항에 따른 조사를 위하여 필요한 경우 주민등록 전산정보(주민등록번호·외국인등록번호 등 고유식별번호를 포함한다), 가족관계 등록사항 등 실제 거주 여부를 확인하기 위하여 필요한 자료 또는 정보의 제공을 관계 기관의 장에게 요청할 수 있다. 이 경우 자료의 제공을 요청받은 관계 기관의 장은 특별한 사유가 없으면 이에 따라야 한다.

③ 제1항에 따라 출입·조사·질문을 하는 사람은 국토교통부령으로 정하는 증표를 지니고 이를 관계인에게 내보여야 하며, 조사자의 이름·출입시간 및 출입목적 등이 표시된 문서를 관계인에게 교부하여야 한다.

④ 국토교통부 또는 지방자치단체의 소속 공무원 또는 소속 공무원이었던 사람은 제1항과 제2항에 따라 얻은 정보와 자료를 이 법에서 정한 목적 외의 다른 용도로 사용하거나 다른 사람 또는 기관에 제공하거나 누설하여서는 아니 된다.

12) 견본주택의 건축기준

가. 사업주체가 주택의 판매·촉진을 위하여 견본주택을 건설하고자 하는 경우 견본주택의 내부에 사용하는 마감자재 및 가구는 사업계획승인 내용과 동일한 마감자재로 시공·설치하여야 한다.

나. 사업주체는 견본주택의 내부에 사용하는 마감자재를 사업계획승인 또는 마감자재

목록표와 다른 마감자재로 설치하는 경우로서 다음 각 호의 어느 하나에 해당하는 경우에는 일반인이 그 해당 사항을 알 수 있도록 국토교통부령이 정하는 바에 따라 그 공급가격을 표시하여야 한다.

① 분양가격에 포함되지 않는 품목을 견본주택에 전시하는 경우

② 마감자재 생산업체의 부도 등으로 인한 제품의 품귀 등 부득이한 경우

다. 견본주택에는 마감자재 목록표와 사업계획승인을 받은 서류 중 평면도 및 시방서를 비치하여야 하며, 견본주택의 배치 · 구조 및 유지관리 등은 국토교통부령으로 정하는 기준에 적합하여야 한다.

13) 주의 문구의 명시의무

가. 시장 · 군수 또는 구청장은 입주자모집승인을 하는 경우에는 사업주체로 하여금 입주자 모집공고안에 "분양가격의 항목별 공시내용은 사업에 실제 소요된 비용과 다를 수 있다." 라는 문구를 명시하도록 하여야 한다.

나. 국가 · 지방자치단체 · 한국토지주택공사 또는 지방공사인 사업주체는 입주자 모집공고안에 "분양가격의 항목별 공시내용은 사업에 실제 소요된 비용과 다를 수 있다." 라는 문구를 명시하여야 한다.

14) 위원회의 설치 · 운영

가. 시장 · 군수 또는 구청장은 사업계획승인신청이 있는 날부터 20일 이내에 분양가심사위원회를 설치 · 운영하여야 한다.

나. 사업주체가 국가 · 지방자치단체 · 한국토지주택공사 또는 지방공사인 경우에는 해당 기관의 장이 위원회를 설치 · 운영하여야 한다.

15) 위원회의 기능

위원회는 다음 각 호의 사항을 심의한다.

1. 분양가격 및 발코니 확장비용 산정의 적정성 여부 2. 분양가격 공시내역의 적정성 여부 3. 시 · 군 · 구별 기본형 건축비 산정의 적정성 여부 4. 분양가상한제 적용주택과 관련된 제2종 국민주택채권 매입 예정상한액 산정의 적정성 여부

16) 구 성

가. 위원회는 민간위원을 6명 이상 포함하여야 한다.

나. 위원회의 위원장은 시장 · 군수 또는 구청장이 민간위원 중에서 1명을 지명한다.

다. 시장 · 군수 또는 구청장은 주택건설 분야에 관한 학식과 경험이 풍부한 자로서 다

음 각 호의 어느 하나에 해당하는 자를 (가.)에 따른 민간위원으로 위촉한다. 이 경우 다음 각 호에 해당하는 위원은 1명 이상으로 한다.

> 1. 법학 · 경제학 · 부동산학 등 주택분야와 관련된 학문을 전공한 자로서 「고등교육법」에 따른 대학에서 조교수 이상으로 1년 이상 재직한 자
> 2. 변호사 · 회계사 · 감정평가사 또는 세무사의 직에 1년 이상 근무한 자
> 3. 토목 · 건축 또는 주택분야 업무에 5년 이상 종사한 자

라. 시장 · 군수 또는 구청장은 다음 각 호의 어느 하나에 해당하는 자를 민간위원 외의 위원으로 지명한다. 이 경우 다음 각 호에 해당하는 위원은 1명 이상으로 한다.

> 1. 국가 또는 지방자치단체에서 주택사업의 인 · 허가 등 관련 업무를 수행하는 5급 이상 공무원으로서 해당 기관의 장으로부터 추천을 받은 자. 다만, 해당 지방자치단체에 소속된 공무원의 경우에는 추천을 필요로 하지 아니한다.
> 2. 한국토지주택공사 또는 지방공사에서 주택사업 관련 업무에 종사하고 있는 임직원으로서 해당 기관의 장으로부터 추천을 받은 자

마. 민간위원의 임기는 2년으로 하되 연임할 수 있다.

17) 회 의

가. 위원회의 회의는 시장 · 군수 또는 구청장이나 위원장이 필요하고 인정하는 경우에 소집한다.

나. 시장 · 군수 또는 구청장은 회의 개최일부터 2일 전까지 회의와 관련된 사항을 위원에게 알려야 한다.

다. 위원회의 회의는 재적위원 과반수의 출석으로 개의하고, 출석위원 과반수의 찬성으로 의결한다.

라. 위원장은 위원회의 의장이 된다. 다만, 위원장이 부득이한 사유로 그 직무를 수행할 수 없을 때에는 위원장이 지명하는 위원이 그 직무를 대행한다.

마. 시장 · 군수 또는 구청장은 위원회의 사무를 처리하기 위하여 해당 지방자치단체의 주택업무관련 직원 중 1명을 간사로 선정하여야 한다.

바. 위원회의 회의진행은 공개하지 아니한다. 다만, 위원회의 의결이 있는 경우에는 이를 공개할 수 있다.

18) 위원이 아닌 자의 참석

가. 위원장은 심의사항을 심의하기 위하여 필요하다고 인정하는 경우 해당 사업장의 사업주체 · 관계인 또는 참고인을 위원회의 회의에 출석하게 하여 의견을 듣거나 관계 자료의 제출 등 필요한 협조를 요청할 수 있다.

나. 위원회의 회의사항과 관련하여 시장 · 군수 또는 구청장 및 사업주체는 위원장의 승인을 받아 회의에 출석하여 발언할 수 있다.

다. 위원장은 위원회에서 심의 · 의결된 결과를 지체 없이 시장 · 군수 또는 구청장에게 제출하여야 한다.

19) 위원의 대리출석

공공기관의 위원은 부득이한 사유가 있을 때에는 해당 직위에 상당하는 공무원 또는 공사의 임직원을 지명하여 대리출석하게 할 수 있다.

20) 위원의 의무

가. 위원은 회의과정, 그 밖의 직무수행상 알게 된 사항으로서 공개하지 아니하기로 한 사항을 누설하여서는 아니되며, 위원회의 품위를 손상하는 행위를 하여서는 아니된다.

나. 다음 각 호의 어느 하나에 해당되는 위원은 해당 심의대상 안건의 심의·의결에서 제외된다.

> 1. 해당 심의안건에 관하여 용역이나 그 밖의 방법에 의하여 직접 또는 상당한 정도로 관여한 경우
> 2. 해당 심의안건에 관하여 직접 또는 상당한 이해관계가 있는 경우

다. 위 (나)의 어느 하나에 해당하는 위원은 스스로 해당 안건의 심의에서 회피하여야 하며, 회의개최일 전까지 이를 간사에게 통보하여야 한다.

라. 시장 · 군수 또는 구청장은 위 나.의 어느 하나에 해당하는 공공기관의 위원이 있는 경우에는 해당 기관의 장으로부터 다른 자를 추천받아 위원회의 위원으로 지명할 수 있다. 다만, 해당 지방자치단체에 소속된 공무원의 경우에는 추천 없이 지명할 수 있다.

21) 회의록

가. 간사는 위원회의 회의 시 다음 각 호의 사항을 회의록으로 작성하여 「공공기록물 관리에 관한 법률」에 따라 보존하여야 한다.

> 1. 개회일시 · 장소 및 공개여부
> 2. 출석위원 서명부
> 3. 상정된 위안 및 심의결과
> 4. 그 밖에 주요 논의사항 등

나. 위원회의 회의에 참석한 위원에 대하여는 예산의 범위 내에서 수당 및 여비를 지급할 수 있다. 다만, 공무원인 위원이 그 소관업무와 직접적으로 관련되어 위원회에 출석하는 경우에는 그러하지 아니하다.

22) 운영세칙

위원회의 운영에 관하여 필요한 사항은 시장 · 군수 또는 구청장이 정한다.

23) 주택의 공급업무 대행

① 사업주체는 주택을 효율적으로 공급하기 위하여 필요하다고 인정하는 경우 주택의 공급업무의 일부를 제3자로 하여금 대행하게 할 수 있다.

② 제1항에도 불구하고 사업주체가 입주자자격, 공급 순위 등을 증명하는 서류의 확인 등 국토교통부령으로 정하는 업무를 대행하게 하는 경우 국토교통부령으로 정하는 바에 따라 다음 각 호의 어느 하나에 해당하는 자(이하 이 조에서 "분양대행자"라 한다)에게 대행하게 하여야 한다.

1. 등록사업자
2. 「건설산업기본법」 제9조에 따른 건설업자로서 대통령령으로 정하는 자
3. 「도시 및 주거환경정비법」 제102조에 따른 정비사업전문관리업자
4. 「부동산개발업의 관리 및 육성에 관한 법률」 제4조에 따른 등록사업자
5. 다른 법률에 따라 등록하거나 인가 또는 허가를 받은 자로서 국토교통부령으로 정하는 자

③ 사업주체가 제2항에 따라 업무를 대행하게 하는 경우 분양대행자에 대한 교육을 실시하는 등 국토교통부령으로 정하는 관리·감독 조치를 시행하여야 한다.

2 주택의 공급방법

1) 주택의 공급대상

(1) 공급의 기준

가. 입주자모집공고일 현재 당해 주택건설지역에 거주하는 세대주에게 1세대 1주택의 기준으로 공급

① 국민주택 등(민간건설 중형국민주택 중 분양주택을 제외)

② 고용자인 사업주체가 그 소속근로자에게 공급하기 위하여 건설하는 주택

③ 국가기관 · 지방자치단체 또는 법인이 공무원 · 군인 또는 그 소속근로자에게 공급할 주택을 다른 사업주체에게 위탁하여 건설하는 경우 그 위탁에 의하여 건설되는 주택

나. 입주자모집공고일 현재 당해 주택건설지역에 거주하는 20세 이상인 자(세대주인 경우에는 20세 미만인 자를 포함한다)에게 1인 1주택의 기준으로 공급

1. 민간건설 중형국민주택 중 분양주택
2. 민영주택

다만, 당해 특별시장 · 광역시장 · 시장 도는 군수는 행정구역 또는 도시지역의 변경으로 주택건설지역이 변경되는 경우, 변경 전의 주택건설지역 또는 그 중 일정한 구역의 거주자를 공급대상에 포함하게 할 수 있다.

(2) 국민주택 등의 공급

가. 공급대상주택

1. 국민주택 등(민간건설 중형국민주택 중 분양주택을 제외)
2. 고용자인 사업주체가 그 소속근로자에게 공급하기 위하여 건설하는 주택
3. 국가기관 · 지방자치단체 또는 법인이 공무원(공무원연금수급권자를 포함한다) · 군인(군인연금수급권자를 포함한다) 또는 그 소속근로자에게 공급할 주택을 다른 사업주체에게 위탁하여 건설하는 경우 그 위탁에 의하여 건설되는 주택

나. 다음에 해당하는 날부터 입주 시까지 무주택세대주 요건을 필요로 한다.

1. 국민주택의 일반공급 및 민간건설 중형국민주택 중 임대주택의 공급에 관한 규정에 의하여 일반 공급하는 주택은 입주자모집공고일
2. 고용자인 사업주체가 그 소속근로자에게 공급하는 주택은 당해 주택의 사업계획승인일(사업계획승인일까지 입주대상자가 결정되지 아니한 경우에는 사업주체가 입주대상자명단을 확정하여 시 · 도지사에게 통보한 날)

다만, 입주자로 선정되거나 주택건설사업계획상의 입주대상자로 확정된 후 결혼 또는 상속으로 인하여 무주택세대주의 자격을 상실하게 되는 자와 공급계약 후 입주할 수 있는 지위를 양수받은 자의 경우에는 예외로 한다.

다. 공급대상의 특례 : 수도권의 거주자가 수도권 안의 다른 주택건설지역의 주택을 공급받고자 할 때에는 공급대상으로 본다.

라. 우선공급 : 특별시장 · 광역시장 · 특별자치시장 · 특별자치도지사 · 시장 또는 군수는 투기를 방지하기 위하여 필요한 경우 입주자모집공고일 현재 당해 주택건설지역에 일정기간 이상 거주하고 있는 자에게 우선 공급하게 할 수 있다.

2) 입주자모집

(1) 입주자모집시기 및 조건

가. 착공과 동시모집 : 사업주체에 의하여 토지소유자(등록사업자와 공동사업주체인 경우에는 공동사업주체인 등록사업자를 말함)가 다음의 요건을 갖춘 경우에는 착공과 동시에 입주자를 모집할 수 있다.

① 주택이 건설되는 대지의 소유권을 확보할 것(주택이 건설되는 대지를 신탁한 경우를 포함)

② 주택도시보증공사로부터 분양보증을 받을 것, 다만, 영업정지처분을 받은 사업주체로서 당해 영업정지처분기간이 만료된 날부터 2년이 경과되지 아니한 사업주체는 건축공정이 일정한 공정에 달한 후에 입주자를 모집할 수 있으며, 국토교통부장관은 사업주체가 공공사업에 의하여 조성된 택지를 공급받아 주택을 건설하는 경우로서 청약과열 및 투기억제를 위하여 필요하다고 인정되는 경우에는 택지분양계약을 체결한 후 입주자모집이 가능하도록 주택정책심의위원회의 심의를 거쳐 입주자모집시기를 따로 정할 수 있다.

나. 일정한 공정에 달한 후 모집 : 사업주체가 다음의 요건을 갖춘 경우에는 일정한 공정에 달한 후에 입주자를 모집할 수 있다.

① 주택이 건설되는 대지의 소유권을 확보할 것

② 당해 주택의 사용검사에 대하여 시공권이 있는 등록사업자(건설산업기본법에 의하여 일반건설업 등록을 한 등록사업자 또는 등록사업자를 말한다)로서 전년도 또는 당해 연도의 주택건설실적이 100호 또는 100세대 이상인 자 중에서 자본금 및 주택건설실적 등을 고려하여 시장·군수 또는 자치구의 구청장이 인정하는 자 2인 이상의 연대보증을 받아 이를 공증받을 것. 이 경우 「독점규제 및 공정거래에 관한 법률」에 의한 사업주체의 계열회사는 연대보증인에서 제외하여야 한다.

다. 주택재건축사업의 후 분양(80% 진행 후 모집) : 「도시 및 주거환경정비법」에 의한 주택재건축정비사업의 사업주체가 「수도권정비계획법」에 의한 과밀억제권역 내의 투기과열지구 안에서 주택을 건설하는 경우로서 동법의 규정에 의한 조합원 또는 토지 등 소유자 외의 자에게 주택을 공급하는 경우에는 위 (가.), (나.)의 규정에도 불구하고 건축공정이 전체공정의 80%에 달한 후에 입주자를 모집할 수 있다. 이 경우 사업주체는 다음의 요건을 갖추어야 하며, 전체공정의 80%에의 도달여부에 대한 판단기준은 국토교통부장관이 따로 정한다.

> 1. 주택이 건설되는 대지의 소유권을 확보할 것
> 2. 주택도시보증공사로부터 분양보증을 받을 것 또는 위 (나.)의 ②호의 요건을 갖출 것

라. 저당권 등의 말소 후 모집 : 사업주체가 주택이 건설되는 대지의 소유권을 확보하고 있으나 그 대지에 저당권 · 가등기담보권 · 전세권 · 지상권 및 등기되는 부동산 임차권이 설정되어 있는 때에는 그 저당권 등을 말소한 후에 입주자를 모집하여야 한다. 다만, 사업주체가 융자를 받기 위하여 당해 금융기관에 대하여 저당권 등을 설정한 경우에는 그러하지 아니하다.

마. 대지사용승낙 후 모집 : 사업주체가 대지의 사용승낙을 얻어 주택을 건설하는 경우

에는 입주자를 모집하기 전에 당해 대지의 소유권을 확보하여야 한다. 다만, 다음에 해당하는 경우에는 그러하지 아니하다.

1. 대지의 소유자가 국가 또는 지방자치단체인 경우 2. 사업주체가 공공사업에 의하여 조성된 택지를 공급받아 주택을 건설하는 경우에는 당해 공공사업의 시행자와 택지분양계약을 체결하여 당해 택지를 사용할 수 있는 권원을 확보한 경우

바. 사업주체가 국가 · 지방자치단체 · 한국토지주택공사 또는 지방공사인 경우에는 위의 규정에도 불구하고 입주자를 모집할 수 있다. 다만, 사업주체가 국가 · 지방자치단체 · 한국토지주택공사 및 지방공사인 경우에는 건축공정이 전체공정의 40%에 달한 후에 입주자를 모집하여야 하며, 전체공정의 40%에의 도달여부에 대한 판단기준은 국토교통부장관이 따로 정한다.

(2) 입주자의 모집절차

가. 입주자모집공고 승인신청 : 사업주체가 입주자를 모집하고자 할 때에는 공개모집을 하여야 한다. 이 경우 국가 · 지방자치단체 · 한국토지주택공사 또는 지방공사가 아닌 사업주체는 다음의 서류를 갖추어 시장 등의 승인을 얻어야 하며, 국가 · 지방자치단체 · 한국토지주택공사 또는 지방공사인 사업주체는 입주자모집내용을 국토교통부장관 및 전산관리지정기관에 통보하여야 한다.

나. 승인여부의 결정 : 시장 등은 사업주체로부터 입주자모집공고안의 승인신청이 있는 경우에는 승인신청일부터 5일 이내에 승인여부를 결정하여야 한다.

다. 자문위원회 : 시장 등은 분양가상한제 적용주택의 입주자를 공개모집하는 경우 승인을 얻기 전에 다음의 사항에 관한 의견을 듣기 위하여 자문위원회를 구성 · 운영할 수 있다.

1. 택지비, 가산비용 등의 분양가 산정에 관한 사항 2. 제2종 국민주택채권 매입예정상한액 등 제2종 국민주택채권의 매입에 관한 사항

라. 국토교통부장관 등에 통보 : 시장 등은 입주자모집공고안을 승인한 때에는 그 승인내용을 국토교통부장관, 전산관리지정기관, 국민주택기금수탁자(국민주택기금의 운용·관리에 관한 사무를 위탁받은 기금수탁자를 말한다), 대한주택 보증주식회사 (대한주택 보증주식회사의 분양보증을 받은 경우에 한한다), 협회에 통보하여야 한다.

마. 입주자모집공고 : 사업주체가 입주자를 모집하고자 할 때에는 입주자모집공고를 당해 주택건설지역 주민이 널리 볼 수 있는 일간신문, 관할 시 · 군 · 자치구의 인터넷 홈페이지 또는 당해 주택건설지역 거주자가 쉽게 접할 수 있는 일정한 장소에 게시 공고하여야 한다. 다만, 청약예금제도 실시지역 중 수도권 및 광역시에서 100호 또는 100세대 이상의 주택을 공급하거나 시장 등이 투기 및 과열경쟁의 우려가 있

다고 인정하는 경우에는 사업주체는 일간신문에 공고하여야 하며, 시장 등은 인터넷에도 게시하게 할 수 있다.

바. 분양신청 : 입주자모집공고는 최초 신청접수일부터 5일 이전에 다음의 사항을 포함하여 공고하여야 한다. 이 경우 시장 등은 사업주체로 하여금 다음의 사항 외에 주택공급신청자가 주택공급계약체결 시 알아야 할 사항, 그 밖의 필요한 사항을 접수장소에 따로 게시공고한 후 별도의 안내서를 작성하여 주택공급신청자에게 교부하게 할 수 있다.

① 사업주체명, 시공업체명, 연대보증인 및 사업주체의 등록번호 또는 지정번호

①-2. 감리회사명 및 감리금액

② 주택의 건설위치 및 공급세대수

③ 호당 또는 세대당 주택공급면적 및 대지면적

④ 주택의 공급신청자격, 신청 시의 구비서류, 신청일시 및 장소

④-2. 인터넷을 활용한 주택의 공급신청여부 및 공급신청방법

⑤ 분양가격 및 임대보증금, 임대료와 청약금 · 계약금 · 중도금 등의 납부시기 및 납부방법

⑥ 주택도시보증공사의 분양보증 또는 임대보증금에 대한 보증을 받은 경우에는 그 내용

⑦ 입주자에 대한 융자지원내용

⑧ 일정기간이 경과한 후 분양전환되는 임대주택인 경우에는 그 분양전환시기와 분양예정가격의 산출기준 등 분양전환조건에 관한 사항

사. 공급면적 등의 표시의무 : 공동주택의 공급면적을 세대별로 표시하는 경우에는 공용면적과 전용면적으로 구분하여 표시하여야 한다. 이 경우 공급면적은 전용면적과 계단 · 복도 · 현관 등 공동주택의 지상층에 있는 공용면적 이하로 표시하고 주거공용면적을 제외한 지하층 · 관리사무소 · 노인정 등 기타 공용면적은 이와 따로 표시하여야 한다.

아. 가구 등의 설치여부확인 : 사업주체는 입주자모집 시 가구제품 및 가전제품 등 입주자가 개별적으로 구입하여 설치가 가능한 제품에 대하여는 입주자가 설치여부를 선택할 수 있도록 하여야 한다. 이 경우 시장 등은 입주자모집승인시에 이를 확인하여야 한다.

자. 무주택국민을 위한 주택명시 : 사업주체가 국민주택을 공급하는 경우에는 입주자모집공고에 당해 주택이 정부가 무주택국민을 위하여 저리의 자금을 지원한 주택임을 명시하여야 한다.

차. 사업주체가 주택의 판매촉진을 위하여 건설하는 견본주택은 그 배치 · 구조 및 유지관리 등에 있어 국토교통부장관이 정하여 고시하는 기준에 적합하여야 한다. 다만,

국토교통부장관은 투기과열지구 안에서 청약과열의 방지 등을 위하여 필요하다고 인정되는 경우에는 사업주체로 하여금 인터넷을 활용하여 견본주택을 전시하게 할 수 있다.

카. 국토교통부장관은 투기과열지구 안에서 청약과열의 방지 등을 위하여 필요하다고 인정되는 경우에는 사업주체로 하여금 인터넷을 활용하여 입주자를 모집하게 할 수 있다.

3) 입주자의 저축

(1) 입주자저축의 종류

1. 청약저축 : 국민주택 등을 공급받기 위하여 가입하는 저축
2. 청약예금 : 민영주택과 민간건설 중형국민주택을 공급받기 위하여 가입하는 예금
3. 청약부금 : $85m^2$ 이하의 민영주택과 민간건설 중형국민주택을 공급받기 위하여 가입하는 부금
4. 주택청약종합저축 : 청약저축과 청약예금, 청약부금 상품을 통합한 저축(2009년 5월 6일출시)

(2) 취급기관

입주자저축은 「은행법」에 의한 금융기관 중 국토교통부장관이 청약저축·청약예금 또는 청약부금의 취급기관으로 지정하는 금융기관이 이를 취급한다.

(3) 가입요건

입주자저축은 1인 1계좌에 한하여 가입할 수 있으며, 국토교통부장관은 다음 각 호의 업무를 수행하기 위하여 필요한 경우 「금융실명거래 및 비밀보장에 관한 법률」 제4조 제1항에도 불구하고 입주자저축취급기관의 장에게 입주자저축에 관한 자료 및 정보를 제공하도록 요청할 수 있다.

가. 주택을 공급받으려는 자의 입주자자격, 재당첨 제한 여부 및 공급 순위 등 확인 및 정보제공 업무

나. 입주자저축 가입을 희망하는 자의 기존 입주자저축 가입 여부 확인 업무

다. 「조세특례제한법」 제89조의2에 따라 세금우대저축 취급기관과 세금우대저축자료 집중기관 상호 간 입주자저축과 관련된 세금우대 저축자료를 제공하도록 중계하는 업무

라. 위의 규정에 따라 이미 보유하고 있는 정보의 정확성, 최신성을 유지하기 위한 정보요청 업무

(4) 가입여부의 확인

가. 입주자저축정보의 제공 요청을 받은 입주자저축취급기관의 장은 「금융실명거래 및 비밀보장에 관한 법률」 제4조에도 불구하고 입주자 저축정보를 제공하여야 한다.

나. 입주자 저축정보를 제공한 입주자저축취급기관의 장은 「금융실명거래 및 비밀보장에 관한 법률」 제4조의2제1항에도 불구하고 입주자저축정보의 제공사실을 명의인에게 통보하지 아니할 수 있다. 다만, 입주자저축정보를 제공하는 입주자저축취급기관의 장은 입주자저축정보의 명의인이 요구할 때에는 입주자저축정보의 제공사실을 통보하여야 한다.

다. 입주자 저축정보의 제공 요청 및 제공은 「정보통신망 이용촉진 및 정보보호 등에 관한 법률」 제2조제1항제1호의 정보통신망을 이용하여야 한다. 다만, 정보통신망의 손상 등 불가피한 사유가 있는 경우에는 그러하지 아니하다.

라. 그 밖에 입주자 저축의 납입방식 · 금액 및 조건 등에 필요한 사항은 국토교통부령으로 정한다.

마. 이 조에 따른 업무에 종사하거나 종사하였던 자는 업무를 수행하면서 취득한 입주자저축정보를 다른 법률에 특별한 규정이 없으면 업무를 수행하기 위한 목적 외의 다른 용도로 사용하거나 다른 사람 또는 기관에 제공하거나 누설해서는 아니 된다.

바. 국토교통부장관은 입주자 저축정보를 다른 법률에 따라 마항 각 호의 업무를 수행하기 위한 목적 외의 용도로 사용하거나 다른 사람 또는 기관에 제공하는 경우에는 「개인정보 보호법」 제18조제4항에 따라 그 사용 또는 제공의 법적 근거, 목적 및 범위 등을 관보 또는 인터넷 홈페이지 등에 게재하여야 한다.

(5) 통장의 재사용 금지

입주자저축에 가입한 자가 당해 입주자저축의 통장을 사용하여 입주자로 선정된 경우에는 동일한 통장으로 다른 주택의 입주자로 선정될 수 없다. 다만, 다음의 경우에는 그러하지 아니하다.

가. 입주자저축의 통장을 사용하여 분양전환되지 아니하는 임대주택의 입주자로 선정되어 거주하다가 동일한 통장으로 분양전환되지 아니하는 임대주택의 입주자로 선정되는 경우

나. 입주자저축의 통장을 사용하여 분양전환되지 아니하는 임대주택의 입주자로 선정된 후 동일한 통장으로 분양주택의 입주자로 선정되는 경우

(6) 청약저축의 가입요건

가. 청약저축에 가입할 수 있는 자는 무주택세대주이어야 한다.

나. 입주자저축취급기간 중 청약저축을 취급하는 기관은 청약저축가입신청 시에 가입자로부터 주민등록표등본을 제출받아 세대주임을 확인하여야 한다.

다. 청약저축의 납입기간은 청약저축에 가입한 날부터 국민주택 등의 입주자로 선정된 날까지로 한다.

라. 청약저축의 월납입금은 2만원 이상 10만원 이하로 하며, 납입금액의 단위는 5천원

으로 한다.

마. 청약저축을 해지하는 경우의 이자율은 다음과 같다. 다만, 청약저축의 가입일부터 1월 이내에 청약저축을 해지하는 경우에는 이자를 지급하지 아니한다.

> 1. 가입일부터 1년 미만의 기간 내에 해지하는 경우 : 연 2.5%
> 2. 가입일부터 1년 이상 2년 미만의 기간 내에 해지하는 경우 : 연 3.5%
> 3. 가입일부터 2년 이상이 지난 후에 해지하는 경우 : 연 4.5%

바. 청약저축의 원금 및 이자는 청약저축을 해지할 때에 일시에 지급한다.

(7) 청약예금 및 청약부금의 가입요건

가. 청약예금 또는 청약부금에 가입할 수 있는 자는 20세 이상의 자(세대주인 경우에는 20세 미만인 자를 포함)이어야 하며, 그가 거주하는 지역을 기준으로 가입하여야 한다. 다만, 「재외동포의 출입국과 법적지위에 관한 법률」에 의한 재외동포의 경우에는 국내 거소신고증에 기재된 거소를 거주지로 보며, 「출입국관리법」에 의하여 외국인등록을 한 자의 경우에는 외국인등록증에 기재된 체류지를 거주지로 본다.

나. 입주자저축취급기관 중 청약예금 및 청약부금을 취급하는 기관은 청약예금 및 청약부금 가입신청 시에 가입자로부터 서류를 제출받아 가입자격을 확인하여야 한다. 다만, 「금융실명거래 및 비밀보장에 관한 법률」에 의하여 실명이 확인된 지금결제계좌 보유자가 전자금융 시스템을 통하여 가입하는 경우에는 해당 서류의 제출을 생략할 수 있다.

다. 청약예금 또는 청약부금의 제도는 특별시·광역시·시의 지역 및 군 지역에 실시한다.

라. 공급받고자 하는 주택의 규모 및 지역별로 예치하여야 하는 청약예금의 금액이 정해져 있다.

(8) 입주자저축의 변경

가. 청약저축의 가입자명의는 다음에 해당하는 경우에 한하여 이를 변경할 수 있으며, 청약예금 또는 청약부금의 가입자명의는 제1호에 해당하는 경우에 한하여 이를 변경할 수 있다.

> 1. 가입자가 사망한 경우로서 그 상속인 명의로 변경하는 경우
> 2. 가입자가 혼인한 경우로서 그 배우자 명의로 변경하는 경우
> 3. 가입자의 배우자 또는 세대원인 직계 존 · 비속으로 세대주가 변경된 경우로서 그 변경된 세대주 명의로 변경하는 경우

나. 입주자저축의 종류 또는 금액은 다음 각 호의 어느 하나에 해당하는 경우에 한하여 이를 변경할 수 있다. 다만, 제3호 내지 제5호의 규정에 의하여 주택의 면적을 늘리기 위하여 예치금액을 변경한 경우에는 변경한 날부터 1년 이내에는 그 변경한 예

치금액에 해당하는 주택의 공급신청을 할 수 없다.

1. 청약저축가입자가 해약과 동시에 그 불입한 금액의 범위 안에서 청약예금에 가입하는 경우
2. 청약예금가입자가 다른 주택건설지역으로 주소지를 이전함에 따라 그 예치금액의 차액을 예치하거나 인출하는 경우
3. 청약예금에 가입한 후 2년(청약저축을 청약예금으로 변경한 경우에는 그 변경일부터 2년)이 경과된 자가 예치금액을 변경하는 경우
4. 청약부금에 가입하여 2년이 경과하고, 매월 약정납입일에 월납입금을 납입하여 85m² 이하의 주택의 청약예금 예치금액 이상을 납입한 자가 청약예금으로 변경하는 경우
5. 청약예금의 예치금액을 변경한 후 2년이 경과된 자가 다시 예치금액을 변경하는 경우

다. 위 (나)의 경우와 청약예금 또는 청약부금의 계약기간이 만료된 자가 해약과 동시에 해약 원금을 다시 납입하여 재가입하는 경우에는 최초로 입주자저축에 가입한 날을 가입일로 본다.

라. 입주자저축의 가입자명의 · 종류 또는 금액을 변경하거나 청약예금 또는 청약부금에 재가입하고자 하는 자는 증빙서류를 첨부하여 입주자저축취급기관에 변경신청을 하여야 한다.

마. 위 (나)의 규정에 의한 입주자저축의 변경은 예치금액을 기준으로 하여야 한다.

(9) 주택청약종합저축

2009년 5월 6일 출시된 상품으로, 전용면적 85m² 이하의 공공주택(청약저축), 모든 민영주택과 전용면적 85m²를 초과하는 공공주택(청약예금), 전용면적 85m² 이하의 민영주택(청약부금) 등 기존의 주택청약 관련 상품에서 구별하였던 기능을 한데 통합하였다. 국민주택과 민영주택을 가리지 않고 모든 신규 분양주택에 사용할 수 있어 만능청약통장이라고도 한다.

무주택자는 물론 유주택자와 세대주가 아닌 사람 그리고 미성년자 등 누구든지 1인 1계좌로 가입할 수 있고, 매월 2만 원 이상 50만 원 이내에서 5,000원 단위로 자유롭게 납입할 수 있으며, 납부총액이 1,500만 원에 이를 때까지 50만 원을 초과하여 자유롭게 적립할 수 있다. 가입일로부터 1년 미만은 2.5%, 1년 이상 2년 미만은 3.5%, 2년 이상은 4.5%의 금리를 적용한다. 예금자보호법에 의하여 보호되지는 않으나, 국민주택기금의 조성 재원으로 정부가 관리한다.

납입방식은 매월 일정액 적립식과 예치식을 병행한다. 가입 후 2년이 지나면 1순위가 되는데, 20세 미만의 가입자인 경우는 1순위가 되더라도 청약할 수 없다. 기존의 청약저축·청약예금·청약부금에서 전환가입은 허용되지 않으며, 신규로 가입하더라도 기존 청약통장의 가입기간이나 금액을 인정하지 않는다. 주택기금수탁은행인 우리은행 · 농협 · 기업은행 · 신한은행 · 하나은행에서 취급한다.

기존 청약통장과 달리 민영주택 청약의 경우 최초 청약할 때 희망하는 주택규모를 선택

할 수 있다. 1,500만 원을 예치한 경우에 최초 청약할 때 주택규모에 제한 없이 하나의 주택형을 선택할 수 있으며, 주택규모를 선택 또는 변경한 뒤에는 기존의 청약예금 · 부금과 마찬가지로 2년이 지나면 선택한 주택규모를 변경할 수 있다. 단, 면적을 늘리기 위하여 변경한 경우에는 변경한 날부터 1년 안에는 변경한 규모에 해당하는 주택을 청약할 수 없다.

【주택청약종합저축과 기존통장 비교】

<table>
<tr><th colspan="2">구 분</th><th>청약종합저축</th><th>청약저축</th><th>청약예금</th><th>청약부금</th></tr>
<tr><td rowspan="6">가입 방법</td><td>대상지역</td><td colspan="2">전 국</td><td colspan="2">시 · 군 지역(103개)</td></tr>
<tr><td>가입대상</td><td>연령 · 자격 제한 없음</td><td>무주택 세대주</td><td colspan="2">20세 이상 개인(유주택자도 가능)</td></tr>
<tr><td>저축방식</td><td>매월 일정액 적립식 및 예치식 병행</td><td>매월 일정액 불입</td><td>일시불 예치</td><td>매월 일정액 불입</td></tr>
<tr><td>저축금액</td><td>월 2만~50만원</td><td>월 2만~10만원</td><td>200만~1,500만원
(규모·지역별 차등)</td><td>월 5만~50만원</td></tr>
<tr><td>이율적용</td><td colspan="2">기간별 금리적용
- 1개월 미만 : 무이자
- 1년 미만 : 연 2.5%
- 1년 이상~2년 미만 : 연 3.5%
- 2년 이상 : 연 4.5%</td><td colspan="2">가입당시 약정이율</td></tr>
<tr><td>취급기관</td><td colspan="2">국민주택기금 수탁은행
(우리·농협·기업·신한·하나)</td><td colspan="2">전국 16개 은행</td></tr>
</table>

4) 주택의 공급

(1) 민간건설 중형국민주택 외의 국민주택 등의 일반공급

가. 사업주체가 국민주택 등(민간건설 중형국민주택을 제외)의 입주자를 선정하는 경우에는 입주자모집공고일 현재 다음 각 호의 순위에 따라 선정하여야 한다.

① 제1순위 : 청약저축에 가입하여 2년이 경과된 자로서 매월 약정납입일에 월납입금을 24회 이상 납입한 자. 다만, 투기과열지구 안에서 공급하는 주택인 경우에는 과거 5년 이내에 다른 주택의 당첨자가 된 자의 세대에 속한 자를 제외한다.

② 제2순위 : 청약저축에 가입하여 6월이 경과된 자로서 매월 약정납입일에 월납입금을 6회 이상 납입한 자 및 제1호 단서에 해당하는 자

③ 제3순위 : 제1순위 및 제2순위에 해당하지 아니하는 자

나. 제1순위 및 제2순위 중 같은 순위 안에서 경쟁이 있는 때에는 다음의 순차별로 공급한다.

40m²를 초과하는 주택의 공급순차	40m² 이하인 주택의 공급순차
① 5년 이상의 기간 무주택세대주로서 매월 약정납입일에 월납입금을 60회 이상 납입한 자 중 저축총액이 많은 자 ② 3년 이상의 기간 무주택세대주로서 저축총액이 많은 자 ③ 저축총액이 많은 자 ④ 납입횟수가 많은 자 ⑤ 부양가족이 많은 자 ⑥ 당해 주택건설지역에 장기간 거주한 자	① 5년 이상의 기간 무주택세대주로서 납입횟수가 많은 자 ② 3년 이상의 기간 무주택세대주로서 납입횟수가 많은 자 ③ 납입횟수가 많은 자 ④ 부양가족이 많은 자 ⑤ 당해 주택건설지역에 장기간 거주한 자

(2) 민간건설 중형국민주택의 일반 공급

가. 사업주체가 민간건설 중형국민주택의 입주자를 선정하는 경우에는 입주자모집공고일 현재 다음 각 호의 순위에 따라 선정하여야 한다. 이 경우 청약부금에 가입하여 매월 약정납입일에 월납입금을 납입하여 85m² 이하의 청약예금 예치금액 이상을 납입한 자는 85m² 이하인 주택의 청약이 가능한 청약예금에 가입한 것으로 본다.

① 제1순위 : 다음의 어느 하나에 해당하는 자

㉠ 청약저축에 가입하여 2년이 경과된 자로서 매월 약정납입일에 월납입금을 24회 이상 납입한 자. 다만, 투기과열지구 안에서 공급하는 주택인 경우에는 과거 5년 이내에 다른 주택의 당첨자가 된 자의 세대에 속한 자를 제외한다.

㉡ 청약예금제도 실시지역에서 입주자를 모집하는 경우에는 85m² 이하의 주택의 청약이 가능한 청약예금에 가입하여 2년이 경과된 자로서 예치금액에 상당하는 금액을 예치 또는 납입한 자. 다만, 투기과열지구 안에서 공급하는 주택인 경우에는 다음의 어느 하나에 해당하는 자를 제외한다.

㉮ 과거 5년 이내에 다른 주택의 당첨자가 된 자의 세대에 속한 자

㉯ 세대주가 아닌 자

㉰ 2세대 이상의 주택을 소유한 세대에 속한 자

② 제2순위 : 다음에 해당하는 자

㉠ 청약저축에 가입하여 6월이 경과된 자로서 매월 약정납입일에 월납입금을 6회 이상 납입한 자 및 위 ①의 ㉠의 단서에 해당하는 자

㉡ 청약예금제도 실시지역에서 입주자를 모집하는 경우 85m² 이하의 주택의 청약이 가능한 청약예금에 가입하여 6월이 경과된 자로서 예치금액에 상당하는 금액을 예치 또는 납입한 자 및 위 ①의 ㉡의 단서에 해당하는 자

③ 제3순위 : 제1순위 및 제2순위에 해당되지 아니하는 자

나. 입주자저축에 가입한 자가 입주자저축의 종류 또는 금액을 변경한 경우에는 입주자 모집공고일 전에 변경한 경우에 한하여 제1항의 규정을 적용한다. 다만, 청약예

금에 가입한 자가 예치금액을 변경하는 경우에는 그 차액을 주택공급신청 전에 추가로 예치하여야 한다.

(3) 민영주택의 일반 공급

가. 사업주체가 청약예금제도 실시지역에서 민영주택의 입주자를 선정하는 경우에는 입주자모집공고일 현재 다음 각 호의 순위에 따라 선정하여야 한다. 이 경우 청약부금에 가입하여 매월 약정 납입일에 월납입금을 납입하여 85m² 이하의 청약예금 예치금액 이상을 납입한 자는 85m² 이하인 주택의 청약이 가능한 청약예금에 가입한 것으로 본다.

① 제1순위 : 청약예금에 가입하여 2년이 경과한 자로서 별도 규정된 예치금액에 상당하는 금액을 예치 또는 납입한 자. 다만, 투기과열지구 안에서 공급하는 주택인 경우에는 다음 각 목의 어느 하나에 해당하는 자를 제외한다.

㉠ 과거 5년 이내에 다른 주택의 당첨자가 된 자의 세대에 속한 자

㉡ 세대주가 아닌 자

㉢ 2세대 이상의 주택을 소유한 세대에 속한 자

② 제2순위 : 청약예금에 가입하여 6월이 경과된 자로서 예치금액에 상당하는 금액을 예치 또는 납입한 자 및 위의 ①의 단서에 해당하는 자

③ 제3순위 : 제1순위 및 제2순위에 해당되지 아니하는 자

나. 입주자저축에 가입한 자가 제5조의 4 제2항의 규정에 의하여 입주자저축의 종류 또는 금액을 변경한 경우에는 입주자모집공고일 전에 변경한 경우에 한하여 제1항의 규정을 적용한다. 다만, 청약예금에 가입한 자가 제5조의 4 제2항 제2호의 규정에 의하여 예치금액을 변경하는 경우에는 그 차액을 주택공급신청 전에 추가로 예치하여야 한다.

(4) 제2종 국민주택채권 매입대상 주택의 공급

가. 사업주체가 제2종 국민주택채권을 매입하여야 하는 주택을 공급하는 경우에는 순위별로 입주자를 선정하되, 제2종 국민주택채권 매입예정액이 많은 자를 우선하여 입주자로 선정하여야 한다.

나. 시장 등은 (가)에 따라 입주자를 선정하는 경우 입주자모집공고안을 승인할 때에 그 채권매입예정액의 상한액을 정하여 사업주체로 하여금 입주자모집공고안에 포함하여 명시하게 하고, 국가·지방자치단체·한국토지주택공사 및 지방공사가 사업주체인 때에는 국가 등은 채권매입예정액의 상한액을 정하여 입주자모집공고안에 명시하여야 한다.

다. 채권매입예정액의 상한액은 그 주택의 분양가격과 채권의 예상손실금액을 합한 금

액이 인근지역의 주택매매가격의 90% 이상이 되도록 정하여야 하며, 구체적인 산정방법은 다음과 같다.

매입예정 상한액 = [인근 주택매매가격 × (0.9 내지 1) − 분양가격]/채권예상손실률

라. 사업주체는 (가)에 따라 입주자로 선정된 자와 공급계약을 체결하는 경우 「주택법 시행규칙」에 따른 채권관리정보 시스템을 통하여 제2종 국민주택채권의 매입예정액과 매입액을 확인하여 이에 대한 확인서를 주택공급계약서에 첨부·보관하여야 한다.

마. 사업주체는 제2종 국민주택채권의 매입예정액 및 매입액을 확인한 때에는 해당 주택의 소재지를 관할하는 시장 등에게 그 확인일부터 30일 이내에 확인내용을 보고하여야 한다.

바. 특별 공급하는 85㎡ 초과의 주택을 공급받으려는 자는 해당 주택이 속한 단지에서 일반공급되는 주택으로서 해당 주택과 같은 면적의 주택(해당 주택이 속한 단지에서 해당 주택과 같은 면적의 일반공급 주택이 없는 경우에는 인근 단지에서 일반공급되는 주택으로서 해당 주택과 같은 면적의 주택을 말함)의 당첨자에 대한 평균적인 제2종 국민주택채권의 매입예정액만큼의 채권을 매입하여야 한다.

(5) 민영주택 등의 우선공급

가. 특별시장 · 광역시장 · 특별자치시장 · 특별자치도지사 · 시장 또는 군수는 사업주체가 청약예금제도 실시지역 외의 지역 또는 청약예금제도 실시 후 2년이 경과되지 아니한 지역에서 민영주택을 공급하는 경우 입주자모집공고일 현재의 당해 주택건설지역의 거주자에게 다음의 순위에 따라 우선공급하게 할 수 있다. 다만, 당해 주택건설지역이 수도권인 때에는 일반공급 주택수의 50%를 우선공급하게 할 수 있다.

> 1. 제1순위 : 당해 주택건설지역에 3년 이상 거주하고 있는 세대주
> 2. 제2순위 : 당해 주택건설지역에 1년 이상 거주하고 있는 세대주
> 3. 제3순위 : 당해 주택건설지역에 1년 미만 거주하고 있는 세대주

나. 특별시장 · 광역시장 · 특별자치시장 · 특별자치도지사 · 시장 또는 군수는 시 · 군의 행정구역의 통합으로 주택건설지역의 변동이 있는 경우 통합 전의 군 주택건설지역에서 통합일부터 2년 이내에 사업주체가 민영주택을 공급하는 때에는 통합 전의 군 주택건설지역의 거주자를 대상으로 입주자로 선정하게 할 수 있다.

다. 건축주가 「건축법」에 의한 건축허가를 받아 주택 외의 시설과 주택을 동일건축물로 법 제16조 제1항의 규정에 의한 호수 이상으로 건설 · 공급하는 경우 그 건축물 중 주택에 대하여는 해당 사업부지의 소유자에게 1세대 1주택을 기준으로 우선 공급할 수 있다. 다만, 「도시 및 주거환경정비법 시행령」에 따라 정비계획수립 대상

구역 안에 있는 주택(정비구역이 아닌 구역에서의 주택재건축사업의 대상인 주택을 포함)을 철거하고 새로운 건축물을 건설·공급하는 경우에는 그러하지 아니하다.

(6) 예비입주자의 선정

가. 사업주체는 입주자의 모집결과 경쟁이 있는 경우에는 공급대상주택수의 20%의범위 안에서 예비입주자를 선정하여야 한다.

다만, 공공택지 안에서 제2종 국민주택채권 매입예정자를 대상으로 입주자를 모집하는 경우에는 100%의 범위 안에서 예비입주자를 선정하되, 제2종 국민주택채권 매입예정액이 많은 자에게 앞의 순번을 부여하여야 한다.

나. 사업주체는 입주자로 선정된 자 중 당첨이 취소되거나 공급계약을 체결하지 아니한 자 또는 공급계약을 해약한 자가 있는 경우에는 선정된 예비입주자에게 순번에 따라 공급하여야 한다. 다만, 예비입주자가 없는 경우에는 사업주체가 따로 공급방법을 정하여 공급할 수 있다.

다. 예비입주자로 선정된 자가 다른 주택의 공급을 신청하여 입주자로 선정된 경우 입주자로 선정된 주택의 계약체결기간만료 전에 예비입주자로 선정된 주택의 계약체결을 통보받은 때에는 이들 주택 중에서 선택하여 계약을 체결할 수 있으며, 이 경우 먼저 계약을 체결한 주택에 대하여 입주자로 선정된 것으로 본다.

라. 사업주체는 예비입주자에게 주택이 공급된 경우에는 그 예비입주자의 순번 등 순번에 따른 공급내역을 시장 등에게 보고하여야 한다.

3 주택공급 질서유지

1) 공급질서 교란행위 금지

(1) 제한행위

누구든지 이 법에 의하여 건설·공급되는 주택을 공급받거나 공급받게 하기 위하여 다음에 해당하는 증서 또는 지위를 양도 또는 양수하거나 이를 알선하여서는 아니되며, 누구든지 거짓, 그 밖의 부정한 방법으로 이 법에 의하여 건설 · 공급되는 증서나 지위 또는 주택을 공급받거나 공급받게 하여서는 아니된다.

가. 주택을 공급받을 수 있는 지위

나. 주택상환사채

다. 입주자저축의 증서

라. 그 밖에 주택을 공급받을 수 있는 증서 또는 지위로서 대통령령이 정하는 것

① 시장 · 군수 또는 구청장이 발행한 무허가건물확인서 · 건물철거예정증명서 또는 건물철거확인서

② 공공사업의 시행으로 인한 이주대책에 의하여 주택을 공급받을 수 있는 지위 또는 이주대책 대상자확인서

(2) 위반 시 효과 : 지위는 무효, 계약은 취소

국토교통부장관 또는 사업주체는 교란행위금지 규정에 위반하여 증서 또는 지위를 양도하거나 양수한 자 또는 거짓 그 밖의 부정한 방법으로 증서나 지위 또는 주택을 공급받은 자에 대하여는 그 주택공급을 신청할 수 있는 지위를 무효로 하거나 이미 체결된 주택의 공급계약을 취소할 수 있다.

(3) 주택의 환매

사업주체는 교란행위를 한 자에 대하여 산정한 주택가격에 해당하는 금액을 지급한 때에는 그 지급한 날에 사업주체가 당해 주택을 취득한 것으로 본다.

(4) 퇴거명령

사업주체가 매수인에게 주택가격을 지급하거나 매수인을 알 수 없어 주택가격의 수령통지를 할 수 없는 경우 등 다음에 정하는 사유에 해당하는 경우로서 주택가격을 당해 주택이 소재한 지역을 관할하는 법원에 공탁한 경우에는 당해 주택에 입주한 자에 대하여 기간을 정하여 퇴거를 명할 수 있다.

1. 매수인을 알 수 없어 주택가액 수령의 통지를 할 수 없는 경우 2. 매수인에게 주택가액의 수령을 3회 이상 통지하였으나 매수인이 수령을 거부한 경우 3. 매수인이 주소지에 3월 이상 살지 아니하여 주택가액의 수령이 불가능한 경우 4. 주택의 압류 또는 가압류로 인하여 매수인에게 주택가액을 지급할 수 없는 경우

(5) 형사처벌

위 (1)의 규정에 위반하여 증서 또는 지위를 양도하거나 양수한 자 또는 이를 알선한 자 또는 거짓, 그 밖의 부정한 방법으로 증서나 지위 또는 주택을 공급받은 자에 대하여는 3년 이하의 징역 또는 3천만원 이하의 벌금에 처한다.

2) 저당권설정 등의 제한

(1) 원 칙 : 저당권 등 설정금지

사업주체는 사업계획승인을 얻어 시행하는 주택건설사업에 의하여 건설된 주택 및 대지에 대하여는 입주자모집공고승인 신청일(주택조합의 경우에는 사업계획승인 신청일

을 말한다) 이후부터 입주예정자가 당해 주택 및 대지의 소유권이전등기를 신청할 수 있는 날 이후 60일까지의 기간 동안 입주예정자의 동의 없이 다음에 해당하는 행위를 하여서는 아니된다. 다만, 그 주택의 건설을 촉진하기 위하여 대통령령으로 정하는 경우에는 그러하지 아니하다.

가. 당해 주택 및 대지에 저당권 또는 가등기담보권 등 담보물권을 설정하는 행위

나. 당해 주택 및 대지에 전세권 · 지상권 또는 등기되는 부동산임차권을 설정하는 행위

다. 당해 주택 및 대지를 매매 또는 증여 등의 방법으로 처분하는 행위

(2) 예 외 : 주택의 건설을 촉진하기 위한 다음의 경우는 가능하다

가. 당해 주택의 입주자에게 주택구입자금의 일부를 융자하여 줄 목적으로 국민주택기금이나 금융기관으로부터 주택건설자금의 융자를 받는 경우

나. 당해 주택의 입주자에게 주택구입자금의 일부를 융자하여 줄 목적으로 금융기관으로부터 주택구입자금의 융자를 받는 경우

다. 사업주체가 파산 · 합병 · 분할 · 등록말소 · 영업정지 등의 사유로 사업을 시행할 수 없게 되어 사업주체가 변경되는 경우

(3) 부기등기의무

가. 저당권설정 등의 제한을 함에 있어서 사업주체는 입주예정자의 동의 없이는 양도하거나 제한물권을 설정하거나 압류 · 가압류 · 가처분 등의 목적물이 될 수 없는 재산임을 소유권등기에 부기등기하여야 한다. 다만, 사업주체가 국가 · 지방자치단체 및 한국토지주택공사 등 공공기관이거나 당해 대지가 사업주체의 소유가 아닌 경우 등 대통령령이 정하는 경우에는 그러하지 아니하다.

나. 부기등기의 시기 : 부기등기는 주택건설대지에 대하여는 입주자모집공고승인 신청과 동시에 하여야 하고, 건설된 주택에 대하여는 소유권 보존등기와 동시에 하여야 한다.

다. 부기등기의 효력 : 부기등기일 이후에 당해 대지 또는 주택을 양수하거나 제한물건을 설정받은 경우 또는 압류 · 가압류 가처분 등의 목적물로 한 경우에는 그 효력을 무효로 한다. 다만, 사업주체의 경영부실로 입주예정자가 당해 대지를 양수받는 경우 등 다음에 정하는 경우에는 그러하지 아니하다.

> 1. 당해 주택의 입주자에게 주택구입자금의 일부를 융자하여 줄 목적으로 주택건설자금이나 주택구입자금의 융자를 받을 목적으로 당해 대지에 저당권 등을 설정하는 경우
> 2. 다른 사업주체가 당해 대지를 양수하거나 시공보증자 또는 입주예정자가 당해 대지의 소유권을 확보하거나 압류 · 가압류 · 가처분 등을 하는 경우

라. 부기등기의 내용

대 지	"이 토지는 「주택법」에 따라 입주자를 모집한 토지로서 입주예정자의 동의를 얻지 아니하고는 당해 토지에 대하여 양도 또는 제한물권을 설정하거나 압류 · 가압류 · 가처분 등 소유권에 제한을 가하는 일체의 행위를 할 수 없음"이라는 내용을 명시한다.
주 택	"이 주택은 「부동산등기법」에 따라 소유권보존등기를 마친 주택으로서 입주예정자의 동의를 얻지 아니하고는 당해 주택에 대하여 양도 또는 제한물권을 설정하거나 압류 · 가압류 · 가처분 등 소유권에 제한을 가하는 일체의 행위를 할 수 없음"이라는 내용을 명시하여야 한다.

마. 부기등기의 말소

① 원칙 : 사업주체는 사업계획승인이 취소되거나 입주예정자가 소유권이전등기를 신청한 경우를 제외하고는 부기등기를 말소할 수 없다.

② 예외 : 소유권이전등기를 신청할 수 있는 날부터 60일이 경과한 때에는 그러하지 아니하다.

바. 주택도시보증공사의 신탁

① 사업주체의 재무상황 및 금융거래상황이 극히 불량한 경우 등 대통령령이 정하는 사유에 해당되어 설립된 주택도시보증공사가 분양보증을 행하면서 주택건설대지를 주택도시보증공사에 신탁하게 할 경우에는 사업주체는 당해 주택건설대지를 신탁할 수 있다.

② 주택도시보증공사의 신탁의 인수에 관하여는 「자본시장과 금융투자업에 관한 법률」을 적용하지 아니한다.

3) 투기과열지구

(1) 투기과열지구의 지정 및 해제

가. 투기과열지구의 지정 : 국토교통부장관 또는 시 · 도지사는 주택가격의 안정을 위하여 필요한 경우에 일정한 지역을 주택정책심의위원회의 심의를 거쳐 투기과열지구로 지정하거나 이를 해제할 수 있다. 이 경우 투기과열지구의 지정은 그 지정목적을 달성할 수 있는 최소한의 범위로 한다.

나. 투기과열지구는 해당 지역의 주택가격상승률이 물가상승률보다 현저히 높은 지역으로서 그 지역의 청약경쟁률 · 주택가격 · 주택보급률 및 주택공급계획 등과 지역 주택시장 여건 등을 고려하였을 때 주택에 대한 투기가 성행하고 있거나 우려되는 지역 중 국토교통부령으로 정하는 기준을 충족하는 곳이어야 한다.

다. 국토교통부장관 또는 시 · 도지사는 (가)에 따라 투기과열지구를 지정하는 때에는 지체 없이 이를 공고하고, 그 투기과열지구를 관할하는 시장 · 군수 · 구청장에게 공고내용을 통보하여야 한다. 이 경우 시장 · 군수 · 구청장은 사업주체로 하여금 입주자모집공고 시 당해 주택건설 지역이 투기과역지구에 포함된 사실을 공고하게 하여야 한다. 투기과열지구의 지정을 해제하는 경우에도 또한 같다.

라. 국토교통부장관 또는 시 · 도지사는 투기과열지구에서 지정사유가 없어졌다고 인정하는 경우에는 지체 없이 투기과열지구의 지정을 해제하여야 한다.

마. 투기과열지구의 지정 · 해제 시 의견청취 및 협의 : 국토교통부장관이 투기과열지구를 지정하거나 이를 해제할 경우에는 시 · 도지사의 의견을 듣고 그 의견에 대한 검토의견을 회신하여야 하며, 시 · 도지사가 투기과열지구를 지정하거나 이를 해제할 경우에는 국토교통부장관과 협의하여야 한다.

바. 국토교통부장관은 1년마다 주택정책심의위원회의 회의를 소집하여 투기과열지구로 지정된 지역별로 해당 지역의 주택가격 안정여건 변화 등을 고려하여 투기과열지구 지정의 계속 여부를 재검토하여야 한다. 재검토결과 투기과열지구의 지정해제가 필요하다고 인정되는 경우에는 지체 없이 투기과열지구의 지정을 해제하고 이를 공고하여야 한다.

사. 투기과열지구로 지정받은 지역의 시 · 도지사 또는 시장 · 군수 · 구청장은 투기과열지구 지정 후 해당 지역의 주택가격이 안정되는 등 지정사유가 해소된 것으로 인정되는 경우에는 국토교통부장관 또는 시 · 도지사에게 투기과열지구 지정해제를 요청할 수 있다.

아. 투기과열지구 지정해제를 요청받은 국토교통부장관 또는 시 · 도지사는 40일 내에 주택정책심의위원회의 심의를 거쳐 투기과열지구 지정해제 여부를 결정하여 그 투기과열지구를 관할하는 지방자치단체장에게 심의결과를 통보하여야 한다.

자. 국토교통부장관 또는 시 · 도지사는 심의결과 투기과열지구에서 그 지정사유가 없어졌다고 인정되는 때에는 지체 없이 투기과열지구의 지정을 해제하고 이를 공고하여야 한다.

(2) 조정대상지역의 지정 및 해제

가. 국토교통부장관은 다음 각 호의 어느 하나에 해당하는 지역으로서 국토교통부령으로 정하는 기준을 충족하는 지역을 주거정책심의위원회의 심의를 거쳐 조정대상지역으로 지정할 수 있다. 이 경우 제1호에 해당하는 조정대상지역의 지정은 그 지정 목적을 달성할 수 있는 최소한의 범위로 한다.

① 주택가격, 청약경쟁률, 분양권 전매량 및 주택보급률 등을 고려하였을 때 주택 분양 등이 과열되어 있거나 과열될 우려가 있는 지역

② 주택가격, 주택거래량, 미분양주택의 수 및 주택보급률 등을 고려하여 주택의 분양 · 매매 등 거래가 위축되어 있거나 위축될 우려가 있는 지역

나. 국토교통부장관은 제1항에 따라 조정대상지역을 지정하는 경우 다음 각 호의 사항을 미리 관계 기관과 협의할 수 있다.

① 「주택도시기금법」에 따른 주택도시보증공사의 보증업무 및 주택도시기금의 지원 등에 관한 사항

② 주택 분양 및 거래 등과 관련된 금융·세제 조치 등에 관한 사항

③ 그 밖에 주택시장의 안정 또는 실수요자의 주택거래 활성화를 위하여 대통령령으로 정하는 사항

다. 국토교통부장관은 제1항에 따라 조정대상지역을 지정하는 경우에는 미리 시·도지사의 의견을 들어야 한다.

라. 국토교통부장관은 조정대상지역을 지정하였을 때에는 지체 없이 이를 공고하고, 그 조정대상지역을 관할하는 시장·군수·구청장에게 공고 내용을 통보하여야 한다. 이 경우 시장·군수·구청장은 사업주체로 하여금 입주자 모집공고 시 해당 주택 건설 지역이 조정대상지역에 포함된 사실을 공고하게 하여야 한다.

마. 국토교통부장관은 조정대상지역으로 유지할 필요가 없다고 판단되는 경우에는 주거정책심의위원회의 심의를 거쳐 조정대상지역의 지정을 해제하여야 한다.

바. 제5항에 따라 조정대상지역의 지정을 해제하는 경우에는 제3항 및 제4항 전단을 준용한다. 이 경우 '지정'은 '해제'로 본다.

사. 국토교통부장관은 반기마다 주거정책심의위원회의 회의를 소집하여 조정대상지역으로 지정된 지역별로 해당 지역의 주택가격 안정 여건의 변화 등을 고려하여 조정대상지역 지정의 유지 여부를 재검토하여야 한다. 이 경우 재검토 결과 조정대상지역 지정의 해제가 필요하다고 인정되는 경우에는 지체 없이 조정대상지역 지정을 해제하고 이를 공고하여야 한다.

아. 조정대상지역으로 지정된 지역의 시·도지사 또는 시장·군수·구청장은 조정대상지역 지정 후 해당 지역의 주택가격이 안정되는 등 조정대상지역으로 유지할 필요가 없다고 판단되는 경우에는 국토교통부장관에게 그 지정의 해제를 요청할 수 있다.

자. 조정대상지역의 지정의 해제를 요청하는 경우의 절차 등 필요한 사항은 국토교통부령으로 정한다.

(3) 주택의 전매행위 제한

가. 전매행위의 대상 : 사업주체가 건설·공급하는 주택 또는 주택의 입주자로 선정된 지위(입주자로 선정되어 그 주택에 입주할 수 있는 권리·자격·지위 등을 말한다. 이하 같다)로서 다음 각 호의 어느 하나에 해당하는 경우에는 10년 이내의 범위에서 대통령령으로 정하는 기간이 지나기 전에는 그 주택 또는 지위를 전매(매매·증

여나 그 밖에 권리의 변동을 수반하는 모든 행위를 포함하되, 상속의 경우는 제외한다.)하거나 이의 전매를 알선할 수 없다. 이 경우 전매제한기간은 주택의 수급 상황 및 투기 우려 등을 고려하여 대통령령으로 지역별로 달리 정할 수 있다.

> ① 투기과열지구 안에서 건설 · 공급되는 주택의 입주자로 선정된 지위
> ② 조정대상지역에서 건설 · 공급되는 주택의 입주자로 선정된 지위. 다만, 제63조의2제1항제2호에 해당하는 조정대상지역 중 주택의 수급 상황 등을 고려하여 대통령령으로 정하는 지역에서 건설 · 공급되는 주택의 입주자로 선정된 지위는 제외한다.
> ③ 분양가상한제 적용주택 및 그 주택의 입주자로 선정된 지위. 다만, 「수도권정비계획법」 제2조제1호에 따른 수도권외의 지역 중 주택의 수급 상황 및 투기 우려 등을 고려하여 대통령령으로 정하는 지역으로서 투기과열지구가 지정되지 아니하거나 제63조에 따라 지정 해제된 지역 중 공공택지 외의 택지에서 건설 · 공급되는 분양가상한제 적용주택 및 그 주택의 입주자로 선정된 지위는 제외한다.
> ④ 공공택지 외의 택지에서 건설 · 공급되는 주택 또는 그 주택의 입주자로 선정된 지위. 다만, 제57조제2항 각 호의 주택 또는 그 주택의 입주자로 선정된 지위 및 수도권 외의 지역 중 주택의 수급 상황 및 투기 우려 등을 고려하여 대통령령으로 정하는 지역으로서 공공택지 외의 택지에서 건설 · 공급되는 주택 및 그 주택의 입주자로 선정된 지위는 제외한다.
> ⑤ 「도시 및 주거환경정비법」 제2조제2호나목 후단에 따른 공공재개발사업(제57조제1항제2호의 지역에 한정한다)에서 건설 · 공급하는 주택
> ⑥ 토지임대부 분양주택

나. 전매제한기간

① 투기과열지구 안에서 건설 · 공급되는 입주자로 선정된 지위 : 투기과열지구 안에서 건설 · 공급되는 주택의 입주자모집을 하여 최초로 주택공급계약 체결이 가능한 날부터 다음 각 호의 어느 하나의 기간에 도달한 때를 말한다.

② 분양가상한제 적용주택 및 당해 입주자로 선정된 지위 : 분양가상한제 적용주택의 입주자모집을 하여 최초로 주택공급계약 체결이 가능한 날부터 다음의 어느 하나의 기간에 도달한 때를 말한다.

③ 주택공영개발지구 내 분양가상한제 적용을 받지 아니하고 공공기관이 건설·공급하는 공동주택 및 당해 주택의 입주자로 선정된 지위 : 당해 주택의 입주자모집을 하여 최초로 주택공급계약 체결이 가능한 날부터 다음의 어느 하나의 기간에 도달한 때를 말한다.

다. 전매제한의 특례와 당해 주택의 우선 매입 : 위 (가) 어느 하나에 해당하여 입주자로 선정된 자 또는 위 (가)의 ② 또는 ③에 해당되는 주택을 공급받은 자의 생업상의 사정 등으로 전매가 불가피하다고 인정되는 경우로서 대통령령이 정하는 경우에는 위 (가)의 규정을 적용하지 아니한다. 다만, 위 (가)의 ② 또는 ③에 해당하는 주택을 공급받은 자에 대하여는 한국토지주택공사가 당해 주택을 우선 매입할 수 있다.

① 세대원이 근무 또는 생업상의 사정이나 질병치료 · 취학 · 결혼으로 인하여 세대

원이 전원이 다른 광역시, 시 또는 군으로 이전하는 경우. 다만, 수도권으로 이전하는 경우를 제외한다.

② 상속에 의하여 취득한 주택으로 세대원 전원이 이전하는 경우

③ 세대원 전원이 해외로 이주하거나 2년 이상의 기간 해외에 체류하고자 하는 경우

④ 이혼으로 인하여 입주자로 선정된 지위 또는 주택을 그 배우자에게 이전하는 경우

⑤ 「공익사업을 위한 토지 등의 취득 및 보상에 관한 법률」에 따라 공익사업의 시행으로 주거용 건축물을 제공한 자가 이주대책용으로 사업시행자로부터 최초로 분양가상한제 적용주택을 공급받은 경우

⑥ 주택의 소유자가 국가 · 지방자치단체 및 금융기관에 대한 채무를 이행하지 못하여 경매 또는 공매가 시행되는 경우

라. 주택의 환매 : 전매제한의 규정을 위반하여 주택의 입주자로 선정된 지위의 전매가 이루어진 경우에는 사업주체가 이미 납부된 입주금에 대하여 「은행법」에 의한 금융기관의 1년 만기 정기예금 평균이자율을 합산한 금액을 그 매수인에게 지급한 때에는 그 지급한 날에 사업주체가 당해 입주자로 선정된 지위를 취득한 것으로 보며, 한국토지주택공사가 분양가상한제 적용주택을 선매하는 경우의 매입비용에 관하여도 이를 준용한다.

마. 부기등기 의무 : 사업주체가 전매제한에 해당하는 주택을 공급하는 경우에는 당해 주택의 소유권을 제3자에게 이전할 수 없음을 소유권에 관한 등기에 부기등기하여야 한다.

바. 부기등기의 시기 : 부기등기는 주택의 소유권보존등기와 동시에 하여야 하며, 부기등기에는 "이 주택은 최초로 소유권이전등기가 된 후에는 「주택법」에서 정한 기간이 경과하기 전에 한국토지주택공사 외의 자에게 소유권을 이전하는 일체의 행위를 할 수 없음"을 명시하여야 한다.

사. 한국토지주택공사가 우선 매입한 주택을 공급하는 경우에도 부기등기의무규정을 준용한다.

아. 분양권전매 등에 대한 신고포상금 지급대상

① 국토교통부장관은 다음의 어느 하나에 해당하는 부정행위를 신고한 자에게 포상금을 지급할 수 있다.

> 1. 전매행위에 위반하여 입주자로 선정된 지위 또는 주택을 전매한 자
> 2. 전매행위에 위반하여 입주자로 선정된 지위 또는 주택에 대한 전매행위를 알선한 자
>
> cf) 신고자에게 1천만원 이하의 포상금을 지급하고, 동일한 전매행위 또는 알선행위에 대하여는 2 이상의 자가 각각 신고한 경우에는 포상금액의 산정에 있어서 이를 하나의 신고로 보아 포상금을 지급하도록 함

② 부정행위를 신고하고자 하는 자는 부정행위신고서에 부정행위를 입증할 수 있는 자료를 첨부하여 국토교통부장관에게 신고하여야 한다.

③ 국토교통부장관은 신고를 받은 경우 부정행위와 관련된 사실관계를 조사하기 위하여 관할 수사기관에 수사를 의뢰하여야 하며, 수사를 의뢰받은 기관은 해당 수사결과를 국토교통부장관에게 통보하여야 한다.

④ 국토교통부장관은 수사결과를 신고자에게 통지하여야 한다.

⑤ 부정행위를 신고한 자는 포상금을 지급받고자 하는 경우에는 통지를 받은 후 신고포상금 지급신청서에 다음의 서류를 첨부하여 국토교통부장관에게 포상금의 지급을 신청하여야 하며, 국토교통부장관은 신청일부터 30일 이내에 포상금을 지급하여야 한다.

> 1. 조사결과통지서 사본 1부
> 2. 통장 사본 1부

자. 재당첨제한

① 분양가상한제 적용주택에 당첨된 자의 세대에 속한 자는 다음의 어느 하나에 해당하는 기간 동안 다른 분양주택의 입주자로 선정될 수 없다.

㉠ 주거전용면적이 85m² 이하인 주택

> ㉮ 「수도권정비계획법」의 과밀억제권역 및 성장관리권역에서 당첨된 경우에는 당첨일부터 10년간
> ㉯ 기타 지역에서 당첨된 경우에는 당첨일부터 5년 간

㉡ 주거전용면적이 85m²를 초과하는 주택

> ㉮ 「수도권정비계획법」의 과밀억제권역 및 성장관리권역에서 당첨된 경우에는 당첨일부터 5년간
> ㉯ 기타 지역에서 당첨된 경우에는 당첨일부터 3년 간

② 전산관리지정기관은 통보받은 당첨자명단을 전산검색하여 위 ①의 어느 하나에 해당하는 기간 동안 분양가상한제 적용주택의 당첨자가 된 자의 세대에 속한 자의 명단을 발견한 때에는 지체 없이 사업주체에게 그 사실을 통보하여야 한다.

③ 위의 내용을 통보받은 사업주체는 이들을 입주자선정 대상에서 제외하거나 주택공급계약을 취소한 후 7일 이내에 그 결과를 전산관리지정기관에 통보하여야 한다.

(4) 주택공영개발지구의 지정

가. 지정권자 : 국토교통부장관 : 국토교통부장관은 투기과열지구에서 조성되는 공공택지 중에서 주택에 대한 투기가 성행할 우려가 있거나 공공택지 내 주택공급의 공

공성을 강화하기 위하여 필요한 경우에는 주택정책심의위원회에서 다음 사항에 대한 심의를 거쳐 주택공영개발지구를 지정할 수 있다. 이 경우, 공공기관이 택지를 양수하여 건설 · 공급하여야 하는 공동주택의 규모 및 종류 등은 지역별 특성 및 주택의 수급상황 등을 고려하여 달리 정할 수 있다.

① 주택공영개발지구의 지역적 범위

② 당해 주택공영개발지구에서 주택공영개발의 대상이 되는 주택의 규모 및 종류 등

> ㉮ 주택의 규모 및 종류
> ㉯ 주택공영개발사업시행자
> ㉰ 그 밖에 주택공영개발을 위하여 필요하다고 인정하여 국토교통부장관이 심의에 부치는 사항

나. 주택공영개발지구에의 공공택지 양도의무 : 주택공영개발지구에서 주택공영개발의 대상이 되는 주택을 건설 · 공급하기 위하여 공급되는 공공택지는 다음의 어느 하나에 의한 공공기관에 이를 양도하여야 하며, 이를 양수한 공공기관은 당해 택지 내 주택건설사업을 직접 시행하여야 한다. 다만, 택지공급의 원활한 수급을 위하여 대통령령(택지개발사업 시행자가 수의계약의 방법으로 택지를 공급하는 경우)이 정하는 경우에는 그러하지 아니하다.

> ① 국가 또는 지방자치단체　② 한국토지주택공사　③ 지방공사

다. 주택공영개발지구지정의 고시 및 통보 : 국토교통부장관이 주택공영개발지구를 지정한 때에는 (가)의 사항을 관보에 고시하고, 관할시·도지사에게 이를 통보하여야 한다.

라. 주택공영개발지구의 해제 : 국토교통부장관은 주택공영개발지구의 지정 후 주택가격이 안정되는 등 지정사유가 해소된 것으로 인정되는 경우에는 주택정책심의위원회의 심의를 거쳐 주택공영개발지구의 지정을 변경 또는 해제할 수 있다. 이 경우 (다)의 고시 및 통보의 규정을 준용한다.

제4장 주택의 거래

1 주택거래 신고지역의 지정

1) 지정권자 : 국토교통부장관

소득세법에 의한 지역 중 주택에 대한 투기가 성행하거나 성행할 우려가 있다고 판단되는 지역으로서 주택정책심의위원회의 심의를 거쳐 국토교통부장관이 지정한다.

2) 주택거래신고대상지역의 지정

국토교통부장관은 다음에 해당하는 지역을 주택거래신고지역으로 지정할 수 있다.

가. 지정하는 날이 속하는 달의 직전월의 「건축법 시행령」의 아파트의 매매가격상승률이 1.5% 이상인 지역(1개월 간)

나. 직전월로부터 소급하여 3개월 간의 아파트의 매매가격상승률이 3% 이상인 지역

다. 직전월로부터 소급하여 1년 간의 아파트의 매매가격상승률이 전국의 아파트매매가격 상승률의 2배 이상인 지역

라. 관할 시장 · 군수 또는 구청장이 주택에 대한 투기가 성행할 우려가 있다고 판단하여 지정을 요청하는 지역

3) 신고대상 주택 및 권리

주택(아파트에 한함)에 관한 소유권을 이전하는 계약을 체결한 당사자는 공동으로 주택거래가액 등 대통령령이 정하는 사항을 주택거래계약의 체결일부터 15일 이내에 당해 주택소재지의 관할 시장 · 군수 · 구청장에게 신고하여야 한다. 신고한 사항을 변경하는 때에도 또한 같다.

4) 주택거래신고지역 지정에 따른 고시

국토교통부장관은 주택거래신고지역을 지정한 때에는 다음의 사항을 관보에 고시하고, 지체 없이 관할 시장 · 군수 또는 구청장에게 통보하여야 한다.

1. 주택거래신고지역의 종류
2. 주택거래신고지역의 지역적 범위
3. 신고대상 공동주택

5) 통지 · 열람

시장 · 군수 또는 구청장은 통보받은 내용을 지체 없이 관할 등기소의 장에게 통지하고, 일반인이 15일 이상 열람할 수 있도록 하여야 한다.

2 주택거래계약의 신고

1) 주택거래 신고지역에서의 신고사항

주택거래계약에 관하여 신고하여야 하는 사항은 다음과 같다.

> 1. 매수인 및 매도인의 인적사항
> 2. 계약일 · 중도금 지급일 및 잔금 지급일
> 3. 거래대상 주택의 소재지, 지목 및 면적
> 4. 거래대상 주택의 종류와 규모
> 5. 주택거래가액
> 5의 2. 거래대상 주택의 취득에 필요한 자금의 조달계획
> 5의 3. 거래대상 주택에의 입주여부에 관한 계획
> 6. 계약의 조건 또는 기한이 있는 때에는 그 조건 또는 기한

2) 신고대상 주택

아파트거래신고지역에서의 신고대상 주택은 아파트거래 신고지역 안에 있는 아파트에 해당한다.

3) 검인 받지 않는 계약의 소급적용

주택거래신고지역으로 지정되기 이전에 체결한 계약 중 「부동산등기 특별조치법」 규정에 의한 검인을 받지 아니한 계약에 대하여는 주택거래신고에 관한 규정을 적용한다. 이 경우 주택거래신고지역으로 지정된 날부터 15일 이내에 신고하여야 한다.

4) 신고증명서의 교부

신고를 받은 시장 · 군수 · 구청장은 그 신고내용을 확인한 후 신고증명서를 신고인에게 즉시 교부하여야 한다.

5) 검인의 의제

신고인이 신고증명서를 교부받은 때에는 「부동산등기 특별조치법」에 의한 검인을 받은 것으로 본다.

3 신고내용의 조사

1) 관련 자료의 제출요구

시장 · 군수 · 구청장은 신고사항이 빠져 있거나 정확하지 아니하다고 판단되는 경우 신고인에게 신고내용을 보완하거나 신고한 사항의 사실여부를 확인하기 위하여 소속공무원으로 하여금 신고인에게 계약서 등 관련 자료의 제출을 요구하는 등 필요한 조치를 취할 수 있다.

2) 신고사항의 통보

시장 · 군수 · 구청장은 신고증명서를 발급한 날부터 15일 이내에 당해 주택소재지 관할 세무관서의 장에게 신고사항을 통보하여야 하며, 통보받은 세무관서의 장은 당해 신고사항을 국세 또는 지방세 부과를 위한 과세자료로 활용할 수 있다.

4 주택거래신고지역의 해제

국토교통부장관은 주택거래신고지역의 지정 후 관할 지방자치단체의 장의 해제요청이 있거나 주택가격이 안정되는 등 지정사유가 없어진 것으로 인정되는 경우 주택정책심의위원회의 심의를 거쳐 주택거래신고지역의 지정을 해제하여야 한다.

5 주택거래신고 위반자에 대한 벌칙

1) 과태료

다음에 해당하는 자는 당해 주택에 대한 취득세(취득세가 비과세 · 면제 · 감경되는 경우에는 비과세 · 면제 · 감경되지 아니하는 경우에 납부하여야 할 취득세액 상당액을 말한다)의 5배 이하에 상당하는 금액의 과태료에 처한다.

가. 신고를 하지 아니하거나 게을리 한 자

나. 신고를 거짓으로 한 자

2) 과태료부과금액

과태료의 금액을 정함에 있어서 신고를 게을리한 기간, 신고가액과 거래가액의 차액 등을 참작하여야 한다.

제5장 주택의 관리

1 주택의 관리방법

1) 공동주택의 관리

(1) 공동주택의 관리방법

관리주체는 공동주택(부대시설 및 복리시설을 포함한다.)을 이 법 또는 이 법에 의한 명령에 따라 관리하여야 한다.

(2) 주택관리의 적용범위

가. 적용대상 : 이 장에서 정하는 공동주택의 관리에 관한 사항은 사업계획승인을 얻어 건설한 공동주택(부대시설 및 복리시설을 포함)에 대하여 적용한다.

나. 적용의 특례

① 주택관리의 적용배제 : 「도시 및 주거환경정비법」의 규정에 의해 건설된 공동주택에는 적용하지 아니한다.

② 임대주택법의 부분적용 : 임대를 목적으로 하여 건설한 공동주택에 대하여는 제47조(행위허가의 기준) · 제55조(관리주체의 업무) · 제57조 제3항(관리규약의 준칙) · 제59조 내지 62조(사업주체의 하자보수, 하자보수보증금, 하자보수보증금의 반환, 안전진단) · 제64조(시설물의 안전관리) · 제65조(공동주택의 안전점검) · 제72조(관리사무소장의 배치) 및 제73조(주택관리사 자격증의 교부 등)의 규정에 한하여 적용한다.

③ 건축허가를 받아 분양목적으로 건설한 공동주택의 부분적용 : 제47조(리모델링 주택조합의 리모델링 행위허가에 한함) 및 제59조 내지 제62조(사업주체의 하자보수, 하자보수보증금의 반환, 안전진단, 하자보수보증금)의 규정은 「건축법」 제8조의 규정에 의한 건축허가를 받아 분양을 목적으로 건설한 공동주택에 대하여도 적용한다.

(3) 행위허가 등의 기준

가. 허가 · 신고대상 : 공동주택의 입주자 · 사용자 또는 관리주체가 다음의 행위를 하고자 하는 경우에는 대통령령이 정하는 기준(허가 또는 신고와 관련한 입주자 등의 동의비율을 포함) · 절차 등에 따라 시장 · 군수 · 구청장의 허가를 받거나 신고를

하여야 한다. 다만, 리모델링의 경우에는 「도시 및 주거환경정비법」 규정을 준용하여 안전진단을 실시하여야 하며, 안전진단의 결과 건축물의 구조의 안전에 위험이 있다고 평가되어 주택재건축사업의 시행이 필요하다고 결정된 공동주택의 경우에는 리모델링(증축을 위한 리모델링에 한함)을 허가할 수 없다.

① 공동주택을 사업계획에 따른 용도 외의 용도에 사용하는 행위
② 공동주택을 신축 · 증축 · 개축 · 대수선 또는 리모델링하는 행위
③ 공동주택을 파손 또는 훼손하거나 당해 시설의 전부 또는 일부를 철거하는 행위
④ 그 밖에 공동주택의 효율적 관리에 지장을 주는 행위로서 대통령령이 정하는 행위

> 1. 공동주택의 용도폐지
> 2. 공동주택의 재축 및 내력벽의 철거

나. 다음에 해당하는 자는 시장 · 군수 또는 구청장의 허가를 받아 리모델링을 할 수 있다.

① 동별 또는 주택단지별로 설립된 리모델링 주택조합. 이 경우 다음 각 목의 사항이 기재된 결의서에 주택단지 전체를 리모델링하고자 하는 경우에는 주택단지 전체 구분소유자 및 의결권의 각 4/5 이상의 동의와 각 동별 구분소유자 및 의결권의 각 2/3 이상의 동의를 얻어야 하며, 동을 리모델링하고자 하는 경우에는 그 동의 구분소유자 및 의결권의 각 4/5 이상의 동의를 얻어야 한다.

> 1. 리모델링 설계의 개요　　2. 공사비　　3. 조합원의 비용분담내역

② 주택단지의 주택소유자 전원의 동의를 얻은 입주자대표회의

다. 허가 · 신고서 제출 : 공동주택의 용도 외 사용 등에 대하여 허가를 받거나 신고를 하고자 하는 자는 허가신청서 또는 신고서에 국토교통부령이 정하는 서류를 첨부하여 시장 · 군수 또는 구청장에게 제출하여야 한다.

라. 리모델링에 대한 특례

① 리모델링 주택조합이나 소유자 전원의 동의를 얻은 입주자대표회의가 시장·군수 · 구청장의 허가를 받아 리모델링을 할 수 있다.
② 리모델링에 관하여 시장 · 군수 · 구청장이 관계 행정기관의 장과 협의하여 허가하거나 신고받은 사항에 관하여는 제19조의 규정을 준용하며, 「건축법」에 의한 신고를 받은 것으로 본다.
③ 공동주택의 입주자 · 사용자 · 관리주체 · 입주자대표회의 또는 리모델링 주택조합이 리모델링에 관하여 시장 · 군수 · 구청장의 허가를 받거나 신고한 후 그 공사를 완료하였을 경우에는 시장 · 군수 · 구청장의 사용검사를 받아야 하며, 사용검사에 관하여는 사용검사에 관한 규정을 준용한다.
④ 시장 · 군수 · 구청장은 공동주택의 입주자 · 사용자 · 관리주체 · 입주자대표회의

또는 리모델링 주택조합이 이 법 또는 이 법에 의한 명령 또는 처분을 위반한 경우에는 행위허가를 취소할 수 있다.

(4) 공동주택의 리모델링

가. 리모델링의 허가

① 공동주택(부대시설과 복리시설을 포함한다)의 입주자 · 사용자 또는 관리주체가 공동주택을 리모델링하려고 하는 경우에는 허가와 관련된 면적, 세대수 또는 입주자 등의 동의 비율에 관하여 대통령령으로 정하는 기준 및 절차 등에 따라 시장 · 군수 · 구청장의 허가를 받아야 한다.

② 제1항에도 불구하고 대통령령으로 정하는 기준 및 절차 등에 따라 리모델링 결의를 한 리모델링 주택조합이나 소유자 전원의 동의를 받은 입주자대표회의(「공동주택관리법」 제2조제1항제8호에 따른 입주자대표회의를 말한다)가 시장 · 군수 · 구청장의 허가를 받아 리모델링을 할 수 있다.

③ 제2항에 따라 리모델링을 하는 경우 제11조제1항에 따라 설립인가를 받은 리모델링 주택조합의 총회 또는 소유자 전원의 동의를 받은 입주자대표회의에서 「건설산업기본법」 제9조에 따른 건설사업자 또는 제7조제1항에 따라 건설사업자로 보는 등록사업자를 시공자로 선정하여야 한다.

④ 제3항에 따른 시공자를 선정하는 경우에는 국토교통부장관이 정하는 경쟁입찰의 방법으로 하여야 한다. 다만, 경쟁입찰의 방법으로 시공자를 선정하는 것이 곤란하다고 인정되는 경우 등 대통령령으로 정하는 경우에는 그러하지 아니하다.

⑤ 제1항 또는 제2항에 따른 리모델링에 관하여 시장 · 군수 · 구청장이 관계 행정기관의 장과 협의하여 허가받은 사항에 관하여는 제19조를 준용한다.

⑥ 제1항에 따라 시장 · 군수 · 구청장이 세대수 증가형 리모델링(대통령령으로 정하는 세대수 이상으로 세대수가 증가하는 경우로 한정한다.)을 허가하려는 경우에는 기반시설에의 영향이나 도시·군관리계획과의 부합 여부 등에 대하여 「국토의 계획 및 이용에 관한 법률」 제113조제2항에 따라 설치된 시 · 군 · 구도시계획위원회의 심의를 거쳐야 한다.

⑦ 공동주택의 입주자 · 사용자 · 관리주체 · 입주자대표회의 또는 리모델링 주택조합이 제1항 또는 제2항에 따른 리모델링에 관하여 시장 · 군수 · 구청장의 허가를 받은 후 그 공사를 완료하였을 때에는 시장 · 군수 · 구청장의 사용검사를 받아야 하며, 사용검사에 관하여는 제49조를 준용한다.

⑧ 시장 · 군수 · 구청장은 제7항에 해당하는 자가 거짓이나 그 밖의 부정한 방법으로 제1항 · 제2항 및 제5항에 따른 허가를 받은 경우에는 행위허가를 취소할 수 있다.

⑨ 제71조에 따른 리모델링 기본계획 수립 대상지역에서 세대수 증가형 리모델링

을 허가하려는 시장 · 군수 · 구청장은 해당 리모델링 기본계획에 부합하는 범위에서 허가하여야 한다.

나. 증축형 리모델링의 안전진단

① 제2조제15호나목 및 다목에 따라 증축하는 리모델링(이하 '증축형 리모델링'이라 한다)을 하려는 자는 시장 · 군수 · 구청장에게 안전진단을 요청하여야 하며, 안전진단을 요청받은 시장 · 군수 · 구청장은 해당 건축물의 증축 가능 여부의 확인 등을 위하여 안전진단을 실시하여야 한다.

② 시장 · 군수 · 구청장은 제1항에 따라 안전진단을 실시하는 경우에는 대통령령으로 정하는 기관에 안전진단을 의뢰하여야 하며, 안전진단을 의뢰받은 기관은 리모델링을 하려는 자가 추천한 건축구조기술사(구조설계를 담당할 자를 말한다)와 함께 안전진단을 실시하여야 한다.

③ 시장 · 군수 · 구청장이 제1항에 따른 안전진단으로 건축물 구조의 안전에 위험이 있다고 평가하여 「도시 및 주거환경정비법」 제2조제2호다목에 따른 재건축사업 및 「빈집 및 소규모주택 정비에 관한 특례법」 제2조제1항제3호다목에 따른 소규모재건축사업의 시행이 필요하다고 결정한 건축물은 증축형 리모델링을 하여서는 아니 된다.

④ 시장 · 군수 · 구청장은 수직증축형 리모델링을 허가한 후에 해당 건축물의 구조안전성 등에 대한 상세 확인을 위하여 안전진단을 실시하여야 한다. 이 경우 안전진단을 의뢰받은 기관은 제2항에 따른 건축구조기술사와 함께 안전진단을 실시하여야 하며, 리모델링을 하려는 자는 안전진단 후 구조설계의 변경 등이 필요한 경우에는 건축구조기술사로 하여금 이를 보완하도록 하여야 한다.

⑤ 제2항 및 제4항에 따라 안전진단을 의뢰받은 기관은 국토교통부장관이 정하여 고시하는 기준에 따라 안전진단을 실시하고, 국토교통부령으로 정하는 방법 및 절차에 따라 안전진단 결과보고서를 작성하여 안전진단을 요청한 자와 시장 · 군수 · 구청장에게 제출하여야 한다.

⑥ 시장 · 군수 · 구청장은 제1항 및 제4항에 따라 안전진단을 실시하는 비용의 전부 또는 일부를 리모델링을 하려는 자에게 부담하게 할 수 있다.

⑦ 그 밖에 안전진단에 관하여 필요한 사항은 대통령령으로 정한다.

다. 전문기관의 안전성 검토 등

① 시장 · 군수 · 구청장은 수직증축형 리모델링을 하려는 자가 「건축법」에 따른 건축위원회의 심의를 요청하는 경우 구조계획상 증축범위의 적정성 등에 대하여 대통령령으로 정하는 전문기관에 안전성 검토를 의뢰하여야 한다.

② 시장 · 군수 · 구청장은 제42조제2항에 따라 수직증축형 리모델링을 하려는 자

의 허가 신청이 있거나 제42조의3제4항에 따른 안전진단 결과 국토교통부장관이 정하여 고시하는 설계도서의 변경이 있는 경우 제출된 설계도서상 구조안전의 적정성 여부 등에 대하여 제1항에 따라 검토를 수행한 전문기관에 안전성 검토를 의뢰하여야 한다.

③ 제1항 및 제2항에 따라 검토의뢰를 받은 전문기관은 국토교통부장관이 정하여 고시하는 검토기준에 따라 검토한 결과를 대통령령으로 정하는 기간 이내에 시장 · 군수 · 구청장에게 제출하여야 하며, 시장 · 군수 · 구청장은 특별한 사유가 없는 경우 이 법 및 관계 법률에 따른 위원회의 심의 또는 허가 시 제출받은 안전성 검토결과를 반영하여야 한다.

④ 시장 · 군수 · 구청장은 제1항 및 제2항에 따른 전문기관의 안전성 검토비용의 전부 또는 일부를 리모델링을 하려는 자에게 부담하게 할 수 있다.

⑤ 국토교통부장관은 시장 · 군수 · 구청장에게 제3항에 따라 제출받은 자료의 제출을 요청할 수 있으며, 필요한 경우 시장 · 군수 · 구청장으로 하여금 안전성 검토결과의 적정성 여부에 대하여 「건축법」에 따른 중앙건축위원회의 심의를 받도록 요청할 수 있다.

⑥ 시장 · 군수 · 구청장은 특별한 사유가 없으면 제5항에 따른 심의결과를 반영하여야 한다.

⑦ 그 밖에 전문기관 검토 등에 관하여 필요한 사항은 대통령령으로 정한다.

라. 수직증축형 리모델링의 구조기준 : 수직증축형 리모델링의 설계자는 국토교통부장관이 정하여 고시하는 구조기준에 맞게 구조설계도서를 작성하여야 한다.

마. 리모델링 기본계획의 수립권자 및 대상지역

① 특별시장 · 광역시장 및 대도시의 시장은 관할구역에 대하여 다음 각 호의 사항을 포함한 리모델링 기본계획을 10년 단위로 수립하여야 한다. 다만, 세대수 증가형 리모델링에 따른 도시과밀의 우려가 적은 경우 등 대통령령으로 정하는 경우에는 리모델링 기본계획을 수립하지 아니할 수 있다.

㉠ 계획의 목표 및 기본방향

㉡ 도시 · 군기본계획 등 관련 계획 검토

㉢ 리모델링 대상 공동주택 현황 및 세대수 증가형 리모델링 수요 예측

㉣ 세대수 증가에 따른 기반시설의 영향 검토

㉤ 일시집중 방지 등을 위한 단계별 리모델링 시행방안

㉥ 그 밖에 대통령령으로 정하는 사항

② 대도시가 아닌 시의 시장은 세대수 증가형 리모델링에 따른 도시과밀이나 일시집중 등이 우려되어 도지사가 리모델링 기본계획의 수립이 필요하다고 인정한 경우 리모델링 기본계획을 수립하여야 한다.

③ 리모델링 기본계획의 작성기준 및 작성방법 등은 국토교통부장관이 정한다.

바. 리모델링 기본계획 수립절차

① 특별시장 · 광역시장 및 대도시의 시장(제42조의6제2항에 따른 대도시가 아닌 시의 시장을 포함한다. 이하 이 조부터 제42조의9까지에서 같다)은 리모델링 기본계획을 수립하거나 변경하려면 14일 이상 주민에게 공람하고, 지방의회의 의견을 들어야 한다. 이 경우 지방의회는 의견제시를 요청받은 날부터 30일 이내에 의견을 제시하여야 하며, 30일 이내에 의견을 제시하지 아니하는 경우에는 이의가 없는 것으로 본다. 다만, 대통령령으로 정하는 경미한 변경인 경우에는 주민공람 및 지방의회 의견청취 절차를 거치지 아니할 수 있다.

② 특별시장 · 광역시장 및 대도시의 시장은 리모델링 기본계획을 수립하거나 변경하려면 관계 행정기관의 장과 협의한 후 「국토의 계획 및 이용에 관한 법률」 제113조제1항에 따라 설치된 시 · 도도시계획위원회(이하 "시 · 도도시계획위원회"라 한다) 또는 시 · 군 · 구도시계획위원회의 심의를 거쳐야 한다.

③ 제2항에 따라 협의를 요청받은 관계 행정기관의 장은 특별한 사유가 없으면 그 요청을 받은 날부터 30일 이내에 의견을 제시하여야 한다.

④ 대도시의 시장은 리모델링 기본계획을 수립하거나 변경하려면 도지사의 승인을 받아야 하며, 도지사는 기본계획을 승인하려면 시 · 도도시계획위원회의 심의를 거쳐야 한다.

사. 리모델링 기본계획의 고시

① 특별시장 · 광역시장 및 대도시의 시장은 리모델링 기본계획을 수립하거나 변경한 때에는 이를 지체 없이 해당 지방자치단체의 공보에 고시하여야 한다.

② 특별시장 · 광역시장 및 대도시의 시장은 5년마다 리모델링 기본계획의 타당성 여부를 검토하여 그 결과를 리모델링 기본계획에 반영하여야 한다.

③ 그 밖에 주민공람 절차 등 리모델링 기본계획 수립에 필요한 사항은 대통령령으로 정한다.

아. 세대수 증가형 리모델링의 시기 조정

① 국토교통부장관은 세대수 증가형 리모델링의 시행으로 주변 지역에 현저한 주택부족이나 주택시장의 불안정 등이 발생될 우려가 있는 때에는 제84조에 따른 주택정책심의위원회의 심의를 거쳐 특별시장, 광역시장, 대도시의 시장에게 리모델링 기본계획을 변경하도록 요청하거나, 시장 · 군수 · 구청장에게 세대수 증가형 리모델링의 사업계획 승인 또는 허가의 시기를 조정하도록 요청할 수 있으며, 요청을 받은 특별시장, 광역시장, 대도시의 시장 또는 시장·군수·구청장은 특별한 사유가 없으면 그 요청에 따라야 한다.

② 시 · 도지사는 세대수 증가형 리모델링의 시행으로 주변 지역에 현저한 주택부족이나 주택시장의 불안정 등이 발생될 우려가 있는 때에는 제85조에 따른 시 · 도 주택정책심의위원회의 심의를 거쳐 대도시의 시장에게 리모델링 기본계획을 변경하도록 요청하거나, 시장 · 군수 · 구청장에게 세대수 증가형 리모델링의 사업계획 승인 또는 허가의 시기를 조정하도록 요청할 수 있으며, 요청을 받은 대도시의 시장 또는 시장 · 군수 · 구청장은 특별한 사유가 없으면 그 요청에 따라야 한다.

③ 제1항 및 제2항에 따른 시기조정에 관한 방법 및 절차 등에 관하여 필요한 사항은 국토교통부령 또는 시 · 도의 조례로 정한다.

자. 리모델링 지원센터의 설치 · 운영

① 시장 · 군수 · 구청장은 리모델링의 원활한 추진을 지원하기 위하여 리모델링 지원센터를 설치하여 운영할 수 있다.

② 리모델링 지원센터는 다음 각 호의 업무를 수행할 수 있다.

㉠ 리모델링주택조합 설립을 위한 업무 지원

㉡ 설계자 및 시공자 선정 등에 대한 지원

㉢ 권리변동계획 수립에 관한 지원

㉣ 그 밖에 지방자치단체의 조례로 정하는 사항

③ 리모델링 지원센터의 조직, 인원 등 리모델링 지원센터의 설치 · 운영에 필요한 사항은 지방자치단체의 조례로 정한다.

차. 공동주택 리모델링에 따른 특례

① 공동주택의 소유자가 리모델링에 의하여 전유부분(「집합건물의 소유 및 관리에 관한 법률」 제2조제3호에 따른 전유부분을 말한다)의 면적이 늘거나 줄어드는 경우에는 「집합건물의 소유 및 관리에 관한 법률」 제12조 및 제20조제1항에도 불구하고 대지사용권은 변하지 아니하는 것으로 본다. 다만, 세대수 증가를 수반하는 리모델링의 경우에는 권리변동계획에 따른다.

② 공동주택의 소유자가 리모델링에 의하여 일부 공용부분(「집합건물의 소유 및 관리에 관한 법률」 제2조제4호에 따른 공용부분을 말한다)의 면적을 전유부분의 면적으로 변경한 경우에는 「집합건물의 소유 및 관리에 관한 법률」 제12조에도 불구하고 그 소유자의 나머지 공용부분의 면적은 변하지 아니하는 것으로 본다.

③ 제1항의 대지사용권 및 제2항의 공용부분의 면적에 관하여는 제1항과 제2항에도 불구하고 소유자가 「집합건물의 소유 및 관리에 관한 법률」 제28조에 따른 규약으로 달리 정한 경우에는 그 규약에 따른다.

④ 임대차계약 당시 다음 각 호의 어느 하나에 해당하여 그 사실을 임차인에게 고지한 경우로서 제66조제1항 및 제2항에 따라 리모델링 허가를 받은 경우에는 해당 리모델링 건축물에 관한 임대차계약에 대하여 「주택임대차보호법」 제4조

제1항 및 「상가건물 임대차보호법」 제9조제1항을 적용하지 아니한다.

1. 임대차계약 당시 해당 건축물의 소유자들(입주자대표회의를 포함한다)이 제11조제1항에 따른 리모델링주택조합 설립인가를 받은 경우
2. 임대차계약 당시 해당 건축물의 입주자대표회의가 직접 리모델링을 실시하기 위하여 제68조제1항에 따라 관할 시장 · 군수 · 구청장에게 안전진단을 요청한 경우

⑤ 리모델링주택조합의 법인격에 관하여는 「도시 및 주거환경정비법」 제38조를 준용한다. 이 경우 '정비사업조합'은 '리모델링주택조합'으로 본다.

⑥ 권리변동계획에 따라 소유권이 이전되는 토지 또는 건축물에 대한 권리의 확정 등에 관하여는 「도시 및 주거환경정비법」 제87조를 준용한다. 이 경우 '토지등 소유자에게 분양하는 대지 또는 건축물'은 '권리변동계획에 따라 구분소유자에게 소유권이 이전되는 토지 또는 건축물'로, '일반에게 분양하는 대지 또는 건축물'은 '권리변동계획에 따라 구분소유자 외의 자에게 소유권이 이전되는 토지 또는 건축물'로 본다.

2) 관리주체

(1) 의무관리대상 공동주택

다음의 공동주택을 건설한 사업주체는 입주예정자의 과반수가 입주할 때까지 당해 공동주택을 직접 관리하여야 하며, 입주예정자의 과반수가 입주한 때에는 입주자에게 그 사실을 통지하고 당해 공동주택을 자치관리하거나 위탁관리할 것을 요구하여야 한다.

1. 300세대 이상의 공동주택
2. 150세대 이상으로서 승강기가 설치된 공동주택
3. 150세대 이상으로서 중앙집중식 난방방식(지역난방을 포함)의 공동주택
4. 「건축법」에 따른 건축허가를 받아 주택 외의 시설과 주택을 동일건축물로 건축한 건축물로서 주택이 150세대 이상인 건축물

(2) 관리방법의 결정절차

입주자는 관리방법의 결정에 대한 요구를 받은 때에는 그 요구를 받은 날부터 3월 이내에 입주자대표회의를 구성하고, 당해 공동주택의 관리방법을 결정하여 이를 사업주체에게 통지하고, 관할 시장 · 군수 · 구청장에게 신고하여야 한다.

(3) 자치관리기구

입주자대표회의가 공동주택을 자치관리하고자 하는 때에는 사업주체에 대한 관리결정의 요구일부터 6월 이내에 공동주택의 관리사무소장을 자치관리기구의 대표자로 선임

하고 대통령령이 정하는 기술인력 및 장비를 갖춘 자치관리기구를 구성하여야 한다. 다만, 주택관리업자에게 위탁관리하다가 자치관리로 관리방법을 변경할 경우에는 그 위탁관리의 종료일까지 자치관리기구를 구성하여야 한다.

(4) 사업주체의 선정관리

사업주체는 입주자대표회의로부터 관리방법의 결정에 대한 통지가 없거나 자치관리기구의 구성이 없는 때에는 주택관리업자를 선정하여야 한다. 이 경우, 사업주체는 입주자에게 그 사실을 통지하여야 한다.

(5) 관리업무의 인수인계

사업주체는 자치관리기구가 구성되거나 주택관리업자가 선정된 경우에는 당해 관리주체에게 공동주택의 관리업무를 인계하여야 하며, 관리주체가 변경된 경우에도 또한 같다. 다만, 관리주체의 관리기간은 대통령령으로 정한다.

(6) 비용의 지원

지방자치단체의 장은 당해 지방자치단체의 조례로 정하는 바에 의하여 관리주체가 수행하는 공동주택의 관리업무를 수행하기 위하여 필요한 비용의 일부를 지원할 수 있다.

(7) 관리주체의 업무

가. 관리주체는 다음의 업무를 행한다. 이 경우 필요한 범위 안에서 공동주택의 공용부분을 사용할 수 있다.

① 공동주택의 공용부분의 유지 · 보수 및 안전관리

② 공동주택단지 안의 경비 · 청소 · 소독 및 쓰레기수거

③ 관리비 및 사용료의 징수와 공과금 등의 납부대행

④ 장기수선충당금의 징수 · 적립 및 관리

⑤ 관리규약으로 정한 사항의 집행

⑥ 입주자대표회의에서 의결한 사항의 집행

⑦ 그 밖에 국토교통부령이 정하는 사항

나. 관리주체는 월별로 관리비 · 사용료 및 장기수선충당금의 징수 · 사용 · 보관 및 예치 등에 관한 장부를 작성하여 이를 그 증빙자료와 함께 보관하고, 공동주택의 입주자 등이 이의 열람을 청구하거나 자기의 비용으로 복사를 요구하는 때에는 관리규약이 정하는 바에 의하여 이에 응하여야 한다.

(8) 공동주택의 관리

공동주택의 관리와 관련하여 제42조 제5항에 해당하는 자(공동주택의 입주자·사용자·관리주체 · 입주자대표회의 또는 리모델링 주택조합)는 부정하게 재물 또는 재산상의 이

익을 취득하거나 공여하여서는 아니 된다.

3) 입주자대표회의

(1) 입주자대표회의의 구성

가. 입주자대표회의는 동별 세대수에 비례하여 선출된 대표자로 구성한다.

나. 하나의 공동주택단지를 수개의 공구로 구분하여 순차적으로 건설하는 경우에는 먼저 입주한 공구의 입주자 또는 사용자는 입주자대표회의를 구성할 수 있다.
다만, 다음 공구의 입주예정자의 과반수가 입주한 때에는 다시 입주자대표회의를 구성하여야 한다.

다. 동별 대표자는 동별 대표자 선출공고일 현재 당해 공동주택단지 안에서 주민등록을 마친 후 6월 이상(최초의 입주자대표회의를 구성하거나 입주자대표회의를 구성하기 위하여 동별 대표자를 선출하는 경우를 제외) 거주하고 있는 입주자 중에서 선출하여야 한다.

라. 입주자대표회의에 두는 임원은 동별 대표자 중에서 선출하되, 회장 1인을 포함한 3인 이상의 이사 및 2인 이상의 감사로 구성한다.

(2) 입주자대표회의의 의결사항

가. 입주자대표회의는 그 구성원 과반수의 찬성으로 다음의 사항을 의결한다. 다만, 공동주택 관리규약으로 정한 경우로서 해당 입주자대표회의 구성원의 2/3 이상이 선출된 때에는 그 선출된 구성원 과반수의 찬성으로 의결할 수 있다.

> 1. 관리규약 개정안의 제안 및 공동주택의 관리에 필요한 제 규정의 제정 · 개정
> 2. 관리비 예산의 확정, 사용료 기준의 결정, 감사의 요구와 결산의 처리
> 3. 단지 안의 전기 · 도로 · 상하수도 · 주차장 · 가스설비 · 냉난방설비 및 승강기 등의 유지 및 운영기준
> 4. 자치관리를 하는 경우 자치관리기구 직원의 임면에 관한 사항
> 5. 공동주택의 공용부분의 보수 · 교체 및 개량
> 6. 공동주택에 대한 리모델링의 제안 및 리모델링의 시행
> 7. 장기수선계획 및 안전관리계획의 수립 또는 조정
> 8. 입주자 등 상호간에 이해가 상반되는 사항의 조정
> 9. 그 밖에 관리규약으로 정하는 사항

나. 입주자대표회의는 관리규약이 정하는 바에 따라 회장이 소집한다. 다만, 다음에 해당하는 때에는 회장은 해당 일부터 14일 이내에 입주자대표회의를 소집하여야 한다.

> 1. 입주자대표회의 구성원 1/3 이상이 청구하는 때
> 2. 입주자 등의 1/10 이상이 요청하는 때

다. 입주자대표회의가 위 (가)의 사항을 의결함에 있어서는 공동주택의 입주자 등 이외의 자로서 당해 공동주택의 관리에 이해관계를 가진 자의 권리를 침해하여서는 아니된다.

라. 입주자대표회의는 그 회의를 개최한 때에는 회의록을 작성하여 관리주체에게 보관하게 하고, 관리주체는 공동주택의 입주자 등이 이의 열람을 청구하거나 자기의 비용으로 복사를 요구하는 때에는 관리규약이 정하는 바에 의하여 이에 응하여야 한다.

마. 입주자대표회의는 주택관리업자가 공동주택을 관리하는 경우에는 주택관리업자의 직원인사 · 노무관리 등의 업무수행에 부당하게 간섭하여서는 아니된다.

(3) 공동주택관리기구

가. 자치관리기구가 갖추어야 하는 기술인력 및 장비는 다음과 같다.

① 기술인력

㉠ 승강기가 설치된 공동주택인 경우에는 「국가기술자격법시행령」 별표 1의 규정에 의한 기계산업기사 이상의 기술자 또는 「승강기제조 및 관리에 관한 법률시행령」 제15조의 규정에 의한 승강기자체검사자격을 갖추고 있는 자 1인 이상

㉡ 당해 공동주택의 건축설비의 종류 및 규모 등에 따라 「전기사업법」 · 「고압가스 안전관리법」 · 「액화석유가스의 안전 및 사업관리법」 · 「도시가스사업법」 · 「에너지이용합리화법」 · 「소방법」 및 「대기환경보전법」 등 관계 법령에 의하여 갖추어야 할 기준 이상의 기술자

다만, 관리주체가 입주자대표회의의 동의를 얻어 관리업무의 일부를 해당 법령에서 인정하는 전문용역 업체에 용역하는 경우에는 해당 기술인력을 갖추지 아니할 수 있다.

② 장비 : 비상용 급수펌프(수중펌프를 말한다) 1대 이상과 절연저항계(누전측정기를 말한다) 1대 이상을 갖추어야 한다.

나. 자치관리기구는 입주자대표회의의 감독을 받는다.

다. 입주자대표회의는 자치관리기구의 관리사무소장을 그 구성원 과반수의 찬성으로 선임한다.

라. 입주자대표회의는 선임된 관리사무소장이 해임, 그 밖의 사유로 결원이 된 때에는 그 사유가 발생한 날부터 30일 이내에 새로운 관리사무소장을 선임하여야 한다.

마. 입주자대표회의의 구성원은 자치관리기구의 직원을 겸할 수 없다.

바. 자치관리기구가 아닌 공동주택관리기구가 갖추어야 하는 기술인력 및 장비의 요건에 관하여 이를 준용한다.

(4) 입주자대표회의의 운영교육

가. 시장 · 군수 또는 구청장은 입주자대표회의의 구성원에게 입주자대표회의의 운영과 관련하여 필요한 교육을 실시할 수 있다.

나. 교육내용에는 다음 각 호의 사항이 포함되어야 한다.

> 1. 공동주택관리규약 및 관리에 필요한 모든 규정의 내용
> 2. 관리비 · 사용료 및 장기수선충당금 등의 산정방법
> 3. 관리현황의 공개방법 및 관리업무의 전산화
> 4. 그 밖에 입주자대표회의의 운영에 필요한 사항

다. 교육의 실시시기 · 방법, 비용부담, 그 밖에 필요한 사항은 대통령령으로 정한다.

(5) 소규모 공동주택의 안전관리

지방자치단체의 장은 제43조제1항에 해당하지 아니하는 공동주택의 관리와 안전사고의 예방 등을 위하여 다음 각 호의 업무를 할 수 있다.

가. 제49조에 따른 시설물에 대한 안전관리계획의 수립 및 시행

나. 제50조에 따른 공동주택에 대한 안전점검

다. 그 밖에 지방자치단체의 조례로 정하는 사항

(6) 부정행위 금지

가. 공동주택의 관리와 관련하여 다음 각 호의 어느 하나에 해당하는 자는 부정하게 재물 또는 재산상의 이익을 취득하거나 제공하여서는 아니 된다.

① 입주자 및 사용자

② 관리주체

③ 입주자대표회의와 그 구성원

④ 입주자대표회의의 구성을 위한 선거를 관리하는 기구와 그 구성원

⑤ 리모델링주택조합

나. 입주자대표회의 및 관리주체는 장기수선충당금을 이 법에 따른 용도 외의 목적으로 사용하여서는 아니 된다.

(7) 전자적 방법을 통한 입주자등의 의사결정

입주자 및 사용자는 다음 각 호의 어느 하나에 해당하는 경우 대통령령으로 정하는 바에 따라 전자적 방법(「전자문서 및 전자거래 기본법」 제2조제2호에 따른 정보처리시스템을 사용하거나 그 밖에 정보통신기술을 이용하는 방법을 말한다)을 통하여 그 의사를 결정할 수 있다.

가. 입주자대표회의의 구성원이나 그 임원을 선출하는 경우

나. 제43조제3항에 따라 공동주택의 관리방법을 결정하거나 변경하려는 경우

다. 제44조제2항에 따른 공동주택관리규약을 제정하거나 개정하려는 경우
라. 그 밖에 공동주택의 관리와 관련하여 의사를 결정하려는 경우

4) 공동주택관리규약

(1) 관리규약의 준칙

가. 시 · 도지사는 공동주택의 입주자 및 사용자의 보호와 주거생활의 질서유지를 위하여 대통령령이 정하는 바에 의하여 공동주택의 관리 또는 사용에 관하여 준거가 되는 공동주택관리규약의 준칙을 정하여야 한다.

① 시 · 도지사가 정하는 관리규약의 준칙에는 다음의 사항이 포함되어야 한다. 이 경우 공동주택의 입주자 등 이외의 자의 기본적인 권리를 해하는 사항이 포함되어서는 아니된다.

> 1. 입주자 등의 권리 및 의무
> 2. 입주자대표회의의 구성 · 운영과 그 구성원의 의무 및 책임
> 3. 동별 대표자의 선임 · 해임 및 임기
> 4. 입주자대표회의의 소집절차
> 5. 입주자대표회의 운영비의 지급여부 및 금액
> 6. 자치관리기구의 구성 · 운영 및 관리사무소장과 그 소속 직원의 자격요건 · 인사 · 보수 · 책임
>
> 이하 7.~22.까지는 생략함

② 공동주택 분양 후 최초의 관리규약은 사업주체가 제안한 내용을 당해 입주예정자의 과반수가 서면 동의하는 방법으로 이를 결정한다. 이 경우 최초로 제정된 관리규약을 변경하는 방법에 관하여는 제52조 제1항의 규정을 준용한다.

③ 입주자 등은 다음의 행위를 하고자 하는 때에는 관리주체의 동의를 얻어야 한다.

> 1. 주택내부의 구조물과 설비를 증설하거나 제거하는 행위
> 2. 공용부분에 물건을 적재하여 통행 · 피난 및 소방을 방해하는 행위
> 3. 공동주택에 광고물 · 표지물 또는 표지를 부착하는 행위
> 4. 가축을 사육하거나 방송시설 등을 사용함으로써 공동주거생활에 피해를 미치는 행위
> 5. 공동주택의 발코니 난간 또는 외벽에 돌출물질을 설치하는 행위
> 6. 전기실 · 기계실 · 정화조시설 등에 출입하는 행위

④ 공동주택의 관리주체는 관리규약을 보관하여 입주자 등이 열람을 청구하거나 자기의 비용으로 복사를 요구하는 때에는 이에 응하여야 한다.

나. 입주자 및 사용자는 관리규약의 준칙을 참조하여 관리규약을 정한다.

다. 관리규약은 입주자의 지위를 승계한 자에 대하여도 그 효력이 있다.

라. 분양을 목적으로 건설한 공동주택과 「임대주택법」 제2조제1호에 따른 임대주택이 함께 있는 주택단지의 경우 입주자와 사용자, 「임대주택법」 제2조제4호에 따른 임

대사업자는 해당 주택단지에 공통적으로 적용할 수 있는 관리규약을 정할 수 있다. 이 경우 임대사업자는 「임대주택법」 제29조제3항에 따라 임차인대표회의와 사전에 협의하여야 한다.

5) 관리비

(1) 관리비의 납부

공동주택의 입주자 및 사용자는 당해 공동주택의 유지관리를 위하여 필요한 관리비를 관리주체에게 납부하여야 한다.

(2) 관리비의 내역

가. 관리비는 다음의 항목의 월별금액의 합계액으로 한다.

① 일반관리비
② 청소비
③ 경비비
④ 소독비
⑤ 승강유지비
⑤의 2. 지능형 홈네트워크 설비유지비
⑥ 난방비
⑦ 급탕비
⑧ 수선유지비

나. 관리비의 구분 징수 : 관리주체는 다음의 비용에 대하여는 이를 관리비와 구분하여 징수하여야 한다.

> 1. 장기수선충당금
> 2. 「시설물의 안전관리에 관한 특별법」 제6조의 규정에 의한 안전점검의 대가
> 3. 안전진단실시비용 및 안전점검비용

다. 관리비예치금

① 관리주체는 해당 공동주택의 공용부분의 관리 및 운영 등에 필요한 경비(이하 '관리비예치금'이라 한다)를 공동주택의 소유자로부터 징수할 수 있다.
② 관리주체는 소유자가 공동주택의 소유권을 상실한 경우에는 제1항에 따라 징수한 관리비예치금을 반환하여야 한다. 다만, 소유자가 관리비 · 사용료 및 장기수선충당금 등을 미납한 때에는 관리비예치금에서 정산한 후 그 잔액을 반환할 수 있다.
③ 관리비예치금의 징수 · 관리 및 운영 등에 관하여 필요한 사항은 대통령령으로 정한다.

라. 관리주체의 회계감사

① 300세대 이상인 공동주택의 관리주체는 대통령령으로 정하는 바에 따라 「주식회사의 외부감사에 관한 법률」 제3조제1항에 따른 감사인(이하 이 조에서 "감사인"이라 한다)의 회계감사를 매년 1회 이상 받아야 한다. 다만, 해당 공동주택 입주자 및 사용자의 3분의 2 이상이 서면으로 회계감사를 받지 아니하는 데 동의한 연도에는 회계감사를 받지 아니할 수 있다.

② 의무관리대상 공동주택으로서 300세대 미만인 공동주택의 관리주체는 다음 각 호의 어느 하나에 해당하는 경우 감사인의 회계감사를 받아야 한다.

㉠ 입주자 및 사용자의 10분의 1 이상이 연서로 요구하는 경우

㉡ 입주자대표회의가 그 의결을 거쳐 요구하는 경우

③ 관리주체는 제1항 또는 제2항에 따라 회계감사를 받은 경우 감사보고서 등 회계감사의 결과를 제출받은 날부터 1개월 이내에 입주자대표회의에 보고하고 해당 공동주택단지의 인터넷 홈페이지와 제45조의7제1항에 따른 공동주택관리정보시스템에 공개하여야 한다.

④ 제1항 또는 제2항에 따른 회계감사의 감사인은 입주자대표회의가 선정한다. 이 경우 입주자대표회의는 시장・군수・구청장 또는 「공인회계사법」 제41조에 따른 한국공인회계사회에 감사인의 추천을 의뢰할 수 있다.

⑤ 제1항 또는 제2항에 따라 회계감사를 받는 관리주체는 다음 각 호의 어느 하나에 해당하는 행위를 하여서는 아니 된다.

㉠ 정당한 사유 없이 감사인의 자료 열람・등사・제출 요구 또는 조사를 거부・방해・기피하는 행위

㉡ 감사인에게 거짓 자료를 제출하는 등 부정한 방법으로 회계감사를 방해하는 행위

마. 회계서류의 작성・보관

① 의무관리대상 공동주택의 관리주체는 관리비등의 징수・보관・예치・집행 등 모든 거래 행위에 관하여 장부를 월별로 작성하여 그 증빙서류와 함께 해당 회계연도 종료일부터 5년간 보관하여야 한다. 이 경우 관리주체는 「전자문서 및 전자거래 기본법」 제2조제2호에 따른 정보처리시스템을 통하여 장부 및 증거서류를 작성하거나 보관할 수 있다.

② 제1항에 따른 공동주택의 관리주체는 입주자 및 사용자가 제1항에 따른 장부나 증빙서류, 그 밖에 대통령령으로 정하는 정보의 열람을 요구하거나 자기의 비용으로 복사를 요구하는 때에는 관리규약으로 정하는 바에 따라 이에 응하여야 한다. 다만, 다음 각 호의 정보는 제외하고 요구에 응하여야 한다.

㉠ 「개인정보 보호법」 제24조에 따른 고유 식별정보 등 개인의 사생활의 비밀 또는 자유를 침해할 우려가 있는 정보

㉡ 의사결정과정 또는 내부검토과정에 있는 사항 등으로서 공개될 경우 업무의 공정한 수행에 현저한 지장을 초래할 우려가 있는 정보

바. 계약서의 공개 : 의무관리대상 공동주택의 관리주체 또는 입주자대표회의는 제43조제7항 또는 제45조제5항에 따라 선정한 주택관리업자 또는 사업자와 계약을 체결하는 경우 그 체결일부터 1개월 이내에 그 계약서를 해당 공동주택단지의 인터넷 홈페이지에 공개하여야 한다. 이 경우 「개인정보 보호법」 제24조에 따른 고유식별정보 등 개인의 사생활의 비밀 또는 자유를 침해할 우려가 있는 사항은 제외하고 공개하여야 한다.

사. 공사 · 용역의 적정성 자문

① 관리주체 또는 입주자대표회의는 해당 공동주택단지에서 시행하는 공사·용역 등의 적정성에 대하여 제2항에 따른 기관 또는 단체 등에 자문할 수 있다.

② 국토교통부장관은 제1항의 공사 · 용역 등의 적정성에 대한 자문에 응할 수 있는 기관 또는 단체를 지정하여 고시할 수 있다. 이 경우 해당 기관 또는 단체는 자문에 응하는 데 필요한 비용을 관리주체 또는 입주자대표회의로부터 받을 수 있다.

아. 공동주택관리정보시스템

① 국토교통부장관은 공동주택 관리의 투명성을 제고하기 위하여 공동주택관리정보시스템을 구축 · 운영하여야 한다.

② 국토교통부장관은 공동주택관리정보시스템의 운영을 국토교통부장관이 지정하는 기관 또는 단체에 위탁할 수 있다.

6) 담보책임 및 하자보수

(1) 하자보수책임자

사업주체는 건축물 분양에 따른 담보책임에 관하여 「집합건물의 소유 및 관리에 관한 법률」에 불구하고 공동주택의 사용검사일(주택단지 안의 공동주택의 전부에 대하여 임시사용승인을 얻은 경우에는 그 임시사용 승인일을 말한다) 또는 「건축법」에 의한 공동주택의 사용승인일부터 공동주택의 내력구조부별 및 시설공사별로 10년 이내의 범위에서 담보책임기간 안에 공사상 잘못으로 인한 균열 · 침하 · 파손 등 대통령령으로 정하는 하자가 발생한 때에는 공동주택의 입주자·입주자대표회의 · 관리주체 또는 「집합건물의 소유 및 관리에 관한 법률」에 의하여 구성된 관리단의 청구에 따라 그 하자를 보수하여야 한다.

(2) 하자보수의 절차

가. 하자보수의 요구 : 입주자대표회의 등은 하자담보책임기간 내에 공동주택의 하자가 발생한 경우에는 사업주체에 대하여 그 하자의 보수를 요구할 수 있다. 이 경우 사업주체는 하자보수요구를 받은 날부터 3일 이내에 그 하자를 보수하거나 보수일정을 명시한 하자보수계획을 입주자대표회의 등에 통보하여야 한다.

나. 이의신청 : 사업주체는 하자보수요구에 대하여 이의가 있는 경우에는 입주자대표회의 등과 협의하여 보수책임이 있는 하자범위에 해당하는지 여부에 대한 판정을 다음의 어느 하나에 해당하는 자에게 의뢰할 수 있다.

① 「엔지니어링 기술진흥법」에 의한 해당 분야의 엔지니어링 활동주체

② 「기술사법」에 의한 해당 분야의 기술사 또는 「건축사법」에 의한 건축사

③ 「과학기술분야 정부출연연구기관 등의 설립 · 운영 및 육성에 관한 법률」에 의한 한국건설기술연구원

④ 「시설물의 안전관리에 관한 특별법」에 의한 한국시설안전기술공단

다. 하자보수보증금의 사용 : 입주자대표회의 등은 사업주체가 하자보수요구를 받은 날부터 3일 이내에 하자의 보수 또는 하자보수계획의 통보를 하지 아니하거나 통보한 하자보수계획에 따라 하자보수를 이행하지 아니하는 경우에는 하자보수보증금을 사용하여 직접 보수하거나 제3자에게 보수하게 할 수 있다. 이 경우 입주자대표회의 등은 하자보수보증금의 사용내역을 사업주체에게 통보하여야 한다.

(3) 하자보수보증금의 예치의무

사업주체는 대통령령이 정하는 바에 의하여 하자보수보증금을 예치하여야 한다. 다만, 국가 · 지방자치단체 · 한국토지주택공사 및 지방공사인 사업주체의 경우에는 그러하지 아니하다.

(4) 사업주체의 손해배상 책임

사업주체는 담보책임기간 안에 공동주택의 내력구조부에 중대한 하자가 발생한 때에는 하자발생으로 인한 손해를 배상할 책임이 있다.

(5) 안전진단

시장 · 군수 · 구청장은 하자담보책임기간 이내에 공동주택의 구조안전에 중대한 하자가 있다고 인정하는 경우에는 안전진단기관에 의뢰하여 안전진단을 실시할 수 있다. 이 경우 안전진단의 대상 · 절차 및 비용부담에 관한 사항과 안전진단실시기관의 범위 등에 관하여 필요한 사항은 대통령령으로 정한다.

(6) 분쟁의 조정

사업주체 · 설계자 또는 감리자는 담보책임기간 안에 발생한 하자의 책임범위에 대하여 분쟁이 발생한 때에는 「건축법」에 의한 건축분쟁조정위원회에 조언을 신청할 수 있다.

(7) 하자심사 · 분쟁조정위원회에 조정을 신청

입주자 · 입주자대표회의 · 관리주체 또는 「집합건물의 소유 및 관리에 관한 법률」에 따라 구성된 관리단 등과 사업주체는 담보책임기간 안에 발생한 하자의 책임범위에 대하여 분쟁이 발생한 때에는 하자심사 · 분쟁조정위원회에 조정을 신청할 수 있다.

7) 하자보수보증금

(1) 예치의무자

사업주체는 사용검사권자가 지정하는 금융기관에 사용검사권자의 명의로 하자보수보증금을 예치하고, 그 예치증서를 사용검사신청서를 제출하는 때에 사용검사권자에게 제출하여야 한다.

(2) 예치명의

사용검사권자는 입주자대표회의가 구성된 때에는 지체 없이 하자보수보증금의 예치명의를 당해 입주자대표회의의 명의로 변경하여야 하며, 입주자대표회의는 사업주체의 하자보수책임이 종료되는 때까지 하자보수보증금을 금융기관에 예치하여 보관하여야 한다.

(3) 하자보수보증금의 예치금액

하자보수보증금은 다음의 금액의 3%에 해당하는 금액으로 한다.

가. 대지조성과 함께 공동주택을 건설하는 경우 : 사업계획승인서에 기재된 당해 공동주택의 총사업비에서 당해 공동주택을 건설하는 대지의 조성 전 가격을 뺀 금액

나. 대지조성을 하지 아니하고 공동주택을 건설하는 경우 : 사업계획승인서에 기재된 당해 공동주택의 총사업비에서 대지가격을 뺀 금액

다. 공동주택을 신축 · 증축 · 개축 · 대수선 또는 리모델링하는 경우 및 동조 제3항의 규정에 의하여 리모델링을 하는 경우 : 허가신청서 또는 신고서에 기재된 당해 공동주택의 총사업비

라. 「건축비」에 의하여 건축허가를 받아 분양을 목적으로 공동주택을 건설하는 경우 : 사용승인을 신청할 당시의 「임대주택법시행령」에 의한 공공건설임대주택 분양전환가격의 산정기준에 의한 표준건축비를 적용하여 산출한 건축비

(4) 하자보수 보증금의 예치방법

하자보수보증금은 현금 또는 다음의 증서로 예치하여야 한다.

1. 입주자대표회의를 피보험자로 하는 은행의 지급보증서
2. 입주자대표회의 또는 그 위임을 받은 자를 피보험자로 하는 이행보증보험증권
3. 「건설산업기본법」에 의한 건설공제조합이 발생하는 보증서
4. 주택도시보증공사가 발행하는 보증서

(5) 하자보수보증금의 반환

입주자대표회의는 사업주체가 예치한 하자보수보증금을 다음 각 호의 구분에 따라 순차적으로 사업주체에게 반환하여야 한다. 이 경우 하자보수보증금을 사용한 경우에는 이를 포함하여 다음의 비율을 계산하되, 이미 사용한 하자보수보증금은 이를 반환하지 아니한다.

1. 사용검사일부터 1년이 경과된 때 : 하자보수보증금의 10/100
2. 사용검사일부터 2년이 경과된 때 : 하자보수보증금의 25/100
3. 사용검사일부터 3년이 경과된 때 : 하자보수보증금의 20/100
4. 사용검사일부터 4년이 경과된 때 : 하자보수보증금의 15/100
5. 사용검사일부터 5년이 경과된 때 : 하자보수보증금의 15/100
6. 사용검사일부터 10년이 경과된 때 : 하자보수보증금의 15/100

8) 안전진단

가. 시장 · 군수 또는 구청장은 공동주택의 내력구조부에 중대한 하자가 있다고 인정하는 경우에는 다음에 해당하는 기관에 당해 공동주택의 안전진단을 의뢰할 수 있다.

1. 한국건설기술연구원
2. 한국시설안전공단
3. 건축사협회
4. 대학교의 부설연구기관
5. 안전진단전문기관

나. 안전진단에 소요되는 비용은 사업주체가 이를 부담한다. 다만, 하자의 원인이 사업주체 외의 자에게 있는 경우에는 그 자가 부담한다.

9) 장기수선계획

(1) 수립대상 공동주택

다음에 해당하는 공동주택을 건설 · 공급하는 사업주체 또는 리모델링을 하는 자는 대통령령이 정하는 바에 의하여 당해 공동주택의 공용부분에 대한 장기수선계획을 수립하여 사용검사를 신청하는 때에 사용검사권자에게 제출하고, 사용검사권자는 이를 당해 공동주택의 관리주체에게 인계하여야 한다. 이 경우 사용검사권자는 사업주체 또는 리

모델링을 하는 자에게 장기수선계획의 보완을 요구할 수 있다.

1. 300세대 이상의 공동주택 2. 승강기가 설치된 공동주택 3. 중앙집중식 난방방식 또는 지역난방방식의 공동주택

(2) 장기수선계획에 따른 교체 · 보수

입주자대표회의 및 관리주체는 장기수선계획을 국토교통부령이 정하는 바에 의하여 조정할 수 있으며, 수립 또는 조정된 장기수선계획에 의하여 주요시설을 교체하거나 보수하여야 한다.

10) 장기수선충당금

가. 관리주체는 장기수선계획에 의하여 공동주택의 주요시설의 교체 및 보수에 필요한 장기수선충당금을 당해 주택의 소유자로부터 징수하여 적립하여야 한다.

나. 공동주택의 주요시설의 범위, 교체 · 보수시기 및 방법 등에 관하여 필요한 사항은 국토교통부령으로 정한다.

다. 장기수선충당금의 요율·산정방법·적립방법 및 사용절차와 사후관리 등에 관하여 필요한 사항은 다음과 같다.

11) 공동주택관리 분쟁조정위원회

가. 입주자 등 사이의 분쟁을 조정하기 위하여 시 · 군 · 구에 공동주택관리 분쟁조정위원회를 둔다.

나. 분쟁조정위원회에서 심의 · 조정할 사항은 다음과 같다.

1. 입주자대표회의의 구성 · 운영 및 동별 대표자의 자격 · 선임 · 해임 · 임기에 관한 사항 2. 자치관리기구의 구성 · 운영 등에 관한 사항 3. 관리비 · 사용료 및 장기수선충당금의 징수 · 사용 등에 관한 사항 4. 공동주택(공용부분에 한한다)의 유지 · 보수 · 개량 등에 관한 사항 5. 공동주택의 리모델링에 관한 사항 6. 그 밖에 공동주택의 관리와 관련하여 분쟁의 조정이 필요하다고 지방자치단체의 조례로 정한 사항

다. 공동주택의 입주자 · 사용자 · 관리주체 · 입주자대표회의 또는 리모델링 주택조합에 해당하는 자가 분쟁조정위원회의 조정결과를 수락한 경우에는 당사자 간에 조정조서와 동일한 내용의 합의가 성립된 것으로 본다.

라. 분쟁조정위원회의 구성에 관하여 필요한 사항은 대통령령으로 정하며, 분쟁조정위원회의 회의 · 운영, 그 밖의 필요한 사항은 당해 시 · 군 · 구의 조례로 정한다.

2 주택의 전문관리

1) 주택관리업

(1) 주택관리업의 등록

공동주택의 관리를 업으로 하고자 하는 자는 시장 · 군수 · 구청장에게 등록하여야 한다. 이 경우 등록사항에 변경이 있는 때에는 국토교통부령이 정하는 바에 의하여 변경신고를 하여야 한다.

(2) 재등록

주택관리업자가 그 등록이 말소되고 2년이 경과되지 아니한 때에는 다시 등록할 수 없다.

(3) 민법규정의 준용

주택관리업자의 지위에 관하여 이 법에 규정이 있는 것을 제외하고는 민법 중 위임에 관한 규정을 준용한다.

(4) 주택임대 관리업

가. 주택임대관리업의 등록

① 대통령령으로 정하는 규모 이상으로 다음 각 호의 어느 하나의 주택임대관리업을 하려는 자는 대통령령으로 정하는 바에 따라 시장 · 군수 · 구청장에게 등록을 하여야 하며, 등록 사항이 변경된 경우에는 국토교통부령으로 정하는 바에 따라 변경신고를 하여야 한다.

㉠ 자기관리형 주택임대관리업 : 임대인과 제2항에 따른 주택임대관리업자가 계약 당사자로서 주택임대관리업자는 계약기간 중 임대인에게 임대료 지불을 보장하고 자기책임으로 주택을 임대하는 형태

㉡ 위탁관리형 주택임대관리업 : 임대인과 임차인이 계약 당사자로서 제2항에 따른 주택임대관리업자는 임대인과의 계약에 의하여 관리수수료를 받고 임대료 징수, 임차인 관리 및 시설물 유지관리업무 등을 대행하는 형태

㉢ 그 밖에 대통령령으로 정하는 영업의 형태

② 제1항에 따라 등록을 한 자(이하 '주택임대관리업자'라 한다)가 제53조의3에 따라 그 등록이 말소된 후 2년이 지나지 아니한 때에는 다시 등록할 수 없다.

③ 제1항에 따라 등록을 하려는 자가 갖추어야 하는 자본금(법인이 아닌 경우 자산평가액을 말한다), 전문인력, 시설 등에 관한 사항은 대통령령으로 정한다.

나. 주택임대관리업의 등록의 말소

① 시장 · 군수 · 구청장은 주택관리업자가 다음에 해당하는 때에는 그 등록을 말소

하거나 1년 이내의 기간을 정하여 영업의 전부 또는 일부의 정지를 명할 수 있다. 다만, 제1호 또는 제7호에 해당하는 경우에는 그 등록을 말소하여야 하고, 제1호의2 또는 제1호의3에 해당하는 경우에는 1년 이내의 기간을 정하여 영업의 전부 또는 일부의 정지를 명하여야 한다.

1. 거짓, 그 밖의 부정한 방법으로 등록을 한 때

1의2. 제43조의4제1항을 위반하여 부정하게 재물 또는 재산상의 이익을 취득하거나 제공한 경우

1의3. 제43조의4제2항을 위반하여 장기수선충당금을 이 법에 따른 용도 외의 목적으로 사용한 경우

2. 등록기준에 미달한 때

3. 고의 또는 과실에 의한 공동주택관리상의 하자로 입주자 및 사용자에게 재산상의 손해를 가한 때

4. 관리방법 및 업무내용 등에 위반하여 공동주택을 관리한 때

5. 공동주택 관리실적이 대통령령이 정하는 기준에 미달한 때

6. 보고 · 자료의 제출·조사 또는 검사를 거부·방해 또는 기피하거나 거짓으로 보고를 한 때

7. 최근 3년간 2회 이상의 영업정지처분을 받은 자로서 그 정지처분을 받은 기간이 통산 하여 12월을 초과한 때

7의2. 제88조를 위반하여 등록증의 대여 등을 한 경우

② 시장 · 군수 · 구청장은 주택관리업자가 제1항제2호부터 제6호까지의 어느 하나에 해당하는 경우에는 대통령령으로 정하는 바에 따라 영업정지를 갈음하여 1천만원 이하의 과징금을 부과할 수 있다.

③ 시장 · 군수 · 구청장은 제2항에 따른 과징금을 기한까지 내지 아니하면 지방세 체납처분의 예에 따라 징수한다.

④ 제1항에 따른 등록말소 및 영업정지처분에 관한 기준과 제2항에 따른 과징금을 부과하는 위반행위의 종류 및 위반정도에 따른 과징금의 금액 등에 필요한 사항은 대통령령으로 정한다.

다. 보증상품의 가입

① 제53조의2제1항제1호에 따른 자기관리형 주택임대관리업을 하는 주택임대관리업자는 임대인 및 임차인의 권리보호를 위하여 보증상품에 가입하여야 한다.

② 제1항에 따른 보증상품의 종류와 가입절차 등에 대해서는 대통령령으로 정한다.

라. 주택임대관리업자에 대한 지원 : 국가, 지방자치단체 및 공공기관의 장은 주택임대관리업자에게 법률 등으로 정하는 바에 따라 행정상 필요한 지원을 할 수 있다.

마. 등록의제 : 제53조의2제1항제1호에 따른 자기관리형 주택임대관리업을 하는 주택

임대관리업자는 「임대주택법」 제6조에 따른 임대사업자 등록을 한 것으로 본다.

바. 주택임대관리업자에 대한 감독 : 국토교통부장관 및 시장 · 군수 · 구청장은 임대인 및 임차인의 권리를 보호하기 위하여 필요한 경우에는 주택임대관리업자에게 이 법에 따른 업무 또는 재산 등에 관한 자료의 제출이나 보고를 명할 수 있으며, 소속 공무원으로 하여금 그 업무 또는 재산 등을 검사하게 할 수 있다.

2) 주택관리업의 말소 및 관리사무소

(1) 주택관리업의 말소 및 정지

가. 시장 · 군수 · 구청장은 주택관리업자가 다음에 해당하는 때에는 그 등록을 말소하거나 1년 이내의 기간을 정하여 영업의 전부 또는 일부의 정지를 명할 수 있다. 다만, ① 및 ⑦의 규정에 해당하는 때에는 그 등록을 말소하여야 한다.

① 거짓, 그 밖의 부정한 방법으로 등록을 한 때
② 등록기준에 미달한 때
③ 고의 또는 과실에 의한 공동주택관리상의 하자로 입주자 및 사용자에게 재산상의 손해를 가한 때
④ 관리방법 및 업무내용 등에 위반하여 공동주택을 관리한 때
⑤ 공동주택관리실적이 대통령령이 정하는 기준에 미달한 때
⑥ 보고 · 자료의 제출 · 조사 또는 검사를 거부 · 방해 또는 기피하거나 거짓으로 보고를 한 때
⑦ 최근 3년 간 2회 이상의 영업정지처분을 받은 자로서 그 정지처분을 받은 기간이 통산하여 12월을 초과한 때
⑧ 이 법 또는 이 법에 의한 명령을 위반한 때

나. 시장 · 군수 · 구청장은 주택관리업자가 (가.)의 ② 내지 ⑥ 및 ⑧의 어느 하나에 해당하는 때에는 대통령령이 정하는 바에 의하여 영업정지에 갈음하여 1천만원 이하의 과징금을 부과할 수 있다.

다. 시장 · 군수 · 구청장은 (나.)의 규정에 의한 과징금을 기한 이내에 납부하지 아니한 때에는 지방세체납처분의 예에 의하여 이를 징수한다.

(2) 관리사무소장의 업무

가. 관리사무소장의 배치 : 의무관리대상 공동주택을 관리하는 다음 각 호의 어느 하나에 해당하는 자는 제56조제2항에 따른 주택관리사를 해당 공동주택의 관리사무소장으로 배치하여야 한다. 다만, 대통령령으로 정하는 세대수 미만의 공동주택에는 주택관리사를 갈음하여 제56조제1항에 따른 주택관리사보를 해당 공동주택의 관리사무소장으로 배치할 수 있다.

① 입주자대표회의(자치관리의 경우에 한한다)
② 「임대주택법」 제2조제4호에 따른 임대사업자
③ 제43조제6항에 따라 관리업무를 인계하기 전의 사업주체
④ 주택관리업자

〈관리소장의 배치기준〉
1. 500세대 미만의 공동주택 : 주택관리사 또는 주택관리사보
2. 500세대 이상의 공동주택 : 주택관리사

나. 관리사무소장의 업무 : 관리사무소장은 공동주택을 안전하고 효율적으로 관리하여 공동주택의 입주자 및 사용자의 권익을 보호하기 위하여 다음의 업무를 집행한다.
① 입주자대표회의에서 의결하는 다음 각 목의 업무

1. 공동주택의 운영 · 관리 · 유지 · 보수 · 교체 · 개량 및 리모델링에 관한 업무
2. (1.)항의 업무를 집행하기 위한 관리비 · 장기수선충당금, 그 밖에 경비의 청구 · 수령 · 지출업무 및 그 금원을 관리하는 업무

② 하자의 발견 및 하자보수의 청구, 장기수선계획의 조정, 시설물 안전관리계획의 수립 및 건축물의 안전점검에 관한 업무. 다만, 비용지출을 수반하는 사항에 대하여는 입주자대표회의의 의결을 거쳐야 한다
③ 제43조제8항제3호에 따른 관리주체의 업무를 지휘·총괄
④ 그 밖에 공동주택관리에 관하여 국토교통부령으로 정하는 업무

다. 선관주의의무 : 관리사무소장은 선량한 관리자의 주의로 그 직무를 수행하여야 한다.

(3) 관리사무소장의 손해배상책임

가. 주택관리사 등은 관리사무소장의 업무를 집행함에 있어서 고의 또는 과실로 인하여 입주자에게 재산상의 손해를 발생하게 한 때에는 그 손해를 배상할 책임이 있다.
나. 손해배상책임을 보장하기 위하여 주택관리사 등은 대통령령이 정하는 바에 따라 보증보험 또는 공제에 가입하거나 공탁을 하여야 한다.
다. 공탁한 공탁금은 주택관리사 등이 당해 공동주택의 관리사무소장의 직책을 사임·해임 또는 사망한 날로부터 3년 이내에는 회수할 수 없다.

(4) 주택관리사 제도

가. 주택관리사등의 자격
① 주택관리사보가 되려는 자는 국토교통부장관이 시행하는 자격시험에 합격한 후 시 · 도지사(대도시의 경우에는 그 시장을 말한다. 이하 이 절에서 같다)로부터 합격증서를 발급받아야 한다.

② 주택관리사는 다음 각 호의 요건을 갖추고 시·도지사로부터 주택관리사 자격증을 발급받은 자로 한다.

㉠ 제①항에 따라 주택관리사보 합격증서를 발급받았을 것

㉡ 대통령령으로 정하는 주택 관련 실무 경력이 있을 것

③ 제②항에 따른 주택관리사 자격증의 발급절차와 그 밖에 필요한 사항은 대통령령으로 정한다.

④ 다음 각 호의 어느 하나에 해당하는 자는 주택관리사 등이 될 수 없다.

㉠ 금치산자 또는 한정치산자

㉡ 파산선고를 받은 자로서 복권되지 아니한 자

㉢ 금고 이상의 실형을 선고받고 그 집행이 끝나거나(집행이 끝난 것으로 보는 경우를 포함한다) 집행이 면제된 날부터 2년이 지나지 아니한 자

㉣ 금고 이상의 형의 집행유예를 선고받고 그 유예기간 중에 있는 자

㉤ 주택관리사 등의 자격이 취소된 후 3년이 지나지 아니한 자

⑤ 제①항에 따른 주택관리사보 자격시험의 응시자격, 시험과목, 시험의 일부 면제, 그 밖에 시험에 필요한 사항은 대통령령으로 정한다.

나. 주택관리사보 시험위원회

① 주택관리사보 자격시험과 관련한 다음 각 호의 사항을 심의하기 위하여 국토교통부에 주택관리사보 시험위원회를 둘 수 있다.

㉠ 주택관리사보 자격시험 과목의 조정 등 시험에 관한 사항

㉡ 시험 선발인원 및 합격기준의 결정에 관한 사항

㉢ 그 밖에 주택관리사보 자격시험과 관련한 중요 사항

② 주택관리사보 시험위원회의 구성 및 운영 등은 대통령령으로 정한다.

다. 주택관리사 등의 자격취소

① 시·도지사는 주택관리사 등이 다음 각 호의 어느 하나에 해당하면 그 자격을 취소하거나 1년 이내의 기간을 정하여 그 자격을 정지시킬 수 있다. 다만, ㉠, ㉡, ㉢, ㉣, ㉤호까지의 규정 중 어느 하나에 해당하는 경우에는 그 자격을 취소하여야 한다.

㉠ 거짓이나 그 밖의 부정한 방법으로 자격을 취득한 경우

㉡ 공동주택의 관리업무와 관련하여 금고 이상의 형을 선고받은 경우

㉢ 의무관리대상 공동주택에 취업한 주택관리사 등이 다른 공동주택 및 상가, 오피스텔 등 주택 외의 시설에 취업한 경우

㉣ 주택관리사등이 자격정지기간에 주택관리업무를 수행한 경우

㉤ 다른 사람에게 자기의 명의를 사용하여 공동주택관리법에서 정한 업무를 수

행하게 하거나 자격증을 대여한 경우

ⓗ 고의 또는 중대한 과실로 주택을 잘못 관리하여 입주자 및 사용자에게 재산상의 손해를 입힌 경우

ⓢ 주택관리사등이 업무와 관련하여 금품수수 등 부당이득을 취한 경우

ⓞ 공동주택관리에 관한 감독에 따른 보고 자료의 제출, 조사 또는 검사를 거부, 방해 또는 기피하거나 거짓으로 보고를 한 경우

ⓙ 입주자 등의 감사요청에 의한 지방자치단체의 감사를 거부, 방해 또는 기피한 경우

② 제①항에 따른 자격의 취소 및 정지처분에 관한 기준은 대통령령으로 정한다.

라. 주택관리업자 등의 교육

① 주택관리업자(법인인 경우에는 그 대표자를 말한다)와 관리사무소장으로 배치받은 주택관리사등은 국토교통부령으로 정하는 바에 따라 시·도지사로부터 주택관리에 관한 교육을 받아야 한다. 이 경우 관리사무소장으로 배치받으려는 주택관리사등은 국토교통부령으로 정하는 바에 따라 주택관리에 관한 교육을 받을 수 있고, 그 교육을 받은 경우에는 관리사무소장의 교육 의무를 이행한 것으로 본다.

② 관리사무소장으로 배치받으려는 주택관리사등이 배치예정일부터 직전 5년 이내에 관리사무소장 · 공동주택관리기구의 직원 또는 주택관리업자의 임직원으로서 종사한 경력이 없는 경우에는 국토교통부령으로 정하는 바에 따라 시 · 도지사가 실시하는 관리사무소장의 직무에 관한 보수교육을 이수하여야 제55조 제1항에 따른 관리사무소장으로 배치받을 수 있다. 이 경우 관리사무소장의 직무에 관한 보수교육을 이수하고 관리사무소장으로 배치받은 주택관리사등에 대하여는 제1항에 따른 관리사무소장의 교육의무를 이행한 것으로 본다.

③ 공동주택의 관리사무소장으로 배치받아 근무 중인 주택관리사는 제1항 또는 제2항에 따른 교육을 받은 후 3년마다 국토교통부령으로 정하는 바에 따라 주택관리에 관한 교육을 받아야 한다.

④ 국토교통부장관은 제1항부터 제3항까지에 따라 시·도지사가 실시하는 교육의 전국적 균형을 유지하기 위하여 교육수준 및 교육방법 등에 필요한 지침을 마련하여 시행할 수 있다.

마. 주택관리업자에 대한 입주자 등의 만족도 평가

국토교통부장관은 공동주택 관리 서비스 질의 향상을 위하여 대통령령으로 정하는 바에 따라 주택관리업자에 대한 입주자와 사용자의 만족도를 평가하고 그 결과를 공개할 수 있다.

바. 공동주택관리에 관한 감독

① 지방자치단체의 장은 공동주택관리의 효율화와 입주자 · 사용자의 보호를 위하여 다음 각 호의 어느 하나에 해당하는 경우 입주자 · 사용자, 입주자대표회의나 동별 대표자, 관리주체, 제55조제1항에 따른 공동주택의 관리사무소장 또는 입주자대표회의의 구성을 위한 선거를 관리하는 기구나 그 구성원 등에게 대통령령으로 정하는 업무에 관한 사항을 보고하게 하거나 자료의 제출이나 그 밖에 필요한 명령을 할 수 있으며, 소속 공무원으로 하여금 영업소 · 관리사무소 등에 출입하여 공동주택의 시설 · 장부 · 서류 등을 조사 또는 검사하게 할 수 있다. 이 경우 출입 · 검사 등을 하는 공무원은 그 권한을 나타내는 증표를 지니고 이를 관계인에게 내보여야 한다.

㉠ 제3항 또는 제4항에 따른 감사에 필요한 경우

㉡ 이 법 또는 이 법에 따른 명령이나 처분을 위반하여 조치가 필요한 경우

㉢ 공동주택단지 내 분쟁의 조정이 필요한 경우

㉣ 공동주택 시설물의 안전관리를 위하여 필요한 경우

㉤ 그 밖에 공동주택관리에 관한 감독을 위하여 필요한 경우

② 공동주택의 입주자 또는 사용자는 제1항제2호, 제3호 또는 제5호에 해당하는 경우 전체 입주자 또는 사용자의 10분의 3 이상의 동의를 받아 지방자치단체의 장에게 입주자대표회의나 그 구성원, 관리주체, 제55조제1항에 따른 공동주택의 관리사무소장 또는 입주자대표회의의 구성을 위한 선거를 관리하는 기구나 그 구성원의 업무에 대하여 감사를 요청할 수 있다. 이 경우 감사 요청은 그 사유를 소명하고 이를 뒷받침할 수 있는 자료를 첨부하여 서면으로 하여야 한다.

③ 지방자치단체의 장은 제2항에 따른 감사 요청이 이유가 있다고 인정하는 경우에는 감사를 실시한 후 감사를 요청한 입주자 또는 사용자에게 그 결과를 통보하여야 한다.

④ 지방자치단체의 장은 제2항에 따른 감사 요청이 없더라도 공동주택관리의 효율화와 입주자 · 사용자의 보호를 위하여 필요하다고 인정하는 경우에는 제2항의 감사 대상이 되는 업무에 대하여 감사를 실시할 수 있다.

⑤ 지방자치단체의 장은 제3항 또는 제4항에 따라 감사를 실시할 경우 변호사 · 공인회계사 등의 전문가에게 자문하거나 해당 전문가와 함께 영업소 · 관리사무소 등을 조사할 수 있다.

⑥ 제2항부터 제5항까지의 감사 요청 및 감사 실시에 필요한 사항은 지방자치단체의 조례로 정한다.

제6장 주택구입자금

1 국민주택기금

1) 국민주택기금의 설치

가. 정부는 주택종합계획을 효율적으로 실시하기 위하여 필요한 자금을 확보하고, 이를 원활히 공급하기 위하여 국민주택기금을 설치한다.

나. 국민주택기금은 다음의 재원으로 조성한다.

① 정부의 출연금 또는 예탁금

② 「공공자금관리기금법」에 의한 공공자금관리기금으로부터의 예수금

②의 2 「재건축초과이익 환수에 관한 법률」에 의한 재건축부담금 중 국가귀속분

③ 예탁금

④ 국민주택채권발행으로 조성된 자금

④의 2 「복권 및 복권기금법」에 의하여 배분된 복권수익금

⑤ 입주자저축자금 중 대통령령이 정하는 국민주택을 공급받고자 하는 자의 저축자금

> 1. 국가 · 지방자치단체 · 한국토지주택공사 또는 지방공사가 건설하는 85m² 이하의 주택
> 2. 국가 · 지방자치단체 · 한국토지주택공사 및 지방공사 외의 사업주체가 건설하는 60m² 이하의 국민주택

⑥ 출자기관의 배당수익 및 대출자산의 매각자금

⑦ 주택건설사업 또는 대지조성사업을 위하여 외국으로부터 차입하는 자금

⑧ 국민주택기금의 회수금·이자수입금과 국민주택기금운용으로 생기는 수익

⑨ 국민주택사업의 시행에 따른 부대수익

다. 일시차입 : 국토교통부장관은 국민주택기금의 운용상 필요한 때에는 국민주택기금의 부담으로 한국은행 또는 금융기관 등으로부터 자금을 차입할 수 있다.

2) 국민주택기금에의 자금의 예탁

가. 다음의 기금 또는 자금의 관리자나 저축자는 그 자금의 전부 또는 일부를 국민주택기금에 예탁할 수 있다.

① 「국민연금법」에 의하여 조성된 기금

② 그 밖에 대통령령이 정하는 기금 또는 자금

㉠ 「공무원연금법」에 의하여 조성된 공무원연금기금
㉡ 「군인연금특별회계법」에 의하여 조성된 군인연금기금
㉢ 「사립학교교직원 연금법」에 의하여 사립학교교직원 연금관리공단에 납부된 자금
㉣ 국토교통부장관이 당해 기금 또는 자금의 주무부장관 및 기획재정부장관과 협의하여 정하는 기금 또는 자금

나. 한국토지주택공사는 국민주택사업의 시행을 촉진하기 위하여 필요하다고 인정하는 때에는 「한국토지주택공사법」의 규정에 불구하고 국민주택기금에 자금을 예탁할 수 있다.

3) 국민주택기금의 운용 · 관리 및 기금수탁자의 책임

(1) 운용 · 관리권자

국민주택기금은 국토교통부장관이 운용·관리한다.

(2) 기금수탁자에 위탁

국토교통부장관은 국민주택기금의 운용·관리에 관한 사무의 전부 또는 일부를 금융기관 등 국토교통부장관이 지정하는 자에게 위탁할 수 있다.

(3) 운용상황 등의 보고

국민주택기금의 운용 · 관리에 관한 사무를 위탁받은 기금수탁자는 대통령령이 정하는 바에 의하여 국민주택기금의 조성 및 운용상황을 국토교통부장관에게 보고하여야 한다.

(4) 선관주의의무

기금수탁자는 선정한 관리자의 주의로 위탁받은 사무를 처리하여야 한다.

(5) 손해배상책임

기금수탁자가 선관주의의무를 위반하여 국민주택기금에 손해를 가한 경우에는 이를 배상하여야 한다.

(6) 운용에 관한 협의의무

국토교통부장관은 국민주택기금의 운용에 관한 계획을 작성하고자 하는 때에는 미리 기획재정부장관 및 기획예산처장관과 협의하여야 한다.

(7) 국가재정법 준용

국민주택기금의 회계연도 · 운용계획 및 결산 등에 관하여는 이 법에 특별한 규정이 있는 경우를 제외하고는 「국가재정법」을 적용한다.

(8) 자료제공의 요청

가. 기금수탁자는 국토교통부장관으로부터 위탁받은 업무를 수행하기 위하여 필요하다고 인정하는 경우에는 국가, 지방자치단체, 금융기관, 「국민연금법」에 따른 국민연금관리공단, 「국민건강보험법」에 따른 국민건강보험공단. 그 밖의 공공단체에 대하여 필요한 자료의 제공을 요청할 수 있다.

나. 요청을 받은 자는 특별한 사유가 없으면 요청에 응하여야 한다.

다. 자료를 제공받은 기금수탁자는 제공받은 자료를 국민주택기금의 운용·관리 외에는 다른 용도로 사용할 수 없으며 비밀을 유지하여야 한다.

4) 국민주택기금의 운용제한

(1) 국민주택기금은 다음의 용도 외로는 이를 운용할 수 없다.

가. 국민주택의 건설

나. 국민주택을 건설하기 위한 대지조성사업

다. (가.) 및 (나.)의 사업을 위한 기자재의 구입 및 비축

라. 공업화주택의 건설

마. 예탁금 및 차입금의 원리금상환

바. 국민주택채권의 원리금 상환

사. 「공공자금관리기금법」에 의한 공공자금관리기금으로부터의 예수금의 원리금상환

아. 국민주택규모 이하의 주택을 개량하거나 구입 또는 임차하는 자에 대한 융자

자. 정부시책으로 추진하는 주택사업

자의 2. 「도시 및 주거환경정비법」에 의한 도시 · 주거환경정비기금, 「도시재정비 촉진을 위한 특별법」에 의한 재정비촉진특별회계 또는 「주택법」에 의한 국민주택사업특별회계 지원

차. 국민주택기금의 조성 · 운용 및 관리를 위한 경비

카. 주택도시보증공사에의 출자 및 융자

타. 「한국주택금융공사법」에 의한 주택금융신용보증기금에의 출연

파. 「주택저당채권 유동화회사법」에 의한 주택저당채권유동화회사 및 「한국주택금융공사법」에 의한 한국주택금융공사에의 출자

파의 2. 「한국토지주택공사법」에 따른 한국토지주택공사의 출자

하. 국민주택을 건설하기 위한 자재 및 기술의 연구·개발

거. 국민주택의 리모델링

너. 「도시 및 주거환경정비법」에 의한 주거환경정비사업

너의 2. 한국토지주택공사가 분양가상한제 적용주택을 우선 매입한 비용

너의 3. 「경제자유구역의 지정 및 운영에 관한 법률」의 규정에 따라 지정된 경제자유구역의 활성화를 위한 임대주택의 건설 및 이와 관련된 기반시설 등의 설치에 필요한 자금의 융자

더. 그 밖에 국민주택의 건설촉진을 위하여 대통령령이 정하는 사업

(2) 여유자금의 운용

국토교통부장관은 국민주택기금에 여유자금이 있을 때에는 대통령령이 정하는 방법으로 이를 운용할 수 있다.

〈대통령령이 정하는 방법〉
1. 국채 · 공채 그 밖에 「자본시장과 금융투자업에 관한 법률」에 따른 증권의 매입
2. 기금수탁자에의 예치
3. 국민주택기금이 매각한 대출자산을 기초로 하여 발행된 주택저당증권 중 한국거래소에 상장되지 아니한 주택저당증권의 매입

5) 국민주택기금 대출채권의 상각

(1) 상각사유

기금수탁자는 채무자의 무자격 등으로 인하여 국민주택기금의 대출금회수가 불가능한 경우에는 국토교통부령이 정하는 바에 의하여 대출채권을 상각할 수 있다.

(2) 상각 처리된 채권의 관리 · 정리 · 보고

기금수탁자는 상각 처리된 채권의 보전이나 추심을 위한 관리업무를 수행하다가 국토교통부령이 정하는 기간이 도래한 때에는 그 관리업무를 정지하고 그 내용을 국토교통부장관에게 보고하여야 한다.

6) 이익금과 손실금의 처리

(1) 이익금의 처리

국토교통부장관은 매 사업연도에 국민주택기금의 결산에서 이익이 생긴 때에는 이익금 전액을 국민주택기금에 적립하여야 한다.

(2) 손실금의 처리

국토교통부장관은 매 사업연도에 국민주택기금의 결산에서 손실금이 생긴 때에는 제(1)항의 적립금으로 보전하고, 손실금의 규모가 적립금으로 보전하고도 부족할 경우에는 정부가 일반회계에서 이를 보전할 수 있다.

2 국민주택채권 및 주택상환사채

1) 국민주택채권

(1) 발행권자 및 절차

가. 발행 : 정부는 국민주택사업에 필요한 자금을 조달하기 위하여 국민주택기금의 부담으로 국민주택채권을 발행할 수 있다.

나. 발행채권 : 국민주택채권은 국토교통부장관의 요청에 의하여 기획재정부장관이 발행한다.

다. 법적용 : 국민주택채권에 관하여 이 법에 특별한 규정이 있는 경우를 제외하고는 「국채법」을 적용한다.

라. 국민주택채권의 종류 · 이율, 발행의 방법 · 절차 및 상환과 발행사무취급에 관하여 필요한 사항은 대통령령으로 정한다.

(2) 국민주택채권의 발행방법

가. 국민주택채권의 발행절차

① 국민주택채권은 다음의 구분에 따라 발행한다.

제1종 국민주택채권	제2종 국민주택채권
1. 국가 또는 지방자치단체로부터 면허 · 허가 · 인가를 받는 자 2. 국가 또는 지방자치단체에 등기 · 등록을 신청하는 자 3. 국가 · 지방자치단체 또는 「공공기관의 운영에 관한 법률」에 따른 공공기관 중 대통령령이 정하는 공공기관과 건설공사의 도급계약을 체결하는 자 4. 이 법에 따라 건설 · 공급하는 주택을 공급받는 자	85m²를 초과하는 분양가 상한제를 적용받는 주택을 공급받고자 하는 자

② 국민주택채권의 발행기간은 1년을 단위로 하고, 발행일은 매출한 달의 말일로 한다.

③ 국민주택채권은 증권을 발행하지 아니하고 「증권거래법」에 의하여 설립된 증권예탁원에 등록하여 발행한다. 이 경우 채권자는 이미 등록된 국민주택채권에 대하여 그 증권의 교부를 청구할 수 없다.

④ 채권등록기관은 상속 · 유증 및 강제집행의 경우를 제외하고는 국토교통부장관의 승인을 얻어 권리의 이전에 의한 국민주택채권의 등록을 그 국민주택채권의 원리금상환일 전 7일 이내의 기간 동안 정지할 수 있다. 이 경우 승인을 얻은 내용을 인터넷 등에 공시하여야 한다.

나. 국민주택채권의 이자율

① 제1종 국민주택채권의 이자율은 기획재정부장관이 그 채권의 발행 당시의 국채 · 공채 등의 금리와 국민주택기금의 수지상황 등을 참작하여 국토교통부장관

과 협의하여 정한다.

② 제1종 국민주택채권의 원리금은 발행일부터 5년이 되는 바로 그날에 상환한다.

③ 제1종 국민주택채권의 이자는 그 발행일부터 상환일 전일까지 이자율에 따라 1년 단위의 복리로 계산한다.

④ 제1종 국민주택채권의 매출일부터 발행일 전일까지의 이자는 매출하는 때에 이를 지급한다.

⑤ 제2종 국민주택채권의 이자율 · 상환일 · 상환조건 등은 기획재정부장관이 국토교통부장관과 협의하여 따로 정한다. 이 경우, 원리금의 상환일은 그 발행일부터 20년을 초과할 수 없다.

다. 국민주택채권의 사무취급기관

① 국민주택채권의 매출 및 상환업무 등은 국토교통부장관이 지정하는 금융기관(이하 '국민주택 채권사무 지정취급기관'이라 한다)이 이를 취급한다.

② 국민주택채권 사무지정 취급기관의 장은 국민주택채권의 매출을 촉진하기 위하여 필요한 때에는 기획재정부장관의 승인을 얻어 다른 금융기관에 국민주택채권의 매출 및 상환에 관한 업무를 위탁할 수 있다. 이 경우, 기획재정부장관은 미리 국토교통부장관과 협의하여야 한다.

③ 국민주택채권 사무지정 취급기관의 장은 매월의 국민주택채권의 매출 및 상환에 관한 사항을 다음 달 20일까지 기획재정부장관에게 보고하여야 한다.

라. 국민주택채권의 매입

① 제1종 국민주택채권을 매입하여야 하는 자와 그 매입기준 별도로 정하여져 있다.

② 국가 또는 지방자치단체의 장이 면서 · 허가 또는 인가를 하거나 등기 또는 등록을 하게 하는 경우 및 국가 · 지방자치단체 또는 정부투자기관이 건설공사의 도급계약을 체결하는 때에는 그 상대방에게 제1종 국민주택채권을 매입하게 하여야 한다. 이 경우, 국토교통부령이 정하는 바에 의하여 매입의무자의 매입사실을 확인하여야 한다.

③ 제1종 국민주택채권의 매입에 관하여 필요한 사항은 이 영에 규정된 것 외에는 국토교통부장관이 기획재정부장관과 협의하여 정한다.

④ 국토교통부장관은 공공택지 안에서 건설 · 공급되는 주거전용면적이 85m²를 초과하는 분양가상한제 적용주택을 공급받고자 하는 자에 대하여 제2종 국민주택채권을 매입하도록 할 수 있다. 이 경우 제2종 국민주택채권의 매입사실확인에 관하여 이를 준용하며, 제2종 국민주택채권의 매입기준 · 매입절차 및 매입의 효력 등에 관하여는 국토교통부령으로 정한다.

마. 국민주택채권의 분할발행

① 시장 · 군수 또는 구청장은 국토교통부령이 정한 제2종 국민주택채권의 매입상

한액이 1억원을 초과하는 경우 그 채권을 매입하여야 하는 자가 1억원을 초과하는 금액에 대하여 분할하여 매입하게 할 수 있다.

② 채권을 분할하여 매입하는 경우 채권매입자는 주택공급계약 체결 이전에 1억원을 초과하는 금액에 해당하는 채권을 50% 이상 매입하고 국토교통부령이 정한 해당 주택의 잔금납부시기 이전에 나머지를 매입할 수 있다.

바. 국민주택채권의 중도상환

① 중도상환의 사유 : 국민주택채권은 다음에 해당하는 경우를 제외하고는 중도에 상환할 수 없다.

㉠ 당해 면허 · 허가 · 인가가 제1종 국민주택채권매입자에게 책임 없는 사유로 철회되거나 취소된 경우

㉡ 국가 · 지방자치단체 또는 정부투자기관과 건설공사의 도급계약을 체결한 자가 그에게 책임 없는 사유로 계약을 취소당한 경우

㉢ 제2종 국민주택채권을 매입한 후 입주자로 선정된 지위 또는 공급계약이 무효로 되거나 취소된 경우 또는 그 공급계약이 해지된 경우

㉣ 국민주택채권매입 대상자가 아닌 자가 착오로 인하여 매입하였거나 법정매입금액을 초과하여 매입한 경우

② 국민주택채권을 중도에 상환 받고자 하는 자는 그 사무를 취급하는 국가 · 지방자치단체 · 정부투자기관 또는 사업주체가 발행하는 사실증명을 첨부하여 국민주택채권사무취급기관에 신청하여야 한다. 다만, 국토교통부령이 정하는 바에 의하여 사실증명을 전자적으로 처리하는 경우에는 사실증명을 첨부하지 아니할 수 있다.

2) 주택상환사채

(1) 주택상환사채의 발행

가. 주택상환사채의 발행 : 한국토지주택공사 및 등록사업자는 대통령령이 정하는 바에 의하여 주택으로 상환하는 사채를 발행할 수 있다. 이 경우 등록사업자는 자본금 · 자산평가액 및 기술인력 등이 대통령령이 정하는 기준에 부합하고 금융기관 또는 주택도시보증공사의 보증을 받은 때에 한하여 이를 발행할 수 있다.

> 1. 법인으로서 자본금이 5억원 이상일 것
> 2. 건설산업기본법에 의한 건설업 등록을 하였거나 6층 이상의 아파트를 건설한 실적이 있거나 최근 3년 간 300세대 이상의 공동주택을 건설한 실적이 있는 등록사업자일 것
> 3. 최근 3년 간 연평균 주택건설실적이 300세대 이상일 것
>
> cf) 등록사업자가 발행할 수 있는 주택상환사채의 규모는 최근 3년 간의 연평균 주택건설호수 이내로 한다.

나. 주택상환사채발행계획의 승인 : 주택상환사채를 발행하고자 하는 자는 주택상환사채발행계획을 작성하여 국토교통부장관의 승인을 얻어야 한다.

다. 주택상환사채의 발행방법 등

① 주택상환사채는 액면 또는 할인의 방법으로 발행한다.

② 주택상환사채에는 기호와 번호를 붙여야 하며, 국토교통부령이 정하는 사항을 기재하여야 한다.

③ 주택상환사채의 발행자는 주택상환사채대장을 비치하고, 주택상환사채권의 발행 및 상환에 관한 사항을 기재하여야 한다.

④ 주택상환사채는 기명증권으로 하고, 사채권자의 명의변경은 취득자의 성명과 주소를 사채원부에 기재하는 방법으로 하며, 취득자의 성명을 채권에 기재하지 아니하면 사채발행자 및 제3자에게 대항할 수 없다.

(2) 주택상환사채의 상환

가. 상환기간 : 주택상환사채의 상환기간은 3년을 초과할 수 없다. 이 경우, 상환기간은 주택상환사채발행일부터 주택의 공급계약 체결일까지의 기간으로 한다.

나. 중도상환 : 주택상환사채는 이를 양도하거나 중도에 해약할 수 없다. 다만, 해외이주 등 부득이한 사유가 있는 경우로서 국토교통부령이 정하는 경우에는 그러하지 아니하다.

(3) 주택상환사채의 효력

등록사업자의 등록이 말소된 경우에도 그가 발행한 주택상환사채의 효력에는 영향을 미치지 아니한다.

(4) 상법규정의 적용

주택상환사채의 발행에 관하여 이 법에 규정한 것을 제외하고는 「상법」 중 사채발행에 관한 규정을 적용한다.

3) 국민주택사업특별회계

(1) 운용상황의 보고

지방자치단체는 대통령령이 정하는 바에 의하여 국민주택사업특별회계의 운용상황을 국토교통부장관에게 보고하여야 한다.

(2) 국민주택사업특별회계의 설치

가. 특별회계의 설치의무 : 지방자치단체는 국민주택사업의 시행을 위하여 국민주택사업특별회계를 설치 · 운용하여야 한다.

나. 국민주택사업특별회계자금의 재원

1. 자체부담금 2. 국민주택기금으로부터의 차입금 3. 정부로부터의 보조금 4. 농업협동조합중앙회로부터의 차입금 5. 외국으로부터의 차입금 6. 국민주택사업특별회계에 속하는 재산의 매각대금 7. 국민주택사업특별회계자금의 회수금·이자수입금 그 밖의 수익 8. 「재건축초과이익 환수에 관한 법률」에 의한 재건축부담금 중 지방자치단체 귀속분

4) 주택도시보증공사(HUG)

(1) 주택도시보증공사의 설립

가. 주택건설에 대한 각종 보증을 행함으로써 주택분양계약자를 보호하고 주택건설을 촉진하며 국민의 주거복지향상 등에 기여하기 위하여 주택도시보증공사를 둔다.

나. 주택도시보증공사는 정관이 정하는 바에 따라 본점의 소재지에서 등기함으로써 성립한다.

다. 주택도시보증공사는 정관을 제정하거나 변경하고자 하는 경우에는 국토교통부장관의 인가를 받아야 한다.

(2) 업 무

가. 주택도시보증공사는 그 목적을 달성하기 위하여 다음의 업무를 수행한다.

1. 사업주체가 건설 · 공급하는 주택에 대한 분양보증, 하자보수보증 그 밖에 대통령령이 정하는 보증업무 2. 위 1.에 의한 보증이행을 위한 주택의 건설 및 하자보수 등의 업무 3. 국가 · 지방자치단체 · 공공단체 등이 위탁하는 업무 4. 주택건설대지의 신탁의 인수업무 5. 그 밖에 대통령령이 정하는 업무

나. 위 (가.)의 규정에 의한 업무를 수행하기 위하여 필요한 사항은 대통령령으로 정한다.

(3) 보증의 종류와 보증료

가. 주택도시보증공사가 행할 수 있는 보증의 종류는 다음과 같다.

① 분양보증 : 사업주체가 사업계획의 승인을 얻어 건설하는 주택 또는 사업계획의 승인을 얻지 아니하고 20세대 이상의 주택과 주택 외의 시설을 동일건축물로 건축하는 경우에 행하는 다음 각 목의 보증(사업계획의 승인을 얻지 아니하고 20세대 이상의 주택과 주택 외의 시설을 동일건축물로 건축하는 경우에는 ①의 주택분양보증에 한한다.)

> ① 주택분양보증 : 사업주체가 파산 등의 사유로 분양계약을 이행할 수 없게 되는 경우 당해 주택의 분양의 이행 또는 납부한 계약금 및 중도금의 환급을 책임지는 보증
> ② 주택임대보증 : 사업주체가 파산 등의 사유로 임대계약을 이행할 수 없게 되는 경우 당해 주택의 임대의 이행 또는 납부한 계약금 및 중도금의 환급을 책임지는 보증

② 하자보수보증 : 하자담보책임기간 중에 발생한 하자의 보수에 대한 보증

③ 감리비 예치보증 : 등록사업자가 주택건설사업을 시행하는 경우의 감리와 관련하여 감리자에게 지급하여야 할 감리비의 지급에 대한 보증

④ 조합주택 시공보증 : 주택조합과 공동으로 사업을 시행하는 등록사업자가 파산 등의 사유로 당해 주택에 대한 시공책임을 이행할 수 없게 되는 경우에 시공을 이행하거나 일정금액을 납부하는 보증

⑤ 임대보증금에 대한 보증 : 「임대주택법 시행령」에 의한 공공건설임대주택의 임대보증금을 책임지는 보증

⑥ 주택상환사채에 대한 보증 : 주택상환사채를 발행한 사업주체가 파산 등의 사유로 상환예정일에 주택으로 사채를 상환하지 못하는 경우에 이의 상환을 책임지는 보증

⑦ 주택사업금융보증 : 주택건설사업에 지원되는 금융으로서 당해 주택건설사업에서 발행하는 미래의 현금수입을 주요 상환재원으로 하는 금융의 원리금상환을 책임지는 보증

⑧ 하도급계약이행 및 대금지급보증 : 「하도급거래 공정화에 관한 법률」에 의한 보증 중 주택건설하도급의 계약이행 및 대금지급을 책임지는 보증

⑨ 그 밖에 주택도시보증공사의 정관으로 정하는 보증

나. 주택도시보증공사가 당해 회사를 이용하는 자로부터 받는 보증료 등은 정관으로 정한다.

다. 주택도시보증공사는 그가 행하는 각종 보증의 구체적인 내용, 책임범위 및 조건 등에 관하여 약관을 정하여 시행할 수 있다.

제7장 준주택과 도시형 생활주택

1 준주택(準住宅)

「주택법」상으로는 주택이 아닌 것으로 분류를 하고 있지만, 실제 사용이 사실상 주거용으로 이용되고 있는 시설을 말한다. 주택법 제2조 제1의2호(2009년 신설)에 의하면 '준주택'이란 주택 외의 건축물과 그 부속토지로서 주거시설로 이용 가능한 시설 등을 말하며, 그 범위와 종류는 대통령령으로 정한다.

준주택의 유형은 주택법에 준 주택 개념이 새로 도입됨에 따라 개정안은 1~2인 가구 확대추세 및 고령화 등을 반영해 사실상 주거시설로 이용되는 준 주택의 종류와 범위를 오피스텔 · 고시원 · 노인복지주택 · 기숙사로 규정하고 있다.

준주택이라는 개념을 도입하게 된 궁극적인 배경은 저출산, 고령화 시대에 대비해서 국민주택기금 지원 등을 통하여 준주택 관련 시설물의 공급을 활성화함과 동시에 화재 등에 대한 거주자 안전과 옆 호실이나 실내 소음 기준을 구체적으로 제시해서 관련시설을 이용하는 입주자들의 쾌적하고 안정적인 주거생활을 도모하기 위함이다.

1980년 인구주택총조사 자료에 의하면 전체 국민 중 65세 이상의 인구비율이 3.8%였으나, 2030년 65세 이상의 인구를 추계한 자료에 의하면 1980년의 6배수에 이르는 24.3%가 될 것으로 예상이 된다. 이러한 현상 역시 고령화 사회로의 진입을 의미하며, 관련주택의 수요 또한 1~2인 가구 못지않게 급증할 것으로 내다보인다. 이러한 의미에서 노인복지주택이 준주택으로 편입된 것은 환영할만 하지만 관련규정에 의하면 노인복지주택에 입주할 수 있는 자격이 65세 이상으로서 자립생활이 가능한 자로 한정하고 있는 점은 현실과는 맞지 않는다. 정책적으로나, 개인적으로 노후생활에 대한 준비가 거의 없는 국내의 현실로 볼 때 관련규정의 완화가 필요하다. 노인복지주택의 유형과 입주자격을 좀더 세분화할 필요성이 있는 것이다.

노인복지주택은 65세 이상의 노인에게 주거시설을 분양하거나 임대하여 노인들의 안정적인 주거생활이 가능하게 하고, 생활에 필요한 시설물을 갖춘 기능성 주택을 공급하고자 하는 목적에서 도입한 주택유형이다. 제도적인 미비점으로 인해서 아직은 공급이 원활하지는 못하지만 제도보완이 이루어진다면 민간부문의 공급이 증가할 것으로 예상이 된다. 2008년을 기준으로 전국의 노인복지주택은 20개가 공급되었고, 3,038명이 입소하여 생활하고 있다. 주로 서울지역과, 부산광역시, 경기도와 수도권에 분포되어 있다.

【준주택의 종류】

구 분	준 주 택			
	다중생활시설	오피스텔	노인복지주택	기숙사
분류 (용도)	건축법 (2종 근린생활시설)	건축법 (업무시설)	노인복지법	
주차 기준	250m²당 1대 (시설면적 기준)	• 세대당 0.8대 이상 • 세대당 0.5대 이상(전용 60m² 이하	• 0.2대 이상(각 세대당) • 0.1대 이상(세대별 전용 60m² 이하)	
내용	• 독립된 주거형태 아닐 것 • 바닥면적 1,000m² 미만 (일반 용도지역) • 바닥면적 1,000m² 이상 (상업지역, 숙박시설) • 다중이용업소의 안전에 관한 특별법상의 시설 • 중복도 : 1.5m • 편복도 : 1.2m • 주출입까지 3번 꺾임불가 • 각실 외부와 0.5m 이상 접하는 창문설치 • 기금 : m²당 80만원	• 욕실설치 가능 • 주방설치 가능 • 바닥난방 허용 (전용 : 85m² 이하) • 건축법 : 업무시설 • 세법 : 업무&주거 • 전용출구 : 융통성 • 기금 : m²당 80만원	국민주택기금 • 5천만원(세대당)	
특징	• 구분등기(△), 분양(△) • 주택(×), 중과세(×) • 국민주택기금 지원 • 용적률 인센티브	• 국민주택기금 • 용적률 인센티브 • 중과세 없음 • 주차장 완화예정	(법 시행 후) • 보전녹지 • 보전관리 • 생산관리	
기타	• 원룸형, 기숙형, 혼합형 • 코쿤형 고시원 활성화 • 프랜차이즈화 가속	• 역세권 중심 • 대학가 중심 • 중소형 중심	• 규제완화 • 실수요자 • 투기배제	

자료 : 베스트하우스(www.besthouse114.com)

1) 다중생활시설

고시원으로서 같은 건축물에 해당 용도로 쓰는 바닥면적의 합계가 1,000m² 미만인 것을 말하며, 제2종 근린생활시설에 해당하지 아니하는 것을 말한다.

2) 오피스텔

오피스텔은 법규상 건축법 시행령 별표1의 건축물 용도분류상 업무시설에 해당하며, 사용자에 따라서 주거와 업무를 선택적으로 이용할 수 있는 일종의 하이브리드(hybrid)형 상품이다. 주차장의 경우 준주택법 시행전에는 세대당 1대, 세대별 전용면적이 60m² 이하인 경우는 세대상 0.7대 이상이었으나, 법이 시행되면 세대당 0.8대 이상, 세대별 전용면적이 60m² 이하인 경우는 세대당 0.5대 이상으로 완화된다. 복합형으로 건설할 경우 법 시행 전에는 전용출구를 설치하도록 되어 있었으나, 법 시행 후에는 주거시설과의 독립성이 유지되는 선에서 융통성 있게 설치할 수 있게 된다. 국민주택기금은 m^2당 80만원을 지원받을 수 있으며, 최저 560만원에서 최고 2,400만원까지 받을 수 있다. 욕실설치의 경우 법 시행 전에는 바닥난방 및 욕실은 면적제한 조건으로 허용하였고, 욕조설치는 금지하였으나 법 시행 후에는 모두 허용된다.

3) 노인복지주택

노인복지법에서 말하는 노인복지주택은 「노인에게 주거시설을 분양 또는 임대하여 주거의 편의 · 생활지도 · 상담 및 안전관리 등 일상생활에 필요한 편의를 제공함을 목적으로 하는 시설이다」라고 규정하고 있다.

또한 노인복지법(31조)은 노인복지시설을 노인주거복지시설, 노인의료복지시설, 노인여가복지시설, 재가노인복지시설, 노인보호전문기관 등 5개로 분류하고, 동법 제32조에서는 다시 노인주거복지시설을 양로시설, 노인공동생활가정, 노인복지주택으로 2차 분류를 하고 있다.

【노인복지주택 요약】

구 분	내 용	기 타
근거법률	노인복지법 32조	건축법 : 교육 및 복지시설군
시공, 관리	노인복지법 규정 외 주택법 관련규정 준용	사업주가 운영주체가 됨
주차장	0.2대/세대당, 0.1대/세대당(60m^2 이하)	노인복지법 시행규칙 적용
인허가	주택법에 의한 사업승인 대상	주택법상 공동주택은 아님
모집	분양이나 임대	60세 이하 양도, 임대 금지
소유, 입소자	60세 이상의 자(배우자는 60세 미만도 가능)	지자체장 인정 시 예외 있음
모집시기	착공 후 분양승인 후	
모집방식	공개모집	
분양보증	주택도시보증공사의 분양보증 대상	역모기지론 대상 아님
시설규모	30세대 이상	
정부지원	국민주택기금 대출가능, 취등록세 감면	재산세 등은 주택과 동일
무허가 영업	2년 이하 징역, 1천만원 이하의 벌금	

노인복지주택은 외형상 주택이나 공동주택(아파트 등)의 형태이지만, 법률적으로는 공동주택이 아니다. 주택법에 따라 지어진 공동주택이 아니고, 노인복지법에 근거한 노인복지시설에 속한다. 그래서 고시원과 함께 준주택으로 규정하고 있다. 주택이란 용어를 사용하지만 법률적으로 주택이 아니라는 점을 간과해서는 안 된다. 현행 노인복지주택 관련규정은 사용자의 피해보장에 비중을 둠으로써 공급자들의 사업 이익이 발생하지 않는 구조로 되어 있기 때문에 당분간 민간부문의 공급확대는 기대하기가 어려운 실정

이다. 또한, 비용절감효과에만 집중하는 관리 · 감독보다는 장기적인 관점에서 공급자와 수요자 모두에게 혜택이 돌아갈 수 있는 법 개정이 필요하다.

4) 기숙사

기숙사는 원래 도시형 생활주택으로 분류하였으나 개정되어 준 주택으로 분류되고 있다.

2 도시형 생활주택(都市型 生活住宅)

1) 개념 및 종류

2009년 2월 3일에 개정된 주택법에 근거하여 같은 해 5월 4일부터 시행되었다. 늘어나는 1~2인 가구와 서민의 주거 안정을 위하여 필요한 곳에 신속하고 저렴하게 주택을 공급할 수 있도록 각종 주택건설 기준과 부대시설 등의 설치 기준을 적용하지 않거나 완화한 주택정책이다.

이 주거 형태는 「국토의 계획 및이용에 관한 법률」에서 정한 도시지역에서만 건축할 수 있고 기반시설이 부족하여 난개발이 우려되는 비도시지역은 해당되지 않으며, 1세대당 주거 전용면적 85㎡ 이하인 국민주택 규모의 300세대 미만으로 구성된다.

단지형 연립주택과 단지형 다세대주택, 원룸형의 3종류로 구분되는데, '주택공급에 관한 규칙'에서 입주자 모집 시기와 모집 승인 신청 및 승인, 모집 공고와 공고 내용, 공급계약의 내용 등 일부 규정만 적용받고, 입주자저축과 주택청약자격, 재당첨 제한 등의 규정은 적용받지 않는다.

단지형 다세대주택은 세대당 주거 전용면적 85㎡ 이하인 주거 형태로서 주거층은 4층 이하, 연면적은 660㎡ 이하로 건축하되 건축위원회의 심의를 받으면 1개 층을 추가하여 5층까지 건축할 수 있다. 건축물의 용도는 다세대주택에 해당한다.

원룸형은 세대별 주거 전용면적이 $14m^2$ 이상 $50m^2$ 이하인 주거 형태로서 세대별로 독립된 주거가 가능하도록 욕실과 부엌을 설치하되 욕실을 제외한 부분을 하나의 공간으로 구성하여야 하며, 세대를 지하층에 설치하는 것은 금지된다.

이 유형의 주택건설사업을 하기 위해서는 해당 도시지역의 특별시장 · 광역시장 · 특별자치도지사 또는 시장 · 군수로부터 사업계획을 승인받아야 하고, 자본금 3억 원(개인은 6억 원) 이상, 건축 분야 기술자 1인 이상, 사무실 면적 $33m^2$ 이상의 요건을 갖추어 주택건설사업자로 등록하여야 한다.

건축물의 용도는 공동주택(아파트 · 연립주택 · 다세대주택)에 해당하지만, 주택법에서 규정한 감리 대상에서 제외되고 분양가상한제도 적용받지 않으며, 어린이놀이터와 관리사무소 등 부대시설 및 복리시설, 외부소음과 배치, 조경 등의 건설기준도 적용받지 않는다. 본래 기숙사형 주택이 있었으나 2010년 7월 주택법 시행령에서 삭제됐다.

(1) 단지형 연립주택

「건축법」에 따른 연립주택 중 원룸형 주택을 제외한 주택, 다만, 「건축법」에 따라 건축위원회의 심의를 받은 경우에는 주택으로 쓰는 층수를 5층까지 건축할 수 있다.

(2) 단지형 다세대주택

「건축법」에 따른 다세대주택 중 원룸형 주택을 제외한 주택, 다만, 「건축법」에 따라 건축위원회의 심의를 받은 경우에는 주택으로 쓰는 층수를 5층까지 건축할 수 있다.

(3) 원룸형 주택

「건축법」에 따른 아파트, 연립주택, 다세대주택 중 다음의 요건을 모두 갖춘 주택을 말한다.

가. 세대별 독립된 주거가 가능하도록 욕실, 부엌을 설치할 것

나. 욕실 및 보일러실을 제외한 부분을 하나의 공간으로 구성할 것, 다만, 주거전용면적이 30m² 이상인 경우 두 개의 공간으로 구성할 수 있다.

다. 세대별 주거전용면적은 50m² 이하일 것

라. 지하층에는 세대를 설치하지 아니할 것

2) 건축 제한

하나의 건축물에는 도시형 생활주택과 그 밖의 주택을 함께 건축할 수 없다. 다만, 다음 각 호의 어느 하나에 해당하는 경우는 예외로 한다. 하나의 건축물에는 단지형 연립주택 또는 단지형 다세대주택과 원룸형 주택을 함께 건축할 수 없다.

【도시형 생활주택과 공동주택 비교】

구 분	도시형 생활주택	공동주택
감 리	건축법상 감리적용 (감리원 1인 이상 상주)	주택법상 감리기준 적용
분양가상한제	미적용	공동주택 분양시 분양가상한제 적용
입지선정	도시지역 중 허용지역	도시 및 비도시지역 중 허용지역
전용면적	단지형 다세대 : $85m^2$ 이하 원룸형 : $14\sim50m^2$ 이하	$297m^2$ 이하
건설기준	건설기준과 복리시설 적용 제외 및 주차장 완화	주택건설기준등에 관한 규정 적용
공급규칙	일부만 적용(분야보증, 공개모집)	주택공급에 관한 규칙 적용

※ 도시형 생활주택은 건축법상 건축물의 용도로는 일반 공동주택과 같이 공동주택에 해당되며 모두 주택건설사업 계획승인을 받아 건설(20세대 이상인 경우)한다.

가. 원룸형 주택과 주거전용면적이 85m²를 초과하는 주택 1세대를 함께 건축하는 경우
나. 「국토의 계획 및 이용에 관한 법률 시행령」 제30조제1호다목에 따른 준주거지역 또는 같은 조 제2호에 따른 상업지역에서 원룸형 주택과 도시형 생활주택 외의 주택을 함께 건축하는 경우

【도시형 생활주택과 오피스텔 비교】

구 분	도시형 생활주택	오피스텔
관련법	주택법	건축법
법적적용	공동주택	업무시설
건축물대장	공동주택	근린생활시설
사업자 등록	주택임대사업자 등록	일반임대사업자 등록
주택 안정	1가구 2주택 적용 (주택수 산정, 전용면적 20m² 무주택 간주)	1가구 2주택 제외 (전입신고 시 2주택)
발코니 유무	설치	미 설치
주차대수	세대당 0.5~1대	세대당 1대 미만
취득세	면적(전용면적 60m² 이하)	취득가의 4.6%
재산세	면적(전용면적 40m² 이하)	과세 대상
종합부동산세	합산 배제	과세가 어려움 (주거용 : 일반주택 준용)
양도소득세	중과세 배제	주택용의 경우 6~38% 과세

3 준주택과 도시형 생활주택의 비교

이를 상품별로 정리해 보면 도시형 생활주택은 세대 내 욕실, 화장실, 주방이 모두 포함된 완전한 주거의 기능을 갖춘 공간으로 분양 및 구분등기가 가능한 상품이다. 최근 주차장법 완화로 기존 다세대 주택보다 수익률이 2배가량 상승하는 효과를 누릴 수 있게 되어 도시형 생활주택의 사업성이 크게 확대되었다.

준주택은 고시원의 경우 화장실의 단독설치가 가능하나 주방, 휴게실 등은 공동으로 사용해야 한다. 분양 시 토지소유권만 인정 되어 공유지분자의 동의 없이는 분양이 불가능한 지분등기방식으로 진행된다. 매매 및 용도 변경 시 재산권행사에 불리하다는 단점이 있으며 건물 내 여러 명의 소유주가 존재하게 되어 체계적인 관리는 다소 어렵다고 볼 수 있다.

고시원은 도시형 생활주택으로 상품구성이 어려운 경우 대체 상품으로 적용될 수 있으며 상권이 어느 정도 활성화되어 있는 대학가, 학원가, 공단, 산업단지 등에 초소형으로 집중 공급될 것으로 보여 진다.

오피스텔의 경우 바닥 난방을 전용면적 $85m^2$까지 확대가 가능하며 주방 및 욕실설치가 면적제한 없이 가능하다. 또한 욕실 내 욕조설치도 가능하게 될 예정이어서 주거용으로의 기능이 점차 확대되고 있다. 하지만 관리비가 다소 과다하게 발생한다는 점이 단점으로 작용하고 있다.

상업지역 내 도시형 생활주택 건립 시 주거와 상업비율을 맞추어 진행해야 할 경우 복합건축이 가능하다. 따라서 도시형 생활주택과 복합 개발하는 경우 효과적인 상품이 가능하다고 볼 수 있다.

도시형 생활주택과 준주택의 상품별 특성 및 장단점을 잘 파악하여 해당 토지에 적합한 상품구성을 계획해야 한다.

【준주택과 도시형 생활주택의 비교】

<table>
<tr><th rowspan="2">구분</th><th colspan="2">준주택</th><th colspan="3" rowspan="2">도시형 생활주택</th></tr>
<tr><th>고시원</th><th>오피스텔</th></tr>
<tr><td>용도분류</td><td>2종 근생</td><td>업무시설</td><td colspan="3">공동주택</td></tr>
<tr><td rowspan="2">주차대수 기준</td><td rowspan="2">1대/$134m^2$설치제한지역
역세권반경 $500m^2$이내 상업지역/준주거지역주거지역
1대/$268m^2$~1대/1,$340m^2$</td><td rowspan="2">0.5대/세대
(전용면적$30m^2$이하)
0.8대/세대
(전용면적$60m^2$이하)</td><td>원룸형</td><td>전용면적기준
1대/$60m^2$
상업, 준주거지역 내 1대/$120m^2$</td><td rowspan="2">주차장 완화구역 내 1대 /$200m^2$</td></tr>
<tr><td>단지형 다세대 (연립)</td><td>$30m^2$이하/0.5대
$60m^2$이하/0.8대
$60m^2$이상/1대</td></tr>
<tr><td rowspan="3">건설기준</td><td rowspan="3">다중이용업소 안전에 관한 특별법에 의한 고시원업의 시설: 독립된 주거의 형태를 갖추지 않고 바닥면적 합계 1,$000m^2$ 이하</td><td rowspan="3">욕실 욕조 설치가능
주방설치 가능
바닥난방허용
(전용면적 $85m^2$이하 /$85m^2$초과)</td><td>원룸형</td><td>전용면적 12~$50m^2$
욕실, 주방 설치가능</td><td rowspan="3">지하층 설치불가</td></tr>
<tr><td>단지형 다세대</td><td>전용면적 $85m^2$이하
욕실, 주방 설치가능</td></tr>
<tr><td>단지형 연립주택</td><td>1개동 바닥면적 합계:$660m^2$ 이하</td></tr>
<tr><td>상품 장단점</td><td>지분등기 방식으로 분양
토지소유권만 인정
공동지분자 동의가 필요
매매 및 용도변경 시 재산권 행사 불리
체계적 관리 어려움
(건물내 여러명의 소유주)
국민주택 기금 지원</td><td>전용률5 0%
주택임대사업자 불가능
관리비 과다
국민주택기금지원</td><td colspan="3">전용률 65~70%
1가구 다주택 해당 되지 않음
(전용면적 $20m^2$ 이하)
주택 임대사업자 등록
분양 및 구분등기 가능</td></tr>
<tr><td>상품추이</td><td>도시형 생주택으로 상품구성이 어려운 경우, 지역적 활성화 예상</td><td>일부 도시형 생활주택과 혼용으로 계획</td><td colspan="3">활성화 예상</td></tr>
</table>

제8장 보칙 및 벌칙

1 협 회

1) 협회의 설립

(1) 주택사업자단체의 설립

주택건설사업 및 대지조성사업의 전문화와 주택산업의 건전한 발전을 도모하기 위하여 등록사업자는 주택사업단체를 설립할 수 있다.

(2) 주택관리사단체의 설립

주택관리에 관한 기술 · 행정 및 법률문제에 관한 연구와 그 업무의 효율적인 수행을 위하여 주택관리사 등은 주택관리사단체를 설립할 수 있다.

(3) 단체의 성격

위 (1), (2)의 규정에 의한 단체(이하 '협회'라 한다)는 각각 법인으로 한다.

(4) 성립요건 및 회원자격의 상실

협회는 그 주된 사무소의 소재지에서 설립등기를 함으로써 성립한다. 이 법에 의하여 국토교통부장관 또는 시 · 도지사로부터 영업 및 자격의 정지처분을 받은 협회회원의 권리 · 의무는 그 영업 및 자격의 정지기간 중 정지되며, 등록사업자의 등록 및 주택관리사 등의 자격이 말소 또는 취소된 대에는 협회의 회원자격을 상실한다.

2) 공제사업

가. 협회는 관리사무소장의 손해배상책임을 보장하기 위하여 공제사업을 할 수 있다.
나. 협회는 공제사업을 하고자 하는 때에는 공제규정을 제정하여 국토교통부장관의 승인을 얻어야 한다. 공제규정을 변경하고자 하는 때에도 또한 같다.
다. 공제규정에는 대통령령이 정하는 바에 따라 공제사업의 범위, 공제계약의 내용, 공제금, 공제료, 회계기준 및 책임준비금의 적립비율 등 공제사업의 운용에 관하여 필요한 사항을 정하여야 한다.
라. 협회는 공제사업을 다른 회계와 구분하여 별도의 회계로 관리하여야 하며, 책임준비금을 다른 용도로 사용하고자 하는 경우에는 국토교통부장관의 승인을 얻어야 한다.
마. 협회는 대통령령이 정하는 바에 따라 매년도의 공제사업 운용실적을 일간신문 · 협회보 등을 통하여 공제계약자에게 공시하여야 한다.

바. 국토교통부장관은 협회가 이 법 및 공제규정을 준수하지 아니하여 공제사업의 건전성을 해할 우려가 있다고 인정되는 경우에는 이에 대한 시정을 명할 수 있다.

사. 「금융감독기구의 설치 등에 관한 법률」에 의한 금융감독원원장은 국토교통부장관으로부터 요청이 있는 경우에는 협회의 공제사업에 관하여 검사를 할 수 있다.

3) 협회의 설립인가

협회를 설립하고자 할 때에는 주택사업자단체의 경우에는 회원자격이 있는 자 50인 이상을, 주택관리사단체의 경우에는 공동주택의 관리사무소장으로 배치된 자의 1/5 이상을 발기인으로 하여 정관을 작성한 후 창립총회의 의결을 거쳐 국토교통부장관의 인가를 받아야 한다. 정관을 변경하고자 할 때에도 또한 같다.

2 주택정책심의위원회

1) 주택정책심의위원회의 설치

가. 주택정책에 관한 다음의 사항을 심의하기 위하여 국토교통부에 주택정책심의위원회를 둔다.

> 1. 최저주거기준의 설정 및 변경
> 2. 주택종합계획의 수립 및 변경
> 3. 「택지개발촉진법」에 의한 택지개발예정지구의 지정 · 변경 또는 해제. 다만, 택지개발 예정지구의 면적이 20만m^2 미만인 경우로서 2 이상의 특별시 · 광역시 또는 도에 걸치지 아니하는 경우를 제외한다.
> 4. 투기과열지구 또는 주택거래신고지역의 지정 및 해제
> 5. 그 밖에 주택의 건설 · 공급 · 거래에 관한 중요한 정책으로서 국토교통부장관이 심의에 부치는 사항

나. 주택정책심의위원회의 구성 · 운영 그 밖의 필요한 사항은 대통령령으로 정한다.

2) 시 · 도 주택정책심의위원회

가. 시 · 도 주택종합계획 등에 관한 사항을 심의하기 위하여 시 · 도에 시 · 도 주택정책심의위원회를 둔다.

나. 시 · 도 주택정책심의위원회의 구성 · 운영, 그 밖의 필요한 사항은 대통령령이 정하는 바에 의하여 시 · 도의 조례로 정한다.

① 시 · 도 주택정책심의위원회는 위원장을 포함하여 15인 이내의 위원으로 구성한다.

② 위원장은 시 · 도지사가 된다.

③ 위원장 외의 위원은 관계 공무원과 주택에 관한 학식과 경험이 풍부한 자 중에

서 시 · 도지사가 임명 또는 위촉한다.

④ 시 · 도 주택정책심의위원회는 다음 각 호의 사항을 심의한다.

> 1. 시 · 도 주택종합계획의 수립 및 변경
> 2. 법 또는 이 영의 규정에 의한 조례의 제정 · 개정에 관한 사항
> 3. 그 밖에 관할 지역의 주택정책에 관한 중요한 사항으로서 시 · 도지사가 심의에 부치는 사항

3 청 문

국토교통부장관 또는 지방자치단체의 장은 다음 각 호의 어느 하나에 해당하는 처분을 하고자하는 경우에는 청문을 실시하여야 한다.

> 1. 주택건설사업 등의 등록말소
> 2. 사업계획승인의 취소
> 3. 주택조합의 설립인가취소
> 4. 행위허가의 취소
> 5. 주택관리업의 등록말소
> 6. 주택관리사 등의 자격취소

4 벌 칙

1) 10년 이하의 징역 및 무기

(1) 10년 이하의 징역

제33조, 제43조, 제44조, 제46조 또는 제70조를 위반하여 설계 · 시공 또는 감리를 함으로써 「공동주택관리법」 제36조제3항에 따른 담보책임기간에 공동주택의 내력구조부에 중대한 하자를 발생시켜 일반인을 위험에 처하게 한 설계자 · 시공자 · 감리자 · 건축구조기술사 또는 사업주체는 10년 이하의 징역에 처한다.

(2) 무기 또는 3년 이상의 징역

위 (1)의 죄를 범하여 사람을 죽음에 이르게 하거나 다치게 한 자는 무기징역 또는 3년 이상의 징역에 처한다.

2) 5년 이하의 징역이나 금고 또는 5천만원 이하의 벌금

가. 업무상 과실로 제98조제1항의 죄를 범한 자는 5년 이하의 징역이나 금고 또는 5천만원 이하의 벌금에 처한다.

나. 업무상 과실로 제98조제2항의 죄를 범한 자는 10년 이하의 징역이나 금고 또는 1억원 이하의 벌금에 처한다.

다. 제55조제5항 및 제56조제10항을 위반하여 정보 또는 자료를 사용 · 제공 또는 누설한 사람은 5년 이하의 징역 또는 5천만원 이하의 벌금에 처한다.

3) 3년 이하의 징역 또는 3천만원 이하의 벌금

다음 각 호의 어느 하나에 해당하는 자는 3년 이하의 징역 또는 3천만원 이하의 벌금에 처한다. 다만, 제2호 및 제3호에 해당하는 자로서 그 위반행위로 얻은 이익의 3배에 해당하는 금액이 3천만원을 초과하는 자는 3년 이하의 징역 또는 그 이익의 3배에 해당하는 금액 이하의 벌금에 처한다.

가. 제11조의2제1항을 위반하여 조합업무를 대행하게 한 주택조합, 주택조합의 발기인 및 조합업무를 대행한 자

나. 고의로 제33조를 위반하여 설계하거나 시공함으로써 사업주체 또는 입주자에게 손해를 입힌 자

다. 제64조제1항을 위반하여 입주자로 선정된 지위 또는 주택을 전매하거나 이의 전매를 알선한 자

라. 제65조제1항을 위반한 자

마. 제66조제3항을 위반하여 리모델링주택조합이 설립인가를 받기 전에 또는 입주자대표회의가 소유자 전원의 동의를 받기 전에 시공자를 선정한 자 및 시공자로 선정된 자

바. 제66조제4항을 위반하여 경쟁입찰의 방법에 의하지 아니하고 시공자를 선정한 자 및 시공자로 선정된 자

4) 2년 이하의 징역 또는 2천만원 이하의 벌금

다음 각 호의 어느 하나에 해당하는 자는 2년 이하의 징역 또는 2천만원 이하의 벌금에 처한다. 다만, 제5호 또는 제18호에 해당하는 자로서 그 위반행위로 얻은 이익의 50%에 해당하는 금액이 2천만원을 초과하는 자는 2년 이하의 징역 또는 그 이익의 2배에 해당하는 금액 이하의 벌금에 처한다.

가. 제4조에 따른 등록을 하지 아니하거나, 거짓이나 그 밖의 부정한 방법으로 등록을 하고 같은 조의 사업을 한 자

나. 제11조의3제1항을 위반하여 신고하지 아니하고 조합원을 모집하거나 조합원을 공개로 모집하지 아니한 자

다. 제11조의5를 위반하여 조합원 가입을 권유하거나 조합원을 모집하는 광고를 한 자

라. 제11조의6제1항을 위반하여 가입비등을 예치하도록 하지 아니한 자

마. 제11조의6제4항을 위반하여 가입비등의 반환을 요청하지 아니한 자

바. 제12조제2항에 따른 서류 및 관련 자료를 거짓으로 공개한 주택조합의 발기인 또

는 임원

사. 제12조제3항에 따른 열람·복사 요청에 대하여 거짓의 사실이 포함된 자료를 열람·복사하여 준 주택조합의 발기인 또는 임원

아. 제15조제1항·제3항 또는 제4항에 따른 사업계획의 승인 또는 변경승인을 받지 아니하고 사업을 시행하는 자

자. 과실로 제33조를 위반하여 설계하거나 시공함으로써 사업주체 또는 입주자에게 손해를 입힌 자

차. 제34조제1항 또는 제2항을 위반하여 주택건설공사를 시행하거나 시행하게 한 자

카. 제35조에 따른 주택건설 기준 등을 위반하여 사업을 시행한 자

타. 제39조를 위반하여 공동주택성능에 대한 등급을 표시하지 아니하거나 거짓으로 표시한 자

파. 제40조에 따른 환기시설을 설치하지 아니한 자

하. 고의로 제44조제1항에 따른 감리업무를 게을리 하여 위법한 주택건설공사를 시공함으로써 사업주체 또는 입주자에게 손해를 입힌 자

거. 제49조제4항을 위반하여 주택 또는 대지를 사용하게 하거나 사용한 자(제66조제7항에 따라 준용되는 경우를 포함한다)

너. 제54조제1항을 위반하여 주택을 건설·공급한 자(제54조의2에 따라 주택의 공급업무를 대행한 자를 포함한다)

더. 제54조제3항을 위반하여 건축물을 건설·공급한 자

러. 제54조의2제2항을 위반하여 주택의 공급업무를 대행하게 한 자

머. 제57조제1항 또는 제5항을 위반하여 주택을 공급한 자

버. 제60조제1항 또는 제3항을 위반하여 견본주택을 건설하거나 유지관리한 자

서. 제61조제1항을 위반하여 같은 항 각 호의 어느 하나에 해당하는 행위를 한 자

어. 제77조를 위반하여 부정하게 재물 또는 재산상의 이익을 취득하거나 제공한 자

저. 제81조제3항에 따른 조치를 위반한 자

처. 제59조제4항을 위반하여 고의로 잘못된 심사를 한 자는 2년 이하의 징역 또는 2천만원 이하의 벌금에 처한다.

5) 1년 이하의 징역 또는 1천만원 이하의 벌금

다음에 해당하는 자는 1년 이하의 징역 또는 1천만원 이하의 벌금에 처한다.

가. 제8조에 따른 영업정지기간에 영업을 한 자

나. 제11조의2제4항을 위반하여 실적보고서를 제출하지 아니한 업무대행자

다. 제12조제1항을 위반하여 실적보고서를 작성하지 아니하거나 제12조제1항 각 호의 사항을 포함하지 않고 작성한 주택조합의 발기인 또는 임원

라. 제12조제2항을 위반하여 주택조합사업의 시행에 관련한 서류 및 자료를 공개하지 아니

한 주택조합의 발기인 또는 임원

마. 제12조제3항을 위반하여 조합원의 열람·복사 요청에 응하지 아니한 주택조합의 발기인 또는 임원

바. 제14조제4항에 따른 시정요구 등의 명령을 위반한 자

사. 제14조의2제3항을 위반하여 총회의 개최를 통지하지 아니한 자

아. 제14조의3제1항에 따른 회계감사를 받지 아니한 자

자. 제14조의3제2항을 위반하여 장부 및 증빙서류를 작성 또는 보관하지 아니하거나 거짓으로 작성한 자

차. 과실로 제44조제1항에 따른 감리업무를 게을리하여 위법한 주택건설공사를 시공함으로써 사업주체 또는 입주자에게 손해를 입힌 자

카. 제44조제4항을 위반하여 시정 통지를 받고도 계속하여 주택건설공사를 시공한 시공자 및 사업주체

타. 제46조제1항에 따른 건축구조기술사의 협력, 제68조제5항에 따른 안전진단기준, 제69조제3항에 따른 검토기준 또는 제70조에 따른 구조기준을 위반하여 사업주체, 입주자 또는 사용자에게 손해를 입힌 자

파. 제48조제2항에 따른 시정명령에도 불구하고 필요한 조치를 하지 아니하고 감리를 한 자

하. 제66조제1항 및 제2항을 위반한 자

거. 제90조를 위반하여 등록증의 대여 등을 한 자

너. 제93조제1항에 따른 검사 등을 거부·방해 또는 기피한 자

더. 제94조에 따른 공사 중지 등의 명령을 위반한 자

6) 양벌규정

가. 법인의 대표자나 법인 또는 개인의 대리인, 사용인, 그 밖의 종업원이 그 법인 또는 개인의 업무에 관하여 제94조의 위반행위를 하면 그 행위자를 벌하는 외에 그 법인 또는 개인에게도 10억원 이하의 벌금에 처한다. 다만, 법인 또는 개인이 그 위반행위를 방지하기 위하여 해당 업무에 관하여 상당한 주의와 감독을 게을리하지 아니한 경우에는 그러하지 아니하다.

나. 법인의 대표자나 법인 또는 개인의 대리인, 사용인, 그 밖의 종업원이 그 법인 또는 개인의 업무에 관하여 제95조부터 제98조까지의 어느 하나에 해당하는 위반행위를 하면 그 행위자를 벌하는 외에 그 법인 또는 개인에도 해당 조문의 벌금형을 과한다. 다만, 법인 또는 개인이 그 위반행위를 방지하기 위하여 해당 업무에 관하여 상당한 주의와 감독을 게을리하지 아니한 경우에는 그러하지 아니하다.

7) 과태료

가. 다음 각 호의 어느 하나에 해당하는 자에게는 2천만원 이하의 과태료를 부과한다.

① 제48조의2제1항을 위반하여 사전방문을 실시하게 하지 아니한 자
② 제48조의3제3항을 위반하여 점검에 따르지 아니하거나 기피 또는 방해한 자
③ 제78조제3항에 따른 표준임대차계약서를 사용하지 아니하거나 표준임대차계약서의 내용을 이행하지 아니한 자
④ 제78조제5항에 따른 임대료에 관한 기준을 위반하여 토지를 임대한 자

나. 다음 각 호의 어느 하나에 해당하는 자에게는 1천만원 이하의 과태료를 부과한다.
① 제11조의2제5항을 위반하여 자금의 보관 업무를 대행하도록 하지 아니한 자
② 제11조의3제8항에 따른 주택조합 가입에 관한 계약서 작성 의무를 위반한 자
③ 제11조의4제1항에 따른 설명의무 또는 같은 조 제2항에 따른 확인 및 교부, 보관 의무를 위반한 자
④ 제13조제4항을 위반하여 겸직한 자
⑤ 제46조제1항을 위반하여 건축구조기술사의 협력을 받지 아니한 자
⑥ 제54조의2제3항에 따른 조치를 하지 아니한 자

다. 다음 각 호의 어느 하나에 해당하는 자에게는 500만원 이하의 과태료를 부과한다.
① 제12조제4항에 따른 서류 및 자료를 제출하지 아니한 주택조합의 발기인 또는 임원
② 제16조제2항에 따른 신고를 하지 아니한 자
③ 제44조제2항에 따른 보고를 하지 아니하거나 거짓으로 보고를 한 감리자
④ 제45조제2항에 따른 보고를 하지 아니하거나 거짓으로 보고를 한 감리자
⑤ 제54조제2항을 위반하여 주택을 공급받은 자
⑥ 제54조제8항을 위반하여 같은 항에 따른 사본을 제출하지 아니하거나 거짓으로 제출한 자
⑦ 제93조제1항에 따른 보고 또는 검사의 명령을 위반한 자

다. 부과권자 : 과태료는 대통령령이 정하는 바에 의하여 국토교통부장관 또는 지방자치단체의장이 부과한다.

9) 벌칙적용에 있어서의 공무원의제

다음 각 호의 어느 하나에 해당하는 자는 「형법」 제129조 내지 제132조의 적용에 있어서는 이를 공무원으로 본다.

1. 감리업무를 행하는 자
2. 주택도시보증공사의 임원 및 대통령령으로 정하는 직원
3. 국가 또는 지방자치단체가 위탁한 업무에 종사하는 직원

10) 성실의무 위반에 관한 벌칙

고의로 잘못된 심사를 한 자는 2년 이하의 징역 또는 1천만원 이하의 벌금에 처한다.

Chapter

06 농지법

제1장 총 론

제2장 농지의 소유

제3장 농지의 이용

제4장 농지의 보전

제5장 포상금 및 벌칙

제1장 총 론

1 제정목적

농지법은 농지의 소유 · 이용 및 보전 등에 필요한 사항을 정함으로써 농지를 효율적으로 이용하고 관리하여 농업인의 경영안전과 농업생산성 향상을 바탕으로 농업경쟁력 강화와 국민경제의 균형있는 발전 및 국토환경보전에 이바지하는 것을 목적으로 한다.

2 용어정의

이 법에서 사용하는 용어의 정의는 다음과 같다.

1) 농 지

농지라 함은 다음에 해당하는 토지를 말한다.

(1) 농지의 종류

가. 전 · 답 또는 과수원 기타 그 법적 지목 여하에 불구하고 실제의 토지현상이 농작물의 경작 또는 다년성식물재배지로 이용되는 토지

나. 위 (가)의 토지의 개량시설과 토지에 설치하는 농축산물 생산시설로서 대통령령이 정하는 시설의 부지

※ 다년생 식물 재배지

① 목초 · 종묘 · 인삼 · 약초 · 잔디 및 조림용 묘목

② 과수 · 뽕나무 · 유실수 그 밖의 생육기간이 2년 이상인 식물

③ 조경 또는 관상용 수목과 그 묘목(조경목적으로 식재한 것을 제외한다)

(2) 농지에서 제외

초지법에 의하여 조성된 토지 등 다음에 정하는 토지를 제외한다.

가. 「공간정보의 구축 및 관리 등에 관한 법률」 에 의한 지목이 전·답·과수원이 아닌 토지(지목이 임야인 로서 농작물의 경작이나 다년성 식물의 재배지로 계속하여 이용되는 기간이 3년 미만인 토지(3년 이상이 지나면 농지로 간주함)

나. 「공간정보의 구축 및 관리 등에 관한 법률」 에 의한 지목이 임야인 토지로서 그 형질을 변경하지 아니하고 다년성식물의 재배에 이용되는 토지로서 「산지관리법」 에 따른 산지전용허가(다른 법률에 따라 산지전용허가가 의제되는 인가 · 허가 · 승인

등을 포함한다)를 거치지 아니하고 농작물의 경작 또는 다년생식물의 재배에 이용되는 토지(형질변경을 하면 농지로 간주)

다. 「초지법」에 의하여 조성된 초지

2) 농업인

농업인이라 함은 농업에 종사하는 개인으로서 다음의 자를 말한다.

가. 1,000m² 이상의 농지에서 농작물 또는 다년성식물을 경작 또는 재배하거나 1년 중 90일 이상 농업에 종사하는 자

나. 농지에 330m² 이상의 고정식온실 · 버섯재배사 · 비닐하우스, 기타 농림수산부령이 정하는 농업생산에 필요한 시설을 설치하여 농작물 또는 다년성식물을 경작 또는 재배하는 자

다. 대가축 2두, 중가축 10두, 소가축 100두, 가금(家禽, 날짐승, 닭종류) 1,000수 또는 꿀벌 10군 이상을 사육하거나 1년중 120일 이상 축산업에 종사하는 자

라. 농업경영을 통한 농산물의 연간 판매액이 120만원 이상인 자

3) 농업법인

농업법인이란 「농어업경영체 육성 및 지원에 관한 법률」 제16조에 따라 설립된 영농조합법인과 같은 법 제19조에 따라 설립되고 업무집행권을 가진 자 중 1/3 이상이 농업인인 농업회사법인을 말한다.

4) 농업경영

농업경영이라 함은 농업인이나 농업법인이 자기의 계산과 책임으로 농업을 영위하는 것을 말한다.

5) 자 경

자경이란 농업인이 그 소유 농지에서 농작물 경작 또는 다년성식물 재배에 상시 종사하거나 농작업의 1/2 이상을 자기의 노동력으로 경작 또는 재배하는 것과 농업법인이 그 소유농지에서 농작물을 경작하거나 다년생식물을 재배하는 것을 말한다.

6) 위탁경영

위탁경영이란 농지소유자가 타인에게 일정한 보수를 지급하기로 약정하고 농작업의 전부 또는 일부를 위탁하여 행하는 농업경영을 말한다.

"농지개량"이란 농지의 생산성을 높이기 위하여 농지의 형질을 변경하는 다음 각 목의 어느 하나에 해당하는 행위를 말한다.

가. 농지의 이용가치를 높이기 위하여 농지의 구획을 정리하거나 개량시설을 설치하는 행위

나. 농지의 토양개량이나 관개, 배수, 농업기계 이용의 개선을 위하여 해당 농지에서 객토 · 성토 또는 절토하거나 암석을 채굴하는 행위

7) 농지의 전용

농지의 전용이라 함은 농지를 농작물의 경작 또는 다년성식물의 재배 외의 용도로 사용하는 것을 말한다. 다만, 농지의 개량시설과 농지에 설치하는 농축산물 생산시설 등으로 정한 용도에 사용하는 경우에는 전용으로 보지 아니한다.

8) 주말 · 체험영농

주말 · 체험영농이란 농업인이 아닌 개인이 주말 등을 이용하여 취미생활이나 여가활동으로 농작물을 경작하거나 다년생식물을 재배하는 것을 말한다.

3 농지에 관한 기본이념 및 국가 등의 의무

1) 농지에 관한 기본이념

(1) 공공복리를 위한 관리

농지는 국민에게 식량을 공급하고 국토환경을 보전하는 데에 필요한 기반이며 농업과 국민경제의 조화로운 발전에 영향을 미치는 한정된 귀중한 자원이므로 소중히 보전되어야 하고 공공복리에 적합하게 관리되어야 하며, 농지에 관한 권리의 행사에는 필요한 제한과 의무가 따른다.

(2) 목 표

농지는 농업의 생산성을 높이는 방향으로 소유 · 이용되어야 하며 투기의 대상이 되어서는 아니된다.

2) 국가 등의 의무

가. 국가와 지방자치단체는 농지에 관한 기본 이념이 구현되도록 농지에 관한 시책을 수립하고 시행하여야 한다.

나. 국가와 지방자치단체는 농지에 관한 시책을 수립할 때 필요한 규제와 조정을 통하여 농지를 보전하고 합리적으로 이용할 수 있도록 함으로써 농업을 육성하고 국민경제를 균형있게 발전시키는 데에 이바지하도록 하여야 한다.

3) 국민의 의무

모든 국민은 농지에 관한 기본 이념을 존중하여야 하며, 국가와 지방자치단체가 시행하는 농지에 관한 시책에 협력하여야 한다.

제2장 농지의 소유

1 농지의 소유제한

1) 원 칙

경자유전(耕者有田)의 원칙은 농지는 자기의 농업경영에 이용하거나 이용할 자가 아니면 이를 소유하지 못한다.

2) 예 외

농업경영자 이외 자의 취득은 다음과 같다.

가. 다음에 해당하는 경우에는 자기의 농업경영에 이용하지 아니하는 농지라도 이를 소유할 수 있다.

① 국가나 지방자치단체가 농지를 소유하는 경우

② 「초 · 중등교육법」 및 「고등교육법」에 따른 학교, 농림축산식품부령으로 정하는 공공단체 · 농업연구기관 · 농업생산자단체 또는 종묘나 그 밖의 농업기자재 생산자가 그 목적사업을 수행하기 위하여 필요한 시험지 · 연구지 · 실습지 또는 종묘생산지로 쓰기 위하여 농림부령으로 정하는 바에 따라 농지를 취득하여 소유하는 경우

③ 주말 · 체험영농(농업인이 아닌 개인이 주말 등을 이용하여 취미생활이나 여가활동으로 농작물을 경작하거나 다년생식물을 재배하는 것을 말한다.)을 하려고 농지를 소유하는 경우 (상한 1천m^2 미만)

④ 상속(유증을 포함) (상한 1만m^2 미만)

⑤ 8년 이상 농업경영을 하던 자가 이농한 후에도 이농 당시 소유하고 있던 농지를 계속 소유하는 경우 (상한 1만m^2 미만)

⑥ 담보농지를 취득하여 소유하는 경우

⑦ 농지전용허가를 받거나 농지전용신고를 한 자가 그 농지를 소유하는 경우

⑧ 농지전용협의를 마친 농지를 소유하는 경우

⑨ 「한국농어촌공사 및 농지관리기금법」에 따른 농지의 개발사업지구에 있는 농지로서 대통령령으로 정하는 1,500m^2 미만의 농지나 「농어촌정비법」에 따른 농지를 취득하여 소유하는 경우

㉠ 도·농간의 교류촉진을 위한 1천500제곱미터 미만의 농원부지

㉡ 농어촌관광휴양지에 포함된 1천500제곱미터 미만의 농지

⑩ 농업진흥지역 밖의 농지 중 최상단부부터 최하단부까지의 평균경사율이 15% 이상인 농지로서 대통령령으로 정하는 농지를 소유하는 경우

⑪ 다음 각 목의 어느 하나에 해당하는 경우

㉠ 「한국농어촌공사 및 농지관리기금법」에 따라 한국농어촌공사가 농지를 취득하여 소유하는 경우

㉡ 「농어촌정비법」에 따라 농지를 취득하여 소유하는 경우

㉢ 「공유수면 관리 및 매립에 관한 법률」 에 따라 매립농지를 취득하여 소유하는 경우

㉣ 토지수용으로 농지를 취득하여 소유하는 경우

㉤ 농림축산식품부장관과 협의를 마치고 「공익사업을 위한 토지 등의 취득 및 보상에 관한 법률」에 따라 농지를 취득하여 소유하는 경우

㉥ 「공공토지의 비축에 관한 법률」 제2조제1호가목에 해당하는 토지 중 같은 법 제7조제1항에 따른 공공토지비축심의위원회가 비축이 필요하다고 인정하는 토지로서 「국토의 계획 및 이용에 관한 법률」 제36조에 따른 계획관리지역과 자연녹지지역 안의 농지를 한국토지주택공사가 취득하여 소유하는 경우. 이 경우 그 취득한 농지를 전용하기 전까지는 한국농어촌공사에 지체 없이 위탁하여 임대하거나 사용대(使用貸)하여야 한다.

나. 계약기간의 특례 : 제23조제1항제1호부터 제6호까지의 규정에 따라 농지를 임대하거나 무상사용하게 하는 경우에는 제1항 또는 제2항에도 불구하고 임대하거나 무상사용하게 하는 기간 동안 농지를 계속 소유할 수 있다.

다. 특례의 예외 : 이 법에서 허용된 경우 외에는 농지 소유에 관한 특례를 정할 수 없다.

2 농지의 소유상한

1) 상한면적

가. 상속으로 농지를 취득한 자로서 농업경영을 하지 아니하는 자는 그 상속농지 중에서 총 1만m^2 이내까지만 소유할 수 있다(유의 : 농업경영에 종사하는 자의 경우에는 제한이 없다).

나. 8년 이상 농업경영을 한 후 이농한 자는 이농 당시 소유농지 중에서 총 1만m^2 이내까지만 소유할 수 있다.

다. 주말·체험영농을 하려는 자는 총 1,000m² 미만의 농지를 소유할 수 있다. 이 경우 면적 계산은 그 세대원 전부가 소유하는 총면적으로 한다.

2) 소유상한의 초과

제23조제1항제7호에 따라 농지를 임대하거나 무상사용하게 하는 경우에는 제1항 또는 제2항에도 불구하고 임대하거나 무상사용하게 하는 기간 동안 소유 상한을 초과하는 농지를 계속 소유할 수 있다.

3) 금지행위

누구든지 다음 각 호의 어느 하나에 해당하는 행위를 하여서는 아니 된다.

1. 제6조에 따른 농지 소유 제한이나 제7조에 따른 농지 소유 상한에 대한 위반 사실을 알고도 농지를 소유하도록 권유하거나 중개하는 행위
2. 제9조에 따른 농지의 위탁경영 제한에 대한 위반 사실을 알고도 농지를 위탁경영하도록 권유하거나 중개하는 행위
3. 제23조에 따른 농지의 임대차 또는 사용대차 제한에 대한 위반 사실을 알고도 농지 임대차나 사용대차하도록 권유하거나 중개하는 행위
4. 제1호부터 제3호까지의 행위와 그 행위가 행하여지는 업소에 대한 광고 행위

3 농지취득자격증명의 발급

1) 의 의

농지를 취득하려는 자는 농지 소재지를 관할하는 시장(구를 두지 아니한 시의 시장을 말하며, 도농 복합 형태의 시는 농지 소재지가 동지역인 경우만을 말한다), 구청장(도농 복합 형태의 시의 구에서는 농지 소재지가 동지역인 경우만을 말한다), 읍장 또는 면장(이하 '시·구·읍·면의 장'이라 한다)에게서 농지취득자격증명을 발급받아야 한다.

2) 농지취득자격증명 발급의 예외

다음 각 호의 어느 하나에 해당하면 농지취득자격증명을 발급받지 아니하고 농지를 취득할 수 있다.

가. 국가 또는 지방자치단체가 농지를 소유하는 경우
나. 상속에 의하여 농지를 취득하여 소유하는 경우
다. 담보농지를 취득하여 소유하는 경우
라. 농지전용협의를 완료한 농지를 소유하는 경우

마. 다음 각 목의 규정에 의하여 농지를 취득하여 소유하는 경우

① 「한국농어촌공사 및 농지관리기금법」에 의하여 한국농어촌공사가 농지를 취득하여 소유하는 경우

② 「농어촌정비법」에 의하여 농지를 취득하여 소유하는 경우

③ 「공유수면매립법」에 의하여 매립농지를 취득하여 소유하는 경우

④ 토지수용에 의하여 농지를 취득하여 소유하는 경우

⑤ 「공익사업을 위한 토지 등의 취득 및 보상에 관한 법률」에 의하여 농지를 취득하여 소유하는 경우

⑥ 기타 대통령령이 정하는 토지 등의 개발사업과 관련하여 사업시행자 등이 농지를 취득하여 소유하는 경우

바. 농업법인의 합병으로 농지를 취득하는 경우

사. 공유농지의 분할 기타 대통령령이 정하는 원인으로 농지를 취득하는 경우

① 시효의 완성으로 농지를 취득하는 경우

② 「징발재산정리에 관한 특별조치법」, 「공익사업을 위한 토지 등의 취득 및 보상에 관한 법률」 규정에 의한 환매권자가 환매권에 의하여 농지를 취득하는 경우

③ 「국가보위에 관한 특별조치법」에 의한 동원대상지역 내의 토지의 수용·사용에 관한 특별 조치령에 의하여 수용·사용된 토지의 정리에 관한 특별조치법에 의한 환매권자 등이 환매권 등에 의하여 농지를 취득하는 경우

④ 농지이용증진사업시행계획에 의하여 농지를 취득하는 경우

3) 발급절차

(1) 발급권자

시 · 구 · 읍 · 면장

(2) 발급신청

농지취득자격증명을 발급받고자 하는 자는 다음의 사항이 포함된 농업경영계획서 또는 주말 · 체험영농계획서를 작성하고 농림축산식품부령으로 정하는 서류를 첨부하여 농지의 소재지를 관할하는 시 · 구 · 읍 · 면장에게 그 발급을 신청하여야 한다.

〈농업경영계획서에 포함되는 사항〉

1. 취득 대상 농지의 면적
2. 취득 대상 농지에서 농업경영을 하는 데에 필요한 노동력 및 농업 기계 · 장비 · 시설의 확보방안
3. 소유농지의 이용실태
4. 농지취득자격증명을 발급받으려는 자의 직업 · 영농경력 · 영농거리

(3) 신청에 따른 통보

시 · 구 · 읍 · 면장은 농지취득자격증명의 발급신청을 받은 때에는 그 신청을 받은 날부터 4일(농업경영계획서를 작성하지 아니하고 농지취득자격증명의 발급신청을 할 수 있는 경우에는 2일) 이내에 일정기준에 적합한지를 확인하여 이에 적합한 경우에는 신청인에게 농지취득자격증명을 발급하여야 한다.

(4) 농업경영계획서를 작성하지 않고 발급신청이 가능한 경우

가. 「초 · 중등교육법」 및 「고등교육법」에 의한 학교, 농림부령이 정하는 공공단체 · 농업연구기관 · 농업생산자단체 또는 종묘 기타 농업기자재를 생산하는 자가 그 목적사업을 수행하기 위하여 필요로 하는 시험 · 연구 · 실습지 또는 종묘생산용지로 농림부령이 정하는 바에 의하여 농지를 취득하여 소유하는 경우

나. 농지전용허가를 받거나 농지전용신고를 한 자가 당해 농지를 소유하는 경우

다. 「한국농어촌공사 및 농지관리기금법」에 의한 농지의 개발사업지구 안에 소재하는 농지로서 대통령령이 정하는 1,500m² 미만의 농지 또는 「농어촌정비법」에 의한 농지를 취득하여 소유하는 경우

(5) 소유권이전등기 시 첨부서류

농지취득자격증명을 발급받아 농지를 취득하는 자가 그 소유권에 관한 등기를 신청할 때에는 농지취득자격증명을 첨부하여야 한다.

4 농지의 위탁경영

농지의 소유자는 다음에 해당하는 경우를 제외하고는 소유농지를 위탁경영할 수 없다.

가. 병역법에 의하여 징집 또는 소집된 경우

나. 3개월 이상의 국외여행중인 경우

다. 농업법인이 청산중인 경우

라. 질병, 취학, 선거에 따른 공직 취임, 그 밖에 대통령령으로 정하는 사유로 자경할 수 없는 경우

① 부상으로 3개월 이상의 치료가 필요한 경우

② 행형법 및 사회보호법에 의하여 교도소 · 구치소 또는 보호감호소에 수용중인 경우

마. 농지이용증진사업 시행계획에 따라 위탁경영하는 경우

바. 농업인이 자기 노동력이 부족하여 농작업의 일부를 위탁하는 경우

5 농업경영에 이용하지 아니하는 농지 등의 처분

1) 농지처분의무

농지소유자는 다음 각 호의 어느 하나에 해당하게 되면 그 사유가 발생한 날부터 1년 이내에 해당 농지를 처분하여야 한다.

가. 소유농지를 자연재해 · 농지계량 · 질병 등 대통령령으로 정하는 정당한 사유 없이 자기의 농업경영에 이용하지 아니하거나 이용하지 아니하게 되었다고 시장 · 군수 또는 구청장이 인정한 경우

나. 농지를 소유하고 있는 농업회사 법인이 갖추어야 할 조건 어느 하나의 요건에 맞지 아니하게 된 후 3개월이 지난 경우

다. 농지를 취득한 자가 그 농지를 해당 목적사업에 이용하지 아니하게 되었다고 시장·군수 또는 구청장이 인정한 경우

라. 농지를 취득한 자가 자연재해 · 농지개량 · 질병 등 대통령령으로 정하는 정당한 사유 없이 그 농지를 주말 · 체험영농에 이용하지 아니하게 되었다고 시장 · 군수 또는 구청장이 인정한 경우

마. 농지를 취득한 자가 취득한 날부터 2년 이내에 그 목적사업에 착수하지 아니한 경우

마의2. 제6조제2항제10호마목에 따른 농림축산식품부장관과의 협의를 마치지 아니하고 농지를 소유한 경우

마의3. 제6조제2항제10호바목에 따라 소유한 농지를 한국농어촌공사에 지체 없이 위탁하지 아니한 경우

바. 농지 소유 상한을 초과하여 농지를 소유한 것이 판명된 경우

사. 자연재해·농지개량·질병 등 대통령령으로 정하는 정당한 사유 없이 농업경영계획서 내용을 이행하지 아니하였다고 시장 · 군수 또는 구청장이 인정하는 경우

2) 농지처분의무가 면제되는 정당한 사유

가. 소유농지를 임대 또는 사용대하는 경우

나. 임대인의 지위를 승계한 양수인이 그 임대차 잔여기간동안 계속하여 임대하는 경우

다. 다음 어느 하나에 해당하는 경우

① 자연재해 등으로 인하여 영농이 불가능하게 되어 휴경하는 경우

② 농지개량 또는 영농준비를 위하여 휴경하는 경우

③ 「병역법」에 의하여 징집 또는 소집되어 휴경하는 경우

④ 질병 또는 취학으로 인하여 휴경하는 경우
⑤ 선거에 의한 공직취임으로 인하여 휴경하는 경우
⑥ 농산물의 생산조정 또는 출하조절을 위하여 휴경하는 경우
⑦ 연작으로 인한 피해가 예상되는 작목의 경작이나 재배 전후에 피해예방을 위하여 필요한 기간 동안 휴경하는 경우

3) 농지처분통지

시장 · 군수 또는 구청장은 농지의 처분의무가 생긴 농지의 소유자에게 처분 대상 농지, 처분의무 기간 등을 구체적으로 밝혀 그 농지를 처분하여야 함을 알려야 한다.

4) 처분명령 및 매수청구

(1) 처분명령

시장 · 군수 또는 구청장은 처분의무기간에 처분대상 농지를 처분하지 아니한 농지소유자에게 6개월 이내에 그 농지를 처분할 것을 명할 수 있다.

(2) 농지의 매수청구

농지소유자는 처분명령을 받으면 「한국농어촌공사 및 농지관리기금법」에 따른 한국농어촌공사에 그 농지의 매수를 청구할 수 있다.

〈매수청구시 첨부서류〉
1. 농지소유자의 성명 및 주소 2. 농지의 표시 및 이용현황 3. 당해 농지에 소유권 외의 권리가 설정된 때에는 그 종류·내용과 권리자의 성명 및 주소 4. 농지에 설치한 농업용 시설 등에 관한 사항

(3) 매수청구 시 기준가격

가. 기준 : 한국농어촌공사는 매수청구를 받으면 「부동산가격공시에 관한 법률」에 따른 공시지가를 기준으로 해당 농지를 매수할 수 있다. 이 경우 인근 지역의 실제 거래가격이 공시지가보다 낮으면 실제 거래가격을 기준으로 매수할 수 있다.
나. 융자 : 한국농어촌공사가 농지를 매수하는 데에 필요한 자금은 「한국농어촌공사 및 농지관리기금법」에 따른 농지관리기금에서 융자한다.

(4) 이행강제금

처분을 이행하지 아니한 경우에는 통지 토지가액의 20/100에 해당하는 이행강제금을 부과한다.

5) 처분명령의 유예

가. 시장 · 군수 또는 구청장은 처분의무기간에 처분 대상 농지를 처분하지 아니한 농지 소유자가 다음 각 호의 어느 하나에 해당하면 처분의무기간이 지난날부터 3년간 처분명령을 직권으로 유예할 수 있다.

> 1. 해당 농지를 자기의 농업경영에 이용하는 경우
> 2. 한국농어촌공사나 그 밖에 대통령령으로 정하는 자와 해당 농지의 매도위탁계약을 체결한 경우

나. 시장 · 군수 또는 구청장은 (가)에 따라 처분명령을 유예받은 농지소유자가 처분명령 유예기간에 (가) 각 호의 어느 하나에도 해당하지 아니하게 되면 지체 없이 그 유예한 처분명령을 하여야 한다.

다. 농지소유자가 처분명령을 유예받은 후 처분명령을 받지 아니하고 그 유예기간이 지난 경우에는 처분의무에 대하여 처분명령이 유예된 농지의 그 처분의무만 없어진 것으로 본다.

6 농지의 처분위임

1) 농지의 저당권자의 처분위임

담보농지를 취득한 농지의 저당권자가 법에 따라 농지의 처분을 위임하려는 경우에는 농지처분위임증서에 농림축산식품부령으로 정하는 서류를 첨부하여 한국농어촌공사에 제출하여야 한다.

2) 처분방법

한국농어촌공사는 농지의 처분을 위임받은 경우에는 해당 농지를 공매의 방법으로 처분하여야 한다.

3) 처분협의

한국농어촌공사는 농지를 처분하려는 때에는 「부동산 가격공시 및 감정평가에 관한 법률」에 따라 감정평가업자가 감정평가한 가액을 기준으로 한 최초 공매예정가격과 수회차의 최저공매가격 등 처분조건을 일괄하여 농지의 처분을 위임한 자와 협의하여야 한다.

4) 비용부담

농지의 처분에 필요한 비용 및 수수료는 농림축산식품부령으로 정하는 바에 따라 그 처

분을 위임한 자가 이를 부담한다.

5) 담보농지의 취득

가. 농지의 저당권자로서 다음 각 호의 어느 하나에 해당하는 자는 농지 저당권 실행을 위한 경매기일을 2회 이상 진행하여도 경락인(競落人)이 없으면 그 후의 경매에 참가하여 그 담보 농지를 취득할 수 있다.

① 「농업협동조합법」에 따른 지역농업협동조합, 지역축산업협동조합, 품목별·업종별협동조합 및 그 중앙회와 농협은행, 「수산업협동조합법」에 따른 지구별 수산업협동조합, 업종별 수산업협동조합, 수산물가공 수산업협동조합 및 그 중앙회와 수협은행, 「산림조합법」에 따른 지역산림조합, 품목별·업종별산림조합 및 그 중앙회

② 한국농어촌공사

③ 「은행법」에 따라 설립된 은행이나 그 밖에 대통령령으로 정하는 금융기관

④ 「한국자산관리공사 설립 등에 관한 법률」에 따라 설립된 한국자산관리공사

⑤ 「자산유동화에 관한 법률」 제3조에 따른 유동화전문회사등

⑥ 「농업협동조합의 구조개선에 관한 법률」에 따라 설립된 농업협동조합자산관리회사

나. 제1항제1호 및 제3호에 따른 농지 저당권자는 제1항에 따라 취득한 농지의 처분을 한국농어촌공사에 위임할 수 있다.

제3장 농지의 이용

1 농지의 이용증진

1) 농지이용계획

(1) 수립권자

시장 · 군수 또는 자치구구청장

(2) 의 의

시장 · 군수 또는 자치구구청장은 농지를 효율적으로 이용하기 위하여 대통령령으로 정하는 바에 따라 지역 주민의 의견을 들은 후, 「농업 · 농촌 및 식품산업 기본법」에 따른 시 · 군 · 구 농업 · 농촌 및 식품산업정책심의회의 심의를 거쳐 관할 구역의 농지를 종합적으로 이용하기 위한 계획을 수립하여야 한다. 수립한 계획을 변경하려고 할 때에도 또한 같다.

(3) 농지이용계획에 포함되는 사항

1. 농지의 지대별 · 용도별 이용계획 2. 농지를 효율적으로 이용하고 농업경영을 개선하기 위한 경영규모 확대계획 3. 농지를 농업 외의 용도로 활용하는 계획

(4) 농지이용계획의 수립절차

가. 공청회를 통한 주민의 의견청취

① 공고 · 열람 : 시장 · 군수 또는 자치구구청장은 농지이용계획의 수립에 관한 지역 주민의 의견을 듣기 위하여 공청회를 개최하여야 하며, 공청회개최예정일 14일 전까지 다음의 사항을 공고하고 일반인이 이를 열람할 수 있도록 하여야 한다.

1. 공청회의 개최목적 2. 공청회의 개최예정일시 및 장소 3. 농지이용계획안의 개요 4. 기타 공청회의 개최에 필요한 사항

② 공청회 개최대상지역 : 공청회는 농지이용계획의 대상이 되는 행정구역단위로 이를 개최하되, 시장 · 군수 또는 자치구구청장이 필요하다고 인정할 때에는 수개의 지역으로 구분하여 개최할 수 있다.

③ 의견진술 · 요지제출 : 공청회에 출석하여 의견을 진술하고자 하는 자는 공청회 개최 전에 시장 · 군수 또는 자치구구청장에게 서면으로 의견의 요지를 제출할 수 있다.

④ 시장 · 군수 또는 자치구구청장은 제출된 의견의 요지 중 유사한 내용의 것에 대하여는 이를 일괄하여 공청회에서 진술할 대표자를 선정할 수 있으며, 필요하다고 인정할 때에는 의견을 진술할 전문가를 선정할 수 있다.

나. 농지이용계획의 고시 : 농지이용계획의 고시에 포함되어야 할 사항

> 1. 농지이용계획의 목적
> 2. 농지이용계획의 내용
> 3. 농지이용계획의 내용이 표시된 축척 1/25,000 이상의 지형도
> 4. 기타 농림축산식품부장관이 정하는 사항

다. 송부 · 열람 : 시장 · 군수 또는 자치구구청장은 농지이용계획을 수립하면 관할 특별시장 · 광역시장 또는 도지사의 승인을 받아 그 내용을 확정하고 고시하여야 하며, 일반인이 열람할 수 있도록 하여야 한다.

라. 투자 및 지원 : 시 · 도지사, 시장·군수 또는 자치구구청장은 농지이용계획이 확정되면 농지이용계획대로 농지가 적정하게 이용되고 개발되도록 노력하여야 하고, 필요한 투자와 지원을 하여야 한다.

마. 농지이용계획수립에 필요한 사항은 농림축산식품부령으로 정한다.

2) 농지이용 증진사업

(1) 사업시행자

시장 · 군수 · 자치구구청장, 한국농어촌공사, 그 밖에 대통령령으로 정하는 자는 농지이용계획에 따라 농지이용을 증진하기 위하여 다음 각 호의 어느 하나에 해당하는 사업을 시행할 수 있다.

> 1. 「농업협동조합법」에 의한 조합
> 2. 「엽연초생산협동조합법」에 의한 엽연초생산협동조합
> 3. 농지의 공동이용 또는 집단이용을 목적으로 구성된 단체로서 농지의 공동이용 또는 집단이용에 관한 사항이 규약으로 정하여지고 그 구성원인 농업인 또는 농업법인의 수가 10이상인 단체

(2) 종 류

> 1. 농지의 매매 · 교환 · 분합 등에 의한 농지소유권 이전을 촉진하는 사업
> 2. 농지의 장기 임대차, 장기 사용대차에 따른 농지임차권 설정을 촉진하는 사업
> 3. 위탁경영을 촉진하는 사업
> 4. 농업인이나 농업법인이 농지를 공동으로 이용하거나 집단으로 이용하여 농업경영을 개선하는 농업 경영체 육성사업

(3) 요 건

농지이용증진사업은 다음 각 호의 모든 요건을 갖추어야 한다.

> 1. 농업경영을 목적으로 농지를 이용할 것
> 2. 농지임차권 설정, 농지소유권 이전, 농업경영의 수탁 · 위탁이 농업인 또는 농업법인의 경영규모를 확대하거나 농지이용을 집단화하는 데에 기여할 것
> 3. 기계화 · 시설자동화 등으로 농산물 생산비용과 유통비용을 포함한 농업경영 비용을 절감하는 등 농업경영 효율화에 기여할 것

(4) 시행계획의 수립

가. 시장 · 군수 또는 자치구구청장이 시행하고자 할 때 : 시장 · 군수 또는 자치구구청장이 농지이용증진사업을 시행하려고 할 때에는 농림부령으로 정하는 바에 따라 농지이용증진사업 시행계획을 수립하여 시 · 군 · 구 농업 · 농촌 및 식품산업정책심의회의 심의를 거쳐 확정하여야 한다. 수립한 계획을 변경하고자 할 때에도 또한 같다.

나. 시장 · 군수 또는 자치구구청장 외의 사업시행자가 시행하고자 할 때 : 시장 · 군수 또는 자치구구청장 외의 사업시행자가 농지이용증진사업을 시행하려고 할 때에는 농림부령으로 정하는 바에 따라 농지이용증진사업 시행계획을 수립하여 시장 · 군수 또는 자치구구청장에게 제출하여야 한다.

다. 계획의 보완요구 : 시장 · 군수 또는 자치구구청장은 제출받은 농지이용증진사업 시행계획이 보완될 필요가 있다고 인정하면 그 사유와 기간을 구체적으로 밝혀 사업시행자에게 그 계획을 보완하도록 요구할 수 있다.

라. 사업시행계획의 내용 : 농지이용증진사업시행계획에는 다음의 사항이 포함되어야 한다.

> 1. 농지이용증진사업의 시행구역
> 2. 농지소유권이나 임차권을 가진 자, 임차권을 설정 받을 자, 소유권을 이전 받을 자 또는 농업경영을 위탁하거나 수탁할 자에 관한 사항
> 3. 임차권이 설정되는 농지, 소유권이 이전되는 농지 또는 농업경영을 위탁하거나 수탁하는 농지에 관한 사항
> 4. 설정하는 임차권의 내용, 농업경영 수탁·위탁의 내용 등에 관한 사항
> 5. 소유권이전 시기, 이전대가 지불방법, 그 밖에 농림축산식품부령으로 정하는 사항

(5) 시행계획의 고시 및 효력

가. 시장 · 군수 또는 자치구구청장이 제17조 제1항에 따라 농지이용증진사업 시행계획을 확정하거나 같은 조 제2항에 따라 그 계획을 제출받은 경우에는 농림축산식품부령으로 정하는 바에 따라 지체 없이 이를 고시하고 관계인에게 열람하게 하여야 한다.

나. 사업시행자는 제1항에 따라 농지이용증진사업 시행계획이 고시되면 대통령령으로

정하는 바에 따라 농지이용증진사업 시행계획에 포함된 자의 동의를 얻어 해당 농지에 관한 등기를 촉탁하여야 한다.

다. 사업시행자가 등기를 촉탁하는 경우에는 농지이용증진사업 시행계획을 확정한 문서 또는 농지이용증진사업 시행계획이 고시된 문서와 동의서를 「부동산등기법」에 따른 등기원인을 증명하는 서면으로 본다.

라. 농지이용증진사업 시행계획에 따른 등기의 촉탁에 대하여는 「부동산등기 특별조치법」 제3조를 적용하지 아니한다.

(6) 사업에 대한 지원

국가와 지방자치단체는 농지이용증진사업을 원활히 실시하기 위하여 필요한 지도와 주선을 하며, 예산의 범위에서 사업에 드는 자금의 일부를 지원할 수 있다.

2 대리경작제도

1) 대리경작자의 지정

시장 · 군수 또는 구청장은 유휴농지(농작물 경작이나 다년생식물재배에 이용되지 아니하는 농지로서 대통령령으로 정하는 농지를 말한다)에 대하여 대통령령으로 정하는 바에 따라 그 농지의 소유권자나 임차권자를 대신하여 농작물을 경작할 자를 지정할 수 있다.

2) 지정절차

(1) 대리경작자 지정예고

시장 · 군수 또는 구청장은 대리경작자를 지정하려면 농림축산식품부령으로 정하는 바에 따라 그 농지의 소유권자 또는 임차권자에게 예고하여야 하며, 대리경작자를 지정하면 그 농지의 대리경작자와 소유권자 또는 임차권자에게 지정통지서를 보내야 한다.

(2) 대리경작자 지정예고에 대한 이의신청

가. 대리경작자의 지정예고에 대하여 이의가 있는 농지의 소유권 또는 임차권을 가진 자는 지정예고를 받은 날부터 10일 이내에 시장 · 군수 또는 구청장에게 이의를 신청할 수 있다.

나. 시장 · 군수 또는 구청장은 이의신청을 받은 날부터 7일 이내에 이를 심사하여 그 결과를 신청인에게 통지하여야 한다.

3) 대리경작자의 지정요건

가. 시장 · 군수 또는 구청장은 대리경작자를 지정하고자 하는 경우에는 당해 농지의 인근지역에서 농업경영을 하는 농업인 또는 농업법인으로서 대리경작을 하고자 하는 자 중 당해 농지를 효율적으로 경작할 능력이 있다고 인정되는 자를 대리경작자로 지정하여야 한다.

나. 시장 · 군수 또는 구청장은 대리경작자를 지정하기가 곤란한 경우에는 인근지역의 「농업 · 농촌 및 식품산업기본법」에 의한 생산자단체, 「초 · 중등교육법」 및 「고등교육법」에 의한 학교, 그 밖에 당해 농지를 경작하고자 하는 자를 대리경작자로 지정할 수 있다.

4) 대리경작기간

대리경작기간은 따로 정하지 아니하면 1년으로 한다.

5) 지료지급의무

대리경작자는 수확량의 10%를 농림축산식품부령으로 정하는 바에 따라 2개월 이내에 그 농지의 소유권자나 임차권자에게 토지사용료로 지급하여야 한다. 이 경우 수령을 거부하거나 지급이 곤란한 경우에는 토지사용료를 공탁할 수 있다.

6) 대리경작자의 지정해지

가. 대리경작 농지의 소유권자 또는 임차권자가 그 농지를 스스로 경작하려면 대리경작기간이 끝나기 3개월 전까지, 그 대리경작 기간이 끝난 후에는 대리경작자 지정을 중지할 것을 농림축산식품부령으로 정하는 바에 따라 시장 · 군수 또는 구청장에게 신청하여야 하며, 신청을 받은 시장 · 군수 또는 구청장은 신청을 받은 날부터 1개월 이내에 대리경작자 지정중지를 그 대리경작자와 그 농지의 소유권자 또는 임차권자에게 알려야 한다.

나. 지정해지 사유 : 시장 · 군수 또는 구청장은 다음 각 호의 어느 하나에 해당하면 대리경작 기간이 끝나기 전이라도 대리경작자 지정을 해지할 수 있다.

> 1. 대리경작 농지의 소유권자나 임차권자가 정당한 사유를 밝히고 지정해지 신청을 하는 경우
> 2. 대리경작자가 경작을 게을리 하는 경우
> 3. 대리경작자로 지정된 자가 토지사용료를 지급 또는 공탁하지 아니하는 경우
> 4. 대리경작자로 지정된 자가 대리경작자의 지정해지를 신청하는 경우

3 농지의 이용

1) 토양의 개량 · 보전

가. 국가와 지방자치단체는 농업인이나 농업법인이 환경보전적인 농업경영을 지속적으로 할 수 있도록 토양의 개량 · 보전에 관한 사업을 시행하여야 하고 토양의 개량 · 보전에 관한 시험 · 연구 · 조사 등에 관한 시책을 마련하여야 한다.

나. 국가는 위 가.항의 목적을 달성하기 위하여 토양을 개량 · 보전하는 사업 등을 시행하는 지방자치단체, 농림축산식품부령으로 정하는 농업생산단체, 농업인 또는 농업법인에 대하여 예산의 범위에서 필요한 자금의 일부를 지원할 수 있다.

2) 농지소유의 세분화 방지

(1) 일괄상속 등의 지원

국가와 지방자치단체는 농업인이나 농업법인의 농지소유가 세분화되는 것을 막기 위하여 농지를 어느 한 농업인 또는 하나의 농업법인이 일괄적으로 상속 · 증여 또는 양도받도록 필요한 지원을 할 수 있다.

(2) 농지분할가능 사유

「농어촌정비법」에 따른 농업생산 기반정비사업이 시행된 농지는 다음 각 호의 어느 하나에 해당하는 경우에 한하여 분할할 수 있다.

가. 「국토의 계획 및 이용에 관한 법률」에 따른 도시지역의 주거지역 · 상업지역 · 공업지역 또는 도시 · 군계획시설부지에 포함되어 있는 농지를 분할하는 경우

나. 농지전용허가를 받거나 농지전용신고를 하고 전용한 농지를 분할하는 경우

다. 분할 후의 각 필지의 면적이 2,000m²를 넘도록 분할하는 경우

라. 농지의 개량, 농지의 교환 · 분합 등 다음의 사유로 분할하는 경우

> 1. 농지개량을 하는 경우
> 2. 인접 농지와 분합하는 경우
> 3. 농지의 효율적인 이용을 저해하는 인접 토지와의 불합리한 경계를 시정하는 경우
> 4. 「농어촌정비법」에 의한 농업생산 기반정비사업을 시행하는 경우
> 5. 「농어촌정비법」에 의한 농지의 교환·분합을 시행하는 경우
> 6. 농지이용증진사업을 시행하는 경우

(3) 공유자 제한

시장 · 군수 또는 구청장은 농지를 효율적으로 이용하고 농업생산성을 높이기 위하여 통상적인 영농 관행 등을 감안하여 농지 1필지를 공유로 소유하려는 자의 최대인원수

를 7인 이하의 범위에서 시·군·구의 조례로 정하는 바에 따라 제한할 수 있다.

3) 농지의 임대차 및 사용대차

(1) 원 칙

농지는 원칙적으로 임대하거나 사용대할 수 없다.

(2) 예 외

다음에 해당하는 경우에는 예외적으로 농지를 임대하거나 사용대할 수 있다.

가. 제6조제2항제1호·제4호부터 제9호까지·제9호의2 및 제10호의 규정에 해당하는 농지를 임대하거나 사용대하는 경우

나. 농지이용증진사업 시행계획에 따라 농지를 임대하거나 사용대하는 경우

다. 질병, 징집, 취학, 선거에 따른 공직취임, 그 밖에 대통령령으로 정하는 부득이한 사유로 인하여 일시적으로 농업경영에 종사하지 아니하게 된 자가 소유하고 있는 농지를 임대하거나 사용대하는 경우

라. 60세 이상이 되어 더 이상 농업경영에 종사하지 아니하게 된 자로서 대통령령으로 정하는 자가 소유하고 있는 농지 중에서 자기의 농업경영에 이용한 기간이 5년이 넘은 농지를 임대하거나 사용대하는 경우

마. 제6조 제1항에 따라 소유하고 있는 농지를 주말·체험영농을 하려는 자에게 임대하거나 사용대하는 경우, 또는 주말·체험영농을 하려는 자에게 임대하는 것을 업(業)으로 하는 자에게 임대하거나 사용대하는 경우

마-2. 제6조제1항에 따라 농업법인이 소유하고 있는 농지를 주말·체험영농을 하려는 자에게 임대하거나 무상사용하게 하는 경우

바. 개인이 소유하고 있는 농지를 한국농어촌공사나 그 밖에 대통령령으로 정하는 자에게 위탁하여 임대하거나 사용대하는 경우

사. 다음 각 목의 어느 하나에 해당하는 농지를 한국농어촌공사나 그 밖에 대통령령으로 정하는 자에게 위탁하여 임대하거나 사용대하는 경우

> 1. 상속으로 농지를 취득한 자로서 농업경영을 하지 아니하는 자가 소유상한을 초과하여 소유하고 있는 농지(2만m^2 이내의 것만 해당한다)
> 2. 8년 이상 농업경영을 한 후 이농한 자가 소유상한을 초과하여 소유하고 있는 농지

아. 자경 농지를 농림축산식품부장관이 정하는 이모작을 위하여 8개월 이내로 임대하거나 사용대하는 경우

자. 대통령령으로 정하는 농지 규모화, 농작물 수급 안정 등을 목적으로 한 사업을 추진하기 위하여 필요한 자경 농지를 임대하거나 무상사용하게 하는 경우

(3) 임대차 또는 사용대차계약의 종료

농지를 임차하거나 사용대차한 임차인 또는 사용대차인이 그 농지를 정당한 사유 없이 농업경영에 사용하지 아니할 때에는 시장 · 군수 · 구청장이 농림축산식품부령으로 정하는 바에 따라 임대차 또는 사용대차의 종료를 명할 수 있다.

(4) 임대차 또는 사용대차계약의 방법

가. 임대차(농업경영을 하려는 자에게 임대하는 경우만을 말한다) 계약과 사용대차(농업경영을 하려는 자에게 사용대하는 경우만을 말한다) 계약은 서면계약을 원칙으로 한다.

나. (가)항에 따른 임대차계약은 그 등기가 없는 경우에도 임차인이 농지소재지를 관할하는 시 · 구 · 읍 · 면의 장의 확인을 받고, 해당 농지를 인도(引渡)받은 경우에는 그 다음 날부터 제삼자에 대하여 효력이 생긴다.

다. 시 · 구 · 읍 · 면의 장은 농지임대차계약 확인대장을 갖추어 두고, 임대차계약증서를 소지한 임대인 또는 임차인의 확인 신청이 있는 때에는 농림축산식품부령으로 정하는 바에 따라 임대차계약을 확인한 후 대장에 그 내용을 기록하여야 한다.

(5) 임대차 기간

가. 제23조제1항 각 호(제8호는 제외한다)의 임대차 기간은 3년 이상으로 하여야 한다. 다만, 다년생식물 재배지 등 대통령령으로 정하는 농지의 경우에는 5년 이상으로 하여야 한다.

나. 임대차 기간을 정하지 아니하거나 가항에 따른 기간 미만으로 정한 경우에는 가항에 따른 기간으로 약정된 것으로 본다. 다만, 임차인은 가항에 따른 기간 미만으로 정한 임대차 기간이 유효함을 주장할 수 있다.

다. 임대인은 가항 및 나항에도 불구하고 질병, 징집 등 대통령령으로 정하는 불가피한 사유가 있는 경우에는 임대차 기간을 가항에 따른 기간 미만으로 정할 수 있다.

라. 가항부터 가항까지의 규정에 따른 임대차 기간은 임대차계약을 연장 또는 갱신하거나 재계약을 체결하는 경우에도 동일하게 적용한다.

(6) 임대차계약에 관한 조정

가. 임대차계약의 당사자는 임대차 기간, 임차료 등 임대차계약에 관하여 서로 협의가 이루어지지 아니한 경우에는 농지소재지를 관할하는 시장 · 군수 또는 자치구구청장에게 조정을 신청할 수 있다.

나. 시장 · 군수 또는 자치구구청장은 제1항에 따라 조정의 신청이 있으면 지체 없이 농지임대차조정위원회를 구성하여 조정절차를 개시하여야 한다.

다. 제2항에 따른 농지임대차조정위원회에서 작성한 조정안을 임대차계약 당사자가 수락한 때에는 이를 해당 임대차의 당사자 간에 체결된 계약의 내용으로 본다.

라. 제2항에 따른 농지임대차조정위원회는 위원장 1명을 포함한 3명의 위원으로 구성하며, 위원장은 부시장 · 부군수 또는 자치구의 부구청장이 되고, 위원은 「농업 · 농촌 및 식품산업 기본법」 제15조에 따른 시 · 군 · 구 농업 · 농촌및식품산업정책심의회의 위원으로서 조정의 이해당사자와 관련이 없는 사람 중에서 시장 · 군수 또는 자치구구청장이 위촉한다.

마. 제2항에 따른 농지임대차조정위원회의 구성 · 운영 등에 필요한 사항은 대통령령으로 정한다.

(7) 묵시적 갱신

임대인이 임대차 기간이 끝나기 3개월 전까지 임차인에게 임대차계약을 갱신하지 아니한다는 뜻이나 임대차계약 조건을 변경한다는 뜻을 통지하지 아니하면 그 임대차 기간이 끝난 때에 이전의 임대차계약과 같은 조건으로 다시 임대차계약을 한 것으로 본다.

(8) 임대인의 지위승계

임대농지의 양수인은 이 법에 따른 임대인의 지위를 승계한 것으로 본다.

(9) 국 · 공유지의 임대차에 대한 특례

「국유재산법」과 「공유재산 및 물품 관리법」에 따른 국유재산과 공유재산인 농지에 대하여는 제24조부터 제26조까지의 규정을 적용하지 아니한다.

(10) 강행규정

이 법에 위반된 약정으로서 임차인에게 불리한 것은 그 효력이 없다.

4 농막과 농촌체류형 쉼터

1) 농 막

농작업에 직접 필요한 농자재 및 농기계 보관, 수확 농산물 간이 처리 또는 농작업 중 일시 휴식을 위하여 설치하는 다음 각 목의 요건을 모두 갖춘 임시창고(「건축법 시행령」 제15조제5항제8호에 따른 임시창고 또는 같은 항 제16호에 따라 임시창고와 비슷한 것으로서 건축조례로 정하는 건축물을 말한다)

(1) 주거 목적으로 사용되지 않을 것

(2) 연면적(「건축법 시행령」 제119조제1항제4호에 따른 연면적을 말한다. 이하 이 호

및 제1호의2에서 같다)이 20제곱미터 이하일 것. 다만, 처마, 차양, 부연(附椽), 그 밖에 이와 비슷한 것으로서 그 외벽의 중심선으로부터 수평거리 1미터 이상 돌출된 부분이 있는 경우에는 연면적과 건축면적(「건축법 시행령」 제119조제1항제2호가목7)에 따른 건축면적을 말한다. 이하 이 호 및 제1호의2에서 같다)이 모두 20제곱미터 이하여야 한다.

(3) 주차공간(해당 가설건축물의 부속용도로서 해당 가설건축물과 별도로 설치하는 주차공간으로 한정한다. 이하 이 호 및 제1호의2에서 같다) 및 데크(해당 가설건축물에 연접하여 목조나 이와 유사한 재질로 바닥에 설치하는 별도의 구조물로 한정한다. 이하 이 호 및 제1호의2에서 같다)를 마련하는 경우에는 농림축산식품부장관이 정하여 고시하는 면적 이하로 설치할 것

(4) 「건축법」 제20조제3항에 따라 가설건축물의 축조신고를 했을 것

(5) 법 제49조의2제2호에 따른 농지이용 정보 변경신청을 통해 농지대장에 등재되었을 것

(6) 그 밖에 시설물의 안전 등을 고려하여 농막의 설치 · 관리에 관하여 건축조례로 정하는 기준에 부합할 것

2) 농촌체류형 쉼터

농업인 또는 주말 · 체험영농을 하려는 사람(그 세대원을 포함하며, 이하 이 호에서 "농업인등"이라 한다)이 농작업(農作業)을 위한 임시숙소(「건축법 시행령」 제15조제5항제8호에 따른 임시숙소 또는 같은 항 제16호에 따라 임시숙소와 비슷한 것으로서 건축조례로 정하는 건축물을 말한다)의 용도로 직접 사용하기 위해 설치하는 다음 각 목의 요건을 모두 갖춘 시설

(1) 다음의 지역 · 지구 외의 농지에 설치되었을 것

① 「국토의 계획 및 이용에 관한 법률」 제37조제1항제4호에 따라 지정된 방재지구

② 「급경사지 재해예방에 관한 법률」 제6조제1항 또는 제2항에 따라 지정 · 고시된 붕괴위험지역

③ 「자연재해대책법」 제12조제1항에 따라 지정 · 고시된 자연재해위험개선지구

(2) 연면적이 33제곱미터 이하일 것. 다만, 다음의 경우에는 다음의 구분에 따른 면적기준에 적합해야 한다.

① 처마, 차양, 부연, 그 밖에 이와 비슷한 것으로서 그 외벽의 중심선으로부터 수평거리 1미터 이상 돌출된 부분이 있는 경우에는 연면적과 건축면적이 모두 33제곱미터 이하일 것

② 농업인등이 한 필지의 농지에 제1호에 따른 농막과 함께 농촌체류형 쉼터를 설치하는 경우에는 농막과 농촌체류형 쉼터를 합산한 연면적이 33제곱미터 이하

일 것. 다만, 농막 또는 농촌체류형 쉼터에 처마, 차양, 부연, 그 밖에 이와 비슷한 것으로서 그 외벽의 중심선으로부터 수평거리 1미터 이상 돌출된 부분이 있는 경우에는 그 연면적을 합산한 면적과 그 건축면적을 합산한 면적이 모두 33제곱미터 이하여야 한다.

(3) 주차공간 및 데크를 마련하는 경우에는 농림축산식품부장관이 정하여 고시하는 면적 이하로 설치할 것

(4) 「건축법」 제20조제3항에 따라 가설건축물의 축조신고를 하였을 것. 이 경우 「건축법 시행령」 제15조제7항 본문에 따라 존치기간의 연장이 필요한 경우로서 건축조례로 연장 횟수를 정할 때에는 가설건축물의 안전 · 기능 · 환경 및 미관을 고려하여 3회 이상으로 정할 수 있다.

(5) 「소방장비관리법 시행령」 별표 1 제1호가목에 따른 소방자동차를 통한 소방활동이 가능한 도로 「농어촌도로 정비법」 제4조에 따른 면도(面道), 이도(里道), 농도(農道) 및 주민이 오랫동안 이용하고 있는 사실상의 통로를 포함한다]에 접한 농지에 설치될 것

(6) 농촌체류형 쉼터를 설치하는 한 필지의 농지의 면적은 농촌체류형 쉼터의 연면적(한 필지의 농지에 둘 이상의 농촌체류형 쉼터 또는 농막을 함께 설치하는 경우에는 그 연면적을 합산한 면적을 말한다)에 다목에 따른 시설의 면적(해당 시설이 있는 경우만 포함하되, 가설건축물 외곽에 정화조를 설치하는 경우에는 정화조의 면적을 포함한다)을 합산한 면적의 두 배 이상일 것

(7) 법 제49조의2제2호에 따른 농지이용 정보 변경신청을 통해 농지대장에 등재되었을 것

(8) 「소방시설 설치 및 관리에 관한 법률」 제10조에 따른 주택용소방시설이 설치되었을 것

(9) 그 밖에 시설물의 안전 등을 고려하여 농촌체류형 쉼터의 설치 · 관리에 관하여 건축조례로 정하는 기준에 부합할 것

3) 기타

(1) 간이 저온저장고 : 연면적 33제곱미터 이하일 것

(2) 간이 액비저장조 : 저장 용량이 200톤 이하일 것

제4장

농지의 보전

1 농업진흥지역의 지정 · 운용

1) 농업진흥지역

(1) 지정권자 : 시 · 도지사

시 · 도지사는 농지를 효율적으로 이용하고 보전하기 위하여 농업진흥지역을 지정한다.

(2) 농업진흥지역의 구분

농업진흥지역은 다음의 용도구역으로 구분하여 지정할 수 있다.

가. 농업진흥구역 : 농업의 진흥을 도모하여야 하는 다음 각 목의 어느 하나에 해당하는 지역으로서 농림축산식품부장관이 정하는 규모로 농지가 집단화되어 농업 목적으로 이용할 필요가 있는 지역

① 농지조성사업 또는 농업기반 정비사업이 시행되었거나 시행중인 지역으로서 농업용으로 이용하고 있거나 이용할 토지가 집단화되어 있는 지역

② 위 ①에 해당하는 지역 외의 지역으로서 농업용으로 이용하고 있는 토지가 집단화되어 있는 지역

나. 농업보호구역 : 농업진흥구역의 용수원 확보, 수질보전 등 농업환경을 보호하기 위하여 필요한 지역

(3) 농업진흥지역의 지정대상

농업진흥지역 지정은 「국토의 계획 및 이용에 관한 법률」에 따른 도시지역 가운데 녹지지역 · 관리지역 · 농림지역 및 자연환경보전지역을 대상으로 한다.
다만, 특별시의 녹지지역은 제외한다.

(4) 농업진흥지역의 지정절차

가. 심의 · 승인 : 시 · 도지사는 「농업·농촌 및 식품산업 기본법」에 따른 시 · 도 농업 · 농촌 및 식품산업정책심의회의 심의를 거쳐 농림축산식품부장관의 승인을 받아 농업진흥지역을 지정한다.

나. 고시 · 열람 : 시 · 도지사는 농업진흥지역을 지정하면 지체 없이 이 사실을 고시하고 관계 기관에 통보하여야 하며, 시장 · 군수 또는 자치구구청장으로 하여금 일반

인에게 열람하게 하여야 한다.

다. 사전협의 : 농림축산식품부장관은 「국토의 계획 및 이용에 관한 법률」에 따른 녹지지역이나 계획관리지역이 농업진흥지역에 포함되면 농업진흥지역 지정을 승인하기 전에 국토교통부장관과 협의하여야 한다.

2) 농업진흥지역 등의 변경 · 해제

(1) 변경 · 해제

가. 시 · 도지사는 다음에서 정하는 사유가 있을 때에는 농업진흥지역 또는 용도구역을 변경 또는 해제할 수 있다. 다만, 그 사유가 없어진 경우에는 원래의 농업진흥지역 또는 용도구역으로 환원하여야 한다.

① 다음의 어느 하나에 해당하는 경우로서 농업진흥지역을 해제하는 경우

㉠ 「국토의 계획 및 이용에 관한 법률」 규정에 의한 용도지역을 변경하는 경우

㉡ 농지의 전용에 관한 협의를 하는 경우

㉢ 당해 지역의 여건변화로 농업진흥지역의 지정요건에 적합하지 아니하게 된 경우. 이 경우 그 토지의 면적이 3만m^2 이하인 때에 한한다.

② 당해 지역의 여건변화로 농업진흥지역 밖의 지역을 농업진흥지역으로 편입하는 경우

③ 다음 각 목의 어느 하나에 해당하는 경우로서 용도구역을 변경하는 경우

㉠ 해당 지역의 여건변화로 농업보호구역의 전부 또는 일부를 농업진흥구역으로 변경하는 경우

㉡ 해당 지역의 여건변화로 농업진흥구역 안의 3만제곱미터 이하의 토지를 농업보호구역으로 변경하는 경우

㉢ 다음의 어느 하나에 해당하는 농업진흥구역 안의 토지를 농업보호구역으로 변경하는 경우

Ⓐ 계획홍수위선(計劃洪水位線)으로부터 상류 반경 500미터 이내의 지역으로서 「농어촌정비법」에 따른 농업생산기반 정비사업이 시행되지 않은 지역

Ⓑ 저수지 부지

나. 시 · 도지사는 농림축산식품부장관이 해당 지역의 여건변화로 농업진흥지역을 해제하거나 농업진흥구역을 농업보호구역으로 변경할 특별한 필요가 있다고 인정하여 농업진흥지역의 해제 또는 변경 기간을 고시한 경우에는 제1항제1호다목 후단 또는 제3호에도 불구하고 면적 제한을 적용하지 아니하고 농업진흥지역을 해제하거나 농업진흥구역을 농업보호구역으로 변경할 수 있다.

(2) 심의 또는 승인의 생략

농업진흥지역 또는 용도구역의 변경절차나 해제절차 등에 관하여는 농업진흥지역의 지정절차를 준용한다. 다만, 농업보호구역을 농업진흥구역으로 변경하는 경우 등 대통령령으로 정하는 사항의 변경은 대통령령으로 정하는 바에 따라 시 · 도 농업 · 농촌 및 식품산업정책심의회의 심의나 농림축산식품부장관의 승인 없이 할 수 있다.

1. 시 · 도 농업 · 농촌 및 식품산업정책심의회의 심의 없이 할 수 있는 경우 : 농업보호구역을 농업진흥구역으로 변경하거나 농업진흥구역 안의 3만m^2 이하의 토지를 농업보호구역으로 변경하는 경우
2. 농림축산식품부장관의 승인 없이 할 수 있는 경우
가. 제1항제1호에 따라 1만m^2 이하의 농업진흥지역을 해제하는 경우. 다만, 제1항제1호가목에 따라 농업진흥지역을 해제하는 경우로서 농림축산식품부장관과의 협의를 거쳐 지정되거나 결정된 별표 3에 따른 지역 · 지구 · 구역 · 단지 등 안에서 농업진흥지역을 해제하는 경우와 제1항제1호나목에 따라 농업진흥지역을 해제하는 경우로서 미리 농림축산식품부장관과 전용협의를 거친 지역에서 농업진흥지역을 해제하는 경우에는 면적에 제한이 없는 것으로 한다.
나. 제1항제3호에 따라 농업보호구역을 농업진흥구역으로 변경하거나 농업진흥구역 안의 1만m^2 이하의 토지를 농업보호구역으로 변경하는 경우

(3) 승인생략 시 결과보고

시 · 도지사는 농림축산식품부장관의 승인없이 농업진흥지역 또는 용도구역을 변경한 경우에는 그 결과를 농림축산식품부장관에게 보고하여야 한다. 또한, 농업진흥지역의 지정 · 변경 · 해제에 필요한 세부 기준 및 절차 등은 농림축산식품부장관이 정하여 고시한다.

3) 용도구역 안에서의 행위제한

(1) 농업진흥구역 안에서의 행위제한

가. 원칙 : 농업진흥구역에서는 농업 생산 또는 농지 개량과 직접적으로 관련되지 아니한 토지이용행위를 할 수 없다.

나. 예외 : 다음의 토지이용행위의 경우에는 그러하지 아니하다.

① 대통령령으로 정하는 농수산물의 가공 · 처리시설의 설치 및 농수산업 관련 시험 · 연구시설의 설치

② 어린이놀이터, 마을회관, 그 밖에 대통령령으로 정하는 농업인의 공동생활에 필요한 편의시설 및 이용시설의 설치

③ 농업인 주택, 어업인 주택, 농업용 시설, 축산업용 시설 또는 어업용 시설의 설치

④ 국방 · 군사시설의 설치

⑤ 하천, 제방, 그 밖에 이에 준하는 국토보존시설의 설치

⑥ 국가유산의 보수 · 복원 · 이전, 매장 문화재의 발굴, 비석이나 기념탑, 그 밖에

이와 비슷한 공작물의 설치

⑦ 도로, 철도, 전기공급 설비, 그 밖에 대통령령으로 정하는 공공시설의 설치

⑧ 지하자원개발을 위한 탐사 또는 지하광물 채광과 광석의 선별 및 적치를 위한 장소로 사용하는 행위

⑨ 농어촌 소득원개발 등 농어촌 발전에 필요한 시설로서 대통령령으로 정하는 시설의 설치

(2) 농업보호구역 안에서의 행위제한

농업보호구역 안에서는 다음 각 호에 한하여 토지이용행위를 할 수 있다.

가. 농업진흥구역에서 허용되는 토지이용행위

나. 농업인의 소득증대를 위하여 필요한 시설로서 다음의 건축물·공작물 그 밖의 시설의 설치

① 농어촌정비법에 의한 관광농원사업으로 설치하는 시설로서 그 부지가 2만m^2 미만인 것

② 농어촌정비법에 의한 주말농원사업으로 설치하는 시설로서 그 부지가 3,000m^2 미만인 것

다. 농업인의 생활여건 개선을 위하여 필요한 시설로서 대통령령이 정하는 건축물·공작물 그 밖의 시설의 설치

(3) 기득권보호

가. 법적용의 배제 : 농업진흥지역 지정 당시 관계 법령에 따라 인 · 허가 또는 승인 등을 받거나 신고하고 설치한 기존의 건축물 · 공작물 그 밖의 시설에 대하여는 농업진흥구역 및 농업보호구역 안에 행위제한에 관한 규정을 적용하지 아니한다.

나. 시행중인 건축물 · 공작물의 특례 : 농업진흥지역의 지정당시 관계 법령의 규정에 의하여 건축물의 건축, 공작물 기타 시설의 설치나 토지의 형질변경, 기타 이에 준하는 행위에 대한 인 · 허가 · 승인 등을 얻거나 신고하고 사업을 시행하는 중에 있는 자(관계 법령에 의하여 인 · 허가 · 승인 등을 얻거나 신고할 필요가 없는 경우에는 공사 또는 사업에 착수한 자를 말함)의 경우에는 그 공사 또는 사업에 한하여 농업진흥구역 및 농업보호구역 안에 행위제한에 관한 규정을 적용하지 아니한다.

(4) 농업진흥구역과 농업보호구역에 걸치는 1필지의 토지 등에 대한 행위제한의 특례

가. 농업진흥구역과 농업보호구역에 걸치는 경우 : 한 필지의 토지가 농업진흥구역과 농업보호구역에 걸쳐 있으면서 농업진흥구역에 속하는 토지부분이 330m^2 이하인 때에는 그 토지부분에 대하여는 행위제한을 함에 있어서는 농업보호구역에 관한 규정을 적용한다.

나. 농업진흥지역에 걸치는 경우 : 한 필지의 토지 일부가 농업진흥지역에 걸쳐 있으면서 농업진흥지역에 속하는 토지부분의 면적이 330m² 이하이면 그 토지부분에 대하여 농업진흥지역 안의 행위제한을 적용하지 아니한다.

(5) 농업진흥지역에 대한 개발투자의 확대 및 우선지원

가. 국가와 지방자치단체는 농업진흥지역에 대하여 대통령령으로 정하는 바에 따라 농지 및 농업시설의 개량 · 정비, 농어촌도로 · 농산물유통시설의 확충, 그 밖에 농업발전을 위한 사업에 우선적으로 투자하여야 한다.

나. 국가와 지방자치단체는 농업진흥지역의 농지에 농작물을 경작하거나 다년생식물을 재배하는 농업인 또는 농업법인에게 자금 지원이나 「조세특례제한법」에 따른 조세 경감 등 필요한 자원을 우선 실시하여야 한다.

2 농지의 전용

1) 농지전용의 의의

농지의 전용이라 함은 농지를 농작물의 경작 · 다년생식물의 재배 등 농업생산 또는 농지개량 외의 목적에 사용하는 것을 말한다.

2) 농지전용허가

(1) 원 칙

농지를 전용하고자 하는 자는 농지의 소재지를 관할하는 농지관리위원회의 확인을 거쳐 농림축산식품부장관의 허가를 받아야 한다. 허가받은 농지의 면적 또는 경계 등 다음의 중요사항을 변경하고자 하는 경우에도 또한 같다.

<중요사항의 변경> 1. 전용허가를 받은 농지의 면적 또는 경계 2. 전용허가를 받은 농지의 위치 3. 전용허가를 받은 자의 명의 4. 설치하고자 하는 시설의 용도 또는 전용목적사업

(2) 예 외

다음의 경우에는 허가를 받을 필요가 없다.

가. 「국토의 계획 및 이용에 관한 법률」에 따른 도시지역에 있는 농지로서 협의를 거친 농지나 협의 대상에서 제외되는 농지를 전용하는 경우

나. 농지전용신고를 하고 농지를 전용하는 경우
다. 「산지관리법」에 따른 산지전용허가를 받지 아니하거나 산지전용신고를 하지 아니하고 불법으로 개간한 농지를 산림으로 복구하는 경우

(3) 농지전용허가권자

가. 원 칙 : 농림축산식품부장관

나. 예외적 위임 : 허가권한은 다음과 같이 위임할 수 있다.

① 이 법에 의한 농림축산식품부장관의 권한은 그 일부를 시 · 도지사, 시장 · 군수 또는 구청장에게 위임할 수 있다.

> <시 · 도지사에게 위임>
> 농지전용에 대한 허가 및 협의에 관한 권한 중 다음에 해당하는 권한
> 1. 농업진흥지역 안의 3,000m² 이상 3만m² 미만의 농지의 전용
> 2. 농업진흥지역 밖의 3만m² 이상 20만m² 미만의 농지의 전용
> 3. 농림축산식품부장관과의 협의를 거쳐 지정되거나 결정된 지역·지구·구역·단지 등의 안에서 10만m² 이상의 농지의 전용
>
> <시 · 군 · 구청장에게 위임>
> 농지전용에 대한 허가 및 협의에 관한 권한 중 다음에 해당하는 권한
> 1. 농업진흥지역 안의 3,000m² 미만의 농지의 전용
> 2. 농업진흥지역 밖의 3만m² 미만의 농지의 전용
> 3. 농림축산식품부장관과의 협의를 거쳐 지정되거나 결정된 지역·지구·구역·단지 등의 안에서 10만m² 미만의 농지의 전용

② 시 · 도지사는 위임에 따른 그 권한을 행사하였거나 시장 · 군수 또는 자치구구청장으로부터 그 권한 행사의 내용을 보고받은 때에는 농림축산식품부령이 정하는 바에 의하여 농림축산식품부장관에게 보고하여야 한다.

③ 시장 · 군수 또는 자치구구청장은 그 권한을 행사한 때에는 농림축산식품부령이 정하는 바에 의하여 그 내용을 시 · 도지사에게 보고하여야 한다.

(4) 농지전용허가의 절차

가. 농지전용허가의 신청 : 법에 따라 농지전용의 허가 또는 변경허가를 받으려는 자는 농지전용 허가신청서에 농림축산식품부령으로 정하는 서류를 첨부하여 해당 농지의 소재지를 관할하는 농지관리위원회에 제출하여야 한다.

나. 농지관리위원회의 확인 : 농지관리위원회의 위원장은 신청서류를 제출받은 때에는 농지관리위원회로 하여금 다음 각 호의 확인기준에 따라 확인하게 하여야 한다.

> 1. 전용하려는 농지가 경지정리 · 수리시설 등 농업생산기반이 정비되어 있는지의 여부
> 2. 해당 농지의 전용이 농지개량시설 또는 도로의 폐지 및 변경이나 토사의 유출, 폐수의 배출,

악취의 발생 등을 수반하여 인근농지의 농업경영과 농어촌생활환경의 유지에 피해가 예상되는 경우에는 그 피해방지계획이 수립되어 있는지의 여부
3. 전용목적사업이 용수의 취수를 수반하는 경우 그 시기·방법·수량 등이 농수산업 또는 농어촌생활환경유지에 피해가 예상되는지의 여부

(5) 농지전용허가 등의 제한

가. 농지전용허가 제한 : 농림축산식품부장관은 농지전용허가를 함에 있어서 「국토의 계획 및 이용에 관한 법률」에 의한 도시지역·계획관리지역 및 개발진흥지구 안의 농지를 제외하고는 다음에 해당하는 시설의 부지로 사용하는 경우에는 그 전용을 허가할 수 없다.

1. 「대기환경보전법」에 의한 대기오염배출시설로서 대통령령이 정하는 시설
2. 「수질환경보전법」에 의한 폐수배출시설로서 대통령령이 정하는 시설
3. 농업의 진흥이나 농지의 보전을 저해할 우려가 있는 시설로서 대통령령이 정하는 시설

나. 타용도 일시사용허가 제한 : 농림축산식품부장관, 시장·군수 또는 자치구구청장은 다음에 해당하는 경우에는 농지전용허가 및 협의 농지의 타용도 일시사용허가 및 협의를 함에 있어서 농지의 전용 또는 타용도 일시사용을 제한할 수 있다.

1. 전용하고자 하는 농지가 농업생산기반이 정비되어 있거나 농업생산기반정비사업의 시행예정지역으로 편입되어 우량농지로 보전할 필요성이 있는 경우
2. 당해 농지의 전용 또는 타용도 일시사용이 일조·통풍·통작에 현저한 지장을 초래하거나 농지개량시설의 폐지를 수반하여 인근 농지의 농업경영에 현저한 영향을 미치는 경우
3. 당해 농지의 전용 또는 타용도 일시사용에 따르는 토사의 유출 등으로 인근 농지 또는 농지개량시설을 손괴할 우려가 있는 경우
4. 전용목적의 실현을 위한 사업계획 및 자금조달계획이 불확실한 경우
5. 전용하고자 하는 면적이 전용목적 실현을 위한 면적보다 과다한 경우

3) 농지전용협의

(1) 농지전용협의 대상

주무부장관이나 지방자치단체의 장은 다음 각 호의 어느 하나에 해당하면 대통령령으로 정하는 바에 따라 농림축산식품부장관과 미리 농지전용에 관한 협의를 하여야 한다.

가. 「국토의 계획 및 이용에 관한 법률」에 따른 도시지역에 주거지역·상업지역 또는 공업지역을 지정하거나 도시·군계획시설을 결정할 때에 해당 지역예정지 또는 시설예정지에 농지가 포함되어 있는 경우. 다만, 이미 지정된 주거지역·상업지역·공업지역을 다른 지역으로 변경하거나 이미 지정된 주거지역·상업지역·공업지역에 도시·군계획시설을 결정하는 경우는 제외한다.

가-2. 「국토의 계획 및 이용에 관한 법률」에 따른 계획관리지역에 지구단위계획 구역을 지정할 때에 해당 구역 예정지에 농지가 포함되어 있는 경우

나. 「국토의 계획 및 이용에 관한 법률」에 따른 도시지역의 녹지지역 및 개발제한구역의 농지에 대하여 개발행위를 허가하거나 「개발제한구역의 지정 및 관리에 관한 특별조치법」에 따라 토지의 형질변경허가를 하는 경우

(2) 농지의 전용에 관한 협의

가. 주무부장관 또는 지방자치단체의 장이 농지의 전용에 관하여 협의하려는 경우에는 농지전용협의요청서에 농림부령으로 정하는 서류를 첨부하여 농림축산식품부장관에게 제출하여야 한다.

나. 농림축산식품부장관은 농지의 전용에 관한 협의요청이 있으면 확인기준에 따른 농지관리위원회의 확인을 거쳐 각 호의 사항에 대한 심사를 한 후 그 동의 여부를 결정하여야 한다. 다만, 다음 각 호의 어느 하나에 해당하는 경우에는 농지관리위원회의 확인을 생략할 수 있다.

① 법 제34조 제2항 제1호에 해당하는 경우

② 「국토의 계획 및 이용에 관한 법률」 제2조 제7호에 따른 도시·군계획시설을 설치하기 위하여 농지를 전용하려는 경우

③ 「산업입지 및 개발에 관한 법률」 제2조 제5호에 따른 산업단지 안의 농지를 전용하려는 경우

④ 「국토의 계획 및 이용에 관한 법률」에 따른 도시지역 안의 녹지지역의 농지를 전용하려는 경우

⑤ 「산업집적활성화 및 공장설립에 관한 법률」 제2조에 따른 공장을 설립하기 위하여 농지를 전용하려는 경우

⑥ 「택지개발촉진법」 제2조 제3호에 따른 택지개발예정지구로 지정 · 고시된 지역 안의 농지를 전용하려는 경우

⑦ 제32조 제5항 제1호부터 제4호까지의 규정의 어느 하나에 해당하는 사항을 변경하려는 경우. 다만, 제32조 제5항 제1호에 해당하는 경우에는 전용하는 면적이 감소하는 경우에 한한다.

다. 농림축산식품부장관은 심사기준에 적합하지 아니한 경우에는 동의를 하여서는 아니된다.

4) 농지전용신고

가. 농지를 다음 각 호의 어느 하나에 해당하는 시설의 부지로 전용하려는 자는 대통령령으로 정하는 바에 따라 그 농지의 소재지를 관할하는 농지관리위원회의 확인을

거쳐 시장 · 군수 또는 자치구구청장에게 신고하여야 한다. 신고한 사항을 변경하려는 경우에도 또한 같다.

1. 농업인 주택, 농축산업용 시설, 농수산물 유통 · 가공시설 2. 어린이놀이터 · 마을회관 등 농업인의 공동생활 편의시설 3. 농수산 관련 연구시설과 양어장 · 양식장 등 어업용시설

나. 신고대상시설의 범위 · 규모 · 농업진흥지역 안에서의 설치제한 또는 설치자의 범위 등에 관한 사항은 대통령령으로 정한다.

다. 농지전용신고절차

① 신고서제출 : 농지전용의 신고 또는 변경신고를 하고자 하는 자는 농지전용신고서에 농림축산식품부령이 정하는 서류를 첨부하여 당해 농지의 소재지를 관할하는 농지관리위원회에 제출하여야 한다.

② 확인 · 송부 : 농지관리위원회의 위원장은 신고서류를 제출받은 때에는 농지관리 위원회로 하여금 확인기준에 따라 확인하게 한 후 그 결과를 기재한 농지관리위원회 확인서를 첨부하여 신고한 날부터 5일 이내에 관할 시장·군수 또는 자치구구청장에게 송부하여야 한다.

③ 검토 · 반려 : 시장 · 군수 또는 자치구구청장은 농지전용신고서 등을 송부받은 때에는 신고내용이 적합한지의 여부를 검토하여 적합하다고 인정하는 경우에는 농림축산식품부령이 정하는 바에 의하여 농지전용 신고증을 신고인에게 교부하여야 하며, 적합하지 아니하다고 인정하는 경우에는 그 사유를 명시하여 제출받은 서류를 반려하여야 한다.

5) 농지의 타용도 일시사용허가

(1) 허가대상

농지를 다음 각 호의 어느 하나에 해당하는 용도로 일시 사용하려는 자는 대통령령으로 정하는 바에 따라 일정 기간 사용한 후 농지로 복구한다는 조건으로 시장 · 군수 또는 자치구구청장의 허가를 받아야 한다. 허가받은 사항을 변경하려는 경우에도 또한 같다. 다만, 국가나 지방자치단체의 경우에는 시장 · 군수 또는 자치구구청장과 협의하여야 한다.

가. 「건축법」에 따른 건축허가 또는 건축신고 대상 시설이 아닌 간이 농수축산업용 시설과 농수산물의 간이처리시설을 설치하는 경우(5년)

나. 주목적사업을 위하여 현장사무소나 부대시설, 그 밖에 이에 준하는 시설을 설치하거나 물건을 적치하거나 매설하는 경우

다. 대통령령이 정하는 토석 및 광물을 채굴하는 경우

① 골재채취법에 의한 골재

② 광업법에 의한 광물

③ 적조방제 · 농지개량 또는 토목공사용으로 사용하거나 공업용 원료로 사용하기 위한 토석

라. 「전기사업법」 제2조제1호의 전기사업을 영위하기 위한 목적으로 설치하는 「신에너지 및 재생에너지 개발 · 이용 · 보급 촉진법」 제2조제2호가목에 따른 태양에너지 발전설비로서 다음 각 목의 요건을 모두 갖춘 경우

① 「공유수면 관리 및 매립에 관한 법률」 제2조에 따른 공유수면매립을 통하여 조성한 토지 중 토양 염도가 일정 수준 이상인 지역 등 농림축산식품부령으로 정하는 지역에 설치하는 시설일 것

② 설치 규모, 염도 측정방법 등 농림축산식품부장관이 별도로 정한 요건에 적합하게 설치하는 시설일 것

마. 「건축법」 에 따른 건축허가 또는 건축신고 대상 시설이 아닌 작물재배사(고정식온실 · 버섯재배사 및 비닐하우스는 제외한다) 중 농업생산성 제고를 위하여 정보통신기술을 결합한 시설로서 대통령령으로 정하는 요건을 모두 갖춘 시설을 설치하는 경우

(2) 행정청의 경우 : 협의

시장 · 군수 또는 자치구구청장은 주무부장관이나 지방자치단체의 장이 다른 법률에 따른 사업 또는 사업계획 등의 인 · 허가 또는 승인 등과 관련하여 농지의 타용도 일시사용 협의를 요청하면, 그 인 · 허가 또는 승인 등을 할 때에 해당 사업을 시행하려는 자에게 일정 기간 그 농지를 사용한 후 농지로 복구한다는 조건을 붙일 것을 전제로 협의할 수 있다.

(3) 농지로의 복구비용의 예치

시장 · 군수 또는 자치구구청장은 허가를 하거나 협의를 할 때에는 대통령령으로 정하는 바에 따라 사업을 시행하려는 자에게 농지로의 복구계획을 제출하게 하고 복구비용을 예치하게 할 수 있다. 이 경우 예치된 복구비용은 사업시행자가 사업이 종료된 후 농지로의 복구계획을 이행하지 않는 경우 복구대행비로 사용할 수 있다.

가. 복구계획 및 복구비용명세서의 제출

① 시장 · 군수 또는 자치구구청장은 법 제36조 제1항에 따라 농지의 타용도 일시사용허가 또는 변경허가를 하려는 때에는 같은 조 제3항에 따라 해당 사업을 시행하려는 자에게 농지로의 복구계획과 복구비용명세서를 제출하게 하여야 한다. 다만, 법 제36조 제1항 제1호에 해당하는 경우에는 그러하지 아니하다.

② 시장 · 군수 또는 자치구구청장은 농지의 타용도 일시사용에 관한 협의를 하고자 할 때에는 복구계획 및 복구비용명세서를 제출하게 하고 복구비용을 예치하게 하는 조건으로 주무부장관 또는 지방자치단체의 장과 협의하여야 한다.

③ 시장 · 군수 또는 자치구구청장이나 주무부장관 또는 지방자치단체의 장은 제출된 복구계획 및 복구비용명세서의 내용이 적절하지 아니하거나 흠이 있는 경우에는 상당한 기간을 정하여 이를 보완 또는 보정하게 하여야 한다.

나. 복구비용의 산출기준 · 납부시기 · 납부절차

① 농지의 타용도 일시사용에 따른 복구비용은 복구대상 토지를 농지로 복구하는데 필요한 비용을 「지방자치단체를 당사자로 하는 계약에 관한 법률 시행령」을 준용하여 산출한다.

② 시장 · 군수 등은 복구비용을 예치하게 하는 경우에는 산출기준에 따라 복구비용을 결정하고 20일 이상의 납부기간을 정하여 이를 예치하게 하여야 한다.

③ 복구비용은 세입세출외 현금출납 공무원계좌에 현금으로 예치하거나 현금을 갈음하여 「지방자치단체를 당사자로 하는 계약에 관한 법률 시행령」에 따른 보증서 등을 시장 · 군수 등을 수취인으로 하여 예치하여야 한다. 이 경우 보증서 등의 보증기간은 농지의 타용도 일시사용허가기간과 복구에 필요한 기간에 2개월을 가산한 기간을 기준으로 한다.

다. 복구비용예치금 등의 사용

① 시장 · 군수 등은 농지의 타용도 일시사용허가를 받은 자가 복구계획에 따라 농지로의 복구를 이행하지 아니하면 허가를 받은 자에 대신하여 해당 토지를 농지로 복구하거나 복구하게 할 수 있다.

② 시장 · 군수 등은 예치된 복구비용을 복구대행비로 충당하고, 잔액이 있는 경우에는 다음 각 호의 구분에 따라 이를 반환하여야 한다. 이 경우 예치금의 직접 사용 등에 관하여는 「지방자치단체를 당사자로 하는 계약에 관한 법률 시행령」을 준용한다.

1. 현금 · 정기예금증서 · 수익증권으로 예치된 경우 : 복구비를 예치한 자에게 반환 2. 제1호 외의 경우 : 보증보험증권발행자 그 밖에 지급보증서 등의 발행자에게 반환

라. 복구비용예치금 등의 반환

① 시장 · 군수 등은 복구비용을 예치한 자가 복구계획에 따라 농지로의 복구를 모두 이행한 때에는 현금으로 예치한 경우에는 복구비용과 이자를, 보증서 등으로 예치한 경우에는 그 보증서 등을 해당 복구비용을 예치한 자에게 반환하여야 한다.

② 복구비용을 반환받으려는 자는 복구비용반환청구서에 농림축산식품부령으로 정하는 서류를 첨부하여 시장 · 군수 등에게 제출하여야 한다.

③ 시장 · 군수 등은 제2항에 따른 반환청구가 있으면 지체 없이 이를 청구인에게 반환하여야 한다.

(4) 농지의 타용도 일시사용허가의 기간

가. 원칙 : 허가 또는 협의 및 협의의 경우 농지의 타용도 일시사용기간은 3년 이내로 한다. 다만, 그 주목적 사업의 시행에 필요한 기간 이내로 한다.

나. 예외 : 시장 · 군수 또는 자치구구청장은 농지의 타용도 일시사용기간을 통산하여 3년을 초과하지 아니하는 범위 내에서 연장할 수 있다. 다만, 「국토의 계획 및 이용에 관한 법률」에 의한 도시 · 군계획시설의 설치예정지 안의 농지에 대하여 타용도 일시사용허가를 한 경우에는 그 도시 · 군계획시설의 설치시기 등을 감안하여 필요한 기간까지 연장할 수 있다.

6) 농지의 타용도 일시사용 신고

가. 농지를 다음 각 호의 어느 하나에 해당하는 용도로 일시사용하려는 자는 대통령령으로 정하는 바에 따라 지력을 훼손하지 아니하는 범위에서 일정 기간 사용한 후 농지로 원상복구한다는 조건으로 시장 · 군수 또는 자치구구청장에게 신고하여야 한다. 신고한 사항을 변경하려는 경우에도 또한 같다. 다만, 국가나 지방자치단체의 경우에는 시장 · 군수 또는 자치구구청장과 협의하여야 한다.

① 썰매장, 지역축제장 등으로 일시적으로 사용하는 경우

② 제36조제1항제1호 또는 제2호에 해당하는 시설을 일시적으로 설치하는 경우

나. 시장 · 군수 또는 자치구구청장은 주무부장관이나 지방자치단체의 장이 다른 법률에 따른 사업 또는 사업계획 등의 인가 · 허가 또는 승인 등과 관련하여 농지의 타용도 일시사용 협의를 요청하면, 그 인가 · 허가 또는 승인 등을 할 때에 해당 사업을 시행하려는 자에게 일정 기간 그 농지를 사용한 후 농지로 복구한다는 조건을 붙일 것을 전제로 협의할 수 있다.

다. 시장 · 군수 또는 자치구구청장은 제1항에 따른 신고를 수리하거나 제2항에 따른 협의를 할 때에는 대통령령으로 정하는 바에 따라 사업을 시행하려는 자에게 농지로의 복구계획을 제출하게 하고 복구비용을 예치하게 할 수 있다. 이 경우 예치된 복구비용은 사업시행자가 사업이 종료된 후 농지로의 복구계획을 이행하지 않는 경우 복구대행비로 사용할 수 있다.

라. 시장 · 군수 또는 자치구구청장은 (가)항에 따른 신고를 받은 날부터 10일 이내에

신고수리 여부를 신고인에게 통지하여야 한다.

마. 시장 · 군수 또는 자치구구청장이 (라)항에서 정한 기간 내에 신고수리 여부 또는 민원 처리 관련 법령에 따른 처리기간의 연장을 신고인에게 통지하지 아니하면 그 기간(민원 처리 관련 법령에 따라 처리기간이 연장 또는 재연장된 경우에는 해당 처리기간을 말한다)이 끝난 날의 다음 날에 신고를 수리한 것으로 본다.

바. (가)항에 따른 신고 대상 농지의 범위와 규모, 일시사용 기간, (다)항에 따른 복구비용의 산출 기준, 복구비용 납부 시기와 절차, 그 밖에 필요한 사항은 대통령령으로 정한다.

7) 농지전용허가 등의 제한

가. 농림축산식품부장관은 제34조제1항에 따른 농지전용허가를 결정할 경우 다음 각 호의 어느 하나에 해당하는 시설의 부지로 사용하려는 농지는 전용을 허가할 수 없다. 다만, 「국토의 계획 및 이용에 관한 법률」에 따른 도시지역 · 계획관리지역 및 개발진흥지구에 있는 농지는 다음 각 호의 어느 하나에 해당하는 시설의 부지로 사용하더라도 전용을 허가할 수 있다.

① 「대기환경보전법」 제2조제9호에 따른 대기오염배출시설로서 대통령령으로 정하는 시설

② 「물환경보전법」 제2조제10호에 따른 폐수배출시설로서 대통령령으로 정하는 시설

③ 농업의 진흥이나 농지의 보전을 해칠 우려가 있는 시설로서 대통령령으로 정하는 시설

나. 농림축산식품부장관, 시장 · 군수 또는 자치구구청장은 제34조에 따른 농지전용허가 및 협의(다른 법률에 따라 농지전용허가가 의제되는 협의를 포함한다)를 하거나 제36조에 따른 농지의 타용도 일시사용허가 및 협의를 할 때 그 농지가 다음 각 호의 어느 하나에 해당하면 전용을 제한하거나 타용도 일시사용을 제한할 수 있다.

① 전용하려는 농지가 농업생산기반이 정비되어 있거나 농업생산기반 정비사업 시행예정 지역으로 편입되어 우량농지로 보전할 필요가 있는 경우

② 해당 농지를 전용하거나 다른 용도로 일시사용하면 일조 · 통풍 · 통작(通作)에 매우 크게 지장을 주거나 농지개량시설의 폐지를 수반하여 인근 농지의 농업경영에 매우 큰 영향을 미치는 경우

③ 해당 농지를 전용하거나 타용도로 일시 사용하면 토사가 유출되는 등 인근 농지 또는 농지개량시설을 훼손할 우려가 있는 경우

④ 전용 목적을 실현하기 위한 사업계획 및 자금 조달계획이 불확실한 경우

⑤ 전용하려는 농지의 면적이 전용 목적 실현에 필요한 면적보다 지나치게 넓은 경우

8) 농지전용허가의 취소

농림축산식품부장관, 시장 · 군수 또는 자치구구청장은 농지전용허가 또는 농지의 타용도 일시사용허가를 받았거나 농지전용신고를 한 자가 다음 각 호의 어느 하나에 해당하면 농림축산식품부령으로 정하는 바에 따라 허가를 취소하거나 관계 공사의 중지, 조업의 정지, 사업규모의 축소 또는 사업계획의 변경, 그 밖에 필요한 조치를 명할 수 있다. 다만, (바)에 해당하면 그 허가를 취소하여야 한다.

가. 거짓이나 그 밖의 부정한 방법으로 허가를 받거나 신고한 것이 판명된 경우

나. 허가목적이나 허가조건을 위반하는 경우

다. 허가를 받지 아니하거나 신고하지 아니하고 사업계획 또는 사업규모를 변경하는 경우

라. 허가를 받거나 신고를 한 후 농지전용 목적사업과 관련된 사업계획의 변경 등 대통령령으로 정하는 정당한 사유 없이 2년 이상 대지의 조성, 시설물의 설치 등 농지전용 목적사업에 착수하지 아니하거나 농지전용 목적사업에 착수한 후 1년 이상 공사를 중단한 경우

마. 농지보전부담금을 내지 아니한 경우

바. 허가를 받은 자나 신고를 한 자가 허가취소를 신청하거나 신고를 철회하는 경우

사. 허가를 받은 자가 관계 공사의 중지 등 이 조 본문에 따른 조치명령을 위반한 경우

9) 용도변경의 승인

가. 다음 각 호의 어느 하나에 해당하는 절차를 거쳐 농지전용 목적사업에 사용되고 있거나 사용된 토지를 대통령령으로 정하는 기간 이내에 다른 목적으로 사용하려는 경우에는 시장 · 군수 또는 자치구구청장의 승인을 받아야 한다.

> 1. 제34조 제1항에 따른 농지전용허가
> 2. 제34조 제2항 제2호에 따른 농지전용협의
> 3. 제35조 또는 제43조에 따른 농지전용신고

나. 승인을 받아야 하는 자 중 농지보전부담금이 감면되는 시설의 부지로 전용된 토지를 농지보전부담금 감면비율이 다른 시설의 부지로 사용하려는 자는 대통령령으로 정하는 바에 따라 그에 해당하는 농지보전부담금을 내야 한다.

10) 농지보전부담금

(1) 농지보전부담금의 납입의무자

다음 각 호의 어느 하나에 해당하는 자는 농지의 보전 · 관리 및 조성을 위한 부담금(이하 '농지보전부담금'이라 한다)을 농지관리기금을 운용 · 관리하는 자에게 내야 한다.

가. 농지전용허가를 받는 자
나. 농지전용협의를 거친 지역 예정지 또는 시설 예정지에 있는 농지를 전용하려는 자
다. 농지전용협의를 거친 농지를 전용하려는 자
라. 다른 법률에 따라 농지전용허가가 의제되는 협의를 거친 농지를 전용하려는 자
마. 농지전용신고를 하고 농지를 전용하려는 자

(2) 전용허가 등과 농지보전부담금의 납입

가. 조건부허가 : 농림축산식품부장관이나 시장 · 군수 또는 자치구구청장은 농지전용의 허가 · 협의 또는 농지전용의 신고수리를 하려는 때에는 농지보전부담금을 미리 납입하게 하거나 그 납입을 해당 허가 등의 조건으로 하여야 한다.

나. 조건부인가 : 농지보전부담금의 납입대상이 되는 농지의 전용이 수반되는 인 · 허가 · 승인 · 신고 · 수리 등을 하려는 관계 행정기관의 장은 농지보전부담금의 납입을 인가 등의 조건으로 하여야 한다.

(3) 농지전용허가 등의 통지

가. 관계 행정기관의 장은 농지보전부담금의 납입을 조건으로 해당 인가 등을 한 때에는 지체 없이 그 사실을 농림축산식품부장관에게 통보하여야 한다.

나. 시장 · 군수 또는 자치구구청장은 농지보전부담금을 미리 납입하게 하거나 그 납입을 조건으로 하는 경우와 통보를 받은 경우에는 농지의 면적, 농지보전부담금의 m^2당 금액 및 감면비율 등 농지보전부담금의 부과에 필요한 사항을 기재한 부과명세서에 농림축산식품부령으로 정하는 서류를 첨부하여 농림축산식품부장관에게 통지하여야 한다.

다. 시장 · 군수 또는 자치구구청장이나 관계 행정기관의 장은 통보 또는 통지한 내용이 변경되거나 누락 또는 흠이 있으면 지체 없이 그 사실을 농림축산식품부장관이나 시장 · 군수 또는 자치구구청장에게 통지 또는 통보하여야 한다.

(4) 분할납입

가. 농림축산식품부장관은 정부투자기관·지방공사 및 지방공단이 산업단지의 시설용지로 농지를 전용하는 경우 등 대통령령으로 정하는 농지의 전용으로서 농지보전부담금을 한꺼번에 내기 어려운 부득이한 사유가 있다고 인정하면 대통령령으로 정하는 바에 따라 농지보전부담금을 나누어 내게 할 수 있다.

나. 농림축산식품부장관은 농지보전부담금을 나누어 내게 하려면 대통령령으로 정하는 바에 따라 농지보전부담금을 나누어 내려는 자에게 나누어 낼 농지보전부담금에 대한 납입보증보험증서 등을 미리 예치하게 하여야 한다. 다만, 농지보전부담금을

나누어 내려는 자가 국가나 지방자치단체, 그 밖에 대통령령으로 정하는 자인 경우에는 그러하지 아니하다.

다. 산정기준 : 농지보전부담금은 「부동산 가격공시 및 감정평가에 관한 법률」에 따른 해당 농지의 개별공시지가의 범위에서 대통령령으로 정하는 부과기준을 적용하여 산정한 금액으로 한다.

라. 강제징수 : 농지보전부담금을 내야 하는 자가 납부기한까지 내지 아니하면 국세 체납처분 또는 지방세 체납처분의 예에 따라 징수할 수 있다.

마. 결손처분 : 농림축산식품부장관은 다음 각 호의 어느 하나에 해당하는 사유가 있으면 해당 농지보전부담금에 관하여 결손처분을 할 수 있다. 다만, ①・③ 및 ④의 경우 결손처분을 한 후에 압류할 수 있는 재산을 발견하면 지체 없이 결손처분을 취소하고 체납처분을 하여야 한다.

① 체납처분이 종결되고 체납액에 충당된 배분금액이 그 체납액에 미치지 못한 경우

② 농지보전부담금을 받을 권리에 대한 소멸시효가 완성된 경우

③ 체납처분의 목적물인 총재산의 추산가액(추산가액)이 체납 처분비에 충당하고 남을 여지가 없는 경우

④ 체납자가 사망하거나 행방불명되는 등 대통령령으로 정하는 사유로 인하여 징수할 가능성이 없다고 인정되는 경우

바. 수수료 : 농림축산식품부장관은 권한을 위임받은 자 또는 「한국농어촌공사 및 농지관리기금법」에 따라 농지관리기금 운용・관리업무를 위탁받은 자에게 농지보전부담금 부과・수납에 관한 업무를 취급하게 하는 경우 대통령령으로 정하는 바에 따라 수수료를 지급할 수 있다.

사. 납입 : 농지관리기금을 운용・관리하는 자는 수납하는 농지보전부담금 중 수수료를 차감한 금액을 농지관리기금에 납입하여야 한다.

(5) 농지보전부담금의 환급

농지관리기금을 운용・관리하는 자는 농지보전부담금을 납입한 자가 허가가 취소되거나 사업계획의 변경 기타 이에 준하는 사유로 인하여 전용하고자 하는 농지의 면적이 당초보다 감소한 때에는 대통령령이 정하는 바에 의하여 그에 상당하는 농지보전부담금을 환급하여야 한다.

가. 농림축산식품부장관은 납입의무자가 농지보전부담금으로 납입한 금액 중 과오납입한 금액이 있거나 환급하여야 할 금액이 있으면 지체 없이 그 과오납액 또는 환급금액을 농지보전부담금환급금으로 결정하고 이를 농지보전부담금납입자와 한국농어촌공사에 각각 통지하여야 한다. 다만, 농지의 원상회복을 명한 경우에는 농지의

원상회복 여부를 확인한 후에 통지하여야 한다.

나. 농림축산식품부장관은 농지보전부담금환급금을 통지하는 때에는 농지보전부담금환급금에 다음 각 호의 어느 하나에 해당하는 날의 다음 날부터 환급결정을 하는 날까지의 기간과 「국세기본법 시행령」에 따른 국세환급가산금의 이율에 따라 계산한 금액을 환급가산금으로 결정하고 이를 농지보전부담금환급금과 함께 통지하여야 한다.

① 착오납입 · 이중납입 또는 납입 후의 그 부과의 취소 · 정정으로 인한 농지보전부담금환급금에 있어서는 그 납입일. 다만, 그 농지보전부담금이 2회 이상 분할납입된 것인 때에는 그 최후의 납입일로 하되, 농지보전부담금환급금이 최후에 납입된 금액을 초과하는 경우에는 그 금액에 달할 때까지의 납입일의 순서로 소급하여 계산한 농지보전부담금환급금의 각 납입일로 한다.

② 납입자에게 책임이 있는 사유로 인하여 농지전용허가가 취소된 경우의 농지보전부담금환급금에 있어서는 그 취소일. 다만, 농지의 원상회복을 명한 경우에는 농지의 원상회복일로 한다.

③ 납입자의 사업계획의 변경 그 밖에 이에 준하는 사유로 인한 농지보전부담금환급금에 있어서는 그 변경허가일 또는 이에 준하는 행정처분의 결정일. 다만, 농지의 원상회복을 명한 경우에는 농지의 원상회복일로 한다.

다. 농지보전부담금환급금과 (나)항에 따른 환급가산금은 「한국농어촌공사 및 농지관리기금법」에 따른 농지관리기금에서 이를 지급한다.

(6) 농지보전부담금의 감면

농림축산식품부장관은 다음 각 호의 어느 하나에 해당하면 대통령령으로 정하는 바에 따라 농지보전부담금을 감면할 수 있다.

가. 국가나 지방자치단체가 공용 목적이나 공공용 목적으로 농지를 전용하는 경우

나. 대통령령으로 정하는 중요 산업시설을 설치하기 위하여 농지를 전용하는 경우

다. 농지전용신고 대상시설, 그 밖에 대통령령으로 정하는 시설을 설치하기 위하여 농지를 전용하는 경우

11) 농지의 지목변경

원칙적으로 농지는 전 · 답 · 과수원 외의 지목으로 변경하지 못한다. 다만, 다음 각 호의 어느 하나에 해당하는 경우 에는 예외적으로 가능하다.

가. 농지전용허가(다른 법률에 따라 농지전용허가가 의제되는 협의를 포함)를 받거나 협의에 따라 농지를 전용한 경우

나. 산지관리법에 의한 산지전용허가를 받지 아니하거나 산지전용신고를 하지 아니하고 불법으로 개간된 농지를 산림으로 복구하는 목적으로 농지를 전용한 경우
다. 하천법에 의하여 하천관리청으로부터 허가를 받아 농지를 형질변경하거나 공작물을 설치하기 위하여 농지를 전용하는 경우에 해당하는 목적으로 농지를 전용한 경우
라. 「농어촌정비법」에 따른 농어촌용수의 개발사업이나 농업생산기반 개량사업의 시행으로 토지의 개량 시설의 부지로 변경되는 경우
마. 시장·군수 또는 자치구구청장이 천재지변이나 그 밖의 불가항력의 사유로 그 농지의 형질이 현저히 달라져 원상회복이 거의 불가능하다고 인정하는 경우

토지소유자는 위의 하나에 해당하는 사유로 토지의 형질변경 등이 완료·준공되어 토지의 용도가 변경된 경우 그 사유가 발생한 날부터 60일 이내에 「공간정보의 구축 및 관리 등에 관한 법률」 제2조제18호에 따른 지적소관청에 지목변경을 신청하여야 한다.

(1) 농지개량 기준의 준수

① 농지를 개량하려는 자는 농지의 생산성 향상 등 농지개량의 목적을 달성하고 농지개량행위로 인하여 주변 농업환경(인근 농지의 관개·배수·통풍 및 농작업을 포함한다)에 부정적인 영향을 미치지 아니하도록 농지개량의 기준을 준수하여야 한다.
② 농지개량 기준에 관한 구체적인 사항은 다음 각 호의 사항을 포함하여 농림축산식품부령으로 정한다.
1. 농지개량에 적합한 토양의 범위
2. 농지개량 시 인근 농지 또는 시설 등의 피해 발생 방지 조치
3. 그 밖에 농지의 객토, 성토, 절토와 관련된 세부 기준

(2) 농지개량행위의 신고

① 농지를 개량하려는 자 중 성토 또는 절토를 하려는 자는 농림축산식품부령으로 정하는 바에 따라 시장·군수 또는 자치구구청장에게 신고하여야 하며, 신고한 사항을 변경하려는 경우에도 또한 같다. 다만, 다음 각 호의 어느 하나에 해당하는 경우에는 그러하지 아니하다.
1. 「국토의 계획 및 이용에 관한 법률」 제56조에 따라 개발행위의 허가를 받은 경우
2. 국가 또는 지방자치단체가 공익상의 필요에 따라 직접 시행하는 사업을 위하여 성토 또는 절토하는 경우
3. 재해복구나 재난수습에 필요한 응급조치를 위한 경우
4. 대통령령으로 정하는 경미한 행위인 경우

② 시장 · 군수 또는 자치구구청장은 제1항에 따라 신고를 받은 경우 그 내용을 검토하여 이 법에 적합하면 신고를 수리하여야 한다.

12) 원상회복

(1) 원상회복명령

농림축산식품부장관, 시장 · 군수 또는 자치구구청장은 다음 각 호의 어느 하나에 해당하면 그 행위를 한 자에게 기간을 정하여 원상회복을 명할 수 있다.

가. 농지전용허가 또는 농지의 타용도 일시사용허가를 받지 아니하고 농지를 전용하거나 타용도로 사용한 경우

나. 농지전용신고를 하지 아니하고 농지를 전용한 경우

다. 농지전용허가가 취소된 경우

라. 농지전용신고를 한 자가 조치명령을 위반한 경우

마. 농지개량 기준을 준수하지 아니하고 농지를 개량한 경우

바. 신고 또는 변경신고를 하지 아니하고 농지를 성토 또는 절토한 경우

(2) 행정대집행

농림축산식품부장관, 시장·군수 또는 자치구구청장은 위의 (1)에 따른 원상회복명령을 위반하여 원상회복을 하지 아니하면 대집행으로 원상회복을 할 수 있다.

(3) 준 용

대집행의 절차에 관하여는 「행정대집행법」을 적용한다.

13) 농지전용허가의 특례

농지전용허가를 받아야 하는 자가 대통령령으로 정하는 지역의 농지를 「국토의 계획 및 이용에 관한 법률」에 따른 지구단위계획구역에서 허용되는 토지이용행위로 전용하려면 대통령령으로 정하는 바에 따라 시장 · 군수 또는 자치구구청장에게 신고하고 농지를 전용할 수 있다.

① 관계 행정기관의 장은 다른 법률에 따라 농지를 특정 용도로 이용하기 위하여 지역 · 지구 및 구역 등으로 지정하거나 결정하려면 대통령령으로 정하는 농지의 종류 및 면적 등의 구분에 따라 농림축산식품부장관과 미리 협의하여야 한다. 협의한 사항(대통령령으로 정하는 경미한 사항은 제외한다)을 변경하려는 경우에도 또한 같다.

② 제1항에 따른 협의의 범위, 기준 및 절차 등에 필요한 사항은 대통령령으로 정한다.

③ 국가나 지방자치단체는 불가피한 사유가 있는 경우가 아니면 농지를 농지의 보전과

관련되는 지역 · 지구 · 구역 등으로 중복하여 지정하거나 행위를 제한하여서는 아니 된다.

14) 농지관리위원회

(1) 농지위원회의 설치

농지와 농지 임대차를 효율적으로 관리하기 위하여 시 · 구 · 읍 또는 면에 각각 농지위원회를 둔다. 다만, 해당 지역 내의 농지가 농림축산식품부령으로 정하는 면적 이하이거나, 농지위원회의 효율적 운영을 위하여 필요한 경우 시 · 군의 조례로 정하는 바에 따라 그 행정구역 안에 권역별로 설치할 수 있다.

(2) 인접한 2 이상의 경우

시 · 도지사는 지역특성과 농지분포실태를 고려하여 필요하다고 인정되면 대통령령으로 정하는 바에 따라 서로 인접한 둘 이상의 시 · 구 · 읍 또는 면에 하나의 농지위원회를 두게 할 수 있다.

(3) 농지위원회의 구성

가. 농지위원회는 위원장 1명과 부위원장 1명을 포함한 10명 이상 20명 이하의 위원으로 구성하며 위원장은 위원 중에서 호선한다.

나. 농지위원회의 위원은 다음 각 호의 자가 된다.

① 해당 지역에서 농업경영을 하고 있는 사람

② 해당 지역에 소재하는 농업 관련 기관 또는 단체의 추천을 받은 사람

③ 해당 지역에 소재하는 농업 관련 기관 또는 단체의 추천을 받은 사람

④ 농업 및 농지정책에 대하여 학식과 경험이 풍부한 사람

다. 농지위원회의 효율적 운영을 위하여 필요한 경우에는 각 10명 이내의 위원으로 구성되는 분과위원회를 둘 수 있다.

라. 분과위원회의 심의는 농지위원회의 심의로 본다.

마. 위원의 임기 · 선임 · 해임 등 농지위원회 및 분과위원회의 운영에 필요한 사항은 대통령령으로 정한다.

(4) 위원회의 기능

농지위원회는 다음 각 호의 사항을 관장한다.

가. 자기의 농업경영에 이용하지 아니하는 농지의 조사 등

나. 농지이용증진사업 시행계획의 수립에 관한 자문

다. 농지전용허가에 관한 확인과 농지전용신고에 관한 확인

라. 그 밖에 농지관리에 관하여 대통령령으로 정하는 사항

(5) 경비보조

국가는 예산의 범위에서 농지위원회의 운영에 필요한 경비를 보조할 수 있다.

(6) 벌칙적용에 있어서의 공무원의제

농지위원회위원 중에서 공무원이 아닌 위원은 「형법」 이나 그 밖의 법률에 따른 벌칙을 적용할 때 공무원으로 본다.

15) 농지관리

(1) 기본방침 수립

① 농림축산식품부장관은 10년마다 농지의 관리에 관한 기본방침(이하 "기본방침"이라 한다)을 수립 · 시행하여야 하며, 필요한 경우 5년마다 그 내용을 재검토하여 정비할 수 있다.

② 기본방침에는 다음 각 호의 사항이 포함되어야 한다.

1. 농지 관리에 관한 시책의 방향
2. 농지 면적의 현황 및 장래예측
3. 관리하여야 하는 농지의 목표 면적
4. 특별시 · 광역시 · 특별자치시 · 도 또는 특별자치도에서 관리하여야 하는 농지의 목표 면적 설정 기준
5. 농업진흥지역의 지정 기준
6. 농지의 전용 등으로 인한 농지 면적 감소의 방지에 관한 사항
7. 그 밖에 농지의 관리를 위하여 필요한 사항으로서 대통령령으로 정하는 사항

③ 농림축산식품부장관은 기본방침을 수립하거나 변경하려면 미리 지방자치단체의 장의 의견을 수렴하고 관계 중앙행정기관의 장과 협의한 후 위원회의 심의를 거쳐야 한다. 다만, 대통령령으로 정하는 경미한 사항을 변경하는 경우에는 그러하지 아니하다.

④ 농림축산식품부장관은 기본방침의 수립을 위하여 관계 중앙행정기관의 장 및 지방자치단체의 장에게 필요한 자료의 제출을 요청할 수 있다. 이 경우 자료제출을 요청받은 중앙행정기관의 장 등은 특별한 사유가 없으면 이에 따라야 한다.

⑤ 제1항부터 제4항까지에서 규정한 사항 외에 기본방침의 수립 · 시행에 필요한 사항은 대통령령으로 정한다.

(2) 기본계획 및 실천계획

① 시 · 도지사는 기본방침에 따라 관할구역의 농지의 관리에 관한 기본계획(이하 "기

본계획"이라 한다)을 10년마다 수립하여 농림축산식품부장관의 승인을 받아 시행하고, 필요한 경우 5년마다 그 내용을 재검토하여 정비할 수 있다. 기본계획 중 대통령령으로 정하는 중요한 사항을 변경할 때에도 또한 같다.

② 시장 · 군수 또는 자치구구청장(그 관할구역에 농지가 없는 자치구구청장은 제외한다. 이하 이 조에서 같다)은 기본계획에 따라 관할구역의 농지의 관리에 관한 세부 실천계획(이하 "실천계획"이라 한다)을 5년마다 수립하여 시 · 도지사의 승인을 받아 시행하여야 한다. 실천계획 중 대통령령으로 정하는 중요한 사항을 변경할 때에도 또한 같다.

③ 기본계획 및 실천계획에는 다음 각 호의 사항이 포함되어야 한다.

1. 관할구역의 농지 관리에 관한 시책의 방향
2. 관할구역의 농지 면적 현황 및 장래예측
3. 관할구역별로 관리하여야 하는 농지의 목표 면적
4. 관할구역 내 농업진흥지역 지정 및 관리
5. 관할구역 내 농업진흥지역으로 지정하는 것이 타당한 지역의 위치 및 규모
6. 관할구역의 농지의 전용 등으로 인한 농지 면적 감소의 방지에 관한 사항
7. 그 밖에 관할구역의 농지 관리를 위하여 필요한 사항으로서 대통령령으로 정하는 사항

④ 시 · 도지사가 기본계획을 수립 또는 변경하려면 미리 관계 시장 · 군수 또는 자치구구청장과 전문가 등의 의견을 수렴하고 해당 지방의회의 의견을 들어야 한다. 다만, 대통령령으로 정하는 경미한 사항을 변경하는 경우에는 그러하지 아니하다.

⑤ 시 · 도지사는 기본계획의 수립을 위하여 시장 · 군수 또는 자치구구청장에게 필요한 자료의 제출을 요청할 수 있다. 이 경우 자료제출을 요청받은 시장 · 군수 또는 자치구구청장은 특별한 사유가 없으면 이에 따라야 한다.

⑥ 시장 · 군수 또는 자치구구청장이 실천계획을 수립 또는 변경하거나 제4항에 따라 기본계획에 대한 의견을 제시하려면 대통령령으로 정하는 바에 따라 미리 주민과 관계 전문가 등의 의견을 수렴하고 해당 지방의회의 의견을 들어야 한다. 다만, 대통령령으로 정하는 경미한 사항을 변경하는 경우에는 그러하지 아니하다.

⑦ 시 · 도지사, 시장 · 군수 또는 자치구구청장은 제1항 또는 제2항에 따라 기본계획 또는 실천계획의 수립 또는 변경에 대한 승인을 받으면 대통령령으로 정하는 바에 따라 그 내용을 공고한 후 일반인이 열람할 수 있도록 하여야 한다.

⑧ 제1항부터 제7항까지에서 규정한 사항 외에 기본계획 또는 실천계획의 수립 · 시행에 필요한 사항은 대통령령으로 정한다.

16) 농지대장

(1) 작성과 비치

① 시 · 구 · 읍 · 면의 장은 농지 소유 실태와 농지 이용 실태를 파악하여 이를 효율적으로 이용하고 관리하기 위하여 대통령령으로 정하는 바에 따라 농지대장(農地臺帳)을 작성하여 갖추어 두어야 한다.

② 제1항에 따른 농지대장에는 농지의 소재지 · 지번 · 지목 · 면적 · 소유자 · 임대차 정보 · 농업진흥지역 여부 등을 포함한다.

③ 시 · 구 · 읍 · 면의 장은 제1항에 따른 농지대장을 작성 · 정리하거나 농지 이용 실태를 파악하기 위하여 필요하면 해당 농지 소유자에게 필요한 사항을 보고하게 하거나 관계 공무원에게 그 상황을 조사하게 할 수 있다.

④ 시 · 구 · 읍 · 면의 장은 농지대장의 내용에 변동사항이 생기면 그 변동사항을 지체 없이 정리하여야 한다.

⑤ 제1항의 농지대장에 적을 사항을 전산정보처리조직으로 처리하는 경우 그 농지대장 파일(자기디스크나 자기테이프, 그 밖에 이와 비슷한 방법으로 기록하여 보관하는 농지대장을 말한다)은 제1항에 따른 농지대장으로 본다.

⑥ 농지대장의 서식 · 작성 · 관리와 전산정보처리조직 등에 필요한 사항은 농림축산식품부령으로 정한다.

(2) 농지이용 정보 등 변경신청

농지소유자 또는 임차인은 다음 각 호의 사유가 발생하는 경우 그 변경사유가 발생한 날부터 60일 이내에 시 · 구 · 읍 · 면의 장에게 농지대장의 변경을 신청하여야 한다.

1. 농지의 임대차계약과 사용대차계약이 체결 · 변경 또는 해제되는 경우
2. 제2조제1호나목에 따른 토지에 농축산물 생산시설을 설치하는 경우
3. 그 밖에 농림축산식품부령으로 정하는 사유에 해당하는 경우

(3) 열람 또는 등본의 교부

① 시 · 구 · 읍 · 면의 장은 농지대장의 열람신청 또는 등본 교부신청을 받으면 농림축산식품부령으로 정하는 바에 따라 농지대장을 열람하게 하거나 그 등본을 내주어야 한다.

② 시 · 구 · 읍 · 면의 장은 자경(自耕)하고 있는 농업인 또는 농업법인이 신청하면 농림축산식품부령으로 정하는 바에 따라 자경증명을 발급하여야 한다.

제5장 포상금 및 벌칙

1 청 문

농림축산식품부장관, 시장 · 군수 또는 자치구구청장은 다음 각 호의 어느 하나에 해당하는 행위를 하려면 청문을 하여야 한다.

1. 농업경영에 이용하지 아니하는 농지 등의 처분의무발생의 통지 2. 농지전용허가의 취소

2 권한, 업무의 위임 위탁

가. 농림축산식품부장관은 법 제51조제1항에 따라 다음 각 호의 권한을 시 · 도지사에게 위임한다. 다만, 대상농지가 둘 이상의 특별시 · 광역시 또는 도에 걸치는 경우는 제외한다.

① 법 제34조제1항 각 호 외의 부분에 따른 농지전용에 대한 허가(변경허가를 포함한다) 및 법 제34조제1항제1호 및 제2항제2호에 따른 협의에 관한 권한 중 다음 각 목에 해당하는 권한

㉠ 농업진흥지역 안의 3천제곱미터 이상 3만제곱미터 미만의 농지의 전용(제2항제1호다목에 해당하는 경우를 제외한다)

㉡ 농업진흥지역 밖의 3만제곱미터 이상 30만제곱미터 미만의 농지의 전용(제2항제1호다목에 해당하는 경우를 제외한다). 다만「국토의 계획 및 이용에 관한 법률」제36조에 따른 계획관리지역과 같은 법 시행령 제30조에 따른 자연녹지지역 안에서의 농지의 전용의 경우에는 3만 제곱미터 이상으로 한다.

㉢ 농림축산식품부장관(그 권한을 위임받은 자를 포함한다)과의 협의를 거쳐 지정되거나 결정된 별표 3에 따른 지역 · 지구 · 구역 · 단지 등의 안에서 10만제곱미터 이상의 농지의 전용

㉣ 제32조제5항제1호에 따른 농지전용의 변경. 다만, 다음의 어느 하나에 해당하는 경우에는 제외한다.

1) 전용하려는 농지의 총 증가면적이 3만제곱미터 이상인 경우

2) 전용하려는 농지의 총 증가면적이 3만제곱미터 미만이거나 그 농지의 면

적이 감소하는 경우로서 전용하려는 농지 중 농업진흥지역 안의 농지의 증가면적이 1만제곱미터 이상인 경우

② 법 제34조제2항제1호에 따른 10만제곱미터 미만의 농지의 전용 관련 협의에 관한 권한(제2항제1호의2에 해당하는 권한은 제외한다)

③ 법 제34조제2항제1호의2에 따른 농지의 전용 관련 협의에 관한 권한

④ 법 제39조에 따른 농지전용허가의 취소, 관계 공사의 중단, 조업의 정지, 사업규모의 축소 또는 사업계획의 변경이나 그 밖의 필요한 조치에 관한 권한, 법 제55조제2호에 따른 청문에 관한 권한과 제58조에 따른 불법전용농지 등의 조사에 관한 권한. 다만, 제1호 · 제2호 및 제2항 단서에 따라 시 · 도지사에게 권한이 위임된 경우에 한한다.

⑤ 법 제42조에 따른 원상회복명령 및 대집행에 관한 권한. 다만, 제1호 · 제2호 · 제3호 및 제2항 단서에 따라 시 · 도지사에게 권한이 위임된 경우에 한한다.

⑥ 다음 각 목의 어느 하나에 해당하는 경우의 법 제38조에 따른 농지보전부담금의 부과 · 징수 등에 관한 권한

㉠ 시 · 도지사에게 권한이 위임된 경우

㉡ 농지전용허가가 의제되는 협의를 거친 농지를 전용하려는 자 중 가목에 따른 농지전용면적규모에 해당하는 농지를 전용하려는 자의 경우

⑦ 법 제54조제1항에 따른 검사 및 조사에 관한 권한

나. 농림축산식품부장관은 법 제51조제1항에 따라 다음 각 호의 권한을 시장 · 군수 또는 자치구구청장에게 위임한다. 다만, 대상농지가 동일 특별시 · 광역시 또는 도의 관할구역 안의 둘 이상의 시 · 군 또는 자치구에 걸치는 경우에는 제1호의 권한은 이를 시 · 도지사에게 위임한다.

① 법 제34조제1항 각 호 외의 부분에 따른 농지전용에 대한 허가(변경허가를 포함한다) 및 법 제34조제1항제1호 및 제2항제2호에 따른 협의에 관한 권한 중 다음 각 목에 해당하는 권한

가. 농업진흥지역의 3천제곱미터 미만의 농지의 전용

나. 농업진흥지역 밖의 3만제곱미터 미만의 농지의 전용

다. 농림축산식품부장관(그 권한을 위임받은 자를 포함한다)과의 협의를 거쳐 지정되거나 결정된 별표 3에 따른 지역 · 지구 · 구역 · 단지 등의 안에서 10만제곱미터 미만의 농지의 전용

② 법 제34조제2항제1호에 따른 농지의 전용 관련 협의에 관한 권한(같은 호에 따른 농지전용협의를 거친 도시 · 군계획시설 예정지 안의 농업진흥지역 밖의 농지의 면적을 3천제곱미터 미만 이내의 범위에서 변경하는 경우에 한정한다)

③ 법 제39조에 따른 농지전용허가의 취소, 관계 공사의 중단, 조업의 정지, 사업 규모의 축소 또는 사업계획의 변경이나 그 밖의 필요한 조치에 관한 권한, 법 제55조제2호에 따른 청문에 관한 권한과 제58조에 따른 불법전용농지 등의 조사에 관한 권한. 다만, 제1호에 따라 권한이 위임된 경우에 한한다.

④ 법 제42조에 따른 원상회복명령 및 대집행에 관한 권한. 다만, 제1호 및 제2호에 따라 권한이 위임된 경우에 한한다.

⑤ 다음 각 목의 어느 하나에 해당하는 경우의 법 제38조에 따른 농지보전부담금의 부과 · 징수 등에 관한 권한

㉠ 제1호에 따라 시장 · 군수 또는 자치구구청장에게 권한이 위임된 경우

㉡ 법 제38조제1항제2호 · 제2호의2 · 제5호에 따른 자의 경우

㉢ 법 제38조제1항제4호에 따른 다른 법률에 따라 농지전용허가가 의제되는 협의를 거친 농지를 전용하려는 자 중 가목에 따른 농지전용면적규모에 해당하는 농지를 전용하려는 자의 경우

다. 시 · 도지사는 제1항 및 제2항 각 호 외의 부분 단서에 따라 그 권한을 행사하였거나 제4항에 따라 시장 · 군수 또는 자치구구청장으로부터 그 권한행사의 내용을 보고받은 때에는 농림축산식품부령으로 정하는 바에 따라 농림축산식품부장관에게 보고하여야 한다.

라. 시장 · 군수 또는 자치구구청장은 제2항에 따라 그 권한을 행사한 때에는 농림축산식품부령으로 정하는 바에 따라 그 내용을 시 · 도지사에게 보고하여야 한다.

마. 농림축산식품부장관은 법 제51조제2항에 따라 다음 각 호의 업무를 한국농어촌공사에 위탁한다.

① 법 제31조의3제1항에 따른 실태조사(제28조의3제2항에 따른 실태조사의 계획 수립 업무는 제외한다)

② 제28조의3제4항에 따른 농업진흥지역 관리시스템의 구축 및 운영

3 포상금

1) 포상금 지급 조건

농림축산식품부장관은 다음 각 호의 어느 하나에 해당하는 자를 주무관청이나 수사기관에 신고하거나 고발한 자에게 대통령령으로 정하는 바에 따라 포상금을 지급할 수 있다.

가. 농지의 소유제한이나 소유상한에 위반하여 농지를 소유할 목적으로 사위(사행행위), 기타 부정한 방법으로 농지취득자격증명을 발급받은 자

나. 용도구역(농업진흥구역과 농업보호구역 안에서의)의 행위제한을 위반한 자

다. 농지전용허가를 받지 아니하고 농지를 전용하거나 사위, 기타 부정한 방법으로 농지전용허가를 받은 자
라. 신고를 하지 아니하고 농지를 전용한 자
마. 농지의 타용도 일시사용허가를 받지 아니하고 농지를 타용도로 사용한 자
바. 전용된 토지를 승인 없이 다른 목적으로 사용한 자

2) 포상금 지급

가. 법 제52조에 따른 포상금은 별표 4의 포상금 지급기준에 따라 예산의 범위 안에서 이를 지급하여야 한다. 이 경우 포상금의 1명당 연간(1월 1일부터 12월 31일까지를 말한다) 지급상한은 100만원으로 한다.
나. 제1항에 따른 포상금은 법 제52조 각 호에 해당하는 자가 행정기관에 의하여 발각되기 전에 주무관청이나 수사기관에 고발 또는 신고한 자에 대하여 해당 고발 또는 신고사건에 대하여 검사가 공소제기 · 기소중지 및 기소유예의 결정을 한 경우에 한하여 지급한다.
다. 제1항에 따른 포상금을 2인 이상의 자가 함께 받게 되는 경우의 배분방법 그 밖에 포상금의 지급방법 및 절차 등에 필요한 사항은 농림축산식품부령으로 정한다.

3 농지의 소유 등에 관한 조사

가. 농림축산식품부장관, 시장 · 군수 또는 자치구구청장은 농지의 소유 · 거래 · 이용 또는 전용 등에 관한 사실을 확인하기 위하여 소속 공무원에게 그 실태를 정기적으로 조사하게 하여야 한다.
나. 농림축산식품부장관, 시장 · 군수 또는 자치구구청장은 가항에 따라 농지의 소유 · 거래 · 이용 또는 전용 등에 관한 사실을 확인하기 위하여 농지 소유자, 임차인 또는 사용대차인에게 필요한 자료의 제출 또는 의견의 진술을 요청할 수 있다. 이 경우 자료의 제출이나 의견의 진술을 요청받은 농지 소유자, 임차인 또는 사용대차인은 특별한 사유가 없으면 이에 협조하여야 한다.
다. 가항에 따른 조사는 일정기간 내에 제8조에 따른 농지취득자격증명이 발급된 농지 등 농림축산식품부령으로 정하는 농지에 대하여 매년 1회 이상 실시하여야 한다.
라. 시장 · 군수 또는 자치구구청장은 제1항에 따른 조사를 실시하고 그 결과를 다음연도 3월 31일까지 시 · 도지사를 거쳐 농림축산식품부장관에게 보고하여야 한다.
마. 농림축산식품부장관은 라항에 따른 조사 결과를 농림축산식품부령으로 정하는 바에 따라 공개할 수 있다.

바. 가항에 따라 검사 또는 조사를 하는 공무원은 그 권한을 표시하는 증표를 지니고 이를 관계인에게 내보여야 한다.

사. 가항과 다항에 따른 검사 · 조사 및 증표에 관하여 필요한 사항은 농림축산식품부령으로 정한다.

아. 농림축산식품부장관은 시장 · 군수 또는 자치구구청장이 가항에 따른 조사를 실시하는 데 필요한 경비를 예산의 범위에서 지원할 수 있다.

4 벌 칙

가. 농업진흥지역의 농지를 농지전용허가를 받지 아니하고 전용하거나 거짓이나 그 밖의 부정한 방법으로 농지전용허가를 받은 자는 5년 이하의 징역 또는 해당 토지의 개별공시지가에 따른 토지가액에 해당하는 금액 이하의 벌금에 처한다.

나. 농업진흥지역 밖의 농지를 농지전용허가를 받지 아니하고 전용하거나 거짓이나 그 밖의 부정한 방법으로 농지전용허가를 받은 자는 3년 이하의 징역 또는 해당 토지가액의 50/100에 해당하는 금액 이하의 벌금에 처한다.

다. 위 (가)항 및 (나)항에 규정된 징역형과 벌금형은 이를 병과할 수 있다.

라. 5년 이하의 징역 또는 5천만원 이하의 벌금

① 제6조에 따른 농지 소유 제한이나 제7조에 따른 농지 소유 상한을 위반하여 농지를 소유할 목적으로 거짓이나 그 밖의 부정한 방법으로 제8조제1항에 따른 농지취득자격증명을 발급받은 자

② 제32조제1항 또는 제2항을 위반한 자

③ 제36조제1항에 따른 농지의 타용도 일시사용허가를 받지 아니하고 농지를 다른 용도로 사용한 자

④ 제40조제1항을 위반하여 전용된 토지를 승인 없이 다른 목적으로 사용한 자

마. 3년 이하의 징역 또는 3천만원 이하의 벌금

① 제35조 또는 제43조에 따른 신고를 하지 아니하고 농지를 전용(轉用)한 자

② 제36조의2제1항에 따른 농지의 타용도 일시사용신고를 하지 아니하고 농지를 다른 용도로 사용한 자

바. 1천만원 이하의 벌금

① 제9조를 위반하여 소유 농지를 위탁경영한 자

② 제23조제1항을 위반하여 소유 농지를 임대하거나 사용대(使用貸)한 자

③ 제23조제2항에 따른 임대차 또는 사용대차의 종료 명령을 따르지 아니한 자

사. 양벌규정

① 법인의 대표자, 대리인, 사용인, 그 밖의 종업원이 그 법인의 업무에 관하여 제

57조부터 제60조까지의 규정에 따른 위반행위를 하면 그 행위자를 벌할 뿐만 아니라 그 법인에도 해당 조문의 벌금형을 과(科)한다.

② 개인의 대리인, 사용인, 그 밖의 종업원이 그 개인의 업무에 관하여 제57조부터 제60조까지의 규정에 따른 위반행위를 하면 그 행위자를 벌할 뿐만 아니라 그 개인에게도 해당 조문의 벌금형을 과한다.

5 이행강제금

1) 부과사유

시장 · 군수 또는 구청장은 농지처분사유에 따라 처분명령을 받은 후 매수를 청구하여 협의 중인 경우 등 대통령령으로 정하는 정당한 사유없이 지정기간까지 그 처분명령을 이행하지 아니한 자에게 해당 농지의 토지가액의 20/100에 해당하는 이행강제금을 부과한다.

2) 부과권자 : 시장 · 군수 · 구청장

3) 부과절차

(1) 문서에 의한 계고

시장 · 군수 또는 구청장은 이행강제금을 부과하기 전에 이행강제금을 부과·징수한다는 뜻을 미리 문서로 알려야 한다.

(2) 서면에 의한 계고

시장 · 군수 또는 구청장은 이행강제금을 부과하는 경우 이행강제금의 금액, 부과사유, 납부기한, 수납기관, 이의제기 방법, 이의제기 기관 등을 명시한 문서로 하여야 한다.

(3) 부과횟수

시장 · 군수 또는 구청장은 최초로 처분명령을 한 날을 기준으로 하여 그 처분명령이 이행될 때까지 이행강제금을 매년 1회 부과 · 징수할 수 있다.

(4) 처분명령에 따른 이행 시 조치

시장 · 군수 또는 구청장은 처분명령을 받은 자가 처분명령을 이행하면 새로운 이행강제금의 부과는 즉시 중지하되, 이미 부과된 이행강제금은 징수하여야 한다.

(5) 이의신청

이행강제금 부과처분에 불복하는 자는 그 처분을 고지받은 날부터 30일 이내에 시장 ·

군수 또는 구청장에게 이의를 제기할 수 있다.

(6) 과태료재판

이행강제금 부과처분을 받은 자가 제6항에 따른 이의를 제기하면 시장 · 군수 또는 구청장은 지체 없이 관할 법원에 그 사실을 통보하여야 하며, 그 통보를 받은 관할 법원은 「비송사건절차법」에 따른 과태료 재판에 준하여 재판을 한다.

(7) 강제징수

기간에 이의를 제기하지 아니하고 (1)에 따른 이행강제금을 납부기한까지 납부하지 아니하면 지방세 체납처분의 예에 따라 징수한다.

6 토지 등에 출입

① 농림축산식품부장관, 시장 · 군수 · 자치구구청장 또는 시 · 구 · 읍 · 면의 장은 다음 각 호의 조사를 위하여 필요한 경우에는 소속 공무원(제51조제2항에 따라 농림축산식품부장관이 다음 각 호의 업무를 한국농어촌공사, 농업 관련 기관 또는 농업 관련 단체에 위탁한 경우에는 그 기관 등의 임직원을 포함한다)으로 하여금 다른 사람의 토지 또는 건물 등에 출입하게 할 수 있다.

1. 제31조의3제1항에 따른 실태조사
2. 제49조제3항에 따른 농지대장 작성 · 정리 또는 농지 이용 실태 파악을 위한 조사
3. 제54조제1항에 따른 농지의 소유 · 거래 · 이용 또는 전용 등에 관한 사실 확인을 위한 조사

② 제1항에 따라 다른 사람의 토지등에 출입하려는 사람은 해당 토지등의 소유자 · 점유자 또는 관리인(이하 이 조에서 “이해관계인”이라 한다)에게 그 일시와 장소를 우편, 전화, 전자메일 또는 문자전송 등을 통하여 통지하여야 한다. 다만, 이해관계인을 알 수 없는 때에는 그러하지 아니하다.

③ 해 뜨기 전이나 해가 진 후에는 이해관계인의 승낙 없이 택지나 담장 또는 울타리로 둘러싸인 해당 토지등에 출입할 수 없다.

④ 이해관계인은 정당한 사유 없이 제1항에 따른 출입을 거부하거나 방해하지 못한다.

⑤ 제1항에 따라 다른 사람의 토지등에 출입하려는 사람은 권한을 표시하는 증표를 지니고 이를 이해관계인에게 내보여야 한다.

⑥ 제5항에 따른 증표에 관하여 필요한 사항은 농림축산식품부령으로 정한다.

참고문헌

- 고상철 편저, 《부동산공법》, LAND3, 2011
- 김동영 · 양규호 외 편저, 《EBS 부동산공법》, EBS, 2011
- 김영진, 《부동산학범론》, 東京, 法經學院
- 김영진, 《부동산학개론》, 경영문화원
- 김영진, 《부동산학총론》, 범론사, 2000
- 김영진, 《신부동산평가론》, 경영문화원
- 김원규 · 이양교, 《부동산학개론》, 학문사
- 김원규 · 김행조, 《부동산학원론》, 남두도서, 2010
- 김행조 외, 《최신 부동산컨설팅연구》, 부연사, 2023
- 김행조 · 김승래, 《부동산공법의 이해》, 도서출판 상학당, 2020
- 김행조, 《최신 부동산공법의 이해》, 도서출판 상학당, 2015
- 남우현, 《부동산공법 무작정 따라하기》, 길벗, 2006
- 박문각 부동산교육연구소 편, 《부동산공법》, 박문각, 2011
- 박후서, 《부동산공법》, 랜드스쿨, 2011
- 방경식 · 장희순, 《부동산학개론》, 부연사, 2009
- 법조고시연구회, 《공인중개사 기출문제해설》, 도서출판 심우
- 이래영, 《현대 부동산학개론》, 탑북스, 2010
- 이창석, 《알기쉬운 부동산학개론》, 형설출판사, 2010
- 장동훈 · 정승영, 《신 부동산공법》, 형설출판사, 2011
- 정우형, 《부동산공법의 이해》, 법원사, 2007

찾아보기

저자 소개

김 행 조(金幸助)

< 학력 및 경력 >

- 나사렛대학교 대학원 부동산학과 교수
- 나사렛대학교 금융부동산학과 교수
- 일본 메이카이대학교 대학원 부동산학박사
- 건국대학교 대학원 부동산학석사
- 미국 캘리포니아주립대학교 교환교수
- 나사렛대학교 부동산최고위과정 책임교수
- 대한부동산학회 학술부회장
- 대한국토도시계획학회 종신회원
- 일본부동산학회 정회원
- 충청남도 도시계획위원회 위원
- 충청남도 정책자문위원회 위원
- 충청남도 지방세심의위원회 위원
- 천안시 도시계획위원회 위원
- 감정평가사시험 출제위원
- 공인중개사시험 출제위원

< 저서 및 논문 >

- 《최신 부동산컨설팅연구》(김행조 외 공저, 부연사, 2023)
- 《최신 부동산학의 이해》(김행조 외 공저, 부연사, 2018)
- 《부동산컨설팅론》(김행조 외 공저, 부연사, 2018)
- 《최신 부동산공법의 이해》(김행조, 상학당, 2015)
- 《부동산학원론》(김행조 외 공저, 남두도서, 2012)
- 〈부동산 임대료의 현금 흐름에 대한 리스크분석〉
- 〈공익사업을 위한 손실보상제도의 개선방안에 관한 연구〉
- 〈Option 이론을 통한 토지 이용방법이 지가에 미치는 영향분석〉
- 〈상가임차인의 권리금 결정요인과 만족도에 관한 연구〉
- 〈천안시 공개공지 조성실태와 개선방안에 관한 연구〉
- 〈공공지원 민간임대주택 계약자의 주거만족도에 관한 연구〉
- 〈일본의 부동산 버블에 대한 고찰〉
- 〈*Real Option Model*による不動産保有課税の効果に關する研究〉
- 〈A Study of the Seller's Selection in Negotiating the Price of the Auction Market〉
- 〈The Effect of Actual Property Tax in Japan Using the Real Option Model〉
- 〈서울과 도쿄의 부동산 가격 비교분석〉
- 〈韓國および諸國の不動産保有課税の効果に關する研究〉
- 〈*Option Model*による各國の不動産保有課税の効果分析〉
- 〈日本の實態を考慮した不動産保有税の*Option Model*分析〉
- 〈*Option Model*を用いた不動産保有課税の効果に關する研究〉

이 주 왕(李柱旺)

< 학력 및 경력 >

- 서울벤처대학원대학교 부동산학박사
- 경희대학교 관광대학원 부동산학석사
- 동국대학교 행정대학원 부동산학과 대우교수
- 서울사이버대학교 부동산학과 겸임교수
- 건국대학교 미래지식교육원 부동산경매 및 최고위과정 교수
- 단국대학교 평생교육원 부동산최고과정 교수

- 한국공인중개사협회 실무교육 부동산공법 교수
- LH 경기지역본부 토지리폼추진단 자문위원
- 국토해양부 직무연수교육 강사
- 헤커스부동산 실무교육 교수
- 에듀윌부동산 실무교육 교수
- 메가랜드공법 실무교육 강사
- 한국자격검증평가진흥원 교수
- 매일경제 부동산경매 멘토스쿨 교수
- SBS Biz '재테크노하우 머니쇼' 출연
- EBS 명품 공인중개사 부동산공법 출연
- 경찰청 수사대 직무교육 강의

< 저서 및 논문 >

- 〈왕교수가 알려주는 부자되는 100억 경매〉
- 〈명품토지중개 100문 100답〉
- 〈문재인 시대 부동산 트렌드〉
- 〈명품토지중개 실무〉

▌김 승 래(金承來)

< 학력 및 경력 >

- 성균관대학교 대학원 법학과(민사법) 법학박사
- 고려대학교 법무대학원 지적재산권법 법학석사
- 성균관대학교 법정대학 행정학과 행정학사
- 단국대학교 정책경영대학원 자산관리학과 교수
- 한남대학교 탈메이지교양대학 '벤처창업과 법률' 강사
- 세명대학교 부동산학과 '부동산공법', '부동산세법' 강사
- 목원대학교 산학협력단 산학협력중점 교수
- 천안법학원 공인중개사 '민법 및 민사특별법' 강사/학원장
- 한양대학교 평생교육원 공인중개사시험 강사
- EBS 명품 공인중개사 부동산공법 출연
- 경찰청 수사대 직무교육 강의

< 저서 및 논문 >

- 《민법@강의》 (도서출판 달기, 2000)
- 《지적재산권법원론》 (도서출판 달기, 1998)
- 《민법 및 민사특별법》 (공저, 도서출판 북파일, 2005)
- 〈공동저당권의 실행에 관한 연구〉, 성균관대학교 박사학위 논문
- 〈부동산경매절차에서 대가의 배당에 관한 연구〉
- 〈공동저당권의 공시방법과 후순위저당권자의 대위등기〉
- 〈AI시대의 지식재산권 보호전략과 대책〉
- 〈부동산거래의 블록체인에 의한 스마트계약체계〉
- 〈인공지능(AI) 창작물에 대한 지식재산권의 보호방안〉
- 〈디지털금융과 핀테크 활성화를 위한 혁신입법 방안〉
- 〈4차 산업혁명과 금융데이터산업의 활성화를 위한 정책과제〉
- 〈강제징용 피해자의 손해배상청구와 소멸시효〉
- 〈나고야의정서의 이행에 따른 유전자원법의 법적 검토〉

부동산공법의 이해

2025년 3월 15일　3판 1쇄 발행

저　자　김행조 · 이주왕 · 김승래
발행인　남 승 우

발행처　도서출판 상尙 학學 당堂

서울특별시 동작구 사당로9가길 6
TEL : 02) 595-1692~4
FAX : 02) 595-1394
E-mail : shdbooks@naver.com
신고 : 2-155호 (1968. 11. 29)

정가 37,000원

ISBN 978-89-6587-268-9　13320